MICROECONOMIA
Uma abordagem moderna

O GEN | Grupo Editorial Nacional – maior plataforma editorial brasileira no segmento científico, técnico e profissional – publica conteúdos nas áreas de ciências sociais aplicadas, exatas, humanas, jurídicas e da saúde, além de prover serviços direcionados à educação continuada e à preparação para concursos.

As editoras que integram o GEN, das mais respeitadas no mercado editorial, construíram catálogos inigualáveis, com obras decisivas para a formação acadêmica e o aperfeiçoamento de várias gerações de profissionais e estudantes, tendo se tornado sinônimo de qualidade e seriedade.

A missão do GEN e dos núcleos de conteúdo que o compõem é prover a melhor informação científica e distribuí-la de maneira flexível e conveniente, a preços justos, gerando benefícios e servindo a autores, docentes, livreiros, funcionários, colaboradores e acionistas.

Nosso comportamento ético incondicional e nossa responsabilidade social e ambiental são reforçados pela natureza educacional de nossa atividade e dão sustentabilidade ao crescimento contínuo e à rentabilidade do grupo.

MICROECONOMIA
uma abordagem moderna

9ª EDIÇÃO

Hal R. Varian

TRADUÇÃO
Regina Célia Simille de Macedo

- O autor deste livro e a editora empenharam seus melhores esforços para assegurar que as informações e os procedimentos apresentados no texto estejam em acordo com os padrões aceitos à época da publicação. Entretanto, tendo em conta a evolução das ciências, as atualizações legislativas, as mudanças regulamentares governamentais e o constante fluxo de novas informações sobre os temas que constam do livro, recomendamos enfaticamente que os leitores consultem sempre outras fontes fidedignas, de modo a se certificarem de que as informações contidas no texto estão corretas e de que não houve alterações nas recomendações ou na legislação regulamentadora.

- O autor e a editora se empenharam para citar adequadamente e dar o devido crédito a todos os detentores de direitos autorais de qualquer material utilizado neste livro, dispondo-se a possíveis acertos posteriores caso, inadvertida e involuntariamente, a identificação de algum deles tenha sido omitida.

- **Atendimento ao cliente: (11) 5080-0751 | faleconosco@grupogen.com.br**

- Do original:
  Intermediate Microeconomics: a modern approach
  Tradução autorizada do idioma inglês da edição publicada por W.W. Norton & Company
  Copyright © 2014, 2010, 2006, 2003, 1999, 1996, 1993, 1990, 1987 by Hal R. Varian
  Edição original: ISBN: 978-0-393-12396-8

- Direitos exclusivos para a língua portuguesa
  Copyright © 2016 (Elsevier Editora Ltda) © 2023 (9ª impressão) by
  GEN | GRUPO EDITORIAL NACIONAL S.A.
  Publicado pelo selo Editora Atlas Ltda.
  Uma editora integrante do GEN | Grupo Editorial Nacional
  Travessa do Ouvidor, 11
  Rio de Janeiro – RJ – 20040-040
  www.grupogen.com.br

  Reservados todos os direitos. É proibida a duplicação ou reprodução deste volume, no todo ou em parte, em quaisquer formas ou por quaisquer meios (eletrônico, mecânico, gravação, fotocópia, distribuição pela Internet ou outros), sem permissão, por escrito, da Editora Atlas Ltda.

- Editoração eletrônica: Estúdio Castellani

- Ficha catalográfica

V43m	Varian, Hal R., 1947-
9. ed.	Microeconomia: uma abordagem moderna / Hal R. Varian; tradução Regina Célia Simille de Macedo. – 9. ed. [9ª Reimp.]. – Rio de Janeiro: GEN	Grupo Editorial Nacional. Publicado pelo selo Editora Atlas, 2023.
	il.; 24 cm.
	Tradução de: Intermediate microeconomics: a modern approach
	Inclui índice
	ISBN 978-85-352-3018-5
	1. Microeconomia. 2. Economia. I. Título.
15-23462	CDD: 338.5
	CDU: 330.101.542

Para Carol

PREFÁCIO

O sucesso das primeiras oito edições de *Microeconomia – Uma abordagem moderna* (*Intermediate Microeconomics*) causou-me grande contentamento, pois confirmou minha crença de que o mercado receberia bem uma abordagem analítica de microeconomia em nível de graduação.

Ao escrever a primeira edição, meu objetivo era conferir aos métodos microeconômicos um tipo de tratamento que permitisse aos alunos aplicarem por si mesmos as ferramentas apresentadas, em vez de apenas absorverem passivamente os casos já analisados no texto. Achei que a melhor forma de fazer isso seria enfatizar os conceitos fundamentais da microeconomia e dar exemplos concretos de sua aplicação, no lugar de tentar elaborar uma enciclopédia de terminologia e de casos.

Essa abordagem, porém, apresenta um desafio: a falta de pré-requisitos matemáticos dos cursos de teoria econômica em várias faculdades e universidades. A falta de experiência em cálculo e em solução de problemas, em geral, dificulta a exposição de alguns dos métodos de análise econômica, mas não a impossibilita. Pode-se ir longe com apenas alguns fatos simples de funções lineares de demanda e de oferta, e com alguma álgebra elementar. É possível ser analítico sem ser excessivamente matemático.

Vale a pena enfatizar essa distinção. O enfoque analítico da teoria econômica é aquele que utiliza um raciocínio lógico e rigoroso. Isso não implica necessariamente o uso de métodos matemáticos avançados. A linguagem matemática por certo ajuda a garantir uma análise rigorosa, e seu emprego constitui, sem dúvida, a melhor maneira de proceder, quando possível; no entanto, ela pode não ser apropriada para todos os alunos.

Muitos estudantes de graduação em teoria econômica *deveriam* conhecer cálculo, mas isso não acontece – ao menos não tão bem quanto deveria. Por essa razão, mantive o cálculo afastado do corpo principal do texto. Entretanto, forneci apêndices matemáticos para vários capítulos. Isso significa que os métodos matemáticos estão à disposição dos alunos capazes de manipulá-los, mas eles não impõem barreiras à compreensão dos demais.

Penso que essa abordagem exprime a ideia de que o cálculo não é apenas uma nota de rodapé, mas sim um modo mais profundo de examinar as mesmas questões que podem ser exploradas por meio de palavras e gráficos. Muitos argumentos são expressos de forma mais simples com um pouco de matemática, e todos os estudantes de economia deveriam saber disso. Em muitos casos percebi que, com um pouco de motivação e alguns bons exemplos econômicos, os alunos se entusiasmam ao observar as coisas de uma perspectiva analítica.

Há várias outras inovações neste texto. A primeira delas é que os capítulos são, em geral, bem curtos. Tentei fazê-los do tamanho aproximado de uma palestra, para que pudessem ser lidos de uma só vez. Segui a ordem habitual de analisar primeiro a teoria do consumidor e depois a do produtor, mas me estendi um pouco mais que de costume na teoria do consumidor. Não fiz isso por julgar a teoria do consumidor necessariamente a parte mais importante da microeconomia, mas, sim, para examinar com mais detalhes esse material considerado o mais misterioso por muitos alunos.

Segunda, tentei colocar muitos exemplos de como usar a teoria aqui descrita. Na maioria dos livros, os alunos observam vários diagramas com deslocamentos de curvas, mas não veem muita álgebra ou muito cálculo de qualquer tipo relativo ao assunto. Na prática, porém, é a álgebra que utilizamos para resolver os problemas. Os gráficos podem fornecer algum insight, mas o verdadeiro poder da análise econômica vem do cálculo de respostas quantitativas para os problemas econômicos. Todo estudante de economia deve ser capaz de traduzir um relato econômico numa equação ou num exemplo numérico, mas com excessiva frequência essa habilidade é negligenciada. Por isso providenciei também um livro de exercícios que considero um complemento indispensável para este texto. O livro de exercícios foi elaborado com meu colega Theodore Bergstrom, e fizemos grande esforço para formular problemas interessantes e instrutivos. Acreditamos que ele constitui um auxílio importante para o estudante de microeconomia.

Terceira, acredito que o tratamento dos tópicos deste livro é mais apurado do que o normal nos outros livros de microeconomia de nível básico. É verdade que algumas vezes escolhi casos especiais para analisar quando o caso geral era difícil demais, mas tentei ser honesto quando o fiz. Normalmente, tentei descrever em detalhe cada passo do argumento. Acredito que a análise que ofereci não seja apenas mais completa e apurada do que o normal, mas que essa atenção ao detalhe também torna os argumentos mais fáceis de entender do que as discussões desconexas apresentadas em outros livros.

Há muitos caminhos para o esclarecimento sobre a economia

Há provavelmente mais material neste livro do que pode ser ensinado com tranquilidade em um semestre, de modo que vale a pena escolher de maneira cuidadosa o material que se deseja estudar. Se você começar na primeira página e prosseguir na leitura pela ordem dos capítulos, seu tempo se esgotará antes de chegar ao final do livro. A estrutura modular do livro proporciona ao professor uma grande liberdade de apresentação do material; e espero que um número ainda maior de pessoas se beneficie dessa liberdade. O diagrama que se segue ilustra as relações de dependência entre os capítulos.

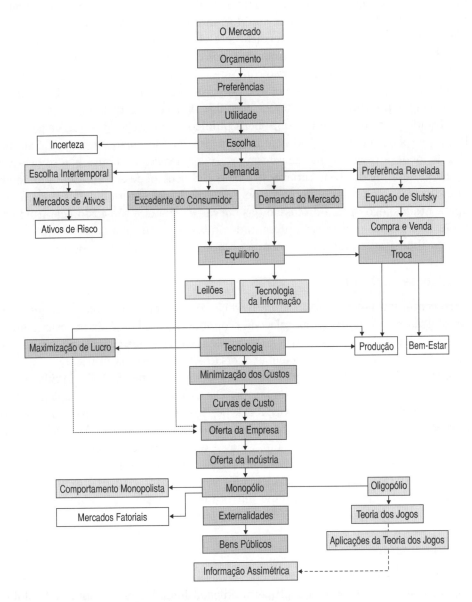

Os capítulos que estão em boxes com tom de cinza mais escuro são os "principais" – talvez devam ser abordados em qualquer curso básico de microeconomia. Aqueles em tom de cinza mais claro são capítulos "opcionais": todo semestre abordo alguns deles, mas não todos. E os demais capítulos são os que em geral não abordo em nenhum curso. A linha contínua que vai do Capítulo A ao Capítulo B significa que o Capítulo A deve ser lido antes do Capítulo B. A linha pontilhada significa que o Capítulo B requer o conhecimento de algum material do Capítulo A, mas não depende muito dele.

Em geral abordo a teoria do consumidor e os mercados e em seguida vou diretamente para a teoria do produtor. Outro caminho bastante comum é ministrar a troca logo depois da teoria do consumidor; muitos instrutores preferem essa rota, mas passei por dificuldades ao verificar sua viabilidade.

Algumas pessoas gostam de ensinar a teoria do produtor antes de ensinar a teoria do consumidor. É possível fazer isso com este texto, mas se você escolher esse caminho terá de suplementar a apresentação do livro-texto. O material sobre isoquantas, por exemplo, pressupõe que os alunos já conheçam as curvas de indiferença.

Grande parte do material sobre bens públicos, externalidades, legislação e informação pode ser apresentada em estágios iniciais do curso. Organizei o material de modo a permitir que quase sempre seja colocado no ponto que se deseje.

Do mesmo modo, o material sobre bens públicos pode ser apresentado como uma ilustração da análise da caixa de Edgeworth. As externalidades podem ser apresentadas logo após a discussão das curvas de custo, e tópicos do capítulo sobre a informação podem ser apresentados quase que em qualquer ponto, depois que os alunos se familiarizarem com a abordagem da análise econômica.

Mudanças na 9ª edição

Acrescentei um novo capítulo sobre medição que descreve algumas das questões envolvidas na estimativa das relações econômicas. A ideia é apresentar alguns conceitos básicos de econometria e tentar estabelecer a ligação entre o tratamento teórico do livro com os problemas que são encontrados na prática.

Continuei oferecendo exemplos selecionados de empresas do Vale do Silício, como Apple, eBay, Google, Yahoo e outras. Discuto tópicos como a complementaridade entre o iPod e o iTunes, o feedback positivo associado a companhias como o Facebook e modelos de leilão de anúncios usados pelo Google, pela Microsoft e pelo Yahoo. Acredito que esses são exemplos novos e interessantes da economia em ação.

Também acrescentei uma discussão pormenorizada de questões de "desenho de mecanismos", incluindo os "mercados de dois lados" e os mecanismos de Vickrey-Clarke-Groves. Esse campo outrora era de natureza fundamentalmente teórica, mas agora assumiu considerável importância prática.

Agradecimentos

Várias pessoas contribuíram para este projeto. Primeiro, tenho de agradecer a meus assistentes editoriais da primeira edição, John Miller e Debra Holt. John forneceu-me vários comentários, sugestões e exercícios baseados nos esboços iniciais deste texto e deu uma contribuição significativa para a coerência do produto final. Debra fez uma revisão tipográfica e uma verificação de consistência cuidadosas nos estágios finais e ajudou a preparar o índice.

As seguintes pessoas me ajudaram com muitas sugestões e comentários úteis durante a preparação da primeira edição: Ken Binmore (University of Michigan), Mark Bagnoli (Indiana University), Larry Chenault (Miami University), Jonathan Hoag (Bowling Green State University), Allen Jacobs (MIT), John McMillan (University of California, em San Diego), Hal White (University of California, em San Diego) e Gary Yohe (Wesleyan University). Gostaria de agradecer, em particular, ao doutor Reiner Buchegger, responsável pela tradução alemã, por sua leitura atenta da primeira edição e por me fornecer uma relação detalhada de correções. Outras pessoas a quem devo agradecimentos por sugestões anteriores à primeira edição são Theodore Bergstrom, Jan Gerson, Oliver Landmann, Alasdair Smith, Barry Smith e David Winch.

Minhas assistentes editoriais da segunda edição foram Sharon Parrott e Angela Bills. Elas contribuíram muito no processo de redação e de editoração. Robert M. Costrell (University of Massachusetts, em Amherst), Ashley Lyman (University of Idaho), Daniel Schwallie (Case-Western Reserve), A.D. Slivinskie (Western Ontário) e Charles Plourde (York University) forneceram-me sugestões e comentários detalhados sobre como melhorar a segunda edição.

Ao preparar a terceira edição, recebi comentários importantes das seguintes pessoas: Doris Cheng (San Jose), Imre Csekó (Budapeste), Gregory Hildebrandt (UCLA), Jamie Brown Kruse (Colorado), Richard Manning (Brigham Young), Janet Mitchell (Cornell), Charles Plourde (York University), Yeung-Nan Shieh (San Jose) e John Winder (Toronto). Quero agradecer, em especial, a Roger F. Miller (University of Wisconsin) e a David Wildasin (Indiana), por seus comentários, suas sugestões e as detalhadas correções.

A quinta edição se beneficiou dos comentários de Kealoah Widdows (Wabash College), William Sims (Concordia University), Jennifer R. Reinganum (Vanderbilt University) e Paul D. Thistle (Western Michigan University).

Recebi comentários que contribuíram para a preparação da sexta edição de James S. Jordon (Pennsylvania State University), Brad Kamp (University of South Florida), Sten Nyberg (Stockholm University), Matthew R. Roelofs (Western Washington University), Maarten-Pieter Schinkel (University of Maastricht), Arthur Walker (University of Northumbria).

A sétima edição se beneficiou dos comentários de Irina Khindanova (Colorado School of Mines), Istvan Konya (Boston College), Shomu Banerjee (Georgia Tech), Andrew Helms (University of Georgia), Marc Melitz (Harvard University), Andrew Chatterjea (Cornell University) e Cheng-Zhong Qin (Universidade da Califórnia, em Santa Bárbara).

Finalmente, recebi comentários úteis sobre a oitava edição de Kevin Balsam (Hunter College), Clive Belfield (Queens College, CUNY), Reiner Buchegger (Johannes Kepler University), Lars Metzger (Technische Universitaet Dortmund), Jeffrey Miron (Harvard University), Babu Nahata (University of Louisville) e Scott J. Savage (University of Colorado).

Berkeley, Califórnia
Dezembro de 2013

SUMÁRIO

PREFÁCIO..vii

CAPÍTULO 1
O MERCADO...1
    1.1   A elaboração de um modelo..1
    1.2   Otimização e equilíbrio..2
    1.3   A curva de demanda...3
    1.4   A curva de oferta..5
    1.5   O equilíbrio de mercado..7
    1.6   A estática comparativa...8
    1.7   Outras formas de alocar apartamentos...11
    1.8   Qual é o melhor arranjo?...13
    1.9   A eficiência de Pareto..14
    1.10   Comparação entre formas de alocar apartamentos..............................15
    1.11   Equilíbrio no longo prazo..17

CAPÍTULO 2
RESTRIÇÃO ORÇAMENTÁRIA..19
    2.1   A restrição orçamentária..19
    2.2   Dois bens geralmente bastam..20
    2.3   Propriedades do conjunto orçamentário...20
    2.4   Como a reta orçamentária varia..22

2.5	O numerário	24
2.6	Impostos, subsídios e racionamento	25
2.7	Variações na reta orçamentária	29

CAPÍTULO 3
PREFERÊNCIAS 31

3.1	Preferências do consumidor	32
3.2	Pressupostos sobre preferências	32
3.3	Curvas de indiferença	34
3.4	Exemplos de preferências	36
3.5	Preferências bem-comportadas	41
3.6	Taxa marginal de substituição	44
3.7	Outras interpretações da TMS	47
3.8	O comportamento da TMS	47

CAPÍTULO 4
UTILIDADE 51

4.1	Utilidade cardinal	54
4.2	Elaboração de uma função de utilidade	55
4.3	Alguns exemplos de funções de utilidade	56
4.4	Utilidade marginal	61
4.5	Utilidade marginal e TMS	62
4.6	Utilidade do transporte urbano	63
	APÊNDICE	67

CAPÍTULO 5
ESCOLHA 71

5.1	Escolha ótima	71
5.2	Demanda do consumidor	75
5.3	Alguns exemplos	75
5.4	Estimativa das funções de utilidade	79
5.5	Implicações da condição da TMS	81
5.6	Escolha de impostos	83
	APÊNDICE	87

CAPÍTULO 6
DEMANDA 93

- 6.1 Bens normais e inferiores 94
- 6.2 Curvas de renda-consumo e curvas de Engel 95
- 6.3 Alguns exemplos 96
- 6.4 Bens comuns e bens de Giffen 100
- 6.5 Curva de preço-consumo e curva de demanda 102
- 6.6 Alguns exemplos 103
- 6.7 Substitutos e complementares 107
- 6.8 Função de demanda inversa 108
- APÊNDICE 111

CAPÍTULO 7
PREFERÊNCIA REVELADA 113

- 7.1 A ideia de preferência revelada 113
- 7.2 Da preferência revelada à preferência 115
- 7.3 Recuperação de preferências 117
- 7.4 O axioma fraco da preferência revelada 118
- 7.5 Verificação do AFrPR 120
- 7.6 O Axioma Forte da Preferência Revelada 122
- 7.7 Como verificar o AFoPR 123
- 7.8 Números-índices 124
- 7.9 Índices de preços 126

CAPÍTULO 8
A EQUAÇÃO DE SLUTSKY 131

- 8.1 O efeito substituição 132
- 8.2 O efeito renda 136
- 8.3 Sinal do efeito substituição 136
- 8.4 A variação total na demanda 137
- 8.5 Taxas de variação 139
- 8.6 A lei da demanda 141
- 8.7 Exemplos dos efeitos renda e substituição 142
- 8.8 Outro efeito substituição 147
- 8.9 Curvas de demanda compensadas 149
- APÊNDICE 152

CAPÍTULO 9
COMPRANDO E VENDENDO 155
    9.1   Demandas líquidas e brutas 155
    9.2   A restrição orçamentária 156
    9.3   Mudança na dotação 157
    9.4   Variações de preços 159
    9.5   Curvas de preço-consumo e de demanda 161
    9.6   A equação de Slutsky revisitada 163
    9.7   Uso da equação de Slutsky 166
    9.8   Oferta de trabalho 166
    9.9   Estática comparativa da oferta de trabalho 169
    APÊNDICE 174

CAPÍTULO 10
ESCOLHA INTERTEMPORAL 177
    10.1   A restrição orçamentária 177
    10.2   Preferências de consumo 180
    10.3   Estática comparativa 180
    10.4   A equação de Slutsky e a escolha intertemporal 182
    10.5   Inflação 184
    10.6   Valor presente: uma visão mais minuciosa 186
    10.7   Análise do valor presente para vários períodos 187
    10.8   Uso do valor presente 188
    10.9   Bônus 192
    10.10   Impostos 194
    10.11   A escolha da taxa de juros 195

CAPÍTULO 11
MERCADOS DE ATIVOS 199
    11.1   Taxas de rendimento 199
    11.2   Arbitragem e valor presente 201
    11.3   Ajustamentos por diferenças entre ativos 201
    11.4   Ativos com rendimentos de consumo 202
    11.5   Tributação sobre os rendimentos dos ativos 203

11.6	Bolhas do mercado	204
11.7	Aplicações	205
11.8	Instituições financeiras	209
	APÊNDICE	212

CAPÍTULO 12
INCERTEZA 213

12.1	Consumo contingente	213
12.2	Funções de utilidade e probabilidades	218
12.3	Utilidade esperada	219
12.4	Por que a utilidade esperada é razoável	220
12.5	Aversão ao risco	222
12.6	Diversificação	225
12.7	Distribuição do risco	226
12.8	O papel do mercado de ações	227
	APÊNDICE	229

CAPÍTULO 13
ATIVOS DE RISCO 233

13.1	Utilidade de média-variância	233
13.2	Avaliação do risco	238
13.3	Risco de contraparte	240
13.4	Equilíbrio no mercado de ativos de risco	240
13.5	Como os retornos se ajustam	242

CAPÍTULO 14
O EXCEDENTE DO CONSUMIDOR 249

14.1	Demanda de um bem discreto	250
14.2	Construção da utilidade a partir da demanda	250
14.3	Outras interpretações do excedente do consumidor	252
14.4	Do excedente do consumidor ao excedente dos consumidores	253
14.5	A aproximação de uma demanda contínua	253
14.6	Utilidade quase linear	253
14.7	Como interpretar a variação do excedente do consumidor	254
14.8	Variação equivalente e variação compensadora	255

14.9 Excedente do produtor 260
14.10 Análise custo-benefício 261
14.11 Cálculo de ganhos e perdas 262
APÊNDICE 266

CAPÍTULO 15
DEMANDA DE MERCADO 269
15.1 Da demanda individual à demanda de mercado 269
15.2 A função de demanda inversa 271
15.3 Bens discretos 272
15.4 Margens extensiva e intensiva 273
15.5 Elasticidade 273
15.6 Elasticidade e demanda 275
15.7 Elasticidade e receita 276
15.8 Demandas de elasticidade constante 279
15.9 Elasticidade e receita marginal 280
15.10 Curvas de receita marginal 281
15.11 Elasticidade-renda 283
APÊNDICE 286

CAPÍTULO 16
EQUILÍBRIO 291
16.1 Oferta 291
16.2 Equilíbrio do mercado 292
16.3 Dois casos especiais 293
16.4 Curvas de oferta e de demanda inversas 294
16.5 Estática comparativa 295
16.6 Impostos 297
16.7 Repasse de um imposto 300
16.8 O ônus de um imposto 303
16.9 Eficiência de Pareto 309

CAPÍTULO 17
MEDIÇÃO 313

17.1 Resumir os dados 314
17.2 Testar 317
17.3 Cálculo da demanda através de dados experimentais 318
17.4 Efeito do tratamento 318
17.5 Estimativa da demanda através de dados observacionais 319
17.6 Identificação 322
17.7 O que pode dar errado? 323
17.8 Avaliação política 324

CAPÍTULO 18
LEILÕES 327

18.1 Classificação dos leilões 328
18.2 Planejamento do leilão 329
18.3 Outras formas de leilão 333
18.4 Leilão de posições 335
18.5 Deve-se colocar anúncio na própria marca? 339
18.6 Receita do leilão e número de licitantes 339
18.7 Problemas dos leilões 340
18.8 A Maldição do Ganhador 341
18.9 O problema do casamento estável 342
18.10 Modelo de mecanismos 343

CAPÍTULO 19
TECNOLOGIA 347

19.1 Insumos e produtos 347
19.2 Descrição das restrições tecnológicas 348
19.3 Exemplos de tecnologia 349
19.4 Propriedades da tecnologia 351
19.5 Produto marginal 352
19.6 Taxa técnica de substituição 353
19.7 Produto marginal decrescente 353
19.8 Taxa técnica de substituição decrescente 354
19.9 Longo e curto prazo 355
19.10 Rendimentos de escala 355

CAPÍTULO 20
MAXIMIZAÇÃO DO LUCRO 361

20.1 Lucros 361
20.2 A organização das empresas 362
20.3 Lucros e valor no mercado de ações 363
20.4 Os limites da empresa 364
20.5 Fatores fixos e variáveis 366
20.6 Maximização dos lucros de curto prazo 366
20.7 Estática comparativa 368
20.8 Maximização do lucro no longo prazo 369
20.9 Curvas de demanda inversas de fatores 370
20.10 Maximização do lucro e rendimentos de escala 371
20.11 Lucratividade revelada 372
20.12 Minimização do custo 376
APÊNDICE 378

CAPÍTULO 21
MINIMIZAÇÃO DE CUSTOS 381

21.1 Minimização de custos 381
21.2 Minimização de custo revelada 385
21.3 Rendimentos de escala e função custo 386
21.4 Custos de curto e de longo prazos 387
21.5 Custos fixos e quase fixos 389
21.6 Custos irrecuperáveis 390
APÊNDICE 392

CAPÍTULO 22
CURVAS DE CUSTO 395

22.1 Custos médios 395
22.2 Custos marginais 397
22.3 Custos marginais e custos variáveis 399
22.4 Curvas de custo para leilões on-line 402
22.5 Custos de longo prazo 403
22.6 Níveis discretos de tamanho de fábrica 406
22.7 Custos marginais de longo prazo 407
APÊNDICE 410

CAPÍTULO 23
A OFERTA DA EMPRESA 413

23.1 Ambientes de mercado 413
23.2 Concorrência pura 414
23.3 A decisão de oferta de uma empresa competitiva 416
23.4 Uma exceção 417
23.5 Outra exceção 418
23.6 A curva de oferta inversa 420
23.7 Os lucros e o excedente do produtor 421
23.8 A curva de oferta de longo prazo de uma empresa 425
23.9 Custos médios constantes de longo prazo 427
APÊNDICE 430

CAPÍTULO 24
A OFERTA DA INDÚSTRIA 431

24.1 A oferta da indústria no curto prazo 431
24.2 O equilíbrio da indústria no curto prazo 432
24.3 O equilíbrio da indústria no longo prazo 433
24.4 A curva de oferta de longo prazo 435
24.5 O significado do lucro zero 439
24.6 Fatores fixos e renda econômica 440
24.7 Renda econômica 442
24.8 Taxas de renda e preços 444
24.9 A política de renda 445
24.10 Política de energia 447
24.11 Imposto de carbono *versus* comércio de créditos de carbono 451

CAPÍTULO 25
MONOPÓLIO 457

25.1 Maximização dos lucros 457
25.2 Curva de demanda linear e monopólio 459
25.3 Estabelecimento de preços com *markup* 461
25.4 A Ineficiência do monopólio 463
25.5 O ônus do monopólio 465
25.6 Monopólio natural 469
25.7 O que causa os monopólios? 472
APÊNDICE 478

CAPÍTULO 26
O COMPORTAMENTO MONOPOLISTA 479

26.1 Discriminação de preços 480
26.2 Discriminação de preços de primeiro grau 480
26.3 Discriminação de preços de segundo grau 483
26.4 Discriminação de preços de terceiro grau 487
26.5 Vinculação de produtos 492
26.6 Tarifas bipartidas 494
26.7 Competição monopolística 495
26.8 Modelo de diferenciação de produtos por localização 499
26.9 Diferenciação de produtos 500
26.10 Mais sorveteiros 501

CAPÍTULO 27
O MERCADO DE FATORES 505

27.1 O monopólio no mercado do produto 505
27.2 O monopsônio 508
27.3 Monopólios *upstream* e *downstream* na cadeia de produção 511
APÊNDICE 516

CAPÍTULO 28
O OLIGOPÓLIO 517

28.1 A escolha de uma estratégia 518
28.2 Liderança de quantidade 519
28.3 Liderança de preço 524
28.4 Comparação entre a liderança de preço e a liderança de quantidade 526
28.5 Estabelecimento simultâneo da quantidade 526
28.6 Exemplo de equilíbrio de Cournot 528
28.7 Ajustamento para o equilíbrio 529
28.8 Várias empresas no equilíbrio de Cournot 530
28.9 Fixação simultânea de preços 531
28.10 Conluio 532
28.11 Estratégias punitivas 535
28.12 Comparação das soluções 538

CAPÍTULO 29
A TEORIA DOS JOGOS 541

29.1 A matriz de ganhos de um jogo 541
29.2 O equilíbrio de Nash 542
29.3 Estratégias mistas 544
29.4 O dilema do prisioneiro 546
29.5 Jogos repetidos 547
29.6 Manutenção de um cartel 549
29.7 Jogos sequenciais 551
29.8 Um jogo com barreiras à entrada 553

CAPÍTULO 30
APLICAÇÕES DA TEORIA DOS JOGOS 557

30.1 Curvas de melhor resposta 557
30.2 Estratégias mistas 559
30.3 Jogos de coordenação 561
30.4 Jogos de competição 565
30.5 Jogos de coexistência 569
30.6 Jogos de compromisso 571
30.7 Negociação 580

CAPÍTULO 31
ECONOMIA COMPORTAMENTAL 585

31.1 Efeitos de contexto na escolha do consumidor 585
31.2 Incerteza 590
31.3 Tempo 593
31.4 Interação estratégica e normas sociais 596
31.5 Uma avaliação da economia comportamental 597

CAPÍTULO 32
TROCAS 601

32.1 A caixa de Edgeworth 602
32.2 As trocas 604

32.3 Alocações eficientes no sentido de Pareto 604
32.4 As trocas de mercado 606
32.5 A álgebra do equilíbrio 609
32.6 A lei de Walras 610
32.7 Preços relativos 612
32.8 A existência de equilíbrio 613
32.9 Equilíbrio e eficiência 614
32.10 A álgebra da eficiência 615
32.11 Eficiência e equilíbrio 619
32.12 Implicações do Primeiro Teorema de Bem-Estar 621
32.13 Implicações do Segundo Teorema de Bem-Estar 622
APÊNDICE 626

CAPÍTULO 33
A PRODUÇÃO 629

33.1 A economia de Robinson Crusoé 629
33.2 Crusoé S.A. 630
33.3 A empresa 631
33.4 O problema de Robinson 632
33.5 Colocando os dois juntos 633
33.6 Tecnologias diferentes 634
33.7 A produção e o Primeiro Teorema de Bem-Estar 637
33.8 A produção e o Segundo Teorema de Bem-Estar 637
33.9 Possibilidades de produção 638
33.10 Vantagem comparativa 639
33.11 A eficiência de Pareto 641
33.12 Náufragos S.A. 643
33.13 Robinson e Sexta-feira como consumidores 645
33.14 Alocação de recursos descentralizada 646
APÊNDICE 649

CAPÍTULO 34
O BEM-ESTAR 653

34.1 Agregação de preferências 653
34.2 Funções de bem-estar social 656

34.3 Maximização do bem-estar 658
34.4 Funções de bem-estar social individualistas 660
34.5 Alocações justas 660
34.6 Inveja e equidade 661
APÊNDICE 665

CAPÍTULO 35
EXTERNALIDADES 667
35.1 Fumantes e não fumantes 668
35.2 Preferências quase lineares e Teorema de Coase 671
35.3 Produção de externalidades 673
35.4 Interpretação das condições 677
35.5 Sinais de mercado 680
35.6 A Tragédia do Uso Comum 681
35.7 Poluição de automóveis 685

CAPÍTULO 36
TECNOLOGIA DA INFORMAÇÃO 689
36.1 Concorrência de sistemas 690
36.2 O problema dos complementos 690
36.3 Aprisionamento 696
36.4 Externalidades de rede 700
36.5 Mercados com externalidades de rede 700
36.6 Dinâmica de mercado 702
36.7 Implicações das externalidades de rede 705
36.8 Mercados bilaterais 707
36.9 Gestão de direitos 709
36.10 O compartilhamento da propriedade intelectual 711

CAPÍTULO 37
BENS PÚBLICOS 715
37.1 Quando prover um bem público? 716
37.2 Provisão privada do bem público 720
37.3 Pegando carona 720

37.4 Diferentes níveis do bem público 722
37.5 Preferências quase lineares e bens públicos 724
37.6 O problema do carona 726
37.7 Comparação com os bens privados 728
37.8 Votação 728
37.9 O mecanismo Vickrey-Clarke-Groves 731
37.10 Exemplos de VCG 734
37.11 Problemas com o imposto de Clarke 735
APÊNDICE 737

CAPÍTULO 38
INFORMAÇÃO ASSIMÉTRICA 739

38.1 O mercado de carros ruins 740
38.2 A escolha da qualidade 741
38.3 Seleção adversa 743
38.4 Perigo moral 745
38.5 Perigo moral e seleção adversa 746
38.6 Sinalização 747
38.7 Incentivos 751
38.8 Informação assimétrica 756

APÊNDICE MATEMÁTICO 761

A.1 Funções 761
A.2 Gráficos 762
A.3 Propriedades de funções 762
A.4 Funções inversas 762
A.5 Equações e identidades 763
A.6 Funções lineares 763
A.7 Variações e taxas de variação 764
A.8 Inclinações e interceptos 765
A.9 Valores absolutos e logaritmos 766
A.10 Derivadas 766
A.11 Derivadas segundas 767

A.12 A regra de produto e a regra de cadeia 767
A.13 Derivadas parciais 768
A.14 Otimização 768
A.15 Otimização com restrição 769

RESPOSTAS 771

ÍNDICE 795

CAPÍTULO 1

O MERCADO

Convencionalmente, o primeiro capítulo de um livro de microeconomia é uma análise sobre "escopo e métodos" da teoria econômica. Embora esse assunto possa ser muito interessante, dificilmente parece apropriado *iniciar* o estudo da teoria econômica dessa maneira, pois é difícil avaliar tal discussão antes de ter visto alguns exemplos de análise econômica em funcionamento.

Portanto, começaremos este livro com um *exemplo* de análise econômica. Neste capítulo, examinaremos um modelo específico de mercado, o de apartamentos. Ao longo do caminho, apresentaremos vários novos conceitos e ferramentas da economia. Não se preocupe se o fizermos com relativa rapidez. Este capítulo pretende apenas fornecer uma rápida visão geral da forma como tais ideias e ferramentas podem ser utilizadas. Mais tarde, nós as estudaremos com um nível bem maior de detalhamento.

1.1 A elaboração de um modelo

A economia avança com base no desenvolvimento de **modelos** de fenômenos sociais. Por modelo entendemos uma representação simplificada da realidade. A ênfase aqui está na palavra "simplificada". Imagine como seria inútil um mapa em escala 1:1. O mesmo é válido para um modelo econômico que tente descrever todos os aspectos da realidade. A importância do modelo provém da eliminação dos detalhes irrelevantes, o que permite ao economista concentrar-se nas características essenciais da realidade econômica que procura compreender.

Aqui, interessa-nos saber o que determina o preço dos apartamentos; queremos, pois, ter uma descrição simplificada desse mercado. Há certa arte na escolha das simplificações corretas necessárias à elaboração do modelo. Em geral queremos adotar o modelo mais simples possível, capaz de descrever a situação econômica em exame. Podemos, em seguida, adicionar paulatinamente ao modelo complicações que o tornem cada vez mais complexo e, esperamos, mais realista.

O exemplo específico que queremos examinar é o do mercado de apartamentos em uma cidade universitária de tamanho médio do Meio-Oeste americano. Nessa cidade, há dois tipos de apartamentos: os que se localizam nas adjacências da universidade e outros, situados a maior distância. Os apartamentos adjacentes são geralmente preferidos pelos estudantes, já que permitem um acesso mais fácil à universidade. Os apartamentos mais distantes tornam necessárias viagens de ônibus ou um longo e frio caminho de bicicleta, de modo que a maioria dos estudantes preferiria um apartamento próximo... se pudesse pagar por ele.

Imaginemos que os apartamentos localizem-se em dois grandes círculos concêntricos em torno da universidade. Os apartamentos adjacentes estão situados no círculo interno, enquanto os demais, no círculo externo. Nossa análise se concentrará exclusivamente no mercado de apartamentos do círculo interno. O círculo externo deve ser interpretado como o lugar onde irão morar as pessoas que não encontrarem apartamentos no círculo interno. Imaginaremos aqui que haja vários apartamentos disponíveis no círculo externo e que seus preços sejam fixados em algum nível conhecido. Estaremos preocupados apenas com a fixação dos preços dos apartamentos do círculo interno e com quem vai morar neles.

Ao descreverem a distinção de preços entre os dois tipos de apartamentos nesse modelo, os economistas diriam que o preço dos apartamentos do círculo externo é uma **variável exógena**, enquanto o preço dos apartamentos do círculo interno é uma **variável endógena.** Isso significa que o preço dos apartamentos do círculo externo é originado por fatores que não serão discutidos neste modelo em particular, enquanto o preço dos apartamentos do círculo interno é determinado pelas forças descritas no modelo.

A primeira simplificação que faremos nesse modelo é que todos os apartamentos são idênticos em todos os aspectos, exceto pela localização. Portanto, fará sentido falar de "preço" dos apartamentos sem nos preocuparmos com o fato de possuírem um ou dois quartos ou algo semelhante.

Mas o que determina esse preço? O que determina quem irá morar nos apartamentos do círculo interno e quem irá morar nos mais afastados? O que pode ser dito sobre a desejabilidade de diferentes mecanismos econômicos de alocação dos apartamentos? Quais conceitos podemos utilizar para julgar o mérito de diferentes distribuições de apartamentos para indivíduos? Todas essas são perguntas que desejamos que nosso modelo aborde.

1.2 Otimização e equilíbrio

Sempre que tentamos explicar o comportamento dos seres humanos, necessitamos ter uma estrutura na qual possamos basear nossa análise. Em economia, utilizamos com frequência uma estrutura baseada nos dois princípios simples que se seguem:

O princípio de otimização: As pessoas tentam escolher o melhor padrão de consumo ao seu alcance.

O princípio de equilíbrio: Os preços ajustam-se até que o total que as pessoas demandam seja igual ao total ofertado.

Vamos considerar esses dois princípios. O primeiro é *quase* tautológico. Se as pessoas são livres para escolher, é razoável supor que tentem escolher as coisas que desejam, em vez das que não querem. É claro que existem exceções a esse princípio geral, mas costumam situar-se fora do domínio do comportamento econômico.

A segunda noção é um pouco mais problemática. É ao menos imaginável que, em algum momento, as demandas e as ofertas das pessoas não sejam compatíveis, sinal de que alguma coisa está mudando. Essas mudanças podem levar um longo tempo para se concretizarem e, pior ainda, podem induzir outras mudanças, capazes de "desestabilizar" todo o sistema.

Isso pode acontecer, mas normalmente não ocorre. No caso dos apartamentos, o comum é observarmos uma estabilidade razoável dos aluguéis todos os meses. É esse preço de equilíbrio que nos interessa, não a forma como o mercado atinge esse equilíbrio ou como ele pode mudar em longos períodos de tempo.

Vale a pena observar que a definição utilizada para equilíbrio pode ser diferente em modelos diferentes. No caso do mercado simples que examinaremos neste capítulo, o conceito de equilíbrio de oferta e demanda será adequado às nossas necessidades, mas em modelos mais gerais necessitaremos de definições mais gerais de equilíbrio. Normalmente, o equilíbrio exigirá que as ações dos agentes econômicos sejam coerentes entre si.

Como utilizaremos esses dois princípios para responder às perguntas que fizemos anteriormente? É hora de introduzirmos alguns conceitos econômicos.

1.3 A curva de demanda

Vamos supor que levamos em consideração todos os possíveis locatários e perguntamos-lhes a quantia máxima que cada um estaria disposto a pagar para alugar um dos apartamentos.

Comecemos pela mais alta. Deve haver alguém disposto a pagar o preço mais elevado. Talvez essa pessoa tenha muito dinheiro, talvez seja preguiçosa e não queira andar muito ou qualquer outro motivo. Suponhamos que essa pessoa esteja disposta a pagar US$500 mensais para alugar um apartamento.

Se existisse apenas uma pessoa disposta a pagar US$500 mensais pelo apartamento e o preço dos apartamentos fosse US$500 por mês, então seria alugado exatamente um apartamento – àquela pessoa disposta a pagar US$500.

Suponhamos agora que o segundo preço mais alto que alguém esteja disposto a pagar seja de US$490. Então, se o preço de mercado fosse US$499, ainda seria alugado apenas um apartamento: a pessoa que estava *disposta* a pagar US$500 alugaria o apartamento, mas a que estava disposta a pagar US$490 não alugaria.

E assim por diante. Apenas um apartamento seria alugado se o preço fosse US$498, US$497, US$496, e assim sucessivamente, até chegar aos US$490. A esse preço seriam alugados, exatamente, dois apartamentos: um por US$500 e outro por US$490.

Da mesma forma, dois apartamentos seriam alugados até que alcançássemos o preço máximo que a pessoa com o *terceiro* maior preço estivesse disposta a pagar, e assim por diante.

Os economistas costumam chamar de **preço de reserva** a quantia máxima que uma pessoa está disposta a pagar por alguma coisa. Ele é o preço máximo que a pessoa aceitará pagar por um bem e, ainda assim, comprá-lo. Em outras palavras, o preço de reserva de uma pessoa é o preço em relação ao qual essa pessoa é indiferente entre comprar ou não comprar o bem. Em nosso exemplo, se uma pessoa possui um preço de reserva p, isso significa que ela é exatamente indiferente entre morar no círculo interno e pagar um preço p ou morar no círculo externo.

Assim, o número de apartamentos a serem alugados a um dado preço p^* será exatamente igual ao número de pessoas cujo preço de reserva seja igual ou maior que p^*. Isso porque, se o preço de mercado for p^*, todos aqueles dispostos a pagar ao menos p^* por um apartamento irão desejar um apartamento no círculo interno, e todos os que não estiverem dispostos a pagar p^* preferirão morar no círculo externo.

É possível representar esses preços de reserva num diagrama como o da Figura 1.1. Aqui, o preço é representado no eixo vertical e o número de indivíduos dispostos a pagar aquele preço, ou mais, é representado no eixo horizontal.

Outra forma de ver a Figura 1.1 é imaginá-la, medindo o número de pessoas que gostariam de alugar apartamentos a um preço qualquer. Uma curva dessas

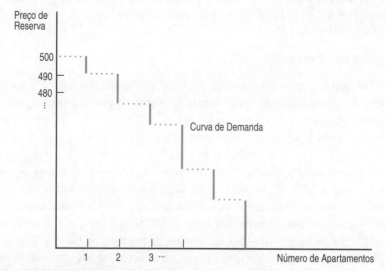

FIGURA 1.1 *A curva de demanda por apartamentos.* O eixo vertical mede o preço de mercado e o eixo horizontal, o número de apartamentos que serão alugados a cada preço.

constitui exemplo de uma **curva de demanda** – uma curva que expressa a relação entre a quantidade demandada e os preços. Quando o preço de mercado estiver acima de US$500, nenhum apartamento será alugado. Quando estiver entre US$500 e US$490, um apartamento será alugado. Quando estiver entre US$490 e o terceiro mais alto preço de reserva, dois apartamentos serão alugados, e assim por diante. A curva de demanda descreve a quantidade demandada a cada preço possível.

A curva de demanda por apartamentos possui inclinação descendente: à medida que os preços dos apartamentos caem, uma quantidade maior de pessoas estará disposta a alugar apartamentos. Se houver muitas pessoas e seus preços de reserva diferirem pouco, é razoável pensar que a curva de demanda se inclinará suavemente para baixo, como na Figura 1.2. A curva dessa figura tem a mesma aparência que a curva de demanda na Figura 1.1 teria se houvesse muitas pessoas desejosas de alugar apartamentos. Os "saltos" mostrados na Figura 1.1 são agora tão pequenos em relação ao tamanho do mercado que podemos, sem nenhum risco, ignorá-los ao traçar a curva de demanda do mercado.

1.4 A curva de oferta

Como já temos uma boa representação gráfica do comportamento da demanda, voltemo-nos agora para o comportamento da oferta. Precisamos pensar sobre a natureza do mercado que estamos examinando. Na situação que examinaremos, existem muitos proprietários independentes, cada um disposto a alugar seu apartamento pelo maior preço que o mercado possa suportar. Vamos nos referir a isso

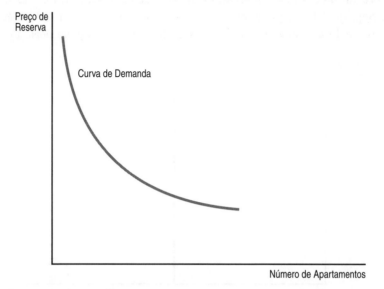

FIGURA 1.2 *Curva de demanda de apartamentos com muitos demandantes.*
Devido ao grande número de demandantes, os saltos entre os preços serão pequenos e a curva de demanda possuirá o convencional formato suave.

como o caso de um **mercado competitivo**. Outras estruturas de mercado são certamente possíveis, e posteriormente examinaremos algumas delas.

Por enquanto, consideraremos o caso de vários proprietários que operam de maneira independente. É claro que, se todos eles tentam obter o máximo possível e os locatários estão bem informados sobre os preços cobrados, então o preço de equilíbrio de todos os apartamentos do círculo interno tem de ser o mesmo. O argumento não é difícil de entender. Suponhamos, por outro lado, que se cobre pelos apartamentos um preço alto, p_a, e um baixo, p_b. As pessoas que estão alugando seus apartamentos por um preço alto poderiam procurar um proprietário que cobrasse menos e oferecer-se para pagar um aluguel entre p_a e p_b. Tal transação favoreceria tanto o proprietário quanto o locatário. Como todas as partes procuram defender seus próprios interesses e conhecem os preços alternativos cobrados, uma situação de cobrança de preços diferentes pelo mesmo bem não pode persistir em equilíbrio.

Mas qual será esse preço de equilíbrio? Tentemos empregar o método que utilizamos na elaboração da curva de demanda: peguemos um preço e indaguemos quantos apartamentos seriam oferecidos a esse preço.

A resposta depende, até certo ponto, da quantidade de tempo durante a qual examinaremos o mercado. Se considerarmos um período de vários anos, de modo que novas construções possam ser realizadas, o número de apartamentos certamente dependerá do preço cobrado. Porém, a "curto prazo" – dentro de um ano, por exemplo –, o número de apartamentos será mais ou menos fixo. Se considerarmos apenas o caso do curto prazo, a oferta de apartamentos será constante em algum nível predeterminado.

A **curva de oferta** desse mercado é mostrada na Figura 1.3 como uma reta vertical. Seja qual for o preço cobrado, o mesmo número de apartamentos será alugado, ou melhor, todos os que estiverem disponíveis naquele período.

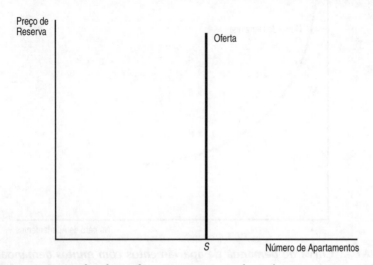

FIGURA 1.3 Curva de oferta de curto prazo. A oferta de apartamentos é fixa no curto prazo.

1.5 O equilíbrio de mercado

Temos agora uma forma de representar os lados da demanda e da oferta do mercado de apartamentos. Vamos reuni-los e indagar qual o comportamento de equilíbrio do mercado. Fazemos isso ao traçar as curvas de oferta e demanda no mesmo gráfico, como na Figura 1.4.

Neste gráfico, utilizamos p^* para representar o preço no qual a quantidade de apartamentos demandados iguala-se à quantidade de apartamentos ofertados. Esse é o **preço de equilíbrio** de apartamentos. A esse preço, todo consumidor disposto a pagar ao menos p^* pode encontrar um apartamento para alugar, e todos os proprietários serão capazes de alugar seu imóvel ao preço corrente de mercado. Nem os locatários nem os proprietários têm motivo para mudar seu comportamento. É por isso que nos referimos a essa situação como um *equilíbrio*: nenhuma mudança no comportamento será observada.

Para entender melhor esse ponto, imaginemos o que aconteceria a um preço diferente de p^*. Por exemplo, seja um preço $p < p^*$ em que a demanda é maior que a oferta. Esse preço pode persistir? A esse preço, pelo menos alguns dos proprietários terão mais pessoas interessadas do que podem atender. Haverá filas de pessoas esperando obter um apartamento àquele preço; haverá mais pessoas dispostas a pagar o preço p do que apartamentos disponíveis. Com certeza, alguns dos proprietários achariam interessante aumentar os preços de seus apartamentos.

Do mesmo modo, suponhamos que o preço dos apartamentos seja algum p maior que p^*. Então, alguns apartamentos estarão vazios: haverá menos pessoas dispostas a pagar p do que apartamentos disponíveis. Agora, alguns dos proprietários correm o risco de não obter renda alguma de seus apartamentos. Portanto, isso os incentivará a reduzir os preços para atrair mais locatários.

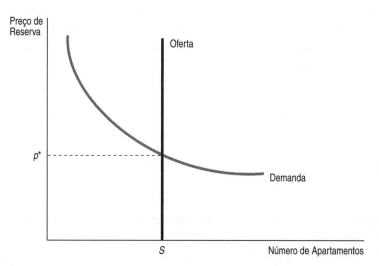

FIGURA 1.4 O equilíbrio no mercado de apartamentos. *O preço de equilíbrio, p*, é dado pela interseção das curvas de oferta e demanda.*

Se o preço estiver acima de p^*, haverá poucos locatários; se estiver abaixo, haverá locatários demais. Somente ao preço p^* o número de pessoas dispostas a alugar apartamentos se igualará ao número de apartamentos disponíveis. Apenas a esses preços a demanda ficará igual à oferta.

Ao preço p^*, os comportamentos dos proprietários são compatíveis com os dos locatários, no sentido de que o número de apartamentos demandados pelos locatários ao preço p^* é igual ao número de apartamentos ofertados pelos proprietários. Esse é o preço de equilíbrio do mercado de apartamentos.

Uma vez determinado o preço de mercado dos apartamentos do círculo interno, podemos perguntar quem acabará por alugar esses apartamentos e quem será "exilado" para os apartamentos distantes. Nosso modelo tem uma resposta bastante simples para essa pergunta: no equilíbrio de mercado, todos os que estiverem dispostos a pagar p^* ou mais alugarão apartamentos no círculo interno, e todos os que estiverem dispostos a pagar menos que p^* alugarão no círculo externo. Quem possuir um preço de reserva p^* será indiferente entre alugar um apartamento no círculo interno ou no círculo externo. O restante dos indivíduos do círculo interno pagará um valor menor do que o máximo que estaria disposto a pagar pelos apartamentos. Assim, a distribuição de apartamentos entre os locatários é determinada pelo valor que estes últimos estejam dispostos a pagar.

1.6 A estática comparativa

Agora que já temos um modelo econômico do mercado de apartamentos, podemos começar a usar esse modelo para analisar o comportamento do preço de equilíbrio. Podemos perguntar, por exemplo, como o preço dos apartamentos varia quando vários aspectos do mercado se alteram. Esse tipo de exercício é denominado **estática comparativa**, porque compara dois equilíbrios "estáticos" sem se preocupar em saber como o mercado se move de um equilíbrio para outro.

O movimento de um equilíbrio para outro pode levar um tempo considerável, e as indagações sobre a maneira como tal movimento ocorre podem ser de grande interesse e importância. Mas é preciso caminhar antes de correr e, portanto, ignoraremos por enquanto essas questões dinâmicas. A análise da estática comparativa somente se interessa pela comparação de equilíbrios, e, por enquanto, teremos muitas perguntas para responder dentro desse quadro.

Vamos começar por um caso simples. Suponhamos que aumente a oferta de apartamentos, como na Figura 1.5. É fácil verificar, nesse diagrama, que o preço de equilíbrio cairá. Da mesma forma, se a oferta de apartamentos diminuir, o preço de equilíbrio aumentará.

Vejamos um exemplo mais complicado – e mais interessante. Suponhamos que uma empresa decida vender vários dos apartamentos. O que aconteceria com o preço de aluguel dos apartamentos restantes?

Provavelmente, a primeira coisa em que se pensará é que o preço irá aumentar, uma vez que houve redução da oferta. Mas isso não é necessariamente correto. É verdade que diminuiu a oferta de apartamentos para alugar, mas a

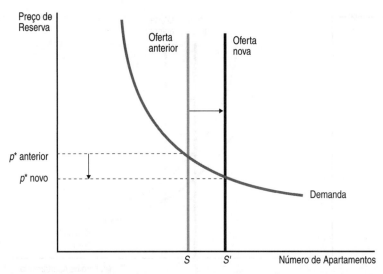

FIGURA 1.5 O aumento da oferta de apartamentos. À medida que a oferta de apartamentos aumenta, o preço de equilíbrio diminui.

demanda por apartamentos também reduziu, porque algumas das pessoas que antes eram locatárias decidiram-se agora pela compra dos apartamentos.

É natural supor que os compradores sejam aqueles que já moravam no círculo interior – aquelas pessoas dispostas a pagar mais que p^* pelo aluguel de um apartamento. Vamos supor que os demandantes com os 10 preços de reserva mais altos resolvam comprar os apartamentos em vez de alugá-los. Então, a nova curva de demanda será exatamente igual à anterior, mas com 10 demandantes a menos em cada preço. Como agora também há 10 apartamentos a menos para alugar, o novo preço de equilíbrio será exatamente o preço de equilíbrio anterior, e exatamente as mesmas pessoas acabarão por morar nos apartamentos do círculo interno. Essa situação é representada na Figura 1.6. A curva de demanda e a de oferta se deslocam para a esquerda em 10 apartamentos, e o preço de equilíbrio permanece inalterado.

A maioria das pessoas considera esse resultado surpreendente. Elas tendem a olhar só para a redução na oferta de apartamentos e não pensam na diminuição da demanda. O caso que consideramos é um caso extremo: *todos* os compradores dos apartamentos eram ex-locatários. Contudo, o outro caso – em que nenhum dos compradores morava nos apartamentos – é ainda mais extremo.

Embora seja tão simples, o modelo proporciona um insight importante. Se queremos saber como a transformação da locação em venda afetará o mercado de apartamentos, devemos examinar o efeito não só sobre a oferta, mas também sobre a demanda por apartamentos.

Examinemos outro exemplo de uma surpreendente análise de estática comparativa: o efeito de um imposto predial. Suponhamos que a prefeitura da cidade decida estabelecer um imposto anual de US$50 sobre os apartamentos. Isto é,

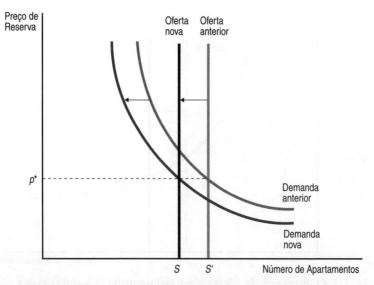

FIGURA 1.6 Efeitos da venda de apartamentos de aluguel. *Se a demanda e a oferta se deslocarem para a esquerda na mesma grandeza, o preço de equilíbrio permanece inalterado.*

cada proprietário terá de pagar à cidade US$50 por ano para cada apartamento que possua. Que impacto isso terá sobre o preço dos apartamentos?

A maioria das pessoas pensará que ao menos parte do imposto será repassada aos locatários. Porém, surpreendentemente, não é assim. Na verdade, o preço de equilíbrio dos apartamentos ficará inalterado!

Para comprovar isso, devemos perguntar o que acontecerá às curvas de demanda e oferta. A curva de oferta não se altera – haverá exatamente o mesmo número de apartamentos após o imposto do que antes dele. E a curva de demanda também não se altera, pois o número de apartamentos a ser alugado a cada preço diferente também será o mesmo. Se nem a curva de demanda nem a de oferta mudam, o preço não variará em consequência do imposto.

Eis um modo de pensar nos efeitos desse imposto. Antes de sua aplicação, cada proprietário cobra o maior preço que pode conseguir para manter seu apartamento alugado. O preço de equilíbrio, p^*, é o mais alto que pode ser cobrado para ser compatível com o aluguel praticado com todos os apartamentos. Será que os proprietários poderão elevar esse preço para compensar o pagamento do imposto? A resposta é negativa: se eles pudessem elevar o preço e manter os apartamentos alugados, já o teriam feito. Se estão cobrando o preço máximo que o mercado pode suportar, não podem elevá-lo mais, então, nenhuma parte do imposto poderá ser repassada aos locatários. Os proprietários terão que pagar o valor total do imposto.

A análise depende do pressuposto de que a oferta de apartamentos permanecerá fixa. Se o número de apartamentos mudar à medida que o imposto varia, o preço pago pelos locatários deverá variar. Examinaremos esse tipo de comportamento posteriormente, depois de construir algumas ferramentas mais poderosas para analisar tais problemas.

1.7 Outras formas de alocar apartamentos

Na seção anterior descrevemos o equilíbrio para apartamentos num mercado competitivo. Essa, porém, é apenas uma das muitas maneiras de alocar recursos. Nesta seção, descreveremos outras formas. Algumas podem parecer um tanto estranhas, mas cada uma delas ilustrará um aspecto econômico importante.

O monopolista discriminador

Examinemos em primeiro lugar uma situação em que um só proprietário possui todos os apartamentos. Ou, por outro lado, poderíamos imaginar a reunião de certo número de proprietários para coordenar suas ações para agir como um só. Uma situação em que o mercado é dominado por um único vendedor de um produto é chamada de **monopólio.**

Ao alugar os apartamentos, o proprietário poderia decidir leiloá-los um a um a quem oferecesse as propostas mais altas. Como isso significa que diferentes pessoas acabariam por pagar diferentes preços pelos apartamentos, denominaremos esse caso como o do **monopolista discriminador.** Suponhamos, para simplificar, que o monopolista discriminador conhece o preço de reserva de cada pessoa. (Embora tal suposição não seja lá muito realista, ela serve para ilustrar um detalhe importante.)

Isso significa que o monopolista alugaria o primeiro apartamento a quem pagasse mais – nesse caso, US$500. O apartamento seguinte seria alugado por US$490, e assim por diante, à medida que nos movêssemos para baixo na curva de demanda. Cada apartamento seria alugado à pessoa que pagasse mais por ele.

Eis aqui o aspecto interessante do monopolista discriminador: *as pessoas que obterão os apartamentos serão exatamente as mesmas do caso da solução competitiva*, ou seja, todas as que avaliaram o apartamento em mais de p^*.

A última pessoa a alugar um apartamento pagará o preço p^* – igual ao preço de equilíbrio do mercado competitivo. A tentativa do monopolista discriminador de maximizar o seu próprio lucro leva à mesma distribuição dos apartamentos que o mecanismo de oferta e demanda do mercado competitivo. A quantia que as pessoas *pagam* é diferente, mas os locatários que ocupam os apartamentos são os mesmos. Isso, porém, não acontece por acaso, mas teremos de esperar um pouco mais para explicar o motivo.

O monopolista comum

Partimos do pressuposto de que o monopolista discriminador poderia alugar cada apartamento a um preço diferente. Mas o que acontece se ele for obrigado a alugar todos os apartamentos ao mesmo preço? Nesse caso, o monopolista enfrenta um dilema: se escolher um preço baixo, ele alugará mais apartamentos, mas poderá acabar por obter menos dinheiro do que ganharia se fixasse um preço maior.

Usemos $D(p)$ para representar a função de demanda – o número de apartamentos demandados ao preço p. Assim, se o monopolista fixar um preço p, ele alugará $D(p)$ apartamentos e, portanto, receberá uma renda de $pD(p)$. A renda que o monopolista recebe pode ser concebida como a área de um quadrilátero: a altura do quadrilátero é o preço p e a sua largura, o número de apartamentos, $D(p)$. O produto da altura pela largura – a área do quadrilátero – representa, pois, a renda que o monopolista recebe. Esse quadrilátero é representado na Figura 1.7.

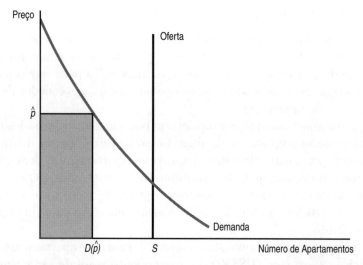

FIGURA 1.7 O quadrilátero da receita. *A receita obtida pelo monopolista é exatamente o preço vezes a quantidade, o que pode ser interpretado como a área desse quadrilátero.*

Se o monopolista não tem custos derivados do aluguel de um apartamento, ele escolherá um preço com o maior quadrilátero de renda. Na Figura 1.7, o maior quadrilátero de renda ocorre ao preço $\hat{p}$. Nesse caso, o monopolista achará conveniente *não* alugar todos os apartamentos. Com efeito, essa será uma decisão normal do monopolista, que desejará restringir a oferta do produto para maximizar seus lucros. Isso significa que o monopolista em geral desejará cobrar um preço maior que o preço de equilíbrio do mercado competitivo p^*. No caso do monopolista comum, menos apartamentos serão alugados e, por cada apartamento alugado, será cobrado um preço maior que no mercado competitivo.

Controle de aluguéis

O terceiro e último caso que discutiremos será o do controle de aluguéis. Suponhamos que as autoridades municipais decidam impor um teto para o valor do aluguel dos apartamentos, digamos, $p_{máx}$. Partimos do pressuposto de que o preço $p_{máx}$ seja menor do que o preço de equilíbrio do mercado competitivo, p^*. Isso faria com que tivéssemos uma situação de **excesso de demanda:** haveria mais pessoas desejando alugar apartamentos ao preço $p_{máx}$ do que apartamentos disponíveis. Quem acabaria morando nos apartamentos?

A teoria que apresentamos até agora não tem resposta para essa pergunta. Nosso modelo pode descrever o que ocorre quando a oferta se iguala à demanda, mas não é suficientemente detalhado para descrever o que acontecerá se a oferta não for igual à demanda. A resposta para a pergunta de quem conseguirá os apartamentos com aluguel controlado depende de quem tenha mais tempo para procurar, de quem conheça os atuais locatários e assim por diante. Todos esses aspectos estão além do escopo do modelo simples que desenvolvemos. Pode até ser que os apartamentos sob controle de aluguéis sejam conseguidos pelas mesmas pessoas que os conseguem no mercado competitivo. Esse é, porém, um resultado extremamente improvável. É muito mais provável que algumas das pessoas oriundas do círculo externo acabem por morar em alguns dos apartamentos do círculo interno, substituindo as pessoas que morariam ali num sistema de mercado. Portanto, sob o controle de aluguéis será alugado, ao preço de aluguel determinado pelo controle, o mesmo número de apartamentos que seriam alugados a um preço competitivo, só que para pessoas diferentes.

1.8 Qual é o melhor arranjo?

Descrevemos quatro formas possíveis de distribuir os apartamentos entre as pessoas:

- O mercado concorrencial
- Um monopolista discriminador
- Um monopolista comum
- O controle de aluguéis

Essas são quatro instituições econômicas diferentes para a alocação de apartamentos. Cada método implicará alocação dos apartamentos a pessoas diferentes e a preços também distintos. Poderíamos, então, perguntar qual dessas instituições econômicas é a melhor. Entretanto, antes de responder, precisamos definir primeiro o que significa "melhor". Qual critério poderíamos usar para comparar essas formas de alocar apartamentos?

Uma coisa a fazer é olhar para as posições econômicas das pessoas envolvidas. É bastante óbvio que os proprietários conseguirão mais dinheiro caso possam agir como monopolistas discriminadores: isso geraria maiores rendas para o(s) proprietário(s) dos apartamentos. Do mesmo modo, a solução de controle de aluguéis é provavelmente a pior situação para esses proprietários.

E os locatários? Em média, eles provavelmente estariam piores no caso do monopolista discriminador – a maior parte deles teria de pagar um preço maior do que o que pagaria nas outras formas de alocação de apartamentos. Será que os consumidores estarão melhor no caso do controle de aluguéis? Alguns deles certamente sim: *os que conseguirem seus apartamentos* estarão em melhor situação do que estariam na solução de mercado. Mas os que não conseguirem estarão em pior situação do que no caso da solução de mercado.

O que precisamos aqui é de uma forma de examinar a posição econômica de todas as partes envolvidas – todos os locatários *e* todos os proprietários. Como podemos examinar a conveniência de diferentes formas de alocar apartamentos, levando em consideração todas as partes? O que pode ser usado como critério da "boa" forma de alocar apartamentos, levando em consideração todas as pessoas envolvidas?

1.9 A eficiência de Pareto

Um critério útil para comparar os resultados de diferentes instituições econômicas é um conceito conhecido como eficiência de Pareto ou eficiência econômica.[1] Começaremos pela seguinte definição: se pudermos encontrar uma forma de melhorar a situação de uma pessoa sem piorar a de nenhuma outra, teremos uma **melhoria de Pareto**. Se uma alocação permite uma melhoria de Pareto, diz-se que ela é **ineficiente no sentido de Pareto**; se a alocação não permitir nenhuma melhoria de Pareto, então ela é **eficiente no sentido de Pareto**.

Uma alocação ineficiente no sentido de Pareto tem a característica indesejável de que há alguma forma de melhorar a situação de alguém sem prejudicar ninguém mais. A alocação poderá ter pontos positivos, mas o fato de ser ineficiente no sentido de Pareto constitui por certo um ponto negativo para ela. Se há um modo de melhorar a situação de alguém sem prejudicar mais ninguém, por que não o fazer?

A eficiência de Pareto é uma das ideias importantes da economia, motivo por que a examinaremos com maior detalhe posteriormente. Ela tem muitas implicações sutis que teremos de investigar com mais calma, mas podemos ter agora mesmo uma vaga ideia dos aspectos envolvidos.

Eis aqui uma forma útil de pensar no conceito de eficiência de Pareto. Suponhamos que alocássemos os locatários de maneira aleatória nos círculos interno e externo, mas que lhes permitíssemos então sublocar os apartamentos entre si. Algumas pessoas que realmente desejassem morar perto da universidade poderiam, por azar, acabar morando num apartamento do círculo externo. Contudo, elas poderiam então sublocar um apartamento do círculo interno de alguém que tivesse sido colocado em algum desses apartamentos, mas que não desse tanto valor a esse fato. Se os indivíduos forem alocados aleatoriamente nos apartamentos, haverá em geral alguns que queiram trocar de apartamento, caso recebam compensação suficiente.

Por exemplo, suponhamos que a pessoa A receba um apartamento do círculo interno, que ela avalia em US$200, enquanto a pessoa B recebe um apartamento

---

[1] Essa expressão alude ao economista e sociólogo italiano Vilfredo Pareto (1848-1923), um dos primeiros a examinar as implicações do conceito de eficiência.

do círculo externo. Suponhamos também que a pessoa B esteja disposta a pagar US$300 pelo apartamento de A. Existiria, então, um claro "ganho de troca" se esses dois agentes econômicos trocassem de apartamento e concordassem com que B pagasse a A uma quantia de dinheiro entre US$200 e US$300. A quantia exata da transação é irrelevante. O importante é que as pessoas dispostas a pagar mais pelos apartamentos acabem ficando com eles – de outra forma, quem atribuísse pouco valor a um apartamento do círculo interno seria incentivado a negociar com alguém que valorizasse mais esses imóveis.

Suponhamos que as trocas voluntárias realizem-se a ponto de esgotar todos os ganhos. A alocação resultante deve ser eficiente no sentido de Pareto. Se não fosse assim, haveria alguma troca que melhoraria a situação das duas pessoas sem piorar a de ninguém – mas isso contradiria o pressuposto de que todas as trocas voluntárias já se haviam realizado. Uma alocação em que já se realizaram todas as trocas voluntárias é uma alocação eficiente no sentido de Pareto.

1.10 Comparação entre formas de alocar apartamentos

O processo de troca que acabamos de descrever é tão geral que não se poderia imaginar que algo mais pudesse ser dito no que diz respeito a seus resultados. Há, porém, um aspecto interessante a abordar. Perguntemos quem acabará ficando com os apartamentos numa alocação em que todos os ganhos de troca se esgotaram.

Para obter a resposta, basta observarmos que qualquer um que possua um apartamento no círculo interno deve ter um preço de reserva maior do que alguém que tenha um apartamento no círculo externo – caso contrário, essas pessoas poderiam, ambas, melhorar sua situação por meio de uma troca. Então, se houver S apartamentos para alugar, as S pessoas com os preços de reserva mais elevados ficarão com os apartamentos do círculo interno. Essa alocação é eficiente no sentido de Pareto – nenhuma outra é eficiente, uma vez que qualquer outra distribuição dos apartamentos entre as pessoas permitiria a realização de alguma troca que melhorasse a situação de pelo menos duas das pessoas, sem piorar a de ninguém.

Tentemos aplicar esse critério de eficiência de Pareto aos resultados dos diferentes métodos de alocação de recursos mencionados anteriormente. Comecemos com o mecanismo de mercado. É fácil perceber que o mecanismo de mercado atribui os apartamentos do círculo interno às pessoas com os maiores preços de reserva – ou seja, aquelas pessoas dispostas a pagar por seus apartamentos mais que o preço de equilíbrio, p^*.

Portanto, não existe a possibilidade de ganhos com novas trocas, uma vez que os apartamentos foram alugados num mercado competitivo. O resultado do mercado competitivo é eficiente no sentido de Pareto.

E o monopolista discriminador? Esse arranjo é eficiente no sentido de Pareto? Para respondermos a essa pergunta, basta observar que o monopolista discriminador distribui os apartamentos exatamente às mesmas pessoas que os receberiam no mercado competitivo. Em ambos os sistemas, todo aquele que estiver disposto a pagar mais que p^* por um apartamento obterá um. Assim, o monopolista discriminador também produz um resultado eficiente no sentido de Pareto.

Embora o mercado competitivo e o monopolista discriminador, gerem resultados eficientes no sentido de Pareto, no sentido de que não se desejarão fazer novas trocas, esses sistemas podem resultar em distribuições de renda bastante diferentes. Com certeza, no sistema do monopolista discriminador, os consumidores estarão numa situação muito pior do que sob o mercado competitivo, ao passo que o(s) proprietário(s) estará(ão) bem melhor. Em geral, a eficiência de Pareto não tem muito a dizer sobre a distribuição dos ganhos obtidos com a troca. Ela só se preocupa com a *eficiência* da troca, ou seja, em saber se todas as trocas possíveis foram realizadas.

E o monopolista comum, que é obrigado a cobrar somente um preço? Acontece que essa situação não é eficiente no sentido de Pareto. Tudo o que temos a fazer para constatar isso é observar que, como nem todos os apartamentos serão em geral alugados pelo monopolista, ele poderá aumentar seus lucros ao alugar um apartamento para alguém que não disponha de um, a *qualquer* preço positivo. Haverá um preço em que tanto o monopolista como o locatário estarão em uma situação melhor. Desde que o monopolista não mude o preço que os demais locatários pagam, os outros locatários estarão tão bem quanto antes. Por conseguinte, encontramos uma **melhoria de Pareto** – uma forma de melhorar a situação de dois indivíduos sem prejudicar a de ninguém.

O último método de alocação de recursos que resta examinar é o do controle de aluguéis. Esse sistema também não é eficiente no sentido de Pareto. O argumento aqui se baseia no fato de que uma alocação arbitrária dos indivíduos nos apartamentos geralmente implicará que alguém que mora no círculo interno (digamos, o Sr. Int.) esteja disposto a pagar menos pelo apartamento do que alguém que mora no círculo externo (digamos, a Sra. Ext.). Suponhamos que o preço de reserva do Sr. Int. seja de US$300 e o da Sra. Ext., de US$500.

Temos de encontrar uma melhoria de Pareto – quer dizer, um modo de melhorar o Sr. Int. e a Sra. Ext. sem prejudicar ninguém. Mas existe uma forma fácil de conseguir isso: basta permitir que o Sr. Int. subloque seu apartamento à Sra. Ext. Para ela, vale a pena pagar US$500 para morar perto da universidade, enquanto o Sr. Int. só está disposto a pagar US$300 por isso. Se a Sra. Ext. pagar, digamos, US$400 ao Sr. Int., e eles trocarem de apartamento, ambos melhoram de situação: a Sra. Ext. consegue um apartamento que avalia em mais de US$400 e o Sr. Int. consegue US$400, quantia que, segundo ele, está acima do valor de um apartamento do círculo interno.

Esse exemplo mostra que o mercado de aluguéis controlados em geral não produzirá uma alocação eficiente no sentido de Pareto, uma vez que ainda haverá algumas trocas após a operação do mercado. Enquanto algumas pessoas atribuírem aos apartamentos que obtiveram no círculo interno um valor menor que o atribuído a eles por outras pessoas que não os conseguiram, poderão ser obtidos ganhos com a troca.

1.11 Equilíbrio no longo prazo

Analisamos a fixação de preços de equilíbrio de apartamentos no **curto prazo** – quando a oferta de apartamentos é fixa. Mas, no **longo prazo**, a oferta de apartamentos pode mudar. Assim como a curva de demanda mede o número de apartamentos que seriam procurados a diferentes preços, a curva de oferta mede o número de apartamentos que seriam oferecidos a diferentes preços. A determinação final do preço de mercado para apartamentos dependerá da interação entre a oferta e a demanda.

O que determina o comportamento da oferta? Em geral, o número de novos apartamentos oferecidos pelo mercado privado dependerá da lucratividade de alugá-los, a qual dependerá, em parte, do preço que os proprietários puderem cobrar. Para analisar o comportamento do mercado de apartamentos a longo prazo, devemos examinar tanto o comportamento dos ofertantes como o dos demandantes, uma tarefa que acabaremos por realizar.

Quando a oferta varia, podemos perguntar não somente quem conseguirá os apartamentos, mas também quantos deles serão oferecidos pelas várias instituições que operam no mercado. O monopolista ofertará mais ou menos apartamentos do que o mercado competitivo? O controle de aluguéis aumentará ou diminuirá o número de equilíbrio de apartamentos? Quais instituições oferecerão um número de apartamentos eficiente no sentido de Pareto? Para responder a essas e outras perguntas semelhantes, teremos de desenvolver ferramentas de análise econômica mais sistemáticas e poderosas.

RESUMO

1. A economia desenvolve-se mediante a elaboração de modelos de fenômenos sociais, que constituem representações simplificadas da realidade.

2. Nessa tarefa, os economistas são guiados pelo princípio da otimização, que afirma que as pessoas normalmente procuram o que é melhor para elas, e pelo princípio do equilíbrio, segundo o qual os preços ajustam-se até que a demanda e a oferta sejam iguais.

3. A curva de demanda mede quanto as pessoas gostariam de demandar a cada preço e a curva de oferta mede quanto as pessoas gostariam de ofertar a cada preço. Um preço de equilíbrio é aquele no qual a quantidade demandada é igual à quantidade ofertada.

4. O estudo de como o preço de equilíbrio e a quantidade variam quando mudam as condições básicas é chamado de estática comparativa.

5. Uma situação econômica é eficiente no sentido de Pareto se não existir nenhum modo de melhorar a situação de algum grupo de pessoas sem piorar a de algum outro grupo. O conceito de eficiência de Pareto pode ser utilizado para avaliar diferentes formas de alocar os recursos.

QUESTÕES DE REVISÃO

1. Suponhamos que haja 25 pessoas com um preço de reserva de US$500 e que a 26ª pessoa tenha um preço de reserva de US$200. Qual será a aparência da curva de demanda?

2. No exemplo anterior, qual seria o preço de equilíbrio caso houvesse 24 apartamentos para alugar? E se houvesse 26 apartamentos para alugar? E se houvesse 25 apartamentos?

3. Se as pessoas possuem preços de reserva distintos, por que a curva de demanda de mercado tem inclinação negativa?

4. No texto, partimos do pressuposto de que os compradores de apartamentos eram pessoas do círculo interno – isto é, as que já alugavam os apartamentos. O que aconteceria com o preço dos apartamentos do círculo interno se todos os compradores fossem do círculo externo – ou seja, pessoas que não eram locatárias de apartamentos do círculo interno?

5. Suponhamos agora que todos os compradores de apartamentos sejam pessoas do círculo interno, mas que cada apartamento vendido tenha sido construído a partir de dois apartamentos de aluguel. O que acontecerá com o preço de locação dos apartamentos?

6. Em sua opinião, qual será o efeito de um imposto sobre o número de apartamentos a serem construídos no longo prazo?

7. Suponhamos que a curva de demanda seja $D(p) = 100 - 2p$. Que preço o monopolista fixaria se ele tivesse 60 apartamentos? Quantos ele alugaria? Que preço ele fixaria se tivesse 40 apartamentos? Quantos ele alugaria?

8. Se nosso modelo de controle de aluguéis possibilitasse a sublocação irrestrita, quem acabaria por obter os apartamentos do círculo interno? O resultado seria eficiente no sentido de Pareto?

CAPÍTULO 2

RESTRIÇÃO ORÇAMENTÁRIA

A teoria econômica do consumidor é muito simples: os economistas partem do pressuposto de que os consumidores escolhem a melhor cesta de bens que podem adquirir. Para dar conteúdo a essa teoria, temos de descrever com maior precisão o que queremos dizer por "melhor" e "podem adquirir". Neste capítulo, veremos como descrever o que o consumidor pode adquirir; o próximo capítulo focalizará o problema de como os consumidores decidem o que é melhor. Seremos, então, capazes de realizar um estudo detalhado das implicações desse modelo simples de comportamento do consumidor.

2.1 A restrição orçamentária

Começaremos pelo exame do conceito de **restrição orçamentária**. Suponhamos que haja um conjunto de bens entre os quais o consumidor possa escolher. Na vida real há muitos bens para consumir, mas examinaremos apenas dois deles para que possamos representar, por meio de gráficos, o comportamento de escolha do consumidor.

Representaremos a **cesta de consumo** do consumidor por (x_1, x_2). Essa expressão constitui tão somente uma relação de dois números que nos indicam as quantidades do bem 1, x_1, e do bem 2, x_2, que o consumidor escolherá para consumir. Às vezes convém representar a cesta do consumidor por um único símbolo, como X, em que X representa apenas a relação numérica (x_1, x_2).

Suponhamos que podemos observar os preços de dois bens, (p_1, p_2), e a quantidade de dinheiro que o consumidor tem para gastar, m. Isso nos permitirá escrever a restrição orçamentária do consumidor como

$$p_1 x_1 + p_2 x_2 \leq m. \tag{2.1}$$

Nessa equação, $p_1 x_1$ é a quantidade de dinheiro que o consumidor gasta com o bem 1, e $p_2 x_2$ é a quantidade que ele gasta com o bem 2. A restrição orçamentária do consumidor requer que a quantidade de dinheiro gasta com os dois bens não exceda a quantidade total de dinheiro de que o consumidor dispõe para gastar. As cestas de consumo que o consumidor pode *adquirir* são aquelas cujo custo não é maior que m. Esse conjunto de cestas de consumo que o consumidor pode adquirir aos preços (p_1, p_2) e à renda m será denominado o **conjunto orçamentário** do consumidor.

2.2 Dois bens geralmente bastam

A hipótese de dois bens é mais geral do que a princípio se pode imaginar. Isso porque, não raro, podemos tomar um dos bens como uma representação de todas as outras coisas que o consumidor desejasse consumir.

Por exemplo, se quisermos estudar a demanda de leite do consumidor, podemos fazer com que x_1 represente seu consumo de leite em litros. O x_2, então, pode representar tudo mais que o consumidor gostaria de consumir.

Quando adotamos essa interpretação, convém pensar no bem 2 como sendo a quantidade de dinheiro que o consumidor pode usar para gastar nos outros bens. Nessa interpretação, o preço do bem 2 será automaticamente igual a 1, uma vez que o preço de uma unidade monetária é uma unidade monetária. Assim, a restrição orçamentária terá a forma

$$p_1 x_1 + x_2 \leq m. \tag{2.2}$$

Essa expressão diz apenas que a quantidade de dinheiro gasto com o bem 1, $p_1 x_1$, mais a quantidade de dinheiro gasta em todos os outros bens, x_2, não pode ser maior que a quantidade total de dinheiro que o consumidor tem para gastar, m.

Dizemos, então, que o bem 2 representa um **bem composto**, que simboliza tudo mais que o consumidor gostaria de consumir, à exceção do bem 1. Esse bem composto é medido invariavelmente em unidades monetárias a serem gastas nos outros bens que não o bem 1. No que tange à forma algébrica da restrição orçamentária, a equação (2.2) é apenas um caso particular, com $p_2 = 1$, da fórmula dada na equação (2.1). Portanto, tudo o que dissermos mais adiante com respeito à restrição orçamentária em geral também valerá para a interpretação do bem composto.

2.3 Propriedades do conjunto orçamentário

A **reta orçamentária** é o conjunto de cestas que custam exatamente m:

$$p_1 x_1 + p_2 x_2 \leq m. \tag{2.3}$$

São essas as cestas de bens que esgotam a renda do consumidor.

O conjunto orçamentário é representado na Figura 2.1. A linha cheia é a reta orçamentária – as cestas que custam exatamente m – e as cestas abaixo dessa reta são as que custam estritamente menos que m.

Podemos rearrumar a reta orçamentária na equação (2.3) para obter a fórmula

$$x_2 = \frac{m}{p_2} - \frac{p_1}{p_2} x_1. \tag{2.4}$$

que corresponde à equação de uma linha reta com intercepto vertical igual a m/p_2 e inclinação igual a $-p_1/p_2$. A fórmula mostra quantas unidades do bem 2 o consumidor precisa consumir para satisfazer exatamente a restrição orçamentária se consumir x_1 unidades do bem 1.

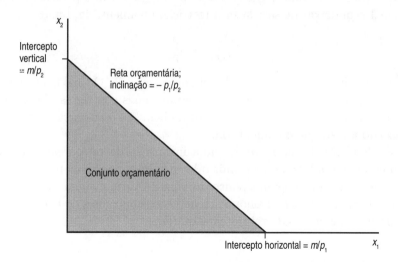

FIGURA 2.1 *O conjunto orçamentário. O conjunto orçamentário é formado por todas as cestas que podem ser adquiridas dentro de determinados preços e da renda do consumidor.*

Eis aqui um modo fácil de traçar a reta orçamentária dados os preços (p_1, p_2) e a renda m. É só perguntarmos que quantidade do bem 2 o consumidor poderia comprar se gastasse todo o seu dinheiro no bem 2. A resposta é, naturalmente, m/p_2. Perguntemos agora quanto o consumidor poderia comprar do bem 1 se gastasse todo o seu dinheiro no bem 1. A resposta é m/p_1. Os interceptos horizontal e vertical medem, pois, quanto o consumidor poderia obter caso gastasse todo o seu dinheiro, respectivamente, nos bens 1 e 2. Para traçar a reta orçamentária, basta marcar esses dois pontos nos eixos correspondentes da figura e uni-los por uma linha reta.

A inclinação da reta orçamentária tem uma interpretação econômica interessante. Ela mede a taxa pela qual o mercado está disposto a "substituir" o bem 1 pelo bem 2. Suponhamos, por exemplo, que o consumidor aumente seu consumo do bem 1 na quantidade Δx_1.[1] Em que medida deverá variar seu consumo do bem 2 para satisfazer sua restrição orçamentária? Usaremos Δx_2 para indicar a variação no consumo do bem 2.

Observemos agora que, se o consumidor satisfaz sua restrição orçamentária antes e depois das variações, ele deve satisfazer

$$p_1 x_1 + p_2 x_2 = m$$

e

$$p_1(x_1 + \Delta x_1) + p_2(x_2 + \Delta x_2) = m.$$

Ao subtrairmos a primeira equação da segunda, temos

$$p_1 \Delta x_1 + p_2 \Delta x_2 = 0.$$

Essa equação nos diz que o valor total da variação no consumo dessa pessoa deve ser zero. Resolvendo $\Delta x_2/\Delta x_1$, a taxa pela qual o bem 2 pode ser substituído pelo bem 1 sem deixar de satisfazer a restrição orçamentária, temos

$$\frac{\Delta x_2}{\Delta x_1} = -\frac{p_1}{p_2}.$$

Essa é exatamente a inclinação da reta orçamentária. O sinal negativo aparece na equação porque Δx_1 e Δx_2 devem ter sempre sinais contrários. Se consumimos mais do bem 1, temos de consumir menos do bem 2, e vice-versa, para continuar satisfazendo a restrição orçamentária.

Os economistas dizem às vezes que a inclinação da reta orçamentária mede o **custo de oportunidade** de consumir o bem 1. Para consumir mais do bem 1, é preciso deixar de consumir um pouco do bem 2. Abrir mão da oportunidade de consumir o bem 2 é o custo econômico real de consumir mais do bem 1; esse custo é medido pela inclinação da reta orçamentária.

2.4 Como a reta orçamentária varia

Quando os preços e a renda variam, o conjunto de bens que o consumidor pode adquirir também varia. Como essas mudanças afetam o conjunto orçamentário?

Examinemos primeiro as variações na renda. É fácil perceber, na equação (2.4), que o aumento da renda elevará o intercepto vertical, mas não afetará a inclinação da reta. Assim, o aumento da renda implicará um *deslocamento paralelo e para fora* da reta orçamentária, como mostra a Figura 2.2, do mesmo modo que a diminuição da renda causará um deslocamento paralelo e para dentro.

E as variações dos preços? Examinemos primeiro o caso em que o preço 1 aumenta, enquanto o preço 2 e a renda permanecem fixos. De acordo com a equação (2.4), o aumento de p_1 não alterará o intercepto vertical, mas aumentará a inclinação da reta orçamentária, uma vez que a razão p_1/p_2 crescerá.

---

[1] A letra grega Δ chama-se *delta*. A notação Δx_1 representa a variação do bem 1. Para mais informação sobre variações e taxas de variação, veja o Apêndice Matemático.

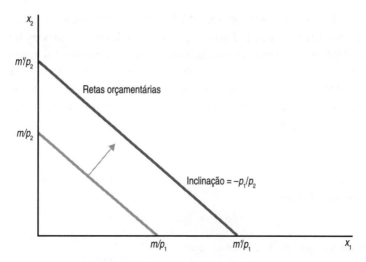

FIGURA 2.2 Aumento da renda. *O aumento da renda provoca o deslocamento paralelo e para fora da reta orçamentária.*

Outro modo de observar as variações da reta orçamentária consiste em usar o truque descrito anteriormente para traçar a reta orçamentária. Se você estiver gastando todo o seu dinheiro no bem 2, o aumento no preço do bem 1 não mudará a quantidade máxima do bem 2 que você poderia adquirir – então o intercepto vertical da reta orçamentária não muda. Porém, se você estiver gastando todo o seu dinheiro no bem 1, e ele encarecer, seu consumo do bem 1 deve diminuir. Portanto, o intercepto horizontal da reta orçamentária deve mover-se para dentro, produzindo a inclinação mostrada na Figura 2.3.

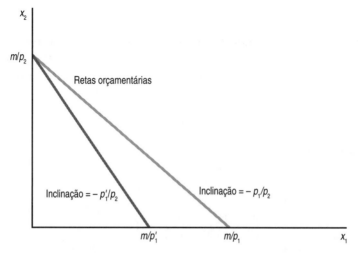

FIGURA 2.3 Aumento de preço. *Se o bem 1 encarecer, a reta orçamentária ficará mais inclinada.*

O que acontece com a reta orçamentária quando variamos os preços dos bens 1 e 2 ao mesmo tempo? Suponhamos, por exemplo, que os preços de ambos os bens sejam duplicados. Nesse caso, tanto o intercepto horizontal como o vertical deslocam-se para dentro por um fator de 1/2; o mesmo acontece com a reta orçamentária. Multiplicar ambos os preços por 2 equivale a dividir a renda por 2.

Isso também pode ser verificado por meio da álgebra. Suponhamos que nossa reta orçamentária original seja

$$p_1 x_1 + p_2 x_2 = m.$$

Suponhamos, ainda, que ambos os preços aumentem. Se multiplicarmos ambos os preços por t, teremos

$$tp_1 x_1 + tp_2 x_2 = m.$$

Essa equação, porém, é a mesma que

$$p_1 x_1 + p_2 x_2 = \frac{m}{t}.$$

Assim, multiplicar ambos os preços por uma quantidade constante é o mesmo que dividir a renda pela mesma constante t; então, se multiplicarmos ambos os preços por t e multiplicarmos a renda por t, a reta orçamentária não mudará.

Há também o caso em que os preços e a renda variam juntos. Se os preços aumentarem e a renda diminuir, o que acontecerá aos interceptos horizontal e vertical? Se m diminui e p_1 e p_2 aumentam, os interceptos m/p_1 e m/p_2 devem diminuir. Isso significa que a reta orçamentária irá se deslocar para dentro. E sua inclinação? Se o preço 2 aumentar mais que o preço 1, de modo que $-p_1/p_2$ diminua (em valor absoluto), a reta orçamentária ficará menos inclinada; se o preço 2 crescer menos que o preço 1, a reta orçamentária ficará mais inclinada.

2.5 O numerário

A reta orçamentária é definida por dois preços e um nível de renda, mas uma dessas variáveis é redundante. Podemos atribuir a um dos preços, ou à renda, um determinado valor e ajustar as outras variáveis para descrever exatamente o mesmo conjunto orçamentário. Assim, a reta orçamentária

$$p_1 x_1 + p_2 x_2 = m$$

é exatamente a mesma reta que

$$\frac{p_1}{p_2} x_1 + x_2 = \frac{m}{p_2}$$

ou

$$\frac{p_1}{m} x_1 + \frac{p_2}{m} x_2 = 1,$$

uma vez que a primeira reta orçamentária resulta da divisão de tudo por p_2 e a segunda, da divisão de tudo por m. No primeiro caso, determinamos que $p_2 = 1$;

no segundo, que $m = 1$. Se determinarmos o preço de um dos bens ou o valor da renda como 1 e ajustarmos de maneira apropriada o outro preço e a renda, o conjunto orçamentário não mudará.

Quando fixamos um dos preços em 1, como fizemos, costumamos nos referir a esse preço como o preço numerário. O preço **numerário** é o preço em relação ao qual medimos o outro preço e a renda. Às vezes, convém considerar um dos bens como o bem numerário, pois assim teremos um preço a menos para nos preocuparmos.

2.6 Impostos, subsídios e racionamento

A política econômica utiliza com frequência instrumentos que afetam a restrição orçamentária do consumidor, tais como impostos. Quando, por exemplo, o governo impõe um **imposto sobre a quantidade**, o consumidor tem de pagar ao governo certa quantia por unidade do bem que comprar. Nos Estados Unidos, por exemplo, os consumidores pagam cerca de US$0,15 por galão (cerca de 3,8 litros) de imposto federal sobre a gasolina.

Como um imposto sobre a quantidade afeta a reta orçamentária do consumidor? Do ponto de vista do consumidor, o imposto é como um preço mais alto. Assim, um imposto sobre a quantidade de t unidades monetárias por unidade do bem 1 simplesmente altera o preço do bem 1 de p_1 para $p_1 + t$. Como vimos, isso faz com que a reta orçamentária fique mais íngreme.

Outro tipo de imposto é um imposto sobre o **valor**. Como diz o nome, esse imposto incide sobre o valor – ou seja, o preço – do bem, e não sobre a quantidade comprada desse bem. Um imposto sobre o valor costuma ser expresso em termos percentuais. A maioria dos Estados americanos tem impostos sobre as vendas. Se o imposto for de 6%, o bem cujo preço original é US$1 será vendido, na verdade, por US$1,06. (Impostos sobre o valor são também conhecidos como impostos ***ad valorem***.)

Se o bem 1 tiver um preço p_1, mas estiver sujeito a um imposto sobre vendas com uma taxa τ,[2] o preço efetivo para o consumidor será de $(1 + \tau)p_1$. O consumidor terá de pagar p_1 ao fornecedor e τp_1 ao governo por unidade do bem, de modo que o custo total do bem para o consumidor será de $(1 + \tau)p_1$.

Um **subsídio** é o contrário de um imposto. No caso de **um subsídio de quantidade**, o governo *dá* ao consumidor uma quantia que depende da quantidade que ele, consumidor, compre do bem. Se, por exemplo, o consumo de leite fosse subsidiado, o governo pagaria uma quantia a cada consumidor de leite, dependendo da quantidade que cada um comprasse. Se o subsídio fosse de s unidades monetárias por unidade de consumo do bem 1, do ponto de vista do consumidor, o preço do bem 1 seria de $p_1 - s$, o que tornaria a reta orçamentária menos inclinada.

Do mesmo modo, um subsídio *ad valorem* baseia-se no preço do bem subsidiado. Se o governo devolver US$1 para cada US$2 doados para caridade, essas doações estarão sendo subsidiadas a uma taxa de 50%. Em geral, se o preço do

---

[2] Letra grega *tau*.

bem 1 for de p_1 e esse bem beneficiar-se de um subsídio *ad valorem* com uma taxa σ,[3] o preço real do bem 1 para o consumidor será de $(1 - \sigma)p_1$.

Podemos verificar que impostos e subsídios afetam os preços exatamente da mesma forma, exceto pelo sinal algébrico: o imposto aumenta o preço ao consumidor; o subsídio o diminui.

Outro tipo de imposto ou subsídio que o governo pode usar é um imposto ou subsídio de **montante fixo**. Se for um imposto, isso significa que o governo se apropria de uma quantia fixa de dinheiro, independentemente do comportamento do indivíduo. Então, um imposto de montante fixo faz com que a reta orçamentária de um consumidor se desloque para dentro em virtude da redução da renda monetária. De modo similar, um subsídio de montante fixo faz com que a reta orçamentária se desloque para fora. Tanto impostos sobre a quantidade como impostos sobre o valor podem inclinar a reta orçamentária de uma forma ou outra, dependendo de que bem esteja sendo tributado, mas um imposto de montante fixo desloca a reta orçamentária sempre para dentro.

Os governos também impõem às vezes um tipo de restrição, o *racionamento*, que consiste em limitar o nível de consumo de algum bem a uma determinada quantidade. Na Segunda Guerra Mundial, por exemplo, o governo americano racionou alguns alimentos, como a manteiga e a carne.

Suponhamos, pois, que o bem 1 esteja racionado, de modo que o consumidor não possa consumir mais que $\bar{x}_1$. Então, o conjunto orçamentário desse consumidor apresentará a forma descrita na Figura 2.4; ou seja, terá a mesma forma do conjunto orçamentário anterior, mas sem uma parte. Esse pedaço que falta corresponde a todas as cestas de consumo que o consumidor pode adquirir, mas que $x_1 > \bar{x}_1$

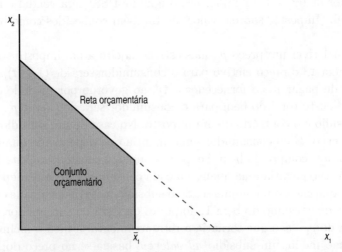

FIGURA 2.4 O conjunto orçamentário com racionamento. *Se o bem 1 estiver racionado, a parte do conjunto orçamentário que ultrapassar a quantidade racionada será eliminada.*

---

[3] Letra grega *sigma*.

Há vezes em que os impostos, os subsídios e o racionamento são combinados. Imaginemos, por exemplo, uma situação em que o consumidor possa consumir o bem 1 pelo preço p_1 até o limite quantitativo $\bar{x}_1$, além do qual passará a pagar uma taxa t pelo consumo além de $\bar{x}_1$. O conjunto orçamentário desse consumidor é representado na Figura 2.5. Nela, a reta orçamentária tem uma inclinação de $-p_1/p_2$ à esquerda de $\bar{x}_1$ e de $-(p_1 + t)/p_2$ à direita de $\bar{x}_1$.

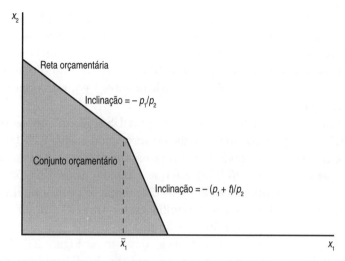

FIGURA 2.5 *Taxação do consumo excedente ao limite $\bar{x}_1$. Nesse conjunto orçamentário, o consumidor tem de pagar imposto apenas pela quantidade do bem 1 que consumir além do limite superior $\bar{x}_1$, o que fará com que a reta orçamentária se incline mais para a direita de $\bar{x}_1$.*

EXEMPLO: O Programa de Cupons de Alimentação

Desde a Lei de Cupons de Alimentação de 1964, o governo federal dos Estados Unidos subsidia o consumo de alimentos à população pobre. Os detalhes desse programa já sofreram diversos ajustes. Descreveremos aqui os efeitos econômicos de um desses ajustes.

Antes de 1979, as famílias que satisfizessem certas exigências podiam comprar cupons de alimentação, que, por sua vez, podiam ser usados para comprar comida em estabelecimentos varejistas. Em janeiro de 1975, por exemplo, uma família de quatro pessoas que participasse do programa podia receber US$153 mensais em cupons.

O preço desses cupons dependia da renda familiar. Uma família de quatro pessoas com renda mensal de US$300 pagava US$83 pelos cupons de alimentação relativos a um mês. Já para uma família de quatro pessoas com renda mensal de US$100, o custo por mês dos cupons era de US$25.[4]

---

[4] Esses números foram tirados de Kenneth Clarkson, *Food Stamps and Nutrition*, American Enterprise Institute, 1975.

Antes de 1979, o Programa de Cupons de Alimentação consistia num subsídio *ad valorem* sobre o consumo de alimentos. A taxa de subsídio dos alimentos dependia da renda familiar. A família de quatro pessoas que pagava US$83 pelo total mensal de cupons recebia alimentos no valor de US$1,84 por dólar pago (1,84 é igual a 153 dividido por 83). Do mesmo modo, a família que pagava US$25 por seus cupons recebia US$6,12 em alimentos por dólar pago (6,12 é igual a 153 dividido por 25).

A Figura 2.6A mostra como o Programa de Cupons de Alimentação afetava o conjunto orçamentário de uma família. Na figura, medimos, no eixo horizontal, o dinheiro gasto em alimentos e, no eixo vertical, a quantia gasta em todos os demais bens. Como medimos todos os bens em termos do dinheiro gasto com eles, o "preço" de cada bem será, automaticamente, 1 e a reta orçamentária terá uma inclinação de –1.

Se uma família tem permissão para comprar US$153 em cupons para alimentos por US$25, isso representa um subsídio de aproximadamente 84% (= 1 – 25/153) à compra de alimentos, de modo que a reta orçamentária terá uma inclinação de aproximadamente –0,16 (= 25/153) até que a família gaste US$153. Cada dólar que a família gaste em alimentos, até US$153, reduz seu consumo de outros bens em cerca de US$0,16. Depois que a família gastar US$153 em alimentos, a reta orçamentária voltará a ter uma inclinação de –1.

Esses efeitos produzem o tipo de "dobra" descrito na Figura 2.6. As famílias de maior renda tinham de pagar mais por seus cupons de alimentação, de modo que a reta orçamentária inclinava-se mais à medida que a renda familiar aumentava.

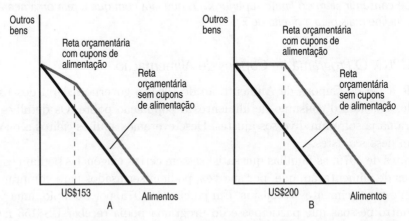

FIGURA 2.6 *Cupons de alimentação.* Como o Programa de Cupons de Alimentação afeta a reta orçamentária. A parte A mostra o programa antes de 1979; e a parte B, depois dessa data.

Em 1979, o Programa de Cupons de Alimentação foi modificado. Em vez de exigir que as famílias comprassem cupons de alimentação, o governo passou a fornecer gratuitamente esses cupons a determinado grupo de famílias. A Figura 2.6B mostra como isso afetava o conjunto orçamentário.

Suponhamos que uma família receba mensalmente US$200 em cupons de alimentação. Isso significa que ela pode todos os meses consumir mais US$200 em alimentos, independentemente do que gaste com os demais bens, o que implica que a reta orçamentária se deslocará US$200 para a direita. A inclinação não variará: US$1 a menos gasto em alimentos significa US$1 a mais para gastar em outras coisas. Mas como a família não pode, legalmente, vender cupons de alimentação, a quantidade máxima que ela pode gastar com os outros bens não muda. O Programa de Cupons de Alimentação é, na verdade, um subsídio de montante fixo, exceto pelo fato de que os cupons de alimentação não podem ser vendidos.

2.7 Variações na reta orçamentária

No próximo capítulo, analisaremos como o consumidor escolhe uma cesta de consumo ótima a partir de seu conjunto orçamentário. Mas já podemos relatar algumas observações baseadas no que aprendemos sobre os movimentos da reta orçamentária.

Primeiro, podemos observar que, como o conjunto orçamentário não muda, quando multiplicamos todos os preços e a renda por um número positivo, a escolha ótima do consumidor a partir do conjunto orçamentário também não mudará. Assim, mesmo sem analisar o processo de escolha, já chegamos a uma conclusão importante: uma inflação perfeitamente estável – ou seja, aquela em que todos os preços e a renda elevam-se à mesma taxa – não altera o conjunto orçamentário de ninguém e, portanto, também não pode alterar a escolha ótima.

Em segundo lugar, podemos fazer algumas afirmações sobre o estado de prosperidade do consumidor em diferentes níveis de preço e de renda. Suponhamos que a renda do consumidor aumente e que todos os preços permaneçam os mesmos. Sabemos que isso representa um deslocamento paralelo e para fora da reta orçamentária. Assim, todas as cestas que o consumidor adquiria no nível baixo de renda constituem também uma escolha possível no nível mais alto de renda. Mas então o consumidor deverá estar mais próspero no nível mais alto de renda do que no nível mais baixo – uma vez que ele pode escolher todas as cestas disponíveis anteriormente, além de algumas outras. Do mesmo modo, se um preço baixa enquanto os outros não se alteram, o consumidor tem de estar tão próspero quanto antes. Essa observação simples será bastante útil mais adiante.

RESUMO

1. O conjunto orçamentário consiste em todas as cestas de bens que o consumidor pode adquirir em determinados níveis de preços e de renda. Em geral, vamos supor que existem apenas dois bens, mas esse pressuposto é mais geral do que parece.

2. A reta orçamentária é escrita sob a forma $p_1 x_1 + p_2 x_2 = m$; tem uma inclinação $-p_1/p_2$, um intercepto vertical m/p_2 e um intercepto horizontal m/p_1.

3. O aumento da renda desloca a reta orçamentária para fora, enquanto o aumento do preço do bem 1 torna-a mais inclinada e o aumento do preço do bem 2 faz com que fique menos inclinada.

4. Os impostos, os subsídios e o racionamento mudam a inclinação e a posição da reta orçamentária, porque alteram os preços pagos pelo consumidor.

QUESTÕES DE REVISÃO

1. A princípio, o consumidor defronta-se com a reta orçamentária $p_1 x_1 + p_2 x_2 = m$. Depois, o preço do bem 1 dobra, o do bem 2 passa a ser oito vezes maior e a renda quadruplica. Escreva uma equação para a nova reta orçamentária com relação à renda e aos preços originais.

2. O que ocorre com a reta orçamentária se o preço do bem 2 aumentar, mas a renda e o preço do bem 1 permanecerem constantes?

3. Se o preço do bem 1 duplicar e o do bem 2 triplicar, como ficará a reta orçamentária: mais inclinada ou menos inclinada?

4. Qual a definição de um bem numerário?

5. Imaginemos que o governo baixe um imposto de US$0,15 sobre o galão da gasolina e depois resolva criar um subsídio para a gasolina a uma taxa de US$0,07 por galão. Essa combinação equivale a que taxa líquida?

6. Suponhamos que a equação orçamentária seja dada por $p_1 x_1 + p_2 x_2 = m$. O governo decide impor um imposto de montante fixo de u, um imposto t sobre a quantidade do bem 1 e um subsídio s sobre a quantidade do bem 2. Qual será a fórmula da nova reta orçamentária?

7. Se, ao mesmo tempo, a renda de um consumidor aumentar e um dos preços diminuir, ele estará necessariamente tão próspero quanto antes?

CAPÍTULO 3

PREFERÊNCIAS

No Capítulo 2, vimos que o modelo econômico do comportamento do consumidor é muito simples: as pessoas escolhem as melhores coisas pelas quais podem pagar. O capítulo anterior foi dedicado ao esclarecimento do "poder pagar"; já este capítulo visa a esclarecer o conceito econômico de "melhores coisas".

Chamamos os objetos de escolha do consumidor de **cestas de consumo**. Elas constituem uma relação completa dos bens e serviços envolvidos no problema de escolha que investigamos. A palavra "completa" merece destaque: quando analisar o problema da escolha do consumidor, assegure-se de incluir na definição da cesta de consumo todos os bens apropriados.

Se analisarmos a escolha do consumidor de modo mais amplo, desejaremos ter não só a relação completa dos bens que o consumidor possa adquirir, como ainda a descrição de quando, onde e sob que circunstâncias esses bens podem ficar disponíveis. Afinal, as pessoas preocupam-se tanto com a quantidade de comida que terão amanhã como com a que terão hoje. Uma balsa no meio do Oceano Atlântico é um bem diferente de uma balsa em pleno deserto do Saara. E um guarda-chuva é um bem bastante diferente quando chove do que quando faz sol. É sempre bom imaginar quão diferente é o "mesmo" bem disponível em lugares ou circunstâncias diversas, uma vez que, conforme a situação, o consumidor pode valorizar o bem de maneira diferente.

No entanto, quando limitamos nossa atenção a um simples problema de escolha, os bens relevantes são, em geral, óbvios. Adotaremos com frequência a ideia descrita anteriormente de utilizar apenas dois bens e chamar um deles de "todos os demais bens", de modo que possamos focalizar a relação de troca entre um bem e todo o resto. Dessa forma, podemos examinar escolhas de consumo que envolvem muitos bens e, ainda assim, utilizar diagramas bidimensionais.

Consideremos, então, que nossa cesta de consumo consista em dois bens e deixemos que x_1 represente a quantidade de um bem e x_2 a quantidade de outro. A cesta completa de consumo será, pois, representada por (x_1, x_2). Conforme já assinalado, ocasionalmente representaremos essa cesta por X.

3.1 Preferências do consumidor

Vamos supor que, dadas duas cestas de consumo quaisquer, (x_1, x_2) e (y_1, y_2), o consumidor poderá classificá-las de acordo com o grau de desejabilidade que cada uma delas tenha para ele. Ou seja, o consumidor poderá concluir que uma das cestas de consumo é bem melhor do que a outra ou achar que é indiferente a ambas.

Utilizaremos o símbolo $\succ$ para representar que uma cesta é **estritamente preferida** à outra, de modo que $(x_1, x_2) \succ (y_1, y_2)$ deve ser interpretado como significando que o consumidor **prefere estritamente** (x_1, x_2) a (y_1, y_2). Ele quer, definitivamente, a cesta x, em vez da cesta y. Essa relação de preferência visa a ser uma noção operacional. Se o consumidor prefere uma cesta à outra, isso significa que ele escolherá uma e não a outra, se tiver oportunidade para isso. Assim, a ideia de preferência baseia-se no *comportamento* do consumidor. Para descobrirmos qual das cestas é a preferida, observamos como o consumidor se comporta em situações de escolha que envolvem as duas cestas. Se ele sempre escolhe (x_1, x_2) quando (y_1, y_2) também está disponível, é então natural afirmar que esse consumidor prefere (x_1, x_2) a (y_1, y_2).

Se o consumidor mostra-se **indiferente** entre duas cestas de bens, utilizamos o símbolo $\sim$ e grafamos $(x_1, x_2) \sim (y_1, y_2)$. Mostrar-se indiferente significa que, segundo suas próprias preferências, o consumidor se sentiria satisfeito tanto com a cesta (x_1, x_2) como com a (y_1, y_2).

Se o consumidor prefere ambas as cestas ou mostra-se indiferente na escolha entre elas, dizemos que ele **prefere fracamente** (x_1, x_2) a (y_1, y_2) e grafamos $(x_1, x_2) \succeq (y_1, y_2)$.

Essas relações de preferência estrita, preferência fraca e indiferença não são conceitos independentes, mas têm relação entre si! Por exemplo, se $(x_1, x_2) \succeq (y_1, y_2)$ e $(y_1, y_2) \succeq (x_1, x_2)$, podemos concluir que $(x_1, x_2) \sim (y_1, y_2)$. Isto é, se o consumidor considera (x_1, x_2) pelo menos tão boa quanto (y_1, y_2) e (y_1, y_2) pelo menos tão boa quanto (x_1, x_2), então ele tem de ser indiferente entre as duas cestas de bens.

Do mesmo modo, se sabemos que $(x_1, x_2) \succeq (y_1, y_2)$, mas também sabemos que *não* é o caso de $(x_1, x_2) \sim (y_1, y_2)$, podemos concluir que $(x_1, x_2) \succ (y_1, y_2)$. Isso apenas nos diz que se o consumidor pensa que (x_1, x_2) é pelo menos tão bom quanto (y_1, y_2) e que ele não se mostra indiferente a nenhuma das duas cestas, então ele com certeza deve considerar (x_1, x_2) estritamente melhor que (y_1, y_2).

3.2 Pressupostos sobre preferências

Os economistas em geral fazem algumas suposições sobre a "consistência" das preferências dos consumidores. Por exemplo, parece pouco razoável – para não dizer contraditório – termos uma situação em que $(x_1, x_2) \succ (y_1, y_2)$ e, ao mesmo tempo, $(y_1, y_2) \succ (x_1, x_2)$, porque isso significaria que o consumidor tem estrita preferência pela cesta x em detrimento da cesta y e vice-versa.

Por isso costumamos considerar alguns pressupostos sobre como funcionam as relações de preferência, alguns tão fundamentais que podemos chamá-los de "axiomas" da teoria do consumidor. Eis aqui três desses axiomas sobre preferência do consumidor.

Completa. Supomos que é possível comparar duas cestas quaisquer. Ou seja, dada uma cesta x qualquer e uma cesta y qualquer, pressupomos que $(x_1, x_2) \succeq (y_1, y_2)$ ou $(y_1, y_2) \succeq (x_1, x_2)$ ou, ainda, ambas, caso em que o consumidor é indiferente entre as duas cestas.

Reflexiva. Supomos que todas as cestas são pelo menos tão boas quanto elas mesmas: $(x_1, x_2) \succeq (x_1, x_2)$.

Transitiva. Se $(x_1, x_2) \succeq (y_1, y_2)$ e $(y_1, y_2) \succeq (z_1, z_2)$, pressupomos então que $(x_1, x_2) \succeq (z_1, z_2)$. Em outras palavras, se o consumidor acha que X é pelo menos tão boa quanto Y e que Y é pelo menos tão boa quanto Z, então ele acha que X é pelo menos tão boa quanto Z.

O primeiro axioma, o de que a preferência é completa, raramente é alvo de objeções, pelo menos no que tange aos tipos de escolhas que os economistas em geral examinam. Dizer que se podem comparar quaisquer duas cestas é o mesmo que afirmar que o consumidor é capaz de escolher entre duas cestas quaisquer dadas. Alguém pode imaginar situações extremas que envolvam escolhas de vida ou de morte, escolhas essas de classificação difícil ou mesmo impossível. Tais escolhas, contudo, situam-se em sua maioria fora do domínio da análise econômica.

O segundo axioma, o da reflexividade, é trivial. Qualquer cesta é pelo menos tão boa quanto outra idêntica. Os pais de crianças pequenas podem às vezes observar comportamentos que contradizem esse pressuposto, mas ele parece plausível para a maior parte do comportamento adulto.

O terceiro axioma, o da transitividade, é mais problemático. Não está claro se a transitividade de preferências é *necessariamente* uma propriedade obrigatória das preferências. O pressuposto de que as preferências são transitivas não parece ser imperioso em termos só da lógica pura. De fato, não é. A transitividade é uma hipótese sobre o comportamento de escolha das pessoas, não uma afirmação de lógica pura. Não importa se ela é ou não um fato básico da lógica: o que interessa é se ela representa ou não uma descrição acurada de como as pessoas se comportam.

O que você pensaria de uma pessoa que dissesse que prefere a cesta X à cesta Y e que prefere a cesta Y à Z, mas que também prefere a cesta Z à X? Isso certamente seria encarado como indício de um comportamento estranho.

Mais importante ainda, como se comportaria esse consumidor ao ter de escolher entre as três cestas X, Y e Z? Se lhe pedíssemos que escolhesse a cesta de que mais gosta, ele enfrentaria um problema grave, pois, independentemente da cesta que escolhesse, sempre haveria uma preferida àquela. Para que possamos ter uma teoria na qual as pessoas façam suas "melhores" escolhas, as preferências têm de satisfazer o axioma da transitividade ou algo muito parecido com ele. Se as preferências não fossem transitivas, poderia haver um conjunto de cestas para as quais não houvesse uma escolha melhor.

3.3 Curvas de indiferença

O fato é que toda a teoria da escolha do consumidor pode ser formulada em termos de preferências que satisfaçam os três axiomas descritos anteriormente, além de poucos outros pressupostos técnicos. Todavia, acharemos conveniente descrever preferências de modo gráfico mediante o uso de uma forma de interpretação conhecida como **curvas de indiferença**.

Observe a Figura 3.1, em que estão ilustrados dois eixos que representam o consumo dos bens 1 e 2 por um consumidor. Tomemos uma determinada cesta de consumo (x_1, x_2) e vamos sombrear todas as cestas de consumo que sejam fracamente preferidas a (x_1, x_2). Isso se chama **conjunto fracamente preferido**. As cestas situadas nos limites desse conjunto – as cestas para as quais o consumidor é apenas indiferente a (x_1, x_2) – formam a **curva de indiferença**.

Podemos traçar uma curva de indiferença através de qualquer cesta que quisermos. A curva de indiferença traçada através de uma cesta de consumo consiste em todas as cestas de bens que deixam o consumidor indiferente à cesta dada.

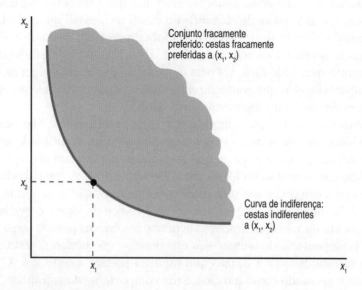

FIGURA 3.1 *Conjunto fracamente preferido.* *A área sombreada consiste em todas as cestas que são pelo menos tão boas quanto a cesta (x_1, x_2).*

Um problema com o fato de se usarem as curvas de indiferença para descrever preferências é que elas mostram apenas as cestas que o consumidor percebe como indiferentes entre si – as curvas não distinguem as cestas melhores das piores. Vale a pena às vezes colocar pequenas setas nas curvas de indiferença para indicar a direção das cestas preferidas. Não faremos isso em todos os casos, mas, sim, em alguns exemplos que, do contrário, poderiam tornar-se confusos.

Se não fizermos novas suposições sobre as preferências, as curvas de indiferença podem, com efeito, assumir formas bem peculiares. Mas, mesmo nesse nível de generalidade, podemos afirmar um princípio importante sobre as curvas de indiferença: *as curvas de indiferença que representem níveis distintos de preferência não podem se cruzar.* Ou seja, a situação descrita na Figura 3.2 não pode ocorrer.

Para comprovar isso, escolhamos três cestas de bens, X, Y e Z, de modo que X se situe em apenas uma curva de indiferença, Y fique somente na outra e Z se localize no intercepto dessas curvas. Por pressuposto, as curvas de indiferença representam níveis distintos de preferência, de modo que uma das cestas, digamos X, é estritamente preferida à outra cesta, Y. Sabemos que $X \sim Z$, que $Z \sim Y$ e que o axioma da transitividade implica, pois, que $X \sim Y$. Isso, porém, contradiz o pressuposto de que $X \succ Y$. Essa contradição confirma o resultado: as curvas de indiferença que representam níveis distintos de preferência não podem se cruzar.

Que outras propriedades têm as curvas de indiferença? Em teoria, a resposta é: não muitas. As curvas de indiferença são um modo de descrever preferências. Quase todas as preferências "razoáveis" que se possam imaginar podem ser descritas pelas curvas de indiferença. O truque está em saber que tipos de preferências originam que formas de curvas de indiferença.

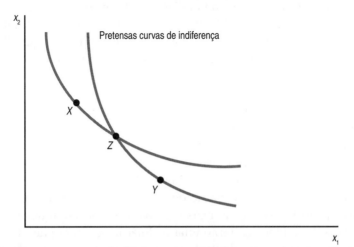

FIGURA 3.2 *As curvas de indiferença não podem se cruzar. Se o fizessem, as cestas de bens X, Y e Z teriam todas de ser indiferentes umas às outras e, assim, não poderiam situar-se em curvas de indiferença distintas.*

3.4 Exemplos de preferências

Tentemos relacionar as preferências às curvas de indiferença por intermédio de alguns exemplos. Iremos descrever algumas preferências e depois ver como se parecem as curvas de indiferença que as representam.

Há um procedimento geral para a elaboração de curvas de indiferença a partir da descrição "verbal" das preferências. Em primeiro lugar, ponha o lápis no gráfico em alguma cesta de consumo (x_1, x_2). A seguir, imagine dar um pouco mais do bem 1, Δx_1, ao consumidor, movendo-o para $(x_1 + \Delta x_1, x_2)$. Agora, indague-se: que mudanças teria de fazer no consumo de x_2 para tornar o consumidor indiferente ao ponto original de consumo? Chame essa mudança de Δx_2. Pergunte-se: para uma dada mudança no bem 1, como o bem 2 tem de mudar para tornar o consumidor simplesmente indiferente entre $(x_1 + \Delta x_1, x_2 + \Delta x_2)$ e (x_1, x_2)? Quando você identificar esse movimento numa cesta de consumo, terá traçado um pedaço da curva de indiferença. Tente agora com outra cesta, e assim sucessivamente, até desenvolver um quadro claro da forma geral das curvas de indiferença.

Substitutos perfeitos

Dois bens são **substitutos perfeitos** quando o consumidor aceita substituir um pelo outro a uma taxa *constante*. O caso mais simples de substituto perfeito ocorre quando o consumidor deseja substituir os bens a uma taxa de um por um.

Suponhamos que um consumidor tem que escolher entre lápis vermelhos e azuis e que ele gosta de lápis, mas não se importa nem um pouco com a cor. Peguemos uma cesta de consumo, digamos (10, 10). Então, para esse consumidor, qualquer outra cesta de consumo que contenha 20 lápis será tão boa quanto (10, 10). Do ponto de vista matemático, qualquer cesta de consumo (x_1, x_2) tal que $x_1 + x_2 = 20$ estará na curva de indiferença desse consumidor, que passa por (10, 10). Assim, as curvas de indiferença desse consumidor são todas linhas retas e paralelas com uma inclinação de –1, conforme mostrado na Figura 3.3. As cestas com um total maior de lápis são preferidas às com um total menor, de modo que a direção de crescimento da preferência é para cima e para a direita, conforme ilustra a Figura 3.3.

Como isso funciona em termos de procedimento geral para traçar as curvas de indiferença? Se estivermos em (10, 10) e aumentarmos a quantidade do primeiro bem em uma unidade, para 11, quanto teremos de alterar o segundo bem para retornar à curva de indiferença original? A resposta é claramente que teremos de diminuir o segundo bem em uma unidade. Assim, a curva de indiferença que passa por (10, 10) terá uma inclinação de –1. O mesmo procedimento poderá ser realizado em quaisquer cestas de bens com os mesmos resultados – nesse caso, todas as curvas de indiferença terão uma inclinação constante de –1.

O importante acerca dos substitutos perfeitos é que as curvas de indiferença têm uma inclinação *constante*. Suponhamos, por exemplo, uma representação gráfica dos lápis azuis no eixo vertical e dos *pares* de lápis vermelhos no eixo

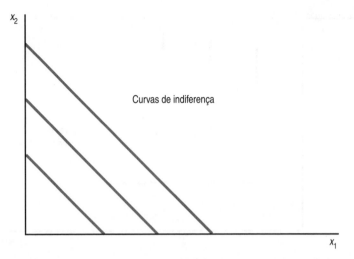

FIGURA 3.3 Substitutos perfeitos. *O consumidor só se importa com o número total de lápis, não com a cor deles. Assim, as curvas de indiferença são linhas retas com inclinação de −1.*

horizontal. As inclinações das curvas de indiferença desses dois bens teriam uma inclinação de −2, uma vez que o consumidor desejaria desistir de dois lápis azuis para obter mais um *par* de lápis vermelhos.

Consideraremos no livro-texto, primeiro, o caso em que os bens são substitutos perfeitos a uma taxa de um por um e deixaremos para tratar do caso geral no livro de exercícios.

Complementares perfeitos

Os bens **complementares perfeitos** são consumidos sempre juntos e em proporções fixas. De algum modo, esses bens "complementam-se" mutuamente. Um bom exemplo são os pés direito e esquerdo de um par de sapatos. O consumidor gosta de sapatos, mas sempre usa juntos os pés direito e esquerdo. Ter apenas um pé do par de sapatos não traz nenhum bem ao consumidor.

Tracemos as curvas de indiferença dos complementares perfeitos. Suponhamos que pegamos a cesta de consumo (10, 10). Em seguida, acrescentamos um pé direito de sapato de modo a ter (11, 10). Por pressuposto, isso deixa o consumidor indiferente à posição original: o pé de sapato adicional não lhe proporciona benefício algum. O mesmo ocorre se adicionarmos um pé esquerdo: o consumidor também permanece indiferente entre (10, 11) e (10, 10).

Assim, as curvas de indiferença têm o formato de um L, cujo vértice ocorre onde o número de pés esquerdos iguala-se ao de pés direitos, como na Figura 3.4.

O aumento do número tanto de pés esquerdos como de direitos levará o consumidor a uma posição preferível, de modo que a direção de aumento de preferência será de novo para cima e para a direita, conforme ilustrado no diagrama.

FIGURA 3.4 Complementares perfeitos. *O consumidor sempre quer consumir os bens em proporções fixas entre eles. Isso faz com que as curvas de indiferença tenham forma de L.*

O importante sobre os bens complementares perfeitos é que o consumidor prefere consumi-los em proporções fixas, sem necessidade de que a proporção seja de um por um. Se um consumidor sempre usa duas colheres (de chá) de açúcar em sua xícara de chá e não usa açúcar para mais nada, mesmo assim as curvas de indiferença serão ainda em forma de L. Nesse caso, os lados do L ocorrerão em duas colheres de açúcar, uma xícara de chá; quatro colheres de açúcar, duas xícaras de chá, e assim por diante, em vez de em um pé direito de sapato, um pé esquerdo de sapato; dois pés direitos de sapato, dois pés esquerdos de sapato, e daí em diante.

Examinaremos primeiro, no livro-texto, o caso em que os bens são consumidos em proporções de um por um e deixaremos para tratar o caso geral no livro de exercícios.

Males

Um **mal** é uma mercadoria da qual o consumidor não gosta. Por exemplo, suponhamos que as mercadorias em questão sejam pimentão e anchova – e que o consumidor adore pimentão, mas não goste de anchova. Digamos, porém, que haja uma possibilidade de compensação entre o pimentão e a anchova. Ou seja, haveria numa pizza determinada quantidade de pimentão que compensasse o consumidor por ter de consumir certa quantidade de anchova. Como poderíamos representar essas preferências com o uso de curvas de indiferença?

Peguemos uma cesta (x_1, x_2) que consista em um pouco de pimentão e um pouco de anchova. Se dermos ao consumidor mais anchova, o que teremos de fazer com o pimentão para mantê-lo na mesma curva de indiferença? Evidentemente, teremos de dar mais pimentão ao consumidor para compensá-lo por ter de aturar a anchova. Portanto, o consumidor terá de ter curvas de indiferença que se inclinem para cima e para a direita, conforme retratado na Figura 3.5.

A direção de aumento da preferência é para baixo e para a direita – isto é, no sentido da diminuição do consumo de anchova e do aumento do consumo de pimentão, exatamente como ilustram as setas do diagrama.

Neutros

Um **bem** é **neutro** se o consumidor não se importar com ele nem de um jeito nem de outro. E se o consumidor for exatamente neutro com relação à anchova?[1] Nesse caso, suas curvas de indiferença serão linhas verticais, como retrata a Figura 3.6.

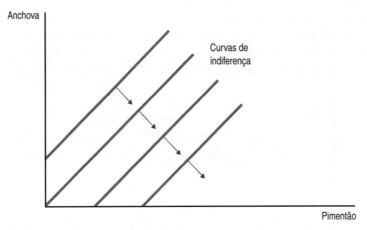

FIGURA 3.5 Males. *Aqui, a anchova é um "mal" e o pimentão é um "bem"[2] para o consumidor. Assim, as curvas de indiferença têm uma inclinação positiva.*

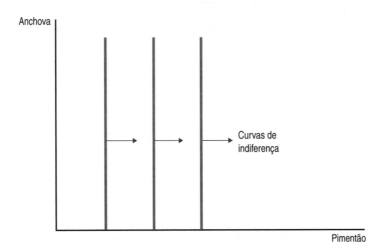

FIGURA 3.6 Um bem neutro. *O consumidor gosta de pimentão, mas é neutro em relação à anchova, de modo que as curvas de indiferença são linhas verticais.*

[1] Existe alguém neutro quando se trata de anchovas?
[2] *Nota da Revisão Técnica*: Aqui, bem significa mercadoria da qual o consumidor gosta.

Ele só se preocupa com a quantidade de pimentão que tem e não liga em absoluto para o número de anchovas que possui. Quanto mais pimentão, melhor, mas o aumento da quantidade de anchova não o afeta nem de um modo nem de outro.

Saciedade

Às vezes desejamos examinar uma situação que envolva **saciedade**, na qual há uma cesta melhor que todas as outras para o consumidor; e, quanto mais perto ele estiver dela, melhor ele estará, de acordo com suas preferências. Suponhamos que o consumidor tenha uma cesta de bens $(\bar{x}_1, \bar{x}_2)$ de maior preferência e que, quanto mais se afastar dela, pior se sentirá. Nesse caso, diremos que $(\bar{x}_1, \bar{x}_2)$ é o ponto de **saciedade** ou **satisfação**. As curvas de indiferença do consumidor se parecem com as retratadas na Figura 3.7. O melhor ponto é $(\bar{x}_1, \bar{x}_2)$ e os pontos mais afastados do ponto de satisfação situam-se nas curvas de indiferença "inferiores".

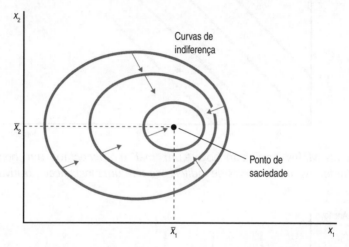

FIGURA 3.7 Preferências saciadas. A cesta $(\bar{x}_1, \bar{x}_2)$ é o ponto de saciedade ou de satisfação, e as curvas de indiferença cercam esse ponto.

Nesse caso, as curvas de indiferença têm inclinação negativa quando o consumidor tem "muito pouco" ou "demais" de ambos os bens e inclinação positiva quando tem "demais" de um dos bens. Quando ele tem demais de um dos bens, esse bem torna-se um "mal" – a redução do consumo do bem "mal" leva-o para mais perto de seu "ponto de satisfação". Se ele tiver demais de ambos os bens, os dois serão "males", e a redução do consumo de ambos o conduzirá para mais perto de seu ponto de satisfação.

Consideremos, por exemplo, que os dois bens sejam bolo de chocolate e sorvete. Deve haver uma quantidade ótima de bolo de chocolate e de sorvete que desejaríamos comer por semana. Qualquer quantidade a menos ou a mais nos deixaria piores.

Se refletirmos sobre o assunto, veremos que, nesse particular, a maior parte dos bens é como o bolo de chocolate e o sorvete – podemos ter quase tudo em excesso. No entanto, em geral, as pessoas não *escolheriam* de maneira voluntária ter uma quantidade excessiva dos bens que consomem. Por que se desejaria querer ter mais do que se quer de alguma coisa? Portanto, do ponto de vista da escolha econômica, a região que interessa é aquela em que se tem *menos* do que se quer da maioria dos bens. As escolhas com as quais as pessoas realmente se preocupam são as desse tipo, e é com elas que nos preocuparemos.

Bens discretos

Em geral, pensamos em medir os bens em unidades em que as quantidades fracionárias façam sentido – podemos consumir, em média, 47 litros[3] de leite por mês, muito embora compremos um litro de cada vez. Mas, às vezes, queremos examinar preferências com relação a bens que, por sua própria natureza, são representados em unidades discretas.

Consideremos, por exemplo, a demanda dos consumidores por automóveis. Poderíamos definir a demanda por automóveis em termos do tempo gasto com seu uso, de maneira a ter uma variável contínua, mas, para muitos fins, o que interessa mesmo é o verdadeiro número de carros demandados.

Não é difícil usar as preferências para descrever o comportamento de escolha para esse tipo de bem discreto. Suponhamos que x_2 seja o dinheiro a ser gasto em outros bens e que x_1 seja um bem discreto, disponível apenas em quantidades inteiras. Na Figura 3.8 ilustraremos a aparência das "curvas" de indiferença e do conjunto fracamente preferido desse tipo de bem. Nesse caso, as cestas indiferentes a uma dada cesta constituirão um conjunto de pontos discretos. O conjunto de cestas pelo menos tão bom como uma cesta em particular será um conjunto de segmentos de retas.

A escolha entre enfatizar ou não a natureza discreta de um bem dependerá de nossa aplicação. Se o consumidor escolher apenas uma ou duas unidades do bem durante o período de nossa análise, pode ser importante reconhecer a natureza discreta da escolha. Contudo, se o consumidor escolher 30 ou 40 unidades do bem, então provavelmente será conveniente pensar nisso como um bem contínuo.

3.5 Preferências bem-comportadas

Já vimos alguns exemplos de curvas de indiferença. Conforme observamos, esses diagramas simples podem descrever muitos tipos de preferências, razoáveis ou não. Mas, se quisermos descrever as preferências em geral, será conveniente focalizar algumas formas gerais de curvas de indiferença. Nesta seção, descreveremos alguns pressupostos mais gerais que tipicamente assumiremos sobre as preferências; abordaremos ainda as implicações desses pressupostos para as formas das curvas de indiferença a eles relacionadas. Esses pressupostos, porém, não são os

---

[3] *Nota da Revisão Técnica*: Em termos de medidas americanas, 1 gallon corresponde a 3,785 litros, logo, 12,43 gallons representam cerca de 47 litros (12,43 × 3,785 = 47,04755).

únicos possíveis; em algumas situações, desejaremos utilizar pressupostos diferentes, mas os consideraremos como as características de definição das **curvas de indiferença bem-comportadas**.

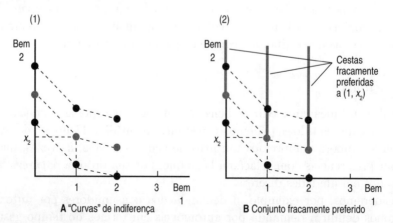

FIGURA 3.8 Bem discreto. *Aqui, o bem 1 só está disponível em quantidades inteiras. No painel A, as linhas tracejadas ligam entre si as cestas que são indiferentes, e, no painel B, as linhas verticais representam cestas que são pelo menos tão boas quanto a cesta indicada.*

Suporemos de início que mais é melhor, isto é, que estamos falando sobre *bens*, não *males*. Mais precisamente, se (x_1, x_2) for uma cesta de bens e (y_1, y_2) uma cesta de bens com pelo menos o mesmo número de ambos os bens e mais de um, então $(y_1, y_2) \succ (x_1, x_2)$. Essa suposição é às vezes chamada de **monotonicidade** de preferências. Conforme sugerimos em nossa discussão sobre a saciedade, o mais é melhor provavelmente só até certo ponto. Assim, a suposição da monotonicidade diz apenas que examinaremos situações *antes* de alcançar esse ponto – antes que se manifeste qualquer saciedade, enquanto mais *ainda é* melhor. A teoria econômica não seria um assunto muito interessante num mundo em que todos estivessem saciados em seu consumo de todos os bens.

Qual a implicação da monotonicidade no tocante à forma das curvas de indiferença? Implica que elas tenham uma inclinação *negativa*. Examinemos a Figura 3.9. Se partirmos de uma cesta (x_1, x_2) e nos movermos para algum lugar acima e à direita, teremos de nos mover em direção a uma posição preferida. Se nos movermos para baixo e para a esquerda, teremos de nos mover para uma posição pior. Portanto, se nos movermos para uma posição *indiferente*, estaremos nos movendo para a esquerda e para cima ou para a direita e para baixo; a curva de indiferença deve ter uma inclinação negativa.

Em segundo lugar, iremos pressupor que as médias são preferidas aos extremos. Isto é, se pegarmos duas cestas de bens (x_1, x_2) e (y_1, y_2) na mesma curva de indiferença e tirarmos uma média ponderada das duas cestas, assim como

$$\left(\frac{1}{2}x_1 + \frac{1}{2}y_1, \frac{1}{2}x_2 + \frac{1}{2}y_2\right),$$

então a cesta média será pelo menos tão boa quanto ou estritamente preferida a cada uma das duas cestas extremas. Essa cesta de média ponderada tem a quantidade média do bem 1 e a quantidade média do bem 2 presentes em ambas as cestas. Situa-se, pois, no meio da reta que liga a cesta x à cesta y.

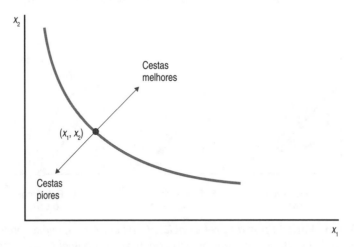

FIGURA 3.9 Preferências monotônicas. Mais de ambos os bens é melhor para esse consumidor; menos de ambos os bens representa uma cesta pior.

Manteremos essa suposição para todos os pesos t entre 0 e 1, e não apenas para 1/2. Logo, suporemos que se $(x_1, x_2) \sim (y_1, y_2)$, então

$$(tx_1 + (1-t)\, y_1,\, tx_2 + (1-t)\, y_2) \succeq (x_1, x_2)$$

para qualquer t, de modo que $0 \le t \le 1$. Essa média ponderada das duas cestas fornece o peso de t para a cesta x e o peso de $1-t$ para a cesta y. Portanto, a distância da cesta x para a cesta média é apenas uma fração t da distância entre a cesta x e a cesta y ao longo da reta que liga as duas cestas.

O que essa suposição sobre as preferências significa, do ponto de vista geométrico? Significa que o conjunto de cestas fracamente preferidas a (x_1, x_2) é um **conjunto convexo**. Suponhamos que (y_1, y_2) e (x_1, x_2) sejam cestas indiferentes. Se as médias forem preferidas aos extremos, todas as médias ponderadas de (x_1, x_2) e de (y_1, y_2) serão fracamente preferidas a (x_1, x_2) e a (y_1, y_2). O conjunto convexo tem a propriedade de que, se pegarmos dois pontos *quaisquer* do conjunto e traçarmos o segmento de reta que liga esses dois pontos, o segmento de reta ficará todo dentro do conjunto.

A Figura 3.10A representa um exemplo de preferências convexas, enquanto as Figuras 3.10B e 3.10C mostram exemplos de preferências não convexas. A Figura 3.10C apresenta as preferências tão não convexas que talvez pudéssemos chamá-las de "preferências côncavas".

Você consegue imaginar preferências que não sejam convexas? Uma possibilidade pode ser algo parecido com minhas preferências por sorvete e azeitonas.

Gosto de sorvete e de azeitonas, mas não juntos! Ao pensar sobre meu consumo na próxima hora, posso ficar indiferente entre consumir 250 gramas de sorvete e 60 gramas de azeitonas ou 250 gramas de azeitonas e 60 gramas de sorvete. Porém, qualquer dessas duas cestas seria melhor do que consumir 155 gramas de ambos! São esses os tipos de preferências descritos na Figura 3.10C.

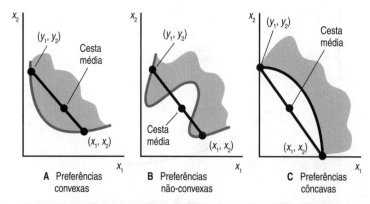

FIGURA 3.10 *Vários tipos de preferências.* O painel A descreve as preferências convexas; o painel B, as preferências não convexas; e o painel C, as preferências côncavas.

Por que desejamos supor que as preferências bem-comportadas são convexas? Porque, em sua maioria, os bens são consumidos juntos. Os tipos de preferência descritos nas Figuras 3.10B e 3.10C implicam que o consumidor preferiria especializar-se, pelo menos em determinado grau, em consumir somente um dos bens. Entretanto, o normal é que o consumidor queira trocar um pouco de um bem por outro e acabar por consumir um pouco de cada, em vez de especializar-se em consumir apenas um dos dois bens.

Com efeito, se examinarmos minhas preferências de consumo *mensal* de sorvete e azeitonas, em vez de meu consumo imediato, elas tenderiam a parecer muito mais com a Figura 3.10A do que com a Figura 3.10C. Todos os meses eu preferiria consumir um pouco de sorvete e um pouco de azeitonas – ainda que em ocasiões diferentes – a especializar-me em consumir um ou outro o mês inteiro.

Por fim, uma extensão do pressuposto da convexidade é a suposição da **convexidade estrita**. Isso significa que a média ponderada de duas cestas indiferentes é *estritamente* preferida às duas cestas extremas. As preferências convexas podem ter pontos planos, enquanto as preferências *estritamente* convexas devem ter curvas de indiferença "arredondadas". A preferência por dois bens que sejam substitutos perfeitos é convexa, mas não estritamente convexa.

3.6 Taxa marginal de substituição

Sempre acharemos útil fazermos referência à inclinação de uma curva de indiferença num determinado ponto. Essa ideia é tão útil que até tem um nome: a inclinação da curva de indiferença é conhecida como **taxa marginal de substituição** (**TMS**). O nome provém do fato de que a TMS mede a taxa pela qual o consumidor está propenso a substituir um bem por outro.

Vamos supor que retiramos do consumidor um pouco do bem 1, Δx_1. Damos-lhe, então, Δx_2, quantidade suficiente apenas para colocá-lo de volta em sua curva de indiferença, de modo que ele fique tão bem depois dessa substituição de x_2 por x_1 como estava antes. Consideramos a razão $\Delta x_2 / \Delta x_1$ como sendo a *taxa* pela qual o consumidor está propenso a substituir o bem 2 pelo bem 1.

Imaginemos agora Δx_1 como uma mudança muito pequena – uma mudança marginal. Então, a taxa $\Delta x_2 / \Delta x_1$ mede a taxa *marginal* de substituição do bem 2 pelo bem 1. À medida que Δx_1 diminui, $\Delta x_2 / \Delta x_1$ aproxima-se da inclinação da curva de indiferença, conforme pode ser visto na Figura 3.11.

Quando grafarmos a razão $\Delta x_2 / \Delta x_1$, consideraremos tanto o numerador como o denominador sempre como números pequenos – que descrevem mudanças *marginais* na cesta de consumo original. Assim, a razão que define a TMS descreverá sempre a inclinação da curva de indiferença: a taxa pela qual o consumidor está propenso a substituir um pouco mais de consumo do bem 2 por um pouco menos de consumo do bem 1.

O que confunde um pouco a respeito da TMS é que ela costuma ser um número *negativo*. Já vimos que as preferências monotônicas implicam que as curvas de indiferença precisam ter inclinação negativa. Como a TMS é a medida numérica da inclinação de uma curva de indiferença, ela naturalmente será um número negativo.

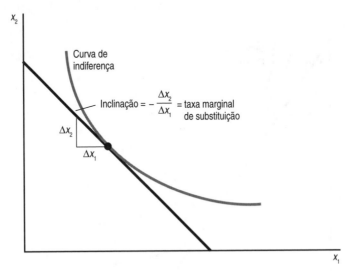

FIGURA 3.11 *Taxa marginal de substituição (TMS).* A taxa marginal de substituição mede a inclinação da curva de indiferença.

A taxa marginal de substituição avalia um aspecto interessante do comportamento do consumidor. Suponhamos que o consumidor tenha preferências bem-comportadas, isto é, monotônicas e convexas, e que ele atualmente consuma algum tipo de cesta (x_1, x_2). Agora, proporemos a ele um negócio: ele poderá trocar o bem 1 pelo bem 2, e vice-versa, em qualquer quantidade, a uma "taxa de troca" de E.

Ou seja, se o consumidor abrir mão de Δx_1 unidades do bem 1, ele poderá obter em troca $E\Delta x_1$ unidades do bem 2. Ou, ao contrário, se abrir mão de Δx_2 unidades do bem 2, poderá obter $\Delta x_2/E$ unidades do bem 1. Do ponto de vista geométrico, estaremos oferecendo ao consumidor a oportunidade de se mover para qualquer ponto ao longo de uma reta com inclinação de $-E$ que passa por (x_1, x_2), conforme mostrado na Figura 3.12. A movimentação para cima e para a esquerda de (x_1, x_2) envolve a troca do bem 1 pelo bem 2, e a movimentação para baixo e para a direita envolve a troca do bem 2 pelo bem 1. Em qualquer dos movimentos, a taxa de troca é E. Como a troca envolve sempre a desistência de um bem em troca de outro, a *taxa* de troca E corresponde à *inclinação* de $-E$.

Agora podemos perguntar: qual deve ser a taxa de troca para que o consumidor prefira continuar em (x_1, x_2)? Para responder a essa pergunta, observamos simplesmente que, a qualquer tempo em que a reta de troca *cruze* a curva de indiferença, haverá alguns pontos naquela reta que serão preferidos a (x_1, x_2) – os quais se situam acima da curva de indiferença. Assim, se (x_1, x_2) não se mover, a reta de troca terá de tangenciar a curva de indiferença. Ou seja, a inclinação da reta de troca, $-E$, tem de ser a inclinação da curva de indiferença em (x_1, x_2). A qualquer outra taxa de troca, a reta de troca cortaria a curva de indiferença, permitindo, assim, que o consumidor se movesse para um ponto de maior preferência.

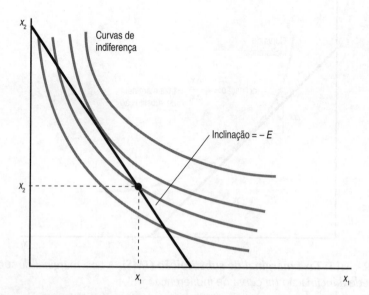

FIGURA 3.12 *Intercâmbio a uma taxa de troca.* *Permitimos aqui que o consumidor troque os bens a uma taxa de troca E, o que implica que ele pode mover-se ao longo de uma reta com inclinação –E.*

Portanto, a inclinação da curva de indiferença, a taxa marginal de substituição, mede a taxa em que o consumidor se encontra na fronteira entre trocar ou não trocar. A qualquer taxa de troca que não seja a TMS, o consumidor quererá trocar um bem pelo outro. Mas se a taxa de troca se igualar a TMS, o consumidor quererá ficar onde está.

3.7 Outras interpretações da TMS

Dissemos que a TMS mede a taxa em que o consumidor se encontra na fronteira entre querer substituir ou não o bem 1 pelo bem 2. Também poderíamos dizer que o consumidor está a ponto de querer "pagar" com um pouco do bem 1 para comprar um pouco mais do bem 2. Assim, às vezes se ouve dizer que a inclinação da curva de indiferença mede a **propensão marginal a pagar**.

Se o bem 2 representa o consumo de "todos os outros bens" e é medido em unidades monetárias que se podem gastar em outros bens, então a interpretação da propensão marginal a pagar é muito natural. A taxa marginal de substituição do bem 2 pelo bem 1 corresponde a quantas unidades monetárias se estaria disposto a não despender em outros bens para consumir um pouco mais do bem 1. A TMS mede, portanto, a propensão marginal a abrir mão de unidades monetárias para consumir um pouco mais do bem 1. Mas abrir mão dessas unidades monetárias é exatamente como pagar unidades monetárias para consumir um pouco mais do bem 1.

Se usarmos a interpretação da propensão marginal a pagar da TMS, é preciso ter o cuidado de enfatizar tanto o aspecto "marginal" como o de "propensão". A TMS mede a quantidade do bem 2 que alguém tem *propensão* a pagar para obter uma quantidade *marginal* de consumo extra do bem 1. O que na verdade se *tem* de pagar por uma quantidade adicional de consumo pode ser diferente de quanto se está propenso a pagar. A quantia a ser paga dependerá do preço do bem em questão. O quanto se está propenso a pagar não depende do preço, mas, sim, das preferências do comprador.

Da mesma forma, a quantia que se está propenso a pagar por uma ampla mudança no consumo pode ser diferente de quanto se está propenso a pagar por uma mudança marginal. A verdadeira quantidade que acabamos por adquirir de um bem dependerá de nossas preferências por esse bem e dos preços com os quais nos defrontamos. Quanto estaríamos propensos a pagar por uma pequena quantidade adicional de um bem constitui um aspecto apenas de nossa preferência.

3.8 O comportamento da TMS

Às vezes é útil ilustrar as formas das curvas de indiferença pela descrição do comportamento da taxa marginal de substituição. Por exemplo, as curvas de indiferença dos "substitutos perfeitos" caracterizam-se pelo fato de que a TMS é uma constante igual a -1. Já no caso dos "neutros", a TMS é infinita em qualquer ponto, enquanto a preferência por "complementares perfeitos" é caracterizada pelo fato de que a TMS é zero ou infinita, sem meio-termo.

Já assinalamos que a pressuposição da monotonicidade implica que as curvas de indiferença tenham inclinação obrigatoriamente negativa, de modo que a TMS envolva sempre a redução do consumo de um bem para obter mais de outro para preferências monotônicas.

O caso das curvas de indiferença convexas mostra ainda outro tipo de comportamento da TMS. Nas curvas de indiferença estritamente convexas, a TMS – a inclinação da curva de indiferença – diminui (em valor absoluto) à medida que aumentamos x_1. Assim, as curvas de indiferença mostram uma **taxa marginal de substituição decrescente**. Isso significa que a taxa pela qual a pessoa deseja trocar o bem 1 pelo bem 2 diminui à medida que aumentamos a quantidade do bem 1. Colocada dessa maneira, a convexidade das curvas de indiferença parece muito natural: ela diz que quanto mais temos de um bem, mais propensos estaremos a abrir mão de um pouco dele em troca de outro bem. (Lembremo-nos, porém, do exemplo do sorvete e das azeitonas – para alguns pares de bens, esse pressuposto pode não se aplicar!)

RESUMO

1. Os economistas partem do pressuposto de que o consumidor pode ordenar várias possibilidades de consumo. A maneira como o consumidor ordena as cestas de consumo descreve suas preferências.

2. As curvas de indiferença podem ser usadas para descrever diferentes tipos de preferências.

3. As preferências bem-comportadas são monotônicas (no sentido de que mais é melhor) e convexas (o que significa que as médias são preferidas aos extremos).

4. A taxa marginal de substituição (TMS) mede a inclinação da curva de indiferença. Isso pode ser interpretado no sentido de quanto do bem 2 o consumidor estará propenso a abrir mão para adquirir uma quantidade maior do bem 1.

QUESTÕES DE REVISÃO

1. Se observarmos o consumidor escolher (x_1, x_2) quando (y_1, y_2) está disponível, poderemos concluir que $(x_1, x_2) \succ (y_1, y_2)$?

2. Imaginemos o grupo de pessoas A, B, C e a relação "pelo menos tão alta quanto", como em "A é pelo menos tão alta quanto B". Essa relação é transitiva? Ela é completa?

3. Pegue o mesmo grupo de pessoas e examine a relação "estritamente mais alta que". Essa relação é transitiva? Ela é reflexiva? Ela é completa?

4. Um técnico de futebol americano de uma faculdade afirma que, dados dois atacantes A e B, ele sempre prefere o que for maior e mais rápido. Essa relação de preferência é transitiva? Ela é completa?

5. Uma curva de indiferença pode cruzar a si mesma? Por exemplo, a Figura 3.2 poderia retratar uma única curva de indiferença?

6. A Figura 3.2 poderia ser uma única curva de indiferença se as preferências fossem monotônicas?

7. Se tanto o pimentão quanto a anchova forem males, a curva de indiferença terá inclinação positiva ou negativa?

8. Explique por que as preferências convexas significam que "as médias são preferidas aos extremos".

9. Qual é sua taxa marginal de substituição de notas de US$1 por notas de US$5?

10. Se o bem 1 for "neutro", qual será sua taxa marginal de substituição pelo bem 2?

11. Imagine alguns outros bens para os quais suas preferências podem ser côncavas.

CAPÍTULO 4

UTILIDADE

Na era vitoriana, os filósofos e economistas referiam-se alegremente à "utilidade" como um indicador do bem-estar geral de uma pessoa. A utilidade era tida como a medida numérica da felicidade do indivíduo. Dada essa ideia, era natural imaginar consumidores fazendo escolhas que maximizassem sua utilidade, ou seja, que os fizessem o mais felizes possível.

O problema é que esses economistas clássicos, na verdade, nunca nos explicaram como se avalia a utilidade. Como medir a "quantidade" de utilidade que cada escolha proporciona? A utilidade de uma pessoa é igual à de outra? O que significa a afirmação de que mais uma barra de chocolate me daria duas vezes mais utilidade que mais uma cenoura? O conceito de utilidade tem algum outro significado além de ser aquilo que as pessoas maximizam?

Esses problemas conceituais levaram os economistas a abandonar a velha visão da utilidade como medida de felicidade e a reformular toda a teoria do comportamento do consumidor com base nas **preferências do consumidor**. A utilidade passou a ser vista somente como um *modo de descrever as preferências*.

Pouco a pouco, os economistas reconheceram que, no que tange ao comportamento de escolha, tudo o que interessava saber a respeito da utilidade era se uma cesta tinha maior utilidade do que a outra – o quão maior era, na verdade, não importava. No início, definiam-se as preferências em termos de utilidade: dizer que a cesta (x_1, x_2) era preferida à (y_1, y_2) significava que a cesta x tinha uma utilidade maior que a y. Agora, porém, a tendência é encarar a questão de modo inverso. As *preferências* do consumidor são a descrição fundamental para analisar a escolha, enquanto a utilidade constitui apenas uma forma de descrever as preferências.

A **função de utilidade** é um modo de atribuir um número a cada possível cesta de consumo, de modo que se atribuam às cestas mais preferidas números maiores que os atribuídos às menos preferidas. Isto é, a cesta (x_1, x_2) será preferida à (y_1, y_2) se e somente se a utilidade de (x_1, x_2) for maior que a utilidade de (y_1, y_2): em símbolos, $(x_1, x_2) \succ (y_1, y_2)$ se e somente se $u(x_1, x_2) > u(y_1, y_2)$.

A única propriedade de uma atribuição de utilidade que interessa é o modo como ela *ordena* as cestas de bens. A grandeza da função de utilidade só tem importância na medida em que ela *hierarquiza* as diferentes cestas de consumo. A extensão da diferença de utilidade entre quaisquer duas cestas não importa. A ênfase que esse tipo de utilidade confere ao ordenamento das cestas de bens faz com que ele seja chamado de **utilidade ordinal**.

Vejamos, por exemplo, a Tabela 4.1, em que são ilustradas diversas formas de atribuir utilidades a três cestas de bens e em que todas as atribuições ordenam as cestas do mesmo modo. Neste exemplo, o consumidor prefere A a B e B a C. Todas as formas indicadas são funções de utilidade válidas, que descrevem as mesmas preferências, porque todas têm a propriedade de que à cesta A seja atribuído um número maior que o atribuído à cesta B, que, por sua vez, recebe um número maior que o atribuído à cesta C.

TABELA 4.1 *Diferentes formas de atribuir utilidades*

Cesta	U_1	U_2	U_3
A	3	17	−1
B	3	10	−2
C	1	0,002	−3

Como só o que interessa é a ordenação das cestas, não existe uma forma única de atribuir utilidades às cestas de bens. Se pudéssemos encontrar um meio determinado de atribuir números de utilidades às cestas de bens, poderíamos descobrir um número infinito de formas de fazê-lo. Se $u(x_1, x_2)$ representa uma forma de atribuir números de utilidades às cestas (x_1, x_2), a multiplicação de $u(x_1, x_2)$ por 2 (ou qualquer outro número positivo) também seria um meio válido de atribuir utilidades.

A multiplicação por 2 é um exemplo de **transformação monotônica**. A transformação monotônica é um modo de transformar um conjunto de números em outro, mas preservando a ordem original dos números.

A transformação monotônica é em geral representada pela função $f(u)$, que transforma cada número u em outro número $f(u)$, mas preserva a ordem dos números para que $u_1 > u_2$ implique $f(u_1) > f(u_2)$. Uma transformação monotônica e uma função monotônica são, em essência, a mesma coisa.

Exemplos de transformações monotônicas são a multiplicação por um número positivo (por exemplo, $f(u) = 3u$), a adição de um número qualquer (por exemplo, $f(u) = u + 17$), a elevação de u a alguma potência ímpar (por exemplo, $f(u) = u^3$), e assim por diante.[1]

---

[1] O que chamamos "transformação monotônica" é, em sentido estrito, denominado "transformação monotônica positiva", para distingui-la da "transformação monotônica negativa", que inverte a ordem dos números. As transformações monotônicas são às vezes chamadas de "transformações monótonas", o que parece injusto, uma vez que elas, na verdade, podem ser bem interessantes.

Para medir a taxa de variação de $f(u)$ que ocorre quando u varia, basta dividir a diferença registrada em f entre dois valores de u pela mudança ocorrida em u:

$$\frac{\Delta f}{\Delta u} = \frac{f(u_2) - f(u_1)}{u_2 - u_1}.$$

Para que a transformação seja monotônica, $f(u_2) - f(u_1)$ deve ter sempre o mesmo sinal que $u_2 - u_1$. Assim, a taxa de variação da transformação monotônica tem de ser sempre positiva. Isso faz com que o gráfico da transformação monotônica tenha sempre uma inclinação positiva, conforme mostra a Figura 4.1A.

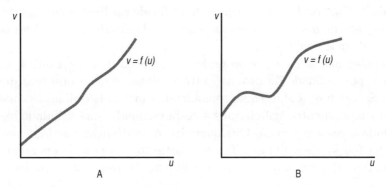

FIGURA 4.1 Uma transformação monotônica positiva. *O painel A mostra uma função monotônica – que aumenta indefinidamente. Já o painel B exibe uma função não monotônica – que umas vezes aumenta e outras vezes diminui.*

Se $f(u)$ for a transformação monotônica de uma função de utilidade que represente determinadas preferências, então $f(u(x_1, x_2))$ também será uma função de utilidade que representará essas mesmas preferências.

Por quê? O argumento baseia-se nas três afirmações seguintes:

1. Dizer que $u(x_1, x_2)$ representa determinadas preferências significa que $u(x_1, x_2) > u(y_1, y_2)$ se, e somente se, $(x_1, x_2) \succ (y_1, y_2)$.

2. Mas, se $f(u)$ for uma transformação monotônica, então $u(x_1, x_2) > u(y_1, y_2)$ se, e somente se, $f(u(x_1, x_2)) > f(u(y_1, y_2))$.

3. Portanto, $f(u(x_1, x_2)) > f(u(y_1, y_2))$ se, e somente se, $(x_1, x_2) \succ (y_1, y_2)$, de modo que a função $f(u)$ represente as preferências da mesma forma que a função de utilidade original $u(x_1, x_2)$.

Resumamos essa discussão com o enunciado do seguinte princípio: *a transformação monotônica de uma função de utilidade é uma função de utilidade que representa as mesmas preferências da função de utilidade original.*

Do ponto de vista geométrico, a função de utilidade é uma forma de rotular as curvas de indiferença. Como todas as cestas de uma curva de indiferença precisam ter a mesma utilidade, a função de utilidade constitui um meio de atribuir números às diferentes curvas de indiferença, para que as mais altas recebam números maiores. Desse ponto de vista, a transformação monotônica representa apenas uma renumeração das curvas de indiferença. Desde que as curvas de indiferença que contenham as cestas mais preferidas recebam números maiores do que as que contenham cestas menos preferidas, a renumeração representará as mesmas preferências.

4.1 Utilidade cardinal

Algumas teorias da utilidade atribuem um significado determinado à grandeza da utilidade. Conhecidas como teorias da **utilidade cardinal**, essas teorias partem do pressuposto de que o tamanho da diferença de utilidade entre duas cestas de bens é de alguma significância.

Para sabermos se uma pessoa prefere uma cesta de bens à outra, basta lhe oferecer a possibilidade de escolha entre as duas cestas e observar qual a escolhida. Saberemos, assim, como atribuir uma utilidade ordinal às duas cestas de bens: simplesmente atribuiremos à cesta escolhida uma utilidade maior que a atribuída à cesta rejeitada. Qualquer tipo de atribuição que faça isso constituirá uma função de utilidade. Temos, portanto, um critério operacional para saber se, para determinada pessoa, a utilidade de uma cesta é maior que a de outra.

Mas como saber se uma pessoa gosta duas vezes mais de uma cesta do que de outra? Como *você* mesmo poderia dizer que gosta duas vezes mais de uma cesta do que de outra?

Várias definições poderiam ser propostas para esse tipo de atribuição: gosto de uma cesta duas vezes mais do que de outra se eu estiver disposto a pagar por ela duas vezes o que estou disposto a pagar pela outra. Ou, ainda, gosto de uma cesta duas vezes mais do que de outra se estiver disposto a percorrer o dobro do caminho, esperar o dobro do tempo ou me arriscar o dobro para consegui-la.

Não há nada de errado com essas definições: todas elas proporcionam meios de atribuir níveis de utilidade, nos quais a grandeza do número atribuído tem algum significado operacional. Mas não são também muito precisas. Embora todas elas constituam interpretações possíveis do que significa querer uma coisa duas vezes mais do que outra, nenhuma delas aparenta ser uma interpretação convincente desse enunciado.

Mesmo se encontrássemos meios aparentemente convincentes de atribuir grandezas de utilidade, em que isso nos ajudaria a descrever o comportamento de escolha? Para dizermos qual das duas cestas será escolhida, só precisamos saber qual delas é a preferida – isto é, qual tem a maior utilidade. Conhecer a ordem de grandeza da preferência não ajuda em nada na descrição da escolha. Como a utilidade cardinal não é necessária para descrever o comportamento de escolha e não há formas convincentes de atribuir utilidades cardinais, só levaremos em consideração a utilidade ordinal.

4.2 Elaboração de uma função de utilidade

Mas haverá mesmo algum modo de atribuir utilidades ordinais? Dado determinado ordenamento de preferências, será possível encontrar sempre uma função de utilidade que ordene as cestas de bens do mesmo modo como estão ordenadas as preferências? Haverá alguma função de utilidade que descreva de maneira razoável um ordenamento de preferências?

Nem todos os tipos de preferências podem ser representados pela função de utilidade. Suponhamos, por exemplo, que alguém tenha preferências intransitivas, de modo que $A \succ B \succ C \succ A$. A função de utilidade para essas preferências teria de consistir em números $u(A)$, $u(B)$ e $u(C)$, de modo que $u(A) > u(B) > u(C) > u(A)$. Mas isso é impossível.

No entanto, se excluirmos casos perversos como as preferências intransitivas, em geral conseguiremos encontrar uma função de utilidade para representar as preferências. Ilustraremos uma elaboração dessas aqui e outra no Capítulo 14.

Suponhamos que recebemos um mapa de indiferença como o da Figura 4.2. Sabemos que a função de utilidade é uma forma de rotular as curvas de indiferença, de modo que as mais altas recebam números maiores. Como podemos fazer isso?

Um modo fácil consiste em traçar a diagonal ilustrada na figura e rotular cada curva de indiferença com a distância desde sua origem, medida ao longo da diagonal.

Como sabemos que essa é uma função de utilidade? Não é difícil perceber que, se as preferências forem monotônicas, a reta que passa pela origem só deve interceptar cada curva de indiferença uma vez. Assim, todas as cestas serão rotuladas e as que se situam sobre as curvas de indiferença mais altas receberão números maiores – isso é tudo o que é preciso para ter uma função de utilidade.

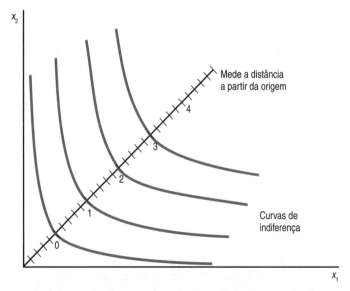

FIGURA 4.2 *A elaboração de uma função de utilidade a partir de curvas de indiferença.* Traçar uma diagonal e numerar cada curva de diferença com a distância desde sua origem, medida ao longo da diagonal.

Isso nos proporciona um meio de rotular as curvas de indiferença, pelo menos enquanto as preferências forem monotônicas. Esse nem sempre será o procedimento mais natural, mas pelo menos mostra que a ideia de uma função de utilidade ordinal é bastante geral; quase qualquer tipo de preferência "razoável" pode ser representado por uma função de utilidade.

4.3 Alguns exemplos de funções de utilidade

No Capítulo 3, descrevemos alguns exemplos de preferências e as curvas de indiferença que as representavam. Essas preferências também podem ser representadas por funções de utilidade. No caso de uma função de utilidade $u(x_1, x_2)$, será relativamente fácil traçar as curvas de indiferença; basta marcar todos os pontos (x_1, x_2), de modo que $u(x_1, x_2)$ seja igual a uma constante. Em matemática, o conjunto de todos os pontos (x_1, x_2), de modo que $u(x_1, x_2)$ seja igual a uma constante, é chamado **nível**. Para cada valor da constante, tem-se uma curva de indiferença distinta.

EXEMPLO: Curvas de indiferença a partir da utilidade

Suponhamos que a função de utilidade seja dada por: $u(x_1, x_2) = x_1 x_2$. Qual será a aparência das curvas de indiferença?

Sabemos que uma curva de indiferença típica é simplesmente o conjunto de todos os x_1 e x_2, de modo que $k = x_1 x_2$ para alguma constante k. Resolvendo, x_2 como função de x_1, vemos que a curva de indiferença típica tem a fórmula:

$$x_2 = \frac{k}{x_1}.$$

Essa curva é representada na Figura 4.3, para $k = 1, 2, 3...$

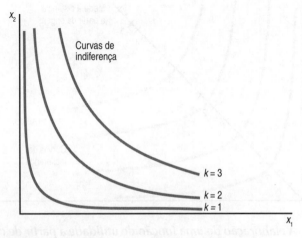

FIGURA 4.3 Curvas de indiferença. As curvas de indiferença $k = x_1, x_2,$ para diferentes valores de k.

Consideremos outro exemplo. Vamos supor que recebemos uma função de utilidade $v(x_1, x_2) = x_1^2 x_2^2$. Como suas curvas de indiferença se parecem? Pelas regras comuns da álgebra, sabemos que:

$$v(x_1, x_2) = x_1^2 x_2^2 = (x_1 x_2)^2 = u(x_1, x_2)^2.$$

Portanto, a função de utilidade $v(x_1, x_2)$ é exatamente o quadrado da função de utilidade $u(x_1, x_2)$. Como $u(x_1, x_2)$ não pode ser negativa, segue-se que $v(x_1, x_2)$ é uma transformação monotônica da função de utilidade anterior, $u(x_1, x_2)$. Isso significa que a função de utilidade $v(x_1, x_2) = x_1^2 x_2^2$ deve ter exatamente a mesma forma que as curvas de indiferença descritas na Figura 4.3. A rotulação das curvas de indiferença será diferente – os rótulos, que antes eram 1, 2, 3..., passarão a ser 1, 4, 9..., mas o conjunto de cestas que tem $v(x_1, x_2) = 9$ é exatamente igual ao conjunto de cestas que tem $u(x_1, x_2) = 3$. Portanto, $v(x_1, x_2)$ descreve exatamente as mesmas preferências que $u(x_1, x_2)$, porque *ordena* todas as cestas da mesma maneira.

O percurso inverso – achar uma função de utilidade que represente determinadas curvas de indiferença – é um pouco mais difícil. Existem dois procedimentos possíveis. O primeiro é matemático. Dadas as curvas de indiferença, queremos encontrar uma função que seja constante ao longo de cada curva de indiferença e que atribua valores maiores às curvas de indiferença mais altas.

O segundo procedimento é um pouco mais intuitivo. A partir de uma descrição das preferências, procuramos imaginar o que o consumidor está tentando maximizar – que combinação de bens descreve o comportamento de escolha do consumidor. Isso pode parecer um tanto vago agora, mas fará mais sentido depois que examinarmos alguns exemplos.

Substitutos perfeitos

Você se lembra do exemplo dos lápis vermelhos e azuis? Tudo o que interessava ao consumidor era o número total de lápis. É natural, pois, avaliar a utilidade pelo número total de lápis. Portanto, adotaremos provisoriamente a função de utilidade $u(x_1, x_2) = x_1 + x_2$. Isso funciona? Basta fazer duas perguntas: Essa função é constante ao longo das curvas de indiferença? Ela atribui um número maior às cestas mais preferidas? Como a resposta às duas questões é afirmativa, temos, pois, uma função de utilidade.

Essa, obviamente, não é a única função de utilidade que poderíamos utilizar. Também poderíamos usar o *quadrado* do número de lápis. Portanto, a função de utilidade $v(x_1, x_2) = (x_1 + x_2)^2 = x_1^2 + 2x_1 x_2 + x_2^2$ representará também as preferências no caso de substitutos perfeitos, como ocorreria com qualquer outra transformação monotônica de $u(x_1, x_2)$.

E se o consumidor quisesse substituir o bem 1 pelo bem 2, por uma taxa diferente de 1 por 1? Suponhamos, por exemplo, que o consumidor exija *duas* unidades do bem 2 para compensá-lo pela desistência de uma unidade do bem 1. Isso significa que, para o consumidor, o bem 1 é *duas* vezes mais valioso do que o bem 2. A função de utilidade assume, portanto, a forma $u(x_1, x_2) = 2x_1 + x_2$. Observemos que essa utilidade produz curvas de indiferença com uma inclinação de –2.

As preferências por substitutos perfeitos em geral podem ser representadas por uma função de utilidade da forma

$$u(x_1, x_2) = ax_1 + bx_2.$$

Aqui, a e b são números positivos que medem o "valor" que os bens 1 e 2 têm para o consumidor. Observe que a inclinação de uma curva de indiferença típica é dada por $- a/b$.

Complementares perfeitos

Esse é o caso do sapato direito e do sapato esquerdo. Nessas preferências, o consumidor só se importa com o número de *pares* de sapatos que possui, de modo que é natural escolher o número de pares de sapatos como a função de utilidade. O número de pares de sapatos completos que se tem é o *mínimo* entre o número de sapatos direitos, x_1, e o de sapatos esquerdos, x_2. Portanto, a função de utilidade para complementares perfeitos assume a forma $u(x_1, x_2) = $ mín $\{x_1, x_2\}$.

Para verificar se essa função de utilidade realmente funciona, escolhamos uma cesta de bens como (10, 10). Se acrescentarmos uma unidade do bem 1, obteremos (11, 10), o que nos deveria deixar na mesma curva de indiferença. Mas deixa mesmo? Sim, porque mín $\{10,10\}$ = mín $\{11,10\}$ = 10.

Portanto, $u(x_1, x_2) = $ mín $\{x_1, x_2\}$ é uma função de utilidade possível para descrever os complementares perfeitos. Como costuma acontecer, qualquer transformação monotônica também seria válida.

E se o consumidor quiser consumir os bens numa proporção diferente de 1 por 1? O que ocorre, por exemplo, com a pessoa que sempre consome duas colheres de açúcar para cada xícara de chá? Se x_1 é o número de xícaras de chá disponíveis e x_2 o número de colheres de açúcar disponíveis, então o número de xícaras de chá devidamente adoçadas será o mín $\{x_1, 1/2x_2\}$.

Como isso é um pouco traiçoeiro, é melhor parar e refletir um pouco mais sobre o assunto. Se o número de xícaras de chá for maior do que a metade do número de colheres de açúcar, saberemos então que não poderemos colocar duas colheres de açúcar em cada xícara. Nesse caso, acabaremos com $1/2x_2$ xícara(s) de chá adequadamente adoçada(s). (Substitua alguns números por x_1 e x_2 para convencer-se.)

É claro que qualquer transformação monotônica dessa função de utilidade descreverá as mesmas preferências. Se, por exemplo, multiplicarmos por 2 para evitar a fração, teremos a função de utilidade $u(x_1, x_2) = $ mín $\{2x_1, x_2\}$.

Em geral, a função de utilidade que descreve preferências complementares perfeitas é dada por

$$u(x_1, x_2) = \text{mín } \{ax_1, bx_2\}$$

em que a e b são números positivos que indicam as proporções nas quais os bens são consumidos.

Preferências quase lineares

Eis aqui um formato de curvas de indiferença que ainda não tínhamos visto. Suponhamos que um consumidor tenha curvas de indiferença que sejam traduções verticais umas das outras, como na Figura 4.4. Isso significa que todas as curvas de indiferença são apenas versões "deslocadas" de uma curva de indiferença. Segue-se que a equação da curva de indiferença assume a forma $x_2 = k - v(x_1)$, na qual k é uma constante distinta para cada curva de indiferença. Essa equação diz que a altura de cada curva de indiferença é uma função de x_1, $-v(x_1)$, mais uma constante k. Valores maiores de k resultam em curvas de indiferença mais elevadas. (O sinal de menos é só uma convenção; veremos posteriormente por quê.)

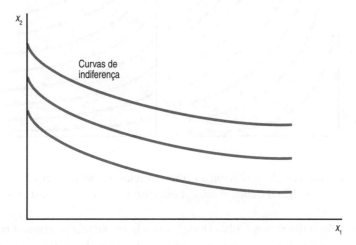

FIGURA 4.4 Preferências quase lineares. Cada uma dessas curvas de indiferença corresponde ao deslocamento vertical de uma única curva de indiferença.

O modo natural de rotular aqui as curvas de indiferença se dá mediante o uso do k – que representa, *grosso modo*, a altura da curva de indiferença no eixo vertical. Resolvendo k e igualando-o à utilidade, temos que

$$u(x_1, x_2) = k = v(x_1) + x_2$$

Nesse caso, a função de utilidade é linear no bem 2, mas (possivelmente) não linear no bem 1; daí o nome **utilidade quase linear**, que significa utilidade "parcialmente linear". Exemplos específicos de utilidade quase linear seriam $u(x_1, x_2) = \sqrt{x_1} + x_2$, ou $u(x_1, x_2)$. As funções de utilidade quase linear não são especialmente realísticas, mas é muito fácil trabalhar com elas, como mais tarde será visto em vários exemplos neste livro.

Preferências Cobb-Douglas

Outra função de utilidade comumente usada é a função de utilidade **Cobb-Douglas**

$$u(x_1, x_2) = x_1^c x_2^d,$$

em que c e d são números positivos que descrevem as preferências do consumidor.[2]

A função de utilidade Cobb-Douglas será útil em diversos exemplos. As preferências representadas pela função de utilidade Cobb-Douglas têm o formato geral descrito na Figura 4.5. Na Figura 4.5A, ilustramos as curvas de indiferença de $c = 1/2$, $d = 1/2$. Na Figura 4.5B, ilustramos as curvas de indiferença de $c = 1/5$, $d = 4/5$. Observe como a diversidade de valores dos parâmetros c e d conduz a formas distintas das curvas de indiferença.

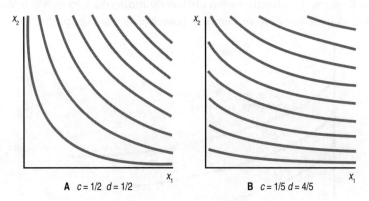

A $c = 1/2$ $d = 1/2$ **B** $c = 1/5$ $d = 4/5$

FIGURA 4.5 Curvas de indiferença Cobb-Douglas. *O painel A mostra o caso em que $c = 1/2$, $d = 1/2$; o painel B mostra um caso em que $c = 1/5$, $d = 4/5$.*

As curvas de indiferença Cobb-Douglas são bem parecidas com as boas curvas de indiferença monotônicas convexas, que chamamos de "curvas de indiferença bem-comportadas" no Capítulo 3. As preferências Cobb-Douglas são o exemplo típico de curvas de indiferença bem-comportadas, e, de fato, a fórmula que as descreve é a expressão algébrica mais simples que gera preferências bem-comportadas. Consideraremos as preferências Cobb-Douglas como um instrumento muito útil para apresentar exemplos algébricos dos conceitos econômicos que estudaremos mais tarde.

É claro que a transformação monotônica da função de utilidade Cobb-Douglas representará exatamente as mesmas preferências, e vale a pena ver alguns exemplos dessas transformações.

Em um primeiro exemplo, se extrairmos o logaritmo natural da utilidade, o produto dos termos se tornará uma soma, de modo que teremos

$$v(x_1, x_2) = \ln(x_1^c x_2^d) = c \ln x_1 + d \ln x_2.$$

As curvas de indiferença dessa função de utilidade terão a mesma forma que as curvas de indiferença da primeira função Cobb-Douglas, uma vez que o logaritmo

---

[2] Economista e professor da Universidade de Chicago, Paul Douglas foi também senador dos Estados Unidos. Charles Cobb foi matemático da Faculdade de Amherst. A forma funcional Cobb-Douglas foi a princípio utilizada para estudar o comportamento da produção.

é uma transformação monotônica. (Para uma breve revisão dos logaritmos naturais, veja o Apêndice Matemático no final do livro.)

Para o segundo exemplo, vamos supor que começamos com a forma Cobb-Douglas

$$v(x_1, x_2) = x_1^c x_2^d.$$

Elevando, em seguida, a utilidade à potência $1/(c+d)$, obtemos

$$x_1^{\frac{c}{c+d}} x_2^{\frac{d}{c+d}}.$$

Definamos um novo número

$$a = \frac{c}{c+d}.$$

Podemos agora escrever nossa função de utilidade como

$$v(x_1, x_2) = x_1^a x_2^{1-a}.$$

Isso significa que podemos sempre extrair a transformação monotônica da função de utilidade Cobb-Douglas, de maneira que a soma dos expoentes da função resultante seja igual a 1. Isso terá uma interpretação útil mais adiante.

A função de utilidade Cobb-Douglas pode ser expressa de várias maneiras; você deveria aprender a reconhecê-las, uma vez que essa família de preferências é muito útil para exemplos.

4.4 Utilidade marginal

Imaginemos um consumidor que consuma uma cesta de bens (x_1, x_2). Como varia a utilidade desse consumidor quando lhe fornecemos um pouco mais do bem 1? Essa taxa de variação é chamada **utilidade marginal** com respeito ao bem 1. Nós a representamos por escrito como UM_1 e a concebemos como sendo uma razão,

$$UM_1 = \frac{\Delta U}{\Delta x_1} = \frac{u(x_1 + \Delta x_1, x_2) - u(x_1, x_2)}{\Delta x_1},$$

que mede a taxa de variação na utilidade (ΔU) com relação a uma pequena variação quantitativa do bem 1 (Δx_1). Observe que a quantidade do bem 2 mantém-se constante nesse cálculo.[3]

Essa definição implica que, para calcular a variação da utilidade relacionada a uma pequena variação no consumo do bem 1, basta apenas multiplicar a variação no consumo pela utilidade marginal do bem:

$$\Delta U = UM_1 \Delta x_1.$$

A utilidade marginal relativa ao bem 2 é definida de modo semelhante:

---

[3] Ver o apêndice deste capítulo para um tratamento da utilidade marginal com o uso do cálculo.

$$UM_2 = \frac{\Delta U}{\Delta x_2} = \frac{u(x_1, x_2 + \Delta x_2) - u(x_1, x_2)}{\Delta x_2}.$$

Observe que, quando calculamos a utilidade marginal do bem 2, mantemos constante a quantidade do bem 1. Podemos calcular a variação da utilidade relacionada à variação no consumo do bem 2 com a fórmula

$$\Delta U = UM_2 \Delta x_2$$

É importante observar que a grandeza da utilidade marginal depende da grandeza da utilidade. Depende, pois, do modo particular que escolhermos para medir a utilidade. Se multiplicarmos a utilidade por 2, a utilidade marginal será também multiplicada por 2. A função de utilidade continuaria perfeitamente válida, no sentido de que representaria as mesmas preferências, só que numa escala diferente.

Isso significa que a utilidade marginal não tem, por si mesma, nenhum conteúdo comportamental. Como podemos calcular a utilidade marginal a partir de um comportamento de escolha do consumidor? Não podemos. O comportamento de escolha revela apenas informações sobre como um consumidor *hierarquiza* diferentes cestas de bens. A utilidade marginal depende da função de utilidade específica que utilizamos para representar o ordenamento das preferências, e sua grandeza não tem nenhuma importância especial. Ocorre, contudo, que a utilidade marginal pode ser usada para calcular algo que tenha realmente um conteúdo comportamental, conforme veremos na próxima seção.

4.5 Utilidade marginal e TMS

Uma função de utilidade $u(x_1, x_2)$ pode ser usada para medir a taxa marginal de substituição definida no Capítulo 3. Lembre-se de que a taxa marginal de substituição mede a inclinação da curva de indiferença de uma determinada cesta de bens e pode ser interpretada como a taxa pela qual um consumidor está propenso a substituir uma pequena quantidade do bem 2 pelo bem 1.

Essa interpretação fornece-nos um meio simples de calcular a TMS. Imaginemos uma variação no consumo de cada bem $(\Delta x_1, \Delta x_2)$, que mantenha a utilidade constante – isto é, uma variação no consumo que nos mova ao longo da curva de indiferença. Devemos ter, então,

$$UM_1 \Delta x_1 + UM_2 \Delta x_2 = \Delta U = 0$$

Ao resolvermos a inclinação da curva de indiferença, teremos

$$\text{TMS} = \frac{\Delta x_2}{\Delta x_1} = -\frac{UM_1}{UM_2}. \tag{4.1}$$

(Observe que temos 2 sobre 1 no lado esquerdo da equação e 1 sobre 2 no lado direito. Não vá se confundir!)

O sinal algébrico da TMS é negativo: se você obtiver mais do bem 1, precisará ter *menos* do bem 2 para manter o mesmo nível de utilidade. No entanto, pode ser tedioso acompanhar sempre esse irritante sinal de menos, de modo que os economistas costumam referir-se à TMS pelo valor absoluto dela – isto é, por um número positivo. Seguiremos essa convenção sempre que isso não causar confusão.

Eis agora o aspecto interessante do cálculo da TMS: ela pode ser medida mediante a observação do comportamento real da pessoa – encontramos essa taxa de intercâmbio quando a pessoa quer ficar onde está, conforme descrito no Capítulo 3.

A função de utilidade e, por conseguinte, a função de utilidade marginal não são determinadas de um único modo. Qualquer transformação monotônica de uma função de utilidade deixa-nos com outra função de utilidade igualmente válida. Assim, se, por exemplo, multiplicarmos a utilidade por 2, a utilidade marginal será também multiplicada por 2. A grandeza da função de utilidade marginal depende, portanto, da escolha da função de utilidade, que é arbitrária. A função de utilidade marginal não depende, pois, apenas do comportamento; ao contrário, ela depende da função de utilidade que utilizamos para descrever comportamento.

No entanto, a *razão* das utilidades marginais nos proporciona uma grandeza observável – a taxa marginal de substituição. A razão das utilidades marginais independe da transformação específica da função de utilidade que se queira utilizar. Vejamos o que acontece se multiplicarmos a utilidade por 2. A taxa marginal de substituição torna-se

$$\text{TMS} = -\frac{2\,UM_1}{2\,UM_2}.$$

Os 2 se cancelam, de modo que a TMS permanecerá igual.

O mesmo acontece quando tomamos qualquer transformação monotônica de uma função de utilidade. Efetuar a transformação monotônica equivale a trocar os rótulos das curvas de indiferença e o cálculo da TMS descrito anteriormente visa a mover-se ao longo de determinada curva de indiferença. Embora as utilidades marginais sejam alteradas pelas transformações monotônicas, a *razão* das utilidades marginais independe da forma específica escolhida para representar as preferências.

4.6 Utilidade do transporte urbano

As funções de utilidade são, basicamente, meios de descrever comportamento de escolha: se uma cesta de bens X for escolhida quando também estiver disponível uma cesta de bens Y, então X deve ter uma utilidade maior do que Y. O exame das escolhas que os consumidores fazem permite-nos avaliar uma função de utilidade capaz de descrever seu comportamento.

Essa ideia tem tido ampla aplicação na área de economia do transporte, para estudar o comportamento dos usuários dos meios de transporte urbano. Na maioria das grandes cidades, as pessoas podem escolher entre utilizar o transporte público ou dirigir seu próprio carro. Cada uma dessas alternativas pode ser encarada como representativa de uma cesta com diferentes características: tempo de viagem, tempo de espera, custos em dinheiro, conforto, conveniência, e assim por diante. Podemos, então, fazer com que x_1 represente o tempo de viagem correspondente a cada tipo de transporte; x_2, o tempo de espera, e assim por diante.

Se, digamos, $(x_1, x_2,...x_n)$ representar os valores de n características diferentes de ir de carro e $(y_1, y_2,...y_n)$ representar os valores de ir de ônibus, poderemos imaginar um modelo em que o consumidor opte pelo carro ou pelo ônibus, dependendo de sua preferência por uma ou outra cesta de características.

Para sermos mais específicos, suponhamos que as preferências do consumidor típico em relação às características possam ser representadas por uma função de utilidade com a forma

$$U(x_1, x_2,...x_n) = \beta_1 x_1 + \beta_2 x_2 + ... + \beta_n x_n,$$

na qual os coeficientes β_1, β_2, e assim por diante, sejam parâmetros desconhecidos. Qualquer transformação monotônica dessa função de utilidade descreveria igualmente bem o comportamento de escolha, mas a forma linear é bem mais fácil de usar do ponto de vista estatístico.

Vamos supor agora que observamos diversos consumidores semelhantes a escolher entre o carro e o ônibus, com base no padrão específico de tempo de transporte, custos etc. com que se defrontam. Há técnicas estatísticas que se podem empregar para encontrar os valores dos coeficientes β_i para $i = 1,..., n$, que se ajustam melhor ao padrão de escolha de um conjunto de consumidores. Essas técnicas estatísticas nos fornecem um modo de estimar a função de utilidade para diferentes meios de transporte.

Um estudo mostra uma função de utilidade com a forma[4]

$$U(TW, TT, C) = -0{,}147\,TW - 0{,}0411\,TT - 2{,}24\,C. \qquad (4.2)$$

onde

TW = tempo de percurso a pé, e de ônibus ou carro;
TT = tempo total de viagem, em minutos;
C = custo total da viagem em dólares.

A função de utilidade estimada pelo livro de Domenich e McFadden descreveu corretamente a escolha entre o transporte de carro ou de ônibus de 93% das famílias que constituíam a amostra.

---

[4] Ver Thomas Domenich e Daniel McFadden, *Urban Travel Demand* (North-Holland Publishing Company, 1975). O procedimento de estimativa empregado nesse livro incorporou também diversas características demográficas das famílias, além das variáveis puramente econômicas aqui descritas. Daniel McFadden recebeu o Prêmio Nobel de economia em 2000 por desenvolver técnicas para avaliar modelos desta categoria.

Os coeficientes das variáveis da equação (4.2) descrevem os pesos que uma família típica atribui às várias características de seus deslocamentos pela cidade, ou seja, a utilidade marginal de cada característica. A *razão* entre um coeficiente e outro avalia a taxa marginal de substituição entre uma característica e outra. Por exemplo, a razão entre a utilidade marginal do tempo percorrido a pé e a utilidade marginal do tempo total indica que o consumidor típico considera o tempo percorrido a pé cerca de três vezes mais oneroso do que o tempo de viagem. Em outras palavras, o consumidor estaria disposto a aumentar em três minutos o tempo total de viagem para reduzir em um minuto a caminhada.

Do mesmo modo, a razão entre o custo e o tempo de viagem indica as possibilidades de substituição entre duas variáveis do ponto de vista do consumidor típico. Nesse estudo, o usuário típico atribuiu a cada minuto de tempo de viagem um valor de $0{,}0411/2{,}24 = 0{,}0183$ dólar, o que equivale a US$1,10 por hora. Para fins comparativos, o salário por hora do usuário típico em 1967, o ano do estudo, era de, aproximadamente, US$2,85.

Essas estimativas de funções de utilidade podem ser muito valiosas para determinar se vale ou não a pena promover alterações no sistema de transporte público. Por exemplo, na função de utilidade que acabamos de descrever, um dos fatores significativos para explicar a escolha do meio de transporte era o tempo gasto para fazer a viagem. As autoridades de transportes poderiam, a um custo adicional, colocar mais ônibus em circulação para reduzir o tempo de deslocamento. Será, porém, que o número de novos passageiros compensaria o aumento das despesas?

A partir de uma função de utilidade e de uma amostra de consumidores, é possível prever quais consumidores usarão o carro e quais escolherão o ônibus. Isso dará uma ideia de se a receita será suficiente para cobrir o custo adicional.

Além disso, podemos usar a taxa marginal de substituição para estimar o *valor* que cada consumidor atribui à redução do tempo de viagem. Já vimos no estudo de Domenich e McFadden que, em 1967, o usuário típico atribuía ao tempo de transporte um valor de aproximadamente US$1,10 por hora. Ele estaria, pois, propenso a pagar aproximadamente US$0,37 para reduzir em 20 minutos o tempo de viagem. Esse número nos dá uma medida do benefício, em dólares, de aumentar a frequência de circulação dos ônibus. Esse benefício tem de ser comparado ao custo de ampliação dos serviços para saber se vale a pena fazer isso. A disponibilidade de uma medida quantitativa do benefício certamente facilita a tomada de uma decisão racional sobre a política de transporte.

RESUMO

1. A função de utilidade é apenas um modo de representar ou resumir um ordenamento de preferências. As grandezas numéricas dos níveis de utilidade não têm significado intrínseco.

2. Dada, pois, uma função de utilidade, qualquer transformação monotônica dessa função representará as mesmas preferências.

3. A taxa marginal de substituição (TMS) pode ser calculada com base na função de utilidade, por intermédio da fórmula TMS = $\Delta x_2/\Delta x_1 = -UM_1/UM_2$.

QUESTÕES DE REVISÃO

1. O texto afirmou que a elevação de um número a uma potência ímpar era uma transformação monotônica. E a elevação de um número a uma potência par? Seria uma transformação monotônica? (Dica: examine o caso $f(u) = u^2$.)

2. Qual das seguintes transformações é monotônica? (1) $u = 2v - 13$; (2) $u = -1/v^2$; (3) $u = 1/v^2$; (4) $u = \ln v$; (5) $u = -e^{-v}$; (6) $u = v^2$; (7) $u = v^2$ para $v > 0$; (8) $u = v^2$ para $v < 0$.

3. Afirmamos no texto que, se as preferências fossem monotônicas, uma diagonal que partisse da origem interceptaria cada uma das curvas de indiferença apenas uma vez. Você pode provar isso de maneira rigorosa? (Dica: o que aconteceria se a diagonal interceptasse alguma curva de indiferença duas vezes?)

4. Que tipos de preferências são representados pela função de utilidade com $u(x_1, x_2)$ $\sqrt{x_1 + x_2}$? E pela função de utilidade $v(x_1, x_2) = 13x_1 + 13x_2$?

5. Que tipo de preferências a função de utilidade com a forma $u(x_1, x_2) = x_1 + \sqrt{x_2}$ representa? A função de utilidade $v(x_1, x_2) = x_1^2 + 2x_1\sqrt{x_2} + x_2$ é uma transformação monotônica de $u(x_1, x_2)$?

6. Considere a função de utilidade $u(x_1, x_2) = \sqrt{x_1 x_2}$. Que tipo de preferências ela representa? A função $v(x_1, x_2) = x_1^2 x_2$ é uma transformação monotônica de $u(x_1, x_2)$? A função $w(x_1, x_2) = x_1^2 x_2^2$ é uma transformação monotônica de $u(x_1, x_2)$?

7. Você pode explicar por que a transformação monotônica de uma função de utilidade não altera a taxa marginal de substituição?

APÊNDICE

Esclareçamos primeiro o que significa "utilidade marginal". Como é comum em economia, o termo "marginal" significa apenas uma derivada. Assim, a utilidade marginal do bem 1 é simplesmente:

$$UM_1 = \lim_{\Delta x_1 \to 0} \frac{u(x_1 + \Delta x_1, x_2) - u(x_1, x_2)}{\Delta x_1} = \frac{\partial u(x_1, x_2)}{\partial x_1}.$$

Observe que usamos aqui a derivada *parcial*, uma vez que a utilidade marginal do bem 1 é calculada com o valor do bem 2 constante.

Podemos refazer agora, por meio do cálculo, a derivação da taxa marginal de substituição que aparece no texto. Nós a faremos de duas maneiras: primeiro, com o uso de diferenciais; depois, com o emprego de funções implícitas.

No primeiro método, pensamos em fazer uma variação (dx_1, dx_2) que mantenha a utilidade constante. Queremos, pois, que

$$du = \frac{\partial u(x_1, x_2)}{\partial x_1} dx_1 + \frac{\partial u(x_1, x_2)}{\partial x_2} dx_2 = 0.$$

O primeiro termo mede o aumento na utilidade decorrente da pequena variação dx_1 e o segundo mede o aumento na utilidade resultante da pequena variação dx_2. Queremos selecionar essas variações, de modo que a variação total na utilidade, du, seja zero. A resolução para dx_2/dx_1 proporciona

$$\frac{dx_2}{dx_1} = -\frac{\partial u(x_1, x_2)/\partial x_1}{\partial u(x_1, x_2)/\partial x_2},$$

cálculo que é exatamente análogo à equação (4.1) do texto.

No tocante ao segundo método, consideramos agora a curva de indiferença como sendo descrita por uma função $x_2(x_1)$. Ou seja, para cada valor de x_1, a função $x_2(x_1)$ diz quanto de x_2 é preciso ter para atingir essa curva de indiferença. Para tanto, a função $x_2(x_1)$ tem de satisfazer a identidade

$$u(x_1, x_2((x_1)) \equiv k,$$

em que k é o rótulo de utilidade da curva de indiferença em questão.

Podemos diferenciar ambos os lados dessa identidade com respeito a x_1, para obter

$$\frac{\partial u(x_1, x_2)}{\partial x_1} + \frac{\partial u(x_1, x_2)}{\partial x_2} \frac{\partial x_2(x_1)}{\partial x_1} = 0.$$

Observe que x_1 aparece em dois lugares nessa identidade, de modo que, se x_1 sofrer alguma alteração, a função será alterada de duas maneiras, o que nos obriga a aplicar a derivada em cada lugar onde x_1 aparece. Ao resolvermos essa equação para a $\partial x_2(x_1)/\partial x_1$, obtemos

$$\frac{\partial x_2(x_1)}{\partial x_1} = -\frac{\partial u(x_1, x_2)/\partial x_1}{\partial u(x_1, x_2)/\partial x_2},$$

igual ao que tínhamos antes.

O método da função implícita é um pouco mais rigoroso, mas o método diferencial é mais direto, desde que não se faça nenhuma bobagem.

Vamos supor que extraímos a transformação monotônica de uma função de utilidade, digamos, $v(x_1, x_2) = f(u(x_1, x_2))$. Calculemos a TMS para essa função de utilidade. Usamos a regra da cadeia

$$\text{TMS} = -\frac{\partial v/\partial x_1}{\partial v/\partial x_2} = -\frac{\partial f/\partial u}{\partial f/\partial u}\frac{\partial u/\partial x_1}{\partial u/\partial x_2}$$
$$= -\frac{\partial u/\partial x_1}{\partial u/\partial x_2}$$

uma vez que os termos $\partial f/\partial u$ do numerador e do denominador se cancelam. Isso mostra que a TMS independe da representação da utilidade.

Isso proporciona um modo útil de reconhecer preferências representadas por diferentes funções de utilidade; dadas duas funções de utilidade, basta calcular suas taxas marginais de substituição e ver se são iguais. Se forem, ambas as funções de utilidade terão as mesmas curvas de indiferença. Se a direção de aumento das preferências for a mesma para todas as funções de utilidade, as preferências básicas terão de ser iguais.

EXEMPLO: As preferências Cobb-Douglas

É fácil calcular a taxa marginal de substituição para as preferências Cobb-Douglas com o emprego da fórmula derivada que acabamos de ver.

Se escolhermos a representação logarítmica onde

$$u(x_1, x_2) = c \ln x_1 + d \ln x_2,$$

teremos, então, que

$$\text{TMS} = -\frac{\partial u(x_1, x_2)/\partial x_1}{\partial u(x_1, x_2)/\partial x_2}$$
$$= -\frac{c/x_1}{d/x_2}$$
$$= -\frac{c}{d}\frac{x_2}{x_1}.$$

Observe que, nesse caso, a TMS só depende da razão dos dois parâmetros e da quantidade dos dois bens.

E se escolhermos a representação exponencial em que

$$u(x_1, x_2) = x_1^c x_2^d?$$

Teremos, então, que

$$\text{TMS} = -\frac{\partial u(x_1,x_2)/\partial x_1}{\partial u(x_1,x_2)/\partial x_2}$$
$$= -\frac{cx_1^{c-1}x_2^d}{dx_1^c x_2^{d-1}}$$
$$= -\frac{cx_2}{dx_1},$$

que é igual ao resultado anterior. É claro que você já sabia que a transformação monotônica não podia mudar a taxa marginal de substituição!

CAPÍTULO 5

ESCOLHA

Neste capítulo, uniremos o conjunto orçamentário e a teoria das preferências para analisar a escolha ótima dos consumidores. Dissemos anteriormente que o modelo econômico da escolha do consumidor baseia-se no princípio de que as pessoas escolhem a melhor cesta que podem adquirir. Podemos agora expressar esse enunciado em termos mais profissionais, dizendo que "os consumidores escolhem a cesta mais preferida de seu conjunto orçamentário".

5.1 Escolha ótima

A Figura 5.1 ilustra um caso típico. Nela traçamos, no mesmo diagrama, o conjunto orçamentário e várias curvas de indiferença do consumidor. Nosso objetivo é encontrar no conjunto orçamentário a cesta que esteja na curva de indiferença mais elevada. Como as preferências são bem-comportadas, de modo que o mais seja preferido ao menos, podemos restringir nossa atenção às cestas de bens que se encontram *sobre* a reta orçamentária, sem nos preocuparmos com as cestas situadas *abaixo* da reta orçamentária.

Comecemos agora no canto direito da reta orçamentária e nos movamos para a esquerda. À medida que nos deslocamos ao longo da reta orçamentária, notamos que atingimos curvas de indiferença cada vez mais altas. Paramos ao alcançar a curva de indiferença mais elevada, que toca a reta orçamentária. No diagrama, a cesta de bens associada a essa curva de indiferença é identificada como (x_1^*, x_2^*).

A escolha (x_1^*, x_2^*) é uma **escolha ótima** para o consumidor. O conjunto de cestas que ele prefere a (x_1^*, x_2^*) – aquele situado *acima* de sua curva de indiferença – não intercepta as cestas que ele pode adquirir – o conjunto de cestas que se

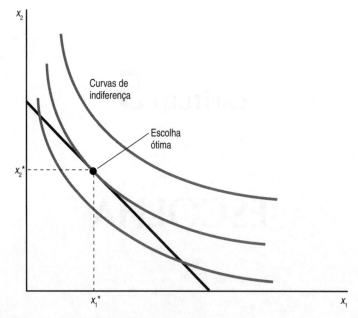

FIGURA 5.1 Escolha ótima. *A posição ótima de consumo situa-se onde a curva de indiferença tangencia a reta orçamentária.*

localiza *abaixo* de sua reta orçamentária. Assim, a cesta (x_1^*, x_2^*) é a melhor que o consumidor pode adquirir.

Atenção para uma característica importante dessa cesta ótima: nessa escolha, a curva de indiferença *tangencia* a reta orçamentária. Se pensarmos um pouco sobre isso, veremos que tem de ser assim: se a curva de indiferença não tangenciasse a reta orçamentária, ela a cruzaria, e, se a cruzasse, haveria algum ponto próximo na reta orçamentária situado acima da curva de indiferença – o que significa que não poderíamos ter partido de uma cesta ótima.

Essa tangência *tem* de prevalecer na escolha ótima? Bem, não em *todos* os casos, mas, sim, na maioria dos casos interessantes. O que é sempre verdadeiro é que, no ponto ótimo, a curva de indiferença não pode cruzar a reta orçamentária. Quando, então, o "não cruzar" implica tangência? Observemos antes as exceções.

Em primeiro lugar, a curva de indiferença poderia não ter uma linha tangencial, como na Figura 5.2. A curva de indiferença apresenta aqui uma quebra no ponto de escolha ótima e a tangente não está definida, uma vez que a definição matemática da tangente requer a existência de uma única tangente em cada ponto. Esse caso não tem importância econômica – constitui mais um ruído do que qualquer outra coisa.

A segunda exceção é mais interessante. Suponhamos que o ponto ótimo ocorra no ponto em que o consumo de um bem seja zero, como na Figura 5.3. Assim, as inclinações da curva de indiferença e da reta orçamentária são diferentes, mas a

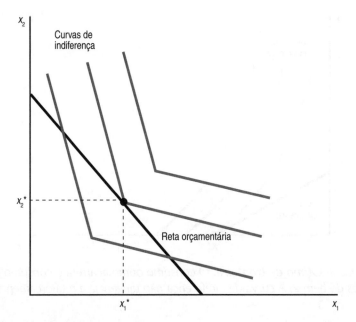

FIGURA 5.2 Gostos bizarros. Eis uma cesta de consumo ótimo, em que a curva de indiferença não tem tangente.

curva de indiferença ainda não *cruza* a reta orçamentária. Dizemos que a Figura 5.3 representa um **ótimo de fronteira**, enquanto um caso como o da Figura 5.1 representa um **ótimo interior**.

Se quisermos eliminar os "gostos bizarros", poderemos esquecer o exemplo da Figura 5.2.[1] E se quisermos nos restringir apenas aos ótimos *interiores*, poderemos excluir o outro exemplo. Se tivermos um ótimo interior com curvas de indiferença suaves, as inclinações da curva de indiferença e da reta orçamentária deverão ser iguais porque, se fossem diferentes, a curva de indiferença cruzaria a reta orçamentária, e não poderíamos estar no ponto ótimo.

Encontramos, pois, uma condição necessária que a escolha ótima deve satisfazer. Se a escolha ótima envolver o consumo de um pouco de ambos os bens – de modo que seja um ótimo interior, a curva de indiferença necessariamente tangenciará a reta orçamentária. Mas será essa condição de tangência *suficiente* para que a cesta seja ótima? Se encontrarmos uma cesta em que a curva de indiferença tangencie a reta orçamentária, poderemos estar certos de que essa cesta constitui uma escolha ótima?

Observemos a Figura 5.4. Nela, temos três cestas, nas quais a condição de tangência é satisfeita, todas interiores, mas só duas cestas são ótimas. Então, a tangência é, em geral, apenas uma condição necessária para alcançar o ótimo, mas não uma condição suficiente.

---

[1] De outro modo, este livro poderia receber nota regular.

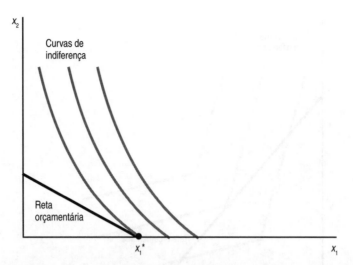

FIGURA 5.3 Ótimo de fronteira. *O consumo ótimo acarreta o consumo de zero unidades do bem 2. A curva de indiferença não tangencia a reta orçamentária.*

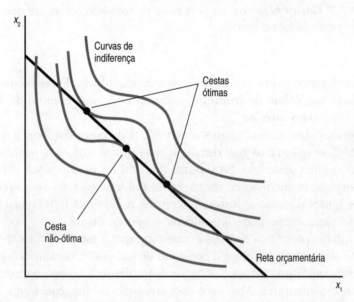

FIGURA 5.4 Mais de uma tangência. *Temos aqui três tangências, mas só dois pontos ótimos, de modo que a condição de tangência é necessária, mas não suficiente.*

Há, porém, um caso importante em que ela é suficiente: o das preferências convexas. Nele, qualquer ponto que satisfaça a condição de tangência terá de ser um ponto ótimo. Isso é claro do ponto de vista geométrico: como as curvas de indiferença convexas têm de curvar-se e afastar-se da reta orçamentária, elas não podem curvar-se para trás e tocá-la de novo.

A Figura 5.4 também mostra que, em geral, pode haver mais de uma cesta ótima que satisfaça a condição de tangência. Mais uma vez, porém, a convexidade implica uma restrição. Se as curvas de indiferença forem *estritamente* convexas – isto é, se não tiverem nenhum segmento plano, haverá apenas uma escolha ótima em cada reta orçamentária. Embora isso possa ser demonstrado matematicamente, também parece bastante plausível pela observação da figura.

A condição de que a TMS tenha de igualar-se à inclinação da reta orçamentária num ótimo interior é óbvia do ponto de vista gráfico, mas o que significa em termos de economia? Lembre-se de que uma das nossas interpretações da TMS é que ela é a taxa de troca na qual o consumidor queria permanecer. Bem, o mercado oferece uma taxa de troca de $-p_1/p_2$. Se o consumidor desistir de uma unidade do bem 1, ele poderá comprar p_1/p_2 unidades do bem 2. Se o consumidor se encontrar numa cesta de consumo em que esteja disposto a permanecer, tem de ser uma em que a TMS iguale essa taxa de intercâmbio:

$$\text{TMS} = -\frac{p_1}{p_2}.$$

Outro modo de pensar nisso é imaginar o que aconteceria se a TMS diferisse da razão dos preços. Suponhamos que a TMS seja $\Delta x_2/\Delta x_1 = -1/2$ e que a razão dos preços seja 1/1. Isso quer dizer que o consumidor está disposto a desistir de duas unidades do bem 1 para adquirir uma unidade do bem 2, mas o mercado quer que os bens sejam trocados na base de 1 por 1. Assim, o consumidor certamente desejaria abrir mão de um pouco do bem 1 para adquirir um pouco mais do bem 2. Sempre que a TMS diferir da razão de preços, o consumidor não poderá estar em seu ponto ótimo de escolha.

5.2 Demanda do consumidor

A escolha ótima dos bens 1 e 2, num determinado conjunto de preços e de renda, é chamada **cesta demandada** do consumidor. Em geral, quando os preços e a renda variam, a escolha ótima do consumidor também varia. A **função demanda** é a função que relaciona a escolha ótima – ou seja, as quantidades demandadas – com os diferentes valores de preços e rendas.

Escreveremos as funções de demanda demonstrando que elas dependem tanto dos preços como da renda: $x_1(p_1, p_2, m)$ e $x_2(p_1, p_2, m)$. Para cada conjunto de preços e de renda, haverá uma combinação diferente de bens que corresponderá à escolha ótima do consumidor. As preferências diferentes gerarão funções de demanda também diferentes; veremos em breve alguns exemplos. Nosso objetivo principal nos próximos capítulos será estudar o comportamento dessas funções de demanda, ou seja, como a escolha ótima varia à medida que variam os preços e a renda.

5.3 Alguns exemplos

Apliquemos o modelo de escolha do consumidor que desenvolvemos aos exemplos de preferências descritos no Capítulo 3. O procedimento básico será o mesmo para todos os exemplos: traçar as curvas de indiferença e a reta orçamentária e encontrar o ponto em que a curva de indiferença mais alta tangencia a reta orçamentária.

Substitutos perfeitos

A Figura 5.5 ilustra o caso dos bens substitutos perfeitos. Temos três casos possíveis. Se $p_2 > p_1$, a inclinação da reta orçamentária será mais plana do que a das curvas de indiferença. Nesse caso, a cesta ótima será aquela em que o consumidor gastar todo o seu dinheiro no bem 1. Se $p_1 > p_2$, o consumidor comprará apenas o bem 2. Finalmente, se $p_1 = p_2$, haverá todo um segmento de escolhas ótimas. Nesse caso, todas as quantidades dos bens 1 e 2 que satisfizerem a restrição orçamentária serão uma escolha ótima. Assim, a função demanda do bem 1 será

$$x_1 = \begin{cases} m/p_1 & \text{quando } p_1 < p_2; \\ \text{qualquer número entre 0 e } m/p_1 & \text{quando } p_1 = p_2; \\ 0 & \text{quando } p_1 > p_2. \end{cases}$$

Serão esses resultados coerentes com o senso comum? Tudo o que dizem é que, se dois bens são substitutos perfeitos, o consumidor comprará o que for mais barato. E, se ambos tiverem o mesmo preço, o consumidor não se importará entre comprar um ou outro.

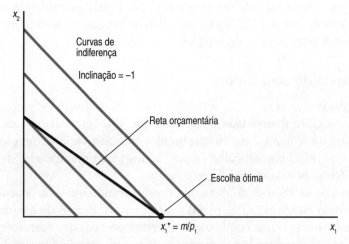

FIGURA 5.5 ***Escolha ótima com substitutos perfeitos.*** *Se os bens forem substitutos perfeitos, a escolha ótima se situará, em geral, na fronteira.*

Complementares perfeitos

A Figura 5.6 ilustra o caso dos bens complementares perfeitos. Observe que a escolha ótima tem de situar-se sempre na diagonal, onde o consumidor compra quantidades iguais de ambos os bens, não importa quais sejam os preços. No que

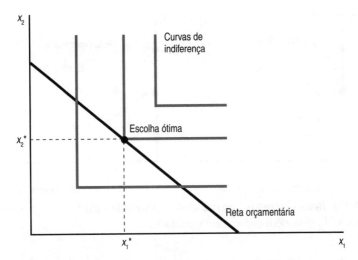

FIGURA 5.6 Escolha ótima com complementares perfeitos. *Se os bens forem complementares perfeitos, as quantidades demandadas estarão sempre localizadas na diagonal, já que a escolha ótima ocorre onde x_1 se iguala a x_2.*

tange ao nosso exemplo, isso significa que as pessoas com dois pés compram sapatos aos pares.[2]

Solucionemos a escolha ótima de maneira algébrica. Sabemos que esse consumidor compra a mesma quantidade do bem 1 e do bem 2, independentemente dos preços. Representemos tal quantidade por x. Temos, então, de satisfazer a restrição orçamentária

$$p_1 x + p_2 x = m$$

A resolução para x proporciona as escolhas ótimas dos bens 1 e 2:

$$x_1 = x_2 = x = \frac{m}{p_1 + p_2}.$$

A função demanda dessa escolha ótima é bastante intuitiva. Como os dois bens são sempre consumidos juntos, é como se o consumidor gastasse todo o seu dinheiro num único bem cujo preço fosse de $p_1 + p_2$.

Neutros e males

No caso do bem neutro, o consumidor gasta todo o seu dinheiro no bem do qual gosta e não compra nada do bem neutro. O mesmo ocorre quando a mercadoria é um mal. Assim, se a mercadoria 1 for um bem e a mercadoria 2 um mal, as funções de demanda serão

$$x_1 = \frac{m}{p_1}$$
$$x_2 = 0.$$

---

[2] Não se preocupe, posteriormente teremos exemplos mais interessantes.

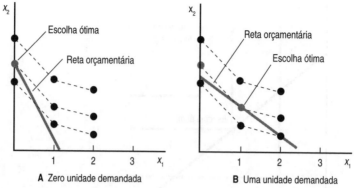

FIGURA 5.7 Bens discretos. *No painel A, a demanda pelo bem 1 é zero, enquanto, no painel B, será demandada uma unidade.*

Bens discretos

Suponhamos que o bem 1 seja um bem discreto e que esteja disponível apenas em unidades inteiras, enquanto o bem 2 seja o dinheiro para ser gasto em todas as outras coisas. Se o consumidor escolher 1, 2, 3,... unidades do bem 1, ele escolherá, implicitamente, as cestas de consumo $(1, m - p_1)$, $(2, m - 2p_1)$, $(3, m - 3p_1)$, e assim por diante. Podemos apenas comparar a utilidade de cada uma dessas cestas para ver qual delas tem a maior utilidade.

Entretanto, podemos utilizar a análise da curva de indiferença da Figura 5.7. Como de costume, a cesta ótima é a que se localiza na "curva" de indiferença mais alta. Se o preço do bem 1 for muito alto, o consumidor escolherá zero unidade de consumo; à medida que o preço diminuir, o consumidor achará ótimo consumir uma unidade do bem. Se o preço continuar a cair, o consumidor escolherá consumir mais unidades do bem 1.

Preferências côncavas

Imaginemos a situação ilustrada na Figura 5.8. Será X a escolha ótima? Não! A escolha ótima para essas preferências será sempre uma escolha de fronteira, como a cesta Z. Pense no que significam as preferências não convexas. Se você tem dinheiro para comprar sorvete e azeitonas, mas não gosta de consumi-los juntos, gastará todo o seu dinheiro em um ou em outro.

Preferências Cobb-Douglas

Suponhamos que a função de utilidade seja da forma Cobb-Douglas, $u(x_1, x_2) = x_1^c x_2^d$. No Apêndice deste capítulo, utilizamos o cálculo para derivar as escolhas ótimas para essa função de utilidade, que são

$$x_1 = \frac{c}{c+d}\frac{m}{p_1}$$

$$x_2 = \frac{d}{c+d}\frac{m}{p_2}.$$

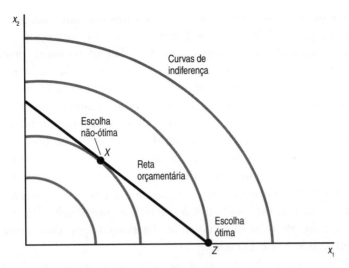

FIGURA 5.8 Escolha ótima com preferências côncavas. *A escolha ótima é o ponto de fronteira, Z, não o ponto de tangência interior, X, porque Z está localizado em uma curva de indiferença mais alta.*

Essas funções de demanda são geralmente úteis em exemplos algébricos, de modo que seria importante que você as decorasse.

As preferências Cobb-Douglas têm uma propriedade conveniente. Imagine a fração da renda que um consumidor com tais preferências gasta no bem 1.

Se ele consome x_1 unidades do bem 1, isso lhe custa $p_1 x_1$, o que representa uma fração $p_1 x_1 / m$ da renda total. Se substituirmos a função demanda por x_1, teremos

$$\frac{p_1 x_1}{m} = \frac{p_1}{m} \frac{c}{c+d} \frac{m}{p_1} = \frac{c}{c+d}.$$

Do mesmo modo, a fração da renda que o consumidor gasta no bem 2 é $d/(c+d)$.

Portanto, o consumidor Cobb-Douglas gasta sempre uma fração fixa de sua renda em cada bem. O tamanho da fração é determinado pelo expoente da função Cobb-Douglas.

É por isso que, muitas vezes, é conveniente escolher uma função de utilidade de Cobb-Douglas, na qual a soma dos expoentes seja igual a 1. Se $x_1^a x_2^{1-a}$, poderemos logo interpretar a como a fração da renda gasta no bem 1. É por esse motivo que, em geral, escreveremos as preferências Cobb-Douglas dessa maneira.

5.4 Estimativa das funções de utilidade

Até agora, vimos várias formas diferentes de preferências e funções de utilidade e examinamos os tipos de comportamento de demanda gerados por essas preferências. Na vida real, porém, temos de fazer o contrário: observar o comportamento de demanda. O problema, contudo, reside em descobrir que tipo de preferências gerou o comportamento observado.

Vamos supor que observamos as escolhas feitas por um consumidor em diferentes níveis de preços e de renda. A Tabela 5.1 mostra um exemplo. Trata-se de uma tabela da demanda de dois bens em patamares diferentes de preços e rendas em anos diferentes. Calculamos também – com as fórmulas $s_1 = p_1 x_1/m$ e $s_2 = p_2 x_2/m$ – a fração da renda gasta em cada um dos bens em cada ano.

Para esses dados, as frações de gastos são relativamente constantes. Embora apresentem pequenas variações, elas provavelmente não são grandes o suficiente para causar preocupação. A fração média de renda gasta no bem 1 é de aproximadamente 1/4, e a fração média da renda gasta no bem 2 é de cerca de 3/4. Parece que uma função de utilidade da forma $u(x_1, x_2) = x_1^{\frac{1}{4}} x_2^{\frac{3}{4}}$ ajusta-se bastante bem a esses dados. Ou seja, uma função de utilidade com essa forma geraria um comportamento de escolha bem semelhante ao observado. Por conveniência, calculamos a utilidade relacionada a cada observação com o uso dessa função estimada de utilidade Cobb-Douglas.

TABELA 5.1 *Alguns dados que descrevem o comportamento de consumo*

Ano	p_1	p_2	m	x_1	x_2	s_1	s_2	Utilidade
1	1	1	100	25	75	0,25	0,75	57,0
2	1	2	100	24	38	0,24	0,76	33,9
3	2	1	100	13	74	0,26	0,74	47,9
4	1	2	200	48	76	0,24	0,76	67,8
5	2	1	200	25	150	0,25	0,75	95,8
6	1	4	400	100	75	0,25	0,75	80,6
7	4	1	400	24	304	0,24	0,76	161,1

Até onde podemos saber com base no comportamento observado, parece que o consumidor maximiza a função $u(x_1, x_2) = x_1^{\frac{1}{4}} x_2^{\frac{3}{4}}$. Pode acontecer que novas observações do comportamento do consumidor nos levem a rejeitar essa hipótese. Mas os dados de que dispomos indicam que o ajustamento ao modelo de otimização é bastante bom.

Isso tem várias implicações importantes, uma vez que agora podemos utilizar essa função de utilidade "ajustada" para avaliar o impacto de sugestões de mudanças na política econômica. Suponhamos, por exemplo, que o governo planeje impor um sistema de impostos que levasse o consumidor a enfrentar preços (2, 3) com uma renda de 200. De acordo com nossas estimativas, a cesta demandada a esses preços seria

$$x_1 = \frac{1}{4}\frac{200}{2} = 25$$
$$x_2 = \frac{3}{4}\frac{200}{3} = 50.$$

A utilidade estimada dessa cesta é

$$u(x_1, x_2) = 25^{\frac{1}{4}} 50^{\frac{3}{4}} \approx 42.$$

Isso significa que a nova política tributária deixará o consumidor melhor do que estava no ano 2, mas em situação pior do que a do ano 3. Podemos, assim, usar o comportamento de escolha observado para avaliar o impacto sobre esse consumidor das mudanças propostas para a política econômica.

Por tratar-se de ideia muito importante em economia, analisemos sua lógica mais uma vez. A partir de algumas observações do comportamento de escolha, tentemos saber o que está sendo maximizado (se houver mesmo algo sendo maximizado). Uma vez que tenhamos uma estimativa do que está sendo maximizado, poderemos usar essa estimativa tanto para prever o comportamento de escolha em novas situações como para avaliar as propostas de mudança do ambiente econômico.

É claro que descrevemos uma situação muito simples. Na verdade, normalmente não temos dados detalhados sobre as escolhas individuais de consumo. Mas costumamos ter dados sobre grupos de pessoas – adolescentes, famílias de classe média, idosos, e assim por diante. Esses grupos podem ter diferentes preferências por diferentes bens e tais preferências são refletidas nos seus padrões de consumo. Isso nos permite estimar uma função de utilidade que descreva seus padrões de consumo e utilizar essa função de utilidade estimada para prever a demanda e avaliar as propostas de política econômica.

No exemplo simples que acabamos de descrever, pôde-se observar que as frações de renda eram relativamente constantes, de modo que a função de utilidade Cobb-Douglas teria um bom ajustamento. Em outros casos, seria apropriada uma versão mais complicada da função de utilidade. Os cálculos poderiam tornar-se mais difíceis e talvez precisássemos de um computador para fazer a estimativa, mas a ideia básica do procedimento continuaria sendo a mesma.

5.5 Implicações da condição da TMS

Na seção anterior, examinamos a importante ideia de que a observação do comportamento de demanda diz coisas importantes sobre as preferências básicas do consumidor que geraram esse comportamento. Dado um conjunto suficiente de observações das escolhas do consumidor, em geral será possível estimar a função de utilidade que gerou essas escolhas.

No entanto, mesmo a observação de apenas *uma* escolha do consumidor num determinado conjunto de preços permite fazer alguns tipos de inferências úteis sobre como a utilidade do consumidor variará quando o consumo variar. Vejamos como isso funciona.

Nos mercados bem organizados, em geral todos se defrontam com aproximadamente os mesmos preços. Tomemos como exemplo dois bens: a manteiga e o leite. Se todos se defrontarem com os mesmos preços, se todos otimizarem e estiverem numa solução interior, então todos deverão ter a mesma taxa marginal de substituição para a manteiga e o leite.

Isso é uma decorrência direta da análise anterior. O mercado oferece a todos a mesma taxa de troca para a manteiga e o leite, e todos ajustarão seu consumo dos bens até que sua própria avaliação marginal "interna" dos dois bens se iguale à avaliação "externa" que o mercado faz desses bens.

O interessante dessa afirmação é que ela independe da renda e dos gostos. As pessoas poderiam atribuir valores bem diferentes a seus consumos *totais* dos dois bens. Algumas poderiam consumir muita manteiga e pouco leite, enquanto outras fariam o contrário. As pessoas mais abastadas poderiam consumir grande quantidade de manteiga e leite, ao passo que outras só consumiriam um pouco de cada bem. Mas todos os que consumirem os dois bens deverão ter a mesma taxa marginal de substituição. Todos aqueles que consumirem os dois bens terão de concordar sobre quanto cada um vale com relação ao outro: isto é, quanto estariam dispostos a abdicar de cada bem para obter mais do outro.

O fato de que as razões de preços medem as taxas marginais de substituição é muito importante, pois isso significa que temos um meio de avaliar possíveis mudanças nas cestas de consumo. Suponhamos que o preço do leite seja US$1 por litro e o da manteiga, US$2 por quilo. A taxa marginal de substituição para todas as pessoas que consomem leite e manteiga tem de ser 2: elas terão de ter dois litros de leite para compensar a desistência de 1 quilo de manteiga. Ou, para expressar de modo contrário, elas precisam ter 1 quilo de manteiga para compensar a desistência de 2 litros de leite. Portanto, todos os que consumirem ambos os bens atribuirão valor a uma variação marginal em consumo do mesmo modo.

Vamos supor agora que um inventor descubra um novo método de transformar leite em manteiga: para cada 3 litros de leite colocados na máquina, obtemos 1 quilo de manteiga e nenhum outro subproduto útil. Pergunta-se: haverá mercado para essa máquina? Resposta: com certeza, nenhum investidor se arriscaria a entrar nessa. Isso porque, se todos já operam numa base em que estão dispostos a trocar 2 litros de leite por 1 quilo de manteiga, por que desejariam trocar 3 litros de leite por 1 quilo de manteiga? A resposta é: não desejariam; essa invenção não vale nada.

Mas e se, ao contrário, o inventor conseguisse transformar 1 quilo de manteiga em 3 litros de leite? Haveria mercado para esse invento? Resposta: sim! Os preços de mercado do leite e da manteiga mostram que as pessoas estão exatamente dispostas a trocar 1 quilo de manteiga por 2 litros de leite. Assim, obter 3 litros de leite por 1 quilo de manteiga é um negócio melhor do que o que está sendo atualmente oferecido no mercado. Reservem mil ações dessa invenção para mim! (E vários quilos de manteiga.)

Os preços do mercado mostram que o primeiro invento não é lucrativo; ele produz US$2 de manteiga a partir de US$3 de leite. A falta de lucratividade desse invento quer dizer apenas que as pessoas atribuem maior valor aos insumos do que ao produto. O segundo invento produz US$3 de leite com apenas US$2 de manteiga. Esse invento é lucrativo porque as pessoas atribuem maior valor a seus produtos do que aos insumos que utilizam.

O importante é que, como os preços medem a taxa exata pela qual pela pessoas estão dispostas a substituir um bem por outro, eles podem ser utilizados para avaliar propostas de políticas econômicas que envolvam mudanças no consumo.

O fato de os preços não serem números arbitrários, mas indicadores do valor marginal que as pessoas atribuem às coisas, constitui uma das ideias mais fundamentais e importantes da economia.

Se observarmos uma escolha num conjunto de preços, obteremos a TMS num ponto de consumo. Se os preços variarem e observarmos outra escolha, obteremos outra TMS. À medida que observarmos mais e mais escolhas, saberemos cada vez mais sobre a forma das preferências básicas que teriam gerado o comportamento de escolha observado.

5.6 Escolha de impostos

Mesmo o pouco de teoria do consumidor que discutimos até agora pode ser utilizado para tirarmos conclusões interessantes e importantes. Eis aqui um bom exemplo que descreve a escolha entre dois tipos de impostos. Vimos que o imposto sobre a quantidade é um **imposto sobre a quantidade** consumida de um bem, como o imposto de US$0,15 por litro de gasolina. O **imposto de renda** é precisamente um imposto sobre a renda. Se o governo quiser obter determinada receita, seria melhor coletá-la através do imposto sobre a quantidade ou do imposto sobre a renda? Para responder a essa pergunta, vamos aplicar o que aprendemos.

Analisemos primeiro a imposição do imposto sobre a quantidade. Suponhamos que a restrição orçamentária original seja

$$p_1 x_1 + p_2 x_2 = m.$$

Qual será a restrição orçamentária se taxarmos o consumo do bem 1 com uma alíquota t? A resposta é simples. Do ponto de vista do consumidor, é como se o preço do bem 1 tivesse aumentado numa quantidade t. A nova restrição orçamentária será, pois,

$$(p_1 + t) x_1 + p_2 x_2 = m. \tag{5.1}$$

Portanto, o imposto sobre a quantidade de um bem aumenta o preço percebido pelo consumidor. A Figura 5.9 fornece um exemplo de como a variação do preço pode afetar a demanda. Nesse ponto, não sabemos ao certo se esse imposto aumentará ou diminuirá o consumo do bem 1, embora suponhamos que diminuirá. Seja qual for o caso, com certeza sabemos que a escolha ótima, (x_1^*, x_2^*), tem de satisfazer a restrição orçamentária

$$(p_1 + t) x_1^* + p_2 x_2^* = m. \tag{5.2}$$

A receita arrecadada por esse imposto será $R^* = t x_1^*$.

Imaginemos agora um imposto sobre a renda que arrecade a mesma quantidade de receita. A forma dessa restrição orçamentária seria

$$p_1 x_1 + p_2 x_2 = m - R^*.$$

ou, substituindo R^*,

$$p_1 x_1 + p_2 x_2 = m - t x_1^*$$

Por onde passará essa reta orçamentária na Figura 5.9?

É fácil perceber que ela tem a mesma inclinação da reta orçamentária original, $-p_1/p_2$, mas o problema está em determinar sua posição. A reta orçamentária em que se localiza o imposto de renda tem de passar pelo ponto (x_1^*, x_2^*). Um modo de verificar isso é introduzir (x_1^*, x_2^*) na restrição orçamentária do imposto de renda e ver se essa restrição é satisfeita.

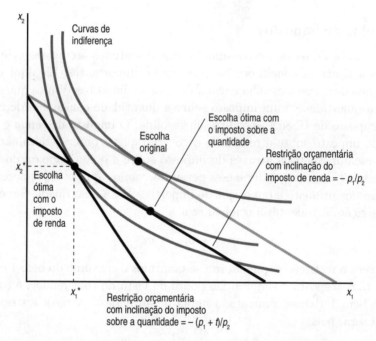

FIGURA 5.9 *Imposto de renda versus imposto sobre a quantidade. Examinamos aqui um imposto sobre a quantidade, que gera a receita R*, e um imposto de renda que gera a mesma receita. O consumidor ficará melhor com o imposto de renda, pois poderá escolher um ponto numa curva de indiferença mais alta.*

Será verdade que

$$p_1 x_1^* + p_2 x_2^* = m - t x_1^*?$$

Sim, uma vez que se trata apenas de um reordenamento da equação (5.2), que, conforme sabemos, é válida.

Isso implica que (x_1^*, x_2^*) situa-se sobre a reta orçamentária do imposto de renda, ou seja, é uma escolha *acessível* ao consumidor. Mas será uma escolha ótima? É fácil ver que não. No ponto (x_1^*, x_2^*), a TMS é $-(p_1 + t)/p_2$. O imposto de renda, entretanto, possibilita que negociemos a uma taxa de troca de $-p_1/p_2$. Assim, a reta orçamentária corta a curva de indiferença em (x_1^*, x_2^*), o que implica que algum ponto da reta orçamentária será preferido a (x_1^*, x_2^*).

Logo, o imposto de renda é realmente superior ao imposto sobre a quantidade, uma vez que, com ele, podemos obter a mesma receita de um consumidor e ainda deixá-lo em melhor situação do que com o imposto sobre a quantidade.

Este é um resultado interessante, e vale a pena lembrá-lo, mas também é bom entender suas limitações. A primeira delas é que ele só vale para um consumidor. O argumento mostra que, para qualquer consumidor, há um imposto de renda que arrecada a mesma quantidade de dinheiro que seria arrecadada pelo imposto sobre a quantidade e que, mesmo assim, deixa o consumidor em situação melhor. Mas a quantidade desse imposto de renda será em geral diferente para cada pessoa. Por isso, um imposto de renda *uniforme* para todos os consumidores não é necessariamente melhor do que um imposto sobre a quantidade *uniforme* para todos os consumidores. (Pense no caso do consumidor que não consome nada do bem 1 – essa pessoa com certeza preferiria o imposto sobre a quantidade ao imposto de renda.)

Em segundo lugar, partimos do pressuposto de que, quando estabelecemos um imposto sobre a renda, a renda do consumidor não se altera: pressupomos, ainda, que o imposto de renda é basicamente um imposto de montante fixo – ou seja, que só altera a quantidade de dinheiro que o consumidor tem para gastar, mas não afeta sua capacidade de escolha. Essa é uma hipótese pouco provável. Se o consumidor se esforça para obter sua renda, espera-se que a taxação dessa renda o desincentive a ganhar mais, de modo que a renda após o imposto pode diminuir numa quantidade ainda maior do que a cobrada pelo imposto.

Em terceiro lugar, não consideramos a resposta da oferta à incidência de um imposto. Mostramos como a demanda responde às variações causadas pelos impostos, mas a oferta também responderá, de modo que uma análise completa deveria considerar também essas variações.

RESUMO

1. A escolha ótima do consumidor é aquela cesta no conjunto orçamentário do consumidor que se situa na curva de indiferença mais alta.

2. Normalmente, a cesta ótima se caracterizará pela condição de que a inclinação da curva de indiferença (a TMS) seja igual à inclinação da reta orçamentária.

3. Se observarmos diversas escolhas de consumo, pode ser possível estimar a função de utilidade que teria gerado esse tipo de comportamento de escolha. Essa função de utilidade pode ser usada para prever escolhas futuras e para estimar a utilidade para os consumidores de novas políticas econômicas.

4. Se todos se defrontarem com os mesmos preços para dois bens, então todos terão a mesma taxa marginal de substituição e, portanto, estarão dispostos a trocar os dois bens do mesmo modo.

QUESTÕES DE REVISÃO

1. Se dois bens forem substitutos perfeitos, qual será a função de demanda do bem 2?

2. Suponhamos que as curvas de indiferença sejam descritas por linhas retas com uma inclinação de $-b$. Dados preços arbitrários p_1 e p_2 e renda em dinheiro m, como serão as escolhas ótimas do consumidor?

3. Suponhamos que o consumidor utilize sempre duas colheres de açúcar em cada xícara de café. Se o preço de cada colher de açúcar for p_1 e o da xícara de café, p_2, e se o consumidor tiver US$$m$ para gastar em café e açúcar, quanto o consumidor quererá comprar?

4. Suponhamos que você tenha preferências altamente não convexas por sorvete e azeitonas, como aquelas dadas no texto, e que você se defronte com preços p_1 e p_2 e disponha de m dólares para gastar. Relacione as escolhas para as cestas ótimas de consumo.

5. Se o consumidor tiver uma função de utilidade $u(x_1, x_2) = x_1 x_2^4$, que fração da renda dele será gasta no bem 2?

6. Para que tipo de preferências o consumidor estará exatamente tão bem quanto antes ao defrontar-se tanto com o imposto sobre a quantidade como com o imposto sobre a renda?

APÊNDICE

É muito útil poder solucionar o problema de maximização das preferências e obter exemplos algébricos de funções reais de demanda. Fizemos isso no texto para casos fáceis, como substitutos e complementares perfeitos, e neste Apêndice veremos como o fazer em casos mais gerais.

Normalmente, queremos representar as preferências pela função de utilidade $u(x_1, x_2)$. Já vimos, no Capítulo 4, que esse pressuposto não é muito restritivo, pois a maioria das preferências bem-comportadas pode ser descrita por uma função de utilidade.

A primeira coisa a observar é que já *sabemos* resolver o problema da escolha ótima. Temos apenas de combinar os fatos que aprendemos nos três últimos capítulos. Neste capítulo, vimos que a escolha ótima (x_1, x_2) deve satisfazer a condição

$$\text{TMS}(x_1, x_2) = -\frac{p_1}{p_2}, \tag{5.3}$$

e, no Apêndice do Capítulo 4, vimos que a TMS pode ser expressa como o negativo da razão das derivadas da função de utilidade. Ao fazermos essa substituição e cancelarmos o sinal negativo, teremos

$$\frac{\partial u(x_1, x_2)/\partial x_1}{\partial u(x_1, x_2)/\partial x_2} = \frac{p_1}{p_2}. \tag{5.4}$$

Do Capítulo 2, sabemos que a escolha ótima também deve satisfazer a restrição orçamentária

$$p_1 x_1 + p_2 x_2 = m. \tag{5.5}$$

Isso nos dá duas equações – a condição da TMS e a restrição orçamentária – e duas incógnitas, x_1 e x_2. Tudo o que temos a fazer é resolver essas duas equações para encontrar as escolhas ótimas de x_1 e x_2 como funções dos preços e da renda. Há diversos modos de resolver duas equações com duas incógnitas. Um método que sempre funciona, embora possa não ser sempre o mais simples, consiste em resolver a restrição orçamentária para uma das escolhas e, em seguida, substituí-la na condição da TMS.

Ao reescrevermos a restrição orçamentária, teremos

$$x_2 = \frac{m}{p_2} - \frac{p_1}{p_2} x_1 \tag{5.6}$$

e, ao substituirmos esse resultado na equação (5.4), teremos

$$\frac{\partial u(x_1, m/p_2 - (p_1/p_2)x_1)/\partial x_1}{\partial u(x_1, m/p_2 - (p_1/p_2)x_1)/\partial x_2} = \frac{p_1}{p_2}.$$

Essa expressão de aparência um tanto avantajada tem apenas uma variável desconhecida, x_1, e em geral pode ser resolvida para x_1 em termos de (p_1, p_2, m).

Assim, a restrição orçamentária nos fornece a solução para x_2 como função dos preços e da renda.

Podemos também derivar a solução do problema de maximização da utilidade de um modo mais sistemático, mediante o uso das condições de cálculo para a maximização. Para tanto, primeiro formulamos o problema de maximização da utilidade como um problema de maximização com restrições:

$$\max_{x_1, x_2} u(x_1, x_2)$$

de maneira que $p_1 x_1 + p_2 x_2 = m$.

Esse problema pede para escolhermos valores para x_1 e x_2 que façam duas coisas: satisfaçam a restrição e deem para $u(x_1, x_2)$ um valor maior do que quaisquer outros valores de x_1 e x_2 que satisfaçam a restrição.

Há duas formas úteis de resolver esse tipo de problema. A primeira consiste apenas em resolver a restrição para uma das variáveis em termos da outra e depois substituí-la na função objetivo.

Por exemplo, para qualquer valor de x_1, a quantidade de x_2 necessária para satisfazer a restrição orçamentária é dada pela função linear

$$x_2(x_1) = \frac{m}{p_2} - \frac{p_1}{p_2} x_1. \quad (5.7)$$

Substitua agora $x_2(x_1)$ por x_2 na função de utilidade para obter o problema de maximização *sem restrições*

$$\max_{x_1} u(x_1, m/p_2 - (p_1/p_2)x_1).$$

Esse é um problema de maximização sem restrição apenas em x_1, uma vez que usamos a função $x_2(x_1)$ para assegurar que o valor de x_2 satisfará sempre a restrição orçamentária, seja qual for o valor de x_1.

Podemos resolver esse tipo de problema somente por diferenciação com relação a x_1 e igualar o resultado a zero, como de costume. Esse procedimento nos fornecerá a condição de primeira ordem da forma

$$\frac{\partial u(x_1, x_2(x_1))}{\partial x_1} + \frac{\partial u(x_1, x_2(x_1))}{\partial x_2} \frac{dx_2}{dx_1} = 0. \quad (5.8)$$

Aqui, o primeiro termo é o efeito direto de como o aumento de x_1 faz aumentar a utilidade. O segundo termo é composto de duas partes: a taxa de aumento da utilidade à medida que x_2 aumenta, $\partial u/\partial x_2$, vezes dx_2/dx_1, a taxa de aumento de x_2 à medida que x_1 aumenta para poder continuar a satisfazer a equação orçamentária. Para calcular esta última derivada, podemos diferenciar (5.7)

$$\frac{dx_2}{dx_1} = -\frac{p_1}{p_2}.$$

Se substituirmos isso na equação (5.8), teremos

$$\frac{\partial u(x_1^*, x_2^*)/\partial x_1}{\partial u(x_1^*, x_2^*)/\partial x_2} = \frac{p_1}{p_2},$$

o que apenas diz que a taxa marginal de substituição entre x_1 e x_2 tem de ser igual à relação de preços da escolha ótima (x_1^*, x_2^*). Essa é exatamente a condição que derivamos acima: a inclinação da curva de indiferença tem de ser igual à inclinação da linha orçamentária. É claro que a escolha ótima também tem de satisfazer a restrição orçamentária $p_1 x_1^* + p_2 x_2^* = m$, que outra vez nos dá duas equações com duas incógnitas.

A segunda forma de resolver esse problema é com o emprego dos **multiplicadores de Lagrange**. Esse método começa por definir uma função auxiliar conhecida como *Lagrangiana*:

$$L = u(x_1, x_2) - \lambda\,(p_1 x_1 + p_2\,x_2 - m)$$

A nova variável, λ,[3] é chamada de **multiplicador de Lagrange** porque é multiplicada pela restrição. Assim, o teorema de Lagrange diz que a escolha ótima (x_1^*, x_2^*) deve satisfazer as três condições de primeira ordem

$$\frac{\partial L}{\partial x_1} = \frac{\partial u(x_1^*, x_2^*)}{\partial x_1} - \lambda p_1 = 0$$

$$\frac{\partial L}{\partial x_2} = \frac{\partial u(x_1^*, x_2^*)}{\partial x_2} - \lambda p_2 = 0$$

$$\frac{\partial L}{\partial \lambda} = p_1 x_1^* + p_2 x_2^* - m = 0.$$

Essas três equações têm vários aspectos interessantes. Primeiro, vale observar que elas são apenas as derivadas da Lagrangiana com relação a x_1, x_2 e λ, cada uma delas igualada a zero. A última derivada, com relação a λ, é apenas a restrição orçamentária. Em segundo lugar, temos agora três equações com três incógnitas, x_1, x_2 e λ. Esperamos poder resolver x_1 e x_2 em termos de p_1, p_2 e m.

O teorema de Lagrange é demonstrado em qualquer livro de cálculo avançado. É muito usado nos cursos de economia de nível avançado, mas, para nossos objetivos, só precisamos conhecer o postulado do teorema e como o utilizar.

Em nosso caso específico, é bom observar que, se dividirmos a primeira condição pela segunda, teremos

$$\frac{\partial u(x_1^*, x_2^*)/\partial x_1}{\partial u(x_1^*, x_2^*)/\partial x_2} = \frac{p_1}{p_2},$$

o que apenas diz que a TMS tem de ser igual à razão dos preços, exatamente como antes. A restrição orçamentária fornece a outra equação, de modo que voltamos a ter duas equações com duas incógnitas.

---

[3] Letra grega *lambda*.

EXEMPLO: As funções de demanda Cobb-Douglas

No Capítulo 4, apresentamos a função de utilidade Cobb-Douglas

$$u(x_1, x_2) = x_1^c x_2^d.$$

Como as funções de utilidade só são definidas até uma transformação monotônica, é conveniente aplicar logaritmos a essa expressão e trabalhar com

$$\ln u(x_1, x_2) = c \ln x_1 + d \ln x_2.$$

Encontremos as funções de demanda para x_1 e x_2 da função de utilidade Cobb-Douglas. O problema que queremos resolver é

$$\max_{x_1, x_2} c \ln x_1 + d \ln x_2$$

de modo que $p_1 x_1 + p_2 x_2 = m$.

Há, pelo menos, três modos de resolver esse problema. Um deles é apenas escrever a condição da TMS e a restrição orçamentária. Ao utilizarmos a expressão da TMS derivada no Capítulo 4, teremos:

$$\frac{cx_2}{dx_1} = \frac{p_1}{p_2}$$

$$p_1 x_1 + p_2 x_2 = m.$$

Essas são duas equações com duas incógnitas, que podem ser resolvidas para encontrar a escolha ótima de x_1 e x_2. Um modo de resolvê-las é substituir a segunda na primeira, para chegar a

$$\frac{c(m/p_2 - x_1 p_1/p_2)}{dx_1} = \frac{p_1}{p_2}.$$

O produto cruzado dá

$$c(m - x_1 p_1) = dp_1 x_1.$$

Ao rearrumarmos essa equação, teremos

$$cm = (c - d)\, p_1 x_1$$

ou

$$x_1 = \frac{c}{c+d} \frac{m}{p_1}.$$

Essa é a função de demanda de x_1. Para encontrar a função de demanda de x_2, substituímos, na restrição orçamentária, para obter

$$x_2 = \frac{m}{p_2} - \frac{p_1}{p_2} \frac{c}{c+d} \frac{m}{p_1}$$

$$= \frac{d}{c+d} \frac{m}{p_2}.$$

O segundo modo é substituir, no começo, a restrição orçamentária no problema de maximização. Se fizermos isso, nosso problema torna-se

$$\max_{x_1} c \ln x_1 + d \ln(m/p_2 - x_1 p_1/p_2).$$

A condição de primeira ordem desse problema é

$$\frac{c}{x_1} - d \frac{p_2}{m - p_1 x_1} \frac{p_1}{p_2} = 0.$$

Um pouco de álgebra – que você mesmo terá de aplicar! – fornece a solução

$$x_1 = \frac{c}{c+d} \frac{m}{p_1}.$$

Substitua isso de volta na restrição orçamentária $x_2 = m/p_2 - x_1 p_1/p_2$ para chegar a

$$x_2 = \frac{d}{c+d} \frac{m}{p_2}.$$

São essas as funções de demanda de dois bens que, felizmente, são idênticas às derivadas pelo outro método. Utilizaremos agora o método de Lagrange. Formemos a Lagrangiana

$$L = c \ln x_1 + d \ln x_2 - \lambda (p_1 x_1 + p_2 x_2 - m)$$

e vamos diferenciá-la para obter as três condições de primeira ordem

$$\frac{\partial L}{\partial x_1} = \frac{c}{x_1} - \lambda p_1 = 0$$

$$\frac{\partial L}{\partial x_2} = \frac{d}{x_2} - \lambda p_2 = 0$$

$$\frac{\partial L}{\partial \lambda} = p_1 x_1 + p_2 x_2 - m = 0.$$

Agora o negócio é resolvê-las! O modo mais adequado de ação é resolver primeiro λ e então x_1 e x_2. Para isso, rearrumamos e fazemos o produto cruzado das duas primeiras equações, para obter

$$c = \lambda p_1 x_1$$
$$d = \lambda p_2 x_2.$$

Essas equações estão sugerindo para serem adicionadas:

$$c + d = \lambda (p_1 x_1 + p_2 x_2) = \lambda m,$$

o que nos dá

$$\lambda = \frac{c+d}{m}.$$

Substitua isso de volta nas duas primeiras equações e resolva x_1 e x_2, para obter:

$$x_1 = \frac{c}{c+d} \frac{m}{p_1}$$

$$x_2 = \frac{d}{c+d} \frac{m}{p_2},$$

exatamente como antes.

CAPÍTULO 6

DEMANDA

No capítulo anterior apresentamos o modelo básico da escolha do consumidor: como a maximização da utilidade sujeita a uma restrição orçamentária produz escolhas ótimas. Vimos que as escolhas ótimas do consumidor dependem de sua renda e dos preços dos bens e trabalhamos com alguns exemplos para ver quais eram as escolhas ótimas para alguns tipos simples de preferências.

As **funções de demanda** do consumidor dão as quantidades ótimas de cada um dos bens como função dos preços e da renda com os quais o consumidor se defronta. As funções de demanda são escritas como

$$x_1 = x_1(p_1, p_2, m)$$
$$x_2 = x_2(p_1, p_2, m)$$

O lado esquerdo de cada equação representa a quantidade demandada. O lado direito, a função que relaciona os preços e a renda com essa quantidade.

Neste capítulo, examinaremos como a demanda por um bem varia à medida que variam os preços e a renda. O estudo de como a escolha responde às variações no ambiente econômico é conhecido como **estática comparativa**, que descrevemos inicialmente no Capítulo 1. "Comparativa" significa que queremos comparar duas situações: antes e depois de ocorrer a mudança no ambiente econômico. "Estática" significa que não estamos interessados em nenhum processo de ajustamento que possa ocorrer entre uma escolha e outra; examinaremos, pois, apenas a escolha de equilíbrio.

No caso do consumidor, há apenas duas coisas em nosso modelo que afetam a escolha ótima: os preços e a renda. Os problemas da estática comparativa na teoria do consumidor consistem, portanto, em investigar como a demanda varia quando os preços e a renda do consumidor variam.

6.1 Bens normais e inferiores

Iniciaremos pelo exame de como a demanda por um bem varia à medida que a renda do consumidor varia. Queremos saber como a escolha ótima de um nível de renda se compara com a escolha ótima de outro nível de renda. Durante esse exercício, manteremos os preços fixos e examinaremos apenas a variação da demanda devido à variação da renda.

Sabemos como um aumento da renda monetária afeta a reta orçamentária quando os preços estão fixos – provoca um deslocamento paralelo para fora. Como isso afeta a demanda?

Normalmente pensaríamos que a demanda por um bem aumenta quando a renda aumenta, como mostra a Figura 6.1. Os economistas, com uma falta singular de imaginação, chamam esses bens de **normais**. Se o bem 1 for normal, sua demanda aumentará quando a renda aumentar e diminuirá quando a renda diminuir. Num bem normal, a quantidade demandada sempre varia do mesmo modo que a renda:

$$\frac{\Delta x_1}{\Delta m} > 0.$$

Se uma coisa é chamada de normal, você pode estar certo de que também há a *possibilidade* de que ela venha a ser anormal. E realmente há. A Figura 6.2 apresenta um exemplo de curvas de indiferença bem-comportadas em que um acréscimo na renda produz uma *redução* no consumo de um dos bens. Esse bem é chamado de bem **inferior**. Isto até poderia ser "anormal", mas, quando pensamos

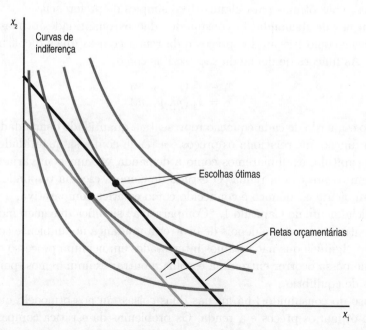

FIGURA 6.1 Bens normais. *A demanda por ambos os bens aumenta quando a renda aumenta.*

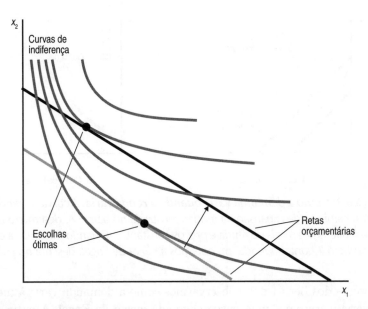

FIGURA 6.2 Um bem inferior. O bem 1 é um bem inferior, o que significa que a demanda por ele diminui quando a renda aumenta.

no assunto, constatamos que os bens inferiores não são assim tão incomuns. Existem muitos bens cujas demandas diminuem à medida que a renda aumenta; os exemplos poderiam incluir mingau de farinha, mortadela, grãos ordinários e quase todos os produtos de baixa qualidade.

A questão de um bem ser inferior ou não depende do nível de renda que se examina. É bem possível que as pessoas muito pobres consumam mais mortadela com o aumento da renda. Mas, após certo ponto, o consumo de mortadela provavelmente diminuiria à medida que a renda continuasse a crescer. Como na vida real o consumo de bens pode aumentar ou diminuir quando a renda aumenta, é tranquilizador saber que a teoria permite ambas as possibilidades.

6.2 Curvas de renda-consumo e curvas de Engel

Já vimos que um acréscimo na renda corresponde a um deslocamento paralelo para fora da reta orçamentária. Podemos unir as cestas demandadas obtidas à medida que deslocamos a reta orçamentária para fora, para traçarmos a **curva de renda-consumo**. Essa curva mostra as cestas de bens demandadas em diferentes níveis de renda, como ilustra a Figura 6.3A. A curva de renda-consumo é também conhecida como **caminho de expansão da renda**. Se ambos os bens forem normais, o caminho de expansão da renda terá inclinação positiva, conforme descreve a Figura 6.3A.

Para cada nível de renda, m, haverá uma escolha ótima para cada um dos bens. Focalizemos o bem 1 e examinemos a escolha ótima em cada conjunto de preços e renda $x_1(p_1, p_2, m)$. Isso é apenas a função de demanda do bem 1. Se mantivermos

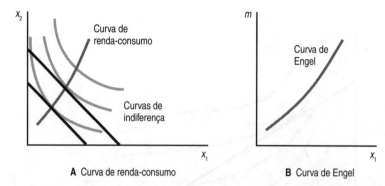

FIGURA 6.3 Como a demanda varia quando a renda varia. *A curva de renda-consumo (ou caminho de expansão da renda), mostrada no painel A, descreve a escolha ótima em diferentes níveis de renda e preços constantes. Quando traçamos a escolha ótima do bem 1 contra a renda, m, obtemos a curva de Engel, descrita no painel B.*

fixos os preços dos bens 1 e 2 e observarmos como a demanda varia à medida que a renda varia, geraremos uma curva chamada **curva de Engel**. A curva de Engel é um gráfico da demanda de um dos bens como função da renda, com os preços constantes. Para um exemplo de curva de Engel, ver a Figura 6.3B.

6.3 Alguns exemplos

Consideremos algumas das preferências examinadas no Capítulo 5 para ver que aparência têm as curvas de renda-consumo e de Engel.

Substitutos perfeitos

O caso de substitutos perfeitos é descrito na Figura 6.4. Se $p_1 < p_2$, o que indica que o consumidor está se especializando no consumo do bem 1, e se a renda desse

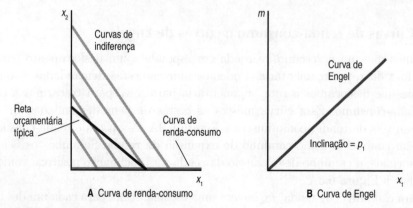

FIGURA 6.4 Substitutos perfeitos. *A curva de renda-consumo (A) e a curva de Engel (B), no caso de substitutos perfeitos.*

consumidor aumentar, seu consumo do bem 1 também aumentará. Assim, a curva de renda-consumo será o eixo horizontal, como mostra a Figura 6.4A.

Como nesse caso a demanda do bem 1 é $x_1 = m/p_1$, a curva de Engel será uma linha reta com inclinação p_1, como ilustra a Figura 6.4B. (Como m está no eixo vertical e x_1 no horizontal, podemos escrever $m = p_1 x_1$, o que deixa claro que a inclinação é p_1.)

Complementares perfeitos

O comportamento de demanda por complementares perfeitos é mostrado na Figura 6.5. Como o consumidor usará sempre a mesma quantidade de cada bem, não importa qual seja, a curva de renda-consumo será a diagonal que passa pela origem, como ilustra a Figura 6.5A. Vimos que a demanda pelo bem 1 é $x_1 = m/(p_1 + p_2)$, de modo que a curva de Engel será uma reta com inclinação $p_1 + p_2$, como mostra a Figura 6.5B.

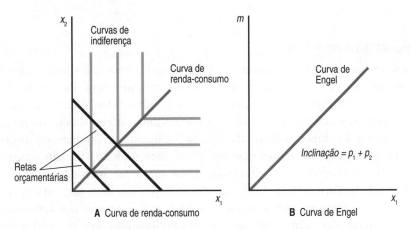

FIGURA 6.5 Complementares perfeitos. *A curva de renda-consumo (A) e a curva de Engel (B), no caso de complementares perfeitos.*

Preferências Cobb-Douglas

No caso das preferências Cobb-Douglas, é mais fácil observar as formas algébricas das funções de demanda para ver a aparência dos gráficos. Se $u(x_1, x_2) = x_1^a x_2^{1-a}$, a demanda Cobb-Douglas pelo bem 1 terá a forma $x_1 = am/p_1$. Para um valor fixo de p_1, essa será uma função *linear* de m. Assim, a duplicação de m acarretará a duplicação da demanda; a triplicação de m, a triplicação da demanda; e assim por diante. Com efeito, a multiplicação de m por qualquer número positivo t acarretará a multiplicação da demanda pelo mesmo fator.

A demanda pelo bem 2 será $x_2 = (1-a)m/p_2$, que também é uma função claramente linear. O fato de as funções de demanda de ambos os bens serem funções lineares da renda significa que os caminhos de expansão da renda serão retas que passam pela origem, como ilustra a Figura 6.6A. A curva de Engel do bem 1 será uma reta com inclinação de p_1/a, conforme descrito na Figura 6.6B.

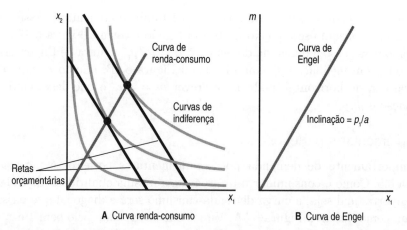

FIGURA 6.6 Cobb-Douglas. *A curva de renda-consumo (A) e a curva de Engel (B) para a utilidade Cobb-Douglas.*

Preferências homotéticas

Todas as curvas de renda-consumo e de Engel que vimos até agora têm sido, na verdade, linhas retas! Isso ocorre porque nossos exemplos têm sido muito simples. As verdadeiras curvas de Engel não têm de ser linhas retas. Em geral, quando a renda aumenta, a demanda por um bem pode aumentar com maior ou menor rapidez do que a do aumento da renda. Quando a demanda aumenta em proporção maior do que a renda, dizemos que esse é um **bem de luxo**; quando a proporção de aumento é menor do que a da renda, diz-se que é um **bem necessário**.

A linha divisória é aquela em que a demanda por um bem aumenta exatamente na mesma proporção que a renda. Foi isso que aconteceu nos três casos que examinamos anteriormente. Que aspecto das preferências do consumidor provoca esse comportamento?

Suponhamos que as preferências do consumidor dependam apenas da *razão* entre o bem 1 e o bem 2. Isso significa que, se o consumidor prefere (x_1, x_2) a (y_1, y_2), então ele automaticamente preferirá $(2x_1, 2x_2)$ a $(2y_1, 2y_2)$, $(3x_1, 3x_2)$ a $(3y_1, 3y_2)$, e assim por diante, uma vez que a razão entre o bem 1 e o bem 2 é a mesma para todas essas cestas. Na verdade, o consumidor prefere (tx_1, tx_2) a (ty_1, ty_2) para qualquer valor positivo de t. As preferências com essa propriedade são chamadas **preferências homotéticas**. Não é difícil demonstrar que os três exemplos dados – substitutos perfeitos, complementares perfeitos e de Cobb-Douglas – são de preferências homotéticas.

Quando as preferências do consumidor são homotéticas, as curvas de renda-consumo são sempre retas que passam pela origem, como mostra a Figura 6.7. Para ser mais específico, afirmar que as preferências são homotéticas equivale a dizer que, se a renda aumentar ou diminuir num montante $t > 0$, a cesta demandada aumentará ou diminuirá na mesma proporção. Isso pode ser provado de modo rigoroso, mas fica bem claro quando observado visualmente. Se

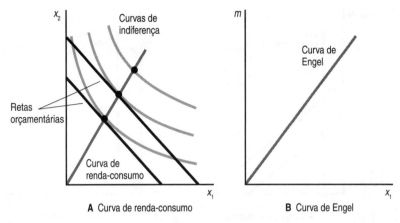

FIGURA 6.7 Preferências homotéticas. A curva de renda-consumo (A) e a curva de Engel (B), no caso de preferências homotéticas.

a curva de indiferença tangenciar a reta orçamentária em (x_1^*, x_2^*), a curva de indiferença que passa por (tx_1^*, tx_2^*) *tangenciará a reta orçamentária que tiver t vezes a mesma renda e os mesmos preços.* Isso implica que as curvas de Engel são também linhas retas. Se duplicarmos a renda, duplicaremos também a demanda de cada bem.

As preferências homotéticas são muito convenientes, posto que os efeitos-renda são muito simples. Infelizmente, elas não são muito realistas, por essa mesma razão! Mas serão usadas com frequência em nossos exemplos.

Preferências quase lineares

As preferências quase lineares são outro tipo de preferência e geram uma forma especial das curvas de renda-consumo e de Engel. Lembre-se da definição de preferências quase lineares dada no Capítulo 4. É o caso em que todas as curvas de indiferença são versões "deslocadas" de uma curva de indiferença, como na Figura 6.8. Equivalentemente, a função de utilidade dessas preferências assume a forma $u(x_1, x_2) = v(x_1) + x_2$. O que acontecerá se deslocarmos a reta orçamentária para fora? Nesse caso, se uma curva de indiferença tangenciar a reta orçamentária numa cesta (x_1^*, x_2^*), então outra curva de indiferença terá de tangenciar em $(x_1^*, x_2^* + k)$, para qualquer constante k. O aumento da renda não altera em nada a demanda pelo bem 1, e toda renda adicional vai inteiramente para o consumo do bem 2. Se as preferências são quase lineares, dizemos às vezes que existe um "efeito renda nulo" para o bem 1. Assim, a curva de Engel para o bem 1 será uma linha vertical – quando a renda varia, a demanda pelo bem 1 permanece constante. (Veja no apêndice uma pequena qualificação.)

Em que situação da vida real isso poderia ocorrer? Suponhamos que o bem 1 seja lápis e o bem 2, dinheiro para gastar em outros bens. A princípio, poderei gastar minha renda apenas em lápis, mas, quando ela aumentar o suficiente,

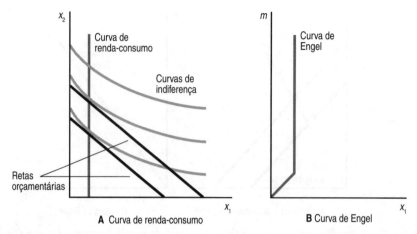

FIGURA 6.8 Preferências quase lineares. *Uma curva de renda-consumo (A) e uma curva de Engel (B) com preferências quase lineares.*

pararei de comprar mais lápis – toda a minha renda adicional será gasta em outros bens, que podem ir de sal a pasta de dentes. Quando examinamos a escolha entre todos os outros bens e algum bem determinado que não represente uma parte muito grande do orçamento do consumidor, a suposição da preferência quase linear pode ser bem plausível, pelo menos se a renda do consumidor for suficientemente grande.

6.4 Bens comuns e bens de Giffen

Examinemos agora as variações de preços. Suponhamos que baixemos o preço do bem 1 e mantenhamos constante o preço do bem 2 e a renda monetária. O que pode acontecer à quantidade demandada do bem 1? Nossa intuição diz que a quantidade demandada do bem 1 deveria aumentar quando o preço caísse. De fato, é assim que costuma acontecer, como mostra a Figura 6.9.

Quando o preço do bem 1 diminui, a reta orçamentária fica mais plana. Em outras palavras, o intercepto vertical permanece fixo e o intercepto horizontal se move para a direita. Na Figura 6.9, a escolha ótima do bem 1 também se move para a direita; a quantidade demandada do bem 1 aumentou. Mas poderíamos nos perguntar se isso acontece sempre assim. Será que, independentemente do tipo de preferências do consumidor, a demanda de um bem deve sempre aumentar quando seu preço diminui?

A resposta é não. É possível, de acordo com a lógica, encontrar preferências bem-comportadas em que a diminuição do preço do bem 1 provoca a diminuição da demanda desse bem. Esse tipo de bem é chamado de **bem de Giffen**, em homenagem a um economista do século XIX, que percebeu pela primeira vez essa possibilidade. Um exemplo está ilustrado na Figura 6.10.

O que ocorre aqui em termos econômicos? Que tipo de preferência poderia causar o comportamento descrito na Figura 6.10? Suponhamos que os dois bens

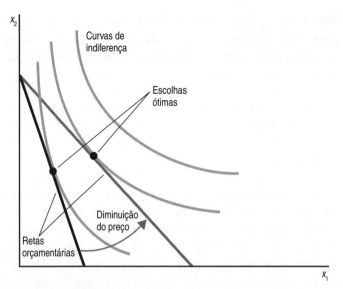

FIGURA 6.9 Um bem comum. Em geral, a demanda por um bem aumenta quando seu preço diminui, como neste caso.

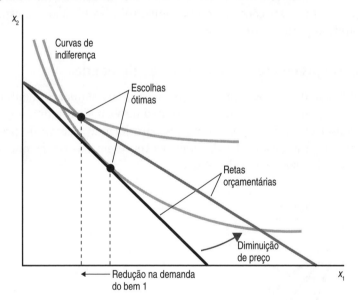

FIGURA 6.10 Um bem de Giffen. O bem 1 é um bem de Giffen, uma vez que a demanda por ele diminui quando seu preço diminui.

que você esteja consumindo sejam mingau de farinha e leite e que, no momento, você consuma sete tigelas de mingau e sete copos de leite por semana. Então, o preço do mingau baixa. Se você consumir as mesmas sete tigelas de mingau por semana, terá uma sobra de dinheiro para comprar mais leite. Na verdade, com o dinheiro economizado graças à diminuição do preço do mingau, você pode até aumentar o consumo de leite e reduzir o de mingau. A redução do preço do mingau de farinha liberou certa quantia de dinheiro para ser gasta em outras coisas – mas você pode querer reduzir seu consumo de mingau de farinha! Assim, a variação do preço é, até certo ponto, *semelhante* a uma variação da renda. Embora a renda *monetária* permaneça constante, uma variação no preço de um bem fará variar o poder aquisitivo e, por extensão, a demanda.

Assim, os bens de Giffen não são implausíveis do ponto de vista puramente lógico, embora seja pouco provável encontrá-los no mundo real. A maioria dos bens são bens comuns – quando os preços aumentam, a demanda diminui. Veremos mais adiante por que essa é a situação comum.

Não foi à toa que usamos o mingau de farinha como exemplo de um bem inferior e de um bem de Giffen. Ocorre que existe uma relação íntima entre os dois casos, relação essa que analisaremos num capítulo posterior.

Por enquanto, nossa pesquisa da teoria do consumidor pode deixá-lo com a impressão de que quase tudo pode acontecer: se a renda aumentar, a demanda de um bem pode aumentar ou diminuir; se o preço aumentar, a demanda pode aumentar ou diminuir. Será a teoria do consumidor compatível com *qualquer* tipo de comportamento? Ou haverá tipos de comportamento excluídos pelo modelo econômico do comportamento do consumidor? O modelo de maximização realmente *impõe* certas restrições ao comportamento, mas teremos de esperar até o próximo capítulo para ver quais são.

6.5 Curva de preço-consumo e curva de demanda

Vamos supor que deixamos o preço do bem 1 variar, enquanto mantemos p_2 e a renda fixos. Do ponto de vista geométrico, isso implica girar a reta orçamentária. Podemos pensar em unir os pontos ótimos para formar a **curva de preço-consumo**, como ilustra a Figura 6.11A. Essa curva representa as cestas que seriam demandadas aos diversos preços do bem 1.

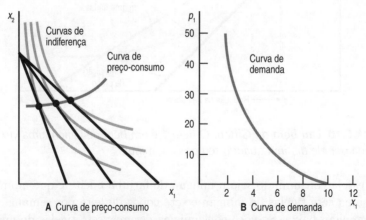

FIGURA 6.11 *Curva de preço-consumo e curva de demanda.* *O painel A contém a curva de preço-consumo, que descreve as escolhas ótimas à medida que o preço do bem 1 varia. O painel B contém a curva de demanda associada, que mostra a escolha ótima do bem 1 como função de seu preço.*

Podemos representar a mesma informação de maneira diferente. De novo, mantenha fixos a renda e o preço do bem 2 e, para cada valor diferente de p_1, trace o nível de consumo ótimo do bem 1. O resultado disso é a **curva de demanda**, mostrada na Figura 6.11B. A curva de demanda é um gráfico da função de demanda $x_1(p_1, p_2, m)$, em que se mantêm p_2 e m fixos em valores predeterminados.

Em geral, quando o preço de um bem aumenta, a demanda dele diminui. Portanto, o preço e a quantidade demandada de um bem irão mover-se em direções *opostas*, o que significa que a curva de demanda tipicamente terá inclinação negativa. Em termos das taxas de variação, teremos normalmente

$$\frac{\Delta x_1}{\Delta p_1} < 0,$$

que apenas diz que as curvas de demanda em geral têm inclinação negativa.

Entretanto, também vimos que, no caso dos bens de Giffen, a demanda do bem pode diminuir quando o preço diminui. Assim, é possível, embora não seja provável, que haja uma curva de demanda com inclinação positiva.

6.6 Alguns exemplos

Examinemos alguns exemplos de curvas de demanda, usando as preferências analisadas no Capítulo 3.

Substitutos perfeitos

A Figura 6.12 ilustra as curvas de preço-consumo e de demanda dos substitutos perfeitos – o exemplo dos lápis vermelhos e azuis. Conforme vimos no Capítulo 5, a demanda do bem 1 é igual a zero quando $p_1 > p_2$; é igual a qualquer quantidade sobre a reta orçamentária quando $p_1 = p_2$; e é igual a m/p_1 quando $p_1 < p_2$. A curva de preço-consumo sugere essas possibilidades.

Para encontrar a curva de demanda, fixamos o preço do bem 2 num nível p_2^* e traçamos o diagrama da demanda do bem 1 *versus* seu preço, para obter a forma mostrada na Figura 6.12B.

Complementares perfeitos

A Figura 6.13 descreve o caso dos complementares perfeitos – o exemplo dos pés direito e esquerdo do par de sapatos. Sabemos que, qualquer que seja o preço, o consumidor demandará a mesma quantidade dos bens 1 e 2. Portanto, sua curva de preço-consumo será uma diagonal, como descrito na Figura 6.13A.

No Capítulo 5, vimos que a demanda do bem 1 é dada por

$$x_1 = \frac{m}{p_1 + p_2}.$$

Se fixarmos m e p_2 e traçarmos a relação entre x_1 e p_1, obteremos a curva descrita na Figura 6.13B.

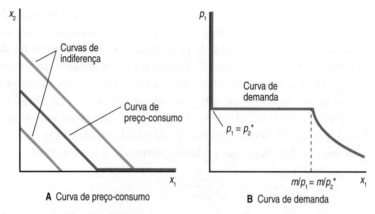

FIGURA 6.12 Substitutos perfeitos. A curva de preço-consumo (A) e a curva de demanda (B), no caso de substitutos perfeitos.

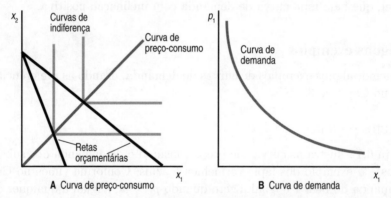

FIGURA 6.13 Complementares perfeitos. A curva de preço-consumo (A) e a curva de demanda (B), no caso de complementares perfeitos.

O bem discreto

Suponhamos que o bem 1 seja um bem discreto. Se p_1 for muito alto, o consumidor preferirá consumir estritamente zero unidade; se p_1 for suficientemente baixo, o consumidor preferirá consumir estritamente uma unidade. A um preço r_1, o consumidor será indiferente entre consumir ou não o bem 1. O preço em que o consumidor é exatamente indiferente entre consumir ou não o bem é chamado de **preço de reserva**.[1] As curvas de indiferença e a curva de demanda são mostradas na Figura 6.14.

---

[1] A expressão "preço de reserva" vem do mercado de leilões. Quando alguém queria vender algo em leilão, essa pessoa em geral estabelecia um preço mínimo pelo qual estava disposta a vender o bem. Se o melhor preço oferecido estivesse abaixo do preço declarado, o vendedor reservava-se o direito de comprar o item ele mesmo. Esse preço passou a ser conhecido como preço de reserva do vendedor e acabou por ser usado para descrever o preço pelo qual alguém está exatamente disposto a comprar ou vender alguma coisa.

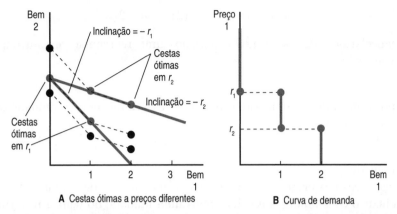

FIGURA 6.14 Bem discreto. À medida que o preço do bem 1 diminui, haverá um preço, o preço reserva, em que o consumidor ficará exatamente indiferente entre consumir ou não o bem 1. Conforme o preço continuar a diminuir, mais unidades do bem discreto serão demandadas.

O diagrama deixa claro que o comportamento da demanda pode ser descrito por uma sequência de preços de reserva pelos quais o consumidor está exatamente disposto a comprar outra unidade do bem. A um preço de r_1, o consumidor estará disposto a comprar uma unidade do bem; se o preço cair para r_2, ele estará disposto a comprar mais uma unidade, e assim por diante.

Esses preços podem ser descritos em termos da função de utilidade original. Por exemplo, r_1 é o preço em que o consumidor é exatamente indiferente entre consumir zero ou uma unidade do bem 1, de modo que r_1 tem de satisfazer a equação

$$u(0, m) = u(1, m - r_1), \qquad (6.1)$$

Do mesmo modo, r_2 satisfaz a equação

$$u(1, m - r_2) = u(2, m - r_2), \qquad (6.2)$$

O lado esquerdo dessa equação é a utilidade de consumir uma unidade do bem ao preço de r_2. O lado direito é a utilidade de consumir duas unidades do bem, cada uma delas ao preço de r_2.

Se a função de utilidade for quase linear, então as fórmulas que descrevem os preços de reserva se tornarão mais simples. Se $u(x_1, x_2) = v(x_1) + x_2$, e $v(0) = 0$, poderemos escrever a equação (6.1) como

$$v(0) + m = m = v(1) + m - r_1$$

Como $v(0) = 0$, podemos resolver r_1, para obter

$$r_1 = v(1) \qquad (6.3)$$

Do mesmo modo, podemos escrever a equação (6.2) como

$$v(1) + m - r_2 = v(2) + m - 2r_2.$$

Se cancelarmos alguns termos e fizermos uma rearrumação, essa expressão transforma-se em

$$r_2 = v(2) - v(1).$$

Ao prosseguirmos desse modo, o preço de reserva da terceira unidade de consumo será dado por

$$r_3 = v(3) - v(2),$$

e assim por diante.

Em cada caso, o preço de reserva mede o incremento de utilidade necessário para induzir o consumidor a escolher mais uma unidade do bem. Em termos gerais, os preços de reserva medem as utilidades marginais relacionadas a diferentes níveis do consumo do bem 1. Nosso pressuposto de utilidade marginal decrescente implica que a sequência dos preços de reserva deve decrescer: $r_1 > r_2 > r_3...$

A estrutura especial da função de utilidade quase linear faz com que os preços de reserva não dependam da quantidade do bem 2 que o consumidor possua. Esse é, com certeza, um caso especial, mas ele facilita muito a descrição do comportamento da demanda. Dado um preço p, temos apenas de descobrir onde ele se situa na lista de preços de reserva. Suponhamos que p esteja entre r_6 e r_7. O fato de que $r_6 > p$ significa que o consumidor está disposto a abrir mão de p unidades monetárias para obter seis unidades do bem 1, e o fato de que $p > r_7$ significa que o consumidor não está disposto a abrir mão de p unidades monetárias para obter a sétima unidade do bem 1.

Esse argumento é bastante intuitivo, mas vamos dar uma olhadela na matemática para assegurar que isso fique claro. Suponhamos que o consumidor demande seis unidades do bem 1. Queremos mostrar que devemos ter $r_6 \geq p \geq r_7$.

Se o consumidor estiver maximizando a utilidade, deveremos ter

$$v(6) + m - 6p \geq v(x_1) + m - px_1.$$

para todas as escolhas possíveis de x_1. Em especial, precisamos ter

$$v(6) + m - 6p \geq v(5) + m - 5p.$$

Se reordenarmos essa equação, teremos

$$r_6 = v(6) - v(5) \geq p,$$

o que é metade do que queríamos mostrar. Com essa mesma lógica,

$$v(6) + m - 6p \geq v(7) + m - 7p.$$

Se reordenarmos essa equação, teremos

$$p \geq v(7) - v(6) = m - r_7,$$

que é a outra metade da desigualdade que queríamos estabelecer.

6.7 Substitutos e complementares

Já utilizamos os termos substitutos e complementares; torna-se agora oportuno darmos uma definição formal. Como já vimos substitutos e complementares *perfeitos* diversas vezes, parece razoável examinar o caso imperfeito.

Pensemos primeiro nos substitutos. Dissemos que os lápis vermelhos e azuis poderiam ser considerados substitutos perfeitos, pelo menos para alguém que não se importe com a cor. Mas e se forem lápis e canetas? Esse é um caso de substitutos "imperfeitos". Ou seja, os lápis e as canetas são, até certo ponto, substitutos um do outro, embora não sejam substitutos tão perfeitos quanto os lápis vermelhos e os azuis.

Do mesmo modo, dissemos que os pés direito e esquerdo do par de sapatos eram complementares perfeitos. Mas e quanto a um par de sapatos e um par de meias? Os pés direito e esquerdo do par de sapatos são quase sempre consumidos juntos e os sapatos e as meias são *geralmente* consumidos juntos. Os bens complementares são aqueles, como sapatos e meias, que costumam ser consumidos juntos, embora nem sempre.

Agora que discutimos a ideia básica de complementares e substitutos, podemos fornecer uma definição econômica precisa. Lembre-se de que a função de demanda do bem 1, por exemplo, será tipicamente uma função do preço tanto do bem 1 quanto do bem 2; por isso, escrevemos $x_1(p_1, p_2, m)$. Podemos indagar como variará a demanda do bem 1 quando o preço do bem 2 variar: ela aumenta ou diminui?

Se a demanda do bem 1 subir quando o preço do bem 2 subir, diremos que o bem 1 é um **substituto** do bem 2. Em termos de taxas de variação, o bem 1 será um substituto do bem 2 se

$$\frac{\Delta x_1}{\Delta p_2} > 0.$$

A ideia é que, quando o bem 2 encarece, o consumidor muda para o bem 1: o consumidor *substitui* o bem mais caro pelo mais barato.

Entretanto, se a demanda do bem 1 cair quando o preço do bem 2 subir, dizemos que o bem 1 é um **complemento** do bem 2. Isso significa que

$$\frac{\Delta x_1}{\Delta p_2} < 0.$$

Complementares são os bens consumidos juntos, como café e açúcar, de modo que, quando o preço de um deles sobe, o consumo de ambos tende a diminuir.

Os casos de substitutos e complementares perfeitos ilustram bem esses aspectos. Observe que $\Delta x_1/\Delta p_2$ é positivo (ou zero) no caso dos substitutos perfeitos e negativo no caso dos complementares perfeitos.

É bom fazer algumas advertências sobre esses conceitos. Em primeiro lugar, o caso dos dois bens é bastante especial quando se trata de substitutos e complementares. Como a renda é mantida constante, se gastarmos mais dinheiro com o bem 1, teremos de gastar menos com o bem 2. Isso impõe algumas restrições aos tipos de comportamento possíveis. Quando há mais de dois bens, essas restrições não constituem tanto problema.

Em segundo lugar, embora a definição de substitutos e complementares pareça sensata em termos do comportamento de demanda do consumidor, as definições apresentam dificuldades em contextos mais amplos. Por exemplo, se utilizarmos as definições dadas numa situação que envolva mais de dois bens, é perfeitamente possível que o bem 1 possa ser um substituto do bem 3, mas o bem 3 pode ser um complemento do bem 1. Essas características peculiares fazem com que as abordagens mais avançadas utilizem uma definição um pouco diferente de substitutos e complementares. As definições dadas descrevem conceitos conhecidos como **substitutos brutos e complementares brutos**; elas serão suficientes para atender às nossas necessidades.

6.8 Função de demanda inversa

Se fixarmos p_2 e m, e traçarmos um gráfico de p_1 contra x_1, obteremos a **curva de demanda**. Conforme sugerimos, em geral pensamos que a curva de demanda tem inclinação negativa, de modo que preços mais altos levam a uma demanda menor, embora o exemplo dos bens de Giffen mostre que poderia ser de outro modo.

Sempre que tivermos uma curva de demanda com inclinação negativa, como de hábito, faz sentido falar na **função de demanda inversa**. A função de demanda inversa é a função de demanda que encara o preço como uma função da quantidade. Isto é, para cada nível de demanda do bem 1, a função de demanda inversa mede qual deveria ser o preço do bem 1 para que os consumidores escolhessem esse nível de consumo. Assim, a função de demanda inversa mede a mesma relação que a função de demanda direta, só que de outro ponto de vista. A Figura 6.15 descreve a função de demanda inversa – ou a função de demanda direta, dependendo do ponto de vista.

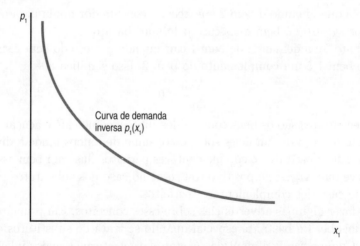

FIGURA 6.15 Curva de demanda inversa. *Se acharmos que a curva de demanda mede o preço em função da quantidade, teremos uma função de demanda inversa.*

Lembre-se, por exemplo, da curva de demanda Cobb-Douglas para o bem 1, $x_1 = am/p_1$. Poderíamos, do mesmo modo, escrever a relação entre o preço e a quantidade como $p_1 = am/x_1$. A primeira representação é a função de demanda direta; a segunda é a função de demanda inversa.

A função de demanda inversa tem uma interpretação econômica útil. Lembre-se de que, enquanto ambos os bens forem consumidos em quantidades positivas, a escolha ótima tem de satisfazer a condição de que o valor absoluto da TMS seja igual à razão de preços:

$$|\text{TMS}| = \frac{p_1}{p_2}.$$

Isso nos diz que, no nível ótimo de demanda do bem 1, por exemplo, precisaremos ter

$$p_1 = p_2 \, |\text{TMS}|. \tag{6.4}$$

Logo, no nível ótimo de demanda do bem 1, o preço desse bem será proporcional ao valor absoluto da TMS entre o bem 1 e o bem 2.

Suponhamos, para simplificar, que o preço do bem 2 seja um. A equação (6.4) nos diz que, no nível ótimo de demanda, o preço do bem 1 mede quanto o consumidor está disposto a abrir mão do bem 2 para obter um pouco mais do bem 1. Nesse caso, a função de demanda inversa mede apenas o valor absoluto da TMS. Para qualquer nível ótimo de x_1, a curva de demanda inversa mostra quanto do bem 2 o consumidor desejaria ter para compensá-lo por uma pequena redução na quantidade do bem 1. Ou, virando-se ao contrário, a função de demanda inversa mede que quantidade do bem 2 o consumidor estaria disposto a sacrificar para tornar-se exatamente indiferente a ter um pouco mais do bem 1.

Se pensarmos no bem 2 como sendo uma quantidade de dinheiro para gastar com outros bens, poderemos então pensar na TMS como sendo a quantidade de unidades monetárias de que a pessoa estaria disposta a abrir mão para obter um pouco mais do bem 1. Havíamos sugerido anteriormente que, nesse caso, podemos considerar a TMS como a medição da propensão marginal a pagar. Como, nesse caso, o preço do bem 1 é exatamente a TMS, isso significa que o próprio preço do bem 1 mede a propensão marginal a pagar.

Em cada quantidade x_1, a função de demanda inversa mede de quantas unidades monetárias o consumidor está disposto a abrir mão para obter um pouco mais do bem 1; ou, dito de outro modo, quantas unidades monetárias o consumidor está disposto a dar pela última unidade comprada do bem 1. Para uma quantidade suficientemente pequena do bem 1, ambas as coisas se equivalem.

Vista dessa perspectiva, a curva de demanda inversa com inclinação negativa tem um novo significado. Quando x_1 for muito pequeno, o consumidor estará disposto a abrir mão de muito dinheiro – isto é, de muitos outros bens – para obter um pouco mais do bem 1. Quando x_1 aumentar, o consumidor estará disposto a dar menos dinheiro, na margem, para obter um pouco mais do bem 1. Assim, a propensão marginal a pagar, no sentido de disposição marginal de sacrificar o bem 2 pelo bem 1, decresce à medida que aumenta o consumo do bem 1.

RESUMO

1. A função de demanda de um bem depende em geral dos preços de todos os bens e da renda do consumidor.

2. Um bem normal é aquele cuja demanda cresce quando a renda aumenta. Um bem inferior é aquele cuja demanda diminui quando a renda aumenta.

3. Um bem comum é aquele cuja demanda diminui quando o preço aumenta. Um bem de Giffen é aquele cuja demanda cresce quando o seu preço aumenta.

4. Se a demanda do bem 1 crescer quando o preço do bem 2 aumentar, então o bem 1 será um substituto do bem 2. Se, porém, nessa mesma situação, a demanda do bem 1 diminuir, então o bem 1 será um complemento do bem 2.

5. A função de demanda inversa mede o preço ao qual certa quantidade será demandada. A altura da curva de demanda num determinado nível de consumo mede a propensão marginal a pagar por uma unidade adicional do bem nesse nível de consumo.

QUESTÕES DE REVISÃO

1. Se o consumidor estiver consumindo exatamente dois bens e se gastar sempre todo o seu dinheiro com eles, poderão ser ambos os bens inferiores?

2. Demonstre que os substitutos perfeitos são um exemplo de preferências homotéticas.

3. Demonstre que as preferências Cobb-Douglas são preferências homotéticas.

4. A curva de renda-consumo está para a curva de Engel como a curva de preço--consumo está para a...?

5. Se as preferências forem côncavas, o consumidor chegará a consumir ambos os bens juntos?

6. Hambúrgueres e pãezinhos são complementares ou substitutos?

7. Qual a forma da função de demanda inversa para o bem 1 no caso de complementares perfeitos?

8. Verdadeiro ou falso: se a função de demanda é $x_1 = -p_1$, então a função de demanda inversa será $x = 1/p_1$.

APÊNDICE

Se as preferências assumirem uma forma especial, isso implica que as funções de demanda resultantes dessas preferências assumirão também uma forma especial. No Capítulo 4, descrevemos as preferências quase lineares. Essas preferências envolvem curvas de indiferença paralelas umas às outras, que podem ser representadas por uma função de utilidade com a forma

$$u(x_1, x_2) = v(x_1) + x_2.$$

O problema de maximização de uma função de utilidade como essa é

$$\max_{x_1, x_2} v(x_1) + x_2$$

Resolvendo a restrição orçamentária para x_2 como função de x_1 e substituindo na função objetiva, temos

$$\text{s.t. } p_1 x_1 + p_2 x_2 = m$$

A diferenciação fornece a condição de primeira ordem

$$\max_{x_1} v(x_1) + m/p_2 - p_1 x_1/p_2.$$

Essa função de demanda tem a característica interessante de que a demanda do bem 1 deve ser independente da renda – justamente como vimos ao utilizarmos as curvas de indiferença. A curva de demanda inversa é dada por

$$v'(x_1^*) = \frac{p_1}{p_2}.$$

Isto é, a função de demanda inversa do bem 1 é a derivada da função de utilidade multiplicada por p_2. Uma vez que tenhamos a função de demanda do bem 1, a função de demanda do bem 2 é deduzida a partir da restrição orçamentária.

Por exemplo, calculemos as funções de demanda da função de utilidade

$$p_1(x_1) = v'(x_1) p_2.$$

Se aplicarmos as condições de primeira ordem, teremos

$$u(x_1, x_2) = \ln x_1 + x_2,$$

de modo que a função de demanda direta do bem 1 será

$$\frac{1}{x_1} = \frac{p_1}{p_2},$$

e a função de demanda inversa será

$$p_1(x_1) = \frac{p_2}{x_1}.$$

A função de demanda direta do bem 2 é obtida pela substituição de $x_1 = p_2/p_1$ na restrição orçamentária:

$$x_2 = \frac{m}{p_2} - 1.$$

Convém fazer uma advertência a respeito dessas funções de demanda. Observe que, nesse exemplo, a demanda do bem 1 independe da renda. Isso é uma propriedade geral de uma função de utilidade quase linear – a demanda do bem 1 permanece constante à medida que a renda varia. Isso, no entanto, só é verdade para alguns valores da renda. A função de demanda não pode ser literalmente independente da renda para *todos* os valores de renda; afinal, quando a renda é zero, todas as demandas têm de ser zero. A função de demanda quase linear derivada anterior só é relevante quando houver consumo de uma quantidade positiva de cada bem.

Neste exemplo, quando $m < p_2$, o consumo ótimo do bem 2 será zero. À medida que a renda aumenta, a utilidade marginal do consumo do bem 1 diminui. Quando $m = p_2$, a utilidade marginal do gasto adicional de renda com o bem 1 se torna igual à utilidade marginal do gasto de renda adicional com o bem 2. Após esse ponto, o consumidor gasta toda a renda adicional com o bem 2.

Desse modo, uma maneira melhor de escrever a demanda pelo bem 2 é:

$$x_2 = \begin{cases} 0 & \text{quando } m \leq p_2 \\ m/p_2 - 1 & \text{quando } m > p_2 \end{cases}.$$

Para conhecimento adicional sobre as propriedades das funções de demanda quase lineares, consulte Hal R. Varian, *Microeconomic Analysis*, 3ª ed. Nova York: Norton, 1992.

CAPÍTULO 7

PREFERÊNCIA REVELADA

No Capítulo 6, vimos como é possível usar informações sobre as preferências e a restrição orçamentária do consumidor para conhecer sua demanda. Neste capítulo, invertemos o processo e mostramos como se podem usar informações sobre a demanda do consumidor para saber sobre suas preferências. Até agora, pensamos no que as preferências poderiam nos dizer sobre o comportamento das pessoas. Na vida real, porém, as preferências não são diretamente observáveis: temos de descobrir as preferências das pessoas pela observação de seu comportamento. Neste capítulo, desenvolveremos algumas ferramentas para fazer isso.

Quando falamos sobre conhecer as preferências das pessoas pela observação do comportamento delas, temos de pressupor que as preferências permanecerão imutáveis enquanto observarmos esse comportamento. Em períodos muito longos, isso não é razoável. Mas, para os períodos de meses ou trimestres com os quais os economistas geralmente trabalham, não parece provável que os gostos de um determinado consumidor sofram mudanças radicais. Portanto, utilizaremos a hipótese de que as preferências do consumidor permanecerão estáveis no período em que observarmos seu comportamento de escolha.

7.1 A ideia de preferência revelada

Antes de iniciar essa investigação, adotemos a convenção de que, neste capítulo, as preferências básicas – sejam quais forem – são estritamente convexas. Haverá, pois, uma *única* cesta demandada em cada orçamento. Esse pressuposto não é necessário para a teoria da preferência revelada, mas com ele a exposição será mais simples.

Observe a Figura 7.1, em que representamos uma cesta demandada pelo consumidor, (x_1, x_2), e outra cesta arbitrária, (y_1, y_2), que está abaixo da reta orçamentária do consumidor. Suponhamos que esse seja um consumidor otimizador, do tipo que temos estudado. O que podemos dizer sobre as preferências do consumidor entre essas duas cestas de bens?

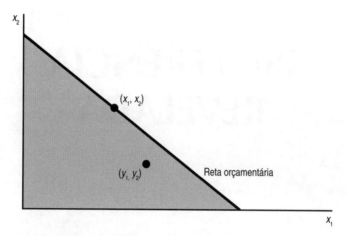

FIGURA 7.1 Preferência revelada. A cesta (x_1, x_2), que o consumidor escolhe, é revelada como preferida à cesta (y_1, y_2), que ele poderia ter escolhido.

Bem, a cesta (y_1, y_2) é, por certo, uma compra possível no orçamento dado – o consumidor poderia ter comprado essa cesta se houvesse desejado fazê-lo e teria até tido uma sobra de dinheiro. Como (x_1, x_2) é a cesta *ótima*, ela deve ser melhor do que qualquer outra que o consumidor possa adquirir. Assim, ela deve ser particularmente melhor que (y_1, y_2).

O mesmo argumento vale para qualquer cesta diferente da cesta demandada, que estiver sobre ou sob a reta orçamentária. Como essa cesta *poderia* ter sido comprada com o orçamento dado, mas não foi, a cesta realmente comprada tem de ser melhor. É aqui que utilizamos o pressuposto de que há uma cesta demandada *única* para cada orçamento. Se as preferências não forem estritamente convexas, de modo que as curvas de indiferença tenham pontos planos, pode ser que algumas cestas situadas *sobre* a reta orçamentária sejam tão boas quanto a cesta demandada. Essa complicação pode ser tratada sem muita dificuldade, mas é mais fácil apenas excluí-la.

Na Figura 7.1, todas as cestas situadas na área sombreada abaixo da reta orçamentária revelam-se piores do que a cesta demandada (x_1, x_2). Isso porque elas poderiam ter sido escolhidas, mas foram rejeitadas em favor de (x_1, x_2). Traduziremos agora, em linguagem algébrica, essa análise geométrica da preferência revelada.

Seja (x_1, x_2) a cesta comprada aos preços (p_1, p_2) quando o consumidor tem uma renda m. O que significa dizer que (y_1, y_2) pode ser comprada a esses preços e a essa renda? Isso apenas significa que (y_1, y_2) satisfaz a restrição orçamentária

$$p_1 y_1 + p_2 y_2 \leq m.$$

Como (x_1, x_2) é realmente comprada num orçamento determinado, ela tem de satisfazer a restrição orçamentária com a igualdade

$$p_1 x_1 + p_2 x_2 = m.$$

Juntando essas duas equações, o fato de que (y_1, y_2) pode ser comprada com o orçamento (p_1, p_2, m) significa que:

$$p_1 x_1 + p_2 x_2 \geq p_1 y_1 + p_2 y_2.$$

Se essa desigualdade for satisfeita e (y_1, y_2) for realmente uma cesta diferente de (x_1, x_2), dizemos que (x_1, x_2) é **diretamente revelada como preferida** a (y_1, y_2).

Observe que o lado esquerdo dessa desigualdade refere-se ao gasto com a cesta que for *realmente escolhida* aos preços (p_1, p_2). A preferência revelada consiste, portanto, numa relação entre a cesta realmente demandada em determinado orçamento e as cestas que *poderiam ter sido* demandadas nesse orçamento.

Na verdade, o termo "preferência revelada" é um pouco enganador, pois em si não tem nada a ver com preferências, embora já tenhamos visto que, se o consumidor fizer escolhas ótimas, as duas ideias têm uma relação estreita entre si. Em vez de dizermos que "X é revelada como preferida a Y", seria melhor dizer "X é escolhida em vez de Y". Quando dizemos que X é revelada como preferida a Y, tudo o que afirmamos é que X é escolhida quando Y podia ter sido escolhida; isto é, que $p_1 x_1 + p_2 x_2 \geq p_1 y_1 + p_2 y_2$.

7.2 Da preferência revelada à preferência

Podemos resumir a seção anterior de maneira bem simples. Decorre de nosso modelo de comportamento do consumidor – de que as pessoas escolhem as melhores coisas que podem adquirir – que as escolhas feitas são preferidas às escolhas que poderiam ter sido feitas. Ou, na terminologia da última seção, se (x_1, x_2) *for diretamente revelada como preferida* a (y_1, y_2), então (x_1, x_2) será, de fato, *preferida* a (y_1, y_2). Afirmemos esse princípio de maneira mais formal:

O princípio da preferência revelada. *Seja (x_1, x_2) a cesta escolhida quando os preços são (p_1, p_2) e seja (y_1, y_2) alguma outra cesta de modo que $p_1 x_1 + p_2 x_2 \geq p_1 y_1 + p_2 y_2$. Assim, se o consumidor escolher a cesta mais preferida que puder adquirir, teremos $(x_1, x_2) \succ (y_1, y_2)$.*

Na primeira vez em que nos deparamos com esse princípio, ele pode parecer circular. Se X revelar-se como preferida a Y, isso não significará automaticamente que X é preferida a Y? A resposta é: não. A "preferência revelada" significa apenas que X foi escolhida quando Y estava disponível; "preferência" significa que o consumidor considera X superior a Y. Se o consumidor escolhe as melhores cestas que pode adquirir, então a "preferência revelada" implica "preferência", mas isso é consequência do modelo de comportamento e não das definições dos conceitos.

Por isso, seria melhor dizer que uma cesta é "escolhida em detrimento" de outra, como sugerimos anteriormente. Assim, enunciaríamos o princípio da preferência revelada dizendo: "Se uma cesta X for escolhida em detrimento da cesta Y, então X deve ser preferida a Y." Nesse enunciado, fica claro como o modelo de comportamento nos permite usar escolhas observadas para inferir algo sobre as preferências básicas.

Seja qual for a terminologia usada, o essencial está claro: se observarmos que uma cesta é escolhida quando outra poderia ser adquirida, teremos então aprendido algo sobre as preferências de escolha entre as duas cestas: isto é, que a primeira é preferida à segunda.

Vamos supor agora que sabemos que (y_1, y_2) é uma cesta demandada aos preços (q_1, q_2) e que (y_1, y_2) seja revelada como preferida a alguma outra cesta (z_1, z_2). Ou seja,

$$q_1 y_1 + q_2 y_2 \geq q_1 z_1 + q_2 z_2.$$

Sabemos, então, que $(x_1, x_2) \succ (y_1, y_2)$ e que $(y_1, y_2) \succ (z_1, z_2)$. Com base no pressuposto da transitividade, podemos concluir que $(x_1, x_2) \succ (z_1, z_2)$.

A Figura 7.2 ilustra esse argumento. A preferência revelada e a transitividade dizem que (x_1, x_2) deve ser melhor que (z_1, z_2) para o consumidor que fez as escolhas ilustradas na figura.

É natural dizer que, nesse caso, (x_1, x_2) é **indiretamente revelada como preferida** a (z_1, z_2). É claro que a "cadeia" de escolhas observadas pode ser mais longa: se a cesta A for diretamente revelada como preferida a B, e B a C, e C a D... e assim por diante, até chegar, digamos, a M, então a cesta A ainda será indiretamente revelada como preferida a M. A cadeia de comparações diretas poderá ter qualquer comprimento.

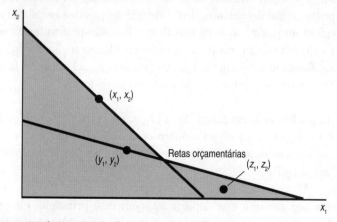

FIGURA 7.2 Preferências indiretamente reveladas. A cesta (x_1, x_2) é indiretamente revelada como preferida à cesta (z_1, z_2).

Se uma cesta for direta ou indiretamente revelada como preferida a outra cesta, diremos que a primeira cesta é **revelada como preferida** à segunda. A ideia de preferência revelada é simples, mas surpreendentemente poderosa. Uma simples olhadela nas escolhas do consumidor pode fornecer muita informação sobre as preferências básicas. Observe, por exemplo, a Figura 7.2. Nela, temos várias observações de cestas demandadas em diferentes orçamentos. Essas observações permitem-nos concluir que, como (x_1, x_2) é revelada como preferida, direta ou indiretamente, a todas as cestas da área sombreada, (x_1, x_2) é de fato *preferida* àquelas cestas pelo consumidor que fez as escolhas. Outra forma de dizer isso é observar que a curva de indiferença que passa por (x_1, x_2), seja qual for, tem de situar-se acima da região sombreada.

7.3 Recuperação de preferências

Ao observarmos as escolhas feitas pelo consumidor, podemos aprender sobre suas preferências. À medida que observamos mais e mais escolhas, podemos ter uma estimativa cada vez melhor sobre essas preferências.

Esse tipo de informação sobre preferências pode ser muito importante para a tomada de decisões sobre políticas. A maioria das políticas econômicas implica trocar alguns tipos de bens por outros: se criarmos um imposto sobre sapatos e subsidiarmos as roupas, provavelmente acabaremos por ter um consumo maior de roupas e menor de sapatos. Para avaliar a desejabilidade de uma política como essa, é importante ter uma noção das preferências do consumidor com respeito a sapatos e roupas. O exame das escolhas do consumidor permite extrair alguma informação sobre isso, mediante o uso da preferência revelada e de outras técnicas afins.

Se estivermos dispostos a acrescentar mais pressupostos sobre as preferências do consumidor, poderemos obter estimativas mais precisas sobre a forma das curvas de indiferença. Suponhamos, por exemplo, que observamos duas cestas, Y e Z, reveladas como preferidas a X, como na Figura 7.3, e que as preferências sejam convexas. Sabemos também que todas as médias ponderadas de Y e Z são preferidas a X. Se supusermos que as preferências são monotônicas, então todas as cestas que tenham mais de ambos os bens do que X, Y e Z – ou quaisquer de suas médias ponderadas – também serão preferidas a X.

Na Figura 7.3, a região rotulada como "Cestas piores" representa todas as cestas para as quais a preferência revelada é igual a X. Isto é, essa região é constituída por todas as cestas que custam menos do que X, bem como todas aquelas que custam menos do que as cestas que custam menos do que X, e assim por diante.

Assim, na Figura 7.3, podemos concluir que todas as cestas da área sombreada superior são melhores do que X e que todas as cestas da área sombreada inferior são piores do que X, de acordo com as preferências do consumidor que fez as escolhas. A curva de indiferença que passa por X tem de situar-se em algum lugar entre os dois conjuntos sombreados. Conseguimos, assim, "estimar" a curva de indiferença de modo bastante preciso pela simples aplicação inteligente da ideia da preferência revelada e de algumas poucas hipóteses sobre as preferências.

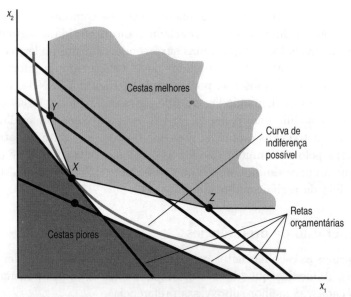

FIGURA 7.3 *"Estimando"[1] a curva de indiferença.* A área sombreada em cima é formada pelas cestas preferidas a X; a área sombreada embaixo, pelas cestas reveladas como piores do que X. A curva de indiferença que passa por X tem de situar-se em algum lugar entre as áreas sombreadas.

7.4 O axioma fraco da preferência revelada

Tudo o que foi exposto anteriormente baseia-se nas suposições de que o consumidor *tem* preferências e que escolhe sempre a melhor cesta de bens que pode adquirir. Se o consumidor não agir desse modo, a "estimativa" das curvas de indiferença que acabamos de elaborar não fará sentido. Daí decorre, naturalmente, uma pergunta: como podemos saber se o consumidor segue o modelo de maximização? Ou, de modo inverso: que tipo de observação nos levaria a concluir que o consumidor *não* maximiza?

Observe a situação ilustrada na Figura 7.4. Será que ambas as escolhas ilustradas poderiam ser geradas por um consumidor maximizador? Segundo a lógica da preferência revelada, a Figura 7.4 nos leva a concluir duas coisas: (1) (x_1, x_2) é preferida a (y_1, y_2); e (2) (y_1, y_2) é preferida a (x_1, x_2). Isso é um flagrante absurdo. Na Figura 7.4, o consumidor aparentemente escolheu (x_1, x_2), quando poderia ter escolhido (y_1, y_2), o que indica que (x_1, x_2) foi preferida a (y_1, y_2); mas então ele escolheu (y_1, y_2) quando poderia ter escolhido (x_1, x_2) – o que indica o contrário!

Obviamente, esse consumidor não pode ser maximizador. Ou ele não está escolhendo a melhor cesta que pode adquirir ou não percebemos a ocorrência de mudança em algum outro aspecto do problema da escolha. Talvez os gostos do

---

[1] *Nota da Revisão Técnica: Trapping* significa "prática da caça por meio de armadilhas". Por analogia, a caça no texto seria obter estimativas mais precisas sob a forma das curvas de indiferença e a armadilha utilizada no caso seria a ideia de preferência revelada.

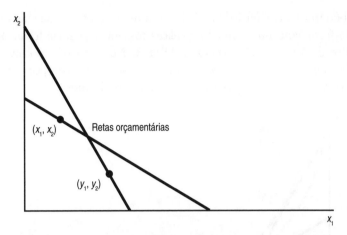

FIGURA 7.4 Violação do axioma fraco da preferência revelada. *O consumidor que escolhe tanto (x_1, x_2) como (y_1, y_2) viola o Axioma Fraco da Preferência Revelada.*

consumidor ou qualquer outra característica de seu ambiente econômico tenham mudado. De qualquer forma, uma violação desse tipo não é coerente com o modelo da escolha do consumidor num ambiente inalterado.

A teoria da escolha do consumidor implica que essas observações não ocorrerão. Se os consumidores escolhem as melhores coisas que podem adquirir, as que puderem ser adquiridas, mas não forem escolhidas, devem ser piores do que as coisas escolhidas. Os economistas formularam esse ponto simples num axioma básico da teoria do consumidor:

Axioma fraco da preferência revelada (AFrPR). Se (x_1, x_2) *for diretamente revelada como preferida a* (y_1, y_2) *e se as duas cestas não forem idênticas, então não pode acontecer que* (y_1, y_2) *seja diretamente revelada como preferida a* (x_1, x_2).

Em outras palavras, se a cesta (x_1, x_2) for comprada aos preços (p_1, p_2) e se uma cesta diferente (y_1, y_2) for comprada aos preços (q_1, q_2), então, se

$$p_1 x_1 + p_2 x_2 \geq p_1 y_1 + p_2 y_2.$$

não podemos ter que

$$q_1 y_1 + q_2 y_2 \geq q_1 x_1 + q_2 x_2.$$

Em bom português: se a cesta y puder ser adquirida quando a cesta x for realmente comprada, então, quando a cesta y for comprada, a cesta x não estará ao alcance do orçamento do consumidor.

O consumidor da Figura 7.4 *violou* o AFrPR. Logo, sabemos que o comportamento desse consumidor não pode ter sido maximizador.[2]

---

[2] *Nota da Revisão Técnica*: Poderíamos dizer que seu comportamento foi desvirtuado? Provavelmente, sim, mas não entre pessoas educadas.

Não se poderia traçar na Figura 7.4 nenhum conjunto de curvas de indiferença capaz de fazer com que ambas as cestas fossem maximizadoras. Entretanto, o consumidor da Figura 7.5 satisfaz o AFrPR. Nesse caso, é possível encontrar curvas de indiferença em que o consumidor apresente um comportamento ótimo. A figura ilustra uma escolha possível das curvas de indiferença.

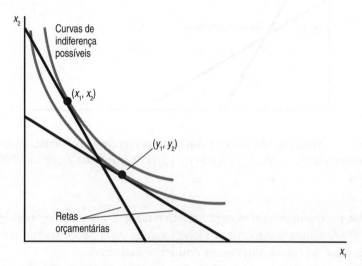

FIGURA 7.5 Satisfazendo o AFrPR. *As escolhas dos consumidores que satisfazem o Axioma Fraco da Preferência Revelada e algumas curvas de indiferença possíveis.*

7.5 Verificação do AFrPR

É importante compreender que o AFrPR é uma condição que tem de ser satisfeita pelo consumidor que escolha sempre as melhores coisas que possa adquirir. O Axioma Fraco da Preferência Revelada é uma implicação lógica desse modelo e, portanto, pode ser usado para verificar se determinado consumidor – ou uma entidade econômica que pudéssemos querer modelar como um consumidor – é ou não coerente com nosso modelo econômico.

Vejamos como poderíamos, na prática, testar o AFrPR de maneira sistemática. Suponhamos que observamos diversas escolhas de cestas de bens a diferentes preços. Utilizemos (p_1^t, p_2^t) para representar a *t-ésima* observação dos preços e (x_1^t, x_2^t) para representar a *t-ésima* observação das escolhas. Para empregar um exemplo específico, utilizemos os dados da Tabela 7.1.

TABELA 7.1 *Alguns dados sobre o consumo*

Observação	p_1	p_2	x_1	x_2
1	1	2	1	2
2	2	1	2	1
3	1	1	2	2

Com esses dados, podemos calcular quanto custaria para o consumidor adquirir cada cesta de bens a cada diferente conjunto de preços, como fizemos na Tabela 7.2. Por exemplo, a entrada na terceira linha, coluna 1, indica quanto dinheiro o consumidor teria de gastar para adquirir a primeira cesta de bens no terceiro conjunto de preços.

TABELA 7.2 *O custo de cada cesta a cada conjunto de preços*

		Cestas		
		1	2	3
Preços	1	5	4*	6
	2	4*	5	6
	3	3*	*3	4

Os termos na diagonal da Tabela 7.2 medem quanto dinheiro o consumidor está gastando em cada escolha. As entradas em cada linha medem quanto o consumidor teria gastado caso houvesse comprado uma cesta diferente. Assim, poderemos ver se, digamos, a cesta 3 é revelada como preferida à cesta 1 apenas ao olhar se a entrada na linha 3, coluna 1 (quanto o consumidor teria de gastar para adquirir a primeira cesta no terceiro conjunto de preços), é menor do que a entrada na linha 3, coluna 3 (quanto o consumidor realmente gastou para comprar a terceira cesta no terceiro conjunto de preços). Nesse caso específico, a cesta 1 podia ser adquirida quando a cesta 3 foi comprada, o que significa que a cesta 3 era revelada como preferida à cesta 1. Logo, marcamos um asterisco na linha 3, coluna 1 da tabela.

Do ponto de vista matemático, apenas colocamos um asterisco na entrada da linha s, coluna t, se o número daquela entrada for menor que o número da linha s, coluna s.

Podemos usar essa tabela para procurar violações do AFrPR. Nesse contexto, a violação do AFrPR consiste em duas observações t e s, de modo que tanto a linha t e a coluna s como a linha s e a coluna t contenham um asterisco. Isso porque, nesse caso, a cesta comprada em s seria revelada como preferida à cesta comprada em t, e vice-versa.

Podemos agora usar um computador (ou solicitar a um estagiário) para verificar se há pares de observações como esses nas escolhas observadas. Se houver, as escolhas serão incompatíveis com a teoria econômica do consumidor. Ou a teoria estará errada para esse consumidor específico, ou mudou alguma coisa no ambiente econômico que escapou a nosso controle. Assim, o Axioma Fraco da Preferência Revelada permite-nos verificar com facilidade se algumas escolhas observadas são coerentes com a teoria econômica do consumidor.

Na Tabela 7.2, observamos que tanto a linha 1, da coluna 2, como a linha 2, da coluna 1, contém um asterisco. Isso quer dizer que a observação 2 poderia ter sido escolhida quando o consumidor, na realidade, escolheu a observação 1, e vice-versa. Isso constitui uma violação do Axioma Fraco da Preferência Revelada.

Podemos concluir que os dados descritos nas Tabelas 7.1 e 7.2 não podem ter sido gerados por um consumidor com preferências estáveis, que escolha sempre o melhor que pode adquirir.

7.6 O Axioma Forte da Preferência Revelada

O Axioma Fraco da Preferência Revelada, descrito na última seção, fornece uma condição observável, que tem de ser satisfeita por todos os consumidores otimizadores. Há, porém, uma condição mais forte, que às vezes é útil.

Já observamos que, se uma cesta de bens X for revelada como preferida à cesta Y e se Y, por sua vez, for revelada como preferida à cesta Z, então X deve ser preferida a Z. Se o consumidor tiver preferências coerentes, nunca poderemos observar uma sequência de escolhas em que a cesta Z seja diretamente revelada como preferida a X.

O Axioma Fraco da Preferência Revelada requer que, se X for *diretamente* revelada como preferida a Y, não deveremos nunca observar Y como *diretamente* revelada como preferida a X. O **Axioma Forte da Preferência Revelada (AFoPR)** exige que o mesmo tipo de condição seja válido para a preferência *indiretamente* revelada. De maneira mais formal, temos o seguinte:

Axioma Forte da Preferência Revelada (AFoPR). *Se (x_1, x_2) for revelada como preferida a (y_1, y_2), direta ou indiretamente, e (y_1, y_2) for diferente de (x_1, x_2), então, (y_1, y_2) não poderá ser nem direta nem indiretamente revelada como preferida a (x_1, x_2).*

É claro que se o comportamento observado for otimizador, ele deverá satisfazer o AFoPR. Isso porque, se o consumidor for otimizador e (x_1, x_2) for direta ou indiretamente revelada como preferida a (y_1, y_2), deveremos então ter que $(x_1, x_2) \succ (y_1, y_2)$. Assim, se (x_1, x_2) fosse revelada como preferida a (y_1, y_2) e (y_1, y_2) fosse revelada como preferida a (x_1, x_2), isso implicaria que $(x_1, x_2) \succ (y_1, y_2)$ e que $(y_1, y_2) \succ (x_1, x_2)$, o que é uma contradição. Poderíamos, então, concluir que ou o consumidor não estaria otimizando ou algum outro aspecto do ambiente do consumidor – seus gostos, outros preços e assim por diante – teria mudado.

Grosso modo, como as preferências básicas do consumidor têm de ser transitivas, segue-se que as preferências *reveladas* do consumidor têm de ser transitivas. O AFoPR é, portanto, uma condição *necessária* para o comportamento otimizador: se o consumidor escolher sempre as melhores coisas que puder adquirir, então seu comportamento observado terá de satisfazer o AFoPR. O mais surpreendente é que qualquer comportamento que satisfaça o Axioma Forte pode ser encarado como sendo gerado pelo comportamento otimizador no seguinte sentido: se as escolhas observadas satisfizerem o AFoPR, encontraremos sempre preferências boas e bem-comportadas que *poderiam ter* gerado as escolhas observadas. Nesse sentido, o AFoPR é uma condição *suficiente* do comportamento otimizador: se as escolhas observadas satisfizerem o AFoPR, então será sempre possível encontrar preferências para as quais o comportamento observado seja otimizador. Embora a prova dessa afirmação esteja, infelizmente, além do escopo deste livro, isso não impede que avaliemos sua importância.

Isso porque o AFoPR proporciona *todas* as restrições ao comportamento impostas pelo modelo do consumidor otimizador. Se as escolhas observadas satisfizerem o AFoPR, poderemos "construir" as preferências que poderiam ter gerado tais escolhas. Logo, o AFoPR é uma condição necessária e suficiente para que as escolhas observadas sejam compatíveis com o modelo econômico da escolha do consumidor.

Isso prova que as preferências construídas realmente geraram as escolhas observadas? É claro que não. Como com qualquer proposição científica, pode-se apenas demonstrar que o comportamento observado não é incoerente com a proposição. Não podemos provar que o modelo econômico esteja correto; só podemos descobrir as implicações desse modelo e verificar se as escolhas observadas são coerentes com essas implicações.

7.7 Como verificar o AFoPR

Suponhamos que temos uma tabela como a Tabela 7.2, que apresente um asterisco na linha t e um na coluna s se a observação t for diretamente revelada como preferida à observação s. Como podemos usar essa tabela para verificar o AFoPR?

A maneira mais fácil é, em primeiro lugar, transformar a tabela. A Tabela 7.3 fornece um exemplo. Essa tabela é exatamente igual à Tabela 7.2; apenas utiliza um conjunto diferente de números. Aqui, os asteriscos indicam a preferência diretamente revelada. O asterisco entre parênteses será explicado adiante.

Agora observamos de maneira sistemática as entradas da tabela e vemos se há *cadeias* de observações que façam com que alguma cesta seja indiretamente revelada como preferida àquela outra. Por exemplo, a cesta 1 é diretamente revelada como preferida à 2, uma vez que há um asterisco na linha 1, coluna 2. E a cesta 2 é diretamente revelada como preferida à cesta 3, porque há um asterisco na linha 2, coluna 3. Portanto, a cesta 1 é *indiretamente* revelada como preferida à cesta 3, o que é indicado pela colocação de um asterisco (entre parênteses) na linha 1, coluna 3.

TABELA 7.3 *Como verificar o AFoPR*

		Cestas		
		1	2	3
Preços	1	20	10*	22(*)
	2	21	20	15*
	3	12	15	10

Em geral, se tivermos muitas observações, teremos de procurar cadeias de extensão arbitrárias para ver se uma observação é indiretamente revelada como preferida à outra. Embora o modo de fazer isso possa não ser muito óbvio, há programas simples de computador que calculam a relação de preferência indiretamente revelada com base na tabela que descreve a relação de preferência diretamente revelada. O computador coloca um asterisco na entrada st da tabela caso a observação s seja revelada como preferida à observação t por quaisquer cadeias de outras observações.

Uma vez feitos esses cálculos, poderemos testar o AFoPR com facilidade. Basta observar se há uma situação em que haja um asterisco na linha t, coluna s, e, também, um asterisco na linha s, coluna t. Se isso ocorrer, teremos encontrado uma situação em que a observação t é revelada como preferida à observação s, direta ou indiretamente, e, ao mesmo tempo, a observação s é revelada como preferida à observação t. Isso constitui uma violação do Axioma Forte da Preferência Revelada.

Por outro lado, se não encontrarmos essas violações, saberemos que nossas observações são consistentes com a teoria econômica do consumidor. Essas observações poderiam ter sido feitas por um consumidor otimizador com preferências bem-comportadas. Temos, portanto, um teste completamente operacional para verificar se a ação de um consumidor específico é ou não consistente com a teoria econômica.

Isso é importante porque nos permite modelar vários tipos de unidades econômicas como se estivessem se comportando como consumidores. Imagine, por exemplo, uma família composta de várias pessoas. Será que as escolhas de consumo dessa família maximizam "a utilidade familiar"? Se dispusermos de alguns dados sobre as escolhas de consumo familiares, poderemos utilizar o Axioma Forte da Preferência Revelada para verificar isso. Outra unidade econômica em que poderíamos pensar como se agisse como um consumidor é uma organização não lucrativa, como um hospital ou uma universidade. As universidades maximizam uma função de utilidade ao efetuar suas escolhas econômicas? Se tivermos uma lista das escolhas econômicas que uma universidade faz ao defrontar-se com diferentes preços, poderemos, em princípio, responder a esse tipo de pergunta.

7.8 Números-índices

Vamos supor que examinamos as cestas de consumo de um consumidor relativas a dois períodos diferentes e que desejamos comparar a variação do consumo entre um período e outro. Seja b o período-base, e t algum outro período. Como o consumo "médio" do ano t se apresenta em relação ao consumo do período-base?

Suponhamos que, no período t, os preços sejam (p_1^t, p_2^t) e que o consumidor escolha (x_1^t, x_2^t). No período-base b, os preços são (p_1^b, p_2^b) e a escolha do consumidor é (x_1^b, x_2^b). Queremos saber qual é a variação do consumo "médio" do consumidor.

Se utilizarmos w_1 e w_2 como "pesos" para calcular uma "média", poderemos observar o seguinte tipo de índice de quantidade:

$$I_q = \frac{w_1 x_1^t + w_2 x_2^t}{w_1 x_1^b + w_2 x_2^b}.$$

Se I_q for maior que 1, poderemos dizer que o consumo "médio" aumentou no movimento entre os períodos b e t; se I_q for menor que 1, poderemos dizer que o consumo "médio" diminuiu.

O problema é: que pesos utilizar? A escolha natural consistirá em usar os preços dos bens considerados, uma vez que eles medem, em certo sentido, a importância relativa dos dois bens. Mas aqui há dois conjuntos de preços: qual deles usar?

Se usarmos como pesos os preços do período-base, teremos o chamado índice de **Laspeyres**; se empregarmos os preços do período t, teremos o chamado índice de **Paasche**. Ambos os índices respondem à pergunta sobre o que aconteceu com o consumo "médio"; eles apenas usam pesos diferentes no processo de cálculo da média.

Se substituirmos os preços do período t pelos pesos, veremos que o **índice de quantidade de Paasche** é dado por

$$P_q = \frac{p_1^t x_1^t + p_2^t x_2^t}{p_1^t x_1^b + p_2^t x_2^b},$$

e, se substituirmos os preços do período b, veremos que o índice de **quantidade de Laspeyres** é dado por

$$L_q = \frac{p_1^b x_1^t + p_2^b x_2^t}{p_1^b x_1^b + p_2^b x_2^b}.$$

A magnitude dos índices Laspeyres e Paasche pode dizer algumas coisas interessantes sobre o bem-estar do consumidor. Vamos supor que temos uma situação em que o índice de quantidade de Paasche seja maior do que 1:

$$P_q = \frac{p_1^t x_1^t + p_2^t x_2^t}{p_1^t x_1^b + p_2^t x_2^b} > 1.$$

O que se pode concluir quanto ao bem-estar do consumidor no período t, com respeito à sua situação no período b?

A resposta é dada pela preferência revelada. Basta fazer a multiplicação cruzada dessa desigualdade para chegar a

$$p_1^t x_1^t + p_2^t x_2^t > p_1^t x_1^b + p_2^t x_2^b,$$

o que logo mostra que o consumidor tem de estar melhor no período t do que no período b, uma vez que ele poderia ter consumido a cesta de consumo b na situação t, mas preferiu não o fazer.

E se o índice de Paasche for *menor* do que 1? Teremos, então,

$$p_1^t x_1^t + p_2^t x_2^t < p_1^t x_1^b + p_2^t x_2^b,$$

que diz que, quando o consumidor escolheu a cesta (x_1^t, x_2^t), a cesta (x_1^b, x_2^b) não podia ser comprada com o orçamento disponível. Contudo, isso não diz nada sobre como o consumidor classifica essas cestas. Só porque alguma coisa custa mais caro do que se pode pagar, isso não quer dizer que se vá preferi-la ao que se consome hoje.

E o índice de Laspeyres? Ele funciona de maneira semelhante. Suponhamos que o índice de Laspeyres seja *menor* que 1:

$$L_q = \frac{p_1^b x_1^t + p_2^b x_2^t}{p_1^b x_1^b + p_2^b x_2^b} < 1.$$

A multiplicação cruzada resulta em

$$p_1^b x_1^b + p_2^b x_2^b > p_1^b x_1^t + p_2^b x_2^t,$$

que diz que (x_1^b, x_2^b) é revelada como preferida a (x_1^t, x_2^t). Assim, o consumidor estará melhor no período b do que no período t.

7.9 Índices de preços

Os índices de preços funcionam de modo bem semelhante. Em geral, um índice de preços será uma média ponderada dos preços:

$$I_p = \frac{p_1^t w_1 + p_2^t w_2}{p_1^b w_1 + p_2^b w_2}.$$

Nesse caso, é natural escolher as quantidades como pesos para calcular as médias. Dependendo da escolha que fizermos dos pesos, obteremos dois índices diferentes. Se escolhermos como pesos as quantidades do período t, obteremos o **índice de preços de Paasche**:

$$P_p = \frac{p_1^t x_1^t + p_2^t x_2^t}{p_1^b x_1^t + p_2^b x_2^t},$$

e, se escolhermos as quantidades do período-base, obteremos o **índice de preços de Laspeyres**:

$$L_p = \frac{p_1^t x_1^b + p_2^t x_2^b}{p_1^b x_1^b + p_2^b x_2^b}.$$

Suponhamos que o índice de preços de Paasche seja menor do que 1; o que a preferência revelada tem a dizer sobre a situação do consumidor, em termos de bem-estar, nos períodos t e b?

Nada. O problema é que agora aparecem diferentes preços no numerador e no denominador das razões que definem os índices, de modo que a comparação da preferência revelada não pode ser feita.

Definamos um novo índice da variação do gasto total por

$$M = \frac{p_1^t x_1^t + p_2^t x_2^t}{p_1^b x_1^b + p_2^b x_2^b}.$$

Essa é a razão entre o gasto total no período t e o gasto total no período b. Suponhamos agora que lhe digam que o índice de preços de Paasche é maior do que M. Isso significa que

$$P_p = \frac{p_1^t x_1^t + p_2^t x_2^t}{p_1^b x_1^t + p_2^b x_2^t} > \frac{p_1^t x_1^t + p_2^t x_2^t}{p_1^b x_1^b + p_2^b x_2^b}.$$

Ao cancelarmos os numeradores de ambos os lados dessa expressão e realizarmos a multiplicação cruzada, teremos

$$p_1^b x_1^b + p_2^b x_2^b > p_1^b x_1^t + p_2^b x_2^t.$$

Essa proposição diz que a cesta escolhida no ano b é revelada como preferida à cesta escolhida no ano t. Essa análise implica que, se o índice de preços de Paasche for maior do que o índice de gasto, o consumidor deverá estar melhor no ano b do que no ano t.

Isso é um tanto intuitivo. Afinal, se os preços aumentam mais do que a renda ao passarem do período b para o período t, é de esperar que isso tenda a piorar a situação do consumidor. A análise da preferência revelada feita anteriormente confirma essa intuição.

Podemos fazer um enunciado semelhante para o índice de preços de Laspeyres. Se ele for menor do que M, o consumidor deverá estar melhor no ano t do que no ano b. Mais uma vez, isso vem apenas confirmar a intuição de que, se os preços aumentarem menos do que a renda, o consumidor ficará melhor. No caso dos índices de preços, o que interessa não é se o índice é maior ou menor do que 1, mas, sim, se é maior ou menor do que o índice de gastos.

EXEMPLO: A indexação dos pagamentos da Previdência Social

Muitas pessoas idosas têm nos pagamentos da Previdência Social sua única fonte de renda. Por causa disso, já se fizeram diversas tentativas de ajustar os pagamentos da Previdência Social para manter constante o poder aquisitivo, mesmo com a mudança dos preços. Como o valor dos pagamentos depende da movimentação de algum índice, seja de preços ou do custo de vida, esse tipo de esquema é chamado **indexação**.

Eis uma proposta de indexação: num determinado ano-base b, os economistas medem a cesta média de consumo da população idosa. A cada ano subsequente, o sistema de Previdência Social reajusta os pagamentos para manter constante o "poder de compra" do beneficiário médio, no sentido de que essa pessoa tem apenas condição de adquirir a cesta de consumo disponível no ano b, conforme descrito na Figura 7.6.

Um resultado curioso desse esquema de indexação é que o idoso médio estará quase sempre melhor do que estava no ano-base b. Suponhamos que o ano b seja escolhido como o ano-base do índice de preços. Então, a cesta (x_1^b, x_2^b) será a cesta ótima aos preços (p_1^b, p_2^b). Isso significa que, aos preços (p_1^b, p_2^b), a reta orçamentária tem de tangenciar a curva de indiferença que passa por (x_1^b, x_2^b).

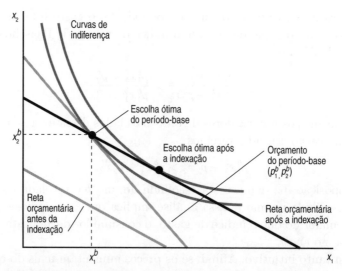

FIGURA 7.6 Previdência social. As variações dos preços em geral deixarão o consumidor em uma situação melhor do que a do ano-base.

Suponhamos agora que os preços variem. Para sermos mais específicos, suponhamos que os preços aumentem, de modo que a reta orçamentária, na ausência de Previdência Social, se desloque para dentro e se incline. O movimento para dentro é causado pelo aumento dos preços; a inclinação deve-se à variação dos preços relativos. O programa de indexação aumentaria o pagamento da Previdência Social para fazer com que a cesta original (x_1^b, x_2^b) pudesse ser comprada aos novos preços. Isso significa, porém, que a reta orçamentária cortaria a curva de indiferença e que haveria alguma outra cesta sobre a reta orçamentária que seria estritamente preferida a (x_1^b, x_2^b). Assim, o consumidor em geral teria a possibilidade de escolher uma cesta melhor do que a escolhida no ano-base.

RESUMO

1. Se uma cesta for escolhida quando outra poderia ter sido escolhida, diz-se que a primeira é revelada como preferida à segunda.

2. Se o consumidor escolhe sempre as cestas preferidas que pode adquirir, isso significa que as cestas escolhidas têm de ser preferidas às que eram acessíveis mas não foram escolhidas.

3. A observação das escolhas dos consumidores pode nos permitir "recuperar" ou estimar as preferências que se escondem por trás dessas escolhas. Quanto mais escolhas observarmos, com maior exatidão poderemos estimar as preferências básicas que geraram tais escolhas.

4. O Axioma Fraco da Preferência Revelada (AFrPR) e o Axioma Forte da Preferência Revelada (AFoPR) são condições necessárias, a que as escolhas do consumidor têm de obedecer para serem coerentes com o modelo econômico da escolha ótima.

QUESTÕES DE REVISÃO

1. Quando os preços são $(p_1, p_2) = (1, 2)$, o consumidor demanda $(x_1, x_2) = (1, 2)$; quando os preços são $(q_1, q_2) = (2, 1)$, o consumidor demanda $(y_1, y_2) = (2, 1)$. Esse comportamento é consistente com o modelo de comportamento maximizador?

2. Quando os preços são $(p_1, p_2) = (2, 1)$, o consumidor demanda $(x_1, x_2) = (1, 2)$; quando os preços são $(q_1, q_2) = (1, 2)$, o consumidor demanda $(y_1, y_2) = (2, 1)$. Esse comportamento é coerente com o modelo de comportamento maximizador?

3. No exercício anterior, qual cesta é preferida pelo consumidor? A cesta x ou a cesta y?

4. Vimos que o ajustamento da Previdência Social para as variações de preços tipicamente faria com que os beneficiários ficassem pelo menos tão bem quanto estavam no ano-base. Que tipo de variação de preços deixaria os beneficiários exatamente na mesma situação, independentemente de suas preferências?

5. No mesmo contexto da questão anterior, que tipo de preferência deixaria o consumidor exatamente como no ano-base, para *todas* as variações de preços?

CAPÍTULO 8

A EQUAÇÃO DE SLUTSKY

Os economistas, com frequência, preocupam-se em saber como o comportamento do consumidor se altera em resposta às variações no ambiente econômico. Neste capítulo, examinaremos como a escolha de um bem pelo consumidor responde às variações de preço. É natural pensar que, quando o preço de um bem aumenta, a demanda por ele diminui. No entanto, como vimos no Capítulo 6, é possível elaborar exemplos nos quais a demanda ótima por um bem *diminui* quando o preço cai. O bem que apresenta essa propriedade é chamado de **bem de Giffen**.

De características bem peculiares, os bens de Giffen constituem, sobretudo, uma curiosidade teórica, mas há situações em que as variações nos preços podem ter efeitos "perversos" que, pensando bem, não parecem ser assim tão absurdos. Por exemplo, costuma-se pensar que, se as pessoas receberem um salário maior, trabalharão mais. Mas e se o seu salário aumentasse de US$10 por hora para US$1.000 por hora? Você realmente trabalharia mais? Ou será que resolveria trabalhar menos horas e usar parte do dinheiro ganho para fazer outras coisas? E se o salário fosse de US$1.000.000 por hora? Você não trabalharia menos?

Como outro exemplo, imagine o que aconteceria com a sua demanda de maçãs quando o preço aumentasse. Você provavelmente consumiria menos maçãs. No entanto, o que aconteceria com uma família que produzisse maçãs para vender? Se o preço subisse, a renda dessa família poderia aumentar tanto que ela agora poderia pensar em consumir mais de suas próprias maçãs. Para os consumidores dessa família, a subida do preço poderia provocar o aumento do consumo de maçãs.

O que ocorre aqui? De que maneira as mudanças nos preços podem ter esses efeitos ambíguos na demanda? Neste capítulo e no próximo, tentaremos classificar esses efeitos.

8.1 O efeito substituição

Quando o preço de um bem varia, há dois tipos de efeitos: a taxa pela qual podemos trocar um bem por outro varia e o poder aquisitivo total da renda é alterado. Se, por exemplo, o bem 1 ficar mais barato, isso significa que temos de dar menos do bem 2 para comprar o bem 1. A variação no preço do bem 1 alterou a taxa pela qual o mercado permite que se "substitua" o bem 2 pelo bem 1. Ou seja, mudaram as condições de troca de um bem por outro que o mercado oferece ao consumidor.

Ao mesmo tempo, se o bem 1 ficar mais barato, isso significa que nossa renda monetária comprará mais do bem 1. O poder aquisitivo de nosso dinheiro aumentou; embora a quantidade de dinheiro que temos continue a mesma, cresceu a quantidade de bens que esse dinheiro pode comprar.

O primeiro efeito – a variação na demanda devido à variação da taxa pela qual os dois bens são trocados – é chamado **efeito substituição**. Já o segundo – a variação na demanda dado o aumento do poder aquisitivo – denomina-se **efeito renda**. Essas são apenas definições vagas dos dois efeitos. Para chegarmos a definições mais precisas, é preciso examiná-los mais detalhadamente.

Faremos isso mediante a divisão do movimento do preço em duas etapas: primeiro, deixaremos que os preços *relativos* variem e ajustaremos a renda monetária para manter constante o poder aquisitivo; depois, deixaremos que o poder aquisitivo se ajuste enquanto mantemos constantes os preços relativos.

Isso é mais bem explicado na Figura 8.1. Nela, temos uma situação em que o preço do bem 1 diminuiu. Isso significa que a reta orçamentária gira ao redor do intercepto vertical m/p_2 e se torna mais plana. Podemos dividir esse movimento da reta orçamentária em duas etapas: primeiro, *girar* a reta orçamentária tendo como centro a cesta *original* demandada, e, depois, *deslocar* a reta resultante na direção da *nova* cesta demandada.

Essa operação de "giro e deslocamento" proporciona uma forma conveniente de decompor a variação na demanda em duas etapas. A primeira etapa – o giro – é um movimento no qual a inclinação da reta orçamentária varia enquanto o poder aquisitivo permanece constante; a segunda etapa é um movimento no qual a inclinação permanece constante enquanto o poder aquisitivo varia. Essa decomposição é apenas uma construção hipotética – o consumidor simplesmente observa uma variação do preço e, em resposta, escolhe uma nova cesta de bens. Mas, ao analisar a variação da escolha do consumidor, é útil imaginar que a reta orçamentária varia em duas etapas – primeiramente, o giro; depois, o deslocamento.

Qual o sentido econômico das retas orçamentárias giradas e deslocadas? Examinemos primeiro a reta girada. Temos aqui uma reta orçamentária com a mesma inclinação e, portanto, os mesmos preços relativos da reta orçamentária final. No entanto, a renda monetária associada a essa reta orçamentária é diferente, uma vez que o intercepto vertical é diferente. Como a cesta de consumo original (x_1, x_2) está sobre a reta orçamentária girada, essa cesta pode ser exatamente adquirida. O poder de compra do consumidor permaneceu constante, no sentido de que a cesta de bens original pode ser adquirida exatamente à nova reta girada.

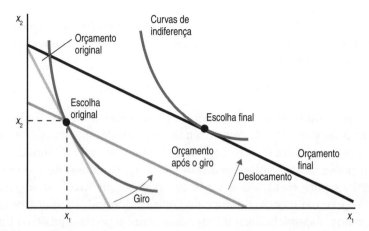

FIGURA 8.1 Giro e deslocamento. *Quando o preço do bem 1 varia e a renda permanece fixa, a reta orçamentária gira em torno do eixo vertical. Esse ajuste ocorre em duas etapas: primeiro, a reta orçamentária gira em torno da escolha original, e, depois, se desloca para fora em direção à nova cesta demandada.*

Calculemos em quanto teremos de ajustar a renda monetária para permitir que a antiga cesta possa ser adquirida. Seja m' a quantidade de renda monetária exatamente suficiente para comprar a cesta de consumo original; essa será a quantidade de renda monetária associada à reta orçamentária girada. Como (x_1, x_2) pode ser adquirida tanto a (p_1, p_2, m) quanto a (p_1', p_2, m'), teremos

$$m' = p_1' x_1 + p_2 x_2$$
$$m = p_1 x_1 + p_2 x_2.$$

Ao subtrairmos a segunda equação da primeira, teremos

$$m' - m = x_1 [p_1' - p_1].$$

Essa equação diz que a variação na renda monetária necessária para que a cesta original possa ser comprada aos novos preços é exatamente igual à quantidade original de consumo do bem 1 multiplicada pela variação no preço desse bem.

Se representarmos por $\Delta p_1 = p_1' - p_1$ a variação no preço do bem 1, e por $\Delta m = m' - m$ a variação na renda necessária para que a cesta original possa ser adquirida, teremos

$$\Delta m = x_1 \Delta p_1. \qquad (8.1)$$

Observe que as variações da renda e do preço terão sempre a mesma direção: se o preço subir, teremos de aumentar a renda para que a mesma cesta continue acessível.

Utilizemos alguns números concretos. Suponhamos que o consumidor originalmente consuma 20 doces ao preço unitário de US$0,50. Se o preço do doce aumentar US$0,10 a unidade – de modo que $\Delta p_1 = 0,60 - 0,50 = 0,10$ –, quanto a renda terá de variar para permitir que a cesta anterior ainda possa ser comprada?

Podemos aplicar a fórmula dada anteriormente. Se a renda do consumidor fosse de mais US$2, ele poderia consumir exatamente a mesma quantidade de doces; ou seja, 20. Em termos da fórmula:

$$\Delta m = \Delta p_1 \times x_1 = 0,10 \times 0,20 \qquad (8.1)$$

Temos agora uma fórmula para a reta orçamentária girada: é apenas a reta orçamentária ao novo preço, com a renda aumentada em Δm. Observe que, se o preço do bem 1 diminuir, o ajuste da renda será negativo. Quando um preço diminui, o poder aquisitivo aumenta, de modo que teremos de reduzir a renda do consumidor para manter constante seu poder aquisitivo. Da mesma forma, quando um preço aumenta, o poder de compra diminui, de maneira que a variação de renda necessária para manter constante o poder aquisitivo terá de ser positiva.

Embora (x_1, x_2) ainda esteja acessível, ela em geral não é a compra ótima com a reta orçamentária girada. Na Figura 8.2, designamos por um Y a compra ótima com a reta girada. Essa cesta é a cesta de bens ótima quando variamos o preço e ajustamos a renda monetária para manter acessível a cesta antiga. O movimento de X para Y é chamado **efeito substituição**. Ele indica como o consumidor "substitui" um bem por outro quando o preço varia, mas o poder aquisitivo permanece constante.

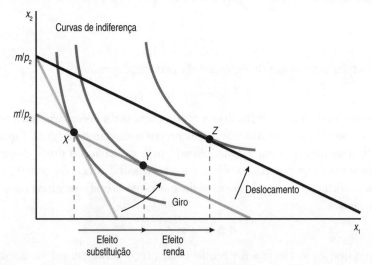

FIGURA 8.2 Efeito substituição e efeito renda. *O giro proporciona o efeito substituição e o deslocamento, o efeito renda.*

Mais precisamente, o efeito substituição Δx_1^s é a variação na demanda do bem 1 quando o preço do bem muda para p_1' e, ao mesmo tempo, a renda monetária muda para m':

$$\Delta x_1^s = x_1\,(p_1',\,m') - x_1\,(p_1,\,m)$$

Para conhecer o efeito substituição, temos de usar a função de demanda do consumidor para calcular as escolhas ótimas em $(p_1',\,m')$ e $(p_1,\,m)$. A variação na demanda do bem 1 pode ser pequena ou grande, dependendo da forma das curvas de indiferença do consumidor. Mas, uma vez dada a função de demanda, é preciso apenas inserir os números para calcular o efeito substituição. (É claro que a demanda do bem 1 pode depender também do preço do bem 2, mas o preço do bem 2 permanece constante nesse exercício; vamos deixá-lo fora da função de demanda para não complicar a notação.)

O efeito substituição é às vezes chamado de variação na **demanda compensada**. A ideia é de que o consumidor é compensado pelo aumento de preço ao receber dinheiro suficiente para comprar sua antiga cesta. Naturalmente, se o preço diminuir, ele será "compensado" pela subtração de parte de seu dinheiro. Empregaremos, em geral, o termo "substituição" para manter a coerência, mas a terminologia "compensação" é amplamente usada.

EXEMPLO: Cálculo do efeito substituição

Suponhamos que o consumidor tenha uma função de demanda de leite com a forma

$$x_1 = 10 + \frac{m}{10 p_1}.$$

Sua renda original é de US$120 por semana e o preço do leite é de US$3 por litro. Assim, sua demanda de leite será de $10 + 120/(10 \times 3) = 14$ litros por semana.

Suponhamos agora que o preço do leite caia para US$2 por litro. A esse novo preço, a demanda desse consumidor de leite será de $10 + 120/(10 \times 2) = 16$ litros de leite por semana. A variação *total* da demanda será de $+\,2$ litros por semana.

Para calcular o efeito substituição, temos de calcular primeiro quanto a renda terá de variar para permitir que o consumo original de leite seja acessível quando o preço for US$2 por litro. Ao aplicarmos a fórmula (8.1), teremos:

$$\Delta m = x_1\,\Delta p_1 = 14 \times (2 - 3) = -\,\text{US\$14}.$$

Assim, o nível de renda necessário para manter constante o poder aquisitivo é $m' = m + \Delta m = 120 - 14 = 106$. Qual a demanda de leite desse consumidor ao novo preço, US$2 por litro, e a esse nível de renda? Basta inserir os números na função de demanda para encontrar

$$x_1(p_1',\,m') = x_1(2,\,106) = 10 + \frac{106}{10 \times 2} = 15.3.$$

Dessa forma, o efeito substituição será

$$\Delta x_1^s = x_1(2, 106) - x_1(3, 120) = 15.3 - 14 = 1.3.$$

8.2 O efeito renda

Analisemos agora a segunda etapa do ajuste de preço – o deslocamento. Esse é também muito fácil de interpretar do ponto de vista econômico. Sabemos que o deslocamento paralelo da reta orçamentária é o movimento que ocorre quando a renda varia enquanto os preços relativos permanecem constantes. Portanto, a segunda etapa do ajuste de preço é chamada **efeito renda**. Apenas variamos a renda do consumidor de m' para m enquanto deixamos os preços fixos em (p_1', p_2). Na Figura 8.2, essa variação nos conduz do ponto (y_1, y_2) para (z_1, z_2). É natural chamar este último movimento de efeito renda, uma vez que tudo o que se faz é variar a renda enquanto se mantêm os preços fixos em seus novos valores.

Mais precisamente, o efeito renda, Δx_1^n, é a variação da demanda do bem 1 quando variamos a renda de m' para m e mantemos o preço do bem 1 constante no valor p_1':

$$\Delta x_1^n = x_1(p_1', m) - x_1(p_1', m')$$

Já examinamos o efeito renda na seção 6.1. Nela, vimos que o efeito renda pode operar em ambos os sentidos: ele tende a aumentar ou diminuir a demanda do bem 1, conforme o bem que tenhamos seja normal ou inferior.

Quando o preço de um bem diminui, precisamos diminuir a renda para manter constante o poder aquisitivo. Se o bem for normal, essa diminuição de renda provocará um decréscimo na demanda. Se o bem for inferior, a diminuição da renda provocará um acréscimo na demanda.

EXEMPLO: Cálculo do efeito renda

No exemplo dado anteriormente neste capítulo, vimos que:

$$x_1(p_1', m) = x_1(2, 120) = 16$$
$$x_1(p_1', m') = x_1(2, 106) = 15.3.$$

O efeito renda para esse problema será, pois,

$$\Delta x_1^n = x_1(2, 120) - x_1(2, 106) = 16 - 15.3 = 0.7.$$

Como o leite é um bem normal para esse consumidor, a demanda de leite aumenta quando a renda aumenta.

8.3 Sinal do efeito substituição

Vimos que o efeito renda pode ser positivo ou negativo, conforme o bem seja normal ou inferior. E o efeito substituição? Se o preço de um bem diminuir, como na Figura 8.2, a variação da demanda desse bem, devido ao efeito substituição, *tem* de ser não negativa. Ou seja, se $p_1 > p_1'$, *deveremos* ter $x_1\,(p_1', m') \geq x_1\,(p_1, m)$, de modo que $\Delta x_1^s \geq 0$.

A prova dessa afirmação é a seguinte: na Figura 8.2, observe os pontos sobre a reta orçamentária girada, nos quais a quantidade consumida do bem 1 é menor do que na cesta x. Essas cestas podiam todas ter sido adquiridas aos preços antigos (p_1, p_2), mas não foram. No lugar delas, comprou-se a cesta x.

Se o consumidor sempre escolhe a melhor cesta que seu orçamento permite comprar, X deve ser preferida a todas as cestas na parte da reta girada que está dentro do conjunto orçamentário original.

Isso significa que a escolha ótima sobre a reta orçamentária girada não pode ser uma das cestas que estão abaixo da reta orçamentária original. A escolha ótima sobre a reta orçamentária girada deverá ser X ou algum outro ponto à direita de X. Mas isso significa que a nova escolha ótima deve implicar um consumo do bem 1 pelo menos idêntico ao original, justamente como queríamos mostrar. No caso ilustrado na Figura 8.2, a escolha ótima sobre a reta orçamentária girada é a cesta y, que certamente implica um consumo do bem 1 maior do que no ponto original de consumo, X.

O efeito substituição sempre se move em sentido contrário ao do movimento de preços. Dizemos que o *efeito substituição é negativo* porque a variação na demanda devida ao efeito substituição é oposta à variação no preço: se este aumentar, diminui a demanda do bem por causa do efeito substituição.

8.4 A variação total na demanda

A variação total na demanda, Δx_1, é a variação na demanda devida à variação no preço, mantida fixa a renda:

$$\Delta x_1 = x_1(p_1', m) - x_1(p_1, m).$$

Vimos anteriormente como essa variação pode ser dividida em duas: o efeito substituição e o efeito renda. Em termos da simbologia definida, teremos

$$\Delta x_1 = \Delta x_1^s + \Delta x_1^n$$
$$x_1(p_1', m) - x_1(p_1, m) = [x_1(p_1', m') - x_1(p_1, m)]$$
$$+ [x_1(p_1', m) - x_1(p_1', m')].$$

Em palavras, essa equação diz que a variação total na demanda é igual ao efeito substituição mais o efeito renda. Essa equação é chamada **identidade de Slutsky**.[1] Observe que ela é uma identidade: é verdadeira para todos os valores de p_1, p_1', m e m'. O primeiro e o quarto termos do lado direito eliminam-se, de modo que esse lado é *idêntico* ao lado esquerdo.

---

[1] Assim chamada em homenagem a Eugen Slutsky (1880-1948), economista russo que investigou a teoria da demanda.

A essência da identidade de Slutsky não reside apenas na identidade algébrica, que é uma trivialidade matemática. A essência resulta da interpretação dos dois termos do lado direito: o efeito substituição e o efeito renda. Sobretudo, podemos usar o que sabemos sobre os sinais dos efeitos renda e substituição para conhecer o sinal do efeito total.

Embora o efeito substituição tenha sempre de ser negativo – o oposto da variação do preço, o efeito renda pode ter qualquer sinal. Assim, o efeito total poderia ser negativo ou positivo. No entanto, se tivermos um bem normal, o efeito substituição e o efeito renda seguem na mesma direção. Se o preço aumentar, a demanda cairá em consequência do efeito substituição. O aumento do preço equivale à diminuição da renda, que, no caso de um bem normal, provoca a diminuição da demanda. Ambos os efeitos reforçam-se mutuamente. Em termos da nossa notação, a variação na demanda em virtude de um aumento de preço de um bem normal significa que

$$\Delta x_1 = \Delta x_1^s + \Delta x_1^n.$$
$$(-) \quad (-) \quad (-)$$

(O sinal de menos abaixo dos termos indica que cada termo nessa expressão é negativo.)

Observe atentamente o sinal do efeito renda. Como estamos examinando uma situação de aumento de preço, isso implica uma diminuição do poder de compra – para um bem normal, isso implicará uma diminuição da demanda.

Entretanto, se tivermos um bem inferior, pode acontecer que o efeito renda seja maior do que o efeito substituição, de modo que a variação total na demanda associada a um aumento de preço seja, na verdade, positiva. Esse seria um caso em que

$$\Delta x_1 = \Delta x_1^s + \Delta x_1^n.$$
$$(?) \quad (-) \quad (+)$$

Se o segundo termo do lado direito – o efeito renda – for suficientemente grande, a variação total da demanda pode ser positiva. Isso significaria que o aumento do preço resultaria no *aumento* da demanda. É o caso perverso de Giffen que descrevemos anteriormente: o aumento do preço reduziu tanto o poder de compra do consumidor que o fez aumentar o consumo do bem inferior.

A identidade de Slutsky mostra, porém, que esse tipo de efeito perverso só pode ocorrer com bens inferiores: com o bem normal, os efeitos renda e substituição reforçam-se mutuamente, de modo que a variação total da demanda ocorre sempre na direção "correta".

Portanto, o bem de Giffen tem de ser um bem inferior. Mas um bem inferior não é, necessariamente, um bem de Giffen: o efeito renda não somente deve ter o sinal "errado", mas também tem de ser grande o suficiente para superar o sinal "correto" do efeito substituição. É por isso que os bens de Giffen são tão raros na vida real: eles não teriam somente de ser bens inferiores, mas *muito* inferiores.

A Figura 8.3 ilustra isso de modo gráfico. Nela, mostramos a operação de giro-deslocamento usual para encontrar o efeito substituição e o efeito renda. Em ambos os casos, o bem 1 é um bem inferior e o efeito renda é, portanto, negativo. Na Figura 8.3A, o efeito renda – por ser grande o suficiente para superar o efeito substituição – produz um bem de Giffen. Já na Figura 8.3B, o efeito renda é menor, e, portanto, o bem 1 responde da maneira habitual às variações de seu preço.

8.5 Taxas de variação

Já vimos que os efeitos renda e substituição podem ser descritos de modo gráfico como uma combinação de giros e deslocamentos ou, algebricamente, pela identidade de Slutsky

$$\Delta x_1 = \Delta x_1^s + \Delta x_1^n,$$

que apenas diz que a variação total na demanda é o efeito substituição mais o efeito renda. A identidade de Slutsky é enunciada aqui em termos de variações absolutas, mas é mais comum expressá-la em termos de *taxas* de variação.

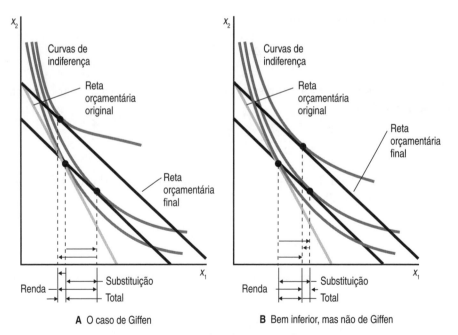

FIGURA 8.3 Bens inferiores. *O painel A mostra um bem que é inferior o suficiente para originar o caso de Giffen. Já o painel B descreve um bem que, embora seja inferior, não tem um efeito suficientemente forte para criar um bem de Giffen.*

Quando expressamos a identidade de Slutsky em termos de taxas de variação, convém definir Δx_1^m como a *negativa* do efeito renda:

$$\Delta x_1^m = x_1(p_1', m') - x_1(p_1', m) = -\Delta x_1^n.$$

Dada essa definição, a identidade de Slutsky torna-se

$$\Delta x_1 = \Delta x_1^s - \Delta x_1^m.$$

Se dividirmos cada lado da identidade por Δp_1, teremos

$$\frac{\Delta x_1}{\Delta p_1} = \frac{\Delta x_1^s}{\Delta p_1} - \frac{\Delta x_1^m}{\Delta p_1}. \tag{8.2}$$

O primeiro termo do lado direito é a taxa de variação da demanda quando o preço varia e a renda é ajustada para manter acessível a cesta antiga – o efeito substituição. Analisemos o segundo termo. Como temos uma variação de renda no numerador, seria bom ter uma variação de renda no denominador.

Lembre-se de que a variação da renda, Δm, e a variação do preço, Δp_1, estão relacionadas pela fórmula

$$\Delta m = x_1 \Delta p_1.$$

Resolvendo Δp_1, encontramos

$$\Delta p_1 = \frac{\Delta m}{x_1}.$$

Substituamos agora essa expressão no último termo de (8.2), para obtermos nossa fórmula final:

$$\frac{\Delta x_1}{\Delta p_1} = \frac{\Delta x_1^s}{\Delta p_1} - \frac{\Delta x_1^m}{\Delta m} x_1.$$

Essa é a identidade de Slutsky em termos de taxas de variação. Podemos interpretar cada termo da seguinte maneira:

$$\frac{\Delta x_1}{\Delta p_1} = \frac{x_1(p_1', m) - x_1(p_1, m)}{\Delta p_1}$$

é a taxa de variação da demanda à medida que o preço se altera, mantendo-se inalterada a renda;

$$\frac{\Delta x_1^s}{\Delta p_1} = \frac{x_1(p_1', m') - x_1(p_1, m)}{\Delta p_1}$$

é a taxa de variação na demanda à medida que o preço se altera, ajustando-se a renda para que ainda seja possível comprar a cesta anterior. Isto é, o efeito substituição; e

$$\frac{\Delta x_1^m}{\Delta m} x_1 = \frac{x_1(p_1', m') - x_1(p_1', m)}{m' - m} x_1 \qquad (8.3)$$

é a taxa de variação da demanda, mantendo-se os preços fixos e ajustando-se a renda. Ou seja, o efeito renda.

O próprio efeito renda é composto de duas partes: a maneira como a demanda varia à medida que a renda varia vezes o nível original da demanda. Quando o preço tem uma variação Δp_1, a variação da demanda em consequência do efeito renda é

$$\Delta x_1^m = \frac{x_1(p_1', m') - x_1(p_1', m)}{\Delta m} x_1 \Delta p_1.$$

Mas este último termo, $x_1 \Delta p_1$, é justamente a variação da renda necessária para manter acessível a cesta antiga. Ou seja, $x_1 \Delta p_1 = \Delta m$, de modo que a variação da demanda devida ao efeito renda reduz-se a

$$\Delta x_1^m = \frac{x_1(p_1', m') - x_1(p_1', m)}{\Delta m} \Delta m,$$

exatamente como tínhamos anteriormente.

8.6 A lei da demanda

No Capítulo 5, expressamos certa preocupação com o fato de que a teoria do consumidor parecia não ter um conteúdo específico: a demanda podia aumentar ou diminuir tanto quando o preço subia como quando a renda crescia. Se a teoria não impuser *algum* tipo de restrição ao comportamento observável, não será realmente uma teoria. Um modelo compatível com qualquer comportamento não tem valor real.

No entanto, sabemos que a teoria do consumidor tem algum conteúdo – vimos que as escolhas geradas pelo consumidor maximizador têm de satisfazer o Axioma Forte da Preferência Revelada. Vimos também que toda variação de preço pode ser decomposta em duas partes: um efeito substituição, que é com certeza negativo – na direção oposta da variação do preço, e um efeito renda, cujo sinal depende de o bem ser normal ou inferior.

Embora a teoria do consumidor não imponha restrições nem às variações da demanda quando os preços variam nem às variações da demanda quando varia a renda, ela restringe a forma como esses dois tipos de variações interagem. Temos, em especial, o seguinte:

A lei da demanda. *Se a demanda de um bem aumenta quando a renda aumenta, a demanda desse bem tem de diminuir quando seu preço subir.*

Isso decorre diretamente da equação de Slutsky: se a demanda aumentar quando a renda subir, teremos um bem normal. E, se temos um bem normal, o efeito substituição e o efeito renda reforçam-se mutuamente, de modo que um aumento do preço certamente reduzirá a demanda.

8.7 Exemplos dos efeitos renda e substituição

Vamos agora examinar alguns exemplos de variações de preços para determinados tipos de preferências e decompor as variações da demanda em seus efeitos renda e substituição.

Começaremos com o caso dos complementares perfeitos. A decomposição de Slutsky é ilustrada na Figura 8.4. Quando giramos a reta orçamentária em volta do ponto escolhido, a escolha ótima na nova reta orçamentária é idêntica à escolha na reta anterior. Isso significa que o efeito substituição é zero. A variação da demanda deve-se inteiramente ao efeito renda.

E quanto aos substitutos perfeitos, ilustrados na Figura 8.5? Nesse caso, quando inclinamos a reta orçamentária, a cesta de demanda salta do eixo vertical para o horizontal. Não há o que deslocar! A variação deve-se por inteiro ao efeito substituição.

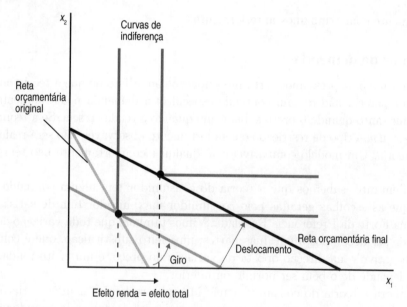

FIGURA 8.4 Complementares perfeitos. A decomposição de Slutsky com complementares perfeitos.

Como terceiro exemplo, examinemos o caso das preferências quase lineares. A situação é um tanto peculiar. Já vimos que o deslocamento da renda não causa variação na demanda do bem 1 quando as preferências são quase lineares. Isso significa que toda a variação da demanda do bem 1 deve-se ao efeito substituição e que o efeito renda é zero, conforme ilustra a Figura 8.6.

EXEMPLO: Restituição de um imposto

Em 1974, a Organização de Países Exportadores de Petróleo (Opep) impôs um embargo contra os Estados Unidos. Por várias semanas, a Opep conseguiu impedir os embarques de petróleo para os portos americanos. A vulnerabilidade dos Estados Unidos a esse tipo de acontecimento teve grande impacto sobre os poderes legislativo e executivo do país e propuseram-se vários planos para reduzir a dependência americana do petróleo estrangeiro.

Um desses planos consistia em aumentar os impostos sobre a gasolina. O aumento do custo faria com que os consumidores diminuíssem o consumo desse combustível, e a redução na demanda de gasolina diminuiria, por sua vez, a demanda de petróleo estrangeiro.

No entanto, um imposto direto sobre a gasolina afetaria um ponto sensível dos consumidores – o bolso – e, por isso, esse plano não seria politicamente viável. Sugeriu-se, então, que a receita arrecadada dos consumidores com o imposto fosse devolvida aos consumidores na forma de pagamentos diretos em dinheiro ou através da redução de algum outro imposto.

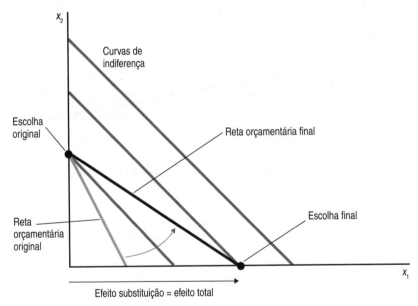

FIGURA 8.5 Substitutos perfeitos. *A decomposição de Slutsky com substitutos perfeitos.*

Os críticos dessa proposta argumentaram que a devolução da receita do imposto aos consumidores eliminaria o efeito sobre a demanda, uma vez que os consumidores poderiam utilizar o dinheiro devolvido para comprar mais gasolina. O que a análise econômica tem a dizer sobre esse plano?

Suponhamos, para simplificar, que o imposto sobre a gasolina fosse repassado por inteiro aos consumidores, de modo que o preço da gasolina aumentasse exatamente na mesma proporção do imposto. (Em geral, somente uma parte seria repassada, mas ignoraremos essa complicação.) Suponhamos que o imposto elevasse o preço da gasolina de p para $p' = p + t$ e que o consumidor médio respondesse com a redução de sua demanda de x para x'. O consumidor médio pagaria US\$$t$ a mais por litro de gasolina e consumiria x' litros de gasolina após o estabelecimento do imposto, de modo que a quantidade de imposto paga pelo consumidor médio seria:

$$R = tx' = (p' - p)x'.$$

Observe que a receita do imposto dependerá da quantidade real de gasolina que o consumidor *acabe* por consumir, x', e não da quantidade anteriormente consumida, x.

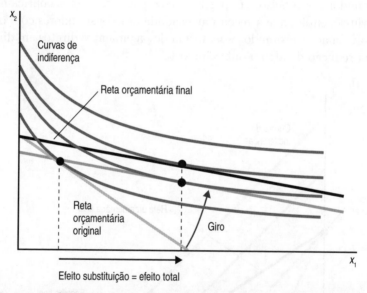

FIGURA 8.6 Preferências quase lineares. *No caso das preferências quase lineares, toda a variação na demanda deve-se ao efeito substituição.*

Se representarmos por y o gasto em todos os outros bens e fixarmos seu preço em 1, a restrição orçamentária original será

$$px + y = m, \tag{8.4}$$

e a restrição orçamentária após o estabelecimento do plano de restituição do imposto será

$$(p + t)x' + y' = m + tx' \tag{8.5}$$

Na restrição orçamentária (8.5), o consumidor médio escolhe as variáveis do lado esquerdo (o consumo de cada bem), mas as variáveis do lado direito (sua renda e a restituição por parte do governo) são tidas como fixas. A restituição dependerá das ações de todos os consumidores e não do consumidor médio. Nesse caso, a restituição acabará por ser o imposto arrecadado do consumidor médio – mas isso ocorre porque ele se situa precisamente na média, e não por alguma relação causal.

Se cancelarmos tx' de ambos os lados da equação (8.5), teremos

$$px' + y' = m.$$

Assim, (x', y') é uma cesta que poderia ter sido adquirida na restrição orçamentária original, mas foi rejeitada em favor de (x, y). Portanto, (x, y) tem de ser preferida a (x', y'): esse plano faz piorar a situação do consumidor. Talvez seja por isso que ele nunca foi aplicado!

A Figura 8.7 ilustra o equilíbrio com restituição de imposto. O imposto torna o bem 1 mais caro, e a restituição aumenta a renda monetária. A cesta original não pode mais ser comprada, e a situação do consumidor certamente piora. Com o plano de restituição de imposto, a escolha do consumidor resulta em consumir menos gasolina e mais de "todos os outros bens".

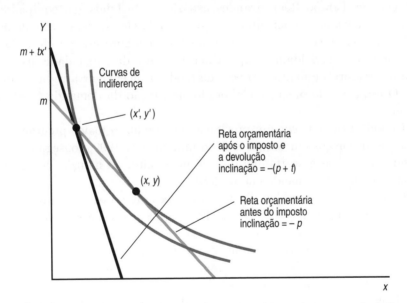

FIGURA 8.7 Restituição de imposto. *Taxar os consumidores e restituir-lhes as receitas do imposto fazem com que eles fiquem em situação pior.*

O que se pode dizer sobre a quantidade de gasolina consumida? O consumidor médio poderia manter o antigo consumo de gasolina, mas, como o imposto fez com que ela ficasse mais cara, em geral o consumidor escolherá consumir menos.

EXEMPLO: Determinação de preços em tempo real voluntária

A geração de eletricidade apresenta um sério problema de capacidade: é relativamente barata até o ponto em que toda a capacidade de geração está sendo utilizada e, uma vez atingido esse ponto, é impossível, por definição, gerar mais. A construção de instalações de geração é extremamente dispendiosa, de modo que encontrar formas de reduzir o uso de eletricidade nos períodos de pico da demanda é algo muito atrativo do ponto de vista econômico.

Em estados de clima mais quente, como a Geórgia, cerca de 30% do uso de energia elétrica nos horários de pico é devido ao ar-condicionado. Além disso, é relativamente fácil prever a temperatura com um dia de antecedência, de modo que os usuários em potencial poderão ajustar os aparelhos de ar-condicionado à temperatura mais elevada, vestir roupas mais leves e assim por diante. O desafio está em formular um sistema de determinação de preços que incentive os usuários com condições de reduzir seu consumo de energia elétrica a fazê-lo.

Uma forma de fazer isso é por meio do sistema de Determinação de Preços em Tempo Real (RTP – Real Time Pricing). Num programa de Determinação de Preços em Tempo Real, grandes usuários industriais são equipados com medidores especiais que permitem que o preço da eletricidade varie de minuto para minuto, conforme os sinais transmitidos pela empresa geradora. Quando a demanda por eletricidade se aproxima do limite da capacidade instalada, a empresa geradora aumenta o preço, de modo a incentivar a redução do consumo. O esquema de preços é elaborado em função da demanda total de eletricidade.

A Georgia Power Company proclama que conduz o maior programa de determinação de preços em tempo real do mundo. Em 1999, conseguiu reduzir a demanda em 750 megawatts, em dias de preço alto, ao induzir alguns grandes usuários a reduzir a demanda em até 60%.

A Georgia Power formulou diversas variações interessantes em torno do modelo básico de determinação de preços. Em um dos planos, atribui-se aos clientes uma quantidade-base que representa o seu uso normal. Quando há escassez de oferta e o preço em tempo real aumenta, os usuários pagam mais pelo consumo que exceder a quantidade-base, mas também recebem um *desconto* se consumirem menos do que a quantidade-base.

A Figura 8.8 mostra como isso afeta a linha orçamentária dos usuários. O eixo vertical representa "dinheiro a ser gasto em outras coisas que não eletricidade", e a linha horizontal, "uso de eletricidade". Em épocas normais, os usuários determinam seu consumo de eletricidade, de modo a maximizar a utilidade dentro da restrição orçamentária dada pelo preço de eletricidade vigente para a quantidade-base. A escolha resultante é seu consumo básico.

Quando a temperatura aumenta, o preço em tempo real aumenta, tornando a eletricidade mais cara. Mas esse aumento de preço é bom para os consumidores que podem reduzir seu consumo, pois eles recebem o desconto com base no preço em tempo real de cada quilowatt que deixa de ser consumido. Se o consumo se mantém igual à quantidade-base, a conta de eletricidade do usuário não muda.

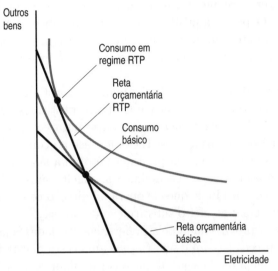

FIGURA 8.8 Determinação de preços em tempo real voluntária. *Os usuários pagam mais pela eletricidade adicional quando o preço em tempo real aumenta, mas eles também recebem descontos sobre esse preço se reduzem seu consumo de eletricidade. Isso resulta num giro em torno da reta básica e tende a melhorar a situação dos usuários.*

Não é difícil perceber que esse plano de determinação de preços é um giro de Slutsky em torno do consumo básico. Assim, podemos estar confiantes de que o consumo cairá e de que os usuários estarão pelo menos na mesma situação, com preço em tempo real, em que estavam em relação ao preço básico. De fato, esse programa se tornou bastante popular, com mais de 1.600 participantes voluntários.

8.8 Outro efeito substituição

O efeito substituição é o nome que os economistas dão à variação na demanda quando os preços variam, mas o poder aquisitivo do consumidor permanece constante, de modo que a cesta original continua acessível. Pelo menos, essa é *uma* definição do efeito substituição. Há também outra definição que pode ser útil.

A definição que estudamos anteriormente é chamada de efeito **substituição de Slutsky**. A definição que descreveremos nesta seção é chamada de efeito **substituição de Hicks**.[2]

---

[2] O conceito recebeu esse nome em homenagem a Sir John Hicks, cidadão inglês que recebeu o Prêmio Nobel de Economia.

Suponhamos que, em vez de girarmos a reta orçamentária em volta da cesta original, *rolemos* a reta orçamentária em torno da curva de indiferença que passa pela cesta original, conforme ilustra a Figura 8.9. Desse modo, apresentamos ao consumidor uma nova reta orçamentária, que tem os mesmos preços relativos que a reta orçamentária final, mas que corresponde a um nível de renda diferente. O poder aquisitivo que ele tem sob essa reta orçamentária não lhe permitirá mais comprar a cesta de bens original – mas será suficiente para comprar uma cesta que, para o consumidor, é exatamente *indiferente* à cesta original.

Assim, o efeito substituição de Hicks mantém constante a *utilidade*, em vez de manter constante o poder aquisitivo. O efeito substituição de Slutsky fornece ao consumidor o dinheiro exatamente necessário para voltar a seu nível original de consumo; o efeito substituição de Hicks fornece ao consumidor a quantidade de dinheiro exatamente necessária para que retorne à sua antiga curva de indiferença. Apesar dessa diferença nas definições, o efeito substituição de Hicks tem de ser negativo – no sentido de que ele opera na direção contrária da variação do preço, exatamente igual ao efeito substituição de Slutsky.

Mais uma vez, a prova é dada pela preferência revelada. Seja (x_1, x_2) uma cesta demandada a preços (p_1, p_2) e seja (y_1, y_2) uma cesta demandada a preços (q_1, q_2). Suponhamos que a renda seja tal que o consumidor seja indiferente entre (x_1, x_2) e (y_1, y_2). Como o consumidor é indiferente entre (x_1, x_2) e (y_1, y_2), nenhuma das cestas pode ser revelada como preferida à outra.

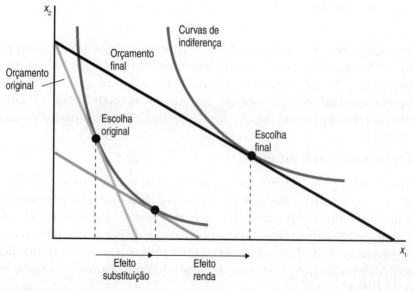

FIGURA 8.9 *O efeito substituição de Hicks.* *Neste gráfico, giramos a reta orçamentária em torno da curva de indiferença em vez de girá-la em volta da escolha original.*

Utilizando-se a definição de preferência revelada, isso significa que as duas desigualdades seguintes *não* são verdadeiras:

$$p_1 x_1 + p_2 x_2 > p_1 y_1 + p_2 y_2$$
$$q_1 y_1 + q_2 y_2 > q_1 x_1 + q_2 x_2.$$

Segue-se daí que essas desigualdades *são* verdadeiras:

$$p_1 x_1 + p_2 x_2 \leq p_1 y_1 + p_2 y_2$$
$$q_1 y_1 + q_2 y_2 \leq q_1 x_1 + q_2 x_2.$$

Se somarmos essas desigualdades e as reordenarmos, teremos

$$(q_1 - p_1)(y_1 - x_1) + (q_2 - p_2)(y_2 - x_2) \leq 0$$

Essa é uma proposição geral sobre como as demandas variam quando os preços variam, sempre que a renda for ajustada para que o consumidor permaneça na mesma curva de indiferença. No caso particular em exame, só alteramos o primeiro preço. Portanto, $q_2 = p_2$, e ficamos com

$$(q_1 - p_1)(y_1 - x_1) \leq 0$$

Essa equação diz que a variação na quantidade demandada deve ter o sinal contrário ao da variação do preço, que é o que queríamos mostrar.

A variação total na demanda ainda é igual ao efeito substituição mais o efeito renda – mas agora se trata do efeito substituição de Hicks. Como o efeito substituição de Hicks também é negativo, a equação de Slutsky possui exatamente a mesma forma que vimos anteriormente e tem exatamente a mesma interpretação. Tanto a definição do efeito substituição de Slutsky como de Hicks têm seu lugar, e a que é mais útil depende do problema em questão. Pode-se demonstrar que, para pequenas variações de preço, os dois efeitos substituição são praticamente idênticos.

8.9 Curvas de demanda compensadas

Vimos como a quantidade demandada varia quando os preços variam em três contextos diferentes: com a renda fixa (caso padrão), com o poder aquisitivo fixo (o efeito substituição de Slutsky) e com a utilidade fixa (o efeito substituição de Hicks). Podemos traçar a relação entre o preço e a quantidade demandada ao mantermos fixas quaisquer dessas três variáveis. Isso proporciona três curvas de demanda diferentes: a curva de demanda padrão, a curva de demanda de Slutsky e a curva de demanda de Hicks.

A análise deste capítulo mostra que as curvas de demanda de Slutsky e de Hicks são sempre curvas de inclinação descendente. Além disso, a curva de demanda comum tem inclinação descendente no caso dos bens normais. No entanto, a análise de Giffen mostra que é teoricamente possível que a curva de demanda comum tenha inclinação ascendente quando se tratar de um bem inferior.

A curva de demanda hicksiana – aquela em que a utilidade permanece constante – é às vezes chamada **curva de demanda compensada**. Essa terminologia surge com naturalidade se pensarmos em traçar uma curva de demanda hicksiana, ajustando-se a renda à medida que o preço varia, para manter constante a utilidade do consumidor. Desse modo, o consumidor é "compensado" pelas variações de preços e sua utilidade continua a mesma em qualquer ponto da curva de demanda hicksiana. Essa situação contrasta com a da curva de demanda comum, em que o consumidor fica pior ao enfrentar preços altos do que ao enfrentar preços baixos, uma vez que sua renda permanece constante.

A curva de demanda compensada é muito útil em cursos avançados, sobretudo na análise do custo-benefício. Nesse tipo de análise, é natural perguntar que volume de pagamentos é necessário para compensar os consumidores por alguma alteração de política econômica. A magnitude desses pagamentos fornece uma estimativa útil do custo da alteração da política. Entretanto, o cálculo real das curvas de demanda compensadas exige um ferramental matemático mais extenso do que o desenvolvido neste texto.

RESUMO

1. Quando o preço de um bem diminui, há dois efeitos sobre o consumo. A variação dos preços relativos faz com que o consumidor queira aumentar o consumo do bem mais barato. O aumento do poder aquisitivo em decorrência do preço menor pode aumentar ou diminuir o consumo, conforme o bem seja normal ou inferior.

2. A variação na demanda ocorrida em consequência da variação dos preços relativos é chamada de efeito substituição; a variação resultante da alteração do poder aquisitivo é chamada de efeito renda.

3. O efeito substituição mostra como a demanda varia quando os preços mudam e o poder aquisitivo é mantido constante, no sentido de que a cesta original permanece acessível ao consumidor. Para manter constante o poder aquisitivo, a renda monetária tem de variar. A variação necessária na renda monetária é dada por $\Delta m = x_1 \Delta p_1$.

4. A equação de Slutsky diz que a variação total na demanda é a soma do efeito substituição com o efeito renda.

5. A Lei da Demanda diz que os bens normais devem ter curvas de demanda com inclinação descendente.

QUESTÕES DE REVISÃO

1. Imagine que uma consumidora tenha preferências quanto a dois bens que são substitutos perfeitos. Seria possível mudar seus preços de tal forma que toda a resposta da demanda seja devida ao efeito renda?

2. Suponhamos que as preferências sejam côncavas. O efeito substituição continuará negativo?

3. No caso do imposto sobre a gasolina, o que aconteceria se a restituição do imposto ao consumidor se baseasse em seu consumo original de gasolina, x, em vez de no consumo final, x'?

4. No caso descrito na questão anterior, o governo pagaria mais ou menos do que recebeu com a receita de imposto?

5. Nesse caso, os consumidores estariam em situação melhor ou pior se o imposto com restituição baseada no consumo original estivesse em vigor?

APÊNDICE

Derivemos a equação de Slutsky com o uso do cálculo. Consideremos a definição de Slutsky do efeito substituição, na qual a renda é ajustada para dar ao consumidor dinheiro exatamente suficiente para comprar a cesta de consumo original, que representaremos por $(\bar{x}_1, \bar{x}_2)$. Se os preços forem (p_1, p_2), a escolha real do consumidor com esse ajuste da renda dependerá de (p_1, p_2) e de $(\bar{x}_1, \bar{x}_2)$. Denominemos essa relação de **função de demanda de Slutsky** pelo bem 1 e a representemos por $x_1^s(p_1, p_2, \bar{x}_1, \bar{x}_2)$.

Suponhamos que a cesta originalmente demandada fosse $(\bar{x}_1, \bar{x}_2)$ aos preços $(\bar{p}_1, \bar{p}_2)$ e renda $\bar{m}$. A função de demanda de Slutsky diz o que o consumidor demandaria ao enfrentar um conjunto diferente de preços (p_1, p_2) e uma renda $p_1\bar{x}_1, p_2\bar{x}_2$. A função de demanda de Slutsky em $(p_1, p_2, \bar{x}_1, \bar{x}_2)$ é, pois, a demanda comum aos preços (p_1, p_2) e à renda $p_1\bar{x}_1 + p_2\bar{x}_2$. Ou seja,

$$x_1^s(p_1, p_2, \bar{x}_1, \bar{x}_2) \equiv x_1(p_1, p_2, p_1\bar{x}_1 + p_2\bar{x}_2).$$

Essa equação diz que a demanda de Slutsky aos preços (p_1, p_2) é a quantidade que o consumidor demandaria se tivesse renda suficiente para comprar sua cesta original de bens $(\bar{x}_1, \bar{x}_2)$. Essa é justamente a definição da função de demanda de Slutsky.

Se diferenciarmos essa identidade com respeito a p_1, teremos

$$\frac{\partial x_1^s(p_1, p_2, \bar{x}_1, \bar{x}_2)}{\partial p_1} = \frac{\partial x_1(p_1, p_2, \bar{m})}{\partial p_1} + \frac{\partial x_1(p_1, p_2, \bar{m})}{\partial m}\bar{x}_1.$$

Ao rearrumarmos os termos, teremos

$$\frac{\partial x_1(p_1, p_2, \bar{m})}{\partial p_1} = \frac{\partial x_1^s(p_1, p_2, \bar{x}_1, \bar{x}_2)}{\partial p_1} - \frac{\partial x_1(p_1, p_2, \bar{m})}{\partial m}\bar{x}_1.$$

Observe nesse cálculo o uso da regra de cadeia.

Essa é uma forma derivada da equação de Slutsky. Ela diz que o efeito total da variação de um preço é composto de um efeito substituição (em que a renda é ajustada para que a cesta original $(\bar{x}_1, \bar{x}_2)$ continue factível) e um efeito renda. Conforme vimos no texto, o efeito substituição é negativo e o sinal do efeito renda depende de o bem considerado ser inferior ou não. Como podemos ver, essa é exatamente a equação de Slutsky examinada no texto, com a diferença de que substituímos os ∆'s pelos símbolos de derivadas.

E o efeito substituição de Hicks? Também é possível definir uma equação de Slutsky para ele. Digamos que $x_1^h(p_1, p_2, \bar{u})$ seja a função de demanda hicksiana, a qual mede quanto o consumidor demanda do bem 1 aos preços (p_1, p_2), se a renda é ajustada para manter a utilidade constante no nível original $\bar{u}$. Nesse caso, a equação de Slutsky assume a forma

$$\frac{\partial x_1(p_1,p_2,m)}{\partial p_1} = \frac{\partial x_1^h(p_1,p_2,\overline{u})}{\partial p_1} - \frac{\partial x_1(p_1,p_2,m)}{\partial m}\overline{x}_1.$$

A prova dessa equação depende do fato de que

$$\frac{\partial x_1^h(p_1,p_2,\overline{u})}{\partial p_1} = \frac{\partial x_1^s(p_1,p_2,\overline{x}_1,\overline{x}_2)}{\partial p_1}$$

para variações infinitesimais de preço. Ou seja, para tais variações do preço, os efeitos substituição de Slutsky e de Hicks são idênticos. A prova dessa afirmação não é assim tão difícil, mas requer alguns conceitos que se situam além do escopo deste livro. Uma prova relativamente simples é oferecida em Hal R. Varian, *Microeconomic Analysis*, 3ª ed. (Nova York: Norton, 1992).

EXEMPLO: Restituição de um pequeno imposto

Podemos usar a versão diferencial da equação de Slutsky para ver como as escolhas de consumo reagiriam a uma pequena variação num imposto quando as receitas desse imposto são restituídas aos consumidores.

Suponhamos, como anteriormente, que o imposto faça o preço aumentar no valor total do imposto. Seja x a quantidade de gasolina, p seu preço original e t a quantidade do imposto. A variação no consumo será dada por

$$dx = \frac{\partial x}{\partial p}t + \frac{\partial x}{\partial m}tx.$$

O primeiro termo avalia como a demanda responde à variação do preço multiplicada pela quantidade da variação do preço – o que nos dá o efeito preço do imposto. O segundo termo diz quanto a demanda responde a uma variação da renda multiplicada pela quantidade em que a renda tem variado – a renda tem um aumento igual à quantidade da receita do imposto restituída ao consumidor.

Empreguemos agora a equação de Slutsky para expandir o primeiro termo do lado direito para obter os efeitos substituição e renda da própria variação de preço:

$$dx = \frac{\partial x^s}{\partial p}t - \frac{\partial x}{\partial m}tx + \frac{\partial x}{\partial m}tx = \frac{\partial x^s}{\partial p}t.$$

O efeito renda é cancelado e tudo o que resta é o efeito substituição puro. Impor um pequeno imposto e devolver as receitas equivale a impor uma variação de preço e ajustar a renda para que a cesta de consumo original continue factível – sempre que o imposto for pequeno o bastante para que a aproximação diferencial seja válida.

CAPÍTULO 9

COMPRANDO E VENDENDO

No modelo simples do consumidor que examinamos nos capítulos anteriores, a renda do consumidor era dada. Na verdade, as pessoas ganham sua renda ao venderem coisas que possuem: objetos que produziram, ativos que acumularam ou, mais frequentemente, o próprio trabalho. Neste capítulo, examinaremos como o modelo anterior deve ser modificado para descrever esse tipo de comportamento.

9.1 Demandas líquidas e brutas

Como antes, vamos nos limitar ao modelo de dois bens. Vamos supor agora que o consumidor inicia com uma dotação dos dois bens, que representaremos por (ω_1, ω_2).[1] Isso representa quanto o consumidor possui dos dois bens *antes* de ingressar no mercado. Imagine um fazendeiro que entra no mercado com ω_1 unidades de cenoura e ω_2 unidades de batata. O fazendeiro pesquisa os preços do mercado e então decide quanto quer comprar e vender dos dois bens.

Façamos agora uma distinção entre a demanda bruta do consumidor e sua demanda líquida. A **demanda bruta** de um bem é a quantidade que o consumidor realmente acaba por consumir: a quantidade de cada bem que ele leva do mercado para casa. Já a **demanda líquida** de um bem é a *diferença* entre o que o consumidor acaba levando (a demanda bruta) e a dotação inicial de bens. A demanda líquida é simplesmente a quantidade comprada ou vendida do bem.

[1] Letra grega *ômega*.

Se representarmos as demandas brutas dos bens por (x_1, x_2), então $(x_1 - \omega_1, x_2 - \omega_2)$ serão as demandas líquidas. Observe que, enquanto as demandas brutas são em geral números positivos, as demandas líquidas podem ser negativas ou positivas. Se a demanda líquida do bem 1 for negativa, isso significa que o consumidor quer consumir menos do bem 1 do que tem; ou seja, quer *ofertar* o bem 1 no mercado. A demanda líquida negativa é apenas uma quantidade ofertada.

Para a análise econômica, as demandas brutas são as mais importantes, uma vez que é nelas que o consumidor está interessado. Mas são as demandas líquidas que realmente são exibidas no mercado e, portanto, estão mais perto daquilo que os leigos entendem por demanda ou oferta.

9.2 A restrição orçamentária

A primeira coisa a fazer é examinar a forma da restrição orçamentária. O que restringe o consumo final do consumidor? O valor da cesta de bens que ele leva para casa tem de ser igual ao valor da cesta que levou para o mercado. Ou, algebricamente:

$$p_1 x_1 + p_2 x_2 = p_1 \omega_1 + p_2 \omega_2.$$

Podemos também expressar essa reta orçamentária em termos de demandas líquidas, como

$$p_1 (x_1 - \omega_1) + p_2 (x_2 - \omega_2) = 0.$$

Se $(x_1 - \omega_1)$ for positivo, diremos que o consumidor é um **comprador líquido** ou **demandante líquido** do bem 1; se for negativo, diremos que o consumidor é um **vendedor líquido** ou **ofertante líquido**. Assim, a equação anterior diz que o valor das coisas que o consumidor compra tem de ser igual ao valor do que ele vende, o que parece fazer sentido.

Poderíamos também expressar a reta orçamentária quando a dotação está presente de maneira semelhante ao modelo descrito anteriormente. Agora serão necessárias duas equações:

$$p_1 x_1 + p_2 x_2 = m.$$
$$m = p_1 \omega_1 + p_2 \omega_2.$$

Uma vez que os preços forem fixados, o valor da dotação e, portanto, da renda monetária do consumidor será fixado.

Qual será a aparência gráfica da reta orçamentária? Quando fixamos os preços, a renda monetária é fixada e a equação orçamentária ficará exatamente igual àquela que tínhamos antes. Portanto, a inclinação tem de ser dada por $-p_1/p_2$, exatamente como antes, de modo que o único problema consiste em determinar a posição da reta.

A posição da reta pode ser determinada pela seguinte observação simples: a cesta da dotação está sempre na reta orçamentária. Ou seja, um valor de $(x_1,$

x_2) que satisfaz a reta orçamentária é $x_1 = \omega_1$ e $x_2 = \omega_2$. A dotação está sempre acessível, uma vez que a quantidade que o consumidor possui para gastar é justamente o valor de sua dotação.

A junção desses fatos mostra que a reta orçamentária tem uma inclinação de $-p_1/p_2$ e passa pelo ponto da dotação. Isso é ilustrado na Figura 9.1.

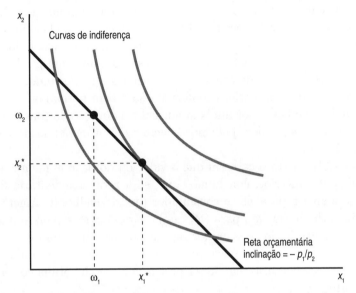

FIGURA 9.1 A reta orçamentária. *A reta orçamentária passa pela dotação e possui uma inclinação $-p_1/p_2$.*

Dada essa restrição orçamentária, o consumidor pode escolher a cesta de consumo ótima exatamente como antes. Na Figura 9.1, mostramos o exemplo de uma cesta de consumo ótima (x_1^*, x_2^*). Exatamente como antes, ela satisfaz a condição de otimização, segundo a qual a taxa marginal de substituição é igual à razão dos preços.

Nesse caso particular, $x_1^* > \omega_1$ e $x_2^* < \omega_2$, de modo que o consumidor é um comprador líquido do bem 1 e um vendedor líquido do bem 2. As demandas líquidas são apenas as quantidades líquidas que o consumidor compra e vende desses dois bens. Em geral, o consumidor pode decidir ser comprador ou vendedor, dependendo dos preços relativos dos dois bens.

9.3 Mudança na dotação

Ao analisarmos a escolha, examinamos como o consumo ótimo se alterava à medida que a renda monetária variava e os preços permaneciam fixos. Podemos fazer uma análise semelhante ao indagarmos como o consumo ótimo varia à medida que a *dotação* muda enquanto os preços permanecem fixos.

Por exemplo, suponhamos que a dotação varie de (ω_1, ω_2) para algum outro valor (ω_1', ω_2'), de modo que

$$p_1\omega_1 + p_2\omega_2 > p_1\omega_1' + p_2\omega_2'.$$

Essa desigualdade significa que a nova dotação (ω_1', ω_2') vale menos do que a dotação antiga – a renda monetária que o consumidor poderia conseguir ao vender sua dotação é menor agora.

Isso é ilustrado graficamente na Figura 9.2A: a reta orçamentária desloca-se para dentro. Como isso corresponde exatamente a uma diminuição da renda monetária, podemos chegar às mesmas duas conclusões a que chegamos em nossa análise daquele caso. Primeiro, com a dotação (ω_1', ω_2'), o consumidor encontra-se definitivamente em pior situação do que estava com a antiga dotação, uma vez que suas possibilidades de consumo foram reduzidas. Segundo, sua demanda de consumo por cada bem variará conforme seja o bem normal ou inferior.

Por exemplo, se o bem 1 for um bem normal e a dotação do consumidor variar de modo a reduzir seu valor, podemos concluir que a demanda do consumidor pelo bem 1 diminuirá.

A Figura 9.2B ilustra o caso em que o valor da dotação aumenta. Ao seguirmos o argumento anterior, concluímos que, se a reta orçamentária deslocar-se para fora de maneira paralela, o consumidor tem de melhorar. Algebricamente, se a dotação varia de (ω_1, ω_2) para (ω_1', ω_2') e $p_1\omega_1 + p_2\omega_2 < p_1\omega_1' + p_2\omega_2'$, o novo conjunto orçamentário do consumidor tem de conter seu conjunto orçamentário anterior. Isso, por sua vez, implica que a escolha ótima do consumidor com seu novo conjunto orçamentário tem de ser preferida à escolha ótima correspondente à dotação anterior.

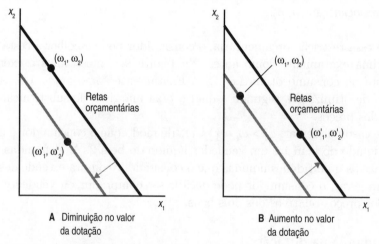

FIGURA 9.2 Variações no valor da dotação. *No caso A, o valor da dotação diminui; no caso B, aumenta.*

Vale a pena ponderar um pouco sobre esse aspecto. No Capítulo 7, argumentamos que o simples fato de uma cesta de consumo custar mais do que outra não significa que a primeira seja preferida à segunda. Mas isso só vale para uma cesta que tenha de ser *consumida*. Se o consumidor puder vender uma cesta de bens num mercado livre a preços constantes, ele preferirá sempre a cesta de maior valor a uma cesta de menor valor, simplesmente porque a cesta de maior valor lhe dará mais renda e, portanto, maiores possibilidades de consumo. Assim, uma *dotação* de maior valor será sempre preferida a uma de menor valor. Essa observação simples terá algumas implicações importantes mais tarde.

Há ainda outro caso a considerar: o que acontece se $p_1\omega_1 + p_2\omega_2 = p_1\omega_1' + p_2\omega_2'$? Nesse caso, a reta orçamentária não sofre nenhuma alteração: o consumidor estará tão bem com (ω_1, ω_2) quanto com (ω_1', ω_2'), e sua escolha ótima terá de ser exatamente a mesma. A dotação apenas se moveu ao longo da reta orçamentária original.

9.4 Variações de preços

Anteriormente, ao examinar como a demanda variava quando os preços se alteravam, desenvolvemos nossa pesquisa sob a hipótese de que a renda monetária permanecia constante. Agora, quando a renda monetária é determinada pelo valor da dotação, essa hipótese não é mais razoável: se o valor de um bem que você vende muda, sua renda monetária certamente mudará. Assim, no caso em que o consumidor tenha uma dotação, as variações de preços implicarão automaticamente variações de renda.

Pensemos nisso primeiro em termos geométricos. Sabemos que, se o preço do bem 1 diminuir, a reta orçamentária tornar-se-á mais plana. Como a cesta da dotação pode sempre ser adquirida, isso significa que a reta orçamentária tem de girar em volta da dotação, conforme ilustra a Figura 9.3.

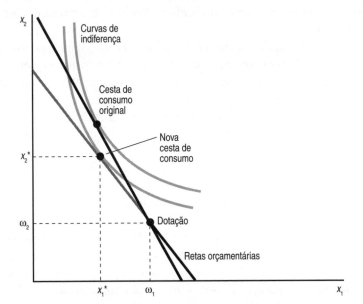

FIGURA 9.3 *Diminuição do preço do bem 1.* A diminuição do preço do bem 1 faz com que a reta orçamentária gire em torno da dotação. Se o consumidor continuar como ofertante, ficará em situação pior do que antes.

Nesse caso, o consumidor começa como vendedor do bem 1 e assim permanece até mesmo após a *diminuição* do preço. O que acontece com o nível de bem-estar desse consumidor? No caso apresentado, o consumidor se encontrará, após a variação de preço, numa curva de indiferença mais baixa do que antes, mas será isso verdadeiro, de modo geral? A resposta pode ser obtida pela aplicação do princípio da preferência revelada.

Se o consumidor continuar como ofertante, sua nova cesta de consumo terá de estar na parte mais clara da nova reta orçamentária. Mas essa parte da nova reta orçamentária encontra-se dentro do conjunto orçamentário original; todas essas escolhas estavam disponíveis para o consumidor antes da variação do preço. Portanto, pelo princípio da preferência revelada, todas essas escolhas são piores do que a cesta de consumo original. Podemos, então, concluir que, se diminuir o preço de um bem que o consumidor vende e assim mesmo ele decidir permanecer como vendedor, seu bem-estar diminuirá.

O que aconteceria se diminuísse o preço de um bem que o consumidor vende e ele decidisse passar a ser comprador desse bem? Nesse caso, o consumidor poderia melhorar ou piorar de situação – não há como prever.

Vejamos agora a situação em que o consumidor é comprador líquido de um bem. Nesse caso, tudo se inverte: se o consumidor for comprador líquido de um bem, o preço desse bem *aumentar* e o consumidor decidir de maneira ótima continuar como comprador, a situação dele com certeza irá piorar. No entanto, se o aumento do preço levá-lo a tornar-se vendedor, sua situação poderá tanto melhorar como piorar. Essas afirmações decorrem da simples aplicação da preferência revelada, exatamente como os casos descritos anteriormente, mas é um bom exercício para o estudante traçar um gráfico, só para ter certeza de que entendeu como isso funciona.

A preferência revelada também nos permite abordar alguns pontos interessantes sobre a decisão de permanecer como comprador ou tornar-se vendedor quando os preços variam. Suponhamos que, como na Figura 9.4, o consumidor seja comprador líquido do bem 1; o que aconteceria se o preço desse bem *diminuísse*? A reta orçamentária ficaria mais plana, como na Figura 9.4.

Como de costume, não sabemos se o consumidor comprará mais ou menos do bem 1 – isso depende de seus gostos. No entanto, de uma coisa podemos estar certos: *o consumidor continuará como um comprador líquido do bem 1 – ele não passará a ser um vendedor*.

Como sabemos disso? Bem, imagine o que aconteceria se o consumidor se tornasse um vendedor. Nesse caso, ele consumiria em algum ponto da parte mais clara da nova reta orçamentária da Figura 9.4. No entanto, essas cestas de consumo lhe eram factíveis quando ele se defrontava com a reta orçamentária original, mas ele as rejeitou em favor de (x_1^*, x_2^*). Assim, (x_1^*, x_2^*) deve ser melhor do que qualquer um daqueles pontos. E, sob a *nova* reta orçamentária, (x_1^*, x_2^*) é uma cesta de consumo factível. Por conseguinte, qualquer coisa que ele consumir sob a nova reta orçamentária deve ser melhor do que (x_1^*, x_2^*) e, por isso, melhor do que qualquer um dos pontos sobre a parte reticulada da nova reta orçamentária.

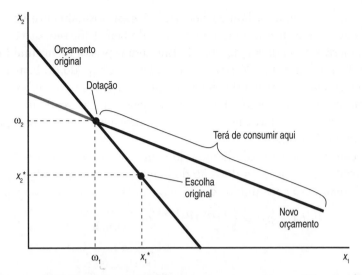

FIGURA 9.4 A diminuição do preço do bem 1. *Se alguém for comprador e o preço do que compra diminuir, esse alguém continuará a comprar.*

Isso implica que seu consumo de x_1 deve estar à direita de seu ponto de dotação – ou seja, o consumidor tem de continuar como demandante líquido do bem 1.

Mais uma vez, esse tipo de observação aplica-se igualmente bem ao vendedor líquido de um bem: se o preço do que ele vende aumentar, ele não passará a ser um comprador líquido desse bem. Não podemos ter certeza de que o consumidor consumirá mais ou menos do bem que vende – mas sabemos, sim, que, se o preço aumentar, ele continuará a vender.

9.5 Curvas de preço-consumo e de demanda

Lembre-se do que foi dito no Capítulo 6, que as curvas de preço-consumo descrevem as combinações de ambos os bens que podem ser demandados pelo consumidor, enquanto as curvas de demanda descrevem a relação entre o preço e a quantidade demandada de um bem. Essas mesmas elaborações funcionam quando o consumidor tem uma dotação de ambos os bens.

Examinemos, por exemplo, a Figura 9.5, que ilustra as curvas de preço-consumo e de demanda de um consumidor. A curva de preço-consumo passará sempre pela dotação porque, a algum preço, a dotação será uma cesta demandada; ou seja, a alguns preços, o consumidor escolherá, de maneira ótima, não fazer nenhuma troca.

Como já vimos, o consumidor pode decidir ser comprador do bem 1 a alguns preços e ser vendedor do mesmo bem a outros preços. Assim, a curva preço-consumo geralmente passará à esquerda e à direita do ponto de dotação.

A curva de demanda ilustrada na Figura 9.5B é a curva de demanda bruta – ela mede a quantidade total que o consumidor escolhe consumir do bem 1. A Figura 9.6 ilustra a curva de demanda líquida.

Observe que a demanda líquida pelo bem 1 será normalmente negativa para alguns preços. Isso acontecerá quando o preço do bem 1 for tão alto que o consumidor escolherá ser vendedor do bem 1. Em algum preço, o consumidor deixará de ser um demandante líquido para ser um ofertante líquido do bem 1.

Costuma-se traçar a curva de oferta no quadrante positivo, embora faça mais sentido pensar na oferta como uma demanda negativa. Em reverência à tradição, traçaremos a curva de oferta líquida da maneira usual – como uma quantia positiva, como na Figura 9.6.

Algebricamente, a demanda líquida do bem 1, $d_1(p_1, p_2)$, é a diferença entre a demanda bruta, $x_1(p_1, p_2)$, e a dotação do bem 1, quando essa diferença for positiva; isto é, quando o consumidor quiser mais desse bem do que possui:

$$d_1(p_1, p_2) = \begin{cases} x_1(p_1, p_2) - \omega_1 & \text{se for positivo;} \\ 0 & \text{se não for.} \end{cases}$$

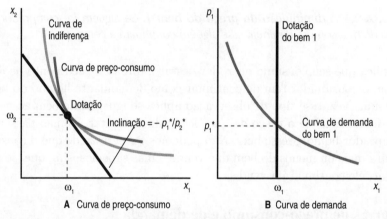

A Curva de preço-consumo   **B** Curva de demanda

FIGURA 9.5 As curvas de oferta e de demanda. Vemos aqui duas formas de representar a relação entre a cesta demandada e os preços quando existe uma dotação.

A curva de oferta líquida é a diferença entre a quantidade do bem 1 que o consumidor possui e a quantidade que gostaria de ter, quando *essa* diferença for positiva:

$$s_1(p_1, p_2) = \begin{cases} \omega_1 - x_1(p_1, p_2) & \text{se for positivo;} \\ 0 & \text{se não for.} \end{cases}$$

Tudo o que dissemos sobre as propriedades do comportamento da demanda aplica-se diretamente ao comportamento da oferta do consumidor – porque a oferta é apenas uma demanda negativa. Se a curva de demanda *bruta* tiver sempre uma inclinação negativa, a inclinação da curva de demanda líquida será negativa e a da curva de oferta será positiva. Pense nisso: se o aumento do preço torna a demanda líquida mais negativa, então a oferta líquida tornar-se--á mais positiva.

9.6 A equação de Slutsky revisitada

Embora sejam úteis, as aplicações da preferência revelada que apresentamos, na verdade, não respondem à questão principal: como a demanda de um bem responde a uma variação em seu preço? Vimos, no Capítulo 8, que, se a renda monetária for mantida constante e se o bem for um bem normal, a redução no preço deverá provocar o aumento da demanda.

A essência está na frase "se a renda monetária for mantida constante". O caso que examinamos aqui envolve necessariamente a variação da renda monetária, uma vez que o valor da dotação terá de variar quando houver alguma alteração de preço.

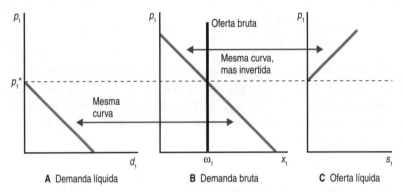

FIGURA 9.6 *Demanda bruta, demanda líquida e oferta líquida. O uso da demanda bruta e da demanda líquida para representar o comportamento da demanda e da oferta.*

No Capítulo 8, descrevemos a equação de Slutsky, que decompunha a variação na demanda por causa de uma variação de preço em um efeito substituição e em um efeito renda. O efeito renda era consequência da variação do poder aquisitivo que ocorre quando os preços variam. Agora, porém, o poder aquisitivo tem duas razões para variar quando o preço muda. A primeira é aquela ligada à definição da equação de Slutsky: quando um preço cai, por exemplo, você pode comprar exatamente a mesma quantidade que comprava anteriormente de um bem e ainda ficar com dinheiro de sobra. Chamaremos isso de **efeito renda comum**. O segundo efeito, porém, é novo. Quando o preço de um bem varia, isso altera o valor da dotação do consumidor e, portanto, sua renda monetária. Por exemplo, se você for ofertante líquido de um bem, a queda no preço desse bem reduzirá sua renda monetária de forma direta, uma vez que você não poderá vender sua dotação pela mesma quantidade de dinheiro. Nesse caso, teremos os mesmos efeitos anteriores acrescidos de um efeito renda adicional, devido à influência dos preços sobre o valor da cesta-dotação. Chamaremos isso de **efeito renda-dotação**.

Na forma anterior da equação de Slutsky, a quantidade de renda monetária que você possuía era fixa. Agora, temos de nos preocupar com o modo como sua renda monetária varia à medida que muda o valor de sua dotação. Assim, ao calcularmos o efeito de uma variação de preço sobre a demanda, a equação de Slutsky terá a forma:

Variação total da demanda = variação devida ao efeito substituição + variação da demanda devida ao efeito renda comum + variação da demanda devida ao efeito renda-dotação.

Os dois primeiros efeitos são familiares. Como antes, vamos utilizar Δx_1 para representar a variação total da demanda; Δx_1^s, a variação da demanda devida ao efeito substituição, e Δx_1^m, a variação da demanda devida ao efeito renda comum. Podemos, então, substituir por esses termos os elementos da "equação oral" anterior, para obtermos a equação de Slutsky em termos de taxas de variação:

$$\frac{\Delta x_1}{\Delta p_1} = \frac{\Delta x_1^s}{\Delta p_1} - x_1 \frac{\Delta x_1^m}{\Delta m} + \text{efeito renda-dotação}. \qquad (9.1)$$

Qual será a aparência do último termo? Derivaremos mais adiante uma expressão explícita; antes, porém, pensemos nos elementos envolvidos. Quando o preço da dotação varia, a renda monetária também varia, e essa alteração da renda monetária produz uma variação na demanda. Assim, o efeito renda-dotação será formado por dois termos:

efeito renda-dotação = variação na demanda quando a renda varia
× a variação na renda quando o preço varia. $\qquad (9.2)$

Vejamos, de início, o segundo efeito. Já que a renda é definida como

$$m = p_1\omega_1 + p_2\omega_2,$$

temos que:

$$\frac{\Delta m}{\Delta p_1} = \omega_1.$$

Isso nos diz como a renda monetária varia quando o preço do bem 1 varia: se alguém dispuser de 10 unidades do bem 1 para vender e o preço desse bem aumentar em US$1, a renda monetária dessa pessoa aumentará em US$10.

O primeiro termo da equação (9.2) mostra quanto a demanda varia ao variar a renda. Já temos uma expressão para tal variação: $\Delta x_1^m/\Delta m$, ou seja, a variação da demanda dividida pela variação da renda. Portanto, o efeito renda-dotação é dado por:

$$\text{efeito renda-dotação} = \frac{\Delta m}{\Delta p_1} = \omega_1. \qquad (9.3)$$

Ao inserirmos a equação (9.3) na equação (9.1), obtemos a forma final da equação de Slutsky:

$$\frac{\Delta x_1}{\Delta p_1} = \frac{\Delta x_1^s}{\Delta p_1} + (\omega_1 - x_1)\frac{\Delta x_1^m}{\Delta m}.$$

Essa equação pode ser utilizada para responder à pergunta feita anteriormente. Sabemos que o sinal do efeito substituição é sempre negativo – quer dizer, em direção contrária à da variação do preço. Suponhamos que o bem seja normal, de modo que $\Delta x_1^m/\Delta m > 0$. Então, o sinal do efeito renda combinado dependerá de a pessoa ser demandante líquida ou ofertante líquida do bem em questão. Se for demandante líquida de um bem normal e o preço desse bem aumentar, então, necessariamente, comprará menos do bem. Se for ofertante líquida de um bem normal, então o sinal do efeito total será ambíguo: ele dependerá da magnitude do efeito renda combinado (positivo) em comparação à magnitude do efeito substituição (negativo).

Como anteriormente, todas essas variações podem ser representadas de maneira gráfica, embora o gráfico seja bastante complicado. Observe a Figura 9.7, que descreve a decomposição de Slutsky da variação de um preço. A variação total na demanda do bem 1 é indicada pelo movimento de A a C. Esse movimento é a soma dos três movimentos distintos: o efeito substituição, que consiste no movimento de A a B, e dois efeitos renda. O efeito renda comum, que corresponde ao movimento de B a D, é a variação da demanda com a *renda monetária fixa* – ou seja, o mesmo efeito renda que examinamos no Capítulo 8. Mas, como o valor da dotação altera quando os preços variam, temos agora outro efeito renda: a variação da renda monetária devida à variação do valor da dotação. Essa variação da renda monetária traz a reta orçamentária de volta para dentro, fazendo-a passar pela cesta-dotação. A variação da demanda de D até C mede esse efeito renda-dotação.

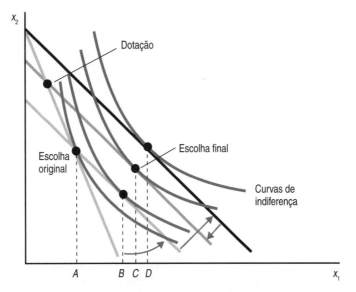

FIGURA 9.7 A equação de Slutsky revisitada. A divisão do efeito da variação de preço no efeito substituição (de A a B), o efeito renda comum (de B a D) e o efeito renda-dotação (de D a C).

9.7 Uso da equação de Slutsky

Imaginemos um consumidor que venda maçãs e laranjas colhidas em seu quintal, como o consumidor descrito no início do Capítulo 8. Lá, dissemos que, se o preço das maçãs aumentasse, aquele consumidor poderia efetivamente consumir mais maçãs. Com o uso da equação de Slutsky derivada neste capítulo, não é difícil ver por quê. Se representarmos por x_a a demanda de maçãs por parte desse consumidor e por p_a o preço das maçãs, saberemos que

$$\frac{\Delta x_a}{\Delta p_a} = \underbrace{\frac{\Delta x_a^s}{\Delta p_a}}_{(-)} + \underbrace{(\omega_a - x_a)}_{(+)} \underbrace{\frac{\Delta x_a^m}{\Delta m}}_{(+)}.$$

Isso indica que a variação total na demanda de maçãs quando o preço delas aumenta é igual ao efeito substituição mais o efeito renda. O efeito substituição funciona na direção certa – o aumento do preço reduz a demanda de maçãs. Mas, se as maçãs forem bens normais para esse consumidor, o efeito renda opera na direção errada. Como o consumidor é ofertante líquido de maçãs, o aumento do preço dessas frutas aumentará tanto a sua renda monetária que desejará consumir mais maçãs por causa do efeito renda. Se o último efeito for suficientemente forte para sobrepujar o efeito substituição, poderemos com facilidade obter o resultado "perverso".

EXEMPLO: Cálculo do efeito renda-dotação

Vejamos um pequeno exemplo numérico. Suponhamos que um pecuarista produza 40 litros de leite por semana. Inicialmente, o preço do leite é de US$3 por litro. A função de demanda de leite para seu próprio consumo é

$$x_1 = 10 + \frac{m}{10p_1}.$$

Como ele produz 40 litros a US$3 cada um, sua renda é US$120 por semana. Sua demanda inicial de leite é, portanto, $x_1 = 14$. Suponhamos agora que o preço do leite mude para US$2 por litro. A renda monetária do produtor de leite passará a ser $m' = 2 \times 40 = \text{US\$}80$ e a sua demanda será $x_1' = 10 + 80/20 = 14$.

Se a renda monetária do produtor de leite houvesse permanecido fixa em m = US$120, ele teria comprado $x_1 = 10 + 120/10 \times 2 = 16$ litros de leite a este preço. Assim, o efeito renda-dotação, a variação na demanda em consequência da alteração no valor da dotação, é –2. O efeito substituição e o efeito renda comum para esse problema foram calculados no Capítulo 8.

9.8 Oferta de trabalho

Apliquemos a ideia de uma dotação para analisar a decisão de oferta de trabalho do consumidor. Ele pode escolher entre trabalhar muito e ter um consumo relativamente alto e trabalhar só um pouco e ter um consumo reduzido. A quantidade de consumo e trabalho será determinada pela interação entre as preferências do consumidor e a restrição orçamentária.

A restrição orçamentária

Suponhamos que o consumidor tenha de início certa renda monetária, M, que ele recebe independentemente de trabalhar ou não. Essa renda poderia vir, por exemplo, do rendimento de investimentos ou de doações de parentes. Chamaremos essa quantia de **renda não resultante do trabalho**. (O consumidor poderia ter uma renda não resultante do trabalho igual a zero, mas queremos deixar aberta a possibilidade de que essa renda seja positiva.)

Usemos C para indicar a quantidade de consumo do consumidor e p para representar o preço de consumo. Se representarmos a taxa de salário por w e a quantidade de trabalho ofertada por L, teremos a restrição orçamentária:

$$pC = M + wL.$$

Isso diz que o valor do que o consumidor consome deve ser igual à sua renda não resultante do trabalho mais sua renda resultante do trabalho.

Procuremos comparar a formulação anterior com os exemplos citados de restrições orçamentárias. A maior diferença é que agora, no lado direito da equação, temos algo que o consumidor está escolhendo – a oferta de trabalho. Podemos passar esse elemento para o lado esquerdo, para obter:

$$pC - wL = M.$$

Assim está melhor, mas temos um sinal negativo onde normalmente teríamos um sinal positivo. Como remediar isso? Suponhamos que haja uma quantidade máxima para a oferta de trabalho possível – 24 horas por dia, 7 dias por semana ou qualquer quantidade compatível com as unidades de medida que estejamos utilizando. Representemos essa quantidade máxima de oferta de trabalho por $\bar{L}$. Se adicionarmos $w\bar{L}$ a cada lado da equação e reordenarmos os termos, teremos

$$pC + w(\bar{L} - L) = M + w\bar{L}.$$

Definamos $\bar{C} = M/p$. Essa é a quantidade de consumo que o consumidor poderia ter se não trabalhasse em absoluto. Ou seja, $\bar{C}$ é sua dotação de consumo. Então, escrevemos

$$pC + w(\bar{L} - L) = p\bar{C} + w\bar{L}.$$

Temos agora uma equação muito parecida com as que vimos anteriormente. Há duas variáveis de escolha no lado esquerdo e duas variáveis de dotação no lado direito. A variável $\bar{L} - L$ pode ser interpretada como a quantidade de "lazer" – isto é, o tempo não dedicado ao trabalho. Utilizemos a variável R (de relaxar!) para representar o lazer, de modo que $R = \bar{L} - L$. Assim, a quantidade total de tempo de que você dispõe para lazer é $\bar{R} = \bar{L}$ e a restrição orçamentária é

$$pC + wR = p\bar{C} + w\bar{R}.$$

A equação anterior é formalmente idêntica à primeira restrição orçamentária que escrevemos neste capítulo. No entanto, ela tem uma interpretação muito mais interessante. Ela diz que o valor da soma do consumo com o lazer do consumidor tem de ser igual ao valor de suas dotações de consumo e de tempo, sabendo-se que o valor de sua dotação de tempo depende de sua taxa de salário, isso porque a taxa de salário não constitui apenas o preço do trabalho, mas também o preço do *lazer*.

Afinal, se sua taxa de salário for da ordem de US$10 por hora e você decidir consumir uma hora a mais de lazer, quanto lhe custará isso? A resposta é que isso vai lhe custar US$10 em renda que deixará de ganhar – esse é o preço do consumo de uma hora adicional de lazer. Os economistas dizem às vezes que a taxa de salário é o **custo de oportunidade** do lazer.

O lado direito dessa restrição orçamentária é às vezes chamado **renda plena** ou **renda implícita** do consumidor. Ela mede o valor do que o consumidor possui – sua dotação de bens de consumo, caso tenha alguma, e a própria dotação de tempo. Isso deve ser distinguido da **renda medida** do consumidor, que é apenas a renda que o consumidor recebe ao vender parte de seu tempo.

O bom dessa restrição orçamentária é que ela é exatamente semelhante às outras que vimos antes. Ela passa pelo ponto de dotação $(\bar{L}, \bar{C})$ e tem uma inclinação de $-\omega/p$. A dotação seria o que o consumidor conseguiria caso não realizasse nenhuma transação de mercado e a inclinação da reta orçamentária indica a taxa pela qual o mercado trocará um bem por outro.

A escolha ótima ocorre onde a taxa marginal de substituição – a troca entre consumo e lazer – é igual a ω/p, o **salário real**, conforme ilustra a Figura 9.8. O valor do consumo adicional obtido ao se trabalhar um pouco mais deve ser exatamente igual ao valor do lazer do qual foi necessário abrir mão para gerar esse consumo. O salário real é a quantidade de consumo que o consumidor pode comprar caso abra mão de uma hora de lazer.

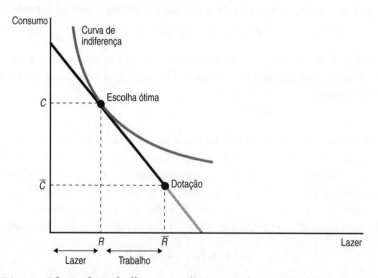

FIGURA 9.8 Oferta de trabalho. *A escolha ótima descreve a demanda por lazer, medida da origem para a direita, e a oferta de trabalho, medida da dotação para a esquerda.*

9.9 Estática comparativa da oferta de trabalho

Examinemos primeiro como a oferta de trabalho de um consumidor se altera à medida que a renda monetária varia com o preço e o salário permanecendo fixos. Se você ganhasse a loteria estadual e conseguisse um grande aumento na sua renda não resultante do trabalho, o que aconteceria com sua oferta de trabalho? O que aconteceria com sua demanda de lazer?

Para a maioria das pessoas, a oferta de trabalho diminui quando a renda monetária aumenta. Em outras palavras, o lazer é, provavelmente, um bem normal para a maioria das pessoas; quando a renda monetária sobe, as pessoas escolhem consumir mais lazer. Parece que existe suficiente evidência a favor dessa afirmação, de modo que a adotaremos como uma hipótese permanente; quer dizer, suporemos que o lazer é um bem normal.

Que implicações isso tem com relação à resposta da oferta de trabalho do consumidor às variações da taxa de salário? Quando a taxa de salário aumenta, há dois efeitos: aumentam os ganhos resultantes de se trabalhar mais e aumenta o custo do consumo de lazer. Ao usarmos as ideias dos efeitos renda e substituição e a equação de Slutsky, podemos isolar esses efeitos individuais e analisá-los.

Quando a taxa de salário aumenta, o lazer torna-se mais caro, o que, por si só, faz com que as pessoas desejem menos desse bem (o efeito substituição). Como o lazer é um bem normal, pode-se prever que o aumento da taxa de salário produzirá necessariamente uma diminuição na demanda de lazer – ou seja, um aumento da oferta de trabalho. Isso deriva da equação de Slutsky dada no Capítulo 8. O bem normal deve ter uma curva de demanda com inclinação negativa. Se o lazer é um bem normal, a curva da oferta de trabalho deve ter inclinação positiva.

Essa análise tem, no entanto, um problema. Num nível intuitivo, não parece razoável que o aumento da taxa de salário produza *sempre* um aumento da oferta de trabalho. Se meu salário se tornar muito alto, eu bem posso "gastar" a renda extra no consumo de lazer. Como conciliar esse comportamento aparentemente plausível com a teoria econômica exposta anteriormente?

Se a teoria responde a isso erroneamente, deve ser porque a estamos aplicando de maneira errada. É, de fato, o que fizemos nesse caso. O exemplo de Slutsky descrito anteriormente forneceu a variação na demanda com a *renda monetária constante*. Mas, se a taxa de salário variar, também a renda monetária terá de variar. A alteração na demanda em consequência de uma variação na renda monetária constitui um efeito renda adicional – o efeito renda-dotação. Isso ocorre em adição ao efeito renda comum.

Se utilizarmos a versão *apropriada* da equação de Slutsky dada anteriormente neste capítulo, obteremos a seguinte expressão:

$$\frac{\Delta R}{\Delta w} = \text{efeito substituição} + (\overline{R} - R)\frac{\Delta R}{\Delta m}. \qquad (9.4)$$
$$(-) \qquad\qquad (+) \qquad (+)$$

Nessa expressão, o efeito substituição é certamente negativo, como sempre, e $\Delta R/\Delta m$ é positivo, dado que estamos supondo que o lazer é um bem normal. Mas $(\bar{R} - R)$ também é positivo, de modo que o sinal de toda a expressão é ambíguo. Ao contrário do caso costumeiro da demanda do consumidor, a demanda de lazer terá um sinal ambíguo, mesmo que o lazer seja um bem normal. À medida que a taxa de salário aumenta, as pessoas podem trabalhar mais ou trabalhar menos.

Por que surge essa indefinição? Quando a taxa de salário aumenta, o efeito substituição induz a trabalhar mais para substituir consumo por lazer. Mas, quando a taxa de salário aumenta, o valor da dotação também aumenta, o que equivale a uma renda extra que bem poderia ser gasta no consumo extra de lazer. Isso constitui o efeito maior que, por ser um assunto empírico, não pode ser resolvido só pela teoria. Temos de observar as reais decisões de oferta de trabalho das pessoas para saber qual é o efeito dominante.

O caso em que o aumento da taxa de salário leva à diminuição da oferta de trabalho é representado pela **curva de oferta de trabalho curvada para trás**. A equação de Slutsky diz que esse efeito tem maior probabilidade de ocorrer quanto maior for $(\bar{R} - R)$, isto é, quanto maior for a oferta de trabalho. Quando $\bar{R} = R$, o consumidor só consome lazer, de modo que um aumento salarial resultará num puro efeito substituição e, por conseguinte, num aumento da oferta de trabalho. Mas, à medida que a oferta de trabalho aumenta, cada acréscimo no salário fornecerá ao consumidor renda adicional por todas as horas que ele estiver trabalhando, de modo que, a partir de certo ponto, ele poderá decidir usar essa renda adicional para "comprar" mais lazer – isto é, *reduzir* a oferta de trabalho.

A Figura 9.9 apresenta uma curva de trabalho inclinada para trás. Quando a taxa de salário é pequena, o efeito substituição é maior do que o efeito renda e um aumento no salário diminuirá a demanda de lazer, o que, por conseguinte,

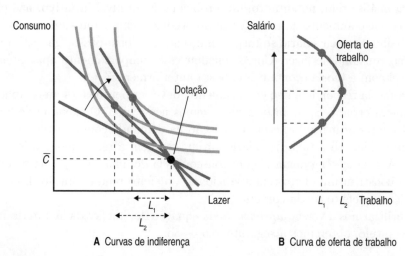

FIGURA 9.9 Curva de oferta de trabalho inclinada para trás. À medida que a taxa de salário aumenta, a oferta de trabalho aumenta de L_1 para L_2. Mas um aumento maior na taxa de salário traz a oferta de trabalho de volta para L_1.

aumentará a oferta de trabalho. Contudo, para taxas de salário maiores, o efeito renda poderá ultrapassar o efeito substituição e o aumento de salário reduzirá a oferta de trabalho.

EXEMPLO: Horas extras e oferta de trabalho

Imaginemos um trabalhador que tenha escolhido ofertar certa quantidade de trabalho $L^* = \bar{R} - R^*$ ao defrontar-se com a taxa de salário ω, como ilustrado na Figura 9.10. Suponhamos, ainda, que a empresa lhe ofereça um salário maior, $\omega' > \omega$, pelo tempo extra que ele decida trabalhar. Esse pagamento é conhecido como **horas extras**.

Nos termos da Figura 9.10, isso significa que a inclinação da reta orçamentária será maior para o trabalho ofertado em excesso de L^*. Mas também sabemos, pelo argumento usual da preferência revelada, que o trabalhador escolherá, otimamente, ofertar mais trabalho; as escolhas que implicam trabalhar menos do que L^* estavam disponíveis antes mesmo do oferecimento das horas extras, mas foram rejeitadas.

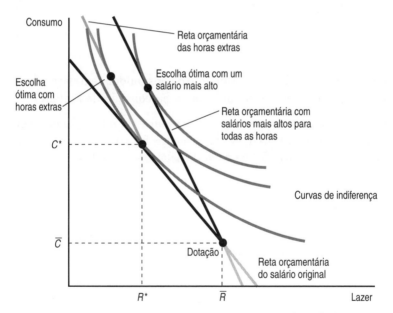

FIGURA 9.10 *Horas extras versus o aumento comum de salário.* O aumento do valor das horas extras definitivamente aumenta a oferta de trabalho, enquanto o aumento direto do salário pode diminuir a oferta de trabalho.

Observe que temos um aumento certo na oferta de trabalho com horas extras, mas o oferecimento de um salário maior para todas as horas de trabalho tem um efeito ambíguo – como discutido, a oferta de trabalho pode tanto aumentar como diminuir. A razão é que a resposta a um salário de horas extras é, basicamente, um puro efeito substituição – a mudança na escolha ótima resulta do *giro* da reta orçamentária em volta do ponto escolhido.

As horas *extras* dão um pagamento maior pelas horas de trabalho adicionais, enquanto o aumento direto dos salários proporciona um pagamento maior por *todas* as horas trabalhadas. Portanto, um aumento geral do salário implica um efeito renda e um efeito substituição, ao passo que o aumento do salário de horas extras resulta em um puro efeito substituição. A Figura 9.10 mostra um exemplo disso. Nela, um aumento do salário geral implica a *diminuição* da oferta de trabalho, e um aumento do salário nas horas extras leva a um aumento da oferta de trabalho.

RESUMO

1. Os consumidores obtêm renda pela venda de suas dotações de bens.

2. A demanda bruta de um bem é a quantidade que o consumidor acaba por consumir. A demanda líquida de um bem é a quantidade que o consumidor compra. Por conseguinte, a demanda líquida é a diferença entre a demanda bruta e a dotação.

3. A restrição orçamentária tem uma inclinação de $-p_1/p_2$ e passa pela cesta da dotação.

4. Quando um preço varia, o valor do que o consumidor tem para vender variará e, portanto, gerará um efeito renda extra na equação de Slutsky.

5. A oferta de trabalho é um exemplo interessante da interação dos efeitos renda e substituição. A interação desses dois efeitos faz com que a resposta da oferta de trabalho a uma variação na taxa de salário seja ambígua.

QUESTÕES DE REVISÃO

1. Se as demandas líquidas de um consumidor forem (5, –3) e sua dotação (4, 4), quais serão suas demandas brutas?

2. Os preços são $(p_1, p_2) = (2, 3)$ e o consumidor consome atualmente $(x_1, x_2) = (4, 4)$. Há um mercado perfeito para os dois bens, no qual eles podem ser comprados e vendidos sem custo. O consumidor preferirá necessariamente consumir a cesta $(y_1, y_2) = (3, 5)$? Preferirá ele necessariamente ter a cesta (y_1, y_2)?

3. Os preços são $(p_1, p_2) = (2, 3)$ e o consumidor consome atualmente $(x_1, x_2) = (4, 4)$. Os preços mudam agora para $(q_1, q_2) = (2, 4)$. O consumidor poderia melhorar com esses novos preços?

4. Os Estados Unidos importam atualmente cerca da metade do petróleo que consomem. O restante de suas necessidades é suprido pela produção doméstica. O preço do petróleo poderia aumentar tanto a ponto de fazer com que os Estados Unidos melhorassem de situação?

5. Suponhamos que, por um milagre, o número de horas do dia aumentasse de 24 para 30 (com um pouco de sorte, isso aconteceria pouco antes da semana de provas). Como isso afetaria a restrição orçamentária?

6. Se o lazer for um bem inferior, o que se pode dizer a respeito da inclinação da curva de oferta de trabalho?

APÊNDICE

A derivação da equação de Slutsky existente no texto continha certa imprecisão. Ao examinarmos como a variação do valor monetário da dotação afetava a demanda, dissemos que esse efeito era igual a $\Delta x_1^m / \Delta m$. Em nossa versão antiga da equação de Slutsky, essa era a taxa de variação na demanda quando a renda variava, de modo que a cesta de consumo original pudesse ainda ser comprada. Contudo, isso não será necessariamente igual à taxa de variação da demanda quando o valor da dotação variar. Examinemos esse aspecto em maior detalhe.

Digamos que o preço do bem 1 varie de p_1 a p_1' e utilizemos m'' para representar a nova renda monetária ao preço p_1', que resulta da variação no valor da dotação. Suponhamos que o preço do bem 2 permaneça fixo, de modo que possamos omiti-lo da função de demanda.

Por definição de m'', sabemos que:

$$m'' - m = \Delta p_1 \omega_1.$$

Observe que, por identidade, é verdadeiro que

$$\frac{x_1(p_1', m'') - x_1(p_1, m)}{\Delta p_1} =$$

$$+ \frac{x_1(p_1', m') - x_1(p_1, m)}{\Delta p_1} \quad \text{(efeito substituição)}$$

$$- \frac{x_1(p_1', m') - x_1(p_1', m)}{\Delta p_1} \quad \text{(efeito renda comum)}$$

$$+ \frac{x_1(p_1', m'') - x_1(p_1', m)}{\Delta p_1} \quad \text{(efeito renda-dotação)}.$$

(Basta cancelar os termos idênticos com sinais contrários do lado direito.) Pela definição do efeito renda comum,

$$\Delta p_1 = \frac{m' - m}{x_1}$$

e, pela definição do efeito renda-dotação,

$$\Delta p_1 = \frac{m' - m}{x_1}$$

Ao fazermos essas substituições, obteremos uma equação de Slutsky com a forma

$$\frac{x_1(p_1', m'') - x_1(p_1, m)}{\Delta p_1} =$$

$$+ \frac{x_1(p_1', m') - x_1(p_1, m)}{\Delta p_1} \quad \text{(efeito substituição)}$$

$$- \frac{x_1(p_1', m') - x_1(p_1', m)}{m' - m} x_1 \quad \text{(efeito renda comum)}$$

$$+ \frac{x_1(p_1', m'') - x_1(p_1', m)}{m'' - m} \omega_1 \quad \text{(efeito renda-dotação)}.$$

Se escrevermos isso em termos de Δs, teremos

$$\frac{\Delta x_1}{\Delta p_1} = \frac{\Delta x_1^s}{\Delta p_1} - \frac{\Delta x_1^m}{\Delta m} x_1 + \frac{\Delta x_1^w}{\Delta m} \omega_1.$$

Aqui, o único termo novo é o último. Ele representa como a *demanda* do bem 1 muda à medida que a renda varia vezes, a *dotação* do bem 1. Esse é precisamente o efeito renda-dotação.

Suponhamos que estejamos considerando uma variação de preço muito pequena e, correspondentemente, uma variação de renda reduzida. As frações de ambos os efeitos renda serão praticamente iguais, uma vez que a *taxa* de variação do bem 1 quando a renda varia de m a m' deve ser mais ou menos a mesma, assim como ocorre quando a renda varia de m a m''. Para essas pequenas variações, podemos reunir os termos e escrever os dois últimos – os efeitos renda – na forma

$$\frac{\Delta x_1^m}{\Delta m}(\omega_1 - x_1),$$

o que nos dá uma equação de Slutsky da mesma forma que a derivada anteriormente:

$$\frac{\Delta x_1}{\Delta p_1} = \frac{\Delta x_1^s}{\Delta p_1} + (\omega_1 - x_1)\frac{\Delta x_1^m}{\Delta m}.$$

Se quisermos expressar a equação de Slutsky em termos de cálculo, basta utilizarmos limites nessa expressão. Ou, se preferirmos, podemos calcular diretamente a equação correta, apenas aplicando derivadas parciais. Façamos com que $x_1(p_1, m(p_1))$ seja a função de demanda do bem 1 quando o preço do bem 2 permanece fixo e admitamos que a renda monetária dependa do preço do bem 1 por intermédio da relação $m(p_1) = p_1\omega_1 + p_2\omega_2$. Podemos, então, escrever

$$\frac{dx_1(p_1, m(p_1))}{dp_1} = \frac{\partial x_1(p_1, m)}{\partial p_1} + \frac{\partial x_1(p_1, m)}{\partial m}\frac{dm(p_1)}{dp_1}. \tag{9.5}$$

Pela definição de $m(p_1)$, sabemos como a renda varia à medida que o preço varia:

$$\frac{\partial m(p_1)}{\partial p_1} = \omega_1, \tag{9.6}$$

e, pela equação de Slutsky, sabemos como a demanda varia à medida que o preço varia, permanecendo fixa a renda monetária:

$$\frac{\partial x_1(p_1, m)}{\partial p_1} = \frac{\partial x_1^s(p_1)}{\partial p_1} - \frac{\partial x(p_1, m)}{\partial m} x_1. \tag{9.7}$$

Introduzindo-se as equações (9.6) e (9.7) na equação (9.5), teremos

$$\frac{dx_1(p_1, m(p_1))}{dp_1} = \frac{\partial x_1^s(p_1)}{\partial p_1} + \frac{\partial x(p_1, m)}{\partial m}(\omega_1 - x_1),$$

que é a forma da equação de Slutsky desejada.

CAPÍTULO 10

ESCOLHA INTERTEMPORAL

Neste capítulo, prosseguiremos com nossa análise do comportamento do consumidor, examinando as escolhas relacionadas à poupança e ao consumo ao longo do tempo. As escolhas de consumo ao longo do tempo são chamadas de **escolhas intertemporais**.

10.1 A restrição orçamentária

Imaginemos um consumidor que escolha o quanto consumirá de certo bem em dois períodos de tempo. Em geral, tendemos a conceber esse bem como sendo um bem composto, conforme descrito no Capítulo 2, mas você pode imaginá-lo como sendo uma mercadoria específica, se assim o desejar. Representaremos a quantidade de consumo em cada período por (c_1, c_2) e suporemos que os preços de consumo em cada período permanecem constantes e iguais a 1. A quantidade de dinheiro que o consumidor terá em cada período será representada por (m_1, m_2).

Suponhamos, de início, que a única forma que o consumidor tem para transferir dinheiro do período 1 para o período 2 é poupá-lo sem receber juros. Suponhamos também, por enquanto, que o consumidor não tenha a possibilidade de pegar dinheiro emprestado, de modo que o máximo que ele pode gastar no período 1 é m_1. A restrição orçamentária do consumidor terá então a forma mostrada na Figura 10.1.

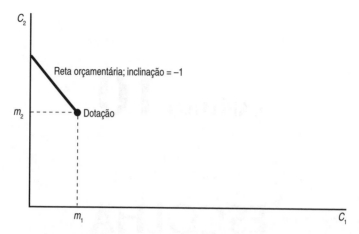

FIGURA 10.1 Restrição orçamentária. Esta é a restrição orçamentária quando a taxa de juros é zero e não são permitidos os empréstimos. Quanto menos a pessoa consumir no período 1, mais ela poderá fazê-lo no período 2.

Vemos, então, que há dois tipos de escolha possíveis. O consumidor resolve consumir (m_1, m_2), o que significa que ele consome exatamente sua renda em cada período, ou resolve consumir menos do que sua renda no primeiro período. Neste último caso, o consumidor pouparia parte do consumo do primeiro período para consumi-lo depois.

Permitamos agora ao consumidor emprestar e pegar emprestado a uma taxa de juros r. Por conveniência, fixemos em 1 os preços do consumo em cada período e derivemos a restrição orçamentária.

Suponhamos primeiro que o consumidor decida ser poupador, de modo que seu consumo no primeiro período, c_1, seja menor do que sua renda nesse período, m_1. Nesse caso, ele receberá juros pela quantidade poupada, $m_1 - c_1$, à taxa de juros r. A quantidade que ele pode consumir no período seguinte é dada por

$$c_2 = m_2 + (m_1 - c_1) + r(m_1 - c_1)$$
$$= m_2 + (1 + r)(m_1 - c_1). \quad (10.1)$$

Isso nos diz que a quantidade que o consumidor pode consumir no período 2 é igual a sua renda nesse período mais o que ele poupou no período 1, mais os juros que recebeu pela poupança. Suponhamos, agora, que o consumidor seja tomador de empréstimos, de modo que seu consumo no primeiro período seja maior do que sua renda do primeiro período. O consumidor será tomador de empréstimos se $c_1 > m_1$ e os juros que terá de *pagar* no segundo período serão iguais a $r(c_1 - m_1)$. É claro que ele também terá de pagar a quantia que tomou emprestada, $c_1 - m_1$. Isso significa que sua restrição orçamentária é dada por

$$c_2 = m_2 - r(c_1 - m_1) - (c_1 - m_1)$$
$$= m_2 + (1 + r)(m_1 - c_1),$$

que é exatamente igual ao que tínhamos antes. Se $m_1 - c_1$ for positivo, o consumidor receberá juros por sua poupança; já se $m_1 - c_1$ for negativo, pagará juros pelos empréstimos que contraiu.

Se $c_1 = m_1$, então, necessariamente, $c_2 = m_2$, e o consumidor nem tomará nem receberá empréstimos. Poderíamos chamar essa posição de consumo de "ponto de Polônio".[1]

Podemos rearrumar a restrição orçamentária do consumidor, para obter duas formas alternativas úteis:

$$(1+r)c_1 + c_2 = (1+r)m_1 + m_2 \tag{10.2}$$

e

$$c_1 + \frac{c_2}{1+r} = m_1 + \frac{m_2}{1+r}. \tag{10.3}$$

Observe que ambas as equações têm a forma

$$p_1 x_1 + p_2 x_2 = p_1 m_1 + p_2 m_2.$$

Na equação (10.2), $p_1 = 1 + r$ e $p_2 = 1$. Na equação (10.3), $p_1 = 1$ e $p_2 = 1/(1 + r)$.

Dizemos que a equação (10.2) expressa a restrição orçamentária em termos de **valor futuro** e que a equação (10.3) expressa a restrição orçamentária em termos de **valor presente**. A razão dessa terminologia é que a primeira restrição iguala a 1 o preço do consumo futuro, enquanto a segunda iguala a 1 o preço do consumo presente. A primeira restrição orçamentária mede o preço do período 1 *em relação ao* do período 2, enquanto a segunda faz o contrário.

A interpretação geométrica do valor presente e do valor futuro é dada na Figura 10.2. O valor presente de uma dotação de dinheiro em dois períodos é a quantidade de dinheiro no período 1 que geraria o mesmo conjunto orçamentário que a dotação. Esse é exatamente o intercepto horizontal da reta orçamentária, que indica a quantidade máxima possível de consumo no primeiro período. Se examinarmos a restrição orçamentária, veremos que essa quantidade é $\bar{c}_1 = m_1 + m_2/(1 + r)$, que é o valor presente da dotação.

Do mesmo modo, o intercepto vertical é a quantidade máxima de consumo do segundo período que ocorre quando $c_1 = 0$. Mais uma vez podemos resolver, a partir da restrição orçamentária, o valor futuro da dotação para essa quantidade $\bar{c}_2 = (1 + r)m_1 + m_2$.

A forma do valor presente é o modo mais importante de expressar a restrição orçamentária intertemporal, uma vez que ela mede o futuro em relação ao presente, que é nossa maneira natural de pensar nisso.

---

[1] *Nota da Tradução*: "Não tomes por empréstimo e tampouco emprestes, Que o empréstimo nos faz perder dinheiro e amigo, E o gume da poupança as dívidas embotam." *Hamlet*, Ato 1, cena viii; Polônio aconselha seu filho. (Tradução de Péricles Eugênio da Silva Ramos para a coleção "Teatro Vivo", Abril Cultural, São Paulo, 1976.)

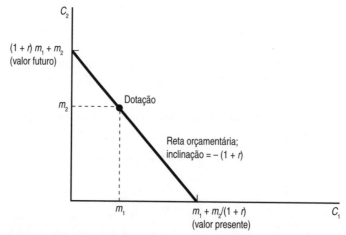

FIGURA 10.2 Valores presente e futuro. *O intercepto vertical da reta orçamentária mede o valor futuro, enquanto o horizontal mede o valor presente.*

Qualquer uma das equações nos permite distinguir com facilidade a forma dessa restrição orçamentária. A reta orçamentária passa por (m_1, m_2), porque esse é um padrão de consumo sempre *acessível*, e tem uma inclinação de $-(1 + r)$.

10.2 Preferências de consumo

Examinemos agora as preferências do consumidor, representadas por suas curvas de indiferença. A forma das curvas de indiferença indica os gostos de consumo do consumidor nos diversos períodos. Se traçarmos curvas de indiferença com uma inclinação constante de -1, por exemplo, elas representarão os gostos de um consumidor que não se importa entre consumir hoje ou amanhã. Sua taxa marginal de substituição entre hoje e amanhã é de -1.

Se traçássemos curvas de indiferença para complementares perfeitos, isso indicaria que o consumidor quer consumir quantidades iguais hoje e amanhã. Esse consumidor não estaria disposto a substituir o consumo de um período pelo do outro, não importa se valesse ou não a pena fazer isso.

Como de costume, o caso intermediário das preferências bem-comportadas é a situação mais razoável. O consumidor está disposto a substituir certa quantidade de consumo de hoje pelo de amanhã e a quantidade que ele está disposto a substituir depende de seu padrão específico de consumo.

A convexidade de preferências é muito natural nesse contexto, uma vez que ela diz que o consumidor preferiria ter uma quantidade "média" de consumo em cada período a ter muito hoje e nada amanhã, e vice-versa.

10.3 Estática comparativa

Dadas a restrição orçamentária de um consumidor e suas preferências de consumo em cada um dos dois períodos, podemos examinar a escolha ótima de consumo

(c_1, c_2). Se o consumidor escolher um ponto onde $c_1 < m_1$, diremos que ele é **emprestador**; se $c_1 > m_1$, diremos que ele é **tomador de empréstimos**. Na Figura 10.3A, ilustramos o caso em que o consumidor é um tomador de empréstimos; na Figura 10.3B, ilustramos o caso do emprestador.

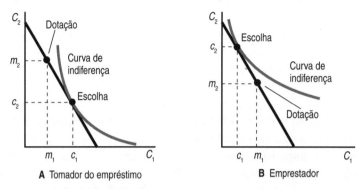

FIGURA 10.3 *O tomador de empréstimos e o emprestador.* *O painel A representa o tomador de empréstimos, uma vez que $c_1 > m_1$. Já o painel B representa o emprestador, desde que $c_1 < m_1$.*

Examinemos agora como o consumidor reagiria a uma mudança da taxa de juros. Pela equação (10.1), vemos que o aumento da taxa de juros fará com que a reta orçamentária se incline para ficar numa posição mais íngreme: para uma determinada redução em c_1, será obtido mais consumo no segundo período se a taxa de juros for mais elevada. É claro que a dotação continua sempre acessível, de modo que a inclinação constitui, na verdade, um giro em torno da dotação.

Podemos também dizer algo sobre como a decisão entre ser emprestador ou tomador de empréstimos se altera, à medida que a taxa de juros varia. Existem dois casos, dependendo de o consumidor ser, de início, emprestador ou tomador de empréstimos. Suponhamos primeiro que ele seja emprestador. Assim, se a taxa de juros aumentar, o consumidor deverá continuar como emprestador.

A Figura 10.4 ilustra esse argumento. Se o consumidor começar como emprestador, sua cesta de consumo estará à esquerda do ponto de dotação. Deixemos agora a taxa de juros aumentar. Será possível o consumidor se deslocar para um novo ponto de consumo à *direita* da sua dotação?

Não, porque isso violaria o princípio da preferência revelada: as escolhas à direita do ponto de dotação estavam disponíveis para o consumidor no conjunto orçamentário original, mas foram rejeitadas em favor do ponto escolhido. Como a cesta ótima original ainda está disponível na nova reta orçamentária, a nova cesta ótima tem de ser um ponto *fora* do antigo conjunto orçamentário – o que significa que ela deve estar à esquerda da dotação. O consumidor terá de continuar como emprestador quando a taxa de juros aumentar.

Para os tomadores de empréstimos, o efeito é semelhante: se o consumidor começar como tomador de empréstimos e a taxa de juros diminuir, ele continuará como tomador de empréstimos. (O leitor poderia desenhar um diagrama semelhante ao da Figura 10.4 e ver se consegue descrever o argumento.)

Assim, se uma pessoa for emprestadora e a taxa de juros aumentar, a pessoa continuará como emprestadora. Se for tomadora de empréstimos e a taxa de juros diminuir, ela continuará como tomadora de empréstimos. Entretanto, se a pessoa for emprestadora e a taxa de juros diminuir, ela poderá decidir tornar-se tomadora de empréstimos; do mesmo modo, o aumento da taxa de juros pode induzir o tomador de empréstimos a transformar-se em emprestador. A preferência revelada não diz nada sobre estes dois últimos casos.

A preferência revelada também pode ser utilizada para avaliar como o bem-estar do consumidor é afetado pelas variações da taxa de juros. Se o consumidor começar como tomador de empréstimos, a taxa de juros aumentar e ele decidir continuar como tomador de empréstimos, sua situação deverá piorar com a nova taxa de juros. A Figura 10.5 ilustra esse argumento; se o consumidor permanecer como tomador de empréstimos, ele terá de operar num ponto que era acessível no antigo conjunto orçamentário, mas foi rejeitado, o que faz supor que a situação do consumidor deve estar pior.

10.4 A equação de Slutsky e a escolha intertemporal

A equação de Slutsky pode ser utilizada para decompor a variação da demanda resultante da variação da taxa de juros nos efeitos renda e substituição, exatamente como vimos no Capítulo 9. Suponhamos que a taxa de juros aumente. Que efeito isso terá sobre o consumo em cada período?

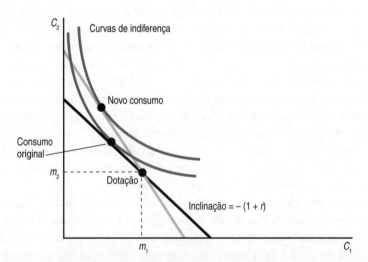

FIGURA 10.4 *Se alguém for emprestador e a taxa de juros aumentar, essa pessoa continuará a ser emprestadora.* O aumento da taxa de juros faz com que a reta orçamentária gire em torno da dotação para uma posição mais íngreme; a preferência revelada implica que a nova cesta de consumo tem de situar-se à esquerda da dotação.

Esse caso pode ser analisado com maior facilidade com o emprego da restrição orçamentária de valor futuro do que com o uso da restrição de valor presente. Em termos de restrição orçamentária de valor futuro, o aumento da taxa de juros equivale exatamente a elevar o preço do consumo de hoje em comparação com o consumo de amanhã. Ao escrevermos a equação de Slutsky, teremos que

$$\frac{\Delta c_1^t}{\Delta p_1} = \frac{\Delta c_1^s}{\Delta p_1} + (m_1 - c_1)\frac{\Delta c_1^m}{\Delta m}.$$
$$(?) \quad (-) \quad (?) \quad (+)$$

O efeito substituição, como sempre, trabalha em sentido contrário ao do preço. Nesse caso, o preço do consumo do período 1 aumenta, o que leva o efeito substituição a dizer que o consumidor deveria consumir menos no primeiro período. Esse é o significado do sinal negativo sob o efeito substituição. Suponhamos que o consumo desse período seja um bem normal, de modo que o último termo – que indica como o consumo varia à medida que a renda varia – seja positivo. Colocamos, então, um sinal positivo embaixo do último termo. Assim, o sinal da expressão total dependerá do sinal de $(m_1 - c_1)$. Se a pessoa for tomadora de empréstimos, esse termo será negativo e, portanto, toda a expressão também será negativa – para o tomador de empréstimos, o aumento da taxa de juros tem de diminuir o consumo atual.

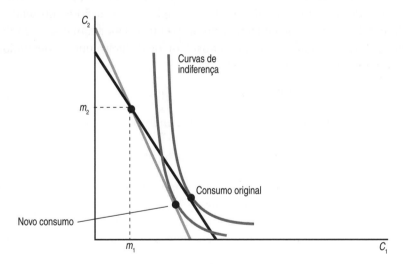

FIGURA 10.5 *A situação do tomador de empréstimos piora com o aumento da taxa de juros.* Quando aumenta a taxa de juros com a qual o tomador de empréstimos se depara e ele resolve continuar como tomador, sua situação certamente piorará.

Por que isso acontece? Quando a taxa de juros aumenta, há sempre um efeito substituição que leva a diminuir o consumo atual. Para um tomador de empréstimos, o aumento da taxa de juros significa que ele terá de pagar mais juros amanhã.

Esse efeito o induz a contrair menos empréstimos e, portanto, a consumir menos no primeiro período.

Já para o emprestador, o efeito é ambíguo. O efeito total é a soma do efeito substituição negativo e do efeito renda positivo. Do ponto de vista do emprestador, um aumento da taxa de juros pode lhe proporcionar um aumento tão grande de renda que ele preferirá consumir ainda mais no primeiro período.

Os efeitos das variações da taxa de juros não são assim tão misteriosos. Há um efeito renda e um efeito substituição como em qualquer outra variação de preço. Mas, sem uma ferramenta como a equação de Slutsky para separar os vários efeitos, pode ser difícil desenredar essas variações. Com essa ferramenta, porém, fica bem fácil classificar esses efeitos.

10.5 Inflação

Toda a análise anterior foi realizada em termos de um bem de "consumo" geral. Abrir mão de Δc unidades de consumo hoje possibilita comprar $(1+r)\Delta c$ unidades de consumo amanhã. Essa análise traz implícita a hipótese de que o "preço" do consumo não varia – não há inflação nem deflação.

No entanto, não é difícil modificar a análise para lidar com a inflação. Suponhamos que o bem de consumo tenha agora um preço diferente em cada período. Convém chamar de 1 o preço atual de consumo e representar como p_2 o preço futuro de consumo. Também é bom imaginar a dotação como sendo medida em unidades de bens de consumo, de modo que o valor monetário da dotação no período 2 seja de $p_2 m_2$. Assim, a quantidade de dinheiro que o consumidor pode gastar no segundo período será dada por

$$p_2 c_2 = p_2 m_2 + (1+r)(m_1 - c_1),$$

e a quantidade de consumo disponível no segundo período será de

$$c_2 = m_2 + \frac{1+r}{p_2}(m_1 - c_1).$$

Observe que essa equação é muito semelhante à equação dada anteriormente – utilizamos apenas $(1+r)/p_2$ no lugar de $1+r$.

Expressemos essa restrição orçamentária em termos da taxa de inflação, π, que é apenas a taxa na qual os preços crescem. Lembrando que $p_1 = 1$, temos

$$p_2 = 1 + \pi,$$

o que nos dá

$$c_2 = m_2 + \frac{1+r}{1+\pi}(m_1 - c_1).$$

Criemos uma nova variável, ρ,[2] a **taxa de juros real**, definida por:

[2] Letra grega *rô*.

$$1 + \rho = \frac{1+r}{1+\pi}$$

de modo que a restrição orçamentária torna-se

$$c_2 = m_2 + (1+\rho)(m_1 - c_1).$$

A taxa de juros real, ρ, mais 1 mede quanto de *consumo* adicional podemos obter no período 2 se abrirmos mão de alguma *quantidade de consumo* no período 1. É por isso que essa taxa é chamada de taxa de juros *real*: ela diz quanto de consumo extra – e não apenas quantas unidades monetárias adicionais – é possível obter.

A taxa de juros em unidades monetárias é chamada taxa de juros **nominal**. Como vimos, a relação entre as duas taxas de juros é dada por

$$1 + \rho = \frac{1+r}{1+\pi}.$$

Para obtermos uma expressão explícita para ρ, escrevemos essa equação na forma

$$\rho = \frac{1+r}{1+\pi} - 1 = \frac{1+r}{1+\pi} - \frac{1+\pi}{1+\pi}$$
$$= \frac{r - \pi}{1+\pi}.$$

Essa é uma expressão exata para a taxa de juros real, mas é comum utilizar uma aproximação. Se a taxa de inflação não for muito alta, o denominador da expressão será só um pouco maior do que 1. Assim, a taxa de juros real será dada aproximadamente por:

$$\rho \approx r - \pi,$$

que diz que a taxa de juros real equivale aproximadamente à taxa nominal menos a taxa de inflação. (O símbolo $\approx$ significa "aproximadamente igual a".) Isso faz muito sentido; se a taxa de juros for 18% e os preços crescerem à taxa de 10%, a taxa de juros real – o consumo extra que poderemos ter no próximo período, se abrirmos mão de algum consumo agora – será de aproximadamente 8%.

É claro que, ao fazermos planos de consumo, sempre olhamos para o futuro. Geralmente conhecemos a taxa nominal de juros para o próximo período, mas não a taxa de inflação. A taxa de juros real é tida normalmente como a taxa atual de juros menos a taxa *esperada* de inflação. Como as pessoas têm diferentes estimativas sobre a taxa de inflação do próximo ano, suas estimativas a respeito da taxa real de inflação também serão diferentes. Essas diferenças poderão não ser muito grandes caso se consiga prever a inflação com razoável margem de acerto.

10.6 Valor presente: uma visão mais minuciosa

Voltemos agora às duas formas da restrição orçamentária descritas nas equações (10.2) e (10.3) da seção 10.1:

$$(1+r)c_1 + c_2 = (1+r)m_1 + m_2$$

e

$$c_1 + \frac{c_2}{1+r} = m_1 + \frac{m_2}{1+r}.$$

Observe apenas o lado direito dessas duas equações. Dissemos que o da primeira equação expressa o valor da dotação em termos do valor futuro e que o da segunda o expressa em termos de valor presente.

Examinemos primeiro o conceito de valor futuro. Se pudermos tomar empréstimos e emprestar a uma taxa de juros r, qual será o equivalente, no futuro, de US$1 atual? A resposta é $(1 + r)$ dólares. Ou seja, US$1 hoje pode se transformar em US$$(1 + r)$ no próximo período, apenas mediante o seu empréstimo ao banco a uma taxa de juros r. Em outras palavras, US$$(1 + r)$ no próximo período equivalem a US$1 hoje, uma vez que essa é a quantia que se tem de pagar para comprar – isto é, tomar emprestado – US$1 hoje. O valor $(1 + r)$ é apenas o preço de US$1 hoje em relação a US$1 no próximo período. Isso pode ser visto com facilidade na primeira restrição orçamentária: ela é expressa em termos de unidades monetárias futuras – as unidades monetárias do segundo período têm um preço igual a 1 e as do primeiro período são medidas em relação a elas.

E quanto ao valor presente? É apenas o oposto: tudo é medido em termos de unidades monetárias de hoje. Quanto valerá US$1 no próximo período em termos do dólar de hoje? A resposta é: $1/(1 + r)$ dólares. Isso porque $1/(1 + r)$ dólares podem se transformar em US$1 no período seguinte apenas por serem poupados à taxa de juros r. O *valor presente* do dólar a ser entregue no próximo período é $1/(1 + r)$.

O conceito de valor presente proporciona outro modo de expressar o orçamento para um problema de consumo em dois períodos: um plano de consumo é acessível se *o valor presente do consumo for igual ao valor presente da renda*.

A ideia de valor presente tem uma implicação importante, que se relaciona intimamente com uma observação feita no Capítulo 9: se o consumidor puder comprar e vender bens livremente e a preços constantes, ele preferirá sempre uma dotação mais alta a uma de menor valor. No caso de decisões intertemporais, esse princípio implica que, *se o consumidor puder emprestar e tomar emprestado livremente a uma taxa de juros constante, ele preferirá sempre um padrão de renda com um valor presente maior do que com um valor presente menor*.

Isso é verdade pela mesma razão pela qual era verdadeira a afirmação no Capítulo 9: uma dotação com valor maior produz uma reta orçamentária mais para fora. O novo conjunto orçamentário contém o conjunto orçamentário anterior, o que significa que o consumidor tem todas as opções de consumo que tinha anteriormente mais algumas outras. Os economistas dizem às vezes que a dotação com um valor presente maior **domina** a dotação com um valor presente menor, no sentido de que o consumidor pode ter maior consumo em *todos* os períodos, se vender a dotação com o maior valor presente que ele possa obter ao vender a dotação com o menor valor presente.

Naturalmente, se o valor de uma dotação for maior do que o de outra, o valor futuro também será maior. Mas como o valor presente é o modo mais conveniente de medir o poder aquisitivo de uma dotação de dinheiro ao longo do tempo, será essa a medida a que dedicaremos maior atenção.

10.7 Análise do valor presente para vários períodos

Examinemos um modelo de três períodos. Suponhamos que seja possível emprestar ou tomar emprestado dinheiro a uma taxa de juros r em cada período e que essa taxa de juros permaneça constante ao longo dos três períodos. Assim, o preço do consumo no período 2 em termos do consumo no período 1 será $1/(1+r)$, exatamente como antes.

Qual será o preço do consumo do período 3? Bem, se eu aplicar US$1 hoje, essa quantia crescerá até US$$(1+r)$ no período seguinte; se eu deixar essa nova quantia aplicada, o dinheiro crescerá até US$$(1+r)^2$ no terceiro período. Portanto, se eu começar com US$$1/(1+r)^2$ hoje, poderei transformá-los em US$1 no período 3. O preço do consumo do período 3 em relação ao consumo do período 1 será, portanto, de $1/(1+r)^2$. Cada dólar adicional de consumo no período 3 irá me custar hoje $1/(1+r)^2$. Isso implica que a restrição orçamentária tenha a forma

$$c_1 + \frac{c_2}{1+r} + \frac{c_3}{(1+r)^2} = m_1 + \frac{m_2}{1+r} + \frac{m_3}{(1+r)^2}.$$

Isso é muito parecido com as restrições orçamentárias que vimos antes, nas quais o preço de consumo do período t em termos do consumo de hoje é dado por

$$p_t = \frac{1}{(1+r)^{t-1}}.$$

Como antes, todos os consumidores irão preferir uma dotação com valor presente maior para esses preços, porque uma variação dessas necessariamente deslocaria a reta orçamentária para fora.

Derivamos essa restrição orçamentária no pressuposto da existência de taxas de juros constantes, mas é fácil generalizar para o caso das taxas de juros variáveis. Suponhamos, por exemplo, que os juros ganhos com a poupança do período 1 ao período 2 sejam iguais a r_1 e que a poupança feita entre os períodos 2 e 3 proporcione ganhos de r_2. Assim, US$1 aplicado no período 1 crescerá para US$$(1+r_1)(1+r_2)$ no período 3. O valor presente de US$1 no período 3 será, portanto, de $1/(1+r_1)(1+r_2)$. Isso implica que a forma correta da restrição orçamentária seja

$$c_1 + \frac{c_2}{1+r_1} + \frac{c_3}{(1+r_1)(1+r_2)} = m_1 + \frac{m_2}{1+r_1} + \frac{m_3}{(1+r_1)(1+r_2)}.$$

Não é muito difícil lidar com essa expressão, mas em geral nos limitaremos à análise do caso de taxas de juros constantes.

A Tabela 10.1 apresenta alguns exemplos do valor presente de US$1 num prazo futuro de t anos, a diferentes taxas de juros. O fato notável dessa tabela é a rapidez com que o valor presente diminui para taxas de juros "razoáveis". Por exemplo, a uma taxa de juros de 10%, o valor de US$1 daqui a vinte anos será de apenas US$0,15.

TABELA 10.1 *O valor presente de US$1 t anos no futuro*

Taxa	1	2	5	10	15	20	25	30
0,05	0,95	0,91	0,78	0,61	0,48	0,37	0,30	0,23
0,10	0,91	0,83	0,62	0,39	0,24	0,15	0,09	0,06
0,15	0,87	0,76	0,50	0,25	0,12	0,06	0,03	0,02
0,20	0,83	0,69	0,40	0,16	0,06	0,03	0,01	0,00

10.8 Uso do valor presente

Comecemos por enunciar um importante princípio geral: *o valor presente é a única forma correta de converter determinado fluxo de pagamentos em unidades monetárias de hoje*. Esse princípio decorre diretamente da definição de valor presente: o valor presente mede o valor de uma dotação de dinheiro do consumidor. Enquanto o consumidor puder tomar empréstimos e emprestar livremente a uma taxa de juros constante, uma dotação com maior valor presente sempre poderá gerar *mais* consumo em todos os períodos do que uma dotação com um valor presente menor. Independentemente de seus gostos pelo consumo em diferentes períodos, você preferirá sempre um fluxo de dinheiro com valor presente maior a um fluxo com valor presente menor – uma vez que o primeiro fluxo sempre lhe proporciona maior possibilidade de consumo em todos os períodos.

A Figura 10.6 ilustra esse argumento. Nela, (m'_1, m'_2) é uma cesta de consumo pior do que a dotação original do consumidor, (m_1, m_2), uma vez que ela se situa abaixo da curva de indiferença que passa pela dotação. Mesmo assim, o consumidor preferirá (m'_1, m'_2) a (m_1, m_2), se puder emprestar e contrair empréstimos à taxa de juros r. Isso porque, com a dotação (m'_1, m'_2), o consumidor pode consumir uma cesta como (c_1, c_2), que, sem dúvida, é melhor do que sua cesta de consumo atual.

Uma aplicação muito útil do valor presente é a avaliação dos fluxos de renda oferecidos por distintos investimentos. Se você quiser comparar dois investimentos distintos – que geram diferentes fluxos de pagamentos – para ver qual é o melhor, basta calcular os valores presentes e escolher o maior. O investimento com o maior valor presente oferece sempre mais possibilidades de consumo.

Às vezes, é preciso comprar um fluxo de renda mediante um fluxo de pagamentos ao longo do tempo. Por exemplo, uma pessoa pode comprar um prédio de apartamentos tomando dinheiro emprestado ao banco e pagando prestações durante certo número de anos. Suponhamos que o fluxo de renda (M_1, M_2) possa ser comprado fazendo-se um fluxo de pagamentos (P_1, P_2).

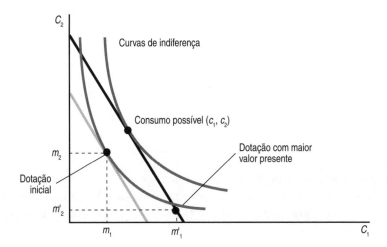

FIGURA 10.6 Valor presente mais alto. Uma dotação com valor presente mais alto proporciona ao consumidor mais possibilidades de consumo em cada período, se ele pode tomar empréstimos e emprestar à taxa de juros de mercado.

Nesse caso, podemos avaliar o investimento pela comparação do valor presente do fluxo de renda com o valor presente do fluxo de pagamentos. Se

$$M_1 + \frac{M_2}{1+r} > P_1 + \frac{P_2}{1+r}, \tag{10.4}$$

o valor presente do fluxo de renda excede o valor presente de seu custo, de modo que esse seria um bom investimento – ele aumentaria o valor presente de nossa dotação.

Um modo equivalente de calcular o valor do investimento é usar a ideia de **valor presente líquido**. Para chegarmos a esse valor, calculamos o fluxo de caixa líquido em cada período e em seguida deduzimos esse fluxo de volta para o presente. Nesse exemplo, o fluxo de caixa líquido é $(M_1 - P_1, M_2 - P_2)$ e o valor presente líquido é:

$$VPL = M_1 - P_1 + \frac{M_2 - P_2}{1+r}.$$

Se compararmos isso com a equação (10.4), veremos que o investimento só deverá ser realizado se o seu valor presente líquido for positivo.

O cálculo do valor presente líquido é muito conveniente, pois permite somar todos os fluxos de caixa, positivos e negativos, de todos os períodos e então descontar o fluxo de caixa resultante.

EXEMPLO: Cálculo de um fluxo de pagamentos

Suponhamos que estamos examinando dois investimentos, A e B. O investimento A gera US$100 agora e US$200 no próximo ano. O investimento B gera US$0 agora e US$310 no próximo ano. Qual deles é o melhor investimento?

A resposta vai depender da taxa de juros.

Se a taxa de juros for zero, a resposta é óbvia – basta somar os pagamentos. Isso porque, se a taxa de juros for zero, o cálculo do valor presente reduz-se à soma dos pagamentos.

Se a taxa de juros for zero, o valor presente do investimento A será

$$VP_A = 100 + 200 = 300,$$

e o valor presente do investimento B será

$$VP_B = 0 + 310 = 310,$$

de modo que B será o investimento preferido.

Mas, se a taxa de juros fosse suficientemente alta, obteríamos resposta contrária. Suponhamos, por exemplo, que a taxa de juros seja 20%. Então, o cálculo do valor presente seria

$$VP_A = 100 + \frac{200}{1.20} = 266.67$$

$$VP_B = 0 + \frac{310}{1.20} = 258.33.$$

Agora, A é o melhor investimento. O fato de A retornar mais dinheiro e mais cedo significa que ele terá um valor presente maior quando a taxa de juros for suficientemente alta.

EXEMPLO: Custo verdadeiro de um cartão de crédito

Pegar dinheiro emprestado no cartão de crédito custa caro: muitas empresas cobram juros anuais de 15% a 21%, mas o modo de calcular esses encargos financeiros faz com que a verdadeira taxa de juros dos débitos dos cartões de crédito seja muito mais elevada do que isso.

Suponhamos que um usuário de cartão de crédito faça uma compra de US$2.000 no primeiro dia do mês e que o encargo financeiro seja de 1,5% ao mês. Se o consumidor quitar o valor total no fim do mês, não terá de pagar os encargos financeiros. Se, contudo, não pagar nem um pouco dos US$2.000, terá de arcar com um encargo financeiro de US$2.000 × 0,015 = US$30 no início do mês seguinte.

O que acontece se o consumidor pagar US$1.800 do saldo de US$2.000 no último dia do mês? Nesse caso, o consumidor pegou emprestado apenas US$200, de modo que o encargo financeiro deverá ser de US$3. Ocorre que muitas empresas de cartão de crédito cobram dos consumidores uma importância muito maior.

Isso porque muitas delas baseiam sua cobrança no "saldo médio mensal", mesmo quando parte desse saldo é paga no final do mês. Nesse exemplo, o saldo médio mensal seria de aproximadamente US$2.000 (30 dias do saldo de US$2.000 e um dia do saldo de US$200). O encargo financeiro seria, portanto, de pouco menos de US$30, embora o consumidor tenha tomado apenas US$200 de empréstimo. Com base na quantia real de dinheiro emprestado, isso representa uma taxa de juros de 15% ao mês!

EXEMPLO: Estendendo direitos autorais

A seção 8 do Artigo I da Constituição dos Estados Unidos da América permite que o Congresso conceda patentes e direitos autorais usando esta redação: "Para promover o progresso da ciência e das artes úteis, assegurando por tempo limitado aos autores e inventores os direitos exclusivos aos seus respectivos escritos e descobertas."

Mas o que significa "tempo limitado"? A duração de uma patente nos Estados Unidos é fixada em 20 anos; a duração dos direitos autorais é completamente diferente.

A primeira lei de direitos autorais, aprovada pelo Congresso em 1790, ofereceu uma duração de 14 anos, junto a uma renovação de 14 anos. Subsequentemente, a duração foi prolongada para 28 anos em 1831, com uma opção de renovação de 28 anos, adicionada em 1909. Em 1962, a duração passou a ser 47 anos, e 67 anos em 1978. Em 1967, ela foi definida como a vida do autor mais 50 anos, ou 75 anos para "contratos de cessão de direitos". A Lei "Sonny Bono" de Extensão da Duração de Direitos Autorais, aprovada em 1998, estendeu esta duração para a vida do autor mais 70 anos no caso de indivíduos, e para 75-95 anos no caso dos "contratos de cessão de direitos".

É questionável se "a vida do autor mais 70 anos" deve ser considerado um tempo limitado. Pode-se perguntar que incentivo *adicional* a extensão de 1998 cria para que os autores criem suas obras?

Consideremos um exemplo simples. Suponhamos que a taxa de juros seja 7%. Então, o aumento no valor presente da extensão da duração dos direitos autorais de 80 para 100 anos é de aproximadamente 0,33% do valor presente dos primeiros 80 anos. Esse acréscimo de 20 anos não tem quase nenhum impacto no valor presente dos direitos autorais no momento da criação, uma vez que tenham chegado tão longe no futuro. Assim, em primeiro lugar, eles tendem a oferecer um incentivo incremental minúsculo para gerar a criação de obras.

Dado esse aumento minúsculo no valor resultante de estender a duração dos direitos autorais, por que valeria a pena para um grupo fazer pressão pela mudança na duração? A resposta é que a lei de 1998 estendeu a duração dos direitos autorais *retroativamente*, de modo que as obras cujos direitos estavam por expirar receberam uma nova vida.

Por exemplo, foi amplamente alegado que Walt Disney pressionou pesadamente para obter a extensão da duração dos direitos autorais, pois sua companhia estava a ponto de perder esses direitos sobre o filme original de Mickey Mouse, *Steamboat Willie*.

Extensões retroativas desse tipo não fazem nenhum sentido econômico, já que o que interessa aos autores são os incentivos presentes no momento em que a obra é criada. Se não houvesse nenhuma dessas extensões retroativas, é improvável que alguém se incomodasse em pedir extensões dos direitos autorais, dado o baixo valor econômico dos anos adicionais de proteção.

10.9 Bônus

Os títulos são instrumentos financeiros que prometem determinados padrões de escalonamento de pagamentos. Há muitos tipos de instrumentos financeiros, porque as pessoas querem muitos tipos de escalonamento de pagamentos. Os mercados financeiros oferecem às pessoas a oportunidade de negociarem diferentes padrões de fluxo de caixa ao longo do tempo. Esses fluxos de caixa são normalmente usados para financiar o consumo em um ou em outro período.

O tipo específico de título que examinaremos aqui é um **bônus**. Emitidos pelos governos e pelas empresas, os bônus são basicamente uma forma de tomar dinheiro emprestado. O tomador de empréstimo – o agente que emite o bônus – promete pagar uma quantidade fixa x de unidades monetárias (o **cupom**) num determinado período até determinada data T (a **data de maturidade**), quando o tomador de empréstimo pagará uma quantidade F (o **valor de face**) ao portador do bônus.

Portanto, o fluxo de pagamentos de um bônus tem a forma $(x, x, x,..., F)$. Se a taxa de juros for constante, será fácil calcular o valor presente desse bônus. Esse valor é dado por

$$VP = \frac{x}{(1+r)} + \frac{x}{(1+r)^2} + \cdots + \frac{F}{(1+r)^T}.$$

Observe que o valor presente de um bônus diminuirá se a taxa de juros aumentar. Por quê? Quando a taxa de juros aumenta, o preço atual de uma unidade monetária entregue no futuro diminui. Assim, os pagamentos futuros do bônus valerão menos agora.

O mercado de bônus é amplo e desenvolvido. O valor de mercado dos bônus de maior expressão flutuará de acordo com a taxa de juros, uma vez que o valor presente do fluxo de pagamentos representado pelo bônus variará.

Um tipo de bônus especialmente interessante é o bônus que faz pagamentos para sempre. Eles são chamados de **consols** ou **perpetuidades**. Suponhamos que estamos examinando uma perpetuidade que prometa pagar US$$x$ por ano para sempre. Para calcularmos o valor dessa perpetuidade, temos de calcular a soma infinita:

$$VP = \frac{x}{1+r} + \frac{x}{(1+r)^2} + \cdots.$$

O truque para calcular isso é colocar em evidência o fator $1/(1+r)$, para obter

$$VP = \frac{1}{1+r}\left[x + \frac{x}{(1+r)} + \frac{x}{(1+r)^2} + \cdots\right].$$

Mas o termo encerrado em colchetes é tão somente x mais o valor presente! Se substituirmos e resolvermos VP, teremos

$$VP = \frac{1}{(1+r)}[x + PV]$$
$$= \frac{x}{r}.$$

Esse cálculo não foi muito difícil de fazer, mas há um modo mais fácil de obter a resposta de maneira direta. Quanto dinheiro, V, você precisaria, a uma taxa de juros r, para obter um ganho perpétuo de x unidades monetárias? Basta escrever a equação:

$$Vr = x,$$

que diz que os juros sobre V têm de ser iguais a x. Então, o valor de tal investimento é dado por

$$V = \frac{x}{r}.$$

Logo, o valor presente de uma perpetuidade que promete pagar USx para sempre tem de ser dado por x/r.

Para uma perpetuidade, é fácil ver de modo direto como o aumento da taxa de juros reduz o valor de um bônus. Suponhamos que uma perpetuidade seja emitida quando a taxa de juros for de 10%. Então, se ela prometer pagar US$10 por ano para sempre, seu valor presente será de US$100 – uma vez que US$100 gerariam juros anuais de US$10.

Suponhamos agora que a taxa de juros suba para 20%. O valor dessa perpetuidade deve cair para US$50, posto que só se precisa de US$50 para ganhar US$10 por ano a uma taxa de juros de 20%.

A fórmula da perpetuidade pode ser utilizada para calcular o valor aproximado de um bônus de longo prazo. Se a taxa de juros for de 10%, por exemplo, daqui a trinta anos US$1 valeria apenas US$0,06. Para o tamanho das taxas de juros que normalmente encontramos, 30 anos podem ser uma eternidade.

EXEMPLO: Empréstimos parcelados

Suponhamos que você pegue US$1.000 emprestados, com o compromisso de pagá-los em 12 prestações mensais de US$100 cada uma. Quanto você pagará de juros?

À primeira vista, parece que a taxa é de 20%: você pegou US$1.000 e terá de devolver US$1.200. Essa análise, porém, não está correta, pois, na verdade, você não pegou US$1.000 emprestados por um ano inteiro. Você pegou os US$1.000

emprestados por um mês e, então, paga US$100. Portanto, você pegou emprestados US$900 e só tem de pagar os juros de um mês sobre esses US$900. Você pega esses US$900 emprestados por um mês e paga outros US$100 e assim por diante.

O fluxo de pagamentos que queremos avaliar é:

$$(1000, -100, -100, ..., -100).$$

Com o auxílio de uma calculadora ou um computador, podemos achar a taxa de juros que faz com que o valor presente desse fluxo seja igual a zero. A taxa de juros que você realmente pagará com essas prestações é de aproximadamente 35%!

10.10 Impostos

Nos Estados Unidos, a renda recebida como pagamento de juros é tributada como renda comum. Isso significa que se paga o mesmo imposto tanto pela renda proveniente de juros como pela obtida com o trabalho. Suponhamos que sua alíquota marginal seja t, de modo que cada dólar *adicional* de renda, Δm, aumenta em $t\Delta m$ seu imposto a pagar. Assim, se você aplicar US$$X$ num ativo, receberá um pagamento de juros de rX. No entanto, terá também de pagar impostos de trX sobre essa renda, o que lhe deixará com apenas US$$(1-t)rX$ de renda depois dos impostos. Chamamos a taxa $(1-t)r$ de **taxa de juros após os impostos**.

E se você decidisse pegar emprestados US$$X$ em vez de emprestá-los? Nesse caso, você teria de pagar US$$rX$ de juros. Nos Estados Unidos, alguns pagamentos de juros são dedutíveis do imposto a pagar e outros, não. Por exemplo, os pagamentos de juros de uma hipoteca podem ser deduzidos do imposto a pagar, mas os pagamentos de juros por empréstimos do crédito ao consumidor não podem. Por outro lado, as empresas podem deduzir a maior parte dos juros que pagam.

Se determinado pagamento de juros for dedutível do imposto a pagar, você poderá subtrair o pagamento de juros do total de sua renda e pagar impostos apenas pelo restante. Portanto, os US$$rX$ que você pagará de juros reduzirão o imposto a pagar em US$$trX$. O custo total dos US$$X$ que você pegou emprestados será de $rX - trX = (1-t)rX$.

Assim, a taxa de juros após os impostos é a mesma, quando se empresta ou quando se pega emprestado, para pessoas na mesma faixa de tributação. O imposto sobre a poupança reduzirá a quantidade de dinheiro que a pessoa quer poupar, mas o subsídio à tomada de empréstimos aumentará a quantidade de dinheiro que a pessoa deseja pegar emprestado.

EXEMPLO: As bolsas de estudos e a poupança

Muitos estudantes nos Estados Unidos recebem algum tipo de auxílio financeiro para custear seus estudos. A quantidade de ajuda que recebem depende de muitos fatores, mas um dos mais importantes é a capacidade da família de pagar as despesas escolares. A maioria das faculdades e universidades americanas utiliza uma medida padronizada de cálculo da capacidade de pagar, calculada pela Junta de Exame de Admissão à Faculdade (College Entrance Examination Board – CEEB).

Se o aluno quiser solicitar o auxílio financeiro, sua família tem de preencher um questionário em que explica sua situação financeira. A CEEB utiliza as informações sobre a renda e os ativos dos pais para elaborar uma medida de "renda disponível ajustada". A parcela dessa renda disponível ajustada com que os pais terão de contribuir varia entre 22% e 47%, dependendo da renda. Em 1985, os pais com uma renda total, antes dos impostos, de cerca de US$35.000 deveriam pagar cerca de US$7.000 de despesas com instrução.

Cada dólar adicional de ativos que os pais venham a acumular faz aumentar o valor da contribuição e diminuir a quantidade de auxílio financeiro recebido pelo filho. A fórmula empregada pela CEEB impõe, na verdade, um imposto aos pais que poupam para custear os estudos de seus filhos. Martin Feldstein, presidente do Escritório Nacional de Pesquisa Econômica (National Bureau of Economic Research – NBER), calculou a grandeza desse imposto.[3]

Imaginemos a situação de pais que desejem poupar um dólar a mais exatamente quando sua filha entra para a faculdade. A uma taxa de juros de 6%, daqui a seis anos, US$1 valerá US$1,26. Como é preciso pagar impostos federais e estaduais sobre a renda proveniente de juros, esse US$1 proporcionará, em quatro anos, US$1,19 de renda após os impostos. Mas, como cada dólar adicional de poupança aumenta o total de ativos dos pais, a quantidade de auxílio recebida pela filha diminui a *cada um* de seus quatro anos de faculdade. Esse "imposto sobre a educação" tem o efeito de reduzir o valor futuro do dólar para apenas US$0,87 ao fim de quatro anos. Isso equivale a um imposto de renda de 150%!

Feldstein também examinou o comportamento com relação à poupança de uma amostra de famílias de classe média com filhos com idade próxima à de entrar para a faculdade. Ele estima que o efeito combinado dos impostos federais, estaduais e "de educação" faz com que uma família com uma renda anual de US$40.000 e dois filhos em idade de ingressar na faculdade economize cerca de 50% a menos do que o faria se não tivesse filhos na faculdade.

10.11 A escolha da taxa de juros

Na discussão anterior, falamos sobre a "taxa de juros". Na vida real, há muitas taxas de juros: taxas nominais, taxas reais, taxas antes dos impostos, taxas depois dos impostos, taxas de curto prazo, taxas de longo prazo, e assim por diante. Qual a taxa "certa" para analisar o valor presente?

---

[3] Martin Feldstein, "College Scholarship Rules and Private Savings", *American Economic Review*, 85:3, junho de 1995.

Para responder a essa questão é preciso pensar nos princípios básicos. A ideia de valor presente descontado surgiu porque queríamos converter o dinheiro de determinado ponto no tempo numa quantia equivalente em outro ponto no tempo. A "taxa de juros" consiste no retorno de um investimento que nos permite transferir fundos desse modo.

Se quisermos aplicar essa análise quando há uma diversidade de taxas de juros disponíveis, precisamos indagar qual delas tem as propriedades mais semelhantes às do fluxo de pagamentos que tentamos avaliar. Se o fluxo de pagamentos não for tributado, deveremos utilizar uma taxa de juros depois dos impostos. Se o fluxo de pagamentos continuar por trinta anos, deveremos utilizar uma taxa de juros de longo prazo. Se o fluxo de pagamentos tiver algum risco, deveremos usar a taxa de juros de uma aplicação com grau de risco semelhante. (Mais tarde, teremos mais a dizer sobre o verdadeiro significado desta última afirmação.)

A taxa de juros mede o **custo de oportunidade** dos recursos – o valor dos usos alternativos de seu dinheiro. Portanto, todo fluxo de pagamentos deveria ser comparado à melhor alternativa possível com características semelhantes em termos de impostos, grau de risco e liquidez.

RESUMO

1. A restrição orçamentária do consumo intertemporal pode ser expressa em termos de valor presente ou valor futuro.

2. Os resultados de estática comparativa derivados anteriormente para os problemas de escolha geral também podem ser aplicados ao consumo intertemporal.

3. A taxa de juros real mede o consumo adicional que se pode obter no futuro ao se abrir mão de algum consumo hoje.

4. O consumidor que puder emprestar e tomar empréstimos a uma taxa de juros constante preferirá sempre a dotação com valor presente maior à dotação com valor presente menor.

QUESTÕES DE REVISÃO

1. Quanto vale hoje US$1.000.000 a ser entregue dentro de vinte anos a uma taxa de juros de 20%?

2. À medida que a taxa de juros aumenta, a restrição orçamentária intertemporal torna-se mais íngreme ou mais plana?

3. A hipótese de que os bens sejam substitutos perfeitos deveria valer num estudo sobre as compras intertemporais de alimentos?

4. Um consumidor que começou como emprestador continua a ser emprestador mesmo após o declínio da taxa de juros. Como estará a situação desse consumidor após a variação da taxa de juros? Melhor ou pior? E se o consumidor tornar-se tomador de empréstimos após a variação, ficará em melhor ou pior situação?

5. Qual o valor presente de US$100 daqui a um ano, à taxa de juros de 10%? E qual o valor presente se a taxa for de 5%?

CAPÍTULO 11

MERCADOS DE ATIVOS

Ativos são bens que proporcionam um fluxo de serviços ao longo do tempo. Os ativos podem fornecer um fluxo de serviços de consumo, como os serviços de habitação, ou um fluxo de dinheiro, que pode ser usado para comprar consumo. Ativos que fornecem um fluxo monetário são chamados **ativos financeiros**.

Os bônus, sobre os quais falamos no capítulo anterior, são exemplos de ativos financeiros. O fluxo de serviços que eles proporcionam é o fluxo de pagamento de juros. Outros tipos de ativos financeiros, tais como as ações de empresas, proporcionam padrões diferentes de fluxo de caixa. Neste capítulo, examinaremos o funcionamento dos mercados de ativos sob condições de completa certeza sobre o fluxo futuro de serviços oferecido pelo ativo.

11.1 Taxas de rendimento

Sob essa hipótese obviamente extrema, temos um princípio simples com relação às taxas de rendimento dos ativos: se não houver incerteza quanto ao fluxo de caixa oferecido pelo ativo, então todos os ativos deverão ter a mesma taxa de rendimento. A razão é óbvia: se um ativo tivesse uma taxa de rendimento maior que a de outro e os ativos fossem idênticos nos demais aspectos, ninguém desejaria comprar o ativo com a taxa de rendimento menor. Assim, numa situação de equilíbrio, todos os ativos que realmente estejam no mercado deverão pagar a mesma taxa de rendimento.

Examinemos o processo pelo qual essas taxas de rendimento se ajustam. Imaginemos um ativo A que tenha hoje um preço de p_0 e que amanhã deva ter um preço p_1. Todos têm certeza sobre o preço do ativo hoje e também sobre qual será seu preço amanhã. Suponhamos, para simplificar, que não haja dividendos ou outros pagamentos de dinheiro entre os períodos 0 e 1. Suponhamos, ainda, que haja outro investimento, B, que se possa ter entre os períodos 0 e 1 e que pague a taxa de juros r. Imaginemos, agora, dois possíveis planos de investimento: investir US$1 no ativo A e vendê-lo no próximo período ou investir US$1 no ativo B e ganhar juros de US$$r$ nesse período.

Quais os valores dessas duas estratégias de investimento ao final do segundo período? Comecemos por indagar quantas unidades do ativo teremos de comprar para perfazer um investimento de US$1 nele. Se representarmos por x essa quantia, teremos a equação

$$p_0 x = 1$$

ou

$$x = \frac{1}{p_0}.$$

Segue-se daí que o valor futuro de US$1 desse ativo no próximo período será de

$$VF = p_1 x = \frac{p_1}{p_0}.$$

Entretanto, se investirmos US$1 no ativo B, obteremos US$1 + r no próximo período. Se os ativos A e B forem mantidos em equilíbrio, US$1 aplicado em qualquer um deles deverá ter o mesmo valor no segundo período. Temos, portanto, uma condição de equilíbrio:

$$1 + r = \frac{p_1}{p_0}.$$

O que acontecerá se essa igualdade não for satisfeita? Nesse caso, haverá um meio certo de ganhar dinheiro. Por exemplo, se:

$$1 + r > \frac{p_1}{p_0},$$

as pessoas que possuem o ativo A podem vender uma unidade dele por US$$p_0$ no primeiro período e aplicar o dinheiro no ativo B. No período seguinte, suas aplicações no ativo B valerão $p_0(1 + r)$, que, pela equação anterior, é maior do que p_1. Isso garante que, no segundo período, essas pessoas terão dinheiro suficiente para recomprar o ativo A, voltando ao ponto de partida, porém com mais dinheiro.

Esse tipo de operação – comprar um ativo e vender outro para obter ganho certo – é chamado de **arbitragem sem risco** ou simplesmente **arbitragem**. Enquanto houver pessoas à procura de "coisas seguras", devemos esperar que os mercados de bom funcionamento eliminem rapidamente qualquer oportunidade de arbitragem. Por isso, outra forma de enunciar nossa condição de equilíbrio é dizer que, em equilíbrio, *não deve haver oportunidade de arbitragem*. Referimo-nos a isso como **condição de não arbitragem**.

Mas como, na verdade, a arbitragem elimina a desigualdade? No exemplo apresentado anteriormente, argumentamos que, se $1 + r > p_1/p_0$, todos os que tivessem o ativo A desejariam vendê-lo no primeiro período, uma vez que teriam a garantia de possuir dinheiro suficiente para recomprar esse ativo no segundo período. Mas vender o ativo para quem? Quem desejaria comprá-lo? Haveria muita gente oferecendo o ativo A ao preço p_0, mas ninguém seria tão ingênuo a ponto de demandá-lo a esse preço.

Isso significa que a oferta seria maior do que a demanda e, portanto, o preço cairia. Até que ponto o preço cairia? O suficiente para satisfazer a condição de arbitragem: até $1 + r = p_1/p_0$.

11.2 Arbitragem e valor presente

Podemos reescrever a condição de arbitragem numa forma útil, pela multiplicação cruzada, para obter

$$p_0 = \frac{p_1}{1+r}.$$

Isso nos diz que o preço atual de um ativo tem de ser seu valor presente. Em essência, convertemos a comparação de valores futuros da condição de arbitragem numa comparação de valores presentes. Assim, se a condição de não arbitragem for satisfeita, podemos ter certeza de que os ativos têm de ser vendidos por seus valores presentes. Qualquer desvio do valor presente leva a uma forma certa de ganhar dinheiro.

11.3 Ajustamentos por diferenças entre ativos

A regra de não arbitragem pressupõe que os serviços oferecidos pelos dois ativos sejam idênticos, a não ser pela diferença puramente monetária. Se os serviços oferecidos pelos ativos tiverem características diferentes, desejaremos então ajustar essas diferenças antes de afirmarmos que ambos os ativos devem ter a mesma taxa de rendimento.

Por exemplo, um ativo pode ser mais fácil de vender do que outro. Às vezes, expressamos isso ao dizermos que um ativo é mais **líquido** do que outro. Nesse caso, poderemos querer ajustar a taxa de rendimento para levar em consideração a dificuldade de encontrar um comprador para o ativo. Portanto, uma casa que valha US$100.000 é provavelmente um ativo menos líquido do que US$100.000 em letras do Tesouro.

Do mesmo modo, um ativo pode ser mais arriscado do que outro. A taxa de rendimento de um ativo pode ser garantida, enquanto a de outro pode apresentar sérios riscos. No Capítulo 13, examinaremos algumas maneiras de realizar ajustes para enfrentar as diferenças de riscos.

Queremos aqui examinar dois tipos de ajustes que podem ser feitos. Um é o ajuste de ativos que têm algum rendimento em valor de consumo; o outro é o ajuste de ativos com diferentes características em relação aos impostos.

11.4 Ativos com rendimentos de consumo

Muitos ativos rendem apenas dinheiro. Outros, porém, proporcionam, ainda, rendimentos em termos de consumo. O principal exemplo é a moradia. Se a casa onde você mora é sua, você não precisará alugar um imóvel para morar; assim, parte do "rendimento" de possuir uma casa consiste em poder morar nela sem pagar aluguel. Ou, para falar de outro modo, você paga o aluguel a si mesmo. Esta última forma de expressar a questão pode parecer estranha, mas encerra uma ideia importante.

É verdade que você não paga de maneira *explícita* a você mesmo pelo privilégio de morar em sua casa, mas é proveitoso imaginar o proprietário de uma casa fazendo tal pagamento de maneira *implícita*. **A taxa de aluguel implícita** de sua casa é a taxa pela qual você poderia alugar uma casa semelhante. Ou, de modo equivalente, é a taxa pela qual você poderia alugar sua casa no mercado. Ao escolher alugar sua casa a si mesmo, você abre mão da possibilidade de cobrar aluguel de outra pessoa e, portanto, incorre em um custo de oportunidade.

Suponha que o pagamento implícito de aluguel por sua casa monte em US\$ T por ano. Assim, parte do rendimento de possuir sua casa é que ela gera uma renda implícita de US\$ T por ano – ou seja, o dinheiro que você teria de pagar para morar nas mesmas condições em que mora atualmente.

Isso, porém, não representa todo o rendimento de sua casa. Como os agentes imobiliários não se cansam de repetir, uma casa é também um *investimento*. Quando compramos uma casa, pagamos por ela uma quantia significativa de dinheiro; é, portanto, também razoável esperarmos um retorno monetário por esse investimento pelo acréscimo do valor da casa. Esse aumento do valor de um ativo é denominado **valorização**.

Representemos por A a valorização esperada no valor monetário de sua casa ao longo de um ano. O rendimento total de possuí-la corresponde à soma do rendimento do aluguel, T, e o rendimento do investimento, A. Se o custo inicial de sua casa foi de P, a taxa de rendimento *total* de seu investimento inicial em habitação foi de

$$h = \frac{T+A}{P}.$$

Essa taxa de rendimento total é formada pela taxa de rendimento em consumo, T/P, e pela taxa de rendimento pelo investimento, A/P.

Utilizemos a letra r para representar a taxa de rendimento de outros ativos financeiros. Em equilíbrio, a taxa de rendimento total de possuir uma casa deveria ser igual a r:

$$r = \frac{T+A}{P}.$$

Pense da seguinte forma. No começo do ano, você pode aplicar US$P num banco e ganhar US$rP, ou comprar uma casa e poupar US$T de aluguel e ganhar US$A ao final do ano. O rendimento total dessas duas aplicações tem de ser o mesmo. Se $T + A < rP$, seria melhor aplicar seu dinheiro no banco e pagar US$T de aluguel. Você teria então US$rP − T > A no final do ano. Se $T + A > rP$, então comprar a casa seria a melhor decisão. (Abstraindo-se, é claro, a comissão do corretor e outros custos das transações de compra e venda.)

Como a taxa de rendimento total subiria de acordo com a taxa de juros, a taxa de rendimento financeiro A/P será normalmente menor do que a taxa de juros. Assim, de modo geral, os ativos que rendem em termos de consumo terão, em equilíbrio, uma taxa de rendimento mais baixa do que a dos ativos puramente financeiros. Isso significa que comprar casas, obras de arte ou joia somente como aplicação financeira não seria um bom negócio, pelo fato de que a taxa de rendimento desses ativos será provavelmente menor do que a dos ativos puramente financeiros, porque parte do preço do ativo reflete o rendimento em termos do consumo que as pessoas recebem por possuir tais ativos. No entanto, se você atribuir um valor suficientemente alto ao rendimento desses ativos em termos de consumo ou conseguir gerar renda locatícia dos ativos, então pode fazer sentido comprá-los. O rendimento *total* desses ativos pode fazer com que essa seja uma decisão razoável.

11.5 Tributação sobre os rendimentos dos ativos

Nos Estados Unidos, a Receita Federal (Internal Revenue Service) distingue, para fins de tributação dos ativos, dois tipos de rendimento. O primeiro deles compreende os rendimentos advindos de **dividendos** ou **juros**. São esses os rendimentos pagos periodicamente – por ano ou por mês – ao longo da vida do ativo. Pagamos pela renda advinda de dividendos e juros uma taxa tributária comum, igual à paga pela renda do trabalho.

O segundo tipo de rendimento é chamado de **ganhos de capital**. Esses ganhos ocorrem quando vendemos um ativo por um preço maior do que o preço pelo qual o compramos. Os ganhos de capital são taxados apenas quando realmente vendemos o ativo. Pela lei americana atual, os ganhos de capital são tributados à mesma taxa da renda comum. Há, contudo, propostas para que se tributem esses ganhos a uma taxa mais favorável.

Argumenta-se, às vezes, que aplicar aos ganhos de capital a mesma taxa aplicada à renda do trabalho constitui uma política "neutra". Essa afirmação, no entanto, é passível de crítica por, pelo menos, duas razões. A primeira é que os impostos sobre os ganhos de capital só são pagos quando o ativo é vendido, enquanto os impostos sobre dividendos e juros são pagos anualmente. O fato de a cobrança dos impostos sobre os ganhos de capital ser adiada para o momento da venda faz a carga tributária efetiva sobre eles ser *menor* do que a taxa imposta sobre a renda comum.

A segunda razão pela qual a igualdade de tributação entre os ganhos de capital e a renda comum não constitui uma política neutra é que os impostos sobre os ganhos de capital baseiam-se no aumento do valor *monetário* do ativo. Se os valores dos ativos aumentarem somente por causa da inflação, o consumidor poderá pagar impostos por um ativo cujo valor *real* não variou. Suponhamos, por exemplo, que alguém compre um ativo por US$100 e que, dez anos depois, esse ativo valha US$200. Suponhamos, ainda, que o nível geral de preços também duplique no mesmo período. Essa pessoa, então, deverá impostos sobre um ganho de capital de US$100, mesmo que o poder aquisitivo de seu ativo não se tenha alterado. Isso tende a fazer com que os impostos sobre os ganhos de capital sejam *maiores* do que aqueles sobre a renda comum. Qual dos dois efeitos predomina é uma questão controversa.

Além da tributação diferente sobre dividendos e ganhos de capital, há muitos outros aspectos da lei tributária que tratam os rendimentos de ativos de maneira diferenciada. Por exemplo, nos Estados Unidos, os **bônus municipais** (bônus emitidos pelas cidades ou pelos Estados) não são tributados pelo governo federal. Como vimos antes, os rendimentos do consumo de imóveis ocupados pelos proprietários não são tributados. Além disso, nos Estados Unidos, até mesmo parte dos ganhos de capital obtidos pelos imóveis ocupados pelos proprietários não é tributada.

O fato de ativos diferentes serem taxados de forma diferenciada significa que a regra de arbitragem tem de ser ajustada para levar em consideração as diferenças na tributação ao se compararem as taxas de rendimento. Suponhamos que um ativo pague uma taxa de juros antes dos impostos de r_b, enquanto outro ativo pague um rendimento livre de impostos, r_e. Se ambos pertencerem a indivíduos que pagam impostos de renda à taxa t, deveremos ter

$$(1 - t)\, r_b = r_e.$$

Ou seja, o rendimento de cada ativo, após impostos, tem de ser o mesmo. Caso contrário, as pessoas não desejariam ter ambos os ativos – seria mais conveniente possuir apenas o ativo que lhes rendesse a maior taxa de rendimento após os impostos. É claro que essa discussão ignora outras diferenças nos ativos, tais como liquidez, risco e assim por diante.

11.6 Bolhas do mercado

Suponha que você esteja considerando comprar uma casa que daqui a um ano valha, com absoluta certeza, US$220.000 e que a atual taxa de juros (refletindo suas oportunidades alternativas de investimento) é 10%. Um preço justo para a casa seria o valor presente de US$200.000.

Agora suponhamos que as coisas não sejam assim tão certas: muitas pessoas acreditam que a casa valerá US$220.000 em um ano, mas não há nenhuma garantia disso. Esperaremos que a casa seja vendida por um pouco menos de US$200.000 por causa do risco adicional associado à compra.

Suponhamos que o ano passe e a casa venha a valer US$240.000, muito mais que o esperado. O valor da casa teria subido 20%, mesmo que a taxa de juros prevalecente tivesse sido de 10%. Talvez essa experiência leve as pessoas a revisar sua opinião sobre quanto a casa valerá no futuro – quem sabe, talvez seu valor suba 20% ou até mais no próximo ano.

Se muitas pessoas sustentarem tal opinião, elas podem fazer subir o preço das moradias hoje – o que pode encorajar outras pessoas a fazerem previsões ainda mais otimistas sobre o mercado imobiliário. Como em nossa discussão sobre o ajustamento dos preços, os ativos dos quais as pessoas esperam obter um retorno mais elevado que a taxa de juros tiveram uma alta forçada. O preço mais elevado tenderá a reduzir a demanda atual, mas igualmente pode incentivar as pessoas a esperarem um retorno ainda mais elevado no futuro.

O primeiro efeito – preços elevados reduzindo a demanda – tende a estabilizar os preços. O segundo efeito – preços elevados conduzindo a uma expectativa de preços ainda mais elevados no futuro – tende a desestabilizar os preços.

Este é um exemplo de **bolha de ativos**. Em uma bolha, o preço de um ativo sobe, por uma ou outra razão, e isso leva as pessoas a esperarem que o preço suba ainda mais no futuro. Mas, se esperarem que o preço do ativo suba significativamente no futuro, tentarão comprar mais hoje, elevando o preço mais rapidamente.

Os mercados financeiros podem estar sujeitos a tais bolhas, particularmente quando os participantes são inexperientes. Por exemplo, em 2000-2001, assistimos a um dramático aumento dos preços das ações de empresas de tecnologia e, em 2005-2006, assistimos a uma bolha nos preços da habitação na maior parte dos Estados Unidos e em muitos outros países.

Todas as bolhas terminam estourando. Os preços caem e algumas pessoas ficam com ativos cujo valor é muito menor do que os preços que elas pagaram.

A chave para evitar bolhas é atentar para os fundamentos econômicos. Em plena bolha habitacional nos Estados Unidos, a razão entre o preço de uma casa e o valor da locação anual de uma casa idêntica tornou-se muito maior do que os padrões históricos. Esse hiato supostamente refletia as expectativas dos compradores a respeito dos aumentos futuros de preços.

Similarmente, a razão entre os preços medianos da habitação e a renda mediana alcançou altas históricas. Ambas eram sinais de alerta de que os preços elevados eram insustentáveis.

"Desta vez é diferente" pode ser uma opinião muito perigosa, especialmente quando se trata de mercados financeiros.

11.7 Aplicações

O fato de que todos os ativos sem risco devam ter a mesma taxa de rendimento é óbvio, mas muito importante, pois tem implicações surpreendentemente poderosas para o funcionamento dos mercados de ativos.

Recursos não renováveis

Estudemos o equilíbrio de mercado de um recurso não renovável como o petróleo. Imaginemos um mercado competitivo de petróleo, com muitos fornecedores, e suponhamos, para simplificar, que o custo de extrair petróleo do subsolo seja zero. Como variará o preço do petróleo ao longo do tempo?

Acontece que o crescimento do preço do petróleo tem de acompanhar a taxa de juros. Para entender isso, basta observar que o petróleo no subsolo é um ativo como qualquer outro. Para que um produtor ache que vale a pena reter o petróleo de um período até outro, o petróleo tem de dar para o produtor um rendimento equivalente ao rendimento financeiro que ele poderia obter em outras aplicações. Se representarmos por p_{t+1} e p_t os preços nos períodos $t+1$ e t, teremos

$$p_{t+1} = (1+r)p_t$$

como nossa condição de não arbitragem no mercado de petróleo.

O argumento reduz-se a esta ideia simples: petróleo no subsolo é como dinheiro no banco. Se o dinheiro no banco tem uma taxa de rendimento r, o petróleo no subsolo tem de render a mesma taxa de rendimento. Se o petróleo rendesse mais do que o dinheiro no banco, ninguém o tiraria do subsolo, mas preferiria aguardar um pouco mais para extraí-lo, de modo a fazer com que seu preço subisse. Se o petróleo no subsolo rendesse menos do que o dinheiro no banco, os proprietários de poços tentariam bombeá-lo imediatamente para pôr dinheiro no banco, o que faria diminuir o preço atual do petróleo.

Esse argumento mostra-nos como o preço do petróleo varia. Mas o que determina o próprio nível de preços? Ele é determinado pela demanda de petróleo. Examinemos um modelo muito mais simples do lado da demanda do mercado.

Suponhamos que a demanda de petróleo seja constante em D barris por ano e que haja uma oferta mundial total de S barris. Temos, portanto, um total de $T = S/D$ anos de petróleo. Quando o petróleo se esgotar, teremos de usar uma tecnologia alternativa (digamos, carvão liquefeito), que pode ser produzida a um custo constante de US\$ C por barril. Supomos que o carvão liquefeito seja um substituto perfeito do petróleo para todos os usos.

Agora, daqui a T anos, quando o petróleo estiver se esgotando, a que preço ele deverá ser vendido? É claro que a US\$ C por barril, o preço de seu substituto perfeito, o carvão liquefeito. Isso significa que o preço de um barril de petróleo hoje, p_0, deve crescer à taxa de juros r nos próximos T anos para ficar igual a C. Isso dá a equação

$$p_0(1+r)^T = C$$

ou

$$p_0 = \frac{C}{(1+r)^T}.$$

Essa expressão nos fornece o preço atual do petróleo como função das outras variáveis do problema. Podemos agora elaborar interessantes perguntas de estática comparativa. Por exemplo, o que aconteceria se houvesse uma descoberta imprevista de petróleo? Isso significa que T, o número de anos em que restará petróleo, aumentará, fazendo com que $(1 + r)^T$ aumente e p_0 diminua. Assim, não é de surpreender que o aumento da oferta de petróleo diminua o preço atual desse combustível.

O que aconteceria se surgisse uma inovação tecnológica que diminuísse o valor de C? Nesse caso, a equação anterior mostra que p_0 teria de diminuir. O preço do petróleo terá de ser igual ao do substituto perfeito, o carvão liquefeito, enquanto este for a única alternativa.

Quando derrubar uma floresta

Suponhamos que o tamanho de uma floresta – medido em termos da quantidade de madeira que se pode extrair dela – seja função do tempo, $F(t)$. Suponhamos também que o preço da madeira seja constante e que a taxa de crescimento das árvores comece elevada e decline gradualmente. Se o mercado madeireiro for competitivo, quando se deveria cortar a floresta para produzir madeira?

Resposta: quando a taxa de crescimento da floresta se igualar à taxa de juros. Antes disso, a floresta terá uma taxa de rendimento maior do que o dinheiro no banco; depois, a taxa de rendimento será menor. O momento ótimo para derrubar a floresta é quando sua taxa de crescimento for exatamente igual à taxa de juros.

Podemos expressar isso de maneira mais formal ao observarmos o valor presente de cortar a floresta no período T. Esse valor será

$$VP = \frac{F(T)}{(1+r)^T}.$$

Queremos encontrar a escolha de T que maximize o valor presente – isto é, que torne o valor da floresta o maior possível. Se escolhermos um valor muito pequeno para T, a taxa de crescimento da floresta será maior do que a taxa de juros, o que significa que VP está aumentando e, portanto, vale a pena esperar mais um pouco. Entretanto, se imaginarmos um valor muito grande de T, a floresta cresceria menos do que a taxa de juros, de modo que VP diminuiria. A escolha de T que maximiza o valor presente ocorre quando a taxa de crescimento da floresta é exatamente igual à taxa de juros.

A Figura 11.1 ilustra esse argumento. Na Figura 11.1A indicamos a *taxa* de crescimento da floresta e a *taxa* de crescimento do dinheiro aplicado no banco. Se quisermos ter a maior quantidade de dinheiro em algum ponto não especificado do futuro, teremos de investir sempre nosso dinheiro no ativo com a maior taxa de rendimento disponível a cada ponto no tempo. Quando a floresta for nova, ela será o ativo de maior rendimento. Quando atingir a maturidade, sua taxa de crescimento declinará e o banco passará a oferecer o rendimento mais elevado.

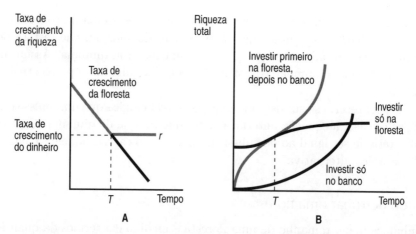

FIGURA 11.1 A derrubada de uma floresta. O momento ótimo para derrubar uma floresta é quando a taxa de crescimento das árvores se iguala à taxa de juros.

A Figura 11.1B ilustra o efeito sobre a riqueza total. Antes de T, a riqueza cresce com maior rapidez quando aplicada na floresta. Depois de T, ela cresce mais rápido no banco. Assim, a estratégia ótima consiste em investir na floresta até o tempo T e, a partir daí, cortar a floresta e investir no banco.

EXEMPLO: Os preços da gasolina durante a Guerra do Golfo Pérsico

Em meados de 1990, o Iraque invadiu o Kuwait. Em resposta, as Nações Unidas impuseram um bloqueio às importações de petróleo iraquiano. Logo após o anúncio do bloqueio, o preço do petróleo subiu nos mercados mundiais. Ao mesmo tempo, o preço da gasolina subiu de maneira significativa nas bombas dos postos americanos. Isso, por sua vez, provocou acusações nos noticiários noturnos de que a indústria petrolífera estaria se aproveitando do conflito para auferir lucros.

Os que julgavam os aumentos de preços injustificados argumentavam que seriam necessárias pelo menos seis semanas para que o petróleo com o novo preço cruzasse o Oceano Atlântico e fosse refinado sob a forma de gasolina. As empresas petrolíferas, argumentavam, estariam auferindo lucros "excessivos" ao elevar o preço da gasolina que já havia sido produzida com base em petróleo barato.

Examinemos esse argumento como economistas. Suponhamos que você possua um ativo – digamos gasolina num tanque de armazenamento – que custe hoje US\$1 o litro. Você sabe que, daqui a seis semanas, ele custará US\$1,50 o litro. A que preço você o venderá? Com certeza, você bancaria o ingênuo se o vendesse por menos de US\$1,50 o litro – a qualquer preço abaixo desse, você estará numa melhor situação deixando a gasolina no tanque por seis semanas. O mesmo raciocínio de arbitragem intertemporal referente à extração de petróleo do chão aplica-se à gasolina guardada no tanque de armazenamento. O preço (com o desconto apropriado) de gasolina amanhã tem de ser igual ao preço da gasolina hoje, se quisermos que as empresas forneçam gasolina hoje.

Isso também faz sentido do ponto de vista do bem-estar: se a gasolina for ficar mais cara no futuro próximo, não será razoável diminuir seu consumo hoje? O aumento de preço da gasolina incentiva a tomada imediata de medidas de conservação e reflete o verdadeiro preço de escassez da gasolina.

Ironicamente, fenômeno idêntico ocorreu dois anos depois na Rússia. Durante a transição para a economia de mercado, o barril de petróleo russo era vendido a US$3, enquanto o preço mundial situava-se em torno de US$19 o barril. Os produtores de petróleo previram que o preço do petróleo subiria – de modo que tentaram resguardar da produção atual a maior quantidade possível de petróleo. Conforme disse um produtor russo: "Você já viu alguém em Nova York vendendo um dólar por 10 centavos?". Como resultado, formaram-se longas filas de consumidores russos junto às bombas de gasolina.[1]

11.8 Instituições financeiras

Os mercados de ativos permitem às pessoas alterar seus padrões de consumo ao longo do tempo. Imaginemos, por exemplo, duas pessoas, A e B, que têm diferentes dotações de riqueza. A pessoa A poderia ter US$100 hoje e nada amanhã, enquanto B poderia ter US$100 amanhã, mas nada hoje. Também pode ocorrer que ambas prefiram ter US$50 hoje e US$50 amanhã. Mas elas podem alcançar esse padrão de consumo apenas pela negociação: A dá US$50 para B hoje, e B dá US$50 para A amanhã.

Nesse caso particular, a taxa de juros é zero: A empresta US$50 a B e recebe apenas US$50 no dia seguinte. Se as pessoas tiverem preferências convexas do consumo de hoje e de amanhã, elas desejarão diminuir seu consumo ao longo do tempo, em vez de consumir tudo em um só período, ainda que a taxa de juros seja zero.

Podemos repetir o mesmo tipo de raciocínio para outros padrões de dotações de ativos. Uma pessoa pode ter uma dotação que lhe forneça um fluxo contínuo de pagamentos, mas preferir um pagamento de montante fixo, enquanto outra pode ter um pagamento de montante fixo, mas preferir um fluxo constante de pagamentos. Por exemplo, um rapaz de 20 anos pode querer um pagamento de montante fixo agora para comprar uma casa, enquanto um senhor de 60 anos pode querer um fluxo constante de dinheiro para financiar sua aposentadoria. É claro que ambos poderiam ganhar se fizessem entre si algum tipo de transação com suas dotações.

Numa economia moderna, existem instituições financeiras para facilitar essas negociações. No caso que acabamos de descrever, o senhor de 60 anos pode colocar sua soma de montante fixo no banco, que, por sua vez, pode emprestar essa quantia ao rapaz de 20 anos. Este último faz então ao banco pagamentos hipotecários que, por seu turno, são transferidos àquele como pagamentos de juros. O

---

[1] Ver Louis Uchitelle, "Russians Line Up for Gas as Refineries Sit on Cheap Oil", *The New York Times*, 12 de julho de 1992, p. 4.

banco, é claro, fica com uma parte por intermediar a operação, mas, se o setor bancário for suficientemente competitivo, essa parte deverá ser quase idêntica ao custo real de realização do negócio.

Os bancos não são o único tipo de instituição financeira que nos permite realocar consumo ao longo do tempo. Outro exemplo importante é o do mercado de ações. Suponhamos que um empresário abra uma empresa que se torne bem-sucedida. Para montá-la, o empresário provavelmente contou com o apoio financeiro de pessoas que levantaram o dinheiro necessário para ajudá-lo a começar – para pagar as contas até que as receitas começassem a entrar. Uma vez que a empresa se firme, os proprietários têm direito aos futuros lucros que ela venha a gerar: eles têm direito a um fluxo de pagamentos.

Mas eles podem preferir receber agora uma recompensa de montante fixo por seus esforços. Nesse caso, os proprietários podem decidir vender a empresa a outra pessoa por intermédio do mercado de ações. Assim, eles emitem ações que dão aos acionistas o direito de receber os lucros futuros da empresa em troca de um pagamento de montante fixo agora. As pessoas que desejam comprar parte do fluxo de lucros da empresa pagam aos proprietários originais por essas ações. Desse modo, ambas as partes do mercado podem realocar suas riquezas ao longo do tempo.

Há uma variedade de outras instituições e mercados que ajudam a facilitar as trocas intertemporais. Mas o que ocorre quando compradores e vendedores não se equilibram? O que acontece se o número de pessoas que querem vender consumo amanhã for maior do que o de pessoas que queiram comprá-lo? Como em qualquer mercado, se a oferta de um bem for superior à demanda, o preço desse bem cairá. Nesse caso, cairá o preço do consumo de amanhã. Vimos anteriormente que o preço do consumo futuro é dado por

$$p = \frac{1}{1+r},$$

o que significa que a taxa de juros tem de subir. O aumento da taxa de juros induz as pessoas a pouparem mais e a demandarem menos consumo hoje, o que tende a equilibrar demanda e oferta.

RESUMO

1. Em equilíbrio, todos os ativos com determinada remuneração têm de proporcionar a mesma taxa de rendimento. Do contrário, haveria uma oportunidade de arbitragem sem risco.

2. O fato de que todos os ativos devem ter o mesmo rendimento implica que todos sejam vendidos por seu valor presente.

3. Se os ativos forem tributados de maneira diferenciada ou apresentarem características diferentes no tocante ao risco, teremos de comparar suas taxas de rendimento após impostos ou suas taxas de rendimento ajustadas pelo risco.

QUESTÕES DE REVISÃO

1. Suponhamos que o ativo A possa ser vendido por US$11 no próximo período. Se outros ativos semelhantes a A pagarem uma taxa de rendimento de 10%, qual deve ser o preço atual do ativo A?

2. Uma casa que pode ser alugada por US$10.000 anuais e vendida por US$110.000 daqui a um ano pode ser comprada por US$100.000. Qual é a taxa de rendimento dessa casa?

3. Os pagamentos de certos tipos de bônus (por exemplo, os bônus municipais) não são tributados. Se bônus semelhantes, porém tributados, rendem 10% e todos os investidores enfrentam uma taxa marginal de imposto de 40%, que taxa de rendimento os bônus não tributados têm de proporcionar?

4. Suponhamos que um recurso escasso, mas de demanda constante, se esgote em dez anos. Se um recurso alternativo estiver disponível ao preço de US$40 e se a taxa de juros for de 10%, qual terá de ser o preço de hoje do recurso escasso?

APÊNDICE

Suponhamos que você aplique US$1 em um ativo que renda uma taxa de juros r e os juros sejam pagos anualmente. Depois de T anos, você terá US$$(1 + r)^T$. Suponhamos, agora, que os juros sejam pagos mensalmente. Isso significa que a taxa mensal de juros será $r/12$ e que haverá $12T$ pagamentos, de modo que, após T anos, você terá US$$(1 + r/12)^{12T}$. Se a taxa de juros for paga diariamente, você terá $(1 + r/365)^{365T}$, e assim por diante.

Em geral, se os juros forem pagos n vezes por ano, você terá US$$(1 + r/n)^{nT}$ após T anos. É natural perguntar quanto dinheiro você terá se os juros forem pagos *continuamente*. Isto é, queremos saber qual será o limite dessa expressão se n for ao infinito. Esse limite é dado pela seguinte expressão:

$$e^{rT} = \lim_{n \to \infty} (1 + r/n)^{nT},$$

em que e é 2,7183..., a base dos logaritmos naturais.

Essa expressão de correspondência contínua é muito conveniente para cálculos. Por exemplo, verifiquemos a afirmação do texto de que o período ótimo para derrubar uma floresta é quando a taxa de crescimento se iguala à taxa de juros. Como a floresta valerá $F(T)$ no período T, o valor presente da floresta derrubada no período T será

$$V(T) = \frac{F(T)}{e^{rT}} = e^{-rT} F(T).$$

Para maximizar o valor presente, diferenciaremos essa expressão com respeito a T e igualaremos a expressão resultante a zero, o que dará

$$V'(T) = e^{-rT} F'(T) - r e^{-rT} F(T) = 0$$

ou

$$F'(T) - rF(T) = 0.$$

Essa expressão pode ser rearrumada para formar o resultado:

$$r = \frac{F'(T)}{F(T)}.$$

Essa equação diz que o valor ótimo de T satisfaz a condição de que a taxa de juros seja igual à taxa de crescimento do valor da floresta.

CAPÍTULO 12

INCERTEZA

A incerteza faz parte da vida. Arriscamo-nos todas as vezes que tomamos banho, atravessamos a rua ou fazemos um investimento. Há, porém, instituições financeiras, como os mercados de seguros e de ações, que podem aplacar pelo menos alguns desses riscos. Estudaremos o funcionamento desses mercados no próximo capítulo, mas antes temos de examinar o comportamento individual com relação às escolhas que envolvem a incerteza.

12.1 Consumo contingente

Como já sabemos tudo sobre a teoria-padrão da escolha do consumidor, tentemos utilizar o que sabemos para entender a escolha sob condições de incerteza. A primeira pergunta a fazer é: Qual a "coisa" básica que está sendo escolhida?

O consumidor está supostamente preocupado com a **distribuição de probabilidades** de obter cestas de consumo de bens diferentes. A distribuição de probabilidade consiste em uma lista de resultados diferentes – nesse caso, cestas de consumo – e na probabilidade associada a cada resultado. Quando o consumidor decide quanto comprar em seguro de automóvel ou quanto investir no mercado de ações, ele está, na verdade, decidindo sobre um padrão de distribuição de probabilidade entre diferentes quantidades de consumo.

Suponha, por exemplo, que você tenha agora US$100 e que esteja pensando em comprar um bilhete de loteria com o número 13. Se esse número for sorteado, o portador receberá US$200. Digamos que o bilhete custe US$5. Os dois resultados que interessam são o evento no qual o bilhete é sorteado e o evento no qual o bilhete não é sorteado.

Sua dotação inicial de riqueza – a quantia que você teria caso não comprasse o bilhete de loteria – é de US$100 se o 13 for sorteado e de US$100 se não for. Mas, se você comprar o bilhete por US$5, terá uma distribuição de riqueza de US$295, se for sorteado, e de US$95, se não for. A dotação original de probabilidades de riqueza em diferentes circunstâncias terá sido alterada pela compra do bilhete de loteria. Examinemos esse ponto com mais detalhe.

Para facilitar a exposição, vamos nos limitar aqui a examinar as apostas que envolvam dinheiro. Naturalmente, não é apenas o dinheiro que importa, pois, no final das contas, o "bem" que está sendo escolhido é o consumo que o dinheiro pode comprar. Os mesmos princípios se aplicam às apostas que envolvem bens, mas as coisas ficam mais simples se nos limitarmos aos resultados monetários. Em segundo lugar, vamos nos limitar a situações muito simples, em que há apenas poucos resultados possíveis. Mais uma vez, isso é apenas para simplificar.

Descrevemos anteriormente o caso de apostas na loteria. Examinemos agora o caso de um seguro. Suponhamos que uma pessoa tenha de início US$35.000 em ativos, mas que haja a possibilidade de que ela perca US$10.000. Seu carro, por exemplo, pode ser roubado ou sua casa, destruída por uma tempestade. Suponhamos que a probabilidade de que isso venha a acontecer seja de $p = 0,01$. A distribuição de probabilidades que essa pessoa enfrenta é, pois, de 1% de ter US$25.000 de ativos e 99% de ter US$35.000.

O seguro oferece um meio de alterar essa distribuição de probabilidades. Suponhamos que haja um contrato de seguro que pague US$100 à pessoa se as perdas ocorrerem, em troca de um prêmio de US$1. É claro que o prêmio tem de ser pago independentemente de as perdas ocorrerem ou não. Se a pessoa decidir comprar US$10.000 de seguro, isso lhe custará US$100. Nesse caso, a pessoa teria 1% de possibilidade de ter US$34.900 (US$35.000 de outros ativos – US$10.000 de perdas + US$10.000 de indenização do seguro – US$100 de prêmio do seguro) e 99% de possibilidades de ter US$34.900 (US$35.000 de ativos – US$100 pagos pelo prêmio do seguro). Assim, o consumidor acaba com a mesma riqueza, independentemente do que ocorra. Agora, ele está totalmente protegido contra perdas.

Em geral, se essa pessoa comprar US$$K$ de seguro e tiver de pagar um prêmio de γK,[1] ela se defrontará com a seguinte aposta:

$$\text{probabilidade de } 0,01 \text{ de obter US\$25.000} + K - \gamma K$$

e

$$\text{probabilidade de } 0,99 \text{ de obter US\$35.000} - \gamma K.$$

---

[1] γ é a letra grega *gama*.

Que tipo de seguro essa pessoa escolherá? Bem, isso dependerá das preferências dela. Ela pode ser muito conservadora e escolher comprar muito seguro ou pode gostar de correr riscos e não comprar seguro nenhum. As pessoas têm preferências diferentes no tocante às distribuições de probabilidades, da mesma forma que têm preferências diferentes com relação ao consumo de bens comuns.

De fato, um modo muito útil de examinar a tomada de decisão sob condições de incerteza é pensar no dinheiro disponível nas diferentes circunstâncias como se fossem bens diferentes. A quantia de US$1.000 após uma grande perda pode ser bem diferente do que US$1.000 quando nada se perdeu. É claro que essa ideia não vale apenas para o dinheiro: uma casquinha de sorvete em um dia ensolarado e quente é bem diferente de uma casquinha de sorvete em um dia chuvoso e frio. Em geral, os bens de consumo terão um valor diferente para a pessoa, dependendo das circunstâncias nas quais ficarem disponíveis.

Pensemos nos diferentes resultados de um evento aleatório como sendo **estados da natureza** diferentes. No exemplo do seguro dado anteriormente, havia dois estados da natureza: a perda ocorre e a perda não ocorre. Em geral, porém, poderia haver muitos estados da natureza diferentes. Podemos considerar um **plano de consumo contingente** como uma especificação do que seria consumido em cada diferente estado da natureza – cada resultado diferente do processo aleatório. *Contingente* significa depender de algo que ainda não é certo, de modo que um plano de consumo contingente é um plano que depende do resultado de algum evento. No caso das compras de seguro, o consumo contingente foi descrito pelos termos do contrato do seguro: quanto dinheiro você teria em caso de perda e quanto teria em caso contrário. Já no caso do dia chuvoso ou do dia de sol, o consumo contingente seria apenas o *plano* do que se consumiria conforme os diversos resultados do clima.

As pessoas têm preferências com relação aos diversos planos de consumo da mesma forma que têm preferências com respeito ao consumo atual. Certamente podemos nos sentir melhores hoje se soubermos que estamos totalmente assegurados. As pessoas fazem escolhas, que refletem suas preferências de consumo em circunstâncias diferentes, e podemos utilizar a teoria da escolha que desenvolvemos para analisar essas escolhas.

Se imaginarmos um plano de consumo contingente como uma simples cesta de consumo comum, retornaremos o referencial analítico descrito nos capítulos anteriores. Podemos pensar nas preferências como definidas pelos diferentes planos de consumo, com os "termos de troca" sendo dados pela restrição orçamentária. Podemos, então, modelar o consumidor como aquele que escolhe o melhor plano de consumo pelo qual pode pagar, exatamente como temos feito o tempo todo.

Descrevamos a compra de seguro em termos da análise de curvas de indiferença que temos utilizado. Os dois estados da natureza são o evento em que ocorre perda e o evento em que não há perda. Os consumos contingentes são as quantidades de dinheiro que você teria em cada circunstância. Podemos traçar um gráfico disso, como na Figura 12.1.

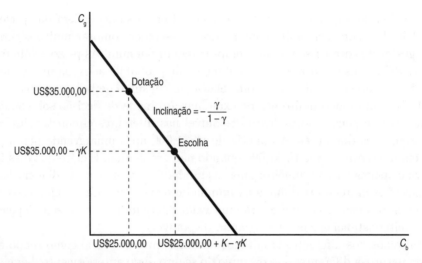

FIGURA 12.1 Seguro. *A linha orçamentária associada à compra de seguro. O prêmio do seguro γ nos permite abrir mão de consumo no resultado bom (C_g) para obter mais consumo no resultado ruim (C_b).*

Sua dotação de consumo contingente é de US$25.000 no estado "ruim" – se a perda ocorrer – e de US$35.000 no estado "bom" – se a perda não ocorrer. O seguro oferece uma forma de sair desse ponto de dotação. Se você comprar US$$K$ de seguro, abrirá mão de US$ γK de possibilidades de consumo no estado bom em troca de US$$K - \gamma K$ de consumo no estado ruim. Assim, o consumo que você perde no estado bom, dividido pelo consumo adicional que você ganha no estado ruim, é

$$\frac{\Delta C_g}{\Delta C_b} = -\frac{\gamma K}{K - \gamma K} = -\frac{\gamma}{1-\gamma}.$$

Essa é a inclinação da reta orçamentária que passa por sua dotação. É como se o preço do consumo no estado bom fosse $1 - \gamma$ e o preço no estado ruim fosse γ.

Podemos traçar as curvas de indiferença que uma pessoa poderia ter em relação ao consumo contingente. Novamente aqui é muito natural que as curvas de indiferença sejam convexas: isso significa que a pessoa prefere ter uma quantidade constante de consumo em cada estado a ter grande quantidade em um estado e pouca em outro.

Dadas as curvas de indiferença de consumo em cada estado da natureza, podemos observar a escolha de quanto seguro comprar. Como de costume, isso será caracterizado por uma condição de tangência: a taxa marginal de substituição entre o consumo em cada estado da natureza deverá ser igual ao preço em que se pode trocar o consumo nos dois estados.

É claro que, se tivermos um modelo de escolha ótima, poderemos aplicar as ferramentas desenvolvidas nos capítulos anteriores para analisar esse modelo. Podemos examinar como a demanda de seguro se altera à medida que varia o preço do seguro, à medida que varia a riqueza do consumidor, e assim por diante. A teoria do comportamento do consumidor é perfeitamente adequada para modelar o comportamento tanto em condições de incerteza como de certeza.

EXEMPLO: Bônus de catástrofes

Vimos que o seguro é um meio de transferir riqueza de estados de natureza bons para estados de natureza ruins. Obviamente, essas transações têm dois lados: o dos que compram o seguro e o dos que o vendem. Aqui estaremos voltados para os que o vendem.

O lado da venda do mercado de seguros é dividido entre um segmento de varejo, que lida diretamente com os compradores finais, e um segmento atacadista, no qual seguradoras vendem o risco para terceiros. O segmento atacadista do mercado é conhecido como **mercado de resseguro**.

De modo geral, o mercado de resseguros se alicerça em grandes investidores, como os fundos de pensão, que dão respaldo financeiro aos riscos. Contudo, alguns resseguradores recorrem a grandes investidores individuais. O Lloyd's de Londres, um dos mais famosos consórcios de resseguro, atua principalmente com investidores privados.

Recentemente, o ramo dos resseguros criou os **bônus de catástrofes**, que, segundo alguns observadores, são uma forma mais flexível de oferecer resseguro. Os bônus que compõem esses fundos, em geral vendidos a grandes instituições, estão ligados a desastres naturais, como terremotos ou furacões.

Um intermediário financeiro, como uma companhia de resseguros ou um banco de investimentos, emite um bônus ligado a um evento segurável específico, tal como um terremoto, que envolve, digamos, pelo menos US$500 milhões em apólices de sinistro. Se não ocorrer o terremoto, os investidores recebem uma generosa taxa de juros. Mas, se ocorrer o terremoto e os danos superarem o montante especificado no bônus, os investidores perdem seu principal e os juros.

Os bônus de catástrofes têm algumas características atrativas. Podem distribuir amplamente os riscos e podem subdividi-los infinitamente, permitindo que cada investidor carregue apenas uma pequena parcela do risco. O dinheiro que compõe o seguro é pago antecipadamente, de modo que não há risco de inadimplência para o segurado.

Do ponto de vista do economista, os "bônus de catástrofe" são uma forma de **título de estado contingente**, isto é, um título que só paga se, e somente se, um evento especificado ocorrer. O conceito foi apresentado pela primeira vez por Kenneth J. Arrow, detentor do Nobel, num artigo publicado em 1952, e durante muito tempo se pensou que só tivesse interesse teórico. Mas acontece que todos os tipos de opções e outros derivativos podem ser mais bem entendidos quando se recorre ao conceito de títulos contingentes. Agora os cientistas espaciais de Wall Street recorrem a esse antigo trabalho quando criam novos derivativos exóticos, como os bônus de catástrofe.

12.2 Funções de utilidade e probabilidades

Se o consumidor tiver preferências razoáveis com relação ao consumo em diferentes circunstâncias, poderemos usar a função de utilidade para descrever essas preferências, tal como temos feito em outros contextos. No entanto, o fato de examinarmos a escolha sob incerteza confere uma estrutura especial ao problema. Em geral, o modo como uma pessoa avalia o consumo num estado em comparação a outro dependerá da *probabilidade* de que ocorra o estado em questão. Em outras palavras, a taxa pela qual eu estaria disposto a substituir o consumo caso chova por consumo caso não chova deve ter alguma relação com a estimativa que faço da probabilidade de chuva. As preferências de consumo em diferentes estados da natureza dependerão das crenças do indivíduo sobre a probabilidade de ocorrência de cada estado.

Por esse motivo, escreveremos a função de utilidade como dependente das probabilidades, do mesmo modo como dos níveis de consumo. Suponhamos que estamos examinando dois estados mutuamente excludentes, tais como chuva e sol, perda ou ganho ou qualquer outra coisa. Sejam c_1 e c_2 o consumo nos estados 1 e 2, respectivamente, e sejam π_1 e π_2 as probabilidades de ocorrência desses dois estados.

Se os dois estados excluem-se mutuamente, de modo que apenas um possa ocorrer, então $\pi_2 = 1 - \pi_1$. Contudo, em geral utilizaremos ambas as probabilidades, para manter a simetria.

Dada essa notação, podemos escrever a função de utilidade do consumo nos estados 1 e 2 como $u(c_1, c_2, \pi_1, \pi_2)$. Essa é a função que representa as preferências individuais de consumo em cada estado.

EXEMPLO: Alguns exemplos de funções de utilidade

Podemos usar praticamente qualquer um dos exemplos de funções de utilidade que vimos até agora no contexto da escolha em condições de incerteza. Um bom exemplo é o caso dos substitutos perfeitos. Aqui, é natural ponderar cada consumo pela sua probabilidade de ocorrência. Isso proporciona uma função de utilidade com a forma

$$u(c_1, c_2, \pi_1, \pi_2) = \pi_1 c_1 + \pi_2 c_2.$$

No contexto de incerteza, esse tipo de expressão é conhecido como o **valor esperado**. Ela simplesmente indica o nível de consumo médio que se obteria.

Outro exemplo de função de utilidade que poderia ser empregado no exame da escolha sob incerteza é a função de utilidade Cobb-Douglas:

$$u(c_1, c_2, \pi, 1 - \pi) = c_1^\pi c_2^{1-\pi}.$$

Aqui, a utilidade correspondente a qualquer combinação de cestas de consumo depende do padrão de consumo em uma forma não linear.

Como de costume, podemos tomar uma transformação monotônica da utilidade e ainda representar as mesmas preferências. Assim, o logaritmo da função de utilidade Cobb-Douglas será muito conveniente no que se segue. Isso dará uma função de utilidade com a forma

$$\ln u(c_1, c_2, \pi_1, \pi_2) = \pi_1 \ln c_1 + \pi_2 \ln c_2.$$

12.3 Utilidade esperada

Uma forma particularmente conveniente que a função de utilidade pode adotar é a seguinte:

$$u(c_1, c_2, \pi_1, \pi_2) = \pi_1 v(c_1) + \pi_2 v(c_2).$$

Isso diz que a utilidade pode ser escrita como uma soma ponderada de alguma função do consumo em cada estado, $v(c_1)$ e $v(c_2)$, na qual os pesos são dados pelas probabilidades π_1 e π_2.

Dois exemplos disso foram dados anteriormente. O exemplo dos substitutos perfeitos, ou função de utilidade do valor esperado, tinha essa forma, na qual $v(c) = c$. A função Cobb-Douglas não tinha essa forma originalmente, mas, quando a expressamos em termos de logaritmos, ela apresentou a forma linear com $v(c) = \ln c$.

Se um dos estados for certo, de modo que, digamos, $\pi_1 = 1$, então $v(c_1)$ será a utilidade de certo consumo no estado 1. Do mesmo modo, se $\pi_2 = 1$, $v(c_2)$ será a utilidade do consumo no estado 2. Por conseguinte, a expressão

$$\pi_1 v(c_1) + \pi_2 v(c_2)$$

representa a utilidade média, ou utilidade esperada, do padrão de consumo (c_1, c_2).

É por isso que nos referimos à função de utilidade com a forma particular aqui descrita como uma **função de utilidade esperada** ou, às vezes, **função de utilidade Von Neumann-Morgenstern**.[2]

Quando dizemos que as preferências de um consumidor podem ser representadas por uma função de utilidade esperada, ou que as preferências do consumidor têm a propriedade da utilidade esperada, o que queremos dizer é que podemos escolher uma função de utilidade com a forma aditiva descrita anteriormente. É claro que também podemos escolher uma forma diferente; qualquer transformação monotônica de uma função de utilidade esperada é uma função de utilidade que descreve as mesmas preferências. Mas a representação na forma aditiva é particularmente conveniente. Se as preferências do consumidor forem descritas por $\pi_1 \ln c_1 + \pi_2 \ln c_2$, elas também serão descritas por $c_1^{\pi_1} c_2^{\pi_2}$. A última

---

[2] Um dos maiores expoentes da matemática do século XX, John von Neumann também contribuiu com diversos insights importantes para a física, a ciência da computação e a teoria econômica. Já Oscar Morgenstern foi um economista de Princeton que, junto com Von Neumann, ajudou a desenvolver a teoria matemática dos jogos.

representação, contudo, não tem a propriedade da utilidade esperada, enquanto a primeira tem.

Por outro lado, a função de utilidade esperada pode ser submetida a alguns tipos de transformação monotônica e, ainda assim, conservar a propriedade de utilidade esperada. Dizemos que uma função $v(u)$ é uma **transformação afim positiva** caso ela possa ser escrita na forma: $v(u) = au + b$, em que $a > 0$. A transformação afim positiva consiste apenas na multiplicação por um número positivo e na adição de uma constante. Se submetermos uma função de utilidade esperada a uma transformação afim positiva, essa transformação não só representará as mesmas preferências (isso é óbvio, uma vez que a transformação afim é apenas um tipo especial de transformação monotônica), mas também manterá a propriedade de utilidade esperada.

Os economistas dizem que a função de utilidade esperada é "única sob uma transformação afim", o que significa apenas que se pode aplicar uma transformação afim à função de utilidade esperada e obter outra função de utilidade esperada que represente as mesmas preferências. Qualquer outro tipo de transformação destruirá a propriedade de utilidade esperada.

12.4 Por que a utilidade esperada é razoável

A representação da utilidade esperada é uma representação conveniente; mas será ela razoável? Por que devemos pensar que as preferências com relação a escolhas incertas devem ter a estrutura particular implicada pela função de utilidade esperada? Há razões convincentes para que a utilidade esperada seja um objetivo razoável nos problemas de escolha em condições de incerteza.

O fato de os resultados de uma escolha aleatória serem bens de consumo que serão consumidos em circunstâncias diferentes significa que, em última instância, *só um* desses acontecimentos ocorrerá realmente. A casa pegará fogo ou não; amanhã será um dia chuvoso ou um dia de sol. A maneira como o problema foi colocado significa que ocorrerá apenas um dos muitos acontecimentos possíveis e, portanto, só um dos planos de consumo contingente se concretizará realmente.

Isso tem uma implicação muito interessante. Suponha que você esteja pensando em segurar sua casa contra incêndio no ano que vem. Ao fazer essa escolha, você se preocupará com sua riqueza em três situações: sua riqueza agora (c_0), sua riqueza caso a sua casa pegue fogo (c_1) e sua riqueza se a casa não pegar fogo (c_2). (É claro que o que lhe interessa realmente são as suas possibilidades de consumo com qualquer um dos três resultados, mas aqui usamos a riqueza como substituta do consumo.) Se π_1 for a probabilidade de que sua casa pegue fogo e π_2 a probabilidade de que não pegue, então suas preferências com relação a esses diferentes consumos podem ser representadas, de maneira genérica, por uma função de utilidade $u(\pi_1, \pi_2, c_0, c_1, c_2)$.

Suponhamos que estamos examinando a escolha entre a riqueza agora e um dos resultados possíveis – digamos, por exemplo, que estamos considerando de quanto dinheiro estaríamos dispostos a abrir mão agora, para conseguir um pouco mais dele caso um incêndio venha a ocorrer. *Portanto, essa decisão deve independer da quantidade de consumo que se teria no outro estado da natureza – isto é, quanta riqueza teríamos caso nossa casa não fosse destruída.* Isso porque a casa será ou não destruída. Se for, o valor da riqueza extra não deve depender de quanta riqueza se teria caso ela *não* fosse destruída. Passado é passado – por isso, a situação que *não* aconteceu não deve afetar o valor do consumo na situação que realmente *aconteceu*.

Observe que essa é uma *suposição* sobre as preferências de um indivíduo. Ela pode ser violada. Quando as pessoas pensam em escolher entre duas opções, a quantidade possuída de uma terceira coisa geralmente será importante. A escolha entre café e chá, por exemplo, pode depender da quantidade de creme que se tenha. Mas isso ocorre porque consumimos café com creme. Se estivéssemos frente a uma escolha na qual jogássemos um dado e ganhássemos café *ou* chá *ou* creme, então a quantidade de creme que pudéssemos obter não deveria afetar nossas preferências entre café e chá. Por quê? Porque obteríamos uma coisa ou outra: se obtivermos creme, o fato de que poderíamos ter obtido café ou chá se torna irrelevante.

Assim, na escolha sob condições de incerteza há uma espécie natural de "independência" entre os diferentes resultados, porque eles têm de ser consumidos de maneira separada – em diferentes estados da natureza. As escolhas que as pessoas planejam fazer num estado da natureza devem independer das escolhas que planejam fazer nos outros estados de natureza. Essa hipótese é conhecida como **hipótese de independência**. Acontece que essa hipótese implica que a função de utilidade do consumo contingente terá uma estrutura muito especial: ela terá de ser aditiva nas diferentes cestas de consumo contingente.

Quer dizer, se c_1, c_2 e c_3 forem os consumos em diferentes estados da natureza e π_1, π_2 e π_3 forem as probabilidades de que esses três diferentes estados da natureza se materializem, então, se a hipótese de independência for satisfeita, a função de utilidade deverá adotar a forma

$$U(c_1, c_2, c_3) = \pi_1 u(c_1) + \pi_2 u(c_2) + \pi_3 u(c_3).$$

Isso é o que temos chamado de função de utilidade esperada. Observe que essa função satisfaz a propriedade de que a taxa marginal de substituição entre dois bens independe da quantidade do terceiro bem. A taxa marginal de substituição entre os bens 1 e 2, digamos, tem a forma

$$\begin{aligned}\text{TMS}_{12} &= -\frac{\Delta U(c_1, c_2, c_3)/\Delta c_1}{\Delta U(c_1, c_2, c_3)/\Delta c_2} \\ &= -\frac{\pi_1 \Delta u(c_1)/\Delta c_1}{\pi_2 \Delta u(c_2)/\Delta c_2}.\end{aligned}$$

Essa TMS depende apenas de quanto se tem dos bens 1 e 2, mas não de quanto se tem do bem 3.

12.5 Aversão ao risco

Dissemos anteriormente que a função de utilidade esperada tem algumas propriedades muito convenientes para a análise da escolha sob incerteza. Nesta seção, daremos um exemplo disso.

Apliquemos o modelo da utilidade esperada a um problema de escolha simples. Suponhamos que um consumidor tenha atualmente uma riqueza de US$10 e que esteja pensando em fazer uma aposta na qual tenha 50% de probabilidade de ganhar US$5 e 50% de probabilidade de perder US$5. Sua riqueza será, pois, aleatória: ele tem uma probabilidade de 50% de acabar com US$5 e uma probabilidade de 50% de acabar com US$15. O *valor esperado* de sua riqueza é de US$10 e a utilidade esperada é:

$$\frac{1}{2}u(\text{US\$15}) + \frac{1}{2}u(\text{US\$5}).$$

Isso é descrito na Figura 12.2. A utilidade esperada de riqueza é a média dos dois números $u(\text{US\$15})$ e $u(\text{US\$5})$, rotulada como $0,5u(5) + 0,5u(15)$ no gráfico. Também descrevemos a utilidade do valor esperado da riqueza, que aparece rotulada como $u(\text{US\$10})$. Observe que, nesse diagrama, a utilidade esperada de riqueza é menor do que a utilidade da riqueza esperada. Isto é,

$$u\left(\frac{1}{2}15 + \frac{1}{2}5\right) = u(10) > \frac{1}{2}u(15) + \frac{1}{2}u(5).$$

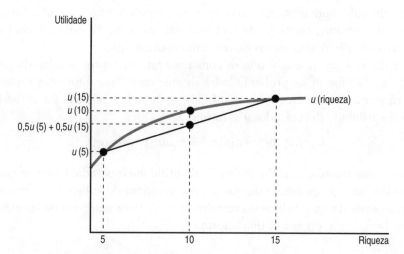

FIGURA 12.2 *Aversão ao risco.* *Para um consumidor avesso ao risco, a utilidade do valor esperado de riqueza, u(10), é maior do que a utilidade esperada de riqueza, 0,5u(5) + 0,5u(15).*

Nesse caso, diz-se que o consumidor é **avesso ao risco**, uma vez que ele prefere ter o valor esperado de sua riqueza do que apostar. Naturalmente, pode ocorrer que as preferências do consumidor sejam tais que ele prefira a distribuição aleatória da riqueza ao valor esperado dela; nesse caso, diz-se que o consumidor é **propenso ao risco**. A Figura 12.3 oferece um exemplo dessa situação.

Observe a diferença entre as Figuras 12.2 e 12.3. O consumidor avesso ao risco tem uma função de utilidade *côncava* – sua inclinação torna-se cada vez mais plana à medida que a riqueza aumenta. Já o consumidor propenso ao risco tem uma função de utilidade *convexa* – sua inclinação torna-se cada vez mais íngreme à medida que a riqueza aumenta. Portanto, a curvatura da função de utilidade mede a atitude do consumidor com relação ao risco. Em geral, quanto mais côncava for a função de utilidade, mais avesso ao risco será o consumidor e, quanto mais convexa for a função de utilidade, mais propenso ao risco ele será.

O caso intermediário é o da função de utilidade linear. Aqui, o consumidor é **neutro ao risco**: a utilidade esperada de riqueza é exatamente igual à utilidade do seu valor esperado. Nesse caso, o consumidor não se preocupa em absoluto com os riscos a que sua riqueza esteja sujeita – preocupa-se apenas com o valor esperado dela.

EXEMPLO: Demanda por seguros

Apliquemos a estrutura da utilidade esperada à demanda de seguros que examinamos anteriormente. Lembre-se de que, naquele exemplo, a pessoa tinha uma riqueza de US$35.000 e podia sofrer uma perda de US$10.000. A probabilidade de perda era de 1% e o consumidor tinha de pagar US$$\gamma K$ para comprar um seguro de US$$K$. Quando examinamos esse problema de escolha com a utilização de curvas de indiferença, vimos que a escolha ótima de seguro era determinada pela condição de que a TMS entre o consumo nos dois resultados – perda ou não perda – tem de ser igual a $-\gamma/(1-\gamma)$. Seja π a probabilidade de ocorrência da perda e $1-\pi$ a probabilidade de não ocorrência.

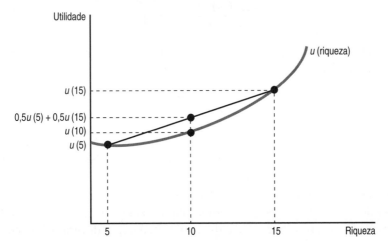

FIGURA 12.3 Propensão ao risco. Para um consumidor propenso ao risco, a utilidade esperada de riqueza, 0,5u(5) + 0,5u(15), é maior do que a utilidade do valor esperado de riqueza, u(10).

Chamemos de "estado 1" a situação que não envolva perda, de modo que a riqueza da pessoa nesse estado seja

$$c_1 = \$35.000 - \gamma K,$$

e designemos por "estado 2" a situação de perda, com a riqueza

$$c_1 = \$35.000 - \$10.000 + K - \gamma K.$$

A escolha de seguro ótima do consumidor é determinada, pois, pela condição de que a TMS dele entre o consumo nos dois períodos seja igual à razão dos preços:

$$\text{TMS} = -\frac{\pi \Delta u(c_2)/\Delta c_2}{(1-\pi)\Delta u(c_1)/\Delta c_1} = -\frac{\gamma}{1-\gamma}. \tag{12.1}$$

Vejamos agora o contrato de seguro do ponto de vista da empresa de seguros. Com probabilidade π, ela terá de pagar K, e com probabilidade $(1 - \pi)$, não pagará nada. Aconteça o que acontecer, ela arrecada o prêmio γK. Então, o lucro esperado, P, da empresa de seguros é

$$P = \gamma K - \pi K - (1 - \pi) \cdot 0 = \gamma K - \pi K.$$

Suponhamos que, em média, a empresa de seguros tenha lucro zero no contrato. Ou seja, ela oferece o seguro a uma taxa "justa", significando essa palavra que o valor esperado do seguro é exatamente igual a seus custos. Temos, então, que

$$P = \gamma K - \pi K = 0.$$

o que implica que $\gamma = \pi$.

Se inserirmos isso na equação (12.1), teremos

$$\frac{\pi \Delta u(c_2)/\Delta c_2}{(1-\pi)\Delta u(c_1)/\Delta c_1} = \frac{\pi}{1-\pi}.$$

O cancelamento de π nos deixa com a condição de que a quantidade ótima de seguros tem de satisfazer

$$\frac{\Delta u(c_1)}{\Delta c_1} = \frac{\Delta u(c_2)}{\Delta c_2}. \tag{12.2}$$

Essa equação diz que a *utilidade marginal de US$1 de renda adicional, caso a perda ocorra, deve ser igual à utilidade marginal de US$1 de renda adicional, caso a perda não ocorra.*

Suponhamos que o consumidor seja avesso ao risco, de modo que sua utilidade marginal do dinheiro decresce à medida que aumenta a quantidade de dinheiro que ele tem. Então, se $c_1 > c_2$, a utilidade marginal em c_1 deverá ser menor do que em c_2 e vice-versa. Além disso, se as utilidades marginais da renda forem iguais em c_1 e c_2, como na equação (12.2), teremos então de ter que $c_1 = c_2$. Ao aplicarmos as fórmulas para c_1 e c_2, encontramos

$$35.000 - \gamma K = 25.000 + K - \gamma K.$$

o que implica que $K = \text{US\$}10.000$. Isso significa que, quando um consumidor avesso ao risco tiver a oportunidade de comprar um seguro a um prêmio "justo", ele escolherá sempre comprar o seguro total.

Isso ocorre porque a utilidade da riqueza em cada estado depende unicamente da quantidade total de riqueza que o consumidor tenha nesse estado – e não da *riqueza* que ele poderia ter em algum outro estado, de modo que, se as quantidades totais de riqueza que o consumidor possuir em cada estado forem iguais, as utilidades marginais de riqueza terão de ser iguais também.

Em suma, se o consumidor for avesso ao risco, maximizador da utilidade esperada e receber uma oferta justa de seguro contra uma perda, então escolherá de maneira ótima o seguro total.

12.6 Diversificação

Voltemos agora nossa atenção para um tópico diferente que envolve a incerteza – os benefícios da diversificação. Suponhamos que você esteja pensando em investir US$100 em duas empresas diferentes: uma que fabrica óculos de sol e outra que fabrica capas para chuva. As previsões de longo prazo dos meteorologistas indicam que as probabilidades de chuva e de sol para o próximo verão são iguais. Como você investiria seu dinheiro?

Não seria sensato se resguardar, aplicando um pouco de dinheiro em cada uma das empresas? Ao diversificar suas aplicações, você pode obter um rendimento mais certo e, portanto, mais desejável, se for uma pessoa avessa ao risco.

Suponha, por exemplo, que tanto as ações da empresa produtora de capas de chuva como as da empresa produtora de óculos de sol custam atualmente US$10 a unidade. Se o verão for chuvoso, as ações da empresa de capas de chuva passarão a valer US$20 e as da empresa de óculos terão um valor de US$5. Se o verão for ensolarado, os rendimentos se inverterão: as ações da empresa de óculos valerão US$20 e as da empresa de capas de chuva, US$5. Se você aplicar todos os seus US$100 na empresa de óculos, estará fazendo uma aposta que tem 50% de chance de lhe dar US$200 e 50% de chance de lhe dar US$50. A aplicação de todo o seu dinheiro na empresa de capas de chuva proporcionaria rendimentos semelhantes: em ambos os casos, você teria um retorno esperado de US$125.

Veja, porém, o que aconteceria se você investisse a metade do dinheiro em cada empresa. Se o verão for ensolarado, você obterá um retorno de US$100 por seu investimento na empresa de óculos de sol e um retorno de US$25 por seu investimento na empresa de capas de chuva. Se o verão for chuvoso, você obterá US$100 por seu investimento na empresa de capas de chuva e US$25 por seu investimento na empresa de óculos de sol. Em ambos os casos, você tem US$125 garantidos. Ao diversificar seu investimento entre as duas empresas, você pode reduzir o risco total, com o mesmo retorno esperado.

A diversificação foi muito fácil nesse exemplo: os dois ativos eram perfeitamente correlacionados de forma negativa – quando um subia, o outro caía. Pares de ativos como esse podem ser muito valiosos porque permitem reduzir o risco de forma drástica. Mas também são muito difíceis de encontrar. Os valores da maioria dos ativos movem-se juntos: quando as ações da GM estão altas, as da Ford também estão e o mesmo ocorre com as da Goodrich. Assim, enquanto os movimentos dos preços dos ativos não forem correlacionáveis de maneira *perfeita* e positiva, haverá algum ganho na diversificação.

12.7 Distribuição do risco

Voltemos agora ao exemplo do seguro. Nele, examinamos a situação de um indivíduo que tinha US$35.000 e uma probabilidade de 0,01 de perder US$10.000. Suponhamos que haja mil indivíduos nessa situação. Assim, ocorreriam em média dez perdas, o que perfaria uma perda total de US$100.000 por ano. Cada uma das mil pessoas enfrentaria uma *perda esperada* de 0,01 vezes US$10.000, ou seja, US$100 anuais. Suponhamos que a probabilidade de qualquer pessoa ter uma perda não afete a probabilidade de perdas de nenhuma outra pessoa. Isto é, suponhamos que os riscos sejam *independentes*.

Assim, cada pessoa terá uma riqueza esperada de 0,99 × US$35.000 + 0,01 × US$25.000 = US$34.900. No entanto, todas as pessoas também suportam um alto nível de risco: cada uma delas tem 1% de probabilidade de perder US$10.000.

Suponhamos que todos os consumidores decidam *diversificar* o risco que enfrentam. Como fazer? Resposta: vender parte de seu risco para outras pessoas. Suponhamos que os mil consumidores decidam se segurar uns aos outros; se alguém tiver uma perda de US$10.000, cada um dos mil consumidores contribuirá com US$10 para essa pessoa. Desse modo, a pobre vítima será compensada por sua perda e os outros consumidores terão a tranquilidade de saber que também serão compensados, caso sejam desfavorecidos pela sorte! Esse é um exemplo de **distribuição de risco**: cada consumidor distribui seu risco entre todos os outros consumidores e, portanto, reduz a quantidade de risco em que está incorrendo.

Em média, dez casas pegarão fogo por ano, de modo que cada uma das mil pessoas pagará US$100 anuais. Mas isso é só uma média. Em alguns anos poderão ocorrer doze incêndios, enquanto, em outros, apenas oito. A probabilidade de que alguma pessoa tenha de pagar mais de US$200 é muito pequena, mas, mesmo assim, o risco existe.

Entretanto, existe ainda um modo de diversificar esse risco. Suponhamos que os proprietários concordem em pagar US$100 por ano, independentemente de haver ou não perdas. Eles, então, podem formar um fundo de reserva para ser utilizado nos anos em que houver várias perdas. Eles efetuariam um pagamento certo de US$100 por ano e, em média, esse dinheiro seria suficiente para compensar os proprietários pelos incêndios.

Como podemos ver, temos agora algo muito semelhante a uma empresa cooperativa de seguros. Poderíamos acrescentar outras características: a empresa de seguro poderia aplicar o dinheiro do fundo de reserva e auferir juros por seus ativos, e assim por diante, mas a ideia essencial de uma empresa de seguros já está evidente.

12.8 O papel do mercado de ações

O mercado de ações desempenha papel semelhante ao do mercado de seguros, no sentido de que permite distribuir o risco. Lembre-se de que, no Capítulo 11, argumentamos que o mercado de ações permitia aos proprietários originais das empresas converterem um fluxo de retornos ao longo do tempo num pagamento de montante fixo. Bem, o mercado de ações também lhes permite sair da arriscada posição de ter toda a riqueza amarrada a uma única empresa e entrar numa situação na qual possuam uma quantia de montante fixo que possa ser investida numa diversidade de ativos. Os proprietários originais da empresa têm um incentivo para emitir ações a fim de distribuir seu risco entre um grande número de acionistas.

Do mesmo modo, os acionistas mais recentes podem utilizar o mercado de ações para realocar seus riscos. Se uma empresa da qual você possua ações adotar uma política que você considere por demais arriscada ou conservadora, você pode vender suas ações e comprar as de outra empresa.

No caso do seguro, uma pessoa conseguiu reduzir seu risco a zero com a compra de seguro. Por apenas US$100, a pessoa pôde comprar um seguro total contra uma perda de US$10.000. Isso foi verdade porque, basicamente, não havia risco no agregado: se a probabilidade de ocorrência da perda fosse de 1%, uma média de dez pessoas em cada mil teria perda – só não sabíamos quem.

Já no mercado de ações, existe risco no agregado. Em determinado ano, o mercado de ações como um todo pode ir bem e, em outro, ter um desempenho ruim. Alguém tem de correr esse tipo de risco. O mercado de ações oferece um meio de transferir os investimentos arriscados das pessoas que não querem correr risco para aquelas dispostas a corrê-los.

Obviamente, poucas pessoas fora de Las Vegas *gostam* de correr riscos: a maioria é avessa a eles. Assim, o mercado de ações permite transferir o risco de pessoas que não querem corrê-lo para aquelas dispostas a isso, contanto que recebam uma compensação suficiente. Examinaremos essa ideia mais a fundo no próximo capítulo.

RESUMO

1. O consumo em diferentes estados da natureza pode ser visto como consumo de bens e toda a análise dos capítulos anteriores pode ser aplicada à escolha sob condições de incerteza.

2. No entanto, a função de utilidade que resume o comportamento de escolha sob incerteza pode ter uma estrutura especial. Em particular, se a função de

utilidade for linear nas probabilidades, a utilidade atribuída a um jogo de azar será apenas a utilidade esperada dos diversos resultados possíveis.

3. A curvatura da função de utilidade esperada descreve as atitudes do consumidor com relação ao risco. Se ela for côncava, o consumidor será avesso ao risco; se for convexa, ele será propenso ao risco.

4. As instituições financeiras, como os mercados de seguros e de ações, proporcionam aos consumidores meios de diversificar e distribuir seus riscos.

QUESTÕES DE REVISÃO

1. Como pode alguém atingir os pontos de consumo à esquerda da dotação na Figura 12.1?

2. Quais das seguintes funções de utilidade têm a propriedade de utilidade esperada? (a) $u(c_1, c_2, \pi_1, \pi_2) = a(\pi_1 c_1 + \pi_2 c_2)$; (b) $u(c_1, c_2, \pi_1, \pi_2) = \pi_1 c_1 + \pi_2 c_2^2$; (c) $u(c_1, c_2, \pi_1, \pi_2) = \pi_1 \ln c_1 + \pi_2 \ln c_2 + 17$.

3. Uma pessoa avessa ao risco pode escolher entre um jogo que paga US$1.000 com 25% de probabilidade e US$100 com 75% de probabilidade ou receber um pagamento no valor de US$325. Qual ela escolheria?

4. O que aconteceria se o pagamento fosse de US$320?

5. Trace uma função de utilidade que exiba comportamento de propensão ao risco para pequenos jogos e aversão ao risco para grandes jogos.

6. Por que um grupo de vizinhos teria maior dificuldade para segurar-se contra inundações do que contra incêndios?

APÊNDICE

Examinemos um problema simples para demonstrar os princípios da maximização da utilidade esperada. Suponhamos que o consumidor tenha certa riqueza, w, e esteja pensando em aplicar uma quantia x num ativo de risco. Esse ativo pode render um retorno r_g no caso "bom" ou um retorno r_b no caso "ruim". Deve-se imaginar r_g como um retorno positivo – o ativo aumenta de valor – e r_b como um retorno negativo – o ativo diminui de valor.

Assim, a riqueza do consumidor no resultado bom e no resultado ruim será

$$W_g = (w - x) + x(1 + r_g) = w + xr_g$$
$$W_b = (w - x) + x(1 + r_b) = w + xr_b.$$

Suponhamos que o resultado bom ocorra com probabilidade π e o ruim com probabilidade $(1 - \pi)$. Então, se o consumidor decidir aplicar US\$$x$, a utilidade esperada será

$$EU(x) = \pi u(w + xr_g) + (1 - \pi)u(w + xr_b). \tag{12.3}$$

O consumidor quer escolher um valor de x que maximize essa expressão.

Ao diferenciarmos com relação a x, encontramos a taxa na qual a utilidade varia à medida que x varia:

$$EU'(x) = \pi u'(w + xr_g)r_g + (1 - \pi)u'(w + xr_b)r_b.$$

A segunda derivada da utilidade com relação a x é

$$EU''(x) = \pi u''(w + xr_g)r_g^2 + (1 - \pi)u''(w + xr_b)r_b^2. \tag{12.4}$$

Se o consumidor for avesso ao risco, sua função de utilidade será côncava, o que implica que $u''(w) < 0$ para todo nível de riqueza. Portanto, a segunda derivada da utilidade é, com toda certeza, negativa. A utilidade esperada será uma função côncava de x.

Imagine a variação na utilidade esperada devida à primeira unidade monetária aplicada no ativo de risco. Ela é precisamente a equação (12.3), calculando a derivada em $x = 0$:

$$EU'(0) = \pi u'(w)r_g + (1 - \pi)u'(w)r_b$$
$$= u'(w)[\pi r_g + (1 - \pi)r_b].$$

A expressão dentro dos parênteses é o **retorno esperado** do ativo. Se ele for negativo, a utilidade esperada terá de diminuir quando a primeira unidade monetária for aplicada no ativo. Mas, como a segunda derivada da utilidade esperada é negativa em razão da concavidade, a utilidade deve continuar a diminuir à medida que se aplique mais dinheiro.

Descobrimos, pois, que, se o *valor esperado* de um jogo for negativo, o consumidor avesso ao risco terá sua maior *utilidade esperada* em $x^* = 0$; isto é, ele não quererá aplicar dinheiro em uma proposta perdedora.

Entretanto, se o retorno esperado do ativo for positivo, o aumento de x a partir de zero aumentará a utilidade esperada. Por conseguinte, o consumidor desejará sempre aplicar um pouco no ativo de risco, não importa o quão avesso ao risco ele seja.

A Figura 12.4 ilustra a utilidade esperada como função de x. Na Figura 12.4A, o retorno esperado é negativo e a escolha ótima é $x^* = 0$. Na Figura 12.4B, o retorno esperado é positivo durante certo intervalo, de modo que o consumidor desejará aplicar uma quantia positiva, x^*, no ativo de risco.

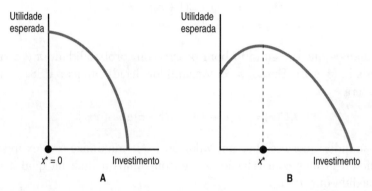

FIGURA 12.4 *Quanto investir no ativo de risco.* No painel A, o investimento ótimo é zero, mas, no painel B, o consumidor quer investir uma quantidade positiva.

A quantidade ótima de investimento do consumidor será determinada pela condição de que a derivada da utilidade esperada com relação a x seja igual a zero. Como a segunda derivada da utilidade é automaticamente negativa devido à concavidade, isso será um máximo global.

Ao fazermos (12.3) igual a zero, teremos

$$EU'(x) = \pi u'(w + xr_g)r_g + (1 - \pi)u'(w + xr_b)r_b = 0. \tag{12.5}$$

Essa equação determina a escolha ótima de x para o consumidor em questão.

EXEMPLO: O efeito da tributação sobre o investimento em ativos de risco

Como o nível de investimento num ativo de risco se comporta quando seu rendimento é taxado? Se a pessoa paga impostos à taxa t, os rendimentos após impostos serão de $(1-t)r_g$ e $(1-t)r_b$. Portanto, a condição de primeira ordem que determina o investimento ótimo, x, será

$$EU'(x) = \pi u'(w + x(1-t)r_g)(1-t)r_g + (1-\pi)u'(w + x(1-t)r_b)(1-t)r_b = 0.$$

Ao cancelarmos os termos $(1 - t)$, teremos

$$EU'(x) = \pi u'(w + x(1-t)r_g)r_g + (1-\pi)u'(w + x(1-t)r_b)r_b = 0.$$

Representemos por x^* a solução do problema de maximização sem impostos – quando $t = 0$ – e por $\hat{x}$ a solução do problema de maximização com impostos. Qual a relação entre x^* e $\hat{x}$?

Sua primeira reação talvez seja a de pensar que $x^* > \hat{x}$ – que a taxação de um ativo de risco tenderá a desincentivar o investimento nele. Mas esse raciocínio está errado! Na verdade, a tributação de um ativo de risco, conforme descrevemos, *incentivará* o investimento nele!

De fato, existe uma relação exata entre x^* e $\hat{x}$. Devemos ter que

$$\hat{x} = \frac{x^*}{1-t}.$$

A prova consiste apenas em observar que esse valor de $\hat{x}$ satisfaz a condição de primeira ordem para a escolha ótima na presença do imposto. Se substituirmos essa escolha na equação (12.6), teremos

$$\begin{aligned}EU'(\hat{x}) &= \pi u'(w + \frac{x^*}{1-t}(1-t)r_g)r_g \\ &+ (1-\pi)u'(w + \frac{x^*}{1-t}(1-t)r_b)r_b \\ &= \pi u'(w + x^* r_g)r_g + (1-\pi)u'(w + x^* r_b)r_b = 0,\end{aligned}$$

em que a última igualdade se segue do fato de que x^* é a solução ótima quando não há imposto.

O que acontece aqui? Como a aplicação de um imposto pode aumentar a quantidade investida no ativo de risco? Eis o que ocorre. Quando o imposto é aplicado, a pessoa ganha menos no caso bom, mas também perde *menos no caso ruim*. Ao elevar seu investimento pelo fator $1/(1-t)$, o consumidor pode reproduzir os mesmos retornos *após os impostos* que tinha antes de incidir a tributação. O imposto reduz seu ganho esperado, mas também reduz seu risco: aumentando seu investimento, o consumidor pode obter a mesma estrutura de retorno que tinha antes e, portanto, anular completamente o efeito do imposto. O imposto sobre um investimento de risco representa um imposto sobre o ganho quando o retorno é positivo – mas representa um subsídio sobre as perdas quando o rendimento é negativo.

CAPÍTULO 13

ATIVOS DE RISCO

No capítulo anterior, examinamos um modelo de comportamento individual sob condições de incerteza e o papel de duas instituições econômicas para lidar com a incerteza: os mercados de seguros e de ações. Neste capítulo, examinaremos com maior detalhe como os mercados de ações servem para alocar o risco. Para tanto, é conveniente examinar um modelo simplificado de comportamento sob incerteza.

13.1 Utilidade de média-variância

No capítulo anterior, examinamos o modelo de utilidade esperada da escolha sob condições de incerteza. Outro modo de enfocar a escolha sob incerteza consiste em descrever as distribuições de probabilidades, que são os objetos de escolha, por uns poucos parâmetros, e pensar na função de utilidade como sendo definida por esses parâmetros. O exemplo mais conhecido dessa abordagem é o **modelo de média-variância**. Em vez de pensar que as preferências do consumidor dependem de toda a distribuição de probabilidades de sua riqueza em cada resultado possível, pressupomos que as preferências podem ser descritas por apenas algumas estatísticas pertencentes à distribuição probabilística da riqueza do consumidor.

Suponhamos que uma variável aleatória w assuma os valores w_s (sendo $s = 1, ..., S$) com probabilidade π_s. A **média** de uma distribuição de probabilidade é apenas seu valor médio:

$$\mu_w = \sum_{s=1}^{S} \pi_s w_s.$$

Esta é a fórmula para uma média: pegue cada resultado w_s, pondere-o pela sua probabilidade de ocorrência e calcule a soma total desses termos.

A **variância** de uma distribuição de probabilidades é o valor médio de $(w - \mu_w)$.[1]

$$\sigma_w^2 = \sum_{s=1}^{S} \pi_s (w_s - \mu_w)^2.$$

A variância mede a "dispersão" da distribuição e constitui uma avaliação razoável do risco envolvido. Uma medida muito relacionada com a variância é o **desvio-padrão**, representado por σ_w, que é a raiz quadrada da variância $\sigma_w = \sqrt{\sigma_w^2}$.

A média de uma distribuição de probabilidades mede o seu valor médio – isto é, o valor em torno do qual a distribuição está centrada. A variância de uma distribuição mede a "dispersão" da distribuição – como a distribuição se dispersa ao redor da média. A Figura 13.1 mostra a descrição gráfica de distribuições de probabilidades com diferentes médias e variâncias.

O modelo de média-variância pressupõe que a utilidade de uma distribuição de probabilidades que proporcione ao investidor a riqueza w_s, com uma probabilidade π_s, pode ser expressa como uma função da média e da variância dessa distribuição, $u(\mu_w, \sigma_w^2)$. Ou, se for mais conveniente, a utilidade pode ser expressa como uma função da média e do desvio-padrão, $u(\mu w, \sigma_w^2)$. Como tanto a variância como o desvio-padrão constituem medidas do nível de risco da distribuição de riqueza, a utilidade pode depender tanto de uma quanto de outra.

Esse modelo pode ser encarado como uma simplificação do modelo da utilidade esperada descrito no capítulo anterior. Se as escolhas que estão sendo realizadas puderem ser inteiramente caracterizadas em termos de suas médias e variâncias, então a função de utilidade da média e da variância poderá classificar as escolhas do mesmo modo como a função de utilidade esperada classificaria. Além disso, mesmo que as distribuições de probabilidades não possam ser completamente caracterizadas por suas médias e variâncias, o modelo de média-variância pode servir como uma aproximação razoável do modelo de utilidade esperada.

Partiremos do pressuposto natural de que a expectativa de um rendimento mais elevado é boa, desde que as outras coisas sejam iguais, e que uma variância mais alta é ruim. Isso é apenas outro modo de dizer que as pessoas são em geral avessas ao risco.

Utilizemos o modelo de média-variância para analisar um problema simples de carteira de ativos. Suponhamos que você possa investir em dois ativos diferentes. Um deles, o **ativo sem risco**, rende uma taxa de retorno fixa, r_f. Isso corresponde, por exemplo, a letras do Tesouro que pagam uma taxa de juros fixa, não importa o que ocorra.

---

[1] Letras gregas *mu* (μ) e *sigma* (σ).

O outro ativo é um **ativo de risco**. Imagine esse ativo como sendo um investimento num grande fundo mútuo de ações. Se o mercado de ações vai bem, o investimento vai bem. Se o mercado de ações vai mal, o investimento vai mal. Seja m_s o rendimento desse ativo caso o estado s ocorra, e seja π_s a probabilidade de ocorrência desse estado. Usaremos também r_m para representar o rendimento esperado do ativo de risco e σ_m para representar o desvio-padrão de seu retorno.

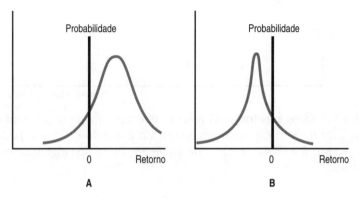

FIGURA 13.1 Média e variância. A distribuição de probabilidade representada no painel A tem média positiva, enquanto a representada no painel B tem média negativa. A distribuição é mais "dispersa" no painel A do que no painel B, o que significa que sua variância é maior.

É claro que você não tem de escolher um ou outro desses ativos: em geral, você dividirá sua riqueza entre os dois. Se você investir uma parcela x de sua riqueza no ativo de risco e uma parcela $(1 - x)$ no ativo sem risco, o retorno esperado de sua carteira será dado por

$$r_x = \sum_{s=1}^{S}(xm_s + (1-x)r_f)\pi_s$$

$$= x\sum_{s=1}^{S} m_s\pi_s + (1-x)r_f \sum_{s=1}^{S} \pi_s.$$

Como $\sum \pi_s = 1$, temos que

$$r_x = xr_m + (1-x)r_f.$$

Portanto, o retorno esperado da carteira de títulos é uma média ponderada dos dois rendimentos esperados.

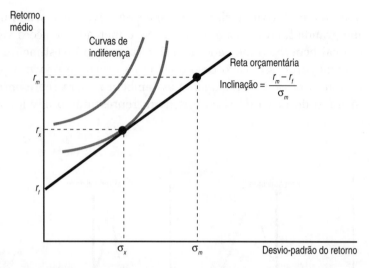

FIGURA 13.2 Risco e retorno. *A reta orçamentária mede o custo de conseguir um maior retorno esperado em termos do aumento do desvio-padrão do retorno. Na escolha ótima, a curva de indiferença tem de tangenciar esta reta orçamentária.*

A variância do retorno de sua carteira de títulos será dada por

$$\sigma_x^2 = \sum_{s=1}^{S}(xm_s + (1-x)r_f - r_x)^2 \pi_s.$$

Ao substituirmos por r_x, isso se transforma em

$$\sigma_x^2 = \sum_{s=1}^{S}(xm_s - xr_m)^2 \pi_s$$

$$= \sum_{s=1}^{S} x^2(m_s - r_m)^2 \pi_s$$

$$= x^2 \sigma_m^2.$$

Portanto, o desvio-padrão do retorno da carteira de títulos é dado por

$$\sigma_x = \sqrt{x^2 \sigma_m^2} = x\sigma_m.$$

É natural supor que $r_m > r_f$, uma vez que um investidor avesso ao risco não investiria nunca em um ativo de risco com um retorno esperado menor do que o de um ativo sem risco. Segue-se que, se você escolher aplicar no ativo de risco uma parcela maior de sua riqueza, terá um retorno esperado maior, mas também correrá maior risco. Isso é ilustrado na Figura 13.2.

Se você fizer $x = 1$, investirá todo o seu dinheiro no ativo de risco e terá um retorno esperado e um desvio-padrão de (r_m, σ_m). Se fizer $x = 0$, você colocará toda a sua riqueza no ativo sem risco e terá, então, um retorno esperado e um desvio-padrão de $(r_f, 0)$. Se você escolher um x entre 0 e 1, terminará em algum ponto no meio da reta que liga esses dois pontos. Essa reta proporciona a reta orçamentária, que descreve a relação de mercado entre risco e retorno.

Como pressupomos que as preferências das pessoas dependem somente da média e da variância da riqueza delas, podemos traçar curvas de indiferença que ilustram as preferências individuais com relação ao retorno e ao risco. Se a pessoa for avessa ao risco, um retorno maior melhora sua situação e uma variância maior a faz piorar, o que significa que a variância é um "mal". Isso faz com que as curvas de indiferença tenham inclinação positiva, como mostra a Figura 13.2.

Na escolha ótima de risco e retorno, a inclinação da curva de indiferença tem de ser igual à inclinação da reta orçamentária da Figura 13.2. Essa inclinação poderia ser chamada de **preço do risco**, uma vez que ela mede como o risco e o retorno podem ser substituídos ao se fazerem escolhas de carteira de títulos.[2] Pela observação da Figura 13.2, vemos que o preço do risco é dado por

$$p = \frac{r_m - r_f}{\sigma_m}. \tag{13.1}$$

Assim, nossa escolha ótima de carteira de títulos entre o ativo sem risco e o ativo de risco poderia ser caracterizada dizendo-se que a taxa marginal de substituição entre risco e retorno tem de ser igual ao preço do risco:

$$\text{TMS} = -\frac{\Delta U/\Delta \sigma}{\Delta U/\Delta \mu} = \frac{r_m - r_f}{\sigma_m}. \tag{13.2}$$

Suponhamos, agora, que muitas pessoas estejam escolhendo entre esses dois ativos. Cada uma delas deve ter sua taxa marginal de substituição igual ao preço do risco. Assim, em equilíbrio, as TMS de todas as pessoas serão iguais: quando as pessoas têm oportunidades suficientes para negociar os riscos, o preço do risco de equilíbrio é igual para todas. Nesse sentido, o risco é um bem como outro qualquer.

Podemos utilizar as ideias desenvolvidas nos capítulos anteriores para examinar como as escolhas se alteram à medida que variam os parâmetros do problema. Todos aqueles conceitos de bens normais, bens inferiores, preferência revelada, e assim por diante, podem ser usados nesse modelo. Por exemplo, suponhamos que uma pessoa tenha a oportunidade de escolher um novo ativo de risco, digamos, y, que tenha um retorno médio de r_y e um desvio-padrão σ_y, como ilustra a Figura 13.3.

Se o consumidor tiver a oportunidade de escolher entre investir em x ou em y, o que escolherá? Tanto o conjunto orçamentário original como o novo conjunto orçamentário são descritos na Figura 13.3. Observe que todas as escolhas de risco e retorno possíveis no conjunto orçamentário original também podem ser feitas no novo conjunto orçamentário, porque o conjunto novo contém o antigo.

---

[2] *Nota da Revisão Técnica*: O termo aqui empregado *carteira de títulos* é comumente conhecido no mercado financeiro como *portfólio*.

Portanto, investir no ativo y e no ativo sem risco é definitivamente melhor do que investir no ativo x e no ativo sem risco, uma vez que o consumidor pode escolher uma carteira final melhor.

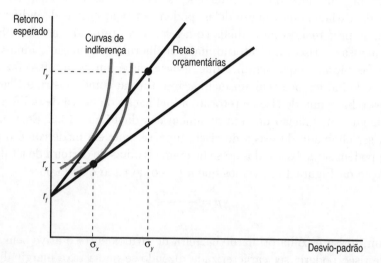

FIGURA 13.3 Preferências entre risco e retorno. *O ativo com a combinação risco-retorno y é preferido ao ativo com combinação x.*

O fato de o consumidor poder escolher o quanto quiser do ativo de risco é muito importante para esse argumento. Se a escolha fosse do tipo "tudo ou nada", em que o consumidor tivesse de investir todo o seu dinheiro em x ou em y, o resultado seria bem diferente. No exemplo descrito na Figura 13.3, o consumidor preferiria investir todo o seu dinheiro em x a investir tudo em y, uma vez que x está sobre uma curva de indiferença mais alta. Contudo, se pudesse combinar o ativo de risco com o ativo sem risco, ele preferiria combinar com y em vez de combinar com x.

13.2 Avaliação do risco

Há pouco apresentamos um modelo que descreve o preço do risco... Mas como podemos medir a *quantidade* de risco de um ativo? Provavelmente, a primeira coisa em que você vai pensar é no desvio-padrão do retorno de um ativo. Afinal, estamos pressupondo que a utilidade depende da média e da variância da riqueza, não é?

No exemplo anterior, em que só havia um ativo de risco, isso era totalmente correto: a quantidade de risco do ativo de risco é seu desvio-padrão. Mas, se houver muitos ativos de risco, o desvio-padrão não será uma medida adequada da quantidade de risco de um ativo.

Isso porque a utilidade do consumidor depende da média e da variância da riqueza total – não da média e da variância de um ativo particular. O que importa é como os retornos dos diversos ativos do consumidor *interagem* para criar a média e a variância de sua riqueza. Como no resto da economia, o que determina o valor de um ativo é seu impacto marginal sobre a utilidade total e não o valor desse ativo sozinho. Assim como o valor de uma xícara adicional de café pode depender da quantidade de creme disponível, a quantidade que uma pessoa estaria disposta a pagar por uma fração adicional de um ativo de risco dependerá do modo como esse ativo interage com outros ativos da carteira de títulos dessa pessoa.

Suponhamos que você esteja pensando em comprar dois ativos e que você saiba que há somente dois resultados possíveis: o ativo A valerá US$10 ou –US$5 e o ativo B valerá –US$5 ou US$10. Mas, quando o ativo A valer US$10, o ativo B valerá –US$5 e vice-versa. Em outras palavras, os valores dos dois ativos terão uma *correlação negativa*: quando um deles tiver um valor alto, o outro terá um valor baixo.

Suponhamos que os dois resultados sejam igualmente prováveis, de modo que o valor médio de cada ativo seja de US$2,50. Assim, se você não se importa com o risco e tem de comprar um dos dois ativos, a quantia máxima que estará disposto a pagar por qualquer um deles será US$2,50 – ou seja, o valor esperado de cada ativo. Se você for avesso ao risco, estará disposto a pagar ainda menos do que US$2,50.

Mas e se você puder ter ambos os ativos? Nesse caso, se você tiver uma unidade de cada ativo, receberá US$5, seja qual for o resultado. Se um dos dois ativos valer US$10, o outro valerá –US$5. Portanto, se você puder ter os dois ativos, a quantia que estaria disposto a pagar por *ambos* os ativos seria US$5.

Esse exemplo mostra de forma clara que o valor de um ativo dependerá em geral de como ele se correlacione com outros ativos. Ativos que se movem em direções opostas – ou seja, que se correlacionam de maneira negativa com relação aos demais – são muito valiosos, porque reduzem o risco global. Geralmente, o valor de um ativo tende a depender muito mais da correlação de seu retorno com os outros ativos do que com sua própria variação. Assim, a quantidade de risco em um ativo depende de sua correlação com outros ativos.

É conveniente avaliar o risco de um ativo com relação ao risco do mercado de ações como um todo. O risco de uma ação com relação ao risco do mercado é chamado **beta** de uma ação e representado pela letra grega β. Assim, se i representar uma determinada ação, indicaremos por β_i seu nível de risco em relação ao mercado como um todo. *Grosso modo*,

$$\beta_i = \frac{\text{grau de risco do ativo } i}{\text{grau de risco do mercado de ações}}$$

Se uma ação tiver um beta de 1, terá o mesmo grau de risco do mercado como um todo; quando o mercado sobe 10%, essa ação também sobe, em média, 10%. Se uma ação tiver um beta menor do que 1, quando o mercado subir 10%, ela subirá menos de 10%. O beta de uma ação pode ser estimado por métodos estatísticos para que se saiba quão sensíveis são os movimentos de uma variável com relação a outra e existem muitos serviços de consultoria de investimentos que fornecem estimativas do beta de uma ação.[3]

13.3 Risco de contraparte

As instituições financeiras emprestam o dinheiro não apenas aos indivíduos, mas umas às outras. Há sempre a possibilidade de que uma das partes não reembolse o empréstimo, um risco conhecido como **risco de contraparte**.

Para ver como isso funciona, imaginemos três bancos, A, B e C. O banco A deve ao banco B um bilhão de dólares; o banco B deve ao banco C um bilhão de dólares; e o banco C deve ao banco A um bilhão de dólares. Suponhamos, agora, que o banco A fique sem dinheiro e deixe de pagar o empréstimo. O banco B está agora desfalcado em um bilhão de dólares e pode não conseguir pagar o banco C. Este, por sua vez, não conseguiria pagar o banco A, empurrando A mais ainda para dentro do buraco. Esse tipo de efeito é conhecido como **contágio financeiro** ou **risco sistêmico**. Ele é uma versão muito simplificada do que aconteceu às instituições financeiras dos Estados Unidos no outono de 2008.

Qual é a solução? Um modo de lidar com esse tipo de problema é ter um "emprestador de última instância", que é tipicamente um banco central, como o Federal Reserve System, dos Estados Unidos. O banco A pode solicitar ao Banco Central um empréstimo de emergência de um bilhão de dólares. Assim, ele paga seu empréstimo ao banco B, que, por sua vez, paga ao banco C, que reembolsa, por sua vez, o banco A. Agora, o banco A tem recursos suficientes para reembolsar o empréstimo do banco central.

Naturalmente, esse exemplo é demasiado simplificado. Inicialmente, não havia nenhuma dívida líquida entre os três bancos. Se tivessem se reunido e comparado seus ativos e passivos, certamente teriam descoberto esse fato. Entretanto, quando os ativos e passivos atravessam milhares de instituições financeiras, pode ser difícil determinar as posições líquidas, o que explica por que os emprestadores de última instância podem ser necessários.

13.4 Equilíbrio no mercado de ativos de risco

Estamos agora aptos a enunciar a condição de equilíbrio de um mercado de ativos de risco. Lembre-se de que, num mercado só com retornos certos, vimos que todos os ativos tinham de render a mesma taxa de retorno. Aqui, temos um princípio semelhante: todos os ativos, após o ajuste do risco, têm de render a mesma taxa de retorno.

A chave está na expressão "ajuste do risco". Como fazer tal ajuste? A resposta é fornecida pela análise de escolha ótima dada anteriormente. Lembre-se de que

---

[3] Letra grega "beta" (β). Para quem conhece estatística, o beta de uma ação é definido como sendo $\beta_i = \text{cov}(\tilde{r}_i, \tilde{r}_m)/\text{var}(\tilde{r}_m)$. Isto é, β_i é a covariância do retorno da ação com retorno do mercado dividida pela variância do retorno do mercado.

examinamos a escolha de uma carteira de títulos ótima, que continha um ativo sem risco e um ativo de risco. O ativo de risco foi interpretado como sendo um fundo mútuo de investimentos – uma carteira diversificada que incluía muitos ativos de risco. Nesta seção, vamos supor que essa carteira de títulos contém *todos* os ativos de risco.

Podemos, então, identificar o retorno esperado dessa carteira de títulos de ativos de risco com o retorno esperado do mercado, r_m, e identificar o desvio-padrão do retorno do mercado com o risco do mercado, σ_m. O retorno de um ativo sem risco é r_f, o retorno sem risco.

Vimos, na equação (13.1), que o preço do risco, p, é dado por

$$p = \frac{r_m - r_f}{\sigma_m}.$$

Dissemos antes que a quantidade de risco de determinado ativo i com relação ao risco total do mercado é representada por β_i. Isso significa que, para medir a quantidade *total* de risco do ativo i, temos de multiplicar pelo risco do mercado, σ_m. Assim, o risco total do ativo i é dado por $\beta_i \sigma_m$.

Qual o custo desse risco? É só multiplicar a quantidade total de risco, $\beta_i \sigma_m$, pelo preço do risco. Isso nos dá o *ajuste do risco*:

$$\text{ajuste do risco} = \beta_i \sigma_m p$$
$$= \beta_i \sigma_m \frac{r_m - r_f}{\sigma_m}$$
$$= \beta_i (r_m - r_f).$$

Podemos agora enunciar a condição de equilíbrio nos mercados de ativos de risco: em equilíbrio, todos os ativos devem ter a mesma taxa de retorno ajustada pelo nível de risco. A lógica é a mesma usada no Capítulo 12: se um ativo tiver uma taxa de retorno ajustada pelo risco maior do que outro, todos os investidores preferirão ter o ativo com maior taxa de retorno ajustada pelo nível de risco. Assim, no equilíbrio, as taxas de retorno ajustadas pelo risco têm de ser equalizadas.

Se existirem dois ativos i e j, com taxas de retorno r_i e r_j e betas de β_i e β_j, a equação a seguir terá de ser satisfeita no equilíbrio:

$$r_i - \beta_i(r_m - r_f) = r_j - \beta_j(r_m - r_f).$$

Essa equação diz que, em equilíbrio, os retornos dos dois ativos, ajustados pelo risco, têm de ser iguais – sendo o ajuste pelo risco dado através da multiplicação do risco total do ativo pelo preço do risco.

Outra forma de expressar essa condição é observar o seguinte. Por definição, o ativo sem risco deve ter $\beta_f = 0$. Isso porque ele tem risco zero e β mede precisamente a quantidade de risco de um ativo i. Portanto, para qualquer ativo i, devemos ter

$$r_i - \beta_i(r_m - r_f) = r_f - \beta_f(r_m - r_f) = r_f.$$

Rearrumada, essa equação informa que

$$r_i = r_f + \beta_i(r_m - r_f)$$

ou que o retorno esperado de qualquer ativo tem de ser igual à taxa de retorno sem risco mais o ajuste pelo risco. Este último termo reflete o retorno adicional que as pessoas exigem para correr o risco embutido nos ativos de risco. Essa equação é o principal resultado do **Modelo de Determinação de Preços dos Ativos de Capital (MDPAC)** (Capital Asset Pricing Model – CAPM), que tem muitas aplicações no estudo dos mercados financeiros.

13.5 Como os retornos se ajustam

Quando estudamos os mercados de ativos sob condições de certeza, mostramos como os preços dos ativos se ajustavam para igualar os retornos. Examinemos aqui o mesmo processo de ajuste.

Segundo o modelo esboçado há pouco, o retorno esperado de qualquer ativo deve ser igual ao retorno sem risco mais o prêmio do risco:

$$r_i = r_f + \beta_i(r_m - r_f).$$

Na Figura 13.4, ilustramos essa reta num gráfico com os diferentes valores de beta, colocados no eixo horizontal, e os diferentes retornos esperados, no eixo vertical. De acordo com nosso modelo, todos os ativos mantidos em equilíbrio têm de estar sobre essa reta, chamada **reta de mercado**.

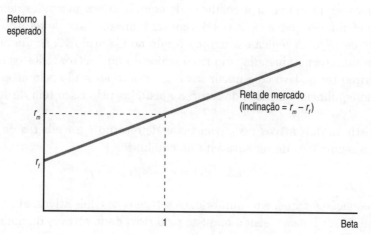

FIGURA 13.4 Reta de mercado. *A reta de mercado representa combinações de retorno esperado e beta para os ativos mantidos em equilíbrio.*

E se o retorno esperado e o beta de alguns ativos não estivessem sobre a reta de mercado? O que aconteceria?

O retorno esperado de um ativo é a variação esperada de seu preço dividida pelo preço atual:

$$r_i = \text{valor esperado de } \frac{p_1 - p_0}{p_0}.$$

Isso é justamente como a definição anterior, com a adição da palavra "esperada". Tivemos de incluir essa palavra porque o preço do ativo amanhã ainda é desconhecido.

Suponhamos que encontremos um ativo cujo retorno esperado, ajustado pelo risco, seja maior do que a taxa de retorno sem risco:

$$r_i - \beta_i(r_m - r_f) > r_f.$$

Esse ativo seria, pois, um ótimo negócio. Ele ofereceria um retorno, já ajustado pelo risco, maior do que a taxa sem risco.

Quando as pessoas descobrirem que tal ativo existe, elas quererão comprá-lo. Algumas desejarão comprá-lo para si mesmas; outras, para vendê-lo a outras pessoas, mas, como ele oferece melhor equilíbrio entre o risco e o retorno do que os demais ativos, certamente haverá mercado para ele.

No entanto, à medida que as pessoas tentem comprar esse ativo, elas elevarão o preço atual: p_0 aumentará. Isso significa que o retorno esperado $r_i = (p_1 - p_0)/p_0$ também cairá. Quanto cairá? O suficiente para baixar a taxa de retorno esperado até a reta de mercado.

Portanto, é bom negócio comprar uma ação que esteja acima da reta de mercado. Isso porque, quando as pessoas descobrem que ela oferece um retorno em relação ao risco maior do que as outras ações de que dispõem, a procura por esse ativo faz o preço dele aumentar.

Tudo isso depende da hipótese de que as pessoas concordam com a quantidade de risco em diversos ativos. Se elas discordarem sobre os retornos esperados ou sobre os betas dos vários ativos, o modelo se tornará bem mais complicado.

EXEMPLO: Valor em risco

Às vezes é interessante determinar o risco de determinado conjunto de ativos. Por exemplo, suponhamos que um banco detenha uma carteira específica de ações. Ele pode querer estimar a probabilidade de que a carteira cairá em mais de US$1 milhão em um dado dia. Se essa probabilidade for de 5%, então nós dizemos que a carteira tem "um **valor em risco** diário de US$1 milhão a 5%". Normalmente, valor em risco é computado para períodos de um dia ou duas semanas, usando probabilidades de perda de 1% ou 5%.

A ideia teórica do Valor em Risco (VaR) é atrativa. Todos os desafios se encontram em conceber maneiras de estimá-lo. Mas, como o analista financeiro Philippe Jorion afirmou: "O grande benefício do VaR encontra-se na imposição de uma metodologia estruturada para pensar criticamente sobre o risco. As instituições que passam pelo processo de estimação do seu VaR são obrigadas a confrontar sua exposição aos riscos financeiros e a estabelecer uma função apropriada de gestão de riscos. Assim, o processo através do qual o VaR é abordado pode ser tão importante quanto seu próprio valor estimado."

O VaR é determinado inteiramente pela distribuição de probabilidade do valor da carteira, que depende da correlação entre os ativos na carteira. Tipicamente, os preços dos ativos são correlacionados de forma positiva, assim que todos se movem para cima ou para baixo ao mesmo tempo. Pior ainda, a distribuição dos preços dos ativos tende a ter "caudas gordas", de modo que pode haver uma probabilidade relativamente elevada de movimento extremo dos preços. Idealmente, o VaR seria estimado usando-se uma longa história de movimentos dos preços. Na prática, isso é difícil de fazer, em particular para ativos novos e exóticos.

No outono de 2008, muitas instituições financeiras descobriram que suas estimativas do VaR eram muito defeituosas, pois os preços dos ativos caíram muito mais do que foi antecipado. Em parte, isso resultou do fato de que estimativas estatísticas foram baseadas em amostras muito pequenas, recolhidas durante um período estável da atividade econômica. Os valores em risco estimados minimizavam o risco verdadeiro dos ativos em questão.

EXEMPLO: Classificação de fundos mútuos

O Modelo de Determinação dos Preços dos Ativos de Capital pode ser utilizado para comparar diferentes tipos de investimentos no que diz respeito a seus riscos e retornos. Um tipo de investimento muito popular são os fundos mútuos. Esses fundos são grandes organizações, que aceitam dinheiro de investidores individuais e o utilizam para comprar e vender ações de empresas. Os lucros gerados por tais investimentos são pagos aos investidores individuais.

A vantagem do fundo mútuo é que seu dinheiro é administrado por profissionais. A desvantagem é que eles cobram uma taxa por isso. Essas taxas, porém, não são, em geral, muito altas e, para a maioria dos investidores, é recomendável utilizar um fundo mútuo.

Mas como escolher um fundo mútuo para investir? Obviamente, você quer um fundo com uma taxa de retorno alta, mas também quer um que tenha um nível mínimo de risco. A pergunta é: quanto de risco você está disposto a aceitar para obter aquela taxa de retorno elevada?

O que você pode fazer é examinar o desempenho histórico de vários fundos mútuos e calcular o retorno anual médio e o beta – a quantidade de risco – de cada um deles. Como não discutimos a definição exata do beta, você pode achar difícil calculá-lo. Há, contudo, livros em que você pode obter os betas históricos dos fundos mútuos.

Se traçarmos um gráfico dos retornos esperados *versus* os betas, teremos um diagrama semelhante ao descrito na Figura 13.5.[4] Observe que os fundos mútuos com altas taxas de retorno, em geral, têm altos níveis de risco. Os retornos elevados são para compensar o risco.

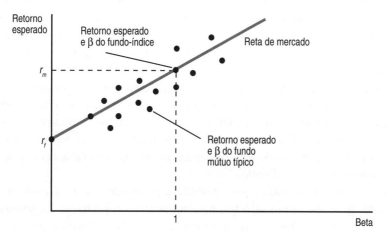

FIGURA 13.5 Fundos mútuos. *Comparação do retorno do investimento em fundos mútuos com relação à reta de mercado.*

Uma coisa interessante que você pode fazer com o diagrama dos fundos mútuos é comparar os investimentos feitos por administradores profissionais com uma estratégia simples, tal como investir parte de seu dinheiro num **fundo-índice**. Nos Estados Unidos, há vários índices de atividade do mercado de ações, como o Dow Jones ou o Standard & Poor's, entre outros. Os índices normalmente expressam os rendimentos médios de um grupo de ações num determinado dia. O índice Standard & Poor's, por exemplo, baseia-se no desempenho médio de 500 ações negociadas na Bolsa de Nova York.

O **fundo-índice** é um fundo mútuo que trabalha com as ações que formam esse índice. Isso significa que, quase que por simples definição, você tem garantia de obter o desempenho médio das ações que formam o índice. Como não é muito difícil manter a média – pelo menos em comparação com a tentativa de ultrapassá-la –, os fundos-índices cobram, em geral, taxas de administração baixas. Uma vez que um fundo de índice tem uma base muito ampla de ativos de risco, com

---

[4] Ver Michael Jensen, "The Performance of Mutual Funds in the Period 1945-1964", *Journal of Finance*, 23 (maio de 1968), p. 389-416, para uma discussão mais detalhada sobre como analisar o desempenho dos fundos mútuos com o uso das ferramentas que esboçamos neste capítulo. Mark Grinblatt e Sheridan Titman examinaram dados mais recentes em "Mutual Fund Performance: An Analysis of Quarterly Portfolio Holdings", *The Journal of Business*, 62 (julho de 1989), p. 393-416.

um beta muito próximo de 1, ele será tão arriscado quanto o mercado como um todo, porque contém quase todas as ações do mercado como um todo.

Como comparar o desempenho de um fundo-índice com o fundo mútuo típico? Lembre-se de que a comparação tem de ser feita com relação tanto ao risco como ao retorno dos investimentos. Uma forma de fazer isso é marcar num gráfico o retorno esperado e o beta do fundo-índice Standard & Poor, por exemplo, e traçar uma reta unindo-o à taxa de retorno sem risco, como mostra a Figura 13.5. Você poderá obter qualquer combinação que quiser de risco e retorno sobre essa reta; basta decidir a quantidade de dinheiro que deseja investir no ativo sem risco e no fundo-índice.

Contemos agora o número de fundos mútuos que se situam abaixo dessa reta. São fundos mútuos cujas combinações de risco e retorno são dominadas pelas combinações do fundo-índice/ativo sem risco. Feito isso, observe que a grande maioria das combinações risco/retorno oferecidas pelos fundos mútuos situa-se abaixo da reta. O número de fundos acima da reta não é maior do que se poderia esperar por simples casualidade.

Mas, visto de outro modo, esse resultado pode não ser muito surpreendente. O mercado de ações é um ambiente incrivelmente competitivo. As pessoas vivem em busca de ações subavaliadas para comprá-las. Isso significa que, em média, as ações costumam ser negociadas pelo preço que realmente valem. Sendo assim, ultrapassar as médias constitui uma estratégia bastante razoável, visto que é tarefa quase impossível.

RESUMO

1. Podemos utilizar o ferramental do conjunto orçamentário e da curva de indiferença desenvolvidos anteriormente para examinar a escolha referente à quantia em dinheiro que se deve investir em ativos de risco e em ativos sem risco.

2. A taxa marginal de substituição entre risco e retorno tem de ser igual à inclinação da reta orçamentária. Essa inclinação é chamada de preço do risco.

3. A quantidade de risco de um ativo depende, em grande parte, de sua correlação com outros ativos. Um ativo que se move em direção oposta à de outros ativos ajuda a reduzir o risco total da carteira de títulos.

4. A quantidade de risco que um ativo apresenta em relação ao risco do mercado como um todo é chamada **beta** do ativo.

5. A condição básica de equilíbrio nos mercados de ativos é que os retornos ajustados pelo risco sejam iguais.

6. O risco de contraparte, que é o risco de que a outra parte de uma transação não pague, também pode ser um importante fator de risco.

QUESTÕES DE REVISÃO

1. Se a taxa de retorno do ativo sem risco for de 6% e se um ativo de risco estiver disponível com retorno de 9% e desvio-padrão de 3%, que taxa de retorno máxima você conseguiria caso estivesse disposto a aceitar um desvio-padrão de 2%? Que porcentagem de sua riqueza teria de ser investida no ativo de risco?

2. Qual o preço do risco na questão anterior?

3. Se uma ação tiver um β de 1,5, um retorno de mercado de 10% e uma taxa de retorno sem risco de 5%, que taxa de retorno esperada ofereceria essa ação segundo o Modelo de Determinação dos Preços dos Ativos de Capital? Se o valor esperado da ação for de US$100, a que preço deveria ser vendida hoje?

CAPÍTULO 14

O EXCEDENTE DO CONSUMIDOR

Nos capítulos precedentes, vimos como derivar uma função de demanda do consumidor a partir das preferências básicas ou da função de utilidade. Na prática, contudo, em geral nos preocupamos com o problema inverso – como estimar preferências ou utilidade a partir do comportamento de demanda observado.

Já examinamos esse problema em dois outros contextos. No Capítulo 5, mostramos como se poderiam estimar os parâmetros de uma função de utilidade pela observação do comportamento da demanda. No exemplo da função Cobb-Douglas utilizado naquele capítulo, pudemos estimar uma função de utilidade que descrevia o comportamento de escolha observado apenas pelo cálculo da fração média de cada bem no gasto total. A função de utilidade resultante podia então ser utilizada para avaliar mudanças no consumo.

No Capítulo 7, descrevemos como utilizar a análise da preferência revelada para recuperar estimativas das preferências básicas que podiam ter gerado algumas escolhas observadas. As curvas de indiferença estimadas, naquele capítulo, também podem ser utilizadas para avaliar mudanças no consumo.

Neste capítulo, examinaremos algumas outras abordagens para o problema da estimativa da utilidade a partir da observação do comportamento da demanda. Embora alguns dos métodos que examinaremos sejam menos gerais do que os dois outros vistos previamente, eles serão úteis em várias aplicações que discutiremos adiante.

Começaremos por revisar um caso especial de comportamento de demanda, para o qual é muito fácil recuperar uma estimativa da utilidade.

Mais tarde, examinaremos casos mais gerais de preferências e comportamento de demanda.

14.1 Demanda de um bem discreto

Comecemos revendo a demanda de um bem discreto com utilidade quase linear, descrita no Capítulo 6. Suponhamos que a função de utilidade tenha a forma $v(x) + y$ e que o bem x somente esteja disponível em quantidades inteiras. Imaginemos o bem y como sendo o dinheiro a ser gasto em outros bens e fixemos seu preço em 1. Seja p o preço do bem x.

Vimos no Capítulo 6 que, nesse caso, o comportamento do consumidor pode ser descrito em termos dos preços de reserva $r_1 = v(1) - v(0)$, $r_2 = v(2) - v(1)$, e assim por diante. A relação entre os preços de reserva e a demanda era muito simples: se n unidades do bem discreto fossem demandadas, então $r_n \geq p \geq r_{n+1}$.

Para verificar isso, vejamos um exemplo. Suponhamos que o consumidor escolha consumir seis unidades do bem x quando o preço é p. Então, a utilidade de consumir $(6, m - 6p)$ tem de ser pelo menos tão grande quanto a utilidade de consumir qualquer outra cesta $(x, m - px)$:

$$v(6) + m - 6p \geq v(x) + m - px. \tag{14.1}$$

Em particular, essa desigualdade deve ser satisfeita para $x = 5$, o que nos dá

$$v(6) + m - 6p \geq v(5) + m - 5p.$$

Ao rearrumarmos, teremos que $v(6) - v(5) = r_6 \geq p$.

A equação (14.1) tem de valer também para $x = 7$, o que nos dá

$$v(6) + m - 6p \geq v(7) + m - 7p,$$

o que pode ser rearrumado para dar

$$p \geq v(7) - v(6) = r_7.$$

Esse argumento mostra que, se seis unidades do bem x forem demandadas, o preço do bem x terá de situar-se entre r_6 e r_7. Em geral, se n unidades do bem x forem demandadas ao preço p, então, $r_n \geq p \geq r_n + 1$, como queríamos mostrar. A lista dos preços de reserva contém toda a informação necessária para descrever o comportamento da demanda. O gráfico dos preços de reserva forma uma "escada", como mostra a Figura 14.1. Essa escada é precisamente a curva de demanda do bem discreto.

14.2 Construção da utilidade a partir da demanda

Acabamos de ver como elaborar a curva de demanda dados os preços de reserva ou a função de utilidade. No entanto, podemos também fazer a mesma operação no sentido inverso. Se tivermos uma curva de demanda, podemos elaborar a função de utilidade – pelo menos no caso especial da utilidade quase linear.

De certo modo, isso é uma operação matemática trivial. Os preços de reserva são definidos como a diferença na utilidade:

$$r_1 = v(1) - v(0)$$
$$r_2 = v(2) - v(1)$$
$$r_3 = v(3) - v(2)$$
$$\vdots$$

Se quisermos calcular $v(3)$, por exemplo, basta somarmos ambos os lados dessa lista de igualdades, para encontrar

$$r_1 + r_2 + r_3 = v(3) - v(0).$$

É conveniente igualar a zero a utilidade de consumir zero unidade do bem, de modo que $v(0) = 0$ e, por conseguinte, $v(n)$ seja justamente a soma dos n primeiros preços de reserva.

Essa construção tem uma boa interpretação geométrica, ilustrada na Figura 14.1A. A utilidade de consumir n unidades do bem discreto é exatamente a área das primeiras n barras que formam a função de demanda. Isso é verdade porque a altura de cada barra é o preço de reserva associado àquele nível de demanda e a largura de cada barra é igual a 1. Algumas vezes, essa área é chamada de **benefício bruto** ou **excedente bruto do consumidor** associado ao consumo do bem.

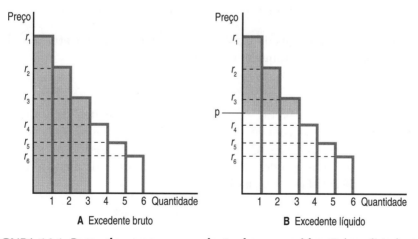

FIGURA 14.1 *Preço de reserva e excedente do consumidor.* O benefício bruto no painel A é a área sob a curva de demanda. Ela mede a utilidade de consumir o bem x. O excedente do consumidor é representado no painel B. Ele mede a utilidade de consumir ambos os bens quando o primeiro deles tem de ser comprado a um preço constante p.

Observe que isso é apenas a utilidade associada ao consumo do bem 1. A utilidade final do consumo depende de quanto o consumidor consome do bem 1 *e* do bem 2. Se o consumidor escolher n unidades do bem discreto, ele terá então US$$m - pn$ para comprar outras coisas. Isso lhe deixa com uma utilidade total de

$$v(n) + m - pn.$$

Essa utilidade pode também ser interpretada como uma área: pegamos a área desenhada na Figura 14.1A, subtraímos o gasto no bem discreto e adicionamos m.

O termo $v(n) - pn$ é chamado de **excedente do consumidor** ou **excedente líquido do consumidor**. Esse termo mede os benefícios de consumir n unidades do bem discreto: a utilidade $v(n)$ menos a redução no gasto de consumo no outro bem. O excedente do consumidor é representado na Figura 14.1B.

14.3 Outras interpretações do excedente do consumidor

Há outras formas de pensar no excedente do consumidor. Suponhamos que o preço do bem discreto seja p. Então, o valor que o consumidor dá à primeira unidade de consumo desse bem será r_1, mas ele só tem de pagar p por ela. Isso lhe proporciona um "excedente" de $r_1 - p$ na primeira unidade de consumo. Ele dá um valor r_2 à segunda unidade de consumo, mas, de novo, ele tem apenas de pagar p por ela. Isso lhe dá um excedente de $r_2 - p$ nessa unidade. Se somarmos o excedente de todas as n unidades que o consumidor escolhe, obteremos o excedente total do consumidor:

$$EC = r_1 - p + r_2 - p + \cdots + r_n - p = r_1 + \cdots + r_n - np.$$

Como a soma dos preços de reserva nos dá precisamente a utilidade do consumo do bem 1, podemos também escrevê-la como

$$EC = v(n) - pn.$$

Podemos ainda interpretar o excedente do consumidor de outra forma. Suponhamos que um consumidor esteja consumindo n unidades do bem discreto e pagando US$$pn$ por elas. Quanto dinheiro seria necessário para induzi-lo a reduzir a zero seu consumo do bem? Seja R a quantidade de dinheiro requerida. Então, R tem de satisfazer a equação

$$v(0) + m + R = v(n) + m - pn.$$

Dado que, por definição, $v(0) = 0$, essa equação se reduz a

$$R = v(n) - pn.$$

que é justamente o excedente do consumidor. Assim, o excedente do consumidor mede quanto se teria de pagar a um consumidor para que ele abrisse mão de todo o seu consumo de determinado bem.

14.4 Do excedente do consumidor ao excedente dos consumidores

Até agora, examinamos o caso de um consumidor individual. Se houver vários consumidores, podemos somar os excedentes de todos eles para criar uma medida agregada do **excedente dos consumidores**. Observe com cuidado a diferença entre os dois conceitos: o excedente do consumidor refere-se ao excedente de um consumidor individual; o excedente dos consumidores refere-se à soma dos excedentes de todos os consumidores.

O excedente dos consumidores serve como medida conveniente dos ganhos agregados obtidos com as trocas, da mesma forma que o excedente do consumidor serve como medida dos ganhos individuais obtidos com as trocas.

14.5 A aproximação de uma demanda contínua

Já vimos que a área abaixo da curva de demanda de um bem discreto mede a utilidade do consumo desse bem. Podemos estender isso ao caso de um bem disponível em quantidades contínuas ao aproximarmos a curva de demanda contínua à curva de demanda em forma de escada. A área abaixo da curva de demanda contínua ficará, então, aproximadamente igual à área abaixo da curva de demanda do tipo escada.

Vejamos a Figura 14.2 para um exemplo. No Apêndice deste capítulo, mostraremos como utilizar o cálculo para conhecer a extensão da área abaixo da curva de demanda.

14.6 Utilidade quase linear

Vale a pena pensar no papel que a utilidade quase linear desempenha nessa análise. Em geral, o preço pelo qual o consumidor está disposto a comprar determinada quantidade do bem 1 dependerá de quanto dinheiro ele dispuser para consumir outros bens. Isso significa que, em geral, os preços de reserva do bem 1 dependerão de quanto do bem 2 estiver sendo consumido.

Mas, no caso especial da utilidade quase linear, os preços de reserva independem da quantidade de dinheiro que o consumidor possua para gastar nos outros bens. Os economistas dizem que com a utilidade quase linear não há "efeito renda", uma vez que as variações da renda não afetam a demanda. É isso que nos permite calcular a utilidade de modo tão simples. O uso da área abaixo da curva de demanda para medir a utilidade só será *completamente* correto quando a função de utilidade for quase linear.

Essa técnica, contudo, pode em geral proporcionar uma boa aproximação. Se a demanda de um bem não se alterar muito quando a renda variar, os efeitos renda não serão muito importantes e a variação no excedente do consumidor será uma aproximação bastante razoável da variação da utilidade do consumidor.[1]

---

[1] É claro que a variação do excedente do consumidor é só uma forma de representar a variação da utilidade – a variação da raiz quadrada do excedente do consumidor seria igualmente aceitável. Contudo, é comum utilizar o excedente do consumidor como medida-padrão da utilidade.

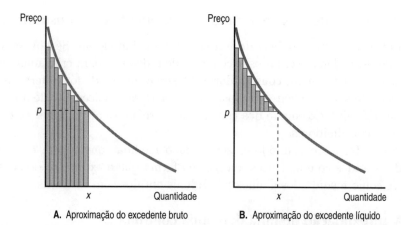

FIGURA 14.2 *A aproximação de uma demanda contínua.* O excedente do consumidor relacionado a uma curva de demanda contínua pode ser aproximado pelo excedente do consumidor relacionado a uma aproximação discreta.

14.7 Como interpretar a variação do excedente do consumidor

Em geral, não estamos muito interessados no nível absoluto do excedente do consumidor. Costumamos nos interessar mais pela variação do excedente do consumidor em consequência de alguma variação de política. Por exemplo, suponhamos que o preço de um bem varie de p' para p''. Como variará o excedente do consumidor?

Na Figura 14.3, ilustramos a variação no excedente do consumidor relacionada a uma variação no preço. A variação do excedente do consumidor é a diferença entre duas regiões aproximadamente triangulares e, portanto, terá a forma parecida com a de um trapézio. Além disso, o trapézio é formado por duas sub-regiões: o retângulo indicado por R e a região um tanto triangular indicada por T.

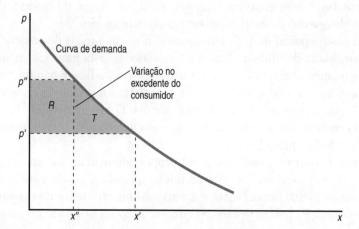

FIGURA 14.3 *Variação no excedente do consumidor.* A variação no excedente do consumidor será a diferença entre duas áreas quase triangulares e terá, portanto, uma forma quase trapezoidal.

O retângulo mede a perda de excedente resultante do fato de que o consumidor agora paga mais por todas as unidades que continua a consumir. Depois que o preço aumenta, o consumidor continua a consumir x'' unidades do bem, e cada unidade do bem é agora $(p'' - p')$ mais cara. Isso significa que, para consumir x'' unidades do bem, o consumidor tem de gastar $(p'' - p')x''$ mais dinheiro do que gastava antes.

Isso, porém, não constitui a perda total do bem-estar. O aumento do preço do bem x faz com que o consumidor decida consumir menos desse bem. O triângulo T mede o valor do consumo *perdido* do bem x. A perda total do consumidor corresponde à soma desses dois efeitos: R mede a perda de ter de pagar mais pelas unidades que ele continua a consumir e T mede a perda devida à redução do consumo.

EXEMPLO: Variação no excedente do consumidor

Pergunta: Imagine a curva de demanda linear $D(p) = 20 - 2p$. Quando o preço varia de 2 para 3, qual a variação correspondente no excedente do consumidor?

Resposta: Quando $p = 2$, $D(2) = 16$ e quando $p = 3$, $D(3) = 14$. Assim, queremos calcular a área de um trapézio com altura de 1 e bases de 14 e 16. Isso equivale a um retângulo com 1 de altura e 14 de base (que tem uma área de 14) mais um triângulo com 1 de altura e 2 de base (que tem uma área de 1). A área total será, então, de 15.

14.8 Variação equivalente e variação compensadora

A teoria do excedente do consumidor é muito clara no caso da utilidade quase linear. Mesmo se a utilidade não for quase linear, o excedente do consumidor pode ainda ser uma medida razoável do bem-estar do consumidor em diversas aplicações. Em geral, os erros resultantes da mensuração das curvas de demanda são maiores do que os erros de aproximação decorrentes do uso do excedente do consumidor.

Ocorre que, para algumas aplicações, a aproximação pode não ser suficientemente boa. Nesta seção, delinearemos uma forma de medir as "variações de utilidade" sem empregar o excedente do consumidor. O assunto envolve, na verdade, dois elementos diferentes. O primeiro refere-se a como estimar a utilidade quando podemos observar determinado número de escolhas do consumidor. O segundo diz respeito a como podemos medir utilidade em unidades monetárias.

Já investigamos o problema das estimativas. No Capítulo 6, apresentamos um exemplo de como estimar uma função de utilidade Cobb-Douglas. Naquele exemplo, observamos que as parcelas do gasto eram relativamente constantes e que podíamos utilizar as parcelas médias do gasto como estimativas dos parâmetros da função Cobb-Douglas. Se o comportamento da demanda não apresentar essa característica específica, teremos de escolher uma função de utilidade mais complicada.

O princípio, porém, continua o mesmo: se tivermos um número suficiente de observações do comportamento de demanda e se esse comportamento for coerente com a maximização de algo, geralmente conseguiremos estimar a função que está sendo maximizada.

Uma vez que tenhamos uma estimativa da função de utilidade que descreva algum comportamento de escolha observado, poderemos utilizar essa função para avaliar o impacto de propostas de mudanças dos preços e dos níveis de consumo. No nível mais fundamental de análise, isso é o máximo que podemos esperar. O que importa são as preferências do consumidor e qualquer função de utilidade que as descreva será tão boa quanto qualquer outra.

No entanto, em algumas aplicações pode ser conveniente usar certas medidas monetárias da utilidade. Poderíamos, por exemplo, perguntar quanto dinheiro teríamos de dar a um consumidor para compensá-lo por uma variação nos seus padrões de consumo. Uma medida desse tipo avalia essencialmente uma variação na utilidade, mas realiza essa medição em unidades monetárias. Quais as maneiras mais convenientes de fazer isso?

Suponhamos que estejamos examinando a situação descrita na Figura 14.4. Aqui, o consumidor defronta-se, de início, com alguns preços $(p_1^*, 1)$ e consome uma determinada cesta (x_1^*, x_2^*). Logo, o preço do bem 1 aumenta, de p_1^* para $\hat{p}_1$ e o consumidor passa a consumir $(\hat{x}_1, \hat{x}_2)$. Em que medida o consumidor é afetado por essa variação do preço?

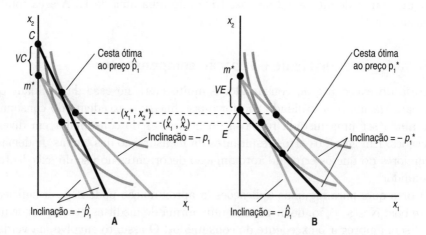

FIGURA 14.4 As variações equivalente e compensadora. *O painel A mostra a variação compensadora (VC) e o painel B exibe a variação equivalente (VE).*

Um modo de responder a essa questão é perguntar quanto dinheiro teríamos de dar ao consumidor *depois* da variação de preço para deixá-lo exatamente tão bem quanto estava *antes* dessa variação. Em termos do diagrama, o que perguntamos é quanto teríamos de deslocar para cima a nova reta orçamentária para fazê-la tangenciar a curva de indiferença que passa pelo ponto de consumo original

(x_1^*, x_2^*). A variação de renda necessária para levar o consumidor à sua curva de indiferença original é chamada **variação compensadora** da renda, uma vez que ela é a variação na renda que compensa o consumidor pela variação do preço. A variação compensadora mede quanto dinheiro adicional o governo teria de dar ao consumidor se quisesse compensá-lo pela variação de preço.

Outra forma de medir em termos monetários o impacto de uma variação de preço consiste em perguntar quanto dinheiro teria de se tirar do consumidor *antes* da variação de preço para deixá-lo tão bem quanto estaria *depois* da variação de preço. Isso é chamado **variação equivalente** da renda, posto que é a variação na renda que equivale à variação de preço em termos de variação na utilidade. Na Figura 14.4, perguntamos até onde tínhamos de deslocar a reta orçamentária original para tangenciar a curva de indiferença que passa pela nova cesta de consumo. A variação equivalente mede a quantidade máxima de renda que o consumidor estaria disposto a pagar para evitar a variação de preço.

Em geral, a quantidade de dinheiro que o consumidor estaria disposto a pagar para evitar uma variação de preço será diferente da quantidade de dinheiro que o consumidor teria de receber para ser compensado por uma variação de preço. Afinal, em diferentes conjuntos de preços, uma unidade monetária tem valores diferentes para o consumidor, uma vez que essa unidade comprará quantidades distintas de consumo.

Em termos geométricos, as variações compensadora e equivalente são duas formas distintas de medir o "afastamento" entre duas curvas de indiferença. Em ambos os casos, medimos a distância entre duas curvas de indiferença pela observação da distância que separa suas linhas tangentes. Em geral, essa medida de distância dependerá da inclinação das linhas tangentes – isto é, dos preços que tenham sido escolhidos para determinar as retas orçamentárias.

No entanto, a variação equivalente e a variação compensadora são iguais num caso importante – o da utilidade quase linear. Nesse caso, as curvas de indiferença são paralelas, de modo que a distância entre duas curvas de indiferença quaisquer é a mesma, não importando onde elas sejam medidas, conforme ilustra a Figura 14.5. No caso da utilidade quase linear, a variação compensadora, a variação equivalente e a variação no excedente do consumidor fornecem todas elas a mesma medida do valor monetário de uma variação de preço.

EXEMPLO: Variações compensadora e equivalente

Suponhamos que um consumidor tenha a função de utilidade $u(x_1, x_2) = x_1^{\frac{1}{2}} x_2^{\frac{1}{2}}$. Originalmente, ele se defronta com preços (1, 1) e tem uma renda de US$100. Então, o preço do bem 1 aumenta para 2. Quais são as variações compensadora e equivalente?

Sabemos que as funções de demanda dessa função de utilidade Cobb-Douglas são dadas por

$$x_1 = \frac{m}{2p_1}$$
$$x_2 = \frac{m}{2p_2}.$$

O uso dessa fórmula permite-nos ver que as demandas do consumidor mudam de $(x_1^*, x_2^*) = (50, 50)$ para $(\hat{x}_1, \hat{x}_2) = (25, 50)$.

Para calcular a variação compensadora, perguntemos quanto dinheiro seria necessário aos preços $(2, 1)$ para deixar o consumidor tão bem quanto estava ao consumir a cesta $(50, 50)$. Se os preços forem $(2, 1)$ e o consumidor tiver renda m, podemos substituir essas informações nas funções de demanda para descobrir que o consumidor escolheria otimamente $(m/4, m/2)$. Ao igualarmos a utilidade dessa cesta com a utilidade da cesta $(50, 50)$, teremos

$$\left(\frac{m}{4}\right)^{\frac{1}{2}} \left(\frac{m}{2}\right)^{\frac{1}{2}} = 50^{\frac{1}{2}} 50^{\frac{1}{2}}.$$

Ao resolvermos m, obteremos:

$$m = 100\sqrt{2} \approx 141.$$

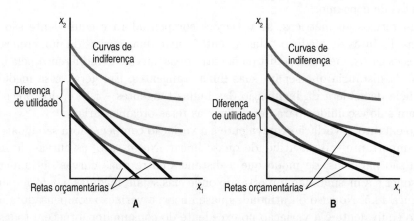

FIGURA 14.5 Preferências quase lineares. Nas preferências quase lineares, a distância entre duas curvas de indiferença independe da inclinação das retas orçamentárias.

Assim, o consumidor necessitaria de aproximadamente $141 - 100 = US\$41$ adicionais após a variação de preço para fazê-lo ficar tão bem quanto antes.

Para calcular a variação equivalente, perguntemos quanto dinheiro seria necessário aos preços $(1, 1)$ para que o consumidor ficasse tão bem quanto estava ao consumir a cesta $(25, 50)$. Representaremos por m essa quantia de dinheiro e seguiremos a mesma lógica de antes,

$$\left(\frac{m}{2}\right)^{\frac{1}{2}} \left(\frac{m}{2}\right)^{\frac{1}{2}} = 25^{\frac{1}{2}} 50^{\frac{1}{2}}.$$

Ao resolvermos m, obteremos:

$$m = 50\sqrt{2} \approx 70.$$

Portanto, se o consumidor tivesse uma renda de US$70 aos preços originais, estaria tão bem quanto ao defrontar-se com os novos preços e ter uma renda de US$100. A variação equivalente na renda é, portanto, de aproximadamente 100 − 70 = US$30.

EXEMPLO: Variações compensadora e equivalente das preferências quase lineares

Suponhamos que o consumidor tenha uma função de utilidade quase linear $v(x_1) + x_2$. Sabemos que, nesse caso, a demanda do bem 1 dependerá somente do preço desse bem, de modo que a representamos por $x_1(p_1)$. Suponhamos ainda que o preço varie de p_1^* para $\hat{p}_1$. Quais serão as variações compensadora e equivalente?

Ao preço p_1^*, o consumidor escolhe $x_1^* = x_1(p_1^*)$ e tem uma utilidade de $v(x_1^*) + m - p_1^* x_1^*$. Ao preço $\hat{p}_1$, o consumidor escolhe $\hat{x}_1 = x_1(\hat{p}_1)$ e tem uma utilidade de $v(\hat{x}_1) + m - \hat{p}_1 \hat{x}_1$.

Seja C a variação compensadora. Essa é a quantia de dinheiro adicional de que o consumidor necessitaria após a variação do preço para ficar tão bem como antes. Ao igualarmos essas utilidades, teremos

$$v(\hat{x}_1) + m + C - \hat{p}_1 \hat{x}_1 = v(x_1^*) + m - p_1^* x_1^*.$$

Ao resolvermos C, obteremos

$$C = v(x_1^*) - v(\hat{x}_1) + \hat{p}_1 \hat{x}_1 - p_1^* x_1^*.$$

Seja E a variação equivalente. Essa é a quantia de dinheiro que você poderia tirar do consumidor antes da variação do preço para deixá-lo com a mesma utilidade que teria após a variação de preço. Portanto, ela satisfaz a equação

$$v(x_1^*) + m - E - p_1^* x_1^* = v(\hat{x}_1) + m - \hat{p}_1 \hat{x}_1.$$

Ao resolvermos E, teremos

$$E = v(x_1^*) - v(\hat{x}_1) + \hat{p}_1 \hat{x}_1 - p_1^* x_1^*.$$

Observe que, no caso da utilidade quase linear, as variações compensadora e equivalente são iguais. Além disso, essas variações são também iguais à variação do excedente (líquido) do consumidor:

$$\Delta EC = [v(x_1^*) - p_1^* x_1^*] - [v(\hat{x}_1) - \hat{p}_1 \hat{x}_1].$$

14.9 Excedente do produtor

A curva de demanda mede a quantidade que será demandada a cada preço. Já a **curva de oferta** mede a quantidade que seria ofertada a cada preço. Assim como a área *abaixo* da curva de demanda mede o excedente do consumidor, a área *acima* da curva de oferta mede o excedente desfrutado pelos ofertantes de um bem.

Designamos a área abaixo da curva de demanda como excedente do consumidor. Por analogia, a área acima da curva de oferta é chamada **excedente do produtor**. Os termos "excedente do consumidor" e "excedente do produtor" são às vezes enganadores, pois, na verdade, não importa quem esteja consumindo e quem esteja produzindo. Talvez fosse melhor usar os termos "excedente do demandante" e "excedente do ofertante", mas nos renderemos à tradição e usaremos a terminologia convencional.

Vamos supor que temos uma curva de oferta de determinado bem. Essa curva mede apenas a quantidade de um bem a ser ofertada a cada preço possível. O bem pode ser ofertado por uma pessoa que o possui ou por uma empresa que o produza. Adotaremos a segunda interpretação para nos atermos à terminologia tradicional e ilustraremos a curva de oferta do produtor na Figura 14.6. Se o produtor puder vender num mercado x* unidades de seu produto ao preço p*, qual será seu excedente?

É mais conveniente desenvolver a análise em termos da curva de oferta *inversa* do produtor, $p_s(x)$. Essa função mede qual deveria ser o preço para que o produtor ofertasse x unidades do bem.

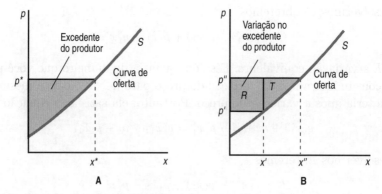

FIGURA 14.6 *Excedente do produtor.* O excedente líquido do produtor é a área triangular à esquerda da curva de oferta no painel A e a variação no excedente do produtor é a área trapezoidal no painel B.

Pense na função de oferta inversa de um bem discreto. Nesse caso, o produtor quer vender a primeira unidade do bem ao preço $p_s(1)$, mas, na verdade, ele obtém o preço de mercado p^* por essa unidade. Do mesmo modo, ele quer vender a segunda unidade por $p_s(2)$, mas obtém p^* por ela. Se continuarmos nessa linha de raciocínio, veremos que o produtor venderá a última unidade por $p_s(x^*) = p^*$.

A diferença entre a quantia mínima pela qual o produtor está disposto a vender as x^* unidades e a quantia pela qual realmente as vende é o **excedente líquido do produtor**. Esse excedente é dado pela área triangular sombreada da Figura 14.6A

Da mesma forma como no caso do excedente do consumidor, podemos indagar como o excedente do produtor varia quando o preço aumenta de p' para p''. Em geral, a variação no excedente do produtor será a diferença entre duas regiões triangulares e, portanto, deverá ter a forma aproximada de um trapézio, ilustrada na Figura 14.6B. Como no caso do excedente do consumidor, a região quase trapezoidal será formada por uma região retangular, R, e por uma região quase triangular, T. O retângulo mede o ganho obtido com a venda ao preço p'' das unidades antes vendidas ao preço p'. A região quase triangular mede o ganho obtido com a venda das unidades adicionais ao preço p''. Isso é análogo à variação no excedente do consumidor analisada anteriormente.

Embora seja comum referir-se a esse tipo de variação como um aumento no excedente do produtor, na verdade, num sentido mais profundo, ele realmente representa um aumento no excedente do consumidor que beneficia os consumidores proprietários da empresa que gerou a curva de oferta. O conceito de excedente do produtor está intimamente relacionado com a ideia de lucro, mas teremos de esperar até estudarmos o comportamento da empresa para abordarmos essa relação com mais detalhes.

14.10 Análise custo-benefício

Podemos recorrer ao instrumental de excedente do consumidor que examinamos para calcular os benefícios e custos de várias políticas econômicas.

Examinemos, por exemplo, o efeito de um preço máximo. Imagine a situação ilustrada na Figura 14.7. Sem intervenção, o preço seria p_0 e a quantidade vendida, q_0.

As autoridades acreditam que esse preço é demasiadamente alto e impõem um preço máximo de p_c. Isso reduz a quantidade que os fornecedores se dispõem a oferecer para q_c, o que, por sua vez, diminui seu excedente do produtor, como mostra a área sombreada do gráfico.

Agora que os consumidores só têm à disposição uma quantidade q_c, a pergunta é: quem fica com ela?

Uma hipótese é que o produto vá para os consumidores que estão dispostos a pagar mais. Digamos que p_e, o **preço efetivo**, seja o preço que induz os consumidores a demandar q_e. Se todos os que estão dispostos a pagar mais do que p_e obtiverem o produto, então o excedente do produtor será representado, no gráfico, pela área sombreada.

Observe que os excedentes – do consumidor e do produtor – perdidos são dados pela área trapezoidal no meio do gráfico. Essa é a diferença entre o excedente do consumidor mais o excedente do produtor num mercado concorrencial e a diferença no mercado com teto de preços.

Supor que a quantidade vá para os consumidores dispostos a pagar mais é uma hipótese excessivamente otimista na maioria das situações. Por consequência, esperaríamos, de modo geral, que, no caso de um preço máximo, essa área trapezoidal fosse o limite inferior do excedente do consumidor perdido mais o excedente do produtor.

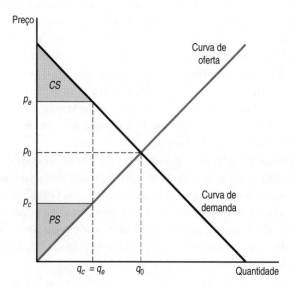

FIGURA 14.7 Preço máximo. O teto para o preço foi fixado em p_c, o que reduz a oferta para q_e. O excedente do consumidor é reduzido para CS e o excedente do produtor, para PS. O preço efetivo do bem, p_e, é o preço que ajustaria o mercado. O diagrama também mostra o que acontece com o racionamento, caso em que o preço de um cupom de racionamento seria $p_e - p_c$.

Racionamento

O gráfico que acabamos de examinar pode também ser utilizado para descrever as perdas sociais decorrentes do racionamento. Em vez de fixar um preço máximo de p_c, suponhamos que as autoridades emitam cupons de racionamento que permitam apenas a aquisição de q_c unidades. A fim de adquirir uma unidade do bem, o consumidor terá que pagar p_c ao vendedor e entregar um cupom.

Se os cupons de racionamento forem negociáveis, então eles serão vendidos a um preço $p_e - p_c$. Isso tornaria o preço total da compra igual a p_e, que é o preço que ajusta o mercado do bem que está sendo vendido.

14.11 Cálculo de ganhos e perdas

Se tivermos estimativas das curvas de demanda e de oferta de mercado de um bem, em princípio, não será difícil calcular as perdas no excedente dos consumidores em consequência de mudanças nas políticas do governo. Suponhamos, por exemplo, que o governo decida mudar o tratamento tributário de determinado bem. Isso resultaria numa variação nos preços com os quais os consumidores se defrontam e, portanto, numa variação na quantidade de bens que eles escolhem consumir. Podemos calcular o excedente dos consumidores correspondente a diversas propostas tributárias e ver que reformas geram a menor perda.

Embora essa técnica proporcione, com frequência, informações úteis para julgar vários métodos de tributação, ela sofre de dois defeitos. Primeiro, como indicamos antes, o cálculo do excedente do consumidor só é válido para formas especiais das preferências – ou seja, as que possam ser representadas por funções de utilidade quase lineares. Também mostramos que esse tipo de função de utilidade pode constituir uma aproximação razoável para bens cujas demandas são pouco afetadas pelas variações da renda, mas, para bens cujo consumo esteja muito relacionado com a renda, o uso do excedente do consumidor pode não ser muito apropriado.

Em segundo lugar, o cálculo dessa perda mistura todos os consumidores e produtores, gerando assim uma estimativa do "custo" de uma política social somente para um "consumidor representativo" imaginário. Em muitos casos, é desejável saber não só o custo médio da população global, mas também quem suporta os custos. O fracasso ou sucesso das políticas em geral depende mais da *distribuição* dos ganhos e das perdas do que das perdas e dos ganhos médios.

O excedente do consumidor pode ser fácil de calcular, mas vimos que não é muito mais difícil calcular a variação equivalente ou compensadora associada a uma variação de preço. Se dispusermos de estimativas das funções de demanda de cada família – ou, ao menos, as funções de demanda de uma amostra representativa de famílias, poderemos calcular o impacto de uma política sobre cada uma dessas família em termos da variação compensadora ou equivalente. Teremos, assim, uma medida dos "benefícios" ou "custos" impostos a cada família pela proposta de mudança na política.

Mervyn King, economista da Escola de Economia de Londres, descreveu um bom exemplo dessa abordagem para analisar as implicações de reformar o tratamento tributário das famílias na Grã-Bretanha, em seu artigo "Welfare Analysis of Tax Reforms Using Households Data", *Journal of Public Economics*, 21 (1983), p. 183-214.

King examinou primeiro as despesas com habitação de 5.895 famílias e estimou uma função de demanda que descrevesse melhor essas despesas. Em seguida, utilizou essa função de demanda para conhecer a função de utilidade de cada família. Finalmente, aplicou a função de utilidade estimada para calcular quanto cada família ganharia ou perderia com determinadas mudanças nos impostos sobre a habitação na Grã-Bretanha. A medida que King utilizou era muito semelhante à variação equivalente discutida anteriormente neste capítulo. A natureza básica da reforma tributária que ele estudou era a eliminação dos privilégios tributários das residências habitadas pelos proprietários e o aumento do aluguel das moradias públicas. As receitas geradas por essas modificações retornariam às famílias na forma de devoluções proporcionais à renda familiar.

King descobriu que 4.888 das 5.895 famílias seriam beneficiadas por esse tipo de reforma. Ainda mais importante, ele pôde identificar de maneira explícita as famílias que teriam perdas significativas por causa da reforma tributária. King descobriu, por exemplo, que 94% das famílias de mais alta renda ganhariam com a reforma, enquanto somente 58% das famílias de renda mais baixa seriam beneficiadas. Esse tipo de informação permitiria a implementação de medidas especiais que satisfizessem objetivos distributivos.

RESUMO

1. No caso de um bem discreto e de utilidade quase linear, a utilidade correspondente ao consumo de n unidades do bem discreto é exatamente a soma dos n primeiros preços de reserva.

2. Essa soma é o benefício bruto de consumir o bem. Se subtrairmos a quantia gasta na compra do bem, obteremos o excedente do consumidor.

3. A variação no excedente do consumidor correspondente à variação de preços tem uma forma quase trapezoidal. Ela pode ser interpretada como a variação na utilidade correspondente à variação de preço.

4. Em geral, podemos usar a variação compensadora e a variação equivalente da renda para medir o impacto monetário de uma variação de preço.

5. Se a utilidade for quase linear, as variações compensadora, equivalente e do excedente do consumidor serão todas iguais. Mesmo que a utilidade não seja quase linear, a variação do excedente do consumidor pode servir como uma boa aproximação ao impacto de uma variação de preço na utilidade do consumidor.

6. No caso do comportamento de oferta, podemos definir um excedente do produtor capaz de medir os benefícios líquidos que o ofertante recebe ao produzir determinada quantidade de produto.

QUESTÕES DE REVISÃO

1. Um bem pode ser fabricado a um custo de US$10, em uma indústria competitiva. Há cem consumidores dispostos, cada um deles, a pagar US$12 para obter uma única unidade do bem (unidades adicionais não têm qualquer valor para eles). Qual será o preço de equilíbrio e a quantidade vendida? O governo impõe um imposto de US$1 sobre o produto. Qual é o ônus desse imposto?

2. Suponhamos que a curva de demanda seja dada por $D(p) = 10 - p$. Qual o benefício bruto de consumir seis unidades do bem?

3. No exemplo anterior, se o preço variar de 4 para 6, qual será a variação no excedente do consumidor?

4. Suponhamos que um consumidor esteja consumindo dez unidades de um bem discreto e que o preço aumente de US$5 para US$6. No entanto, mesmo depois da variação do preço, o consumidor continua a consumir dez unidades do bem discreto. Que perda essa variação de preço provoca no excedente do consumidor?

APÊNDICE

Utilizemos um pouco de cálculo para tratar de modo rigoroso o excedente do consumidor. Comecemos com o problema da maximização de uma utilidade quase linear:

$$\max_{x,y} v(x) + y$$

tal que $px + y = m$.

Ao substituirmos a partir da restrição orçamentária, teremos

$$\max_x v(x) + m - px.$$

A condição de primeira ordem para esse problema é

$$v'(x) = p.$$

Isso significa que a função de demanda inversa $p(x)$ é definida por

$$p(x) = v'(x). \tag{14.2}$$

Observe a analogia com o caso do bem discreto descrito no texto: o preço pelo qual o consumidor está exatamente disposto a consumir x unidades é igual à utilidade marginal.

Mas como a curva de demanda inversa mede a derivada da utilidade, podemos simplesmente integrar a função de demanda inversa para achar a função de utilidade.

Ao realizarmos a integração, teremos:

$$v(x) = v(x) - v(0) = \int_0^x v'(t)\,dt = \int_0^x p(t)\,dt.$$

Portanto, a utilidade associada ao consumo do bem x é justamente a área embaixo da curva de demanda.

TABELA 14.1 *Comparação entre VC, VE e VEC*

p_1	VC	VE	VEC
1	0,00	0,00	0,00
2	7,18	6,93	6,70
3	11,61	10,99	10,40
4	14,87	13,86	12,94
5	17,46	16,09	14,87

EXEMPLO: Algumas funções de demanda

Suponhamos que a função de demanda seja linear, de modo que $x(p) = a - bp$. Assim, a variação no excedente do consumidor quando o preço passa de p a q é dada por

$$\int_p^q (a - bt)\, dt = at - b\frac{t^2}{2}\Big]_p^q = a(q - p) - b\frac{q^2 - p^2}{2}.$$

Outra função de demanda comumente usada – e que será examinada com mais profundidade no próximo capítulo – tem a forma $x(p) = Ap^\varepsilon$, em que $\varepsilon < 0$ e A é uma constante positiva. Quando o preço passa de p a q, a variação correspondente no excedente do consumidor é

$$\int_p^q At^\varepsilon\, dt = A\frac{t^{\varepsilon+1}}{\varepsilon + 1}\Big]_p^q = A\frac{q^{\varepsilon+1} - p^{\varepsilon+1}}{\varepsilon + 1},$$

para $\varepsilon \neq -1$.

Quando $\varepsilon = -1$, essa função de demanda é $x(p) = A/p$, que está intimamente ligada à nossa velha amiga, a demanda Cobb-Douglas, $x(p) = am/p$. A variação no excedente do consumidor na demanda Cobb-Douglas é

$$\int_p^q \frac{am}{t}\, dt = am \ln t\Big]_p^q = am(\ln q - \ln p).$$

EXEMPLO: Variações compensadora, equivalente e do excedente do consumidor

No texto, calculamos as variações compensadoras e equivalentes da função de utilidade Cobb-Douglas. No exemplo anterior, calculamos a variação no excedente do consumidor na função de utilidade Cobb-Douglas. Aqui, compararemos essas três medidas monetárias do impacto de uma variação de preço sobre a utilidade.

Suponhamos que o preço do bem 1 varie de 1 para 2, 3..., enquanto o preço do bem 2 permaneça fixo em 1 e a renda permaneça fixa em 100. A Tabela 14.1 mostra a variação equivalente (VE), a variação compensadora (VC) e a variação do excedente do consumidor (VEC) da função de utilidade Cobb-Douglas, $u(x_1, x_2) = x_1^{\frac{1}{10}} x_2^{\frac{9}{10}}$.

Observe que a variação no excedente do consumidor (VEC) fica sempre entre a variação compensadora e a variação equivalente, e a diferença entre esses três valores é relativamente pequena. É possível mostrar que esses dois fatos são verdadeiros em circunstâncias bastante gerais. Ver Robert Willig, "Consumer's Surplus without Apology", *American Economic Review*, 66 (1976), p. 589-597.

CAPÍTULO 15

DEMANDA DE MERCADO

Nos capítulos anteriores, vimos como modelar a escolha do consumidor individual. Veremos agora como agregar as escolhas individuais para obter a **demanda de mercado** total. Uma vez que tenhamos derivado a curva de demanda do mercado, examinaremos algumas de suas propriedades, como a relação entre demanda e receita.

15.1 Da demanda individual à demanda de mercado

Utilizemos $x_i^1(p_1, p_2, m_i)$ para representar a função de demanda individual do consumidor do bem 1 e $x_i^2(p_1, p_2, m_i)$ para representar a função de demanda individual do consumidor do bem 2. Suponhamos que haja n consumidores. Assim, a **demanda de mercado** do bem 1, também chamada de **demanda agregada** do bem 1, será a soma das demandas individuais de todos os consumidores:

$$X^1(p_1, p_2, m_1, \ldots, m_n) = \sum_{i=1}^{n} x_i^1(p_1, p_2, m_i).$$

Uma equação análoga vale para o bem 2.

Como a demanda de cada pessoa para cada bem depende dos preços e de sua renda, a demanda agregada dependerá em geral dos preços e da *distribuição* de rendas. Algumas vezes, no entanto, convém pensar na demanda agregada como a demanda de um "consumidor representativo" que tem uma renda exatamente igual à soma de todas as rendas individuais. As condições em que isso pode ser feito são bem limitadas e a discussão completa desse assunto vai além do escopo deste livro.

Se adotarmos a hipótese do consumidor representativo, a função de demanda agregada terá a forma $X^1(p_1, p_2, M)$, em que M é a soma das rendas dos consumidores individuais. Com essa hipótese, a demanda agregada da economia é semelhante à demanda de uma pessoa que se defronta com os preços (p_1, p_2) e tem renda M.

Se fixarmos todas as rendas monetárias e o preço do bem 2, poderemos ilustrar a relação entre a demanda agregada do bem 1 e seu preço, como na Figura 15.1. Observe que essa curva está traçada com todos os outros preços e rendas constantes. Se esses outros preços e rendas variarem, a curva de demanda agregada se deslocará.

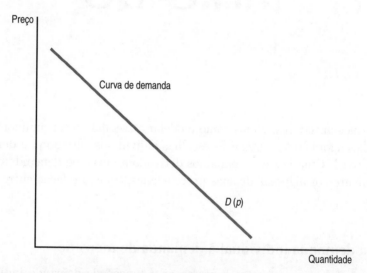

FIGURA 15.1 Curva de demanda de mercado. *A curva de demanda de mercado é a soma das curvas de demanda individuais.*

Por exemplo, se os bens 1 e 2 são substitutos, sabemos que o aumento do preço do bem 2 tenderá a aumentar a demanda do bem 1, qualquer que seja seu preço. Isso significa que o aumento do preço do bem 2 tenderá a deslocar a curva de demanda agregada do bem 1 para fora. Do mesmo modo, se os bens 1 e 2 forem complementares, o aumento do preço do bem 2 deslocará a curva de demanda agregada do bem 1 para dentro.

Se o bem 1 for um bem normal para uma pessoa, o aumento da renda monetária, enquanto tudo o mais permanece fixo, fará com que a demanda dessa pessoa tenda a aumentar, o que deslocará a curva de demanda agregada para fora.

Se adotarmos o modelo do consumidor representativo e supusermos que o bem 1 é um bem normal para ele, qualquer variação econômica que aumente a renda agregada fará com que cresça a demanda do bem 1.

15.2 A função de demanda inversa

Podemos encarar a curva de demanda agregada como capaz de nos dar tanto a quantidade como função do preço quanto, em sentido contrário, o preço como função da quantidade. Quando queremos enfatizar esta última interpretação, referimo-nos a ela como **função de demanda inversa**, $P(X)$. Essa função indica qual deveria ser o preço de mercado do bem 1 para que se demandem X unidades dele.

Vimos anteriormente que o preço de um bem mede a taxa marginal de substituição (TMS) entre esse e todos os demais bens. Ou seja, o preço de um bem representa a propensão marginal do demandante a pagar por uma unidade adicional desse bem. Se todos os consumidores se defrontarem com os mesmos preços dos bens, todos eles terão a mesma taxa marginal de substituição nas suas escolhas ótimas. Portanto, a função de demanda inversa, $P(X)$, mede a taxa marginal de substituição, ou propensão marginal a pagar, de *todos* os consumidores que estiverem comprando o bem.

A interpretação geométrica dessa operação de agregação é bastante óbvia. Observe que estamos somando as curvas de oferta ou de demanda *horizontalmente*: para qualquer preço dado, somamos as quantidades individuais demandadas que, naturalmente, são medidas no eixo horizontal.

EXEMPLO: Agregação de curvas de demanda "lineares"

Suponhamos que a curva de demanda de uma pessoa seja $D_1(p) = 20 - p$ e que a curva de demanda de outra pessoa seja $D_2(p) = 10 - 2p$. Qual será a função de demanda do mercado? Devemos tomar um pouco de cuidado no que tange ao que entendemos por funções de demanda "lineares". Como uma quantidade negativa de um bem em geral não faz sentido, o que *realmente* queremos dizer é que as funções de demanda individual têm a forma:

$$D_1(p) \text{ máx } \{20 - p, 0\}$$

$$D_2(p) \text{ máx } \{10 - 2p, 0\}.$$

O que os economistas chamam de curvas de demanda "lineares", na verdade, não são funções lineares! A agregação das duas curvas de demanda tem a aparência da curva traçada na Figura 15.2. Observe a quebra em $p = 5$.

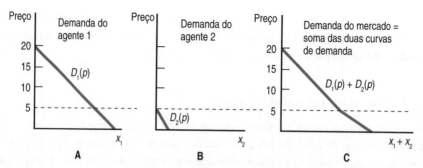

FIGURA 15.2 A soma de duas curvas de demanda "lineares". Como as curvas de demanda são lineares apenas para as quantidades positivas, normalmente haverá uma quebra na curva de demanda de mercado.

15.3 Bens discretos

Se um bem só estiver disponível em quantidades discretas, já vimos que sua demanda por parte de um consumidor individual pode ser descrita em termos dos preços de reserva desse consumidor. Examinaremos aqui a demanda de mercado para esse tipo de bem. Para simplificar, vamos nos limitar ao caso em que o bem só está disponível em unidades de zero ou um.

Nesse caso, a demanda do consumidor é totalmente descrita por seu preço de reserva – o preço pelo qual ele está exatamente disposto a comprar uma unidade. Na Figura 15.3, ilustramos as curvas de demanda de dois consumidores, A e B, e a demanda do mercado, que é a soma dessas duas curvas de demanda. Observe que, nesse caso, a curva de demanda do mercado tem de ser "inclinada para baixo", uma vez que uma diminuição do preço de mercado tem de aumentar o número de consumidores dispostos a pagar pelo menos esse preço.

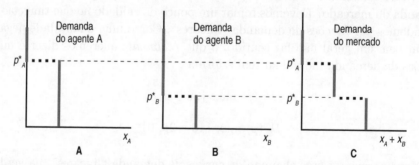

FIGURA 15.3 Demanda de mercado por um bem discreto. A curva de demanda de mercado é a soma das curvas de demanda para todos os consumidores no mercado, aqui representados por dois consumidores, A e B.

15.4 Margens extensiva e intensiva

Nos capítulos anteriores, concentramos nossa atenção na escolha do consumidor, em que ele consumia quantidades positivas de cada bem. Quando o preço varia, ele decide consumir mais ou menos de um bem ou de outro, mas ainda assim acaba por consumir um pouco de ambos os bens. Os economistas dizem às vezes que isso constitui um ajuste na **margem intensiva**.

No modelo de preço de reserva, os consumidores decidem se entram ou não no mercado de um dos bens. Isso às vezes é chamado de ajuste na **margem extensiva**. A inclinação da curva de demanda agregada será afetada por ambos os tipos de decisão.

Também vimos anteriormente que, para os bens normais, o ajuste na margem intensiva dava-se na direção "certa": quando o preço sobe, a quantidade demandada cai. O ajuste na margem extensiva trabalha também na direção "certa". Assim, as curvas de demanda agregada têm, em geral, inclinação negativa.

15.5 Elasticidade

No Capítulo 6, vimos como derivar uma curva de demanda a partir das preferências básicas do consumidor. Com frequência, é interessante ter uma medida de quão "sensível" é a demanda com relação às variações de preço ou de renda. Ora, a primeira ideia que vem à mente é utilizar a inclinação da função de demanda como medida de sua sensibilidade. Afinal, a própria definição da inclinação de uma curva de demanda é a variação na quantidade demandada dividida pela variação do preço:

$$\text{inclinação da função de demanda} = \frac{\Delta q}{\Delta p},$$

e isso, certamente, parece ser uma medida de sensibilidade.

Bem, ela é uma medida de sensibilidade – mas apresenta alguns problemas. O mais sério é que a inclinação de uma curva de demanda depende das unidades nas quais medimos a quantidade e o preço. Se medirmos a demanda em quilogramas, em vez de gramas, a inclinação ficará mil vezes menor. Em vez de especificar as unidades o tempo todo, convém considerar uma medida de sensibilidade que independa das unidades. Os economistas têm utilizado uma medida chamada de **elasticidade**.

A **elasticidade-preço da demanda**, ε, é definida como a variação percentual na quantidade dividida pela variação percentual no preço.[1] Um incremento de 10% no preço representa a mesma variação percentual, seja o preço medido em dólares americanos ou em libras esterlinas; assim, a medição de variações em termos percentuais mantém a definição de elasticidade livre de unidades.

---

[1] Letra grega épsilon (ε).

Em símbolos, a definição de elasticidade é:

$$\epsilon = \frac{\Delta q/q}{\Delta p/p}.$$

Ao rearrumarmos essa definição, obtemos a expressão mais comum:

$$\epsilon = \frac{p}{q}\frac{\Delta q}{\Delta p}.$$

Assim, a elasticidade pode ser expressa como a razão entre o preço e a quantidade multiplicada pela inclinação da função de demanda. No Apêndice deste capítulo, descrevemos a elasticidade em termos da derivada da função de demanda. Se você conhece cálculo, a formulação com derivadas é a maneira mais conveniente de pensar na elasticidade.

O sinal da elasticidade da demanda é, em geral, negativo, uma vez que as curvas de demanda têm, invariavelmente, inclinação negativa. No entanto, é muito cansativo nos referirmos sempre a uma elasticidade de *menos* isso ou aquilo, o que faz com que, na discussão verbal, seja mais comum falar em elasticidades de 2 ou 3, em vez de –2 ou –3. Tentaremos manter no texto os sinais corretos, mas você deve atentar para o fato de que o tratamento verbal tende a ignorar o sinal negativo.

Outro problema com os números negativos ocorre ao comparar grandezas. Uma elasticidade de –3 é maior ou menor do que uma elasticidade de –2? Do ponto de vista algébrico, –3 é menor do que –2, mas os economistas tendem a dizer que a demanda com elasticidade de –3 é "mais elástica" do que a demanda com elasticidade de –2. Neste livro, faremos comparações em termos de valor absoluto para evitar esse tipo de ambiguidade.

EXEMPLO: A elasticidade de uma curva de demanda linear

Considere a curva de demanda linear $q = a - bp$, ilustrada na Figura 15.4. A inclinação dessa curva de demanda é uma constante, $-b$.

Se a introduzirmos na fórmula da elasticidade, teremos

$$\epsilon = \frac{-bp}{q} = \frac{-bp}{a - bp}.$$

Quando $p = 0$, a elasticidade da demanda é zero. Quando $q = 0$, a elasticidade da demanda tem um valor (negativo) infinito. Em que preço a elasticidade da demanda é igual a –1?

Para encontrar esse preço, escrevemos a equação

$$\frac{-bp}{a - bp} = -1$$

e ao resolvermos p, teremos

$$p = \frac{a}{2b},$$

o que, como vemos na Figura 15.4, é exatamente o ponto médio da curva de demanda.

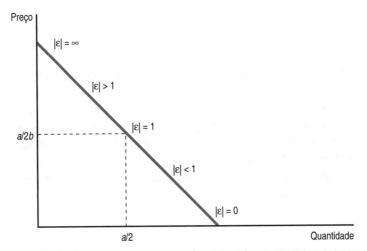

FIGURA 15.4 *A elasticidade de uma curva de demanda linear.* A elasticidade é infinita no intercepto vertical, igual a 1 na metade da curva, e zero no intercepto horizontal.

15.6 Elasticidade e demanda

Se um bem tiver uma elasticidade da demanda maior do que 1 em valor absoluto, dizemos que ele tem uma **demanda elástica**. Se a elasticidade for menor do que 1 em valor absoluto, dizemos que o bem tem uma **demanda inelástica**. E se a demanda do bem tiver uma elasticidade exatamente igual a –1, dizemos que se trata de uma **demanda de elasticidade unitária**.

A curva de demanda elástica é aquela em que a quantidade demandada é muito sensível às variações do preço: se o preço aumentar em 1%, a quantidade demandada diminuirá em mais de 1%. Pense na elasticidade como a sensibilidade da quantidade demandada em relação ao preço; assim, será fácil lembrar o que significam os conceitos de elástico e inelástico.

Em geral, a elasticidade da demanda de um bem depende, em grande parte, da quantidade de substitutos próximos que esse bem tiver. Imaginemos um caso extremo – nosso velho amigo, o exemplo dos lápis vermelhos e azuis. Suponhamos que todos considerem esses bens como substitutos perfeitos. Assim, se alguns lápis de cada cor forem comprados, os outros deverão ser vendidos pelo mesmo preço. Pense agora no que aconteceria à demanda dos lápis vermelhos se o preço deles aumentasse, enquanto o dos lápis azuis permanecesse constante. É claro que a demanda de lápis vermelhos cairia a zero, pois a demanda de lápis vermelhos é muito elástica, porque eles têm um substituto perfeito.

Se um bem tiver muitos substitutos próximos, será de esperar que sua curva de demanda seja muito sensível às suas variações de preço. Entretanto, se um bem tiver poucos substitutos próximos, sua demanda será bastante inelástica.

15.7 Elasticidade e receita

A **receita** é simplesmente o preço de um bem multiplicado pela quantidade vendida. Se o preço do bem aumentar, diminuirá a quantidade vendida; assim, a receita pode aumentar ou diminuir. O que acontecerá depende, na verdade, da reação da demanda às variações de preço. Se a demanda cair muito quando o preço aumentar, a receita cairá. Se a demanda cair só um pouco quando o preço subir, então a receita aumentará. Isso indica que a direção da variação da receita tem a ver com a elasticidade da demanda.

De fato, existe uma relação muito útil entre a elasticidade-preço e a variação da receita. A definição da receita é:

$$R = pq.$$

Se deixarmos o preço variar para $p + \Delta p$ e a quantidade variar para $q + \Delta q$, teremos uma nova receita de

$$R' = (p + \Delta p)(q + \Delta q)$$
$$= pq + q\Delta p + p\Delta q + \Delta p \Delta q.$$

Ao subtrairmos R de R', teremos

$$\Delta R = q\Delta p + p\Delta q + \Delta p \Delta q.$$

Para valores pequenos de Δp e Δq, o último termo pode ser ignorado sem problemas, o que faz com que a expressão da variação da receita assuma a forma

$$\Delta R = q\Delta p + p\Delta q.$$

Ou seja, a variação da receita é aproximadamente igual à quantidade multiplicada pela variação do preço mais o preço original multiplicado pela variação da quantidade. Se quisermos uma expressão para a taxa de variação da receita por variação do preço, basta dividir a expressão anterior por Δp, para obter

$$\frac{\Delta R}{\Delta p} = q + p\frac{\Delta q}{\Delta p}.$$

Isso é tratado de maneira geométrica na Figura 15.5. A receita é a área do quadrilátero: o preço multiplicado pela quantidade. Quando o preço aumenta, acrescentamos no alto da caixa uma área retangular aproximadamente igual a $q\Delta p$, mas tiramos uma área aproximadamente igual a $p\Delta q$ no lado direito da caixa. Para variações pequenas, isso é exatamente igual à expressão dada acima. (A parte que sobra, $\Delta p\Delta q$, é o quadradinho no canto da caixa, que é muito pequeno em comparação com as outras grandezas.)

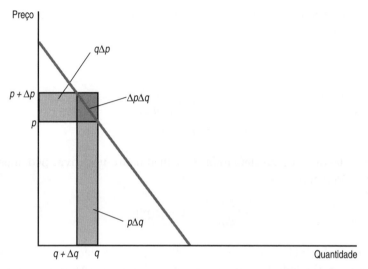

FIGURA 15.5 *Como a receita varia quando os preços se alteram.* A variação na receita é a soma do quadrilátero no alto menos o quadrilátero lateral.

Quando o resultado líquido desses dois efeitos será positivo? Isto é, quando será satisfeita a seguinte desigualdade:

$$\frac{\Delta R}{\Delta p} = p\frac{\Delta q}{\Delta p} + q(p) > 0?$$

Ao rearrumarmos, teremos

$$\frac{p}{q}\frac{\Delta q}{\Delta p} > -1.$$

O lado esquerdo dessa expressão é $\varepsilon(p)$, que é um número negativo. A multiplicação por -1 inverte a direção da desigualdade, o que nos proporciona:

$$|\epsilon(p)| < 1.$$

Portanto, a receita aumenta quando o preço sobe sempre que a elasticidade da demanda for menor do que 1 em valor absoluto. Do mesmo modo, a receita diminui quando o preço aumenta sempre que a elasticidade da demanda for maior do que 1 em valor absoluto.

Outra forma de ver isso é escrever a variação da receita como fizemos anteriormente:

$$\Delta R = p\Delta q + q\Delta p > 0$$

e rearrumá-la para obter

$$-\frac{p}{q}\frac{\Delta q}{\Delta p} = |\epsilon(p)| < 1.$$

Uma terceira maneira de ver isso é tomar a fórmula de $\Delta R/\Delta p$ e rearrumá-la da seguinte forma:

$$\begin{aligned}\frac{\Delta R}{\Delta p} &= q + p\frac{\Delta q}{\Delta p}\\ &= q\left[1 + \frac{p}{q}\frac{\Delta q}{\Delta p}\right]\\ &= q\left[1 + \epsilon(p)\right].\end{aligned}$$

Como a elasticidade da demanda é naturalmente negativa, podemos escrever essa expressão como

$$\frac{\Delta R}{\Delta p} = q\left[1 - |\epsilon(p)|\right].$$

Nessa fórmula, é fácil ver como a receita reage à variação do preço: se o valor absoluto da elasticidade for maior do que 1, então $\Delta R/\Delta p$ tem de ser negativo, e vice-versa.

Não é difícil lembrar o conteúdo intuitivo desses fatos matemáticos. Se a demanda for muito sensível ao preço – isto é, se for muito elástica, o aumento do preço reduzirá tanto a demanda que a receita diminuirá. Se a demanda for pouco sensível ao preço – isto é, se for muito inelástica, o aumento do preço quase não alterará a demanda e, portanto, a receita total aumentará. A linha divisória corresponde a uma elasticidade de –1. Nesse ponto, se o preço aumentar 1%, a quantidade demandada diminuirá 1%, de modo que a receita total não mudará.

EXEMPLO: Greves e lucros

Em 1979, a União dos Trabalhadores Rurais (United Farm Workers) deflagrou uma greve contra os plantadores de alface da Califórnia. O movimento foi um sucesso e derrubou a produção quase pela metade. Entretanto, a redução da oferta de alface provocou um inevitável aumento no preço dessa verdura. Com efeito, no período da greve, o preço da alface subiu quase 400%. Como a produção caiu pela metade e os preços quadruplicaram, o resultado líquido foi que os lucros dos produtores praticamente *dobraram*.[2]

---

[2] Ver Colin Carter, *et al.*, "Agricultural Labor Strikes and Farmer's Incomes", *Economic Inquiry*, 25, 1987, p. 121- 33.

Alguém certamente indagaria por que os produtores acabaram por negociar o fim da paralisação. A resposta envolve reações da oferta de curto e de longo prazo. A maior parte da alface consumida nos Estados Unidos nos meses de inverno provém do Imperial Valley. Quando a oferta dessa hortaliça reduziu-se de maneira drástica por uma estação, não houve tempo de substituí-la por alface produzida em outras regiões e o preço de mercado disparou. Se a greve se mantivesse por diversas estações, provavelmente a alface seria plantada em outros lugares. Esse aumento da oferta proveniente de outras fontes tenderia a reduzir o preço da alface aos níveis normais, o que reduziria os lucros dos plantadores do Imperial Valley.

15.8 Demandas de elasticidade constante

Que tipo de curva de demanda tem elasticidade constante? Na curva de demanda linear, a elasticidade da demanda vai de zero ao infinito, o que certamente não é o que se chamaria de constante; portanto, a resposta não é essa.

Podemos utilizar o cálculo da receita descrito anteriormente para termos um exemplo. Sabemos que, se a elasticidade for 1 para um preço p, a receita não variará quando o preço variar um pouco. Assim, se a receita permanecer constante para todas as variações do preço, precisaremos ter uma curva de demanda com elasticidade de –1 em todos os seus pontos.

Mas isso é fácil. Queremos apenas que o preço e a quantidade estejam relacionados pela fórmula

$$pq = \overline{R},$$

que significa que

$$q = \frac{\overline{R}}{p}$$

é a fórmula da função de demanda com elasticidade constante de –1. O gráfico da função q = $\overline{R}/p$ é dado na Figura 15.6. Observe que o preço multiplicado pela quantidade é constante ao longo da curva de demanda.

A fórmula geral para uma demanda com elasticidade constante de ε é

$$q = Ap^\varepsilon,$$

em que A é uma constante positiva arbitrária e ε, por tratar-se de uma elasticidade, normalmente terá um valor negativo. Essa fórmula será útil em alguns exemplos posteriores.

Um modo conveniente de expressar uma curva de demanda constante consiste em aplicar logaritmos e escrever

$$\ln q = \ln A + \epsilon \ln p.$$

Nessa expressão, o logaritmo de q é uma função linear do logaritmo de p.

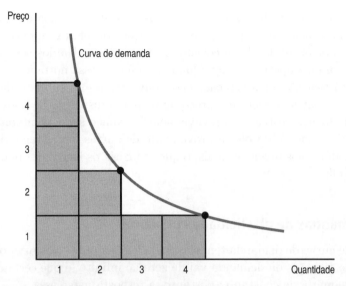

FIGURA 15.6 Demanda de elasticidade unitária. Nessa curva de demanda, o preço vezes a quantidade é constante em todos os pontos. Logo, a curva de demanda tem uma elasticidade constante de −1.

15.9 Elasticidade e receita marginal

Na seção 15.7, examinamos como a receita varia quando o preço de um bem varia, mas muitas vezes é interessante examinar como a receita varia quando a quantidade de um bem varia. Isso é especialmente útil quando analisamos decisões de produção tomadas por empresas.

Vimos anteriormente que, para pequenas alterações do preço e da quantidade, a variação da receita é dada por

$$\Delta R = p\Delta q + q\Delta p.$$

Se dividirmos ambos os lados dessa expressão por Δq, obteremos a expressão da **receita marginal**:

$$\text{MR} = \frac{\Delta R}{\Delta q} = p + q\frac{\Delta p}{\Delta q}.$$

Há um modo útil de rearrumar essa fórmula. Observe que podemos também escrevê-la como

$$\frac{\Delta R}{\Delta q} = p\left[1 + \frac{q\Delta p}{p\Delta q}\right].$$

O que representa o segundo termo dentro dos colchetes? Não, não é a elasticidade, mas você está perto. É a recíproca da elasticidade:

$$\frac{1}{\epsilon} = \frac{1}{\frac{p\Delta q}{q\Delta p}} = \frac{q\Delta p}{p\Delta q}.$$

Assim, a expressão da receita marginal torna-se

$$\frac{\Delta R}{\Delta q} = p(q)\left[1 + \frac{1}{\epsilon(q)}\right].$$

(Aqui escrevemos $p(q)$ e $\varepsilon(q)$ para nos lembrarmos de que tanto o preço como a elasticidade normalmente dependem do nível de produção.)

Quando houver perigo de confusão por ser a elasticidade um número negativo, escreveremos essa expressão como:

$$\frac{\Delta R}{\Delta q} = p(q)\left[1 - \frac{1}{|\epsilon(q)|}\right].$$

Isso significa que, se a elasticidade da demanda for –1, a receita marginal será 0 – a receita não varia quando aumenta a produção. Se a demanda for inelástica, então $|\varepsilon|$ será menor do que 1, o que significa que $1/|\varepsilon|$ será maior do que 1. Portanto, $1 - 1/|\varepsilon|$ será negativo, de modo que a receita diminuirá quando aumentar a produção.

Isso é bastante intuitivo. Se a demanda não reagir muito ao preço, será preciso diminuir muito o preço para aumentar a produção, o que provoca queda na receita. Tudo isso é absolutamente coerente com a discussão anterior sobre como a receita varia à medida que o preço varia, uma vez que o aumento na quantidade provoca a diminuição do preço e vice-versa.

EXEMPLO: Determinação de um preço

Suponhamos que você esteja encarregado de atribuir preço a algum produto que esteja produzindo e que você também tenha uma boa estimativa da curva de demanda desse produto. Suponhamos, por fim, que o objetivo seja estabelecer um preço que maximize os lucros: receita menos custos. Por isso, você não gostaria de fixar um preço em que a elasticidade de demanda seja menor do que 1, isto é, você jamais desejará fixar um preço onde a demanda seja inelástica.

Por quê? Imagine o que aconteceria se você aumentasse o preço. Sua receita aumentaria – posto que a demanda seria inelástica – enquanto a quantidade vendida diminuiria. Mas se a quantidade vendida diminuísse, os custos de produção deveriam também diminuir ou, pelo menos, não deveriam aumentar. Assim, seu lucro total teria de crescer, o que mostra que a operação numa parte inelástica da curva de demanda não pode render lucros máximos.

15.10 Curvas de receita marginal

Na seção anterior, vimos que a receita marginal é dada por

$$\frac{\Delta R}{\Delta q} = p(q) + \frac{\Delta p(q)}{\Delta q} q$$

ou

$$\frac{\Delta R}{\Delta q} = p(q) \left[1 - \frac{1}{|\epsilon(q)|} \right].$$

Acharemos útil traçar essas curvas de receita marginal. Observe primeiro que, quando a quantidade é zero, a receita marginal é exatamente igual ao preço. Isso significa que a receita adicional que se obtém com a venda da primeira unidade é exatamente igual ao preço. Mas, a partir daí, a receita marginal será menor do que o preço, uma vez que $\Delta p / \Delta q$ é negativo.

Pense nisso. Se você decidir vender mais uma unidade do produto, terá de reduzir o preço. Mas essa redução do preço diminui a receita recebida por todas as unidades de produto que estiverem sendo vendidas. Portanto, a receita adicional que você receberá será menor do que o preço recebido pela venda da unidade adicional.

Examinemos o caso especial da curva de demanda linear (inversa):

$$p(q) = a - bq.$$

Aqui é fácil ver que a inclinação da curva de demanda inversa é constante:

$$\frac{\Delta p}{\Delta q} = -b.$$

Portanto, a fórmula da receita marginal passa a ser

$$\begin{aligned}\frac{\Delta R}{\Delta q} &= p(q) + \frac{\Delta p(q)}{\Delta q} q \\ &= p(q) - bq \\ &= a - bq - bq \\ &= a - 2bq.\end{aligned}$$

Essa curva de receita marginal é mostrada na Figura 15.7A. A curva de receita marginal tem o mesmo intercepto vertical que a curva de demanda, mas o dobro da inclinação. A receita marginal é negativa quando $q > a/2b$. A quantidade $a/2b$ é a quantidade na qual a elasticidade é igual a -1.

Para qualquer quantidade maior, a demanda será inelástica, o que implica que a receita marginal seja negativa.

A curva de demanda com elasticidade constante fornece outro caso especial da curva de receita marginal (ver Figura 15.7B). Se a elasticidade de demanda for constante em $\epsilon(q) = \epsilon$, então a curva de receita marginal terá a forma

$$MR = p(q) \left[1 - \frac{1}{|\epsilon|} \right].$$

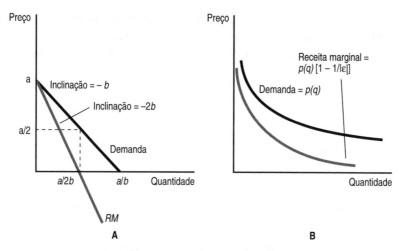

FIGURA 15.7 Receita marginal. *(A) Receita marginal da curva de demanda linear. (B) Receita marginal da curva de demanda de elasticidade constante.*

Como o termo entre colchetes é constante, a curva de receita marginal é uma fração constante da curva de demanda inversa. Quando $|\varepsilon| = 1$, a curva de receita marginal é constante e igual a zero. Quando $|\varepsilon|>1$, a curva de receita marginal fica abaixo da curva de demanda inversa. Quando $|\varepsilon|<1$, a receita marginal é negativa.

15.11 Elasticidade-renda

Lembre-se de que a elasticidade-preço da demanda é definida como

$$\text{elasticidade-preço da demanda} = \frac{\%\text{ variação na quantidade demandada}}{\%\text{ variação no preço}}.$$

Isso proporciona uma medida independente de unidade de como a quantidade demandada reage à variação no preço.

A **elasticidade-renda da demanda** é utilizada para descrever como a quantidade demandada reage à variação na renda; sua definição é

$$\text{elasticidade-renda da demanda} = \frac{\%\text{ variação na quantidade}}{\%\text{ variação na renda}}.$$

Lembre-se de que o **bem normal** é aquele no qual o aumento da renda provoca o aumento da demanda; assim, para esse tipo de bem, a elasticidade-renda da demanda é positiva. O **bem inferior** é aquele no qual o aumento na renda leva à diminuição da demanda; para esse tipo de bem, a elasticidade-renda da demanda é negativa. Os economistas usam às vezes a expressão **bens de luxo**. São bens cuja elasticidade-renda da demanda é maior que 1; um aumento de 1% na renda conduz a um aumento de *mais* de 1% na demanda de um bem de luxo.

No entanto, como regra de ouro, as elasticidades-renda tendem a aglomerarem-se em torno de 1. Podemos ver a razão disso pelo exame da restrição orçamentária. Escrevamos as restrições orçamentárias de dois níveis diferentes de renda:

$$p_1 x'_1 + p_2 x'_2 = m'$$
$$p_1 x^0_1 + p_2 x^0_2 = m^0.$$

Agora vamos subtrair a segunda equação da primeira e fazer Δ representar as diferenças, como de hábito:

$$p_1 \Delta x_1 + p_2 \Delta x_2 = \Delta m.$$

Também vamos multiplicar e dividir o preço i por x_i/x_i e dividir ambos os lados por m:

$$\frac{p_1 x_1}{m} \frac{\Delta x_1}{x_1} + \frac{p_2 x_2}{m} \frac{\Delta x_2}{x_2} = \frac{\Delta m}{m}.$$

Por fim, dividamos ambos os lados por $\Delta m/m$ e utilizemos $s_i = p_i x_i/m$ para representar a **parcela de gasto** do bem i. Isso fornece nossa equação final,

$$s_1 \frac{\Delta x_1/x_1}{\Delta m/m} + s_2 \frac{\Delta x_2/x_2}{\Delta m/m} = 1.$$

A equação diz que a *média ponderada das elasticidades-renda é 1*, em que os pesos são as parcelas de gasto. Os bens de luxo que têm uma elasticidade-renda maior do que 1 têm de ser contrabalançados por bens que tenham elasticidade-renda inferior a 1 para que, "na média", as elasticidades-renda sejam de aproximadamente 1.

RESUMO

1. A curva de demanda de mercado é apenas a soma das curvas de demanda individuais.

2. O preço de reserva mede o preço pelo qual um consumidor é exatamente indiferente entre comprar ou não um bem.

3. A função de demanda mede a quantidade demandada como uma função do preço. A função de demanda inversa mede o preço como uma função da quantidade. Uma determinada curva de demanda pode ser descrita das duas formas.

4. A elasticidade da demanda mede a sensibilidade da quantidade demandada em relação ao preço. Ela é formalmente definida como a variação percentual na quantidade dividida pela variação percentual no preço.

5. Se o valor absoluto da elasticidade de demanda for menor do que 1 em algum ponto, dizemos que a demanda é *inelástica* nesse ponto. Se o valor absoluto

da elasticidade for maior do que 1 em algum ponto, dizemos que nesse ponto a demanda é *elástica*. Se o valor absoluto da demanda em algum ponto for exatamente igual a 1, dizemos que nesse ponto a demanda tem elasticidade *unitária*.

6. Se a demanda for inelástica num certo ponto, então um aumento na quantidade causará redução na receita. Se a demanda for elástica, um aumento na quantidade demandada causará um aumento na receita.

7. A receita marginal é a receita extra que se obtém com o aumento da quantidade vendida. A fórmula que relaciona a receita marginal e a elasticidade é: $RM = p[1 + 1/\varepsilon] = p[1 - 1/|\varepsilon|]$.

8. Se a curva de demanda inversa for uma função linear $p(q) = a - bq$, então a receita marginal será dada por $RM = a - 2bq$.

9. A elasticidade da renda mede a sensibilidade da quantidade demandada à renda. É formalmente definida como a variação percentual na quantidade dividida pela variação percentual na renda.

QUESTÕES DE REVISÃO

1. Se a curva de demanda de mercado for $D(p) = 100 - 0{,}5p$, qual será a curva de demanda inversa?

2. A função de demanda de um viciado por uma droga pode ser muito inelástica, mas a função de demanda de mercado pode ser bem elástica. Como pode ser isso?

3. Se $D(p) = 12 - 2p$, que preço maximizará a receita?

4. Suponhamos que a curva de demanda de um bem seja dada por $D(p) - 100/p$. Qual preço maximizará a receita?

5. Verdadeiro ou falso? Em um modelo com dois bens, se um bem for inferior, o outro tem de ser um bem de luxo.

APÊNDICE

Em termos de derivadas, a elasticidade-preço da demanda é definida como

$$\epsilon = \frac{p}{q}\frac{dq}{dp}.$$

No texto, afirmamos que a fórmula da curva de demanda de elasticidade constante era $q = Ap^\epsilon$. Para verificar que isso está correto, basta diferenciar a expressão com respeito ao preço:

$$\frac{dq}{dp} = \epsilon A p^{\epsilon-1}$$

e multiplicar pelo quociente do preço sobre a quantidade:

$$\frac{p}{q}\frac{dq}{dp} = \frac{p}{Ap^\epsilon}\epsilon A p^{\epsilon-1} = \epsilon.$$

Observe que quase tudo se cancela, deixando-nos somente com ε, como era necessário.

A curva de demanda linear tem a fórmula $q(p) = a - bp$. A elasticidade de demanda no ponto p é dada por

$$\epsilon = \frac{p}{q}\frac{dq}{dp} = \frac{-bp}{a-bp}.$$

Quando p é zero, a elasticidade também é zero. Quando q é zero, a elasticidade é infinita.

A receita é dada por $R(p) = pq(p)$. Para ver como a receita varia à medida que o preço se altera, diferenciamos a receita com relação a p para obter

$$R'(p) = pq'(p) + q(p).$$

Suponhamos que a receita aumente quando p se eleva. Temos, então, que

$$R'(p) = p\frac{dq}{dp} + q(p) > 0.$$

Ao rearrumarmos, obtemos

$$\epsilon = \frac{p}{q}\frac{dq}{dp} > -1.$$

Ao lembrarmos que dq/dp é negativo e multiplicarmos tudo por -1, encontramos

$$|\epsilon| < 1.$$

Assim, se a receita aumentar quando o preço subir, teremos de estar numa parte inelástica da curva de demanda.

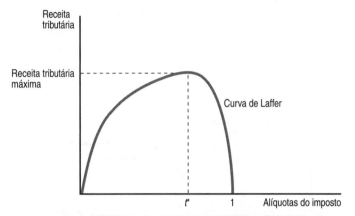

FIGURA 15.8 Curva de Laffer. Um formato possível para a curva de Laffer, que relaciona as receitas de impostos e as alíquotas do imposto.

EXEMPLO: A curva de Laffer

Nesta seção, examinaremos alguns cálculos simples de elasticidade que podem ser utilizados para examinar um aspecto de considerável interesse para a política econômica: como a receita tributária varia quando a alíquota do imposto varia.

Vamos supor que traçamos um gráfico da receita tributária *versus* a alíquota do imposto. Se a taxa tributária for zero, a receita tributária será zero; se for 1, ninguém desejará demandar ou ofertar o bem taxado, de modo que a receita tributária também será igual a zero. Assim, a receita como função da alíquota do imposto primeiro deve aumentar e depois diminuir. (É claro que ela pode subir e descer várias vezes entre 0 e 1, mas ignoraremos essa possibilidade para simplificar as coisas.) A curva que relaciona as alíquotas do imposto com as receitas tributárias é conhecida como **curva de Laffer** e é mostrada na Figura 15.8.

O elemento interessante da curva de Laffer é que ela indica que, quando a taxa de tributação for suficientemente elevada, o aumento dessa taxa acabará por *reduzir* a receita tributária. A redução da oferta do bem taxado em razão do aumento da taxa de tributação pode ser tão grande que a receita, na verdade, acabará por diminuir. Isso é chamado o efeito de Laffer, em homenagem ao economista que popularizou esse diagrama na década de 1980. Tem-se dito que a grande virtude da curva de Laffer é que se pode explicá-la a um congressista em meia hora e ele falará nela durante seis meses. De fato, nos Estados Unidos, a curva de Laffer ocupou um lugar proeminente no debate sobre o efeito da redução de impostos em 1980. O ponto-chave do argumento acima está na expressão "suficientemente elevada". Quão elevada a alíquota do imposto deve estar para o efeito de Laffer ocorrer?

Para responder a essa pergunta, examinemos o seguinte modelo simples do mercado de trabalho. Suponhamos que as empresas demandarão zero trabalho se o salário for maior do que $\bar{w}$ e demandarão uma quantidade de trabalho arbitrariamente alta, caso o salário seja exatamente $\bar{w}$. Isso significa que a curva de demanda de trabalho é plana em um determinado nível de salário $\bar{w}$. Suponhamos que a curva de oferta de trabalho, $S(w)$, tenha a inclinação positiva convencional. O equilíbrio no mercado de trabalho é mostrado na Figura 15.9.

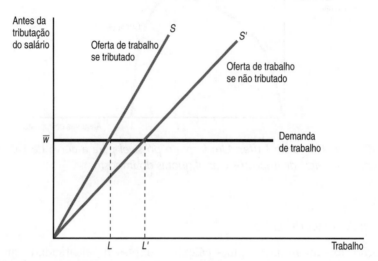

FIGURA 15.9 Mercado de trabalho. *O equilíbrio no mercado de trabalho com uma curva horizontal de demanda por trabalho. Quando a renda do trabalho é tributada, menos trabalho será ofertado a cada taxa salarial.*

Se a renda do trabalho for tributada com uma taxa t, então, se a empresa pagar $\bar{w}$, o trabalhador só receberá $w = (1-t)\,\bar{w}$. Portanto, a curva de oferta de trabalho irá se deslocar para a esquerda e a quantidade de trabalho vendida cairá, como mostra a Figura 15.9. O salário após impostos foi reduzido, o que desincentiva a venda de trabalho. Até aqui, tudo bem.

Portanto, a receita tributária, T, é dada pela fórmula

$$T = t\bar{w}S(w),$$

em que $w = (1-t)\,\bar{w}$ e $S(w)$ é a oferta de trabalho.

Para ver como a receita tributária varia à medida que a alíquota do imposto se altera, diferenciamos essa fórmula com respeito a t para encontrar

$$\frac{dT}{dt} = \left[-t\frac{dS(w)}{dw}\bar{w} + S(w)\right]\bar{w}. \tag{15.1}$$

(Observe o uso da regra da cadeia e o fato de que $dw/dt = -\bar{w}$.)

O efeito de Laffer ocorre quando a receita diminui enquanto t aumenta – ou seja, quando a expressão anterior é negativa. Ora, isso mostra com clareza que a oferta de trabalho terá de ser bem elástica – ela tem de cair muito quando a taxa de tributação aumentar. Tentemos então ver que valores da elasticidade são capazes de tornar essa expressão negativa.

Para que a equação (15.1) seja negativa, precisamos ter

$$-t\frac{dS(w)}{dw}\overline{w} + S(w) < 0.$$

A transposição dos termos proporciona

$$t\frac{dS(w)}{dw}\overline{w} > S(w)$$

e a divisão de ambos os lados por $tS(w)$ resulta em

$$\frac{dS(w)}{dw}\frac{\overline{w}}{S(w)} > \frac{1}{t}.$$

A multiplicação de ambos os lados por $(1 - t)$ e a utilização do fato de que $w = (1 - t)\,\overline{w}$ fornece

$$\frac{dS}{dw}\frac{w}{S} > \frac{1-t}{t}.$$

O lado esquerdo dessa expressão é a elasticidade da oferta de trabalho. Mostramos que o efeito de Laffer só pode ocorrer se a elasticidade da oferta de trabalho for maior do que $(1 - t)/t$.

Consideremos um caso extremo e suponhamos que a alíquota do imposto sobre a renda do trabalho seja de 50%. Então, o efeito de Laffer só poderá ocorrer quando a elasticidade da oferta de trabalho for maior do que 1. Isso significa que uma redução de 1% no salário levaria a uma redução maior do que 1% na oferta de trabalho. Essa é uma reação muito grande.

Os econometristas têm estimado elasticidades de oferta de trabalho nos Estados Unidos com frequência e o maior valor até agora encontrado situa-se em torno de 0,2. Portanto, parece pouco provável que o efeito de Laffer ocorra para o tipo de taxa de tributação americana. No entanto, em outros países, como a Suécia, as alíquotas são bem mais altas e há indícios de que o fenômeno estudado por Laffer possa ter ocorrido.[3]

EXEMPLO: Outra expressão para a elasticidade

Eis aqui outra expressão para a elasticidade, que às vezes se mostra útil. A elasticidade pode expressar-se como

$$\frac{d\ln Q}{d\ln P}.$$

---

[3] Ver Charles E. Stuart, "Sweedish Tax Rates, Labor Supply, and Tax Revenues", *Journal of Political Economy*, 89: 5 (outubro de 1981), p. 1020-38.

A prova envolve a aplicação repetida da regra da cadeia. Comecemos por observar que

$$\frac{d\ln Q}{d\ln P} = \frac{d\ln Q}{dQ}\frac{dQ}{d\ln P}$$
$$= \frac{1}{Q}\frac{dQ}{d\ln P}. \qquad (15.2)$$

Observemos também que

$$\frac{dQ}{dP} = \frac{dQ}{d\ln P}\frac{d\ln P}{dP}$$
$$= \frac{dQ}{d\ln P}\frac{1}{P},$$

o que implica que

$$\frac{dQ}{d\ln P} = P\frac{dQ}{dP}.$$

Ao substituirmos isso na equação (15.2), teremos

$$\frac{d\ln Q}{d\ln P} = \frac{1}{Q}\frac{dQ}{dP}P = \epsilon,$$

que é o que queríamos estabelecer.

Assim, a elasticidade mede a inclinação da curva de demanda traçada com base em logaritmos; ou seja, como o logaritmo da quantidade varia à medida que o logaritmo do preço se altera.

CAPÍTULO 16

EQUILÍBRIO

Em capítulos anteriores, vimos como elaborar curvas de demanda individuais com base em informações sobre preferências e preços. No Capítulo 15, agregamos essas curvas de demanda individuais para construir curvas de demanda de mercado. Neste capítulo, descreveremos como utilizar essas curvas de demanda de mercado para conhecer o preço de equilíbrio do mercado.

No Capítulo 1, dissemos que havia dois princípios fundamentais da análise microeconômica: o princípio de otimização e o princípio de equilíbrio. Até agora, estudamos exemplos do princípio de otimização: o que decorre do pressuposto de que as pessoas escolhem seu consumo de maneira ótima a partir de seus conjuntos orçamentários. Em capítulos posteriores, continuaremos a utilizar a análise de otimização para estudar o comportamento de maximização de lucros das empresas. Combinaremos, por fim, o comportamento dos consumidores e das empresas para estudar o equilíbrio resultante da interação deles no mercado.

Antes, porém, de realizarmos esse estudo em detalhe, vale a pena dar alguns exemplos de análise de equilíbrio – como os preços se ajustam para compatibilizar as decisões de oferta e demanda dos agentes econômicos. Para fazer isso, examinaremos brevemente o outro lado do mercado – o da oferta.

16.1 Oferta

Já vimos alguns exemplos de curvas de oferta. No Capítulo 1, vimos uma curva de oferta vertical para apartamentos. No Capítulo 9, examinamos situações em que os consumidores escolheriam ser ofertantes líquidos ou demandantes dos bens que possuem e analisamos as decisões de oferta de trabalho.

Em todos esses casos, a curva de oferta simplesmente media quanto o consumidor estava disposto a ofertar de um bem a cada possível preço do mercado. Com efeito, isso é a própria definição da curva de oferta: para cada preço p, determinamos que quantidade do bem será ofertada, $S(p)$. Nos próximos capítulos, discutiremos o comportamento de oferta das empresas. No entanto, para muitos fins, não é realmente necessário saber de onde vêm as curvas de oferta e de demanda em termos do comportamento otimizador que as gera. Para muitos problemas, o fato de haver uma relação funcional entre o preço e a quantidade que os consumidores demandam ou ofertam a esse preço já é suficiente para destacar insights importantes.

16.2 Equilíbrio do mercado

Vamos supor que temos certo número de consumidores de um bem. Dadas suas curvas de demanda individuais, podemos agregá-las para obter uma curva de demanda de mercado. Do mesmo modo, se tivermos determinado número de ofertantes independentes desse bem, podemos agregar suas curvas de oferta individuais para obter a **curva de oferta de mercado**.

Supõe-se que os demandantes e ofertantes considerem os preços como dados – isto é, fora de seu controle – e apenas determinem sua melhor resposta em vista desses preços de mercado. Um mercado em que cada agente econômico considera o preço de mercado como fora do seu controle é chamado **mercado competitivo**.

A justificativa usual para a suposição do mercado competitivo é que cada consumidor ou produtor é apenas uma pequena parte do mercado como um todo e, portanto, tem um efeito desprezível sobre o preço de mercado. Por exemplo, todo ofertante de trigo considera o preço de mercado como mais ou menos independente de suas ações ao decidir a quantidade do cereal que produzirá e ofertará ao mercado.

Embora o preço do mercado possa independer das ações de *um* agente individual num mercado competitivo, o que determina esse preço é a ação conjunta de todos os agentes nesse mercado. O **preço de equilíbrio** de um bem é aquele em que a oferta e a demanda são iguais. Do ponto de vista geométrico, é o preço em que as curvas de oferta e de demanda se cruzam.

Se representarmos a curva de demanda por $D(p)$ e a curva de oferta por $S(p)$, o preço de equilíbrio será o preço p^* que resolve a equação

$$D(p^*) = S(p^*)$$

A solução dessa equação, p^*, é o preço em que a demanda do mercado é igual à oferta do mercado.

Por que esse é um preço de equilíbrio? O equilíbrio econômico é a situação em que todos os agentes escolhem a melhor ação possível de acordo com seus próprios interesses e em que o comportamento de cada pessoa é coerente com o de todas as outras. A qualquer preço diferente do preço de equilíbrio, o comportamento de alguns agentes não seria viável, o que daria motivo para mudanças nesse comportamento. Portanto, um preço diferente do preço de equilíbrio não persistiria, pois pelo menos alguns agentes teriam motivação para alterar seus comportamentos.

As curvas de demanda e de oferta representam as escolhas ótimas dos agentes envolvidos e o fato de serem iguais para determinado preço p^* indica que os comportamentos dos demandantes e ofertantes são compatíveis. Em qualquer *outro* preço diferente do preço no qual a demanda e a oferta se igualam, essas duas condições *não* serão satisfeitas.

Por exemplo, imaginemos um preço $p' < p^*$, em que a demanda seja maior do que a oferta. Assim, alguns ofertantes perceberão que poderão vender seus bens por um preço maior do que o preço vigente p' aos demandantes desapontados. À medida que mais e mais ofertantes perceberem isso, o preço do mercado será puxado para cima até o ponto em que a demanda e a oferta sejam iguais.

Do mesmo modo, se $p' > p^*$, de modo que a demanda seja menor do que a oferta, alguns ofertantes não conseguirão vender a quantidade que esperavam vender. A única forma de vender mais produtos é oferecê-los a um preço menor. Mas, se todos os ofertantes vendem bens idênticos e se alguns deles os oferecem a um preço menor, os demais terão que vender a esse preço. Portanto, o excesso de oferta exerce uma pressão decrescente sobre o preço de mercado. Apenas quando a quantidade que as pessoas quiserem comprar a determinado preço for igual à quantidade que outras desejarem vender a esse preço o mercado estará em equilíbrio.

16.3 Dois casos especiais

Há dois casos especiais de equilíbrio de mercado que vale a pena mencionar, pois ocorrem com frequência. O primeiro é o caso da oferta fixa. Aqui, a quantidade oferecida é um valor que independe do preço, ou seja, a curva de oferta é vertical. Nesse caso, a *quantidade* de equilíbrio é determinada inteiramente pelas condições da oferta e o *preço* de equilíbrio é inteiramente determinado pelas condições de demanda.

O caso oposto é aquele em que a curva de oferta é completamente horizontal. Se um setor tiver uma curva de oferta perfeitamente horizontal, isso significa que o setor irá ofertar qualquer quantidade desejada do bem a um preço constante. Nessa situação, o *preço* de equilíbrio será determinado pelas condições de oferta e a *quantidade* de equilíbrio será determinada pela curva de demanda.

Os dois casos especiais são ilustrados na Figura 16.1. Neles, as determinações do preço e da quantidade podem ser separadas, mas no caso geral o preço e a quantidade de equilíbrio são determinados em conjunto pelas curvas de oferta e demanda.

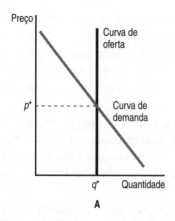 

FIGURA 16.1 Casos especiais de equilíbrio. *O caso A mostra uma curva de oferta vertical em que o preço de equilíbrio é determinado apenas pela curva de demanda. O caso B apresenta uma curva de oferta horizontal em que o preço de equilíbrio é determinado apenas pela curva de oferta.*

16.4 Curvas de oferta e de demanda inversas

Podemos ver o equilíbrio de mercado de uma maneira um pouco diferente, mas que é, muitas vezes, útil. Conforme indicado anteriormente, as curvas de demanda individuais são, em geral, vistas como indicadoras das quantidades demandadas ótimas em função do preço. Podemos, contudo, vê-las também como funções de demanda inversas, que medem o *preço* que alguém estaria disposto a pagar para adquirir certa quantidade do bem. O mesmo se aplica às curvas de oferta. Elas podem ser vistas como um modo de medir a quantidade ofertada como função do preço, mas também podem ser vistas como um meio de medir o *preço* que deve prevalecer para gerar determinada quantidade de oferta.

Essas mesmas construções podem ser utilizadas com as curvas de oferta e demanda de *mercado*, e as interpretações são exatamente as dadas anteriormente. Nesse contexto, o preço de equilíbrio é determinado ao se encontrar a quantidade na qual o preço que os demandantes estão dispostos a pagar para consumi-la é igual ao preço que os ofertantes querem receber para ofertá-la.

Assim, se representamos por $P_S(q)$ a curva de oferta inversa e por $P_D(q)$ a curva de demanda inversa, o equilíbrio será determinado pela condição

$$P_S(q^*) = P_D(q^*).$$

EXEMPLO: Equilíbrio com curvas lineares

Suponhamos que a curva de demanda e a curva de oferta sejam ambas lineares:

$$D(p) = a - bp$$

$$S(p) = c + dp.$$

Os coeficientes (a, b, c, d) são os parâmetros que determinam os interceptos e as inclinações dessas curvas lineares. O preço de equilíbrio pode ser encontrado ao se resolver a seguinte equação:

$$D(p) = a - bp = c + dp = S(p).$$

A resposta é:

$$p^* = \frac{a-c}{d+b}.$$

A quantidade demandada (e ofertada) de equilíbrio é

$$\begin{aligned}D(p^*) &= a - bp^* \\ &= a - b\frac{a-c}{b+d} \\ &= \frac{ad+bc}{b+d}.\end{aligned}$$

Podemos também resolver esse problema com o uso das curvas inversas de demanda e oferta. Precisamos primeiro achar a curva de demanda inversa. A que preço certa quantidade q é demandada? Substituamos apenas q por $D(p)$ e resolvamos p. Teremos, assim,

$$q = a - bp,$$

de modo que

$$P_D(q) = \frac{a-q}{b}.$$

Do mesmo modo, encontramos

$$P_S(q) = \frac{q-c}{d}.$$

Ao igualarmos o preço de demanda e o preço de oferta e resolvermos quantidade de equilíbrio, teremos

$$P_D(q) = \frac{a-q}{b} = \frac{q-c}{d} = P_S(q)$$

$$q^* = \frac{ad+bc}{b+d}.$$

Observe que essa expressão dá a mesma resposta obtida no problema original, tanto para o preço de equilíbrio como para a quantidade de equilíbrio.

16.5 Estática comparativa

Após encontrarmos o equilíbrio quando usamos a condição de que a oferta seja igual à demanda (ou a condição de que o preço de demanda seja igual ao preço de oferta), podemos ver como esse equilíbrio se altera à medida que as curvas de demanda e oferta variam. Por exemplo, é fácil verificar que, se a curva de demanda se deslocar para a direita paralelamente – certa quantidade a mais é demandada a cada preço, o preço de equilíbrio e a quantidade deverão aumentar. Entretanto, se a curva de oferta se deslocar para a direita, a quantidade de equilíbrio aumenta, mas o preço de equilíbrio obrigatoriamente cai.

E se ambas as curvas se deslocarem para a direita? Nesse caso, a quantidade certamente aumentará, mas a variação do preço será ambígua – o preço poderá aumentar ou diminuir.

EXEMPLO: Deslocamento de ambas as curvas

Pergunta: Vejamos o mercado competitivo de apartamentos descrito no Capítulo 1. Seja p^* o preço de equilíbrio nesse mercado e q^* a quantidade de equilíbrio. Suponhamos que um corretor de imóveis coloque à venda m dos apartamentos de aluguel, que são comprados pelos moradores. O que acontece com o preço de equilíbrio?

Resposta: A situação é descrita na Figura 16.2. As curvas de oferta e demanda se deslocam para a esquerda na *mesma* quantidade. Por isso, o preço permanece inalterado e a quantidade vendida reduz-se a m.

Algebricamente, o novo preço de equilíbrio é determinado por

$$D(p) - m = S(p) - m,$$

que, obviamente, tem a mesma solução que a condição original de demanda igual à oferta.

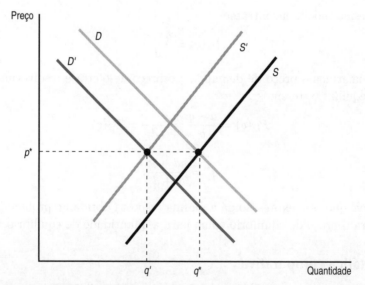

FIGURA 16.2 O deslocamento de ambas as curvas. Tanto a curva de demanda como a de oferta deslocam-se para a esquerda pela mesma quantidade, o que implica que o preço de equilíbrio não variará.

16.6 Impostos

Descrever um mercado antes e depois de aplicar-se algum imposto representa um exercício interessante de estática comparativa, além de ter considerável importância para as decisões de política econômica. Vejamos como fazer isso.

O ponto essencial a ser entendido no que diz respeito aos impostos é que, quando um imposto é aplicado num mercado, há *dois* preços de interesse: o que o demandante paga e o que o ofertante recebe. A diferença entre esses dois preços – o de demanda e o de oferta – é igual à grandeza do imposto.

Há vários tipos diferentes de impostos que podem ser aplicados. Examinaremos aqui dois exemplos, que são os **impostos sobre a quantidade** e os **impostos sobre o valor** (também chamados de impostos *ad valorem*).

O imposto sobre a quantidade é uma taxa cobrada por cada unidade vendida ou comprada do bem. O imposto sobre a gasolina é um bom exemplo. Suponhamos que o imposto sobre a gasolina seja de US$0,12 por litro. Se o demandante pagar $P_D =$ US$1,50 por litro de gasolina, o ofertante receberá $P_S =$ US$1,50 − 0,12 = US$1,38 por litro. Em geral, se t for o valor do imposto por unidade vendida, então

$$P_D = P_S + t.$$

Imposto sobre o valor é uma taxa expressa em unidades percentuais. Os impostos estaduais sobre as vendas são um bom exemplo de impostos sobre o valor. Nos Estados Unidos, se um estado cobra um imposto sobre as vendas de 5%, então, quando alguém paga US$1,05 por algo (incluindo o imposto), o ofertante recebe US$1. Em geral, se a taxa for dada por τ, então

$$P_D = (1 + \tau)\, P_S.$$

Imaginemos o que acontece num mercado quando é aplicado o imposto sobre a quantidade. Em nosso primeiro caso, suponhamos que quem paga o imposto é o ofertante, como no caso do imposto sobre a gasolina. Então, a quantidade ofertada dependerá do preço de oferta – a quantia que o ofertante realmente obtém após pagar o imposto – e a quantidade demandada dependerá do preço de demanda – a quantia que o demandante paga. A quantia que o ofertante obtém será igual à quantia que o demandante paga menos o valor do imposto. Isso nos dá duas equações:

$$D(P_D) = S(P_S).$$
$$P_S = P_D - t.$$

Ao substituirmos a segunda equação na primeira, teremos a condição de equilíbrio:

$$D(P_D) = S(P_D - t).$$

De maneira alternativa, podemos também reordenar a segunda equação para obter: $P_D = P_S + t$ e então substituir para encontrar

$$D(P_D + t) = S(P_S).$$

Qualquer forma é igualmente válida; a escolha entre uma ou outra dependerá da conveniência de cada caso particular.

Suponhamos agora que, em vez do ofertante, quem paga o imposto é o demandante. Então, escrevemos

$$P_D - t = P_S,$$

o que diz que a quantidade paga pelo demandante menos o imposto é igual ao preço recebido pelo ofertante. Se substituirmos isso na condição de demanda igual à oferta, encontraremos

$$D(P_D) = S(P_D - t).$$

Observe que essa é a mesma equação do caso em que o ofertante paga o imposto. No que diz respeito ao preço de equilíbrio com que se defrontam demandantes e ofertantes, na realidade não importa quem é o responsável pelo pagamento do imposto – o que interessa é que o imposto tem de ser pago por alguém.

Na verdade, isso não tem mistério. Pense no imposto sobre a gasolina. Nesse caso, o imposto é incluído no preço de venda. Mas, se o preço fosse relacionado como um preço antes do imposto e o imposto da gasolina fosse adicionado como um item separado a ser pago pelo demandante, você acha que a quantidade demandada variaria? Afinal, o preço final para o consumidor seria o mesmo, independentemente do modo como o imposto fosse pago. Desde que o consumidor seja capaz de distinguir o custo líquido dos bens que compra, não interessa a maneira como o imposto é cobrado.

Há um modo ainda mais simples de mostrar isso com o uso das funções de oferta e demanda inversas. A quantidade de equilíbrio negociada é aquela quantidade q^*, de modo que o preço de demanda em q^* *menos o imposto pago* é exatamente igual ao preço de oferta em q^*. Em símbolos:

$$P_D(q^*) - t = P_S(q^*).$$

Se o imposto for cobrado dos ofertantes, a condição de equilíbrio será que o preço de oferta *mais o valor do imposto* deve ser equivalente ao preço de demanda:

$$P_D(q^*) = P_S(q^*) + t.$$

Mas, como essas equações são idênticas, devem produzir as mesmas quantidades e os mesmos preços de equilíbrio.

Examinemos, por fim, a geometria da situação. Ela é vista com mais facilidade com a utilização das curvas inversas de demanda e oferta discutidas antes. Queremos encontrar a quantidade em que a curva $P_D(q) - t$ cruza a curva $P_S(q)$. Para localizar esse ponto, basta deslocarmos para baixo a curva de demanda na grandeza t e vermos onde essa demanda deslocada intercepta a curva de oferta original. Alternativamente, podemos encontrar a quantidade em que $P_D(q)$ é igual a $P_S(q) + t$. Para tanto, apenas deslocamos para cima a curva de oferta na grandeza t. Ambos os procedimentos fornecem a resposta correta para a quantidade de equilíbrio. Isso é ilustrado na Figura 16.3.

Nesse diagrama, podemos ver com facilidade os efeitos qualitativos do imposto. A quantidade vendida tem de diminuir, o preço pago pelos demandantes tem de aumentar e o preço recebido pelos ofertantes tem de cair.

A Figura 16.4 descreve outra forma de conhecer o impacto de um imposto. Pense na definição de equilíbrio nesse mercado. Queremos encontrar a quantidade q^*, de tal modo que, quando o ofertante enfrentar um preço p_s e o demandante se defrontar com o preço $p_d = p_s + t$, a quantidade q^* seja demandada pelo demandante e ofertada pelo ofertante. Representemos o imposto t pelo segmento de reta vertical e desloquemos esse segmento ao longo da curva de oferta, até que toque a curva de demanda. Esse ponto é nossa quantidade de equilíbrio!

EXEMPLO: Tributação com curvas de oferta e demanda lineares

Suponhamos que as curvas de oferta e demanda sejam ambas lineares. Assim, se impusermos um imposto nesse mercado, o equilíbrio será determinado pelas equações

$$a - bp_D = c + dp_S$$

e

$$p_D = p_S + t.$$

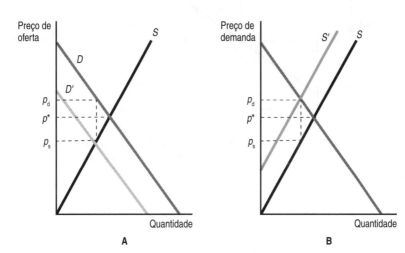

FIGURA 16.3 Lançamento de um imposto. Para analisar o impacto de um imposto, podemos tanto deslocar a curva de demanda para baixo, como no painel A, quanto deslocar a curva de oferta para cima, como no painel B. Os preços de equilíbrio pagos pelos demandantes e recebidos pelos ofertantes serão iguais em ambos os casos.

Ao substituirmos a segunda equação na primeira, teremos

$$a - b(p_S + t) = c + dp_S.$$

A resolução do preço de oferta de equilíbrio, p_S^*, proporciona

$$p_S^* = \frac{a - c - bt}{d + b}.$$

O preço de demanda de equilíbrio, p_D^*, é dado por $p_S^* + t$:

$$p_D^* = \frac{a - c - bt}{d + b} + t$$
$$= \frac{a - c + dt}{d + b}.$$

Observe que o preço pago pelo demandante aumenta e o preço recebido pelo ofertante diminui. A grandeza da variação do preço depende da inclinação das curvas de oferta e demanda.

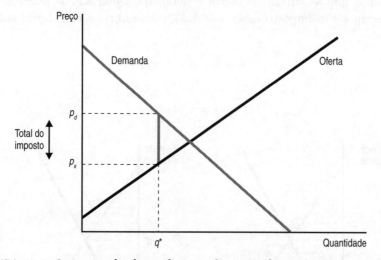

FIGURA 16.4 Outro modo de conhecer o impacto de um imposto. Desloque o segmento de reta vertical pela curva de oferta até que ele alcance a curva de demanda.

16.7 Repasse de um imposto

Ouvimos dizer com frequência que, quando um imposto incide sobre os produtores, não reduz os lucros, uma vez que as empresas simplesmente o repassam aos consumidores. Como vimos anteriormente, os impostos na verdade não devem ser encarados como algo que recai sobre as empresas ou sobre os consumidores. Com efeito, os impostos constituem transações *entre* as empresas e os consumidores. Em geral, o imposto elevará o preço pago pelos consumidores e reduzirá o preço recebido pelas empresas. Quanto do imposto será repassado aos consumidores irá depender das características da demanda e da oferta.

Isso pode ser visto com maior facilidade nos casos extremos: quando temos uma curva de oferta perfeitamente horizontal ou perfeitamente vertical. Esses casos são também conhecidos como de oferta **perfeitamente elástica** e **perfeitamente inelástica**.

Já encontramos esses dois casos especiais anteriormente neste capítulo. Se uma indústria tiver uma curva de oferta horizontal, isso significa que a indústria ofertará qualquer quantidade desejada do bem a determinado preço e ofertará zero unidade do bem a qualquer preço menor. Nesse caso, o preço será inteiramente determinado pela curva de oferta e a quantidade vendida será inteiramente determinada pela demanda. Se uma indústria tiver uma curva de oferta vertical, isso significa que a quantidade do bem é fixa. O preço de equilíbrio desse bem será inteiramente determinado pela demanda.

Imaginemos a obrigatoriedade de um imposto num mercado com uma curva de oferta perfeitamente elástica. Como vimos acima, aplicar um imposto é como deslocar para cima a curva de oferta na grandeza da taxa, conforme ilustra a Figura 16.5A.

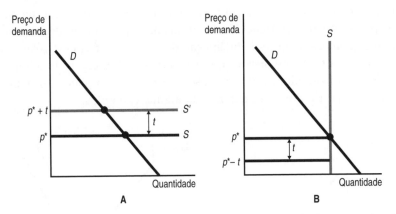

FIGURA 16.5 *Casos especiais de tributação.* *(A) No caso da curva de oferta perfeitamente elástica, o imposto é inteiramente repassado aos consumidores. (B) No caso da curva de oferta perfeitamente inelástica, nenhum imposto é repassado aos consumidores.*

No caso de uma curva de oferta perfeitamente elástica, é fácil ver que o preço para o consumidor aumenta exatamente na grandeza do imposto. O preço da oferta é exatamente o mesmo de antes do imposto e os demandantes acabam por pagar o imposto em sua totalidade. Se você pensar no significado da curva de oferta horizontal, verá que ele não é difícil de entender. A curva de oferta horizontal significa que a indústria está disposta a ofertar qualquer quantidade do bem a um preço, p^*, e zero quantidade a qualquer preço menor. Portanto, para que alguma quantidade do bem seja vendida no equilíbrio, os ofertantes têm de receber p^* por ele. Isso determina, com efeito, o preço de oferta de equilíbrio, sendo o preço de demanda $p^* + t$.

O caso oposto é ilustrado na Figura 16.5B. Se a curva de oferta for vertical e "deslocarmos essa curva para cima", não mudaremos nada no diagrama. A curva de oferta apenas se deslocará ao longo de si mesma, mas teremos ainda a mesma quantidade ofertada do bem, com ou sem imposto. Nesse caso, os demandantes determinam o preço de equilíbrio do bem e estarão dispostos a pagar certa quantia, p^*, pela oferta disponível do bem, com ou sem imposto. Assim, eles acabam por pagar p^* e os ofertantes acabam por receber $p^* - t$. Todo o imposto é pago pelos ofertantes.

As pessoas, com frequência, acham esse caso paradoxal, mas, na verdade, ele não é. Se os ofertantes pudessem elevar seus preços após o imposto ser aplicado e mesmo assim vender toda a oferta fixa, eles teriam aumentado os preços antes da aplicação do imposto e conseguido ganhar ainda mais dinheiro! Se a curva de demanda não se mover, o preço só poderá aumentar se a oferta reduzir. Se uma política não afetar nem a oferta nem a demanda, ela não poderá afetar o preço.

Agora que já entendemos os casos especiais, podemos examinar o caso intermediário, no qual a curva de oferta tem uma inclinação para cima, mas não chega a ser perfeitamente vertical. Nessa situação, a quantidade do imposto que é repassado dependerá do grau de inclinação da curva de oferta em relação à curva de demanda. Se a curva de oferta for quase horizontal, quase todo o imposto será repassado aos consumidores; se for quase vertical, muito pouco do imposto será repassado. Veja a Figura 16.6, que nos dá alguns exemplos.

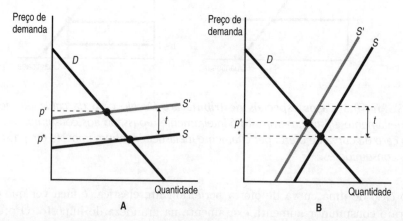

FIGURA 16.6 O repasse de um imposto. (A) Se a curva de oferta for quase horizontal, uma parcela grande do imposto será repassada. (B) Se for quase vertical, muito pouco do imposto será repassado.

16.8 O ônus[1] de um imposto

Já vimos que taxar um bem normalmente aumentará o preço pago pelos demandantes e diminuirá o preço recebido pelos ofertantes. Isso representa certamente um custo para os demandantes e ofertantes, mas, do ponto de vista do economista, o custo real do imposto é que ele diminui a produção.

A produção perdida é o custo social do imposto. Exploremos o custo social do imposto usando as ferramentas do excedente dos consumidores e do excedente dos produtores desenvolvidas no Capítulo 14. Comecemos com o diagrama apresentado na Figura 16.7. Essa figura ilustra o preço de oferta e o preço de demanda de equilíbrio depois da imposição de um imposto t.

A produção foi reduzida por esse imposto e podemos utilizar as ferramentas dos excedentes dos consumidores e produtores para medir a perda social. A perda no excedente dos consumidores é dada pelas áreas $A + B$, enquanto a perda no excedente dos produtores é dada pelas áreas $C + D$. Essas perdas são do mesmo tipo das que examinamos no Capítulo 14.

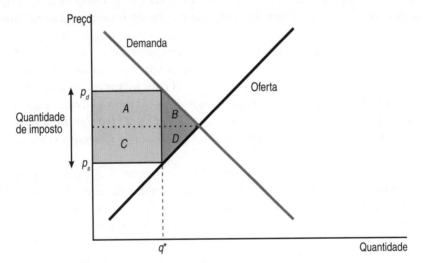

FIGURA 16.7 *O ônus de um imposto.* A área $B + D$ mede o ônus resultante do imposto.

Como estamos à procura de uma expressão para o custo social do imposto, parece razoável agregar as áreas $A + B$ e $C + D$ para obter a perda total para

---

[1] *Nota da Revisão Técnica*: A expressão *deadweight loss* foi traduzida pioneiramente pela Editora Campus como "perda de peso morto", considerando a tradução literal. Nesta nova edição, resolveu-se substituí-la por uma tradução livre que melhor expressa o significado econômico do termo. A expressão é uma figura geométrica utilizada para medir o ônus que o monopólio ou um imposto indevido traz para a sociedade, impedindo que a alocação eficiente de Pareto seja alcançada.

os consumidores e para os produtores do bem considerado. No entanto, deixamos de fora outro jogador – o governo.

O governo *ganha* receita com o imposto. E, naturalmente, os consumidores que se beneficiam com os serviços do governo financiados por essas receitas também ganham com os impostos. Na verdade, não poderemos saber quanto eles ganharão até sabermos como o governo utilizará as receitas tributárias.

Adotemos o pressuposto de que as receitas serão simplesmente devolvidas aos consumidores e produtores ou, de maneira equivalente, que os serviços fornecidos pelas receitas do governo serão exatamente iguais, em valor, às receitas gastas neles.

Assim, o benefício líquido para o governo é a área $A + C$ – a receita total do imposto. Como as perdas nos excedentes dos produtores e consumidores são custos líquidos e a receita tributária para o governo é um benefício líquido, o custo total líquido do imposto é a soma algébrica dessas áreas: a perda no excedente do consumidor, $-(A + B)$, a perda no excedente do produtor, $-(C + D)$, e o ganho na receita do governo, $+(A + C)$.

O resultado líquido é a área $-(B + D)$. Essa área é chamada **ônus do imposto** ou **carga excessiva** do imposto. Esta última expressão é particularmente ilustrativa.

Lembre-se da interpretação da perda do excedente dos consumidores: é quanto os consumidores pagariam para evitar o imposto. Em termos desse diagrama, os consumidores estão dispostos a pagar $A + B$ para evitar o imposto. Do mesmo modo, os produtores estão dispostos a pagar $C + D$ para evitar o imposto. Em conjunto, eles estão dispostos a pagar $A + B + C + D$ para evitar um imposto que produz US\$$(A + C)$ de receita tributária. A *carga excessiva* do imposto é, portanto, de $B + D$.

Qual é a fonte dessa carga excessiva? Basicamente, é o valor perdido pelos consumidores e produtores com a redução nas vendas do bem. Não se pode taxar o que não existe![2] Assim, o governo não obtém nenhuma receita pela redução nas vendas do bem. Do ponto de vista da sociedade, essa redução é pura perda – um ônus.

Poderíamos também derivar diretamente o ônus do imposto a partir da sua definição, ao medirmos o valor social do produto perdido. Suponhamos que comecemos no equilíbrio anterior e que nos movemos, inicialmente, para a esquerda. A primeira unidade perdida foi o preço que alguém estava disposto a pagar por ela e que era exatamente igual ao preço pelo qual alguém estava disposto a vendê-la. Aqui, dificilmente poderíamos falar em perda social, uma vez que essa unidade era a unidade marginal que foi vendida.

Agora, movamo-nos um pouco mais para a esquerda. O preço de demanda mede quanto alguém está disposto a pagar para receber o bem e o preço de oferta mede o preço pelo qual alguém está disposto a ofertar o bem. A diferença é o valor

---

[2] O governo ainda não descobriu como fazer isso. Mas está se esforçando.

perdido naquela unidade do bem. Se agregarmos isso para todas as unidades do bem que não forem produzidas nem vendidas em consequência da incidência do imposto, obteremos o ônus do imposto.

EXEMPLO: Mercado de crédito

A quantidade de empréstimos de uma economia é influenciada, em grande parte, pela taxa de juros cobrada. Ela serve como um preço no mercado de empréstimos.

Seja $D(r)$ a demanda de empréstimos e $S(r)$ a oferta de empréstimos. A taxa de juros de equilíbrio, r^*, será, pois, determinada pela condição de que a demanda seja igual à oferta:

$$D(r^*) = S(r^*). \qquad (16.1)$$

Vamos supor que adicionamos impostos a esse modelo. O que acontecerá com a taxa de juros de equilíbrio?

Nos Estados Unidos, as pessoas têm de pagar impostos sobre a renda obtida com o empréstimo de dinheiro. Se todos estiverem na mesma faixa tributária, t, a taxa de juros após impostos com que o emprestador se defronta será de $(1-t)r$. Assim, a oferta de empréstimos, que depende da taxa de juros após impostos, será de $S((1-t)r)$.

Entretanto, o Serviço de Receita Interna permite que muitos tomadores de empréstimos deduzam de sua renda, para fins de tributação, as despesas com o pagamento de juros. Assim, se os tomadores de empréstimos estiverem na mesma faixa tributária dos emprestadores, a taxa de juros após impostos que pagarão será de $(1-t)r$. Portanto, a demanda de empréstimos será de $D((1-t)r)$. A equação para determinar a taxa de juros com a incidência de impostos é, pois,

$$D((1-t)\ r') = S((1-t)\ r'). \qquad (16.2)$$

Observe agora que, se r^* soluciona a equação (16.1), então, $r^* = (1-t)r'$ tem de resolver a equação (16.2), de modo que

$$r^* = (1-t)\ r',$$

ou

$$r' = \frac{r^*}{(1-t)}.$$

Assim, a taxa de juros na presença de impostos será maior na proporção de $1/(1-t)$. A taxa de juros *após impostos*, $(1-t)r'$, será igual a r^*, exatamente como antes da aplicação do imposto!

A Figura 16.8 pode tornar as coisas mais claras. A taxação da renda obtida com empréstimos inclinará para cima a curva de oferta de empréstimos por um fator de $1/(1-t)$, mas a permissão para deduzir da renda sujeita a impostos os pagamentos de juros aumentará também a inclinação para cima da curva de demanda de empréstimos por um fator de $1/(1-t)$. O resultado líquido é que a taxa de juros do mercado aumenta precisamente por um fator de $1/(1-t)$.

As funções inversas de demanda e de oferta proporcionam outra maneira de pensar nesse problema. Seja $r_b(q^*)$ a função de demanda inversa dos tomadores de empréstimo. Essa função nos diz qual deveria ser a taxa de juros após impostos para induzir as pessoas a tomar emprestada uma quantia q. Do mesmo modo, seja $r_l(q^*)$ a função de oferta inversa dos emprestadores.

Assim, a quantia emprestada de equilíbrio será determinada pela condição

$$r_b(q^*) = r_l(q^*). \tag{16.3}$$

Vamos agora introduzir os impostos no problema. Para tornar as coisas mais interessantes, suporemos que os devedores e os emprestadores pertencem a diferentes faixas tributárias representadas por t_b e t_l. Se a taxa de juros do mercado for r, a taxa após impostos com que os devedores se defrontarão será de $(1-t_b)r$ e a quantidade que eles escolherão tomar emprestada será determinada pela equação

$$(1 - t_b)\, r = r_b\,(q).$$

$$r = \frac{r_b(q)}{1 - t_b}. \tag{16.4}$$

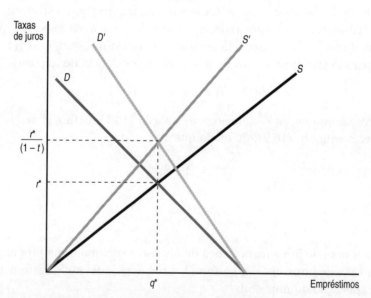

FIGURA 16.8 Equilíbrio no mercado de empréstimos. Se os emprestadores e os tomadores de empréstimos estiverem na mesma faixa tributária, a taxa de juros após o imposto e a quantidade emprestada não se modificarão.

Do mesmo modo, a taxa após impostos para os emprestadores será de $(1 - t_l)r$ e a quantia que eles escolherão emprestar será determinada pela equação

$$(1 - t_l)\, r = r_l\,(q).$$

ou

$$r = \frac{r_l(q)}{1 - t_l}. \tag{16.5}$$

Ao combinarmos as equações (16.4) e (16.5), obteremos a condição de equilíbrio:

$$r = \frac{r_b(\hat{q})}{1 - t_b} = \frac{r_l(\hat{q})}{1 - t_l}. \tag{16.6}$$

A partir dessa equação, é fácil observar que, se os emprestadores e os tomadores de empréstimo estiverem na mesma faixa tributária, de modo que $t_b = t_l$, então $\hat{q} = q^*$. E se eles pertencerem a faixas diferentes? Não é difícil ver que a legislação tributária está subsidiando os tomadores de empréstimo e penalizando os emprestadores, mas qual é o efeito líquido? Se os tomadores se defrontarem com um preço mais alto do que os emprestadores, o sistema representará um imposto líquido sobre os tomadores; porém, se os tomadores se defrontarem com um preço menor do que os dos emprestadores, então o sistema constituirá um subsídio líquido para os tomadores. Ao reescrevermos a condição de equilíbrio, equação (16.6), teremos

$$r_b(\hat{q}) = \frac{1 - t_b}{1 - t_l} r_l(\hat{q}).$$

Portanto, os tomadores de empréstimo se defrontarão com um preço maior do que os emprestadores se

$$\frac{1 - t_b}{1 - t_l} > 1,$$

o que significa que $t_l > t_b$. Assim, se a faixa tributária dos emprestadores for maior do que a faixa dos tomadores de empréstimo, o sistema representará um imposto líquido para os tomadores de empréstimo; caso contrário, representará um subsídio líquido para eles.

EXEMPLO: Subsídios sobre alimentos

Nos anos de safra agrícola ruim que atingiram a Inglaterra do século XIX, os ricos faziam caridade ao comprar a colheita de trigo dos pobres, consumir uma quantidade fixa desse grão e vender o restante aos pobres pela metade do preço pelo qual haviam comprado. À primeira vista, isso parece representar benefícios significativos para os pobres, mas, num segundo exame, algumas dúvidas começam a surgir.

A única forma de melhorar a situação dos pobres é fazer com que consumam uma quantidade maior de grãos. Mas há uma quantidade fixa do grão após a colheita. Então, como poderiam os pobres melhorar com essa política?

Na verdade, os pobres não melhoravam nada; com ou sem essa política, eles acabavam por pagar exatamente o mesmo preço pelo grão. Para vermos por que, modelemos o equilíbrio com e sem esse programa. Seja $D(p)$ a curva de demanda dos pobres, K a quantidade demandada pelos ricos e S a quantidade fixa ofertada num ano de colheita ruim. Por pressuposto, a oferta de trigo e a demanda dos ricos são fixas. Sem a caridade, o preço de equilíbrio é determinado pela condição de que a demanda total seja igual à oferta:

$$D(p^*) + K = S.$$

Com a implementação do programa, o preço de equilíbrio é determinado por

$$D(\hat{p}/2) + K = S.$$

Mas observe o seguinte: se p^* soluciona a primeira equação, $\hat{p} = 2p^*$ soluciona a segunda. Assim, quando os ricos se oferecem para comprar o trigo e distribuí-lo aos pobres, o preço do mercado será duas vezes o preço original – e os pobres pagarão o mesmo preço que pagavam antes!

Se pensarmos bem sobre isso, veremos que não é tão surpreendente assim. Se a demanda dos ricos for fixa assim como a oferta do grão, então a quantidade que os pobres podem consumir também será fixa. Portanto, o preço de equilíbrio que os pobres terão de pagar é inteiramente determinado pela curva de demanda deles próprios; o preço de equilíbrio será o mesmo, independentemente de como o grão seja ofertado aos pobres.

EXEMPLO: Subsídios no Iraque

Pode ser extremamente difícil cortar um subsídio, mesmo no caso dos lançados "por uma boa razão". Por quê? Porque criam uma clientela política que passa a contar com eles. Isso é verdade em qualquer país, mas o Iraque representa um caso especialmente clamoroso. No Iraque, a partir de 2005, os subsídios sobre combustíveis e alimentos consumiram quase um terço do orçamento do governo.[3]

Quase todo o orçamento do governo iraquiano provém de exportações de petróleo. O país possui uma pequena capacidade de refinamento desse produto; por isso importa gasolina pagando de US$0,30 a US$0,35 por litro, vendendo-a ao público por US$0,015. Uma quantidade substancial dessa gasolina é vendida no mercado negro e contrabandeada para a Turquia, onde a gasolina custa 1 dólar por litro.

---

[3] James Glanz, "Despite Crushing Costs, Iraqi Cabinet Lets Big Subsidies Stand", *The New York Times*, 11 de agosto de 2005.

Alimentos e óleo combustível também são altamente subsidiados. Os políticos resistem a remover esses subsídios por causa do ambiente politicamente instável. Quando subsídios semelhantes foram cortados no Iêmen, houve distúrbios nas ruas, resultando em dezenas de mortos. Um estudo do Banco Mundial concluiu que mais da metade do PIB iraquiano foi gasta em subsídios. De acordo com o então ministro das finanças, Ali Abdul-Ameer Allawi, "eles atingiram um ponto de insanidade. Distorcem a economia de forma grotesca e criam os piores incentivos imagináveis".

16.9 Eficiência de Pareto

Uma situação econômica é dita **eficiente no sentido de Pareto** se não existir nenhuma forma de melhorar a situação de uma pessoa sem piorar a de outra. A eficiência de Pareto é algo desejável – se houver algum modo de melhorar um grupo de pessoas, por que não o fazer? A eficiência, contudo, não é o único objetivo da política econômica. Por exemplo, a eficiência não tem quase nada a dizer sobre distribuição de renda ou justiça econômica.

No entanto, a eficiência é um objetivo importante, e vale a pena analisar em que medida um mercado competitivo atinge a eficiência de Pareto. O mercado competitivo, ou qualquer mecanismo econômico, tem de determinar duas coisas. Em primeiro lugar, quanto produzir; em segundo, quem fica com o que foi produzido. O mercado competitivo determina quanto produzir com base em quanto as pessoas estão dispostas a pagar por um bem em comparação a quanto as pessoas exigem para ofertar esse bem.

Veja a Figura 16.9. A qualquer quantidade de produção inferior à quantidade competitiva q^*, haverá sempre alguém disposto a oferecer uma unidade a mais do bem a um preço menor do que o que alguém estará disposto a pagar por uma unidade adicional desse bem.

Se o bem for produzido e negociado entre essas duas pessoas a qualquer preço intermediário entre o preço de demanda e o de oferta, ambas terão melhorado. Portanto, qualquer quantidade menor do que a quantidade de equilíbrio não pode ser eficiente no sentido de Pareto, uma vez que pelo menos duas pessoas poderiam melhorar.

Do mesmo modo, para qualquer produção maior do que q^*, a quantidade que alguém estará disposto a pagar por uma unidade adicional do bem será menor do que o preço necessário para ofertar essa unidade. Apenas no equilíbrio de mercado q^* teremos uma quantidade de produção eficiente no sentido de Pareto – uma quantidade tal que a disposição de pagar por uma unidade adicional seja exatamente igual ao preço requerido para ofertar essa unidade.

Assim, o mercado competitivo produz uma quantidade de produção eficiente no sentido de Pareto. E sobre o modo como o bem é alocado entre os consumidores? Num mercado competitivo, todos pagam o mesmo preço pelo bem – a taxa marginal de substituição entre o bem e "todos os outros bens" é igual ao preço do bem. Qualquer pessoa que queira pagar esse preço poderá comprar o bem, bem como qualquer pessoa que não queira pagar esse preço não poderá comprar o bem.

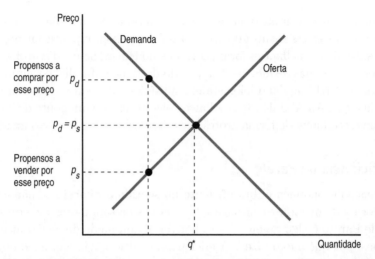

FIGURA 16.9 Eficiência de Pareto. O mercado competitivo determina uma quantidade de produto eficiente de Pareto, porque, em q*, o preço que alguém está disposto a pagar para comprar uma unidade adicional do bem é igual ao preço que alguém tem de receber para vender uma unidade adicional do bem.

O que aconteceria se houvesse uma alocação do bem em que as taxas marginais de substituição entre o bem e "todos os outros bens" não fossem iguais? Nesse caso, haveria pelo menos duas pessoas que atribuiriam valor diferente a uma unidade marginal do bem. Talvez, para uma delas, a unidade marginal do bem valesse US$5, enquanto, para outra, o valor fosse de US$4. Assim, se a pessoa que atribuísse um valor menor vendesse – a um preço qualquer entre US$4 e US$5 – um pouco do bem à pessoa que o valorizasse mais, ambas melhorariam de situação. Portanto, qualquer alocação com taxas marginais de substituição diferentes não pode ser eficiente no sentido de Pareto.

EXEMPLO: A espera numa fila

Um meio comumente utilizado para alocar recursos é fazer com que as pessoas aguardem na fila. Podemos analisar esse mecanismo de alocação de recursos mediante o uso das mesmas ferramentas que desenvolvemos para analisar o mecanismo de mercado. Vejamos um exemplo concreto: suponhamos que sua universidade vá distribuir entradas para a final do campeonato de basquete. Todos os que aguardarem na fila receberão um ingresso de graça.

O custo da entrada será, pois, o custo de esperar na fila. As pessoas que quiserem muito assistir ao jogo provavelmente acamparão em frente ao local de distribuição de ingressos para garantir que receberão o seu. Quem não liga muito para basquete é capaz de chegar alguns minutos antes da abertura do guichê na esperança de que sobrem alguns ingressos. A propensão a pagar por uma entrada não será mais medida em dinheiro, mas em tempo de espera, uma vez que os ingressos serão alocados de acordo com a propensão a esperar.

Será que a espera na fila resultará numa alocação de ingressos eficiente no sentido de Pareto? Pergunte a si mesmo sobre a possibilidade de que alguém que esperou para receber o bilhete possa pretender vendê-lo a alguém que não esperou na fila. Isso ocorrerá com frequência, uma vez que a propensão a esperar e a propensão a pagar diferem entre a população. Se alguém estiver disposto a esperar na fila para comprar um ingresso e revendê-lo a outra pessoa, isso não exaure os ganhos da troca – em geral, haverá sempre alguém que queira trocar os ingressos depois de serem alocados. Como a espera na fila não exaure todos os ganhos da troca, ela em geral não apresenta um resultado eficiente no sentido de Pareto. Se alocarmos um bem a um preço estabelecido em dinheiro, a quantia paga pelos demandantes beneficiará os ofertantes. Se alocarmos com base no tempo de espera, as horas gastas na fila não beneficiarão ninguém. A espera na fila impõe um custo aos compradores do bem e não traz nenhum benefício aos vendedores. Esperar na fila é uma forma de ônus – as pessoas que aguardam na fila pagam um "preço", mas ninguém é beneficiado de nenhuma forma pelo preço que elas pagam.

RESUMO

1. A curva de oferta mede quanto as pessoas estão dispostas a ofertar de um bem a cada preço.

2. Preço de equilíbrio é o preço no qual a quantidade que as pessoas querem ofertar é igual à quantidade que as pessoas querem demandar.

3. O estudo de como o preço e a quantidade de equilíbrio variam quando as curvas básicas de oferta e de demanda variam é outro exemplo de estática comparativa.

4. Se um bem for taxado, haverá sempre dois preços: o pago pelos demandantes e o recebido pelos ofertantes. A diferença entre os dois representa a quantidade do imposto.

5. A parte de um imposto que é repassada aos consumidores depende das inclinações relativas das curvas de oferta e demanda. Se a curva de oferta for horizontal, todo o imposto será repassado aos consumidores; se for vertical, nada será repassado.

6. O ônus de um imposto é a perda líquida do excedente dos consumidores e produtores resultante da aplicação do imposto. Mede o valor da produção que deixa de ser vendida por causa da incidência do imposto.

7. Uma situação é eficiente no sentido de Pareto caso não exista nenhuma forma de melhorar a situação de um grupo de pessoas sem piorar a de algum outro grupo.

8. No sentido de Pareto, a quantidade eficiente de produção a ser ofertada num mercado individual é a quantidade na qual as curvas de oferta e demanda se cruzam, uma vez que este é o único ponto em que a quantidade que os

demandantes estão dispostos a pagar por uma unidade adicional do produto é igual ao preço que os ofertantes exigem para oferecer uma unidade adicional do bem.

QUESTÕES DE REVISÃO

1. Qual é o efeito de um subsídio num mercado com uma curva de oferta horizontal? E num mercado com curva de oferta vertical?

2. Suponhamos que a curva de demanda seja vertical e que a curva de oferta se incline para cima. Se um imposto for aplicado sobre esse mercado, quem acabará por pagá-lo?

3. Suponhamos que todos os consumidores considerem os lápis vermelhos e azuis como substitutos perfeitos. Suponhamos, ainda, que a curva de oferta de lápis vermelhos se incline para cima. Sejam p_r e p_b os preços, respectivamente, dos lápis vermelhos e azuis. O que aconteceria se o governo criasse um imposto só para os lápis vermelhos?

4. Os Estados Unidos importam cerca da metade do petróleo que consomem. Suponhamos que os demais produtores de petróleo estejam dispostos a ofertar qualquer quantidade de que o país precise a um preço constante de US$25 por barril. O que aconteceria com o preço do petróleo doméstico caso se aplicasse ao petróleo estrangeiro um imposto de US$5 por barril?

5. Suponhamos que a curva de oferta seja vertical. Qual é o ônus de um imposto sobre esse mercado?

6. Considere o tratamento fiscal dispensado a emprestadores e devedores descrito no texto. Quanta receita esse sistema tributário coletaria se os emprestadores e devedores estivessem na mesma alíquota de imposto?

7. Esse sistema gera uma quantidade de receita negativa ou positiva quando $t_l < t_b$?

CAPÍTULO 17

MEDIÇÃO

Até agora, usamos expressões algébricas simples para descrever funções de utilidade, funções de produção, curvas de demanda, curvas de oferta, e assim por diante. Para aplicações reais usamos técnicas estatísticas para calcular essas funções. O estudo de como fazer isso de forma eficaz é conhecido como **econometria**.

Ao analisarmos os dados, em geral, estamos preocupados com as seguintes questões.

Resumir. Como podemos descrever os dados de forma sucinta? Exemplo: quantas xícaras de café são consumidas por pessoa, por dia?

Calcular. Como podemos calcular alguns parâmetros desconhecidos? Exemplo: qual é a elasticidade da demanda para o café?

Testar. Como podemos determinar se um parâmetro desconhecido satisfaz alguma restrição? Exemplo: em média, homens e mulheres bebem a mesma quantidade de café por dia?

Prever. Como podemos prever qual será o preço do café no próximo ano?

Predizer. Como podemos predizer o que acontecerá com alguma variável de interesse, se algo mudar? Exemplo: se o governo impuser um imposto de 10% sobre o café o que acontecerá com o consumo?

Neste capítulo vamos explorar uma variedade de técnicas estatísticas que podem ser usadas para responder a tais questões. Nosso foco principal será o cálculo e a predição, mas também teceremos algumas palavras sobre outros tópicos.

17.1 Resumir os dados

A maneira mais simples de resumir dados é através de uma tabela. Por exemplo, a Tabela 17.1 descreve os dados de uma pesquisa on-line com 1.000 consumidores, aos quais foi questionado: "Em média, quantas xícaras de café vocês bebem por dia?" A tabela mostra que aproximadamente 45% dos que responderam indicaram que bebem zero xícara de café por dia. Uma verificação mais detalhada revelou que 16%, em média, bebe uma xícara por dia e aproximadamente o mesmo número bebe duas xícaras por dia.

Tabela 17.1 *Consumo de café a partir de uma pesquisa on-line*

0 xícara	1 xícara	2 xícaras	3 xícaras	4+ xícaras
0,448	0,163	0,161	0,110	0,119

Essa informação pode ser apresentada de maneira mais vívida com o uso de um gráfico de barras como o da Figura 17.1. Nesse gráfico, é evidente que a mesma

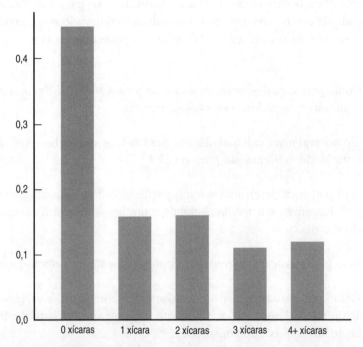

FIGURA 17.1 *Consumo de café em uma amostra.* A distância vertical indica a fração da amostra que afirmou que foi consumido entre 0 e 4 ou mais xícaras de café por dia.

fração dos entrevistados indicou que consumiu uma ou duas xícaras por dia e aproximadamente o mesmo número de entrevistados indicou que consumiu 3 ou 4 ou mais xícaras por dia.

As informações também podem ser quebradas por categorias. A mesma pesquisa reportou o sexo dos entrevistados, para que pudéssemos examinar como o consumo de café relatado variou por gênero, como na Tabela 17.2 ou na Figura 17.2. Como anteriormente, um gráfico de barras resume a informação de maneira a ser mais prontamente entendida. Por exemplo, parece que uma fração maior de homens em relação às mulheres relatou beber zero xícara de café e parece que as mulheres bebem mais café do que os homens em geral.

Tabela 17.2 *Consumo médio de café por gênero*

Xícaras	Feminino	Masculino
0	0,176	0,219
1	0,093	0,057
2	0,079	0,070
3	0,050	0,046
4+	0,057	0,052

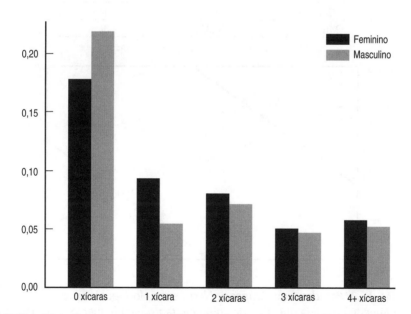

FIGURA 17.2 *O consumo de café por sexo.* *A altura vertical indica a fração da amostra que informou ter consumido o número indicado de xícaras de café por dia.*

Muitas vezes, é útil calcular várias **estatísticas resumo** com base nos dados. Verifica-se que o número **médio** de xícaras de café consumidas por dia é de 1,28. Podem-se também calcular **médias** condicionais, como o número médio de xícaras de café consumidas por aqueles que bebem café ou o número médio de xícaras de café consumidas por homens. O cálculo da média condicional envolve apenas calcular a média entre aqueles consumidores que satisfaçam a condição relevante (beber mais que zero xícara por dia, ser homem, e assim por diante).

EXEMPLO: O paradoxo de Simpson

Às vezes, as médias condicionais podem se comportar de maneira surpreendente. Suponhamos que tracemos o consumo de café em função da renda entre homens e mulheres. Uma relação hipotética pode parecer como a da Figura 17.3. Observe que o consumo é crescente na renda tanto para homens como para mulheres, mas, em geral, o consumo é decrescente na renda. Esse fenômeno é um exemplo do **paradoxo de Simpson**.

O paradoxo de Simpson não é incomum na vida real. A Tabela 17.3 mostra a estatística sobre a candidatura e ingresso de homens e mulheres na Universidade da Califórnia, em Berkeley, no outono dos Estados Unidos, em 1973.

Tabela 17.3 **Candidatos e ingressos à UC Berkeley, Outono, 1973**

Gênero	Candidatos	Ingressos
Homens	8.442	44%
Mulheres	4.321	35%

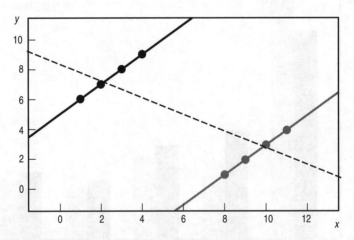

FIGURA 17.3 **Paradoxo de Simpson.** Neste exemplo hipotético, o consumo de café aumenta à medida que a renda aumenta, tanto para homens como para mulheres (as duas linhas sólidas com inclinação ascendente), mas diminui à medida que, de modo geral, a renda aumenta.

Parece que os homens são mais propensos a serem admitidos em relação às mulheres. Esse é um exemplo de preconceito de gênero? A Tabela 17.4 faz uma quebra nos dados por departamento. Nesta tabela, é fácil verificar que nenhum departamento foi significativamente tendencioso em favor dos homens. Na verdade, a maioria dos departamentos apresentou uma pequena inclinação em relação às mulheres.

Tabela 17.4 **Ingresso por departamento**

Departamento	Homens Candidatos	Homens Admitidos	Mulheres Candidatas	Mulheres Admitidas
A	825	62%	108	82%
B	560	63%	25	68%
C	325	37%	593	34%
D	417	33%	375	35%
E	191	28%	393	24%
F	272	6%	341	7%

Um relatório chegou à conclusão de que a explicação para esse paradoxo aparente era que a tendência era de as mulheres se candidatarem aos departamentos com baixa taxa de admissão, enquanto que a tendência dos homens era se candidatarem aos departamentos com taxa de admissão mais alta. Mesmo não havendo evidência da existência de preconceito em nível de departamento, a estatística dava a impressão de preconceito.[1]

17.2 Testar

Na seção anterior, verificamos que os homens bebiam 1,23 xícaras de café por dia, em média, enquanto as mulheres bebiam 1,39 xícaras por dia. Mas essa é apenas uma amostra particular de 1.000 consumidores. Se tomarmos uma amostra diferente, iremos encontrar números diferentes. Como podemos ter certeza de que o consumo médio de café entre as mulheres ultrapassa o consumo médio de café entre os homens, considerando toda a população?

Uma maneira de responder a essa pergunta é apresentá-la da seguinte forma: suponhamos que homens e mulheres bebam a mesma quantidade de café por dia. Qual o grau de probabilidade, em uma amostra particular de 1.000 consumidores, de observar um grupo bebendo 1,39 – 1,23 = 0,16 xícaras mais do que o outro?

Em nossa amostra, verificamos que, com alguns pressupostos adicionais, a probabilidade de verificarmos uma diferença de, pelo menos, essa magnitude, é de aproximadamente 9,6%. Em outras palavras, se os homens e as mulheres tiverem o mesmo consumo médio entre a população, veremos uma diferença estimada dessa magnitude ou maior em cerca de 1 em cada 10 amostras. Mesmo que nossa amostra de consumo de café demonstre ser um pouco diferente entre homens e mulheres, não podemos ter certeza de que essa relação é válida para a população como um todo.

[1] P. J. Bickel, E. A. Hammel and J. W. O'Connell (1975). "Sex Bias in Graduate Admissions: Data from Berkeley". *Science* 187 (4175): 398-404.

17.3 Cálculo da demanda através de dados experimentais

Suponhamos que você trabalhe para uma empresa que vende grãos de café através de um site. Atualmente, seu café é vendido por US$15 cada meio quilo, mas você está considerando uma diminuição no preço para US$14. Você espera vender mais café a um preço mais baixo, mas quanto mais? Vale a pena diminuir o preço para incentivar as vendas?

Nesse caso, é natural tentar uma experiência para verificar o comportamento da demanda de café quando o preço varia. Por exemplo, pode-se diminuir o preço do café por algumas semanas e observar o quanto de café adicional será vendido. Se o lucro aumentar, faz sentido tornar o preço de venda permanente.

Outra possibilidade seria colocar o café à venda em apenas alguns estados ou cidades e ver o que acontece nesses locais. Se tentarmos esse experimento, é importante reconhecer que existem outros fatores que afetam a demanda de café, além do preço. Por exemplo, a quantidade de café a ser vendida em determinada região durante determinado período pode variar de acordo com a estação do ano ou com o clima.

Teoricamente, devem-se escolher as cidades a serem tratadas usando-se algum método randômico, como cara e coroa. Tal **tratamento randomizado** ajuda a eliminar fontes de distorções sistemáticas.

Também seria uma boa ideia imaginar maneiras de controle para esses efeitos sistemáticos. Por exemplo, podem-se comparar as vendas nas cidades que baixaram o preço com as vendas nas cidades que mantiveram o preço constante. Ou também é possível reunir dados sobre o clima das cidades analisadas e utilizar técnicas estatísticas para controlar a variação observada no clima.

Na linguagem das estatísticas, as cidades onde o preço do café é reduzido constituem o **grupo de tratamento** e as cidades onde o preço do café é deixado constante são o **grupo de controle**. A execução do experimento é simplesmente uma versão de pequena escala da política que se está pensando sobre a implementação, ou seja, de redução do preço para todos. Se a experiência for feita o mais parecido possível com a política proposta, então, provavelmente, oferecerá uma boa ideia do que aconteceria se o experimento fosse implantado em escala em todo o país.

17.4 Efeito do tratamento

Outra coisa que poderia ser feita para estimar o quanto a demanda de café irá responder a uma redução no preço é enviar cupons para um conjunto de pessoas escolhidas aleatoriamente e ver quantas dessas pessoas utilizarão esses cupons para comprar café.

O problema com esse procedimento é que as pessoas que irão resgatar os cupons podem ser diferentes da população em geral. É provável que as pessoas que se incomodam em usar os cupons, em média, possam ser mais sensíveis ao preço do que as que não se preocupam em usar os cupons.

No caso de um cupom, alguma fração da população (usuários do cupom) está *optando* em receber um preço mais baixo, em vez de simplesmente se defrontar com um preço mais baixo do café. Em geral, aqueles que *escolhem* ser tratados são os que estão mais interessados no tratamento e podem estar mais interessados em responder a ele de forma diferente do que a população como um todo. Assim, o impacto do tratamento (o cupom) sobre aqueles que optam por usá-lo (quem é tratado) pode ser muito diferente do que o impacto de uma redução de preço para todos.

Por outro lado, pode-se também estar interessado no "efeito do tratamento sobre o tratado", em oposição ao efeito do tratamento sobre a população. Por exemplo, se a política que você tinha em mente era a de enviar cupons para toda a população, então um experimento que envolvia o envio de cupons a um subconjunto da população seria um experimento adequado.

A questão primordial é saber se os consumidores estão ou não fazendo uma escolha de serem tratados (isto é, obter o preço mais baixo). Tecnicamente, o experimento irá imitar a política proposta, o tanto quanto possível.

17.5 Estimativa da demanda através de dados observacionais

Consideremos agora uma situação diferente. Suponhamos que você esteja interessado em estimar o quanto a demanda de café nos Estados Unidos, *em todo o país*, varia à medida que o preço altera. Neste caso, não há nenhuma maneira óbvia de fazer um experimento. Desde que não haja **dados experimentais**, devem-se utilizar **dados observacionais**.

A ferramenta estatística que os economistas mais usam para tratar de problemas desse tipo é chamada de **regressão**. Constitui simplesmente uma maneira de expressar expectativas condicionais. Por exemplo, uma regressão poderia descrever o consumo esperado de café por um consumidor escolhido aleatoriamente, desde que seja do sexo feminino. Quando calculamos uma regressão estamos tentando descrever a relação entre a variável de interesse (em nosso caso, o consumo de café) e outras características, tais como sexo, renda, idade, preço, e assim por diante. Existem muitas variedades de regressão, mas vamos nos concentrar na forma mais simples, que é chamada de **mínimos quadrados ordinários ou MQO**.

Então suponhamos que nos sejam fornecidos alguns dados sobre preços e quantidades vendidas de café em diferentes períodos. Como podemos usar esses dados para calcular a função de demanda?

É importante pensar sobre o **processo de geração de dados**: como esses dados foram produzidos? Podemos aplicar um pouco da teoria desenvolvida nos capítulos anteriores sobre a escolha do consumidor.

Pense em um consumidor, comprando dois itens, café (x_1) e "os demais bens" (x_2). Muitas vezes nos referimos ao bem 2 como uma **mercadoria composta** ou índice de quantidade, como descrito no Capítulo 7.

Indiquemos o preço do café por p_1, o preço dos "demais bens" por p_2 e o total das despesas por m. O problema de maximização de utilidade para um único consumidor é

$$\max_{x_1, x_2} u(x_1, x_2)$$

tal que $p_1 x_1 + p_2 x_2 = m$.

Podemos escrever a função de demanda para o café como

$$x_1 = D(p_1, p_2, m).$$

Como mencionado na seção 2.4, podemos multiplicar os preços e a renda por qualquer constante positiva e a demanda permanece a mesma. Por isso, vamos multiplicar os preços e a renda por $1/p_2$. Isto nos dá

$$x_1 = D(p_1/p_2, 1, m/p_2).$$

Isso informa que a demanda de café é uma função do preço do café em relação ao preço de todos os outros bens, como também da renda em relação ao preço de todos os outros bens. Na prática, calculamos esses números por meio de um índice de preços, como o Índice de Preços ao Consumidor (IPC) ou o índice de preços de despesas de consumo pessoal (PCEPI – Personal Consumption Expenditure Price Index). (Ver a discussão no Capítulo 7 sobre números-índice para verificar como eles são construídos.)

Agora podemos adicionar a demanda de todos os consumidores para obter a demanda agregada. A fim de evitar a notação adicional, vamos usar a mesma notação supracitada para escrever $x = D(p, m)$, onde x é agora a demanda agregada de café, p é o preço do café dividido pelo IPC, m é a despesa total do consumidor dividida pelo IPC e $D(p, m)$ é a função de demanda agregada.

Forma funcional

Agora, precisamos escolher uma fórmula algébrica para a função de demanda. Há três formas para as funções de demanda comumente utilizadas na prática.

Demanda linear. $x = c + bp + dm$.

Demanda log-linear. $\log(x) = \log(c) + b\log(p) + d\log(m)$.

Demanda semi-log. $\log(x) = c + bp + dm$.

A forma mais popular é a demanda log-linear, uma vez que é fácil de interpretar os coeficientes. Como vimos no Capítulo 15, seção 8, b e d medem o preço e elasticidade-renda da demanda, respectivamente. (Nessas expressões, todos os logaritmos são logaritmos naturais.)

Modelo estatístico

Certamente, não esperaríamos que o nosso modelo se encaixasse perfeitamente, por isso precisamos adicionar um **termo de erro**, indicado por e_t. O termo de erro mede a diferença entre a especificação ideal da demanda e a demanda real observada. Pode ser interpretado como o efeito cumulativo de todas as variáveis omitidas, não observadas, que afetam a demanda.

Portanto, a nossa especificação final do processo gerador de dados é

$$\log(x_t) = \log(c) + b\log(p_t) + d\log(m_t) + e_t,$$

onde o termo de erro é interpretado como o conjunto de todas as outras variáveis que podem ser correlacionadas com o consumo do café.

Sob certas condições, o método dos mínimos quadrados pode ser usado para fornecer boas estimativas dos parâmetros (b, c, d). A condição mais importante é que o preço do café e a despesa total não estejam correlacionados com o termo de erro.

Não é difícil verificar intuitivamente por que essa condição é necessária. O coeficiente b supostamente mede como a demanda de café varia à medida que o preço altera, *tudo o mais permanecendo constante*. Mas se p_t e e_t estão correlacionados positivamente com os dados, então, em nossa amostra, um aumento em p_t tenderá a estar associado com aumentos em e_t. Assim, a variação observada em x_t dependerá tanto da variação em p_t como da variação em e_t. Nesse caso, dizemos que há um **efeito de confusão**. Vamos obter uma estimativa pobre de como a variação no preço afeta o consumo de café se outras variáveis estiverem mudando sistematicamente à medida que o preço do café altera.

A forma ideal para assegurar que o preço do café não esteja correlacionado com o termo de erro é fazer um experimento. Nesse contexto, significaria escolher diferentes preços do café e ver como a demanda responde. No entanto, como descrito anteriormente, seria difícil reunir **dados experimentais** desse tipo de consumo total de café. Muitas vezes, ficamos limitados a **dados observacionais**.

Dado o que sabemos sobre o mercado do café, é provável que as variações no preço do café estejam correlacionadas com fatores que influenciam a demanda de café? Grãos de café são cultivados em dezenas de países e vendidos no mercado mundial. O fornecimento de grãos de café varia significativamente de ano para ano, conforme efeitos importantes, tais como clima, eventos políticos, mudança nos custos de transporte, e assim por diante.

Do ponto de vista de determinado país, o preço do café varia externamente, uma vez que depende de fatores que afetam principalmente o fornecimento do café e não a demanda de café.

Cálculo

Tudo o que resta é realmente fazer o cálculo. Podemos usar um pacote estatístico tal como R ou Stata para calcular a regressão descrita anteriormente. A elasticidade-preço calculada acaba sendo -0,077 e a elasticidade-renda calculada acaba sendo 0,34. Isto informa que um aumento de 1% no preço resulta em uma queda de 0,77% no consumo de café, e, assim, a demanda de café é bastante inelástica. Acontece que esse cálculo é bastante impreciso, mas é o melhor que podemos fazer com os dados disponíveis.

17.6 Identificação

Ao calcular a demanda de café, argumentamos que o preço mundial do café era exógeno a partir do ponto de vista de um país específico. Em termos de oferta e demanda, estamos dizendo que a curva de oferta frente a um único país é mais ou menos plana, ao preço de equilíbrio. O preço pode variar de ano a ano, dependendo das condições meteorológicas e de outros fatores, e o equilíbrio resultante determinaria a curva da demanda, como mostrado na Figura 17.4.

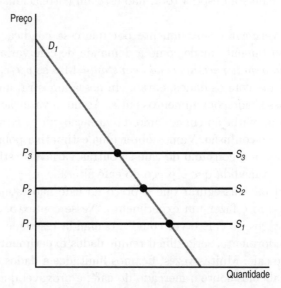

FIGURA 17.4 Deslocamento na oferta. Nesse exemplo, os deslocamentos na curva da oferta de café determinam a curva da demanda.

Mas suponhamos estar interessados na demanda *mundial* de café. Nesse caso, não é razoável assumir que o preço é determinado externamente; ao contrário, é determinado pela interação entre oferta e demanda.

Por exemplo, podemos pensar que a oferta de café seja mais ou menos fixa em determinado ano, mas varie de ano a ano, dependendo do clima. Nesse caso, a curva de oferta se desloca, mas a curva de demanda se mantém constante e os preços e as quantidades observadas ainda iriam se situar ao longo da função de demanda. Assim, o cálculo da demanda como função do preço ainda faria sentido.

O caso problemático é onde tanto a oferta como a demanda estão se deslocando, como na Figura 17.5. Nesse caso, é impossível calcular quaisquer das curvas.

Geralmente é possível calcular uma função de demanda, se houver algo que desloque a oferta e não a demanda, e é possível calcular uma função de oferta, se houver algo que desloque a demanda, mas não a oferta. Mas se ambas as curvas se deslocarem em posições desconhecidas, não é possível identificar o que está provocando alterações de preços e quantidade. Isso é conhecido como **problema de identificação**.

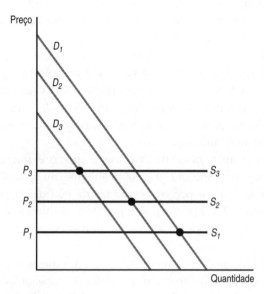

FIGURA 17.5 *Cálculo da demanda.* Aqui tanto a curva de oferta como a de demanda se deslocam com o tempo, por isso não podemos calcular nenhuma curva, sem mais informações.

17.7 O que pode dar errado?

Voltemos ao problema simples de cálculo da demanda, descrito anteriormente, mas consideremos agora uma situação em que o preço de um produto é definido pelo vendedor em vez de ser determinado externamente nos mercados mundiais. Para ser específico, suponhamos que uma empresa chamada KoffeeTime produza uma bebida chamada Koffeetino. Ao longo dos anos, eles fixaram o preço de acordo com as condições de mercado. Quando a atividade econômica reduziu a velocidade, devido a uma recessão, eles viram a queda das vendas da Koffeetino e reduziram o preço rapidamente, em resposta. Quando a economia está crescendo, verificam que as vendas estão altas e então aumentam os preços.

Isso significa que, nos dados históricos, veremos preços elevados associados a vendas altas e vice-versa. A "curva de demanda" observada se inclina para cima!

O que está acontecendo? Geralmente imagina-se que preços mais elevados levam os consumidores a comprarem menos. Aqui, a queda no consumo está causando uma redução nos preços. Mas o que está causando a queda no consumo? A resposta, nesse caso, é que a renda caiu devido aos "maus tempos". A renda, nesse caso, é uma **variável de confusão**, uma vez que afeta tanto o lado direito como o lado esquerdo da regressão – tanto o preço como a quantidade.

Para um nível de renda *fixo*, era de se esperar que os preços mais elevados levassem a uma demanda menor e os preços mais baixos levassem a uma demanda maior por Koffeetino. Se adicionarmos renda à regressão (como a teoria nos diz para fazer), então é possível obtermos uma estimativa significativa da elasticidade-preço. Em linguagem econométrica, esse é um exemplo de **viés de variável omitida**: como falhamos em incluir uma variável importante na regressão, obtivemos uma estimativa tendenciosa do efeito.

Mas, na verdade, sempre há variáveis omitidas – nunca é possível obter uma lista completa de tudo o que afeta a demanda. Por exemplo, pode ser que o clima afete o Koffeetino. Em anos com temperaturas especialmente frias, há queda nas vendas, e, em anos quentes, as vendas aumentam. A empresa pode responder elevando ou baixando o preço em resposta à variação nas vendas, o que conduz ao mesmo problema que tínhamos antes.

Como mencionado anteriormente, variáveis omitidas que não estão correlacionadas com o preço não são um grande problema, mas variáveis omitidas que estão correlacionadas com os preços (variáveis de confusão) podem resultar em estimativas enviesadas. Muitas vezes isso acontecerá quando o preço for escolhido, uma vez que a escolha pode depender de muitas coisas que os econometristas não poderão observar, posteriormente.

Como se vê, há formas de resolver esse problema que são abrangidas em cursos mais avançados. Experimentos são o padrão de excelência, mas às vezes dados observacionais podem ser utilizados para estimar efeitos causais mesmo sem experimentos explícitos.

17.8 Avaliação política

Uma razão comum para estimar a magnitude de algum efeito é que estamos contemplando alguma mudança política. Tecnicamente, gostaríamos de executar uma experiência em pequena escala para calcular o impacto da mudança proposta. Mas, como vimos, algumas vezes é difícil ou dispendioso executar tal experimento.

Às vezes, podemos encontrar um **experimento natural** que seja semelhante ao experimento ideal que executaríamos, se pudéssemos. Por exemplo, em 2008, o estado do Oregon executou um sorteio entre adultos de baixa renda para determinar quem poderia se inscrever para o Medicare. Um ano depois desse sorteio, o grupo de tratamento – aqueles que foram autorizados a se inscrever no Medicare – estava substancialmente mais propenso a ser coberto pelo seguro saúde do que aqueles que não foram autorizados a se inscreverem.[2]

Os pesquisadores puderam verificar como o grupo tratado diferiu do grupo de controle. No primeiro ano de estudo, descobriu-se que o grupo tratado apresentou

---

[2] Amy Finkelstein et. al., "The Oregon Health Insurance Experiment: Evidence from the First Year", http://economics.mit.edu/files/6796.

a maior utilização de serviços de saúde, despesas médicas ordinárias mais baixas, débito médico, bem como relato de melhor saúde física e mental do que o grupo de controle. Era de se esperar que isso fosse transferido a populações maiores, às quais foi oferecida a oportunidade de se inscreverem no Medicare.

Naturalmente, oferecer às pessoas a oportunidade de se inscreverem no Medicare é diferente de estendê-lo a toda a população. No primeiro caso, as pessoas ainda optam por se inscrever e, ao se inscreverem, podem se tornar diferentes da totalidade da população de forma relevante.

EXEMPLO: Crime e polícia

É importante distinguir correlação e causalidade. Um exemplo clássico: se observarmos mais policiais em distritos policiais com altos índices de criminalidade, podemos concluir que a polícia causa crime? Claro que não. Uma explicação mais provável é que a causalidade corre em outra direção: mais policiais são designados para áreas de criminalidade alta *porque* lá existe alta criminalidade.

Se usarmos procedimentos estatísticos para calcular a relação entre o número de policiais e os índices de criminalidade, podemos muito bem ver uma relação positiva (mais policiais estão associados com mais crimes). No entanto, isso não diz nada sobre o que aconteceria se deliberadamente atribuíssemos mais policiais em determinado distrito policial.

A fim de compreender o impacto *causal* da polícia sobre os índices de criminalidade, precisamos entender através dos dados históricos (1) como a polícia foi designada em um distrito policial, (2) como a atribuição de polícia adicional a determinado distrito policial alterou os índices de criminalidade.

O ideal seria usar um experimento controlado para determinar como o número de policiais afetou os índices de criminalidade. No entanto, às vezes poderia haver um "experimento natural" que imitasse uma tarefa tão aleatória. Por exemplo, o departamento de polícia de Washington, DC, aumenta o número de policiais na rua durante os períodos em que há alerta de segurança referente a risco elevado de atividade terrorista. Dois economistas examinaram os dados de relatórios de crimes nesses dias e descobriram que o crime era substancialmente inferior, particularmente o de roubo de carro.[3]

RESUMO

1. A estatística pode ser usada para resumir, calcular, testar e prever.

2. O viés da variável omitida ocorre quando o analista não inclui uma variável importante que esteja correlacionada com outras variáveis na regressão. Nesse caso, a variável omitida é conhecida como variável de confusão.

---

[3] Jonathan Klick e Alexander Tababrok, "Using Terror Alert Levels to Estimate the Effect of Police on Crime", *Journal of Law and Economics* 48: 1 (abril de 2005), p. 267-79.

3. Os dados observacionais só podem nos informar sobre correlações, mas normalmente são necessários experimentos para determinar a causalidade.

4. No entanto, em alguns casos, existem experimentos naturais que podem ser úteis em responder a perguntas de interesse.

5. É importante fazer a distinção entre o efeito de uma política que se aplica a toda a população e o efeito de uma política que se aplica apenas àqueles que optam por participar.

6. Em geral, ao avaliarmos uma proposta de política, o experimento utilizado deveria ser o mais próximo possível da política a ser considerada.

QUESTÕES DE REVISÃO

1. Quando o *Titanic* afundou, em 1912, tanto membros da tripulação masculina como da feminina tiverem uma taxa de sobrevivência maior do que os passageiros da terceira classe. No entanto, globalmente, os passageiros da terceira classe tiveram uma taxa de sobrevivência maior do que a tripulação. Como se denomina esse fenômeno?

2. Suponhamos que você deseja testar a hipótese de que, ao ser lançada, uma moeda tem uma probabilidade de 1/2 de dar cara. Você a lança 5 vezes e todas as vezes dá cara. Qual é a probabilidade de que você teria um padrão de 5 caras em uma fileira se a probabilidade verdadeira é da ocorrência de 1/2?

3. Suponhamos que calculemos uma função de demanda da forma $x = e^{c + bp}$, onde p seja o preço; x, a quantidade consumida; e b, um parâmetro. Como é chamada essa forma funcional?

CAPÍTULO 18

LEILÕES

Os leilões constituem uma das mais antigas formas de mercado, remontando, pelo menos, ao ano 500 a.C. Em nossos dias, todos os tipos de bens, de computadores usados a flores frescas, podem ser vendidos através de leilões.

Os economistas passaram a se interessar pelos leilões no início da década de 1970, quando a Opep, o cartel do petróleo, aumentou o preço do petróleo. O Departamento do Interior dos Estados Unidos decidiu, então, pôr em leilão o direito de perfuração de áreas costeiras em que havia a perspectiva de existência de vastas reservas petrolíferas. O governo pediu aos economistas que planejassem esses leilões e as empresas privadas contrataram economistas como consultores para auxiliá-las a traçar a estratégia de participação nos leilões.

Mais recentemente, a Comissão Federal de Comunicações (FCC – Federal Communications Commission) decidiu leiloar faixas do espectro de ondas de rádio para uso na transmissão de linhas de telefonia celular, de assistentes pessoais digitais e outros meios de comunicação. Mais uma vez, os economistas desempenharam um papel de destaque no planejamento de tais leilões e nas estratégias usadas pelos participantes. Esses leilões foram considerados uma política pública muito bem-sucedida, que resultou, até agora, em receitas de mais de US$25 bilhões para o governo dos Estados Unidos.

Outros países também utilizaram leilões em projetos de privatização. A Austrália, por exemplo, vendeu várias usinas elétricas estatais e a Nova Zelândia leiloou parte de seu sistema telefônico estatizado.

Os leilões voltados ao consumidor também registraram uma espécie de renascimento com a internet. Há centenas deles na rede, vendendo objetos de coleção, equipamentos de computador, serviços de viagem e outros itens. OnSale afirma ser a maior, reportando a venda de mercadorias que somaram mais de US$41 milhões em 1997.

18.1 Classificação dos leilões

A classificação econômica dos leilões envolve dois aspectos: o primeiro é a natureza do bem posto em leilão e o segundo, as regras do leilão. Em relação à natureza do bem, os economistas distinguem entre **leilões de valor privado** e **leilões de valor comum**.

Em um leilão de valor privado, cada um dos participantes atribui, potencialmente, um valor diferente para o bem em pauta. Um objeto de arte pode valer US$500 para um colecionador, US$200 para outro e US$50 para outro, dependendo das respectivas preferências. Em um leilão de valor comum, o bem tem praticamente o mesmo valor para todos os participantes, embora cada um deles possa ter diferentes estimativas desse valor comum. O leilão de direitos de perfuração em águas costeiras, mencionado anteriormente, tinha essa característica: um dado local tinha determinada quantidade de petróleo ou não. Diversas empresas petrolíferas poderiam ter diferentes estimativas da quantidade de petróleo que seria encontrada, com base nos resultados de pesquisas geológicas, mas o petróleo tinha o mesmo valor de mercado, qualquer que fosse a empresa vencedora.

Neste capítulo, trataremos quase que unicamente de leilões de valor privado, já que esses são o caso mais comum. E, no final do capítulo, apresentaremos algumas das características dos leilões de valor comum.

Regras do leilão

A forma mais comum de estrutura de lances em um leilão é o **leilão inglês**. O leiloeiro parte de um **preço de reserva**, que é o menor preço pelo qual o vendedor se desfará do bem.[1] Os participantes oferecem, sucessivamente, preços mais altos; em geral, cada lance excede o anterior por algum **incremento** mínimo. Quando nenhum participante se dispõe a um novo lance, o bem é vendido àquele que apresentou o lance mais alto.

Outra forma de leilão é conhecida como **leilão holandês**, em decorrência de seu uso na Holanda para vender queijo e flores frescas. Nesse caso, o leiloeiro inicia com um preço alto e o reduz gradualmente, até que alguém o adquira. Na prática, o "leiloeiro", frequentemente, é um instrumento mecânico, como um disco, com um ponteiro que roda com valores menores à medida que o leilão progride. Os leilões do tipo holandês avançam com grande velocidade, o que é uma de suas principais virtudes.

Há, ainda, uma terceira forma de leilão, o **leilão de lance fechado**. Nesse tipo de leilão, cada um dos participantes escreve seu lance em um pedaço de papel e o coloca em um envelope fechado. Esses envelopes são reunidos, abertos e o bem cabe a quem apresentou o maior lance, que paga pelo bem o montante registrado em seu lance. Se houver preço de reserva e todos os lances forem inferiores a esse preço, o bem não será adquirido por ninguém.

---

[1] Ver a nota de rodapé relativa a "preço de reserva" no Capítulo 6.

Os leilões de lance fechado são usados, em geral, para empreitadas de construção. Quem deseja construir pede lances a vários empreiteiros, com o pressuposto de que a tarefa seja atribuída àquele que apresentar o menor lance.

Finalmente, há uma variante do leilão de lance fechado conhecida como **leilão do filatelista** ou **leilão de Vickrey**. A primeira denominação decorre do fato de que esse lance era utilizado originalmente por colecionadores de selos; a segunda denominação é em homenagem a William Vickrey, ganhador do prêmio Nobel de 1996 por seu trabalho pioneiro na análise de leilões. O leilão de Vickrey se distingue do leilão de lance fechado em um aspecto crítico: o bem cabe a quem apresenta o lance mais elevado, mas este paga o segundo preço mais elevado. Em outras palavras, quem oferece mais fica com o bem, mas só paga o preço oferecido por quem fez o segundo lance mais alto. Embora isso pareça, à primeira vista, estranho, veremos mais adiante que esse tipo de leilão tem algumas propriedades bastante interessantes.

18.2 Planejamento do leilão

Imaginemos que dispomos de um único bem que desejamos colocar em leilão e que há n interessados no leilão com valores (privados) $v_1, ..., v_n$. Para simplificar, vamos supor que todos os valores são positivos e que, para o vendedor, o valor é igual a zero. Nosso objetivo é escolher uma forma de leilão para vender esse bem.

Esse é um caso especial de problema de **concepção de mecanismo econômico**. No caso do leilão, há dois objetivos naturais que devemos ter em mente:

- **Eficiência de Pareto**. Modelar um leilão cujo resultado seja eficiente no sentido de Pareto.

- **Maximização do lucro**. Modelar um leilão que resulte no maior lucro esperado para o vendedor.

Maximizar o lucro é algo evidente, mas, neste contexto, o que significa a eficiência de Pareto? Não é difícil verificar que a eficiência de Pareto exige que o bem seja entregue à pessoa que lhe atribui o valor mais elevado. Para verificar isso, imagine que a pessoa 1 atribui ao bem o maior valor e a pessoa 2 lhe atribua o menor valor. Se a pessoa 2 obtiver o bem, então será muito fácil melhorar a situação das duas pessoas: basta transferir o bem da pessoa 2 para a 1 e fazer com que a pessoa 1 pague à 2 algum preço p, que se situe entre v_1 e v_2. Isso mostra que destinar o bem a qualquer pessoa que não seja aquela que lhe atribui o valor mais elevado não pode ser eficiente no sentido de Pareto.

Se o vendedor conhecer os valores $v_1, ..., v_n$, o problema de modelagem do leilão será trivial. No caso de maximização do lucro, o vendedor deveria entregar o bem à pessoa que lhe atribui o maior valor e cobrar esse preço. Se o objetivo desejado for a eficiência de Pareto, o bem deve, ainda, caber a quem lhe atribui o maior valor, mas o preço pode situar-se entre esse valor e zero, uma vez que a distribuição do excedente não tem qualquer relevância do ponto de vista da eficiência de Pareto.

O caso se torna mais interessante quando o vendedor não conhece os valores atribuídos pelos compradores. Como podemos alcançar, nesse caso, a maximização do lucro ou a eficiência?

Vejamos, primeiro, a eficiência de Pareto. Não é difícil verificar que um leilão inglês alcançará o objetivo desejado: a pessoa que atribuir o maior valor ao bem acabará ficando com ele. É preciso raciocinar um pouco mais para concluir o preço a ser pago por essa pessoa: será o valor atribuído por quem der o *segundo maior* lance mais, talvez, um pequeno incremento mínimo.

Pense em um caso específico em que o maior valor seja, digamos, US$100, o segundo maior seja US$80 e o incremento mínimo, US$5. Então a pessoa cuja avaliação for igual a US$100 estaria disposta a oferecer um lance de US$85, enquanto aquela que avalia o bem em US$80 não estaria disposta a pagar mais. Como afirmamos, a pessoa que atribui o valor mais elevado ao bem fica com ele, pagando o segundo preço mais elevado (mais, talvez, o incremento mínimo). (Dizemos "talvez" porque, se ambos os participantes do leilão dessem um último lance de US$80, haveria empate e o resultado final dependeria das regras para o desempate.)

E quanto à maximização do lucro? Este caso acaba sendo mais difícil de analisar, uma vez que depende da *ideia* que o vendedor tem a respeito das avaliações dos compradores. Para ver como isso funciona, imagine que há apenas dois concorrentes que poderiam ter avaliado o bem em questão por US$10 ou por US$100. Imaginemos que as duas situações tenham a mesma probabilidade de ocorrer, de modo que há quatro arranjos igualmente prováveis para as avaliações dos participantes 1 e 2: (10, 10), (10, 100), (100, 10), (100, 100). Finalmente, imagine que o incremento mínimo para os lances seja de US$1 e que os empates sejam resolvidos por cara e coroa.

Neste exemplo, os lances vencedores dos quatro casos descritos serão (10, 11, 11, 100) e aquele que der o maior lance levará sempre o objeto leiloado. A receita esperada pelo vendedor será de US$33 = $\frac{1}{4}$ (10 + 11 + 11 + 100).

O vendedor poderia chegar a um resultado melhor do que esse? Sim, se ele fixar um preço de reserva adequado. No exemplo, o preço de reserva necessário para maximizar o lucro é de US$100. Em 3/4 das ocasiões, o objeto será vendido a esse preço e, em 1/4 delas, não haverá lance vencedor. Isso gera uma receita esperada de US$75, bem superior à obtida em um leilão inglês sem preço de reserva.

Observe que essa estratégia *não* é eficiente no sentido de Pareto, uma vez que, em 1/4 das ocasiões, ninguém adquire o bem. Isso é análogo ao ônus do monopólio e decorre, precisamente, da mesma razão.

A fixação de um preço de reserva é muito importante se você estiver interessado em maximizar o lucro. Em 1990, o governo da Nova Zelândia leiloou parte do espectro de ondas para uso em rádio, televisão e telefonia celular, utilizando um leilão de Vickrey. Num dos casos, o lance vencedor foi de NZ$100 mil, mas o segundo maior lance foi de apenas NZ$6! Esse leilão pode ter levado a um resultado eficiente no sentido de Pareto, mas certamente não resultou em maximização do lucro!

Vimos que um leilão inglês com preço de reserva igual a zero garante a eficiência de Pareto. E o leilão holandês? Para verificar o que ocorre, imagine o caso em que dois participantes de um leilão avaliam o bem em US$100 e US$80. Se a pessoa que tem a avaliação alta do bem acredita (erroneamente!) que o segundo maior valor seja de US$70, ela se proporá a esperar até que o leilão atinja, digamos, US$75, antes de oferecer o lance. Mas, então, teria sido tarde demais – a pessoa com a segunda maior avaliação já teria adquirido o produto por US$80. Em geral, não há garantia de que o objeto vá para as mãos da pessoa que lhe atribui o valor mais elevado.

O mesmo ocorre no caso dos leilões de lance fechado. O lance ótimo para cada um dos agentes depende do que eles *acreditam* que sejam as avaliações dos outros agentes. Se essas ideias não forem acuradas, o objeto do leilão pode acabar parando nas mãos de alguém que não lhe atribui o maior valor.[2]

Finalmente, veremos o caso do leilão de Vickrey – a variante do leilão de lance fechado em que o objeto é adquirido pela pessoa que lhe atribui o maior valor por um preço igual ao segundo maior preço.

Primeiro, verificamos que, *se* todos derem lances correspondentes ao verdadeiro valor atribuído ao objeto em questão, este acabará sendo adquirido pela pessoa que lhe atribui o maior valor e que pagará um preço equivalente ao segundo maior valor. Esse é essencialmente o mesmo resultado do leilão inglês (até o lance incremental, que pode ser arbitrariamente pequeno).

Mas será uma estratégia ótima declarar o verdadeiro valor em um leilão de Vickrey? Vimos que, no caso do leilão de lance fechado padrão, nem sempre é esse o caso. Mas o leilão de Vickrey é diferente: a resposta surpreendente é que sempre o interesse de cada participante é favorecido ao declarar o verdadeiro valor.

Para entender o porquê, vejamos o caso especial de um leilão com dois participantes que avaliam o objeto em v_1 e v_2 e que escrevem lances de b_1 e b_2. O resultado esperado para o participante 1 é:

$$\text{Prob}(b_1 \geq b_2) [v_1 - b_2],$$

sendo que "Prob" representa "probabilidade".

O primeiro termo dessa expressão é a probabilidade de que o participante 1 dê o lance mais alto; o segundo termo é o excedente do consumidor que o participante 1 aufere em caso de ganhar. (Se $b_1 < b_2$, então o participante 1 obtém um

---

[2] Entretanto, se as crenças de todos os participantes forem acuradas, mesmo que apenas em "média", e se todos os participantes conduzirem seus lances de forma ótima, as várias formas de leilão descritas aqui se tornam "estrategicamente equivalentes", no sentido de que terão, no equilíbrio, o mesmo resultado. Para uma análise mais profunda, ver P. Milgrom, "Auctions and Bidding: a Primer", *Journal of Economic Perspectives*, 3(3), 1989, p. 3-22 e P. Klemperer, "Auction Theory: A Guide to the Literature", *Economic Surveys*, 13(3), 1999, p.227–286.

excedente igual a zero, de modo que não há necessidade de considerar o termo contendo Prob $(b_1 \leq b_2)$.)

Imagine que $v_1 > b_2$. Então, o participante 1 quer tornar a probabilidade de ganhar a maior possível, o que pode conseguir fazendo $b_1 = v_1$. Suponha, por outro lado, que $v_1 < b_2$. Então, o participante 1 desejará tornar a probabilidade de ganhar a menor possível, o que pode ser conseguido tornando $b_1 = v_1$. Em qualquer dos casos, para o participante 1, a estratégia ótima é fazer seu lance igual ao valor real! A honestidade é a melhor política... pelo menos num leilão de Vickrey!

O aspecto interessante dos leilões de Vickrey é que eles conseguem praticamente o mesmo resultado do leilão inglês, mas sem a iteração. Aparentemente, essa é a razão pela qual esse tipo de leilão é utilizado pelos colecionadores de selos. Eles vendem selos em suas convenções por meio de leilões do tipo inglês e, quando os vendem por meio de seus boletins, recorrem aos leilões de lance fechado. Já foi observado que o leilão de lance fechado reproduz o resultado do leilão inglês se for usada a regra do segundo maior lance, mas coube a Vickrey conduzir a análise completa do leilão dos filatelistas e mostrar que a revelação da verdade era a estratégia ótima e que o resultado desse tipo de leilão era estrategicamente equivalente ao do leilão inglês.

EXEMPLO: Leilão de Goethe

Em 1797, o poeta alemão Johann Wolfgang von Goethe terminou um poema e queria oferecê-lo a uma editora. Ele enviou um bilhete a um dos possíveis editores, contendo essa passagem:

> Estou inclinado a oferecer ao Sr. Vieweg, de Berlim, um poema épico, *Hermann e Dorothea*, que terá cerca de 2.000 hexâmetros... No que diz respeito aos *royalties*, procederemos da seguinte forma: vou entregar ao Sr. Bottiger um bilhete lacrado contendo o valor do meu pedido e esperar para ver o que o Sr. Vieweg irá sugerir pelo meu trabalho. Se a sua oferta for mais baixa do que o meu pedido, retirarei o bilhete lacrado e não haverá acordo. Se, no entanto, a sua oferta for mais alta, então não solicitarei mais do que consta no bilhete a ser aberto pelo Sr. Bottiger.

Em essência, isso é um leilão de Vickrey. A estratégia dominante da editora é nominar o seu verdadeiro valor, o que lhe permitirá adquirir o livro apenas se o preço de reserva de Goethe for menor do que o seu verdadeiro valor.

Foi um grande plano, mas o advogado de Goethe, Bottiger, fez vazar o preço do bilhete lacrado, que era de 1.000 táleres.[3]

Por isso, o editor propôs o valor mínimo e acabou tendo um lucro estimado de 2.600 táleres.

---

[3] Moeda utilizada na Alemanha naquele momento. É o antepassado do termo "dólares".

Goethe, aparentemente, ficou desconfiado de que algo estava errado, então, na próxima vez que quis vender uma obra, montou um leilão competitivo envolvendo 36 editoras e acabou lucrando muito mais.[4]

18.3 Outras formas de leilão

Considerava-se que o leilão de Vickrey fosse de interesse apenas limitado até que os leilões on-line se popularizaram. A maior empresa de leilões on-line, eBay, afirma ter quase 30 milhões de usuários, que, em 2000, negociaram mercadorias num total de US$5 bilhões.

Os leilões da eBay duram vários dias, ou até semanas, e isso dificulta aos usuários monitorar continuamente o processo do leilão. Para evitar um constante monitoramento, o site eBay introduziu um agente automatizado, chamado por eles de "participante substituto". Os usuários informam ao agente o quanto estão dispostos a pagar por um item e qual seu lance inicial. Enquanto o leilão avança, o agente aumenta automaticamente os lances do participante pelo incremento mínimo, sempre que necessário, enquanto o limite máximo do participante não é alcançado.

Essencialmente, trata-se de um leilão de Vickrey: cada usuário revela ao seu agente o preço máximo que está disposto a pagar. Teoricamente, o participante que oferecer o lance mais elevado ficará com o item, mas pagará apenas o correspondente ao segundo maior preço (mais um incremento mínimo para desempatar). De acordo com a análise apresentada no texto, cada participante tem incentivo para revelar qual o valor real que atribui ao item que está sendo vendido.

Na prática, o comportamento do participante é um pouco diferente do que o previsto pelo modelo de Vickrey. Muitas vezes, os participantes esperam quase até o fim do leilão para fazerem seus lances. Isso ocorre por duas razões: relutância em revelar interesse com muita antecipação e esperança de conseguir uma pechincha num leilão de poucos participantes. Contudo, o modelo do agente parece atender muito bem aos usuários. O leilão de Vickrey, que parecia ter interesse apenas teórico, é agora o método preferido pelo maior leiloeiro on-line do mundo!

Há ainda outras formas mais exóticas de leilão. Um exemplo estranho é o **leilão de escalada**. Nesse tipo de leilão, o lance mais alto ganha o item, mas tanto quem ofereceu o lance mais alto *como* quem ofereceu o segundo maior preço têm de pagar o que ofereceram.

Imagine, por exemplo, que você coloca em leilão, sob as regras do leilão de escalada, US$1. De modo geral, algumas pessoas oferecerão US$0,10 ou US$0,15, mas a maioria dos participantes acabará por sair do leilão. Quando o lance mais alto se aproxima de US$1, os participantes que sobraram começam a ponderar o problema que têm pela frente. Se um participante ofereceu US$0,90 e o outro,

---

[4] Veja a história completa em Benny Moldovanu e Manfred Tietzel, "Goethe's Second-Price Auction", *The Journal of Political Economy*, vol. 106, n. 4 (agosto de 1998), p. 854-859.

US$0,85, este último percebe que terá de pagar US$0,85 sem receber nada em troca, mas, se aumentar seu lance para US$0,95, sairá do leilão com apenas US$0,05.

Mas, logo que faz isso, o participante que tinha oferecido US$0,90 pode raciocinar do mesmo modo. De fato, é de seu interesse oferecer *mais* de US$1. Se, por exemplo, oferecer US$1,05 (e ganhar), ele perderá apenas US$0,05 em vez de US$0,90! Não é incomum acontecer num leilão desse tipo de o lance vencedor ser de US$5 ou US$6.

Outro tipo de leilão um pouco semelhante é o **leilão em que todos pagam**. Pense num político desonesto que anuncia que venderá seu voto na seguinte condição: todos os lobistas terão de contribuir para sua campanha, mas ele só apoiará o projeto de interesse de quem ofereceu a contribuição mais alta. Isso é essencialmente um leilão em que todos pagam, mas só quem oferece o lance mais alto obtém o que deseja!

EXEMPLO: Lances de último minuto no eBay

De acordo com a teoria convencional dos leilões, o participante substituto do site eBay deve induzir os participantes a dar lances correspondentes ao verdadeiro valor que atribuem ao item leiloado. Vence o participante que oferecer o lance mais elevado, pagando (essencialmente) o preço oferecido pelo segundo lance mais elevado, como num leilão de Vickrey. Mas, na prática, as coisas não funcionam exatamente desse modo. Em muitos leilões, os participantes esperam praticamente até o último minuto para darem seus lances. Em um estudo, 37% dos leilões tiveram lances no último minuto e 12% tiveram lances nos últimos dez segundos. Por que tantos "lances no último minuto"?

Há duas teorias para explicar esse fenômeno. Patrick Bajari e Ali Hortaçsu, dois especialistas em leilões, sustentam que, para certos tipos de leilões, os participantes não querem dar lances cedo a fim de evitar uma escalada do preço de venda. O eBay normalmente exibe a identificação dos participantes e os lances reais (não os lances máximos) dados para itens que estão sendo vendidos. Se você for um especialista em selos raros, com um nome de usuário bem conhecido no eBay, pode ser que queira evitar dar seu lance para não revelar seu interesse em um selo específico.

Essa explicação faz bastante sentido no caso de coleções como as de selos e moedas, mas lances de último minuto também acontecem no caso de itens genéricos, tais como componentes de computadores. Al Roth e Axel Ockenfels sugerem que os lances de último minuto são uma maneira de evitar guerras de lances.

Suponhamos que você e outro participante deem lances para um porta-balas Pez cujo preço de reserva é US$2. Acontece que cada um de vocês avalia o item em US$10. Se os dois derem lances cedo, declarando o verdadeiro valor máximo de US$10 que atribuem ao item, então, mesmo que você ganhe no desempate, terminará pagando US$10, já que esse também é o valor máximo atribuído pelo outro participante. Você pode "vencer", mas não obtém qualquer excedente do consumidor.

Alternativamente, suponhamos que cada um de vocês espere quase até o fim do leilão, dando lances de US$10 nos últimos 10 segundos. (No eBay, isso se chama "atirar às escondidas".) Nesse caso, há uma boa chance de um dos lances não conseguir ser registrado, de forma que o ganhador possa terminar pagando apenas o preço de reserva de US$2.

Lances elevados no último minuto dão certa aleatoriedade ao resultado. Um dos jogadores consegue um bom negócio e o outro fica com as mãos vazias. Isso não é, todavia, necessariamente muito ruim: se ambos os participantes dessem seus lances cedo, um deles terminaria pagando todo o valor atribuído enquanto o outro não receberia nada.

Nessa análise, os lances de último minuto são uma forma de "conluio implícito". Ao esperar para dar seus lances, os participantes podem terminar, na média, em uma situação melhor do que aquela em que terminariam caso tivessem dado seus lances cedo.

18.4 Leilão de posições

Um **leilão de posições** é uma maneira de leiloar posições, tais como uma posição em uma fila ou uma posição em uma página da internet. A característica definidora é que todos os participantes ranqueiram as posições da mesma maneira; no entanto, podem avaliar as posições diferentemente. Todos concordariam que é melhor estar no começo da fila do que mais atrás, mas poderiam estar dispostos a pagar diferentes quantias para ser o primeiro da fila.

Um exemplo proeminente de leilão de posição é o leilão usado pelos provedores de mecanismos de busca, tais como Google, Microsoft e Yahoo, para vender anúncios. Nesse caso, todos os anunciantes concordam que estar na posição superior é a melhor; a segunda posição a partir da superior é a "segunda melhor", e assim por diante. Entretanto, os anunciantes frequentemente estão vendendo coisas diferentes, de modo que o lucro esperado a partir de uma visita às suas páginas será diferente.

Descrevemos aqui uma versão simplificada desses leilões de anúncio on-line. Os detalhes divergem entre os mecanismos de busca, mas o modelo a seguir captura o comportamento geral.

Suponhamos que há $s = 1, ..., S$ *slots*[5] onde os anúncios podem ser dispostos. Façamos x_s indicar o número esperado de cliques para o anúncio no *slot s*. Suponhamos que os *slots* são ordenados conforme o número de cliques que provavelmente receberão; assim, $x_1 > x_2 > ... > x_S$.

Cada um dos anunciantes tem um valor por clique, que está relacionado ao lucro esperado a partir de uma visita à sua página. Façamos v_s ser o valor por clique do anunciante cuja publicidade é mostrada no *slot s*.

---

[5] *Nota da Tradução:* Neste caso, *slots* significa espaços ou encaixe para anúncios.

Cada anunciante dá um lance, b_s, que é interpretado como a quantia que ele está disposto a pagar pelo *slot* s. O melhor *slot* (*slot* 1) é conferido ao anunciante que deu o lance mais alto; o "segundo melhor" *slot* (*slot* 2) é concedido ao anunciante que deu o segundo lance mais alto, e assim por diante.

O preço que um anunciante paga é determinado pela oferta do anunciante abaixo dele. Essa é uma variação do modelo de leilão de Vickrey descrito anteriormente e, às vezes, é chamado de **leilão de segundo preço generalizado** (GSP – Generalized Second Price Auction).

No GSP, o anunciante 1 paga b_2 por clique, o anunciante 2 paga b_3 por clique, e assim por diante. A base racional para esse arranjo é que, se um anunciante pagasse o preço que ofertou, ele teria um incentivo para cortar sua oferta até que ela mal superasse a do anunciante abaixo dele. Ajustando o pagamento do anunciante do *slot* s à oferta do anunciante do *slot* s + 1, cada anunciante termina pagando o mínimo necessário para reter a sua posição.

Juntando as peças, percebemos que o lucro do anunciante no *slot* s é $(v_s - b_{s+1})x_s$. É exatamente o valor dos cliques menos o custo dos cliques que um anunciante recebe.

Qual é o equilíbrio desse leilão? Extrapolando a partir do leilão de Vickrey, poderíamos especular que cada anunciante deveria oferecer seu valor real. Isso é verdadeiro se houver apenas um *slot* sendo leiloado, mas é falso em geral.

Dois ofertantes

Consideremos o exemplo de dois *slots* e dois ofertantes. Suponhamos que o ofertante "com a maior oferta" obtenha x_1 cliques e pague o valor pago pelo ofertante com o segundo lance mais alto b_2. O segundo ofertante "com a maior oferta" fica com o *slot* 2 e paga um preço de reserva r.

Suponhamos que seu valor seja v e sua oferta seja b. Se $b > b_2$, obtém-se um ganho de $(v - b_2)x_1$ e, se $b \leq b_2$, obtém-se um ganho de $(v - r)x_2$. O ganho esperado é, então

$$\text{Prob}(b > b_2)\,(v - b_2)x_1 + [1 - \text{Prob}(b > b_2)]\,(v - r)x_2.$$

Podemos rearranjar a expressão do ganho esperado, obtendo

$$(v - r)x_2 + \text{Prob}(b > b_2)\,[v\,(x_1 - x_2) + rx_2 - b_2 x_1]. \tag{18.1}$$

Observe que, quando o termo entre colchetes é positivo (isto é, você tem lucro), você quer que a probabilidade de $b > b_2$ seja tão grande quanto possível; quando o termo é negativo (você tem perda), você quer que a probabilidade de $b > b_2$ seja a menor possível.

Entretanto, isso pode ser facilmente resolvido. Simplesmente escolha um lance de acordo com essa fórmula:

$$bx_1 = v(x_1 - x_2) + rx_2.$$

Agora fica fácil verificar que, quando $b > b_2$, o termo entre colchetes na expressão 18.1 é positivo e que, quando $b \leq b_2$, o termo entre colchetes é negativo ou zero. Assim, esse lance ganhará o leilão exatamente quando você quiser ganhar e o perderá exatamente quando você quiser perder.

Observem que essa regra para dar lances é uma estratégia dominante: cada ofertante quer a licitação de acordo com essa fórmula, independentemente de qual seja o lance do outro participante. Isso significa, naturalmente, que o leilão termina situando o ofertante com o valor mais elevado em primeiro lugar.

É igualmente fácil interpretar o lance. Se há dois ofertantes e dois *slots*, o segundo ofertante "com a maior oferta" sempre obterá o segundo *slot* e terminará pagando rx_2. A competição se dá sobre os cliques *adicionais* que o ofertante "com a maior oferta" obtém. O ofertante com o valor mais elevado ganhará esses cliques, mas terá de pagar somente a quantia mínima necessária para vencer o segundo ofertante "com a maior oferta".

Percebe-se que nesse leilão não se quer oferecer o verdadeiro valor por clique, mas uma quantia que reflita o verdadeiro valor *para os cliques adicionais* que se venham a obter.

Mais de dois ofertantes

O que acontece se houver mais de dois ofertantes? Nesse caso, normalmente, não haverá um equilíbrio de estratégia dominante, mas haverá um equilíbrio de preços. Examinemos uma situação com três *slots* e três ofertantes.

O ofertante no *slot* 3 paga um preço de reserva r. Em equilíbrio, o ofertante não irá querer mudar para o *slot* 2; assim,

$$(v_3 - r)x_3 \geq (v_3 - p_2)x_2$$

ou

$$v_3(x_2 - x_3) \leq p_2 x_2 - rx_3.$$

Essa desigualdade informa que, se o ofertante prefere a posição 3 à posição 2, o valor dos cliques adicionais que ele obtém na posição 2 deverá ser menor do que o custo desses cliques adicionais.

Tal desigualdade impõe um limite ao custo dos cliques na posição 2:

$$p_2 x_2 \leq rx_3 + v_3(x_2 - x_3). \tag{18.2}$$

Aplicando o mesmo argumento ao ofertante na posição 2, temos

$$p_1 x_1 \leq p_2 x_2 + v_2(x_1 - x_2). \tag{18.3}$$

Substituindo a desigualdade (18.2) na desigualdade (18.3), temos

$$p_1 x_1 \leq rx_3 + v_3(x_2 - x_3) + v_2(x_1 - x_2). \tag{18.4}$$

A receita total no leilão é $p_1x_1 + p_2x_2 + p_3x_3$. Adicionando as desigualdades (18.2) e (18.3) e a receita do *slot* 3, temos um limite inferior da receita total no leilão

$$R_L \leq v_2(x_1 - x_2) + 2v_3(x_2 - x_3) + 3rx_3.$$

Até agora, consideramos três ofertantes para três *slots*. O que acontecerá se houver quatro ofertantes para três *slots*? Nesse caso, o preço de reserva é substituído pelo valor do quarto ofertante. A lógica é que o quarto ofertante esteja disposto a comprar quaisquer cliques que excedam seu valor, tal como ocorre com o leilão padrão de Vickrey. Isso nos dá a expressão da receita de

$$R_L \leq v_2(x_1 - x_2) + 2v_3(x_2 - x_3) + 3v_4x_3.$$

Façamos algumas observações sobre essa expressão. Em primeiro lugar, a concorrência no leilão do mecanismo de busca é sobre cliques adicionais: quantos cliques você obterá se der um lance por uma posição mais alta. Em segundo, quanto maior a diferença entre os cliques, maior será a receita. Em terceiro, quando $v_4 > r$, a receita será maior. Isso diz simplesmente que a concorrência tende a elevar a receita.

Índices de qualidade

Na prática, os lances são multiplicados por um índice de qualidade [*quality score*] para obter uma pontuação de classificação no leilão. O anúncio com "lance *vezes* qualidade" mais alto obtém a primeira posição, o anúncio com a segunda pontuação de classificação obtém a segunda posição, e assim por diante. Cada anúncio paga o preço mínimo por clique necessário para reter a sua posição. Se q_s for a qualidade do anúncio no *slot* s, os anúncios são ordenados $b_1q_1 > b_2q_s > b_3q_3$ ... e assim por diante.

O preço que o anúncio no *slot* 1 paga é apenas o suficiente para reter sua posição, de modo que $p_1q_1 = b_2q_2$ ou $p_1 = b_2q_2/q_1$. (Pode haver alguma rodada de desempate.)

Há diversos componentes de qualidade no anúncio. Entretanto, o componente principal é tipicamente o histórico da taxa de cliques (*clickthrough rate*) que um anúncio obtém. Isso significa que o *ranking* do anúncio está determinado basicamente por

$$\frac{\text{custo}}{\text{cliques}} \times \frac{\text{cliques}}{\text{exibições}} = \frac{\text{custo}}{\text{exibições}}$$

Portanto, o anúncio que obtém o primeiro lugar será aquele cujo anunciante está disposto a pagar mais pela exibição, e não o maior preço por clique.

Se pensarmos bem, isso faz bastante sentido. Suponhamos que um anunciante esteja disposto a pagar US$10 por clique, mas é provável que obtenha somente um clique em um dia. Outro anunciante está disposto a pagar US$1 por clique e obterá 100 cliques em um dia. Qual anúncio deve ser mostrado na posição mais destacada?

Ranquear anúncios dessa maneira também ajuda os usuários. Se dois anúncios receberem o mesmo lance, então aquele em que os usuários tenderão a clicar mais obterá uma posição mais elevada. Os usuários podem "votar com seus cliques" nos anúncios que consideram mais úteis.

18.5 Deve-se colocar anúncio na própria marca?

Uma questão que às vezes surge em leilões de anúncios on-line é: os anunciantes devem colocar anúncios em sua própria marca? Isso é especialmente importante para os anunciantes que têm marcas fortes, bem conhecidas, uma vez que tendem a ser exibidas em destaque nos resultados de busca orgânica. Por que uma marca bem conhecida pagaria por cliques em anúncios quando, de qualquer maneira, obtém cliques orgânicos?

Vamos examinar essa questão usando um pouco de álgebra. Como acima, seja v o valor de um clique (a visita a um site), que consideraremos que seja o mesmo tanto para um clique orgânico como para um clique em anúncio. Seja x_a o número de cliques em anúncios, x_{oa} o número de cliques orgânicos quando o anúncio está presente e x_{on} o número de cliques orgânicos quando o anúncio não está presente. Finalmente, seja $c(x_a)$ o custo de cliques em anúncios x_a.

Se o dono do site optar por colocar anúncios, haverá um lucro de $vx_a + vx_{oa} - c(x_a)$. Observe que o anunciante recebe tanto cliques em anúncios como cliques em resultados de busca, mas só paga pelos cliques em anúncios. Se o dono do site optar em não colocar anúncios, recebe vx_{on}. Unindo essas duas expressões, vemos que o proprietário do site vai achar rentável anunciar quando:

$$vx_a + vx_{oa} - c(x_a) > vx_{on},$$

onde assumimos que o numerador é positivo. Isolando o termo, vemos que o proprietário do site vai querer anunciar quando

$$v > \frac{c(x_a)}{x_a - (x_{on} - x_{oa})}.$$

A parte importante dessa expressão é $x_{on} - x_{oa}$, que mede a forma como o anúncio "canibaliza" os cliques orgânicos. Se não houver nenhum canibalismo, de modo que $x_{on} = x_{oa}$, então a expressão só se reduz ao "valor maior do que o custo médio". Por outro lado, se houver uma grande quantidade de canibalismo, o valor de um visitante teria de ser elevado para ultrapassar a redução dos cliques orgânicos.

18.6 Receita do leilão e número de licitantes

É interessante verificar como a receita do leilão varia à medida que o número de licitantes aumenta. Suponhamos que exista uma distribuição de valores pelos compradores que termine em um sorteio aleatório de n licitantes para o leilão, que têm valores $(v_1,..., v_n)$. Para simplificar, suponhamos que o preço de reserva seja zero. Se existir apenas um licitante, o seu valor será v_1 e ele obtém o item de graça. Se tomarmos outro licitante da população, ele terá ½ de probabilidade de ter um lance maior do que v_1 e a receita esperada é min (v_1, v_2). Se tomarmos um terceiro licitante, há 1/3 de probabilidade de que ele tenha o lance máximo, e por aí vai.

O princípio geral é que a receita esperada continuará aumentando à medida que o número de licitantes aumenta, mas continuará a um ritmo mais lento. A receita esperada será o valor esperado da segunda maior valorização numa amostra de tamanho n, um número conhecido como **estatística de segunda ordem**. Se especificarmos determinada distribuição de valores, podemos ver como isso evolui à medida que acrescentamos mais participantes ao leilão.

A Figura 18.1 mostra um exemplo da receita esperada quando os valores são distribuídos uniformemente no intervalo [0, 1]. Como se pode ver, até o momento existem 10 ou mais licitantes, o valor esperado é bastante próximo a 1, ilustrando que leilões são uma boa forma de gerar receita.

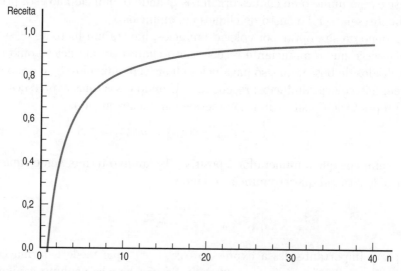

FIGURA 18.1 *Receita de um leilão.* Mostra a variação na receita de um leilão à medida que o número de licitantes altera.

18.7 Problemas dos leilões

Como acabamos de ver, os leilões do tipo inglês (ou os de Vickrey) têm a desejável propriedade de alcançar resultados eficientes no sentido de Pareto. Isso os torna candidatos atraentes a mecanismos de alocação de recursos. De fato, a maioria dos leilões para faixas de transmissão organizados pela FCC é variante do leilão inglês.

Mas o leilão inglês não é perfeito. Ele é suscetível ao conluio. O exemplo dos acordos feitos em mercados de leilões, descritos no Capítulo 25, mostra como os antiquários da Filadélfia entraram em conluio para estabelecer suas estratégias de lances nos leilões.

Há várias outras formas de manipular o resultado em leilões. Na análise feita anteriormente, partimos da suposição de que um lance vencedor *obrigava* quem o fez a pagar. Contudo, alguns modelos de leilão permitem que os participantes se retirem, uma vez conhecido o lance vencedor. Essa possibilidade permite manipulações. Por exemplo, em 1993, o governo australiano leiloou autorizações para serviços de televisão por satélite usando um tipo de leilão fechado padrão. O lance ganhador de uma das autorizações, A$212 milhões, foi feito por uma empresa chamada Ucom. Quando o governo anunciou que a Ucom havia ganhado, a empresa desistiu, levando o governo a conceder a autorização ao segundo colocado – que era também a Ucom! Novamente a empresa desistiu; quatro meses depois, após várias outras desistências, foram pagos A$117 milhões pela autorização, ou seja, A$95 milhões a menos do que o lance vencedor inicial! A autorização acabou sendo concedida ao autor do lance mais alto, pelo segundo maior preço – mas o leilão mal planejado provocou o atraso de pelo menos um ano da chegada da TV paga à Austrália.[6]

EXEMPLO: Tirando lances da parede

Um método comum para o vendedor manipular leilões é receber lances fictícios, uma prática conhecida como "tirar lances da parede". Tal manipulação também chegou aos leilões on-line, mesmo sem nenhuma parede envolvida.

De acordo com uma notícia recente,[7] um joalheiro de Nova York vendeu on-line uma grande quantidade de diamantes, ouro e joias de platina. Embora os artigos fossem oferecidos no eBay sem preços de reserva, o vendedor distribuiu planilhas eletrônicas a seus empregados, instruindo-os a dar lances a fim de aumentar o preço final de venda. De acordo com o processo legal, os empregados deram mais de 232 mil lances em um período de um ano, inflacionando os preços de venda em 20%, em média.

Quando confrontado com a prova, o joalheiro concordou em pagar uma multa de US$400.000 para estabelecer um acordo em ação civil contra a fraude.

18.8 A Maldição do Ganhador

Voltemos ao exame dos **leilões com valor comum**, nos quais o bem em pauta tem o *mesmo* valor para todos os participantes. Contudo, cada um dos participantes

---

[6] Ver John McMillan, "Selling Spectrum Rights", *Journal of Economic Perspectives*, 8(3), p. 145-52, onde se encontram pormenores do caso e de como suas lições foram incorporadas ao planejamento dos leilões de faixas de frequência nos Estados Unidos. O artigo também descreve o exemplo neozelandês mencionado anteriormente.

[7] Barnaby J. Feder, "Jeweler to Pay $ 400.000 in On-line Fraud Settlement", *The New York Times*, 9 de junho de 2007.

pode ter uma estimativa diferente desse valor. Para destacar isso, representamos o valor (estimado) para o participante i como sendo $v + \epsilon_i$, em que v é o valor comum verdadeiro e ϵ_i é o "termo de erro" associado à estimativa do participante i.

Vejamos como funciona um leilão de lance fechado nesse contexto. Qual o lance que i deveria dar? Para ter alguma ideia, vejamos o que acontece se cada participante der lances correspondentes a seu valor estimado. Nesse caso, a pessoa que atribuir o maior valor ϵ_i ao objeto do leilão, $\epsilon_{máx}$, será o vencedor do leilão. Mas enquanto $\epsilon_{máx} > 0$, essa pessoa estará pagando mais do que v, o verdadeiro valor do bem. Esse fato é denominado **Maldição do Ganhador.** Se você ganhar o leilão, é porque superestimou o valor do bem que está sendo leiloado. Em outras palavras, você só ganhou porque foi otimista demais!

A estratégia ótima num leilão com valor comum desse tipo é oferecer um lance menor do que seu valor estimado – e, quanto mais participantes houver, mais baixo deverá ser seu lance. Pense nisto: se você oferecer o lance mais elevado dentre cinco participantes de um leilão, você estará sendo bastante otimista, mas, se o seu lance for o maior dentre vinte, você será superotimista. Quanto mais participantes houver no leilão, mais humilde você deverá ser em suas estimativas do "verdadeiro valor" do bem em questão.

A Maldição do Ganhador parece ter operado no leilão de faixas de frequência para serviços de comunicação pessoal, organizado pela FCC em maio de 1996. O maior lance do leilão foi o da NextWave Personal Communications Inc., que ofereceu US$4,2 bilhões por 63 licenças, ganhando todas. Contudo, em janeiro de 1998, a empresa entrou em concordata ao verificar que não podia pagar suas dívidas.

18.9 O problema do casamento estável

Há muitos exemplos de **modelos de *"two-sided matching"***, em que os consumidores formam parcerias uns com os outros. Os homens podem se casar com mulheres através de um serviço de encontros ou namoro, os estudantes podem ingressar em faculdades, os juramentos de lealdade com as irmandades estudantis femininas nas universidades, os médicos-residentes com os hospitais, e assim por diante.

Quais são os bons algoritmos para fazer essas parcerias? Sempre há resultados "estáveis"? Examinaremos aqui um mecanismo simples para fazer parcerias que são estáveis em um sentido precisamente definido.

Suponhamos que há n homens e um número igual de mulheres e nós precisamos combiná-los como parceiros de dança. Cada mulher pode classificar os homens de acordo com suas preferências e o mesmo vale para os homens. Para simplificar, suponhamos que não haja nenhuma ligação nessas classificações e que todos prefiram dançar a ficar sentados.

Qual seria uma boa maneira de combinar parceiros de dança? Um critério atrativo é encontrar uma maneira de produzir uma combinação "estável". A definição de estável, nesse contexto, é que não há nenhum par que prefira outro par ao seu parceiro atual. Dito de outra maneira, se um homem preferisse outra mulher à sua parceira atual, essa outra mulher não o quereria como par – ela preferiria o parceiro que tem atualmente.

Há sempre uma parceria estável? Se sim, como pode ser encontrada? A resposta é que, contrariamente à impressão que tiramos das novelas de televisão e da literatura romântica, sempre há parcerias estáveis e são relativamente fáceis de construí-las.

O algoritmo mais famoso, conhecido como **deferred acceptance algorithm (algoritmo do aceite temporário)** procede da seguinte forma:[8]

Passo 1. Cada homem convida para dançar a mulher que ele prefere.

Passo 2. Cada mulher registra a lista de propostas que recebe em seu cartão de dança.

Passo 3. Depois que todos os homens tiverem proposto a sua escolha preferida, cada mulher (delicadamente) rejeitará todos os pretendentes, exceto o seu preferido.

Passo 4. Os pretendentes rejeitados pedem para dançar com a mulher seguinte em sua lista de preferência.

Passo 5. Seguir para o passo 2 ou encerrar o algoritmo quando todas as mulheres tiverem recebido uma oferta.

Esse algoritmo sempre produz uma parceria estável. Suponhamos, ao contrário, que há algum homem que prefira outra mulher à sua parceira atual. Então ele a teria convidado para dançar antes de convidar sua parceira atual. Se ela o preferisse ao seu parceiro atual, teria rejeitado seu parceiro atual anteriormente no processo.

Acontece que esse algoritmo representa a melhor parceria estável possível para os homens no sentido de que cada homem prefere o resultado desse processo a qualquer outra parceria estável. Naturalmente, se invertêssemos os papéis de homens e mulheres, encontraríamos o casamento estável ótimo para as mulheres.

Embora o exemplo descrito seja ligeiramente frívolo, processos como o do algoritmo do aceite temporário são usados para combinar estudantes com escolas em Boston e Nova York, médicos residentes com hospitais por todo o país, e até doadores de órgãos com receptores.

18.10 Modelo de mecanismos

Leilões e o modelo *two-sided matching* que discutimos neste capítulo são exemplos de **mecanismos econômicos**. A ideia de um mecanismo econômico é definir um "jogo" ou "mercado" que produza algum resultado desejado.

---

[8] David Gale e Lloyd Shapley, "College Admissions and the Stability of Marriage", *American Mathematical Monthly*, 69, 1962, p. 9-15.

Por exemplo, podemos querer projetar um mecanismo para vender um quadro. Um mecanismo natural aqui seria um leilão. Mas, mesmo com um leilão, há muitas escolhas entre modelos. O mecanismo deve ser projetado para maximizar a eficiência (isto é, para assegurar que o quadro ficará com a pessoa que o avalia com o maior valor) ou deve ser projetado para maximizar a receita esperada do vendedor, mesmo se houver um risco de o quadro não ser vendido?

Vimos anteriormente que há diversos tipos diferentes de leilão, cada um com vantagens e desvantagens. Qual é o melhor em determinadas circunstâncias?

O projeto de mecanismos é essencialmente o inverso da teoria dos jogos. Com a teoria dos jogos, é fornecida uma descrição das regras do jogo e queremos determinar qual será o resultado. Com o projeto de mecanismos, é fornecida uma descrição do resultado que queremos alcançar e buscamos projetar um jogo que o produza.[9]

O projeto de mecanismos não é limitado aos leilões ou aos problemas de pareamento. Ele também inclui **mecanismos de votação** e **de bens públicos**, como os descritos no Capítulo 37, ou mecanismos de **externalidades**, tais como os descritos no Capítulo 35.

Em um mecanismo geral, concebemos um número de agentes (isto é, consumidores ou empresas), que têm alguma informação privada. No caso de um leilão, essa informação pode ser seu valor para o artigo que está sendo leiloado. Em um problema que envolve empresas, a informação privada pode ser suas funções de custo.

Os agentes relatam alguma mensagem sobre sua informação privada ao "centro", que podemos conceber como um leiloeiro. O centro examina as mensagens e relata algum resultado: quem recebe o artigo em questão, qual produto as empresas devem gerar, quanto os vários participantes têm de pagar ou receber, e assim por diante.

As principais decisões de projeto são: 1) que tipo de mensagem deve ser enviada ao centro e 2) que regra o centro deve usar para determinar o resultado. As restrições sobre o problema são do tipo usual de restrição de recursos (isto é, há somente um artigo a ser vendido) e as restrições resultantes do fato de que os indivíduos agirão em seu próprio interesse. Esta última restrição é conhecida como **restrição da compatibilidade de incentivo**.

Também pode haver outras restrições. Por exemplo, podemos querer que agentes participem voluntariamente no mecanismo, o que exigiria que eles, ao participarem, obtivessem um ganho pelo menos tão grande quanto o obtido se não participassem. Por razão de simplicidade, iremos ignorar essa restrição.

Para termos um exemplo do que seria um projeto de mecanismos, consideremos um problema simples de conceder um bem indivisível para um entre dois agentes diferentes. Façamos $(x_1, x_2) = (1, 0)$ se o agente 1 obtiver o bem e $(x_1, x_2) = (0, 1)$ se o agente 2 obtiver o bem; p é o preço pago pelo bem.

Suponhamos que a mensagem que cada agente emite ao centro é apenas um valor relatado para o bem. Isso é conhecido como **mecanismo de revelação direta**.

---

[9] O Prêmio Nobel de Economia em 2007 foi concedido a Leonid Hurwicz, Roger Myerson e Eric Maskin por suas contribuições para o projeto de mecanismos econômicos.

O centro concederá então o bem ao agente com o maior valor relatado e cobrará desse agente algum preço p.

Quais são as restrições sobre p? Suponhamos que o agente 1 tenha o maior valor. Então sua mensagem ao centro deve ser tal que o ganho que obtém em resposta a essa mensagem seja pelo menos tão grande quanto o que teria obtido caso tivesse mandado a mesma mensagem que o agente 2 (que obtém um ganho zero). Isso significa

$$v_1 - p \geq 0.$$

Da mesma forma, o agente 2 necessita obter pelo menos um ganho tão grande quanto o que obteria caso tivesse mandado a mensagem emitida pelo agente 1 (que levou o agente 1 a obter o bem). Isso significa

$$0 \geq v_2 - p.$$

Unindo essas duas condições, temos $v_1 \geq p \geq v_2$, que afirma que o preço cobrado pelo centro necessariamente se encontra entre o valor mais elevado e o segundo valor mais elevado.

A fim de determinar qual preço o centro deve cobrar, nós precisamos considerar seus objetivos e sua informação. Se o centro acreditar que v_1 pode estar arbitrariamente perto de v_2 e sempre quiser conceder o artigo ao participante que fizer a maior oferta, então terá de estabelecer preço igual a v_2.

Esse é exatamente o **leilão de Vickrey** descrito anteriormente, em que cada participante faz uma oferta e o artigo é concedido àquele que deu o lance mais alto na segunda oferta mais elevada. Claramente, trata-se de um mecanismo atrativo para esse problema específico.

RESUMO

1. Leilões têm sido usados há séculos para vender objetos.

2. Se o valor do objeto, para cada um dos participantes, é independente do valor dos demais participantes, diz-se que é um leilão de valor privado. Se o valor do objeto à venda é essencialmente o mesmo para todos, diz-se que se trata de um leilão de valor comum.

3. As formas de leilão mais comuns são o inglês, o holandês, o de lance fechado e o de Vickrey.

4. O leilão inglês e o de Vickrey têm a propriedade desejável de gerar resultados eficientes no sentido de Pareto.

5. Para maximizar o lucro do leilão, torna-se necessária a escolha estratégica do preço de reserva.

6. Apesar de suas vantagens como mecanismos de mercado, os leilões são vulneráveis ao conluio e a outras formas de comportamento estratégico.

QUESTÕES DE REVISÃO

1. Imagine um leilão de colchas de retalhos antigas, para colecionadores. Trata-se de um leilão de valor privado ou de valor comum?

2. Imagine que há apenas dois participantes em um leilão, que atribuem ao objeto em pauta valores de US$8 e US$10 e que o incremento mínimo é de US$1. Qual deveria ser o preço de reserva para maximizar o lucro de um leilão inglês?

3. Imagine que temos duas cópias deste livro para vender a três estudantes (entusiasmados). Como poderíamos usar um leilão de lance fechado para garantir que os participantes que façam os dois maiores lances fiquem com os livros?

4. Considere o exemplo da Ucom, apresentado anteriormente. A modelagem do leilão foi eficiente? Maximizou os lucros?

5. Um teórico dos jogos enche um vidro com moedinhas e o leiloa no primeiro dia de aula por meio de um leilão do tipo inglês. Trata-se de um leilão de valor privado ou de valor comum? Você acredita que, de modo geral, o autor do lance vencedor sairia lucrando?

CAPÍTULO 19

TECNOLOGIA

Neste capítulo, começaremos nosso estudo sobre o comportamento das empresas. A primeira coisa a fazer é examinar as restrições ao comportamento delas. Quando uma empresa faz escolhas, ela sofre várias restrições, impostas tanto por seus clientes como pelos concorrentes e pela natureza. Neste capítulo, examinaremos esta última fonte de restrições: a natureza. Ela impõe a restrição de que só existem algumas formas viáveis de produzir a partir dos insumos: só existem algumas escolhas tecnológicas possíveis. Estudaremos aqui como os economistas descrevem essas restrições tecnológicas.

Se você entendeu a teoria do consumidor, a teoria da produção parecerá muito simples, pois utiliza as mesmas ferramentas. De fato, a teoria da produção é bem mais simples do que a teoria do consumo, porque o resultado do processo produtivo é observável, enquanto o "resultado" do consumo (a utilidade) não pode ser observado diretamente.

19.1 Insumos e produtos

Os insumos usados na produção são chamados de **fatores de produção**. Frequentemente, os fatores de produção são classificados em categorias amplas, como terra, trabalho, capital e matérias-primas. O significado de trabalho, terra e matéria-prima é bastante claro, mas o capital pode ser um conceito novo. Os **bens de capital** são insumos da produção que também são eles próprios bens produzidos. Basicamente, os bens de capital são máquinas de um tipo ou de outro: tratores, prédios, computadores etc.

Às vezes, o termo "capital" é empregado para descrever o dinheiro que se utiliza para iniciar ou manter um negócio. Usaremos sempre o termo **capital financeiro** para nos referirmos a esse conceito e o termo bens de capital ou **capital físico** para fazermos referência aos fatores de produção.

Procuraremos em geral encarar os insumos e produtos como sendo medidos em *fluxos*: determinada quantidade de trabalho por semana e determinado número de horas-máquina por semana produzem determinada quantidade de produto por semana.

Não precisaremos usar essas classificações com frequência, pois a maior parte do que queremos expor sobre a tecnologia pode ser descrita sem necessidade de referência ao *tipo* de insumo ou produto envolvido, mas sim quanto à *quantidade* de insumos e produtos.

19.2 Descrição das restrições tecnológicas

A natureza impõe **restrições tecnológicas** às empresas: somente algumas combinações de insumos constituem formas viáveis de produzir certa quantidade de produto e a empresa tem de limitar-se a planos de produção factíveis.

A maneira mais fácil de descrever planos de produção é relacioná-los. Ou seja, podemos listar todas as combinações de insumos e produtos tecnologicamente factíveis. O conjunto de todas as combinações de insumos e produtos que compreendem formas tecnologicamente viáveis de produzir é chamado de **conjunto de produção**.

Suponhamos, por exemplo, que temos apenas um insumo, medido por x, e um produto, medido por y. Assim, o conjunto de produção poderá ter a forma indicada na Figura 19.1. Dizer que determinado ponto (x, y) se encontra no conjunto de produção significa que é tecnologicamente viável produzir uma quantidade y de produto com a utilização de uma quantidade x de insumo. O conjunto de produção mostra as escolhas tecnológicas *possíveis* com as quais a empresa se defronta.

Como os insumos da empresa possuem um custo, faz sentido nos limitarmos a examinar o *máximo possível de produção* que se possa obter com determinada quantidade de insumo. Essa é a fronteira do conjunto de produção ilustrado na Figura 19.1. A função que descreve a fronteira desse conjunto é chamada **função de produção**. Ela indica a maior quantidade de produto que pode ser obtida a partir de determinada quantidade de insumos.

É claro que o conceito de função de produção também se aplica ao caso em que haja vários insumos. Se, por exemplo, considerarmos o caso de dois insumos, a função de produção $f(x_1, x_2)$ mediria a quantidade máxima de produção y que poderíamos obter se utilizássemos x_1 unidades do fator 1 e x_2 unidades do fator 2.

No caso de dois insumos, há uma forma conveniente de descrever as relações de produção conhecidas como **isoquantas**. Uma isoquanta é o conjunto de todas as combinações possíveis dos insumos 1 e 2 que são exatamente suficientes para produzir determinada quantidade do produto.

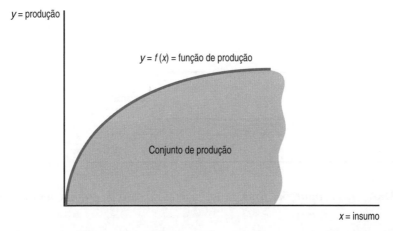

FIGURA 19.1 Um conjunto de produção. *Temos aqui uma forma possível para um conjunto de produção.*

As isoquantas são semelhantes às curvas de indiferença. Como vimos anteriormente, a curva de indiferença descreve as diferentes cestas de consumo exatamente suficientes para produzir um nível de utilidade determinado. Há, contudo, uma diferença importante entre as curvas de indiferença e as isoquantas: estas últimas são rotuladas com a quantidade de produto que podem produzir e não com o nível de utilidade. Assim, os rótulos das isoquantas são determinados pela tecnologia e não têm a natureza arbitrária que os rótulos da utilidade têm.

19.3 Exemplos de tecnologia

Como já sabemos bastante sobre as curvas de indiferença, é fácil entender como funcionam as isoquantas. Examinemos alguns exemplos de tecnologia e suas isoquantas.

Proporções fixas

Vamos supor que produzimos buracos e que a única forma de fazer um buraco seja com o emprego de um homem e de uma pá. Pás extras e mais homens não têm serventia. Portanto, o número total de buracos que se podem obter será o mínimo entre o número de homens e o número de pás disponíveis. Representamos essa função de produção por meio de $f(x_1, x_2) = \min\{x_1, x_2\}$. As isoquantas têm a aparência mostrada na Figura 19.2. Observe que essas isoquantas são exatamente iguais ao caso dos bens complementares perfeitos na teoria do consumidor.

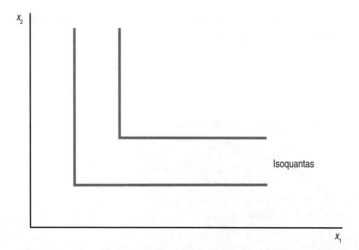

FIGURA 19.2 Proporções fixas. As isoquantas no caso de proporções fixas.

Substitutos perfeitos

Suponhamos agora que estamos produzindo deveres escolares de casa e que os insumos sejam lápis vermelhos e azuis. A quantidade de deveres produzidos depende apenas da quantidade total de lápis, de modo que a função de produção pode ser escrita na forma $f(x_1, x_2) = x_1 + x_2$. As isoquantas resultantes são idênticas ao caso dos substitutos perfeitos na teoria do consumidor, conforme ilustra a Figura 19.3.

Cobb-Douglas

Se a função de produção tiver a forma $f(x_1, x_2) = Ax_1^a x_2^b$, dizemos então que ela é uma **função de produção de Cobb-Douglas**. Isso equivale à forma funcional das preferências de Cobb-Douglas que estudamos anteriormente. A grandeza numérica da função de utilidade não era importante, de modo que fazíamos $A = 1$ e, usualmente, $a + b = 1$. Mas, na função de produção, a grandeza é relevante, de modo que temos de permitir que os parâmetros adotem valores arbitrários. *Grosso modo*, o parâmetro A mede a escala de produção: quanto de produto obteríamos se utilizássemos uma unidade de cada insumo. Já os parâmetros a e b medem como a quantidade de produção responde às variações dos insumos. Posteriormente, examinaremos esse assunto com mais detalhes. Em alguns exemplos, escolheremos $A = 1$ para simplificar os cálculos.

As isoquantas de Cobb-Douglas têm a mesma forma bem-comportada das curvas de indiferença de Cobb-Douglas; do mesmo modo que as funções de utilidade, a função de produção de Cobb-Douglas constitui o exemplo mais simples de isoquantas bem-comportadas.

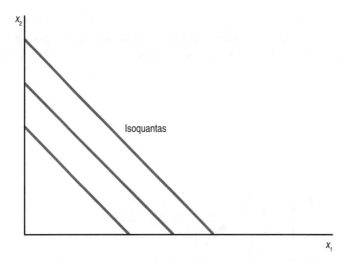

FIGURA 19.3 *Substitutos perfeitos.* Isoquantas no caso de substitutos perfeitos.

19.4 Propriedades da tecnologia

Assim como no caso dos consumidores, é comum estabelecer alguns pressupostos com relação a determinadas propriedades da tecnologia. Primeiro, iremos supor que, em geral, as tecnologias sejam **monotônicas**: se aumentarmos a quantidade de pelo menos um dos insumos, deverá ser possível produzir pelo menos a mesma quantidade produzida originalmente. Algumas vezes, essa propriedade é chamada de propriedade de livre descarte (**free disposal**); se a empresa puder dispor sem custo de qualquer insumo, ter insumos excedentes não lhe fará mal algum.

Em segundo lugar, iremos supor com frequência que a tecnologia é **convexa**. Isso significa que, se tivermos duas formas de produzir y unidades de produto, (x_1, x_2) e (z_1, z_2), a média ponderada dessas duas formas produzirá, *pelo menos*, y unidades do produto.

Um argumento a favor das tecnologias convexas é o seguinte. Suponhamos que temos um modo de produzir uma unidade de produto mediante o emprego de a_1 unidades do fator 1 e de a_2 unidades do fator 2 e que tenhamos outra forma de produzir uma unidade de produto com a utilização de b_1 unidades do fator 1 e de b_2 unidades do fator 2. Chamamos essas duas formas de produzir o bem de **técnicas de produção**.

Além disso, vamos supor que podemos expandir a produção de maneira arbitrária, de modo que, por exemplo, $(100a_1, 100a_2)$ e $(100b_1, 100b_2)$ possam produzir 100 unidades de produto. Observe agora que, se tivermos $25a_1 + 75b_1$ unidades do fator 1 e $25a_2 + 75b_2$ unidades do fator 2, poderemos ainda produzir 100 unidades de produto: basta produzir 25 unidades de produto com a técnica "a" e 75 unidades de produto com a técnica "b".

Isso é ilustrado na Figura 19.4. Ao escolhermos o nível de operação de ambas as atividades, podemos produzir uma dada quantidade de produto numa variedade de formas. Em particular, toda combinação de insumos sobre a reta que une os pontos $(100a_1, 100a_2)$ e $(100b_1, 100b_2)$ será uma forma factível de produzir 100 unidades de um produto.

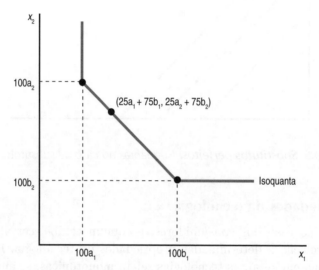

FIGURA 19.4 Convexidade. *Se pudermos realizar atividades produtivas de maneira independente, as médias ponderadas dos planos de produção também serão factíveis. As isoquantas terão, pois, forma convexa.*

Nesse tipo de tecnologia, em que se pode aumentar ou diminuir com facilidade o processo de produção e na qual segmentos separados do processo de produção não interferem uns nos outros, a convexidade mostra ser um pressuposto razoável.

19.5 Produto marginal

Vamos supor que estejamos operando num ponto (x_1, x_2) e que pensamos em usar um pouco mais do fator 1, enquanto mantemos o fator 2 constante no nível x_2. Quanto de produto adicional conseguiremos para cada unidade adicional do fator 1? Temos de examinar a variação no produto para cada variação unitária do fator 1:

$$\frac{\Delta y}{\Delta x_1} = \frac{f(x_1 + \Delta x_1, x_2) - f(x_1, x_2)}{\Delta x_1}.$$

Chamaremos isso de **produto marginal do fator 1**. O produto marginal do fator 2 é definido de modo semelhante. Representaremos esses produtos por PM_1 (x_1, x_2) e PM_2 (x_1, x_2), respectivamente.

Às vezes, seremos um tanto imprecisos com relação ao conceito de produto marginal e o descreveremos como o produto adicional que se obtém ao utilizar "uma" unidade adicional do fator 1. Enquanto "um" for relativamente pouco em relação à quantidade total do fator 1 que utilizarmos, isso será satisfatório. Mas devemos lembrar que um produto marginal é uma taxa: a quantidade extra de produto por unidade adicional de insumo.

O conceito de produto marginal é semelhante ao conceito de utilidade marginal descrito em nossa discussão da teoria do consumidor, exceto pela natureza ordinal da utilidade. Discutimos aqui o produto físico: o produto marginal de um fator é uma quantidade específica que, em princípio, pode ser observada.

19.6 Taxa técnica de substituição

Suponhamos que estamos operando num ponto (x_1, x_2) e que pensamos em abrir mão de um pouco do fator 1 e usar um pouco mais do fator 2 na medida exata para produzir a mesma quantidade do produto y. Que quantidade adicional do fator 2, Δx_2, precisamos ter para abrir mão de um pouco do fator 1, Δx_1? Essa é precisamente a inclinação da isoquanta; referimo-nos a ela como a **taxa técnica de substituição** (TTS) e a representamos por TTS(x_1, x_2).

A taxa técnica de substituição mede o intercâmbio entre dois fatores de produção. Ela mede a taxa na qual as empresas devem substituir um insumo por outro para manter constante a produção.

Para derivarmos uma fórmula para a TTS, podemos usar a mesma ideia que usamos para determinar a inclinação das curvas de indiferença. Imagine uma variação no uso dos fatores 1 e 2 que mantenha o produto fixo. Temos, então, que:

$$\Delta y = PM_1(x_1, x_2)\Delta x_1 + PM_2(x_1, x_2)\Delta x_2 = 0,$$

que podemos resolver para obter:

$$\text{TTS}(x_1, x_2) = \frac{\Delta x_2}{\Delta x_1} = -\frac{PM_1(x_1, x_2)}{PM_2(x_1, x_2)}.$$

Observe a semelhança com a definição da taxa marginal de substituição.

19.7 Produto marginal decrescente

Suponhamos que temos determinadas quantidades dos fatores 1 e 2 e que pensamos em acrescentar mais do fator 1 enquanto mantemos fixo o fator 2. O que aconteceria ao produto marginal do fator 1?

Enquanto tivermos uma tecnologia monotônica, sabemos que a quantidade do produto total crescerá à medida que aumentarmos a quantidade do fator 1. Contudo, é razoável supor que ele aumentará a uma taxa decrescente. Examinemos um exemplo específico, o caso de uma fazenda.

Um homem que trabalhe numa área de um acre[1] poderá produzir 100 sacos de milho. Se acrescentarmos mais um homem e mantivermos a mesma quantidade de terra, poderemos obter 200 sacos de milho e, nesse caso, o produto marginal de um trabalhador adicional será de 100. Adicionemos agora mais trabalhadores a esse acre de terra. Cada trabalhador poderá produzir mais produto, mas, no final das contas, a quantidade extra de milho produzida por trabalhador adicional será menor do que 100 sacos. Após acrescentarem-se quatro ou cinco pessoas, o produto adicional por trabalhador cairá para 90, 80, 70... ou até menos sacos de milho. Se juntarmos centenas de trabalhadores nesse acre de terra, um trabalhador a mais pode até reduzir a produção! Cozinheiros demais entornam o caldo.

Portanto, normalmente seria de se esperar que o produto marginal de um fator diminuísse à medida que se utilizasse mais e mais desse fator. Isso é chamado de **lei do produto marginal decrescente**. Na verdade, não se trata propriamente de uma "lei", mas apenas de uma característica comum à maioria dos processos de produção.

É importante enfatizar que a lei do produto marginal decrescente só se aplica quando todos os *outros* insumos são mantidos fixos. No exemplo da fazenda, consideramos a variação apenas do fator trabalho, mantendo constantes a terra e as matérias-primas.

19.8 Taxa técnica de substituição decrescente

Outro pressuposto muito relacionado à tecnologia é o da **taxa técnica de substituição decrescente**. Ele diz que, à medida que aumentamos a quantidade do fator 1 e ajustamos o fator 2 para permanecermos na mesma isoquanta, a taxa técnica de substituição diminui. *Grosso modo*, o pressuposto da diminuição da TTS significa que a inclinação de uma isoquanta tem de diminuir em valor absoluto, à medida que nos movemos ao longo da isoquanta na direção do aumento de x_1, e tem de aumentar, à medida que nos movemos na direção do aumento de x_2. Isso significa que as isoquantas terão o mesmo formato convexo das curvas de indiferença bem-comportadas.

Os pressupostos de uma taxa técnica de substituição decrescente e do produto marginal decrescente estão intimamente relacionados, mas não são exatamente os mesmos. O produto marginal decrescente é um pressuposto sobre o modo como o produto marginal varia à medida que aumentamos a quantidade de um fator, *mantendo o outro fator fixo*. A TTS decrescente diz respeito a como a razão dos produtos marginais – a inclinação da isoquanta – varia à medida que aumentamos a quantidade de um fator e *reduzimos a quantidade do outro fator, de modo a permanecermos na mesma isoquanta*.

---

[1] *Nota da Revisão Técnica*: Medida agrária equivalente a 4.046,84 metros quadrados.

19.9 Longo e curto prazo

Voltemos agora à ideia original de que a tecnologia consiste apenas numa lista de planos factíveis de produção. Poderemos querer distinguir entre os planos de produção *imediatamente* factíveis e aqueles *eventualmente* factíveis.

No **curto prazo**, haverá alguns fatores de produção fixos em níveis predeterminados. Por exemplo, o fazendeiro descrito há pouco poderia considerar somente os planos de produção que impliquem uma quantidade fixa de terra, caso não tivesse acesso a uma quantidade maior. É certo que, se tivesse mais terra, poderia produzir mais milho; porém, no curto prazo, ele está limitado pela quantidade de terra que possui.

Já no longo prazo, o fazendeiro pode adquirir mais terra ou vender parte da terra que possui. Ele pode ajustar o nível do insumo terra a fim de maximizar seus lucros.

A distinção econômica entre o longo e o curto prazo é a seguinte: no curto prazo, há alguns fatores de produção que estão fixos, uma quantidade fixa de terra, um tamanho fixo de instalações, um número fixo de máquinas, e assim por diante. No **longo prazo**, *todos* os fatores de produção podem variar.

Esses conceitos não se referem a um período de tempo específico. O que vem a ser longo e curto prazo depende dos tipos de escolhas que estejamos analisando. No curto prazo, pelo menos alguns fatores estão fixos num determinado nível; porém, no longo prazo, a quantidade utilizada desses fatores pode variar.

Suponhamos, por exemplo, que o fator 2 esteja fixo em $\bar{x}_2$ no curto prazo. Assim, a função de produção relevante para o curto prazo será $f(x_1, \bar{x}_2)$. Podemos traçar a relação funcional entre a produção e x_1 num diagrama como o da Figura 19.5.

Observe que, nessa representação, a função de produção torna-se mais e mais plana à medida que aumenta a quantidade do fator 1. Isso é exatamente a lei de produto marginal decrescente mais uma vez em ação. É claro que bem pode existir uma região inicial de rendimentos marginais crescentes, na qual o produto marginal do fator 1 cresce à medida que aumentamos a quantidade desse fator. No caso do fazendeiro que aumenta o número de trabalhadores, pode acontecer que os primeiros trabalhadores extras aumentem cada vez mais a produção por dividir o trabalho de maneira eficiente ou algo assim. Mas, dada a quantidade fixa de terra, o produto marginal do trabalho acabará por diminuir.

19.10 Rendimentos de escala

Examinemos agora um tipo de experimento diferente. Em vez de aumentarmos a quantidade de um insumo enquanto mantemos o outro fixo, aumentemos a quantidade de *todos* os insumos da função de produção. Em outras palavras, multipliquemos a quantidade de todos os insumos por algum fator constante: digamos, por exemplo, que utilizamos o dobro do fator 1 e o dobro do fator 2.

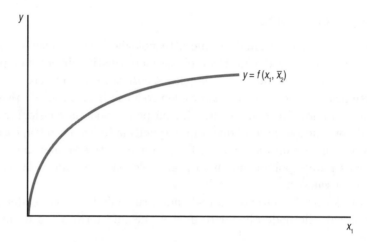

FIGURA 19.5 *Função de produção.* Essa é uma forma possível para a função de produção de curto prazo.

Se utilizarmos o dobro de cada insumo, que quantidade de produção obteremos? O resultado mais provável é que obtenhamos o dobro de produção. Isso é chamado de **rendimento constante de escala**. Em termos da função de produção, significa que o dobro de cada insumo nos dá o dobro da produção. No caso de dois insumos, podemos expressá-lo matematicamente pela expressão:

$$2f(x_1, x_2) = f(2x_1, 2x_2).$$

Em geral, se a escala de todos os insumos aumenta numa quantidade t, os rendimentos constantes de escala implicam que se obtenha uma produção t vezes maior:

$$tf(x_1, x_2) = f(tx_1, tx_2).$$

Dizemos que esse é o resultado provável pela seguinte razão: normalmente, a empresa poderia *reproduzir* suas atividades anteriores. Se a empresa tem o dobro de cada insumo, ela pode simplesmente instalar duas fábricas idênticas e, portanto, obter o dobro da produção. Se tivesse o triplo de cada insumo, a empresa poderia instalar três fábricas idênticas, e assim por diante.

Observe que é perfeitamente possível para uma tecnologia ter rendimentos constantes de escala e produto marginal decrescente para cada fator. Os **rendimentos de escala** descrevem o que acontece quando se aumentam *todos* os insumos, enquanto o produto marginal decrescente descreve o que acontece quando se aumenta *um* dos insumos e se mantêm os outros fixos.

Os rendimentos constantes de escala são o caso mais "natural" em virtude do argumento da reprodução, mas isso não quer dizer que outros resultados não possam ocorrer. Por exemplo, poderá acontecer que, ao multiplicarmos ambos os insumos por um fator t, obtenhamos uma produção de *mais* de t vezes. Isso é conhecido como o caso de **rendimentos crescentes de escala**. Matematicamente, os rendimentos crescentes de escala significam que

$$f(tx_1, tx_2) > tf(x_1, x_2)$$

para todo $t > 1$.

Qual seria o exemplo de uma tecnologia com rendimentos crescentes de escala? Um belo exemplo é o do oleoduto. Se duplicarmos o diâmetro do oleoduto, estaremos utilizando o dobro de materiais, mas o corte transversal do oleoduto crescerá por um fator de quatro. Assim, poderemos bombear mais do que o dobro de petróleo.

(É claro que não podemos levar esse exemplo ao extremo. Se continuarmos duplicando o diâmetro do oleoduto, ele acabará por ceder ao próprio peso. Normalmente, os rendimentos crescentes de escala só se aplicam a determinada faixa de produção.)

O outro caso a considerar é o dos **retornos decrescentes de escala**, em que

$$f(tx_1, tx_2) < tf(x_1, x_2)$$

para todo $t > 1$.

Esse caso é um pouco peculiar. Se obtivermos menos do que o dobro da produção depois de duplicar cada um dos insumos, é sinal de que há alguma coisa errada. Afinal, poderíamos apenas reproduzir o que fazíamos antes!

Em geral, quando os rendimentos decrescentes de escala aparecem, é sinal de que esquecemos de levar em conta algum insumo. Se tivermos o dobro de todos os insumos à exceção de um deles, não poderemos reproduzir o que fazíamos antes, de modo que não é obrigatório obter o dobro da produção. Os rendimentos decrescentes de escala são, na verdade, um fenômeno de curto prazo, com alguma coisa sendo mantida fixa.

Naturalmente, a tecnologia pode apresentar diferentes tipos de rendimentos de escala segundo o nível da produção. Pode acontecer que em baixos níveis de produção a tecnologia mostre rendimentos de escala crescentes – ou seja, se multiplicássemos todos os insumos por um fator t, o produto aumentaria numa proporção *maior* do que t. Mais tarde, para níveis elevados de produção, ao multiplicarmos os insumos por um fator maior do que t, a produção aumentaria pelo mesmo fator t.

EXEMPLO: Datacenters

Datacenters são grandes edifícios que abrigam milhares de computadores usados para executar tarefas como a de servidores de páginas da Web. Empresas de internet, como Google, Yahoo, Microsoft, Amazon, e muitas outras, construíram milhares de datacenters que estão espalhados pelo mundo.

Um datacenter característico consiste de centenas de racks que contêm as placas-mãe dos servidores, semelhante às placas-mãe do desktop de um computador.

Geralmente, são sistemas projetados para serem facilmente escalonáveis, de forma que o poder computacional dos datacenters possa aumentar ou diminuir apenas por adição ou remoção dos racks de computadores.

O argumento de replicação infere que a função de produção para serviços computacionais tem efetivamente rendimentos constantes de escala; para dobrar o produto, basta simplesmente duplicar todos os insumos.

EXEMPLO: Copiar exatamente!

A Intel opera dezenas de "parques industriais" que fabricam, montam, classificam e testam chips avançados de computador. A fabricação de chips é um processo tão delicado que a Intel encontrou dificuldade para gerenciar a qualidade em um ambiente heterogêneo. Até pequenas variações no projeto das fábricas, tais como procedimentos de limpeza ou o comprimento das mangueiras de refrigeração, podem ter um grande impacto sobre o rendimento do processo de fabricação.

Para conseguir gerenciar esses efeitos muito sutis, a Intel criou o processo Copiar Exatamente! Segundo ela, a diretiva de Copiar Exatamente é: "... tudo que possa afetar o processo, ou como ele é executado, deve ser copiado até o último detalhe, a menos que seja fisicamente impossível fazê-lo ou haja uma enorme vantagem competitiva em introduzir uma mudança".

Isso significa que uma fábrica da Intel é deliberadamente muito parecida com a outra. Como sugere o argumento de replicação, a maneira mais fácil de multiplicar a produção da Intel é replicar os procedimentos operacionais atuais da maneira mais fiel possível.

RESUMO

1. As restrições tecnológicas da empresa são descritas pelo conjunto de produção, que descreve todas as combinações tecnologicamente factíveis de insumos e de produtos, e pela função de produção, que fornece a quantidade máxima de produção, associada a determinada quantidade de insumos.

2. Outra forma de descrever as restrições tecnológicas com as quais a empresa se defronta é por meio do uso de isoquantas – curvas que indicam todas as combinações de insumos capazes de produzir determinado nível de produção.

3. Geralmente supomos que as isoquantas são convexas e monotônicas, exatamente como no caso das preferências bem-comportadas.

4. O produto marginal mede a produção adicional por unidade extra de insumo, mantendo todos os outros insumos fixos. Normalmente supomos que o produto marginal de um insumo diminui à medida que utilizamos mais e mais daquele insumo.

5. A taxa técnica de substituição (TTS) mede a inclinação de uma isoquanta. Em geral pressupomos que a TTS diminui à medida que nos movemos ao longo de uma isoquanta – o que equivale a dizer que a isoquanta tem uma forma convexa.

6. No curto prazo, alguns dos insumos estão fixos, e, no longo prazo, todos os insumos são variáveis.

7. Os rendimentos de escala se referem à forma como o produto varia à medida que variamos a *escala* de produção. Se multiplicarmos todos os insumos por uma quantidade t e a produção subir na mesma proporção, teremos então rendimentos constantes de escala. Se a produção crescer em uma proporção maior do que t, teremos rendimentos crescentes de escala; se aumentar em uma proporção menor do que t, teremos rendimentos decrescentes de escala.

QUESTÕES DE REVISÃO

1. Considere a função de produção $f(x_1, x_2) = x_1^2 x_2^2$. Essa função tem rendimentos de escala constantes, crescentes ou decrescentes?

2. Considere a função de produção $f(x_1, x_2) = 4x_1^{\frac{1}{2}} x_2^{\frac{1}{3}}$. Ela exibe rendimentos de escala constantes, crescentes ou decrescentes?

3. A função de produção de Cobb-Douglas é dada por $f(x_1, x_2) = A x_1^a x_2^b$. O tipo de rendimentos de escala dessa função dependerá da grandeza de $a + b$. Que valores de $a + b$ estão associados aos diferentes tipos de rendimento de escala?

4. A taxa técnica de substituição entre os fatores x_2 e x_1 é –4. Se você quiser produzir a mesma quantidade de produto, mas diminuir em três unidades o uso de x_1, de quantas unidades adicionais de x_2 você necessitará?

5. Certo ou errado? Se a lei de produto marginal decrescente não fosse válida, toda a oferta mundial de alimentos poderia ser cultivada num vaso de flores.

6. Será possível, num processo de produção, ter um produto marginal decrescente em um insumo e, ainda assim, ter retornos crescentes de escala?

CAPÍTULO 20

MAXIMIZAÇÃO DO LUCRO

No capítulo anterior, analisamos as escolhas tecnológicas com as quais a empresa se depara. Neste capítulo, descreveremos um modelo de como a empresa escolhe a quantidade a produzir e o método de produção a ser empregado. O modelo que utilizaremos é o da maximização do lucro: a empresa escolhe um plano de produção que maximize seus lucros.

Neste capítulo, imaginaremos que a empresa encontra preços fixos para seus insumos e produtos. Dissemos anteriormente que os economistas chamam de **mercado competitivo** o mercado em que os produtores consideram os preços fora de seu controle. Assim, queremos estudar neste capítulo o problema de maximização do lucro de uma empresa que enfrenta mercados competitivos tanto para os fatores de produção que utiliza como para os bens que produz.

20.1 Lucros

Os **lucros** são compostos de receitas menos custos. Suponhamos que a empresa produza n produtos $(y_1, ..., y_n)$ e utilize m insumos $(x_1, ..., x_m)$. Sejam os preços dos bens produzidos $(p_1, ..., p_n)$ e os preços dos insumos $(w_1, ..., w_m)$.

O lucro que a empresa recebe, π, pode ser expresso como

$$\pi = \sum_{i=1}^{n} p_i y_i - \sum_{i=1}^{m} w_i x_i.$$

O primeiro termo é a receita e o segundo é o custo.

Na expressão dos custos, devemos estar certos de que incluímos *todos* os fatores de produção utilizados pela empresa, a preços de mercado. Normalmente, isso é bastante óbvio, mas, em casos em que a empresa pertence à mesma pessoa que a opera, é possível esquecer alguns dos fatores.

Por exemplo, se a pessoa trabalha em sua própria empresa, o trabalho dela é um insumo e deve ser contado como parte dos custos. Sua taxa de remuneração é simplesmente o preço de mercado de seu trabalho – o que ela *obteria* se vendesse sua força de trabalho no mercado. Do mesmo modo, se um fazendeiro possui alguma terra e a utiliza na sua produção, essa terra deve ser avaliada ao preço de mercado para fins de cálculo de custos econômicos.

Temos visto que custos econômicos como esses são frequentemente chamados **custos de oportunidade**. O nome provém da ideia de que, se você está empregando seu trabalho numa aplicação, perde a oportunidade de empregá-lo em outra parte. Portanto, esses salários perdidos fazem parte dos custos de produção. De maneira semelhante ao exemplo da terra, o fazendeiro tem a oportunidade de arrendar sua terra a outra pessoa, mas escolhe perder essa renda de aluguel para arrendar a terra para si mesmo. A renda perdida é parte do custo de sua produção.

A definição econômica de lucro requer que avaliemos todos os insumos e produtos aos seus custos de oportunidade. Os lucros determinados pelos contadores não medem necessariamente com exatidão os lucros econômicos por utilizarem tipicamente custos históricos – por quanto um fator foi comprado originariamente – em vez de custos econômicos – quanto um fator custaria se fosse comprado agora. O termo "lucro" é empregado em várias acepções, mas nos ateremos sempre à definição econômica.

Outra confusão que às vezes surge deve-se à mistura de escalas de tempo. Normalmente pensamos nos insumos como sendo medidos em termos de *fluxos*. Tantas horas de trabalho por semana e tantas horas de máquina por semana produzirão tanto de produto por semana. Então, os preços dos fatores serão medidos em unidades apropriadas para a compra de tais fluxos. Os salários são medidos em termos de unidades monetárias por hora. O correspondente para as máquinas seria a **taxa de aluguel** – a taxa pela qual se pode alugar uma máquina para um dado período.

Em muitos casos não há um mercado muito bem desenvolvido para o aluguel de máquinas, já que as empresas costumam comprar seus equipamentos. Nesse caso, temos de calcular a taxa de aluguel implícita mediante a verificação de quanto custaria comprar a máquina no início do período e vendê-la no final.

20.2 A organização das empresas

Em uma economia capitalista, as empresas são de propriedade de indivíduos. As empresas são apenas entidades legais; em última instância, os donos das empresas são responsáveis pelo seu comportamento e são os donos que recebem os prêmios ou pagam os custos desse comportamento.

As empresas podem ser organizadas como propriedade individual, sociedade ou sociedade anônima. A **propriedade individual** é uma empresa que é de propriedade de uma única pessoa. A **sociedade** é de propriedade de duas ou mais pessoas. A **sociedade anônima** também é normalmente de propriedade de várias pessoas, mas perante a lei possui uma existência separada dos seus donos. Assim, uma sociedade durará apenas enquanto os sócios viverem e concordarem em manter sua existência. Uma sociedade anônima pode durar mais que o tempo de vida de seus proprietários. Por essa razão, a maioria das grandes empresas é organizada como sociedade anônima.

Os proprietários desses vários tipos de empresas podem ter objetivos diferentes no tocante ao gerenciamento das operações da empresa. Na propriedade individual ou na sociedade, os proprietários normalmente desempenham um papel direto no gerenciamento das operações diárias da empresa, estando, portanto, em condições de realizar quaisquer objetivos que tenham em relação à empresa. Normalmente, estariam interessados em maximizar o lucro de suas empresas, mas, se não visarem ao lucro, certamente poderão satisfazer outras metas.

Já na sociedade anônima, os proprietários frequentemente não gerenciam a empresa. Há, pois, uma diferença entre controle e propriedade. Os proprietários da sociedade anônima têm de definir objetivos, os quais os gerentes devem seguir ao administrar a empresa, e acompanhar os atos dos gerentes, para assegurar que eles persigam os objetivos estabelecidos. Mais uma vez, a maximização do lucro é o objetivo comum. Como veremos a seguir, esse objetivo, se interpretado de maneira apropriada, leva os administradores da empresa a escolherem ações do interesse dos proprietários.

20.3 Lucros e valor no mercado de ações

Frequentemente, o processo de produção que a empresa utiliza permanece por vários períodos. Os insumos introduzidos num período t geram resultados com todo um fluxo de serviços por períodos posteriores de tempo. Por exemplo, as instalações fabris construídas por uma empresa podem durar 50 ou 100 anos. Assim, um insumo utilizado em determinado período ajuda a produzir um bem em períodos futuros.

Nesse caso, temos de avaliar um fluxo de custos e um fluxo de receitas ao longo do tempo. Conforme vimos no Capítulo 10, a forma apropriada de fazer isso se dá por meio do conceito de valor presente. Quando as pessoas podem comprar e vender em mercados financeiros, a taxa de juros pode ser utilizada para definir um preço natural de consumo em períodos diferentes. As empresas têm acesso aos mesmos tipos de mercados financeiros e a taxa de juros pode ser utilizada para avaliar as decisões de investimento exatamente do mesmo modo.

Imaginemos um mundo de certeza perfeita, onde o fluxo de lucros futuros da empresa seja de conhecimento público. Assim, o valor presente desses lucros seria o **valor presente da empresa**, ou seja, quanto alguém estaria disposto a pagar para comprar a empresa.

Como indicamos anteriormente, a maioria das grandes empresas é organizada como sociedade anônima, o que significa que elas são propriedade conjunta de vários indivíduos. A sociedade anônima emite ações para representar a propriedade de partes da organização. Em certas épocas, as sociedades anônimas pagam dividendos dessas participações, que representam uma parcela dos lucros da empresa. As participações de propriedade numa sociedade anônima são compradas e vendidas no **mercado de ações**. O preço da ação representa o valor presente do fluxo de dividendos que as pessoas esperam receber da sociedade anônima. O valor total de uma empresa no mercado de ações representa o valor presente do fluxo de lucros que a empresa deverá gerar. Portanto, o objetivo da empresa – maximizar o valor presente do fluxo de lucros que a empresa gera – poderia também ser descrito como o objetivo de maximizar seu valor no mercado de ações. Em um mundo de certeza, esses dois objetivos são os mesmos.

Os proprietários de uma empresa geralmente desejarão que ela escolha os planos de produção que maximizem o valor dela no mercado de ações, já que eles desejam tornar o valor de suas participações o maior possível. Vimos no Capítulo 10 que, quaisquer que sejam os gostos de consumo dos indivíduos em diferentes períodos, eles irão preferir sempre uma dotação com valor presente maior a uma com valor presente menor. Ao maximizar seu valor no mercado de ações, a empresa faz com que os conjuntos orçamentários de seus proprietários sejam os maiores possíveis e, portanto, age nos melhores interesses de seus acionistas.

Mas se houver incerteza quanto ao fluxo futuro de lucros, então não fará sentido instruir os administradores para maximizar lucros. O que eles deverão maximizar? Os lucros esperados? A utilidade esperada dos lucros? Que atitudes deverão ter com relação aos investimentos de risco? É difícil designar um significado para maximização do lucro quando há incerteza. Entretanto, num mundo de incerteza, maximizar o *valor do mercado de ações* ainda faz sentido. Se os administradores de uma empresa tentam tornar o valor das ações o maior possível, eles fazem com que os proprietários da empresa – os acionistas – fiquem na melhor situação possível. Assim, maximizar o valor de mercado das ações gera uma função-objetivo bem definida para as empresas em quase todos os ambientes econômicos.

Apesar dessas observações sobre tempo e incerteza, nos limitaremos, em geral, ao exame de questões muito mais simples, ou seja, aquelas em que há apenas um produto único e certo e um único período de tempo. Essa história simples gera visões significativas e constrói a intuição adequada para estudarmos modelos mais gerais de comportamento de empresas. A maioria das ideias que examinaremos conduz de maneira natural a esses modelos mais gerais.

20.4 Os limites da empresa

Uma questão frequentemente enfrentada pelos gerentes de empresas: "fazer ou comprar". Quer dizer, uma empresa deve fazer algo internamente ou comprar de um fornecedor externo? A questão é mais ampla do que parece, pois pode se referir não apenas a bens físicos, mas também a serviços de um ou outro tipo. De fato, na sua interpretação mais abrangente, "fazer ou comprar" se aplica a quase todas as decisões que uma empresa toma.

Uma companhia deve ter o seu próprio restaurante self-service? Serviços de zelador? Serviços de fotocópia? Seus próprios serviços de assistência em viagem? Evidentemente, muitos fatores são considerados em tais decisões. Uma consideração importante é o tamanho. Um pequeno comércio familiar, com 12 empregados, provavelmente não terá seu próprio restaurante self-service. Poderá, contudo, terceirizar serviços de zelador, conforme os custos, os recursos e o quadro de funcionários.

Mesmo uma grande organização, que facilmente poderia arcar com serviços de alimentação, pode ou não escolher operar tais serviços, de acordo com a disponibilidade das alternativas. Os empregados de uma organização localizada em uma grande cidade têm acesso a muitos locais em que possam comer. Se a organização estiver localizada em uma área remota, as alternativas podem diminuir.

Um ponto fundamental é determinar se os bens ou serviços em questão serão fornecidos externamente por um monopólio ou por um mercado competitivo. Em geral, os gerentes preferem comprar bens e serviços em um mercado competitivo, sempre que estiverem disponíveis. A segunda melhor escolha é negociar com um monopolista interno. A pior escolha de todas, em termos de preço e qualidade do serviço, é fazer negócio com um monopolista externo.

Pense no caso dos serviços de fotocópia. A situação ideal é ter dezenas de fornecedores competitivos disputando para ver quem faz negócio com você, de forma que você possa obter preços baixos e serviços de alta qualidade. Se a sua escola for grande ou localizada em uma área urbana, pode haver muitos serviços lutando para lhe fornecer fotocópias. Por outro lado, pequenas escolas rurais podem dispor de menos escolhas e, frequentemente, terão de pagar preços mais altos.

O mesmo vale para as empresas. Um ambiente altamente competitivo permite muitas escolhas aos usuários. Comparativamente, um departamento interno de fotocópias pode ser menos atrativo. Ainda que os preços fossem baixos, o serviço poderia ser lento. Mas, certamente, a alternativa menos atrativa é ter de se submeter a um único fornecedor externo. Um fornecedor monopolista interno pode prestar um serviço de má qualidade, mas pelo menos o dinheiro fica dentro da empresa.

À medida que a tecnologia muda, muda também o que costuma ser interno às empresas. Há 40 anos, as próprias empresas proviam muitos dos serviços. Hoje, tendem a terceirizar tanto quanto possível. Serviços de alimentação, fotocópias e zeladoria são, frequentemente, providos por organizações externas especializadas em tais atividades. Essa especialização costuma permitir que tais organizações ofereçam serviços de melhor qualidade e mais baratos às companhias que os utilizam.

20.5 Fatores fixos e variáveis

Em dado período, pode ser muito difícil ajustar alguns dos insumos. Normalmente, a empresa tem obrigações contratuais para empregar certos insumos em certos níveis. Um exemplo seria o *leasing* de um prédio, em que a empresa tem a obrigação legal de comprar certa parte do espaço durante o período em exame. Referimo-nos a um fator de produção com uma quantidade fixa como **fator fixo**. Se o fator puder ser utilizado em quantidades diferentes, denominamo-lo de **fator variável**.

Como vimos no Capítulo 19, o curto prazo é definido como o período de tempo em que há alguns fatores fixos – fatores que podem ser utilizados apenas em quantidades fixas. No longo prazo, ao contrário, a empresa é livre para variar todos os fatores de produção; todos os fatores são variáveis.

Não há uma fronteira rígida entre o curto e o longo prazo. O período exato de tempo envolvido depende do problema em exame. O que é importante é que alguns fatores de produção são fixos no curto prazo e são variáveis no longo prazo. Como todos os fatores de produção são variáveis no longo prazo, a empresa sempre tem liberdade para decidir usar zero insumo e produzir zero – isto é, fechar as portas. Portanto, o mínimo de lucro que uma empresa pode obter no longo prazo é zero.

No curto prazo, a empresa é obrigada a empregar alguns fatores, mesmo que decida produzir zero de produto. Assim, é perfeitamente possível que tenha lucros *negativos* no curto prazo.

Por definição, fatores fixos de produção são aqueles que a empresa é obrigada a pagar mesmo que decida produzir zero; se a empresa utilizar um prédio sob contrato de *leasing* de longo prazo, terá de efetuar os pagamentos do contrato, mesmo que decida não produzir nada naquele período. Mas há outra categoria de fatores de produção que necessitam ser pagos apenas se a empresa decidir produzir uma quantidade positiva de produto. Um exemplo é a energia elétrica utilizada para iluminar. Se a empresa produzir zero, não precisará gastar com iluminação, mas, se produzir qualquer quantidade positiva, terá de comprar uma quantidade fixa de eletricidade para iluminação.

Esses fatores são chamados de **fatores quase fixos**. São fatores de produção que têm de ser usados numa quantidade fixa, independentemente da produção da empresa, desde que a produção seja positiva. A distinção entre os fatores fixos e os quase fixos às vezes é útil na análise do comportamento econômico da empresa.

20.6 Maximização dos lucros de curto prazo

Consideremos o problema de maximização do lucro de curto prazo em que o insumo 2 é fixo num nível $\bar{x}_2$. Seja $f(x_1, x_2)$ a função de produção da empresa, p o preço do produto e sejam w_1 e w_2 os preços dos dois insumos. Então, o problema de maximização do lucro com que a empresa se depara pode ser escrito como

$$\max_{x_1} \; pf(x_1, \overline{x}_2) - w_1 x_1 - w_2 \overline{x}_2.$$

A condição para a escolha ótima do fator 1 não é difícil de descobrir.

Se x_1^* for a escolha de maximização do lucro do fator 1, então o preço do produto multiplicado pelo produto marginal do fator 1 deve ser igual ao preço do fator 1. Em símbolos,

$$pPM_1(x_1^*, \overline{x}_2) = w_1.$$

Em outras palavras, o *valor do produto marginal de um fator deve ser igual a seu preço*.

Para entender essa regra, pense sobre a decisão de empregar um pouco mais do fator 1. À medida que utiliza um pouco mais dele, Δx_1, você produz $\Delta y = PM_1 \Delta x_1$ a mais de produto que vale $pPM_1 \Delta x_1$. Mas esse produto marginal custa $w_1 \Delta x_1$ para produzir. Se o valor do produto marginal exceder seu custo, os lucros poderão ser aumentados com o *aumento* do insumo 1. Se o valor do produto marginal for menor do que seus custos, os lucros poderão ser aumentados com a *diminuição* da quantidade do insumo 1.

Se os lucros da empresa forem os maiores possíveis, então os lucros não deverão aumentar quando aumentarmos ou diminuirmos a quantidade do insumo 1. Isso significa que, em uma escolha de insumos e produtos que maximiza lucros, o valor do produto marginal, $pPM_1(x_1^*, \overline{x}_2)$, deve ser igual ao preço do fator w_1.

Podemos derivar a mesma condição de maneira gráfica. Observe a Figura 20.1. A linha curva representa a função de produção que mantém o fator 2 fixo em $\overline{x}_2$. Ao utilizarmos y para representar a produção da empresa, os lucros são dados por

$$\pi = py - w_1 x_1 - w_2 \overline{x}_2.$$

Essa expressão pode ser resolvida para y, para expressar a produção como função de x_1:

$$y = \frac{\pi}{p} + \frac{w_2}{p}\overline{x}_2 + \frac{w_1}{p}x_1. \tag{20.1}$$

Essa equação descreve as **retas isolucro**, que são combinações de insumos e de produtos que fornecem um nível constante de lucros, π. À medida que π varia, obtemos uma família de retas paralelas com uma inclinação w_1/p e cada uma delas com um intercepto $\pi/p + w_2\overline{x}_2/p$, que mede os lucros mais os custos fixos da empresa.

Os custos fixos são fixos, de modo que a única coisa que realmente varia à medida que mudamos de uma reta isolucro para outra é o nível de lucros. Logo, níveis de lucro mais altos estarão associados a retas isolucro com maiores interceptos verticais.

O problema da maximização do lucro é, então, achar o ponto da função de produção que esteja associado com a reta isolucro mais alta. Esse ponto é ilustrado na Figura 20.1. Como sempre, caracteriza-se por uma condição de tangência: a inclinação da função de produção deve igualar a inclinação da reta isolucro. Como a inclinação da função de produção é o produto marginal e a inclinação da reta isolucro é w_1/p, essa condição também pode ser escrita como

$$PM_1 = \frac{w_1}{p},$$

o que equivale à condição que derivamos anteriormente.

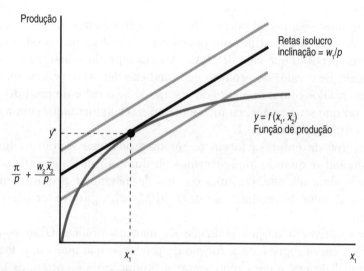

FIGURA 20.1 Maximização do lucro. A empresa escolhe a combinação de insumo e produto que se localiza sobre a reta isolucro mais alta. Nesse caso, o ponto de maximização do lucro é (x_1^*, y_1^*).

20.7 Estática comparativa

Podemos utilizar a geometria representada na Figura 20.1 para analisar como a escolha de insumos e produtos de uma empresa varia à medida que variam os preços dos insumos e dos produtos. Isso nos fornece um modo de analisar a **estática comparativa** do comportamento das empresas.

Por exemplo, como a escolha ótima do fator 1 varia quando variamos o preço do fator w_1? Ao observarmos a equação (20.1), que define a reta isolucro, vemos que o aumento de w_1 tornará a reta isolucro mais inclinada, conforme mostra a Figura 20.2A. Quando a reta isolucro está mais inclinada, a tangência ocorre mais para a esquerda. Portanto, o nível ótimo do fator 1 tem de diminuir. Isso apenas significa que, quando o preço do fator 1 aumenta, a demanda pelo fator 1 tem de diminuir; as curvas de demanda de fatores têm inclinação negativa.

Do mesmo modo, se o preço do produto diminuir, a reta isolucro se tornará mais íngreme, como mostra a Figura 20.2B. Pelo mesmo argumento dado no parágrafo anterior, a escolha maximizadora do lucro do fator 1 diminuirá. Se, por hipótese, a quantidade do fator 1 diminuir e o nível do fator 2 se mantiver fixo no curto prazo, a oferta do produto terá de diminuir. Isso nos proporciona outro resultado de estática comparativa: a redução no preço do produto fará com que a oferta diminua. Em outras palavras, a função de oferta tem de ser positivamente inclinada.

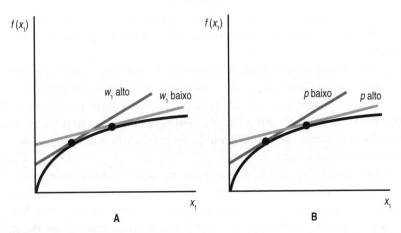

FIGURA 20.2 Estática comparativa. *O painel A mostra que o aumento de w_1 reduzirá a demanda pelo fator 1. O painel B mostra que o aumento do preço do produto fará com que aumente a demanda pelo fator 1 e, portanto, que também aumente a oferta do produto*

Finalmente, podemos perguntar o que acontecerá se o preço do fator 2 mudar? Como essa é uma análise de curto prazo, a variação no preço do fator 2 não irá alterar a escolha da empresa pelo fator 2 – no curto prazo, o nível do fator 2 permanece fixo em $\bar{x}_2$. Mudar o preço do fator 2 não tem efeito na *inclinação* da reta isolucro. Portanto, a escolha ótima do fator 1 não se alterará, nem a oferta de produto. Somente o lucro da empresa se modificará.

20.8 Maximização do lucro no longo prazo

No longo prazo, a empresa é livre para escolher o nível de todos os insumos. Por isso, o problema de maximização do lucro no longo prazo pode ser descrito como

$$\max_{x_1, x_2} \; pf(x_1, x_2) - w_1 x_1 - w_2 x_2.$$

Isso é basicamente idêntico ao problema de curto prazo descrito anteriormente, mas agora ambos os fatores estão livres para variar.

A condição que descreve as escolhas ótimas é essencialmente a mesma que antes, mas agora temos de aplicá-la a *cada* fator. Vimos antes que o valor do produto marginal do fator 1 tem de ser igual a seu preço, seja qual for o nível do fator 2. O mesmo tipo de condição tem agora de aplicar-se a *toda* escolha de fatores:

$$pPM_1(x_1^*, x_2^*) = w_1$$

$$pPM_2(x_1^*, x_2^*) = w_2.$$

Se a empresa efetuou as escolhas ótimas dos fatores 1 e 2, o valor do produto marginal de cada um dos fatores deve ser igual a seu preço. Na escolha ótima, os lucros da empresa não podem se modificar pela mudança do nível de nenhum dos insumos.

O argumento é o mesmo utilizado para as decisões de maximização do lucro de curto prazo. Se o valor do produto marginal do fator 1, por exemplo, exceder o preço do fator 1, a utilização de um pouco mais desse fator produziria PM_1 mais produto, que seria vendido por pPM_1 unidades monetárias. Se o valor desse produto exceder o custo do fator utilizado para produzi-lo, certamente vale a pena expandir o uso desse fator.

Essas duas condições nos fornecem duas equações e duas incógnitas, x_1^* e x_2^*. Se soubermos como os produtos marginais se comportam como função de x_1 e x_2, estaremos aptos a resolver a escolha ótima de cada fator como função dos preços. As equações resultantes são conhecidas como **curvas de demanda de fatores**.

20.9 Curvas de demanda inversas de fatores

As **curvas de demanda de fatores** de uma empresa medem a relação entre o preço de um fator e a escolha maximizadora do lucro daquele fator. Vimos anteriormente como encontrar as escolhas maximizadoras de lucro: para quaisquer preços (p, w_1, w_2), apenas encontramos as demandas de fatores (x_1^*, x_2^*), em que o valor do produto marginal de cada um deles é igual a seu preço.

A **curva de demanda inversa de fatores** mede a mesma relação, mas de um ponto de vista diferente. Ela mede quais devem ser os preços dos fatores para que se demande determinada quantidade de insumos. Dada a escolha ótima de fator 2, podemos traçar a relação entre a quantidade ótima do fator 1 e seu preço num diagrama como o da Figura 20.3. Isso nada mais é do que um gráfico da equação

$$pPM_1(x_1, x_2^*) = w_1.$$

Essa curva terá inclinação negativa pelo pressuposto do produto marginal decrescente. Para qualquer nível de x_1, a curva mostra qual deverá ser o preço do fator para induzir a empresa a demandar aquele nível de x_1, mantendo-se o fator 2 constante em x_2^*.

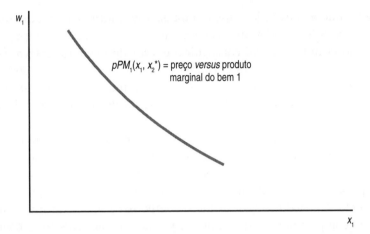

FIGURA 20.3 *Curva de demanda inversa de fatores. Essa curva mede qual deve ser o preço do fator 1 para que se demandem x_1 unidades de insumos se o nível do outro fator for mantido constante em x_2^*.*

20.10 Maximização do lucro e rendimentos de escala

Existe uma relação importante entre a maximização competitiva dos lucros e os rendimentos de escala. Suponhamos que uma empresa tenha escolhido um produto que maximize o lucro no longo prazo, $y^* = f(x_1^*, x_2^*)$, que é produzido com a utilização de níveis de insumos (x_1^*, x_2^*).

Assim, seus lucros são dados por

$$\pi^* = py^* - w_1 x_1^* - w_2 x_2^*.$$

Suponhamos que a função de produção da empresa exiba rendimentos constantes de escala e que esteja obtendo lucros positivos no equilíbrio. Examinemos, então, o que aconteceria se os insumos utilizados fossem duplicados. De acordo com a hipótese dos rendimentos constantes de escala, seu nível de produção dobraria. O que aconteceria com os lucros?

Não é difícil verificar que os lucros também dobrariam. Mas isso contradiz o pressuposto de que a escolha original era maximizadora do lucro! Chegamos a essa contradição por pressupormos que o nível original de lucros era positivo; se o nível fosse zero, não haveria problema – duas vezes zero é igual a zero.

Esse argumento mostra que o único nível de lucros razoável de longo prazo, para uma empresa competitiva que possua rendimentos constantes de escala em todos os níveis de produto, é o lucro zero. (Claro que, se uma empresa apresentar lucro negativo no longo prazo, ela deverá encerrar suas atividades.)

A maioria das pessoas considera essa afirmação surpreendente. As empresas existem para maximizar lucros, não? Como, então, podem obter apenas lucro zero no longo prazo?

Pense no que aconteceria a uma empresa que tentasse expandir-se indefinidamente. Três coisas poderiam ocorrer. Em primeiro lugar, a empresa poderia tornar-se tão grande que não conseguiria operar de maneira efetiva. Isso significa apenas dizer que a empresa *realmente* não tem rendimentos constantes de escala em todos os níveis de produção. Eventualmente, graças a problemas de coordenação, ela poderia até entrar numa região de rendimentos decrescentes de escala.

Em segundo lugar, a empresa poderia tornar-se tão grande que dominaria totalmente o mercado de seu produto. Nesse caso, não há razão para que ela aja competitivamente – tomando os preços como dados. Ao contrário, faria sentido que a empresa tentasse utilizar seu tamanho para influenciar o preço de mercado. O modelo de maximização do lucro competitivo não seria mais uma forma razoável de comportamento da empresa, já que ela não mais teria concorrentes efetivos. Investigaremos modelos mais apropriados de comportamento de empresas nessa situação quando discutirmos o monopólio.

Em terceiro lugar, se uma empresa puder auferir lucros positivos com uma tecnologia de rendimentos constantes de escala, qualquer outra empresa com acesso a essa tecnologia poderá fazer o mesmo. Se uma empresa desejar expandir sua produção, as outras também desejarão o mesmo. Mas, se todas as empresas expandissem sua produção, o preço do produto certamente seria empurrado para baixo, o que diminuiria os lucros de todas as empresas do setor.

20.11 Lucratividade revelada

Quando uma empresa que maximiza lucros faz suas escolhas de insumos e de produção, ela revela duas coisas: primeiro, que os insumos e os produtos utilizados representam um plano de produção *factível*; segundo, que essas escolhas são mais lucrativas do que qualquer outra escolha factível que a empresa poderia ter feito. Examinemos esses pontos com mais detalhes.

Vamos supor que observamos duas escolhas que a empresa faz em dois conjuntos diferentes de preços. No período t, ela se depara com os preços (p^t, w_1^t, w_2^t) e faz as escolhas (y^t, x_1^t, x_2^t). No período s, depara-se com os preços (p^s, w_1^s, w_2^s) e faz as escolhas (y^s, x_1^s, x_2^s). Se a função de produção da empresa não mudar entre os períodos s e t e se a empresa for maximizadora do lucro, deveremos ter

$$p^t y^t - w_1^t x_1^t - w_2^t x_2^t \geq p^t y^s - w_1^t x_1^s - w_2^t x_2^s \qquad (20.2)$$

e

$$p^s y^s - w_1^s x_1^s - w_2^s x_2^s \geq p^s y^t - w_1^s x_1^t - w_2^s x_2^t. \qquad (20.3)$$

Ou seja, os lucros que a empresa obteve aos preços do período t têm de ser maiores do que se ela utilizasse o plano do período s e vice-versa. Se qualquer uma dessas desigualdades fosse violada, a empresa não poderia ter sido maximizadora do lucro (sem mudanças na tecnologia).

Assim, se chegássemos a observar dois períodos em que essas desigualdades fossem violadas, saberíamos que a empresa não estaria maximizando os lucros em pelo menos um desses dois períodos. A satisfação dessas duas desigualdades constitui virtualmente um axioma do comportamento maximizador do lucro, podendo, pois, receber o nome de **Axioma Fraco de Maximização do Lucro (AFML)**.

Se as escolhas da empresa satisfizerem o AFML, podemos derivar uma afirmação útil de estática comparativa sobre o comportamento das demandas de fatores e ofertas de produtos quando os preços variam. Transponha os dois lados da equação (20.3) para obter

$$-p^s y^t + w_1^s x_1^t + w_2^s x_1^t \geq -p^s y^s + w_1^s x_1^s + w_2^s x_2^s \qquad (20.4)$$

e some a equação (20.4) à equação (20.2) para obter:

$$(p^t - p^s)y^t - (w_1^t - w_1^s)x_1^t - (w_2^t - w_2^s)x_2^t$$
$$\geq (p^t - p^s)y^s - (w_1^t - w_1^s)x_1^s - (w_2^t - w_2^s)x_2^s. \qquad (20.5)$$

Rearranje agora essa equação para obter

$$(p^t - p^s)(y^t - y^s) - (w_1^t - w_1^s)(x_1^t - x_1^s) - (w_2^t - w_2^s)(x_2^t - x_2^s) \geq 0. \qquad (20.6)$$

Por fim, defina a variação dos preços, $\Delta_p = (p^t - p^s)$, a variação na produção, $\Delta y = (y^t - y^s)$, e assim por diante, para obter

$$\Delta p \Delta y - \Delta w_1 \Delta x_1 - \Delta w_2 \Delta x_2 \geq 0. \qquad (20.7)$$

Essa equação é nosso resultado final. Ela diz que a variação no preço do produto multiplicada pela variação na produção menos a variação do preço de cada fator multiplicada pela variação de cada fator não pode ser negativa. Essa equação vem unicamente da definição de maximização do lucro. Mesmo assim, ela contém todos os resultados de estática comparativa sobre as escolhas de maximização do lucro!

Por exemplo, vamos supor que examinemos uma situação em que o preço do produto varie, mas o preço de cada fator permaneça constante. Se $\Delta w_1 = \Delta w_2 = 0$, então a equação (20.7) reduz-se a

$$\Delta p \Delta y \geq 0.$$

Assim, se o preço do produto aumentar, de modo que $\Delta_p > 0$, a variação do produto também não pode ser negativa, $\Delta_y \geq 0$. Isso diz que a curva de oferta maximizadora do lucro de uma empresa competitiva deve ter uma inclinação positiva (ou, pelo menos, igual a zero).

Do mesmo modo, se o preço do produto e o preço do fator 2 permanecerem constantes, a equação (20.7) se tornará

$$-\Delta w_1 \Delta x_1 \geq 0,$$

o que significa dizer que

$$\Delta w_1 \Delta x_1 \leq 0.$$

Assim, se o preço do fator 1 aumentar, de modo que $\Delta w_1 > 0$, a equação (20.7) implica que a demanda do fator 1 diminuirá (ou, pelo menos, permanecerá constante), de forma que $\Delta x_1 \leq 0$. Isso significa que a curva de demanda de fatores tem de ser uma função decrescente do preço do fator; as curvas de demanda de fatores devem ter inclinação negativa.

A simples desigualdade no AFML – e suas implicações na equação (20.7) – coloca fortes restrições de observação sobre como uma empresa se comportará. É natural perguntarmos se são essas todas as restrições que o modelo de maximização do lucro impõe ao comportamento da empresa. Dito de outra maneira, se observarmos as escolhas de uma empresa e essas escolhas satisfizerem o AFML, poderemos elaborar uma estimativa da tecnologia para a qual as escolhas observadas são escolhas maximizadoras de lucro? A resposta é sim. A Figura 20.4 mostra como estimar essa tecnologia.

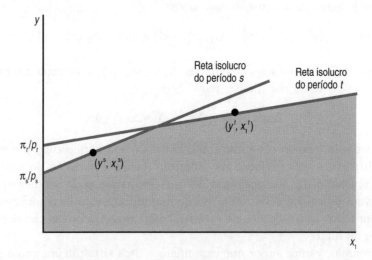

FIGURA 20.4 Estimação de uma tecnologia possível. *Se as escolhas observadas forem maximizadoras de lucro em cada conjunto de preços, poderemos estimar o formato da tecnologia que gerou essas escolhas mediante o uso das retas isolucro.*

Para ilustrar o argumento de maneira gráfica, imaginemos que haja apenas um insumo e um produto. Suponhamos que recebemos uma escolha observada no período t e no período s, que indicamos por (p^t, w_1^t, y^t, x_1^t) e (p^s, w_1^s, y^s, x_1^s). Em cada período, podemos calcular os lucros π_s e π_t e traçar todas as combinações de y e x_1 que geram esses lucros.

Ou seja, traçamos as duas retas isolucro

$$\pi_t = p^t y - w_1^t x_1$$

e

$$\pi_s = p^s y - w_1^s x_1.$$

Os pontos acima da reta isolucro do período t apresentam lucros maiores que π_t aos preços do período t e os pontos acima da reta isolucro do período s têm lucros maiores que π_s aos preços do período s. O AFML requer que a escolha no período t se posicione abaixo da reta isolucro do período s e que a escolha no período s se localize abaixo da reta isolucro do período t.

Se essa condição for satisfeita, não será difícil gerar uma tecnologia para a qual (y^t, x_1^t) e (y^s, x_1^s) sejam escolhas maximizadoras de lucro. Basta observar a área sombreada abaixo das duas retas. São todas escolhas que geram lucros menores que as escolhas observadas em ambos os conjuntos de preços.

A prova de que essa tecnologia irá gerar as escolhas observadas como escolhas maximizadoras de lucro é clara do ponto de vista geométrico. Aos preços (p^t, w_1^t), a escolha (y^t, x_1^t) estará na reta isolucro mais alta possível, o que também valerá para a escolha do período s.

Assim, quando as escolhas observadas satisfizerem o AFML, poderemos "reelaborar" uma estimativa de uma tecnologia que poderia haver gerado as observações. Nesse sentido, qualquer escolha observada coerente com o AFML poderia ser uma escolha de maximização do lucro. À medida que observamos mais escolhas feitas pelas empresas, obtemos uma estimativa mais precisa da função de produção, conforme ilustra a Figura 20.5.

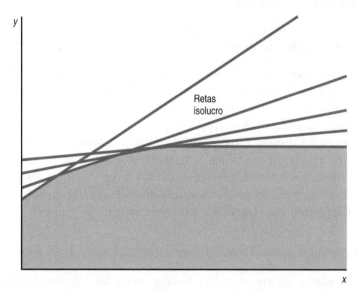

FIGURA 20.5 Estimativa da tecnologia. *À medida que observamos um número maior de escolhas, obtemos uma estimativa mais precisa da função de produção.*

Essa estimativa da função de produção pode ser utilizada para prever o comportamento da empresa em outros ambientes ou para outros usos em análise econômica.

EXEMPLO: Como os agricultores reagem a esquemas de manutenção de preços?

O governo americano gasta correntemente entre US$40 bilhões e US$60 bilhões por ano com o auxílio aos agricultores. Grande parte dessa quantia é utilizada para subsidiar a produção de vários produtos, como leite, trigo, milho, soja e algodão. Ocasionalmente, realizam-se tentativas de diminuir ou eliminar esses subsídios. A eliminação desses subsídios teria como efeito a redução do preço dos produtos recebidos pelos produtores.

Os agricultores às vezes argumentam que a eliminação dos subsídios do leite, por exemplo, não reduziria a oferta total desse produto, uma vez que os pecuaristas escolheriam *aumentar* os rebanhos e a oferta de leite para manter constante seu padrão de vida.

Se os produtores se comportarem de maneira a maximizar os lucros, isso será impossível. Como vimos antes, a lógica da maximização do lucro *requer* que a diminuição do preço de um produto leve à redução da oferta dele: se Δp for negativo, Δy também terá de ser negativo.

Certamente é possível que as pequenas fazendas familiares possam ter outros objetivos que não a simples maximização do lucro, mas é mais provável que as fazendas maiores, da agroindústria, sejam maximizadoras do lucro. Assim, a reação perversa à eliminação de subsídios citada anteriormente só poderia ocorrer em escala limitada, se ocorresse.

20.12 Minimização do custo

Se uma empresa maximiza os lucros e escolhe ofertar uma quantidade de produtos y, então ela tem de minimizar o custo de produzir y. Se não fosse assim, existiria um meio mais barato de produzir y unidades do produto, o que significaria que a empresa, em primeiro lugar, não estaria maximizando lucros.

Essa observação simples é bastante útil para o exame do comportamento da empresa. Convém dividir o problema da maximização do lucro em duas etapas: primeiro, verificamos como minimizar os custos de produzir qualquer nível desejado do produto y; e então verificamos que nível de produção maximiza de fato os lucros. Iniciaremos essa tarefa no próximo capítulo.

RESUMO

1. Os lucros são a diferença entre receitas e custos. Nessa definição, é importante que todos os custos sejam medidos com base nos preços de mercado apropriados.

2. Fatores fixos são aqueles cuja quantidade independe do nível de produção; já os fatores variáveis são aqueles cuja quantidade utilizada varia de acordo com o nível de variação na produção.

3. No curto prazo, alguns fatores têm de ser utilizados em quantidades predeterminadas. No longo prazo, todos os fatores podem variar livremente.

4. Se a empresa maximiza lucros, o valor do produto marginal de cada fator que é livre para variar tem de ser igual ao preço do fator.

5. A lógica da maximização do lucro implica que a função de oferta de uma empresa competitiva tem de ser uma função crescente do preço do produto e a função demanda de cada fator tem de ser uma função decrescente de seu preço.

6. Se uma empresa competitiva apresenta rendimentos constantes de escala, seu lucro máximo de longo prazo tem de ser igual a zero.

QUESTÕES DE REVISÃO

1. No curto prazo, se o preço do fator fixo aumentar, o que ocorre com os lucros?

2. Se uma empresa apresentasse rendimentos crescentes de escala, o que aconteceria com os lucros se os preços permanecessem fixos e a escala de produção dobrasse?

3. Se uma empresa tivesse rendimentos decrescentes de escala em todos os níveis de produção e fosse dividida em duas outras empresas menores de mesmo tamanho, o que aconteceria com os lucros totais?

4. Um jardineiro exclama: "Com apenas US$1 em sementes, obtive US$20 em produtos!". Além do fato de que a maioria da produção está na forma de abobrinhas, que outras observações um economista cínico faria sobre essa situação?

5. Maximizar o lucro de uma empresa é sempre o mesmo que maximizar o valor da empresa no mercado de ações?

6. Se $pPM_1 > w_1$, a empresa deveria aumentar ou diminuir a quantidade utilizada do fator 1 para aumentar os lucros?

7. Suponhamos que uma empresa esteja maximizando lucros no curto prazo com um fator variável x_1 e um fator fixo x_2. Se o preço de x_2 diminuir, o que acontecerá com a utilização de x_1? O que acontecerá com o nível de lucros da empresa?

8. Uma empresa competitiva e maximizadora do lucro que obtém lucros positivos no equilíbrio de longo prazo pode ou não ter uma tecnologia com rendimentos constantes de escala?

APÊNDICE

O problema de maximização do lucro da empresa é

$$\max_{x_1, x_2} pf(x_1, x_2) - w_1 x_1 - w_2 x_2,$$

que tem as condições de primeira ordem

$$p \frac{\partial f(x_1^*, x_2^*)}{\partial x_1} - w_1 = 0$$

$$p \frac{\partial f(x_1^*, x_2^*)}{\partial x_2} - w_2 = 0.$$

Essas são exatamente as mesmas condições do produto marginal dadas no texto. Vejamos agora qual é a aparência do comportamento maximizador do lucro quando se utiliza a função de produção de Cobb-Douglas.

Suponhamos que a função de Cobb-Douglas seja dada por $f(x_1, x_2) = x_1^a x_2^b$. Então, as duas condições de primeira ordem tornam-se

$$pa x_1^{a-1} x_2^b - w_1 = 0$$
$$pb x_1^a x_2^{b-1} - w_2 = 0.$$

Multiplique a primeira equação por x_1 e a segunda por x_2, para obter

$$pa x_1^a x_2^b - w_1 x_1 = 0$$
$$pb x_1^a x_2^b - w_2 x_2 = 0.$$

Se utilizarmos $y = x_1^a x_2^b$ para representar o nível de produção da empresa, poderemos reescrever essa expressão como

$$pay = w_1 x_1$$
$$pby = w_2 x_2.$$

Ao resolvermos x_1 e x_2, teremos

$$x_1^* = \frac{apy}{w_1}$$

$$x_2^* = \frac{bpy}{w_2}.$$

Isso nos fornece as demandas dos dois fatores como uma função da escolha ótima de produção. Mas ainda teremos de resolver a escolha ótima de produção. Se inserirmos as demandas ótimas de fatores na função de produção Cobb-Douglas, teremos a expressão

$$\left(\frac{pay}{w_1}\right)^a \left(\frac{pby}{w_2}\right)^b = y.$$

A fatoração de y resulta em

$$\left(\frac{pa}{w_1}\right)^a \left(\frac{pb}{w_2}\right)^b y^{a+b} = y.$$

ou:

$$y = \left(\frac{pa}{w_1}\right)^{\frac{a}{1-a-b}} \left(\frac{pb}{w_2}\right)^{\frac{b}{1-a-b}}.$$

Isso nos dá a função oferta da empresa Cobb-Douglas. Além das funções de demanda por fatores derivados anteriormente, essa equação nos fornece uma solução completa para o problema da maximização do lucro.

Observe que, quando a empresa apresenta rendimentos constantes de escala, quando $a + b = 1$, essa função de oferta não é bem definida. Enquanto os preços de insumos e os preços de produtos forem coerentes com o lucro zero, a empresa com a tecnologia de Cobb-Douglas permanecerá indiferente a seu nível de oferta.

CAPÍTULO 21

MINIMIZAÇÃO DE CUSTOS

Nosso objetivo é estudar o comportamento das empresas que maximizam o lucro tanto nos mercados competitivos como nos não competitivos. No capítulo anterior, iniciamos nossa análise do comportamento de maximização do lucro num ambiente competitivo com o exame direto do problema da maximização do lucro.

Entretanto, uma abordagem mais indireta pode proporcionar alguns insights importantes. Nossa estratégia consistirá em dividir o problema da maximização em duas partes. Examinaremos primeiro o problema de como minimizar os custos de produção de determinado nível de produto e, a partir daí, como escolher o nível de produção mais lucrativo. Neste capítulo examinaremos o primeiro passo: minimizar os custos de produzir determinado nível de produto.

21.1 Minimização de custos

Suponhamos que temos dois fatores de produção com os preços w_1 e w_2 e que queremos encontrar o meio mais barato de alcançar determinado nível de produção y. Se x_1 e x_2 medirem as quantidades utilizadas dos dois fatores e $f(x_1, x_2)$ for a função de produção da empresa, podemos escrever esse problema como

$$\min_{x_1, x_2} w_1 x_1 + w_2 x_2$$

de modo que $f(x_1, x_2) = y$.

Como no capítulo anterior, aplicam-se as mesmas advertências no que diz respeito a esse tipo de análise: assegure-se de ter incluído *todos* os custos de produção no cálculo dos custos e também de ter medido tudo numa escala de tempo compatível.

A solução para esse problema de minimização de custos – o custo mínimo para alcançar o nível desejado de produto – dependerá de w_1, w_2 e y, de maneira que a representamos como $c(w_1, w_2, y)$. Essa função é conhecida como **função custo** e nos será de considerável interesse. A função custo $c(w_1, w_2, y)$ mede o custo mínimo de produzir y unidades de produto quando os preços dos fatores são (w_1, w_2).

Para compreendermos a solução desse problema, representemos os custos e as restrições tecnológicas da empresa no mesmo diagrama. As isoquantas nos fornecem as restrições tecnológicas – todas as combinações de x_1 e x_2 que podem produzir y.

Vamos supor que desejamos traçar todas as combinações de insumos que tenham um dado nível de custo, C. Podemos escrever isso como

$$w_1 x_1 + w_2 x_2 = C,$$

que pode ser rearranjado para proporcionar

$$x_2 = \frac{C}{w_2} - \frac{w_1}{w_2} x_1.$$

É fácil verificar que isso é uma linha reta com inclinação de $-w_1/w_2$ e intercepto vertical C/w_2. À medida que deixamos o número C variar, obtemos uma família de **retas isocusto**. Todo ponto numa curva isocusto tem o mesmo custo, C, e as retas isocusto mais elevadas estão associadas a custos mais altos.

Assim, o nosso problema de minimização de custos pode ser reescrito como: encontre o ponto na isoquanta que esteja associado à reta isocusto mais baixa possível. Esse ponto é ilustrado na Figura 21.1.

Observe que, se a solução ótima envolver o uso de certa quantidade de cada fator e se a isoquanta formar uma curva suave, o ponto de minimização de custos será caracterizado pela condição de tangência: a inclinação da isoquanta será igual à inclinação da curva isocusto. Ou, para usarmos a terminologia do Capítulo 19, a *taxa técnica de substituição tem de ser igual à razão de preço dos fatores*:

$$-\frac{PM_1(x_1^*, x_2^*)}{PM_2(x_1^*, x_2^*)} = \mathrm{TTS}(x_1^*, x_2^*) = -\frac{w_1}{w_2}. \tag{21.1}$$

(Se tivermos uma solução de fronteira, em que um dos dois fatores não seja utilizado, essa condição de tangência não precisará ser satisfeita. Do mesmo modo, se a função de produção apresentar "quebras", a condição de tangência não terá sentido. Essas exceções são iguais à situação do consumidor, de modo que não iremos enfatizar esses casos neste capítulo.)

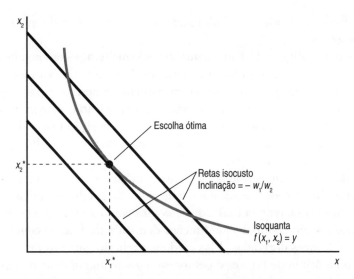

FIGURA 21.1 Minimização de custos. A escolha dos fatores que minimizam os custos de produção pode ser determinada ao encontrar-se o ponto na isoquanta que está associado à curva isocusto mais baixa.

A álgebra que está por trás da equação (21.1) não é difícil. Imagine qualquer mudança no padrão de produção (Δx_1, Δx_2) que mantém a produção constante. Essa mudança tem de satisfazer

$$PM_1(x_1^*, x_2^*)\Delta x_1 + PM_2(x_1^*, x_2^*)\Delta x_2 = 0. \qquad (21.2)$$

Observe que Δx_1 e Δx_2 devem ter sinais contrários; se aumentarmos a quantidade utilizada do fator 1, temos de diminuir a quantidade utilizada do fator 2 para manter a produção constante.

Se estivermos no custo mínimo, essa mudança não poderá diminuir os custos, de modo que teremos

$$w_1 \Delta x_1 + w_2 \Delta x_2 \geq 0. \qquad (21.3)$$

Consideremos agora a mudança ($-\Delta x_1$, $-\Delta x_2$). Ela também proporciona um nível constante de produção e não pode diminuir os custos, o que implica que

$$-w_1 \Delta x_1 - w_2 \Delta x_2 \geq 0. \qquad (21.4)$$

A combinação das expressões (21.3) e (21.4) fornece

$$w_1 \Delta x_1 + w_2 \Delta x_2 = 0. \qquad (21.5)$$

A resolução das equações (21.2) e (21.5), para $\Delta x_2/\Delta x_1$, dá

$$\frac{\Delta x_2}{\Delta x_1} = -\frac{w_1}{w_2} = -\frac{PM_1(x_1^*, x_2^*)}{PM_2(x_1^*, x_2^*)},$$

que é justamente a condição de minimização do custo derivada acima pelo argumento geométrico.

Observe que a Figura 21.1 apresenta certa semelhança com a solução do problema de escolha do consumidor anteriormente descrita. Embora as soluções pareçam as mesmas, elas na verdade não constituem os mesmos tipos de problemas. No problema do consumidor, a linha reta era a restrição orçamentária, ao longo da qual o consumidor se movia para encontrar sua posição preferida. No problema do produtor, a isoquanta é a restrição tecnológica e o produtor move-se ao longo dela para encontrar a posição ótima.

As escolhas de insumos que geram custos mínimos para a empresa dependerão, em geral, dos preços dos insumos e do nível de produção que a empresa deseja ter, de modo que escrevemos essas escolhas como $x_1(w_1, w_2, y)$ e $x_2(w_1, w_2, y)$. Essas expressões são chamadas de **funções demanda de fatores condicionadas** ou **demandas de fatores derivadas**. Elas medem a relação entre os preços e a produção e a escolha ótima de fatores da empresa, *condicionando* que a empresa tenha um dado nível de produção y.

Observe com cuidado a diferença entre as demandas *condicionadas* de fatores e as demandas de fatores maximizadores do lucro analisadas no capítulo anterior. A função demanda de fatores condicionada proporciona escolhas que minimizam os custos para determinado *nível* de produção, enquanto a função demanda de fatores que maximizam o lucro fornecem as escolhas que maximizam o lucro para determinado *preço* do produto.

As demandas de fatores condicionadas, em geral, não podem ser observadas de maneira direta; são construções hipotéticas que respondem à pergunta de quanto de cada fator a empresa *utilizaria* se quisesse alcançar determinado nível de produção de modo mais barato. Entretanto, a função demandas de fatores condicionadas é útil como forma de separar o problema da determinação do nível ótimo de produção do problema de determinar o método de produção mais efetivo em termos de custos.

EXEMPLO: Minimização de custos para tecnologias específicas

Vamos supor que consideramos uma tecnologia em que os fatores são complementares perfeitos, de modo que $f(x_1, x_2) = \min\{x_1, x_2\}$. Assim, se quisermos produzir y unidades de um bem, necessitaremos, claramente, de y unidades de x_1 e y unidades de x_2. Portanto, os custos mínimos de produção serão

$$c(w_1, w_2, y) = w_1 y + w_2 y = (w_1 + w_2)y.$$

E sobre a tecnologia de substitutos perfeitos, $f(x_1, x_2) = x_1 + x_2$? Como os dois bens são substitutos perfeitos na produção, é claro que a empresa utilizará o que for mais barato. Portanto, o custo mínimo de produzir y unidades do produto será $w_1 y$ ou $w_2 y$, o que for menor. Em outras palavras:

$$c(w_1, w_2, y) = \min\{w_1 y, w_2 y\} = \min\{w_1, w_2\} y.$$

Finalmente, consideramos a tecnologia de Cobb-Douglas, descrita pela fórmula $f(x_1, x_2) = x_1^a x_2^b$. Nesse caso, podemos utilizar técnicas de cálculo para mostrar que a função custo terá a forma

$$c(w_1, w_2, y) = K w_1^{\frac{a}{a+b}} w_2^{\frac{b}{a+b}} y^{\frac{1}{a+b}},$$

em que K é uma constante que depende de a e b. Os detalhes desse cálculo são apresentados no Apêndice.

21.2 Minimização de custo revelada

O pressuposto de que a empresa escolhe fatores para minimizar o custo de produção terá implicações em como as escolhas observadas se modificam à medida que os preços dos fatores alteram.

Vamos supor que observamos dois conjuntos de preços, (w_1^t, w_2^t) e (w_1^s, w_2^s), e as escolhas associadas da empresa, (x_1^t, x_2^t) e (x_1^s, x_2^s). Suponhamos que todas essas escolhas proporcionem o mesmo nível de produto y. Assim, se cada escolha for uma escolha minimizadora de custo aos preços a ela associados, deveremos ter

$$w_1^t x_1^t + w_2^t x_2^t \leq w_1^t x_1^s + w_2^t x_2^s$$

e

$$w_1^s x_1^s + w_2^s x_2^s \leq w_1^s x_1^t + w_2^s x_2^t.$$

Se a empresa escolher sempre o modo minimizador de custo para produzir y unidades de produto, suas escolhas nos períodos t e s terão de satisfazer essas desigualdades. Chamaremos essas desigualdades de **Axioma Fraco da Minimização de Custo (AFMC)**.

Escreva a segunda equação como

$$-w_1^s x_1^t - w_2^s x_2^t \leq -w_1^s x_1^s - w_2^s x_2^s$$

e some-a à primeira equação, para obter

$$(w_1^t - w_1^s)x_1^t + (w_2^t - w_2^s)x_2^t \leq (w_1^t - w_1^s)x_1^s + (w_2^t - w_2^s)x_2^s,$$

que pode ser rearrumada para nos proporcionar

$$(w_1^t - w_1^s)(x_1^t - x_1^s) + (w_2^t - w_2^s)(x_2^t - x_2^s) \leq 0.$$

Utilizando a notação delta para significar variações nas demandas e nos preços de fatores, temos:

$$\Delta w_1 \Delta x_1 + \Delta w_2 \Delta x_2 \leq 0.$$

Essa equação segue-se apenas do pressuposto do comportamento minimizador do custo. Ela implica restrições sobre como o comportamento da empresa pode mudar quando os preços dos insumos variam e o produto permanece constante.

Por exemplo, se o preço do primeiro fator aumenta e o preço do segundo fator permanece constante, então $\Delta w_2 = 0$, de modo que a desigualdade se torna

$$\Delta w_1 \, \Delta x_1 \leq 0$$

Se o preço do fator 1 aumentar, essa desigualdade implicará, então, que a demanda pelo fator 1 tem de diminuir, o que fará as demandas por fatores condicionadas se inclinarem para baixo.

O que podemos dizer sobre como mudam os custos mínimos quando mudamos os parâmetros do problema? É fácil verificar que os custos têm de crescer se qualquer um dos preços dos fatores aumentar: se um bem se torna mais caro e o outro permanece constante, os custos mínimos não podem cair e, em geral, subirão. Do mesmo modo, se a empresa escolher produzir uma quantidade maior de produtos e os preços dos fatores permanecerem constantes, os custos dessa empresa terão de crescer.

21.3 Rendimentos de escala e função custo

No Capítulo 19, discutimos a ideia de rendimentos de escala na função de produção. Lembre-se de que dissemos que a tecnologia tem rendimentos de escala crescentes, decrescentes ou constantes, na medida em que $f(tx_1, tx_2)$ for maior, menor ou igual que $tf(x_1, x_2)$ para todo $t > 1$. Isso significa que existe uma boa relação entre o tipo de rendimento de escala apresentado pela função de produção e o comportamento da função custo.

Suponhamos primeiro que temos o caso natural de rendimentos constantes de escala. Imaginemos que o problema de minimização do custo para produzir uma unidade de produto esteja resolvido, de modo que conhecemos a **função de custo unitário**, $c(w_1, w_2, 1)$. Agora, qual é o modo mais barato de produzir y unidades de produto? Simples: usamos y vezes mais de cada insumo que utilizávamos para produzir uma unidade de produto. Isso significa que o custo mínimo para produzir y unidades de produto será de $c(w_1, w_2, 1)y$. No caso de rendimentos constantes de escala, a função custo é linear no produto.

E se tivermos rendimentos crescentes de escala? Nesse caso, o custo aumenta menos do que linearmente no produto. Se a empresa decide produzir duas vezes mais, ela pode fazê-lo por *menos* de duas vezes o custo, desde que os preços dos fatores permaneçam fixos. Esse é um resultado natural do conceito de rendimentos crescentes de escala: se a empresa dobra os insumos, ela mais do que dobrará seu produto. Portanto, se a empresa deseja dobrar o produto, ela será capaz de fazer isso utilizando menos de duas vezes mais de cada insumo.

No entanto, utilizar o dobro de cada insumo fará com que dobrem os custos. Logo, usar menos do dobro de cada insumo fará com que os custos subam menos de duas vezes: isso equivale a dizer que a função custo crescerá menos do que linearmente no que tange ao produto.

Do mesmo modo, se a tecnologia apresentar rendimentos decrescentes de escala, a função custo crescerá mais do que linearmente no que diz respeito ao produto. Se o produto dobrar, os custos mais do que dobrarão.

Esses fatos podem ser expressos em termos de comportamento da **função de custo médio**. A função de custo médio é apenas o custo *unitário* de produzir y unidades de um produto:

$$CM(y) = \frac{c(w_1, w_2, y)}{y}.$$

Se a tecnologia apresentar rendimentos constantes de escala, então, como vimos anteriormente, a função custo terá a forma $c(w_1, w_2, y) = c(w_1, w_2, 1)y$. Isso significa que a função de custo médio será

$$CM(w_1, w_2, y) = \frac{c(w_1, w_2, 1)y}{y} = c(w_1, w_2, 1).$$

Ou seja, o custo por unidade produzida será constante, independentemente do nível de produto que a empresa deseja atingir.

Se a tecnologia proporcionar rendimentos crescentes de escala, os custos crescerão menos do que linearmente no tocante ao produto, de modo que os custos médios serão decrescentes com relação ao produto; à medida que o produto aumentar, os custos médios de produção tenderão a cair.

Do mesmo modo, se a tecnologia apresentar rendimentos decrescentes de escala, os custos médios crescerão à medida que o produto cresce.

Como vimos antes, uma dada tecnologia pode ter *regiões* de rendimentos de escala crescentes, decrescentes ou constantes – o produto pode crescer com rapidez maior, igual ou menor do que a escala de operações da empresa em diferentes níveis de produção. Do mesmo modo, a função custo pode crescer com rapidez maior, igual ou menor do que a produção em diferentes níveis de produção. Isso implica que a função de custo médio pode diminuir, permanecer constante ou crescer em diferentes níveis de produção. No próximo capítulo, exploraremos essas possibilidades com mais detalhes.

De agora em diante, vamos nos preocupar mais com o comportamento da função custo no tocante à variável produto. Na maior parte, consideraremos os preços dos fatores como fixados em níveis predeterminados e pensaremos nos custos apenas como dependentes da escolha de produção da empresa. Portanto, no restante do livro, escreveremos a função custo como uma função somente do produto: $c(y)$.

21.4 Custos de curto e de longo prazos

A função custo é definida como o custo mínimo para alcançar determinado nível de produto. Frequentemente, é importante distinguir os custos mínimos em dois casos diferentes: quando a empresa pode ajustar todos os seus fatores de produção e quando ela só pode ajustar alguns desses fatores.

Definimos o curto prazo como o período em que alguns dos fatores de produção têm de ser utilizados numa quantidade fixa. No longo prazo, todos os fatores têm liberdade para variar. A **função custo de curto prazo** é definida como o custo mínimo para alcançar um dado nível de produto, mediante apenas o ajuste dos fatores de produção variáveis. A função custo de longo prazo fornece o custo mínimo de alcançar um dado nível de produto pelo ajuste de *todos* os fatores de produção.

Suponhamos que, no curto prazo, o fator 2 seja fixado num nível predeterminado $\bar{x}_2$, mas que, no longo prazo, tenha liberdade para variar. Assim, a função custo de curto prazo será definida por

$$c_s(y, \bar{x}_2) = \min_{x_1} w_1 x_1 + w_2 \bar{x}_2$$

de modo que $f(x_1, \bar{x}_2) = y$.

Observe que, em geral, o custo mínimo de produzir y unidades de produto no curto prazo dependerá da quantidade e do custo do fator fixo disponível.

No caso de dois fatores, pode-se resolver com facilidade esse problema de minimização: basta encontrar a menor quantidade de x_1, de modo que $f(x_1, \bar{x}_2) = y$. Se houver, porém, muitos fatores de produção variáveis no curto prazo, o problema da minimização de custos exigirá um cálculo mais elaborado.

A função demanda de fatores de curto prazo do fator 1 é a quantidade do fator 1 que minimiza os custos. Em geral, ela dependerá dos preços dos fatores e também dos níveis dos fatores fixos, de maneira que escrevemos as demandas de fatores de curto prazo como

$$x_1 = x_1^s(w_1, w_2, \bar{x}_2, y)$$
$$x_2 = \bar{x}_2.$$

Essas equações apenas dizem, por exemplo, que, se o tamanho do prédio for fixo no curto prazo, o número de trabalhadores que a empresa deseja empregar a qualquer conjunto dado de preços ou de escolha de produção dependerá do tamanho do prédio.

Observe que pela definição da função custo de curto prazo

$$c_s(y, \bar{x}_2) = w_1 x_1^s(w_1, w_2, \bar{x}_2, y) + w_2 \bar{x}_2.$$

Isso diz apenas que o custo mínimo de produzir uma quantidade y de produtos é o custo associado à utilização da escolha de insumos que minimizam os custos. Isso é verdadeiro por definição, mas, mesmo assim, acaba por ser útil.

A função custo de longo prazo nesse exemplo é definida por

$$c(y) = \min_{x_1, x_2} w_1 x_1 + w_2 x_2$$

de modo que $f(x_1, x_2) = y$.

Aqui, ambos os fatores podem variar livremente. Os custos de longo prazo dependem apenas do nível de produto que a empresa deseja ter, juntamente com os preços dos fatores. Escrevemos a função custo de longo prazo como $c(y)$ e demanda de longo prazo como

$$x_1 = x_1(w_1, w_2, y)$$
$$x_2 = x_2(w_1, w_2, y).$$

Podemos também escrever as funções custo de longo prazo como

$$c(y) = w_1 x_1(w_1, w_2, y) + w_2 x_2(w_1, w_2, y).$$

Assim como antes, isso apenas diz que os custos mínimos são os custos que as empresas obtêm com o uso da escolha de fatores que minimizam os custos.

Há uma relação interessante entre as funções custo de curto e de longo prazos que utilizaremos no próximo capítulo. Para fins de simplificação, suponhamos que os preços dos fatores sejam fixos em níveis predeterminados e que escrevamos as funções demanda dos fatores de longo prazo como

$$x_1 = x_1(y)$$
$$x_2 = x_2(y).$$

Assim, a função custo de longo prazo também pode ser escrita como

$$c(y) = c_s(y, x_2(y)).$$

Para verificar a veracidade disso, basta pensar no que isso significa. A equação diz que o custo mínimo quando todos os fatores são variáveis é exatamente o custo mínimo quando o fator 2 está fixo no *nível que minimiza os custos de longo prazo*. Segue-se que a demanda de longo prazo do fator variável – a escolha que minimiza o custo – é dada por

$$x_1(w_1, w_2, y) = x_1^s(w_1, w_2, x_2(y), y).$$

Essa equação demonstra que a quantidade minimizadora de custos do fator variável no longo prazo é aquela que a empresa escolheria no curto prazo – caso tivesse a quantidade de fator fixo que minimiza os custos no longo prazo.

21.5 Custos fixos e quase fixos

No Capítulo 20, fizemos a distinção entre fatores fixos e quase fixos. Os fatores fixos são os que têm de receber pagamento, haja ou não produção. Já os fatores quase fixos só serão pagos se a empresa decidir produzir uma quantidade positiva de produto.

É natural definir os custos fixos e quase fixos de maneira semelhante. Os **custos fixos** são aqueles associados aos fatores fixos: eles independem do nível de produto e, sobretudo, têm de ser pagos mesmo que a empresa não produza nada.

Os **custos quase fixos** também independem do nível de produto, mas só precisam ser pagos se a empresa produzir uma quantidade positiva de bens.

Por definição, não há custos fixos no longo prazo. Entretanto, pode haver facilmente custos quase fixos no longo prazo. Se for preciso gastar uma quantidade fixa de dinheiro antes de produzir qualquer bem, então os custos quase fixos estarão presentes.

21.6 Custos irrecuperáveis

Os custos irrecuperáveis constituem outro tipo de custo fixo. Esse conceito pode ser mais bem explicado por meio de um exemplo. Suponhamos que decidimos fazer o leasing de um escritório pelo período de um ano. O aluguel mensal que nos comprometemos a pagar é um custo fixo, posto que somos obrigados a pagá-lo independentemente da quantidade que venhamos a produzir. Vamos supor agora que decidimos reformar o escritório com pintura e aquisição de móveis. A pintura é um custo fixo, mas é também um **custo irrecuperável**, pois representa um pagamento que, uma vez feito, não pode mais ser recuperado. Já o custo de comprar o mobiliário não é inteiramente irrecuperável, porque podemos revendê-lo quando acabarmos de usá-lo. Somente a *diferença* entre o custo da mobília nova e o da usada é que se perde.

Para exprimirmos isso de maneira mais detalhada, vamos supor que pegamos um empréstimo de US$20.000 no início do ano a juros, digamos, de 10%. Assinamos o contrato de *leasing* do escritório e pagamos US$12.000 adiantados. Gastamos US$6.000 em móveis e US$2.000 na pintura. No fim do ano, pagamos os US$20.000 do empréstimo mais US$2.000 dos juros e vendemos os móveis usados do escritório por US$5.000.

O total de nossos custos irrecuperáveis consiste dos US$12.000 do aluguel, dos US$2.000 dos juros, dos US$2.000 da pintura, mas apenas de US$1.000 no tocante aos móveis, uma vez que se puderam recuperar US$5.000 dos gastos originais com mobiliário.

A diferença entre os custos irrecuperáveis e os recuperáveis pode ser bastante significativa. Um gasto de US$100.000 com a compra de cinco caminhões leves parece ser bastante dinheiro, mas, se eles puderem ser vendidos mais tarde por US$80.000 no mercado de caminhões usados, o verdadeiro custo irrecuperável será de apenas US$20.000. Já um gasto de US$100.000 em uma prensa feita sob medida para estampar quinquilharias e que não tenha nenhum valor de revenda é um caso bem diferente; nesse caso, todo o gasto é irrecuperável.

O melhor modo de manter claros esses assuntos é assegurar o tratamento de todas essas despesas como um fluxo: quanto custa fazer negócios durante um ano? Dessa forma, esquece-se menos o valor de revenda dos bens de capital e mantém-se clara a diferença entre custos irrecuperáveis e custos recuperáveis.

RESUMO

1. A função custo, $c(w_1, w_2, y)$, mede o custo mínimo de obter um dado nível de produto a determinados preços de fatores.

2. O comportamento de minimização de custos impõe algumas restrições observáveis nas escolhas que as empresas fazem. Em particular, a função de demanda de fatores condicionada terá inclinação negativa.

3. Há uma relação íntima entre os rendimentos de escala apresentados pela tecnologia e o comportamento da função custo. Os rendimentos *crescentes* de escala implicam custo médio *decrescente*; os rendimentos de escala *decrescentes*, custo médio *crescente*; e os rendimentos *constantes* de escala, custo médio *constante*.

4. Os custos irrecuperáveis são custos que não podem ser recuperados.

QUESTÕES DE REVISÃO

1. Prove que uma empresa que maximiza o lucro sempre minimizará custos.

2. Se uma empresa produz onde $PM_1/w_1 > PM_2/w_2$, o que ela pode fazer para reduzir custos, mas manter o mesmo produto?

3. Suponhamos que uma empresa minimizadora de custos utiliza dois insumos substitutos perfeitos. Se esses insumos tiverem o mesmo preço, que aparência as demandas de fatores condicionadas dos insumos terão?

4. O preço do papel utilizado por uma empresa minimizadora de custos aumenta. A empresa reage a essa variação de preço com alterações em sua demanda de alguns insumos, mas mantém constante o produto. O que ocorre com o uso que a empresa faz do papel?

5. Se uma empresa utiliza n insumos ($n > 2$), que desigualdade a teoria da minimização do custo revelado implica com respeito às variações nos preços dos fatores (Δw_i) e nas demandas de fatores (Δx_i) de determinado nível de produto?

APÊNDICE

Estudemos o problema de minimização de custos apresentado no texto com a utilização das técnicas de otimização introduzidas no Capítulo 5. O problema consiste numa minimização com restrição da forma

$$\min_{x_1, x_2} w_1 x_1 + w_2 x_2$$

de modo que $f(x_1, x_2) = y$.

Lembre-se de que tínhamos várias técnicas para solucionar esse tipo de problema. Uma delas era substituir a restrição na função objetivo. Isso poderá ainda ser utilizado quando tivermos uma forma funcional específica para $f(x_1, x_2)$, mas não tem muito emprego no caso geral.

O segundo método era o dos multiplicadores de Lagrange, e funciona bem. Para aplicar esse método, construímos a Lagrangiana

$$L = w_1 x_1 + w_2 x_2 - \lambda(f(x_1, x_2) - y)$$

e diferenciamos com relação a x_1, x_2 e λ. Isso nos proporciona as condições de primeira ordem:

$$w_1 - \lambda \frac{\partial f(x_1, x_2)}{\partial x_1} = 0$$

$$w_2 - \lambda \frac{\partial f(x_1, x_2)}{\partial x_2} = 0$$

$$f(x_1, x_2) - y = 0.$$

A última condição é apenas a restrição. Podemos rearranjar as duas primeiras equações e dividir a primeira equação pela segunda para obter

$$\frac{w_1}{w_2} = \frac{\partial f(x_1, x_2)/\partial x_1}{\partial f(x_1, x_2)/\partial x_2}.$$

Observe que essa é a mesma condição de primeira ordem que obtivemos no texto: a taxa técnica de substituição tem de ser igual à razão de preço dos fatores.
Apliquemos esse método à função de produção de Cobb-Douglas:

$$f(x_1, x_2) = x_1^a x_2^b.$$

O problema da minimização de custos será, então,

$$\min_{x_1, x_2} w_1 x_1 + w_2 x_2$$

de modo que $x_1^a x_2^b = y$.

Temos aqui uma forma funcional específica que podemos resolver mediante o emprego tanto do método da substituição como do Lagrangiano. O método da substituição envolveria primeiro resolver a restrição para x_2 como uma função de x_1:

$$x_2 = \left(yx_1^{-a}\right)^{1/b}$$

e então substituir isso na função objetivo para obter o problema de minimização sem restrição:

$$\min_{x_1} w_1 x_1 + w_2 \left(yx_1^{-a}\right)^{1/b}.$$

Poderíamos agora diferenciar com relação a x_1 e igualar a zero a derivada resultante, como sempre. A equação resultante pode ser resolvida para obter x_1 como uma função de w_1, w_2 e y, bem como para obter a demanda de fator condicionada de x_1. Isso não é difícil de fazer, mas a álgebra é confusa, de modo que não entraremos em detalhes.

Solucionaremos, contudo, o problema Lagrangiano. As três condições de primeira ordem são

$$w_1 = \lambda a x_1^{a-1} x_2^b$$
$$w_2 = \lambda b x_1^a x_2^{b-1}$$
$$y = x_1^a x_2^b.$$

Multiplique a primeira equação por x_1 e a segunda por x_2 para obter

$$w_1 x_1 = \lambda a x_1^a x_2^b = \lambda a y$$
$$w_2 x_2 = \lambda b x_1^a x_2^b = \lambda b y,$$

de modo que

$$x_1 = \lambda \frac{ay}{w_1} \tag{21.6}$$

$$x_2 = \lambda \frac{by}{w_2}. \tag{21.7}$$

Utilizemos agora a terceira equação para resolvermos λ. Se substituirmos as soluções de x_1 e x_2 na terceira condição de primeira ordem, teremos

$$\left(\frac{\lambda a y}{w_1}\right)^a \left(\frac{\lambda b y}{w_2}\right)^b = y.$$

Podemos resolver essa equação para λ, para obtermos a expressão a seguir, de proporções um tanto formidáveis

$$\lambda = (a^{-a} b^{-b} w_1^a w_2^b y^{1-a-b})^{\frac{1}{a+b}},$$

que, juntamente com as equações (21.6) e (21.7), nos proporciona nossas soluções finais para x_1 e x_2. Essas funções de demanda por fatores assumirão a forma

$$x_1(w_1, w_2, y) = \left(\frac{a}{b}\right)^{\frac{b}{a+b}} w_1^{\frac{-b}{a+b}} w_2^{\frac{b}{a+b}} y^{\frac{1}{a+b}}$$

$$x_2(w_1, w_2, y) = \left(\frac{a}{b}\right)^{-\frac{a}{a+b}} w_1^{\frac{a}{a+b}} w_2^{\frac{-a}{a+b}} y^{\frac{1}{a+b}}.$$

A função custo pode ser encontrada ao se registrarem os custos quando a empresa faz suas escolhas minimizadoras de custos. Ou seja,

$$c(w_1, w_2, y) = w_1 x_1(w_1, w_2, y) + w_2 x_2(w_1, w_2, y).$$

Um pouco de álgebra tediosa mostra que

$$c(w_1, w_2, y) = \left[\left(\frac{a}{b}\right)^{\frac{b}{a+b}} + \left(\frac{a}{b}\right)^{\frac{-a}{a+b}}\right] w_1^{\frac{a}{a+b}} w_2^{\frac{b}{a+b}} y^{\frac{1}{a+b}}.$$

(Não se preocupe! Essa fórmula não estará na prova final. Ela só é mostrada para demonstrar como obter uma solução explícita para o problema da minimização de custos com a aplicação do método dos multiplicadores de Lagrange.)

Observe que os custos irão crescer mais do que, igual a ou menos do que linearmente com o produto, à medida que $a + b$ for menor, igual a ou maior que 1. Isso faz sentido, já que a tecnologia de Cobb-Douglas apresenta rendimentos decrescentes, constantes ou crescentes, conforme o valor de $a + b$.

CAPÍTULO 22

CURVAS DE CUSTO

No capítulo anterior, descrevemos o comportamento de minimização de custos de uma empresa. Neste capítulo prosseguimos nessa investigação com o uso de uma construção geométrica importante, a **curva de custo**. As curvas de custo podem ser utilizadas para mostrar de modo gráfico a função custo de uma empresa e são importantes para estudar como são feitas as escolhas ótimas de produção.

22.1 Custos médios

Tomemos a função custo descrita no capítulo anterior. É a função $c(w_1, w_2, y)$ que fornece o custo mínimo para obter o nível de produção y quando os preços dos fatores são (w_1, w_2). No restante deste capítulo, consideraremos constantes os preços dos fatores, de maneira que possamos escrever o custo como função apenas de y, $c(y)$.

Alguns dos custos da empresa independem do nível de produção. Conforme vimos no Capítulo 21, trata-se dos custos fixos, ou seja, custos que têm de ser pagos independentemente do nível de produção que a empresa tenha. Por exemplo, a empresa pode ter pagamentos hipotecários a realizar que não dependam do nível de produção.

Outros custos mudam quando a produção varia: são os custos variáveis. O total de custos da empresa pode sempre ser escrito como a soma dos custos variáveis, $c_v(y)$, e dos custos fixos, F:

$$c(y) = c_v(y) + F.$$

A **função custo médio** mede o custo por unidade de produção. A **função custo médio variável** mede o custo variável por unidade de produção e a **função custo médio fixo** mede os custos fixos por unidade de produção. Pela equação anterior:

$$CMe(y) = \frac{c(y)}{y} = \frac{c_v(y)}{y} + \frac{F}{y} = CVMe(y) + CFMe(y)$$

em que $CVMe(y)$ representa os custos variáveis médios e $CFMe(y)$ representa os custos fixos médios. Como são essas funções? A mais fácil delas é certamente a função de custo fixo médio: quando $y = 0$, ela é infinita, e, à medida que y aumenta, o custo fixo médio diminui em direção a zero. Isso é mostrado na Figura 22.1A.

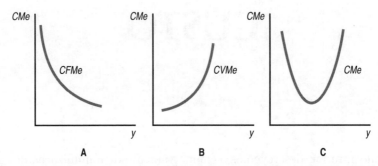

FIGURA 22.1 Construção da curva de custo médio. *(A) O custo fixo médio diminui quando a produção aumenta. (B) Os custos variáveis médios podem aumentar com o aumento da produção. (C) A combinação desses dois efeitos produz uma curva de custo médio em forma de U.*

Examinemos a função de custo variável. Comecemos no nível de produção zero e imaginemos que se produza uma unidade. Assim, os custos variáveis médios em $y = 1$ correspondem ao custo variável de produzir essa única unidade. Aumentemos agora o nível de produção para duas unidades. Esperaríamos que, no pior dos casos, os custos variáveis dobrassem, de maneira que os custos variáveis médios permanecessem constantes. Se pudermos organizar a escala de produção de um modo mais eficiente, de forma que a escala de produção cresça, os custos variáveis médios poderão mesmo decrescer de início, mas acabaríamos por esperar que os custos variáveis médios aumentassem. Por quê? Se os fatores fixos estiverem presentes, acabarão por restringir o processo de produção.

Por exemplo, suponhamos que os custos fixos se devem a pagamentos de aluguel ou hipoteca de um prédio de tamanho fixo. Então, à medida que o produto aumenta, os custos variáveis médios – os custos unitários de produção – podem permanecer constantes por um tempo. Mas, à medida que a capacidade do prédio for preenchida, os custos aumentarão bruscamente, produzindo uma curva de custo médio variável da forma mostrada na Figura 22.1B.

A curva de custo médio é a soma dessas duas curvas; assim, ela terá o formato de "U" indicado na Figura 22.1C. O declínio inicial dos custos médios deve-se ao declínio dos custos fixos médios; o eventual aumento dos custos médios resulta do crescimento dos custos variáveis médios. A combinação desses dois efeitos gera a forma em "U" representada no diagrama.

22.2 Custos marginais

Há mais uma curva de custo de interesse: a **curva de custo marginal**. Ela mede a *variação* dos custos para uma dada variação na produção. Ou seja, em qualquer nível determinado de produção y, podemos perguntar como os custos irão variar se mudarmos a produção numa quantidade Δy:

$$CMe(y) = \frac{\Delta c(y)}{\Delta y} = \frac{c(y + \Delta y) - c(y)}{\Delta y}.$$

Poderíamos também escrever a definição de custos marginais em termos da função do custo variável:

$$CMe(y) = \frac{\Delta c_v(y)}{\Delta y} = \frac{c_v(y + \Delta y) - c_v(y)}{\Delta y}.$$

Isso equivale à primeira definição, uma vez que $c(y) = c_v(y) + F$, e os custos fixos, F, não variam quando y varia.

Muitas vezes, imaginamos Δy como sendo uma unidade de produção, de maneira que o custo marginal indique mudança em nossos custos se cogitarmos produzir uma unidade a mais de um bem. Se pensarmos na produção de um bem discreto, o custo marginal de produzir y unidades a mais de um bem será apenas de $c(y) - c(y - 1)$. Embora essa seja com frequência uma forma conveniente de analisar o custo marginal, algumas vezes ela se mostra enganosa. É bom lembrar que o custo marginal mede a *taxa de variação*: a variação nos custos dividida pela variação na produção. Se a variação na produção for de uma única unidade, o custo marginal parecerá como uma simples mudança nos custos, mas na verdade será uma taxa de variação quando aumentarmos a produção em uma unidade.

Como poderemos representar essa curva de custo marginal no diagrama apresentado? Primeiro, observamos o seguinte. Por definição, os custos variáveis são zero quando se produz zero unidade de um bem. Portanto, para a primeira unidade produzida

$$CMe(1) = \frac{c_v(1) + F - c_v(0) - F}{1} = \frac{c_v(1)}{1} = CVMe(1).$$

Assim, o custo marginal da primeira pequena quantidade unitária iguala-se ao custo variável médio de uma única unidade de produção.

Suponhamos agora que estamos atuando numa faixa de produção em que os custos variáveis *médios* sejam decrescentes. Então, os custos *marginais* têm de ser menores que os custos variáveis médios dessa faixa, porque a forma de fazer com que uma média caia é acrescentar números inferiores à média.

Imaginemos uma sequência de números que representem os custos médios em diferentes níveis de produção. Se a média for decrescente, os custos de cada unidade adicional produzida terão de ser menores que a média até aquele ponto. Para fazer com que a média caia, é preciso acrescentar unidades adicionais menores do que ela.

Do mesmo modo, se estivermos numa região em que os custos variáveis médios estejam aumentando, os custos marginais terão de ser maiores que os custos variáveis médios – são os custos marginais maiores que empurram a média para cima.

Sabemos, portanto, que a curva de custo marginal tem de situar-se abaixo da curva de custo variável médio, à esquerda do seu ponto mínimo e acima dele, à direita. Isso implica que a curva de custo marginal tem de cortar a curva de custo variável médio em seu ponto mínimo.

O mesmo tipo de argumento aplica-se à curva de custo médio. Se os custos médios caírem, os custos marginais têm de ser menores do que os custos médios; se os custos médios subirem, os custos marginais terão de ser maiores do que os custos médios. Essas observações permitem-nos traçar a curva de custo marginal da Figura 22.2.

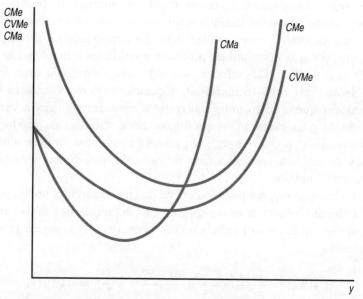

FIGURA 22.2 Curvas de custo. *A curva de custo médio (CMe), a curva de custo variável médio (CVMe) e a curva de custo marginal (CMa).*

Para rever os pontos importantes:

- A curva de custo variável médio pode inclinar-se de início para baixo, mas isso não é necessário. Ela, no entanto, poderá crescer, desde que haja fatores fixos restringindo a produção.
- A curva de custo médio começará a cair por causa dos custos fixos decrescentes, mas em seguida crescerá em consequência do aumento dos custos variáveis médios.
- O custo marginal e o custo variável médio são os mesmos na primeira unidade produzida.
- A curva de custo marginal passa sobre o ponto mínimo tanto da curva de custo variável como da curva de custo médio.

22.3 Custos marginais e custos variáveis

Há também outras relações entre as diversas curvas. Aqui está uma que não é tão óbvia: a área abaixo da curva de custo marginal que se estende até y fornece o custo variável de produzir y unidades de produto. Por que é assim?

A curva de custo marginal mede o custo de produzir cada unidade adicional de um bem. Se somarmos o custo de produzir cada unidade adicional de um bem, obteremos o custo total de produção – com exceção dos custos fixos.

Esse argumento pode ser rigoroso no caso em que um bem seja produzido em quantidades discretas. Primeiro, observemos que

$$c_v(y) = [c_v(y) - c_v(y-1)] + [c_v(y-1) - c_v(y-2)] + \cdots + [c_v(1) - c_v(0)].$$

Isso é verdadeiro, já que $c_v(0) = 0$ e todos os termos intermediários se cancelam; ou seja, o segundo termo cancela o terceiro termo, o quarto cancela o quinto, e assim por diante. Mas cada termo dessa soma corresponde ao custo marginal num nível de produção diferente:

$$c_v(y) = CMa(y-1) + CMa(y-2) + \cdots + CMa(0).$$

Assim, cada termo da soma representa a área de um retângulo com altura $CMa(y)$ e base 1. A soma de todos esses retângulos fornece-nos a área sob a curva de custo marginal representada na Figura 22.3.

EXEMPLO: Curvas de custo específico

Tomemos a função custo $c(y) = y^2 + 1$. Temos as seguintes curvas de custos derivadas:

- custos variáveis: $c_v(y) = y^2$
- custos fixos: $c_f(y) = 1$
- custos variáveis médios: $CVMe(y) = y^2/y = y$

- custos fixos médios: $CFMe(y) = 1/y$
- custos médios: $CM_e(y) = \dfrac{y^2+1}{y} = y + \dfrac{1}{y}$
- custos marginais: $CMa(y) = 2y$

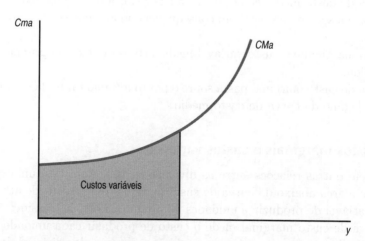

FIGURA 22.3 Custos marginais e custos variáveis médios. *A área sob a curva de custo marginal fornece os custos variáveis.*

Todas essas curvas são óbvias, com exceção da última, que também é óbvia se você souber cálculo. Se a função custo for $c(y) = y^2 + F$, a função custo marginal será dada por $CMa(y) = 2y$. Se você ainda não sabe disso, guarde na memória, porque irá usar nos exercícios.

Que aparência têm essas curvas? A maneira mais fácil de traçá-las é traçar primeiro a curva de custo variável médio, que é uma linha reta com inclinação de 1. Em seguida, também é simples traçar a curva de custo marginal, que é uma linha reta com inclinação de 2.

A curva de custo médio alcança seu mínimo quando o custo médio se iguala ao custo marginal, o que significa que

$$y + \frac{1}{y} = 2y,$$

que pode ser solucionada para dar $y_{mín} = 1$. O custo médio em $y = 1$ é 2, que também é o custo marginal. O quadro final é mostrado na Figura 22.4.

EXEMPLO: Curvas de custo marginal de duas fábricas

Suponhamos que temos duas fábricas que têm duas funções custo diferentes, $c_1(y_1)$ e $c_2(y_2)$. Queremos produzir y unidades de um bem da maneira mais barata possível. Em geral, desejaremos produzir certa quantidade de bens em cada fábrica. A pergunta é: quanto se deve produzir em cada fábrica?

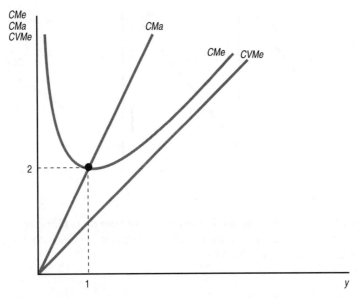

FIGURA 22.4 Curvas de custo. As curvas de custo para $c(y) = y^2 + 1$.

Montemos o problema de minimização:

$$\min_{y_1, y_2} c_1(y_1) + c_2(y_2)$$

de modo que $y_1 + y_2 = y$.

Agora, como se resolve isso? Ocorre que, na divisão ótima de produção entre as duas fábricas, o custo marginal de produção da fábrica 1 tem de ser o mesmo da fábrica 2. Para provar isso, suponhamos que os custos marginais não sejam iguais; então, valeria a pena transferir uma pequena quantidade da produção da fábrica com custo marginal maior para a fábrica com custo marginal menor. Se a divisão de produção for ótima, a transferência de produção de uma unidade para outra não poderá reduzir os custos.

Seja $c(y)$ a função custo que nos proporciona a maneira mais barata de produzir y unidades – isto é, o custo de produzir y unidades de um bem, desde que se tenha dividido a produção da melhor forma possível entre as duas fábricas. O custo marginal de produzir uma unidade extra de produto tem de ser o mesmo, não importa qual a fábrica em que se produz.

Representemos as duas curvas de custo marginal $CMa_1(y_1)$ e $CMa_2(y_2)$ na Figura 22.5. A curva de custo marginal das duas fábricas juntas é apenas a soma horizontal das duas curvas de custo marginal, como mostra a Figura 22.5C.

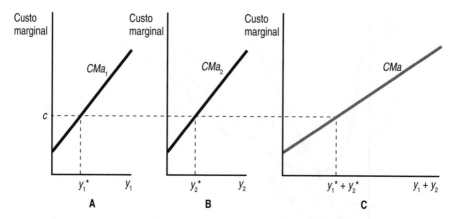

FIGURA 22.5 *Custos marginais de uma empresa com duas fábricas.* A curva de custo marginal total à direita é a soma horizontal das curvas de custo marginal das duas fábricas mostradas à esquerda.

Para qualquer nível fixo de custos marginais, digamos c, produziremos y_1^* e y_2^*, de modo que $CMa_1(y_1^*) = CMa_2(y_2^*) =$ c, e, portanto, teremos $y_1^* + y_2^*$ unidades de produto. Assim, a produção total em qualquer custo marginal c será exatamente a soma das produções em que tanto o custo marginal da fábrica 1 como o da fábrica 2 sejam iguais a c: a soma horizontal das curvas de custo marginal.

22.4 Curvas de custo para leilões on-line

No Capítulo 18, examinamos um modelo de leilão baseado na publicidade associada ao mecanismo de busca. Lembre-se do arranjo feito. Quando um usuário digita uma consulta em um mecanismo de busca, essa é combinada com as palavras-chave escolhidas pelos anunciantes. Os anunciantes cujas palavras-chave combinam com a consulta são inseridos no leilão. O primeiro arrematante obtém a posição mais proeminente, o segundo fica com a segunda posição, e assim por diante. Quanto mais proeminente a posição, mais cliques o anúncio tende a receber, considerando que todas as outras condições (como qualidade do anúncio) sejam iguais.

No leilão examinado anteriormente, foi suposto que cada anunciante poderia escolher um lance em separado para cada palavra-chave. Na prática, um anunciante escolhe um único lance que é usado em todos os leilões dos quais participa. O fato de que os preços são determinados por um leilão não é tão importante do ponto de vista do anunciante. O que importa é a relação entre o número de cliques que o anúncio obtém, x, e o custo desses cliques, $c(x)$.

Essa é apenas a função de custo total, nossa velha amiga. Uma vez que um anunciante conhece a função custo, pode determinar quantos cliques deseja comprar. Se v representar o valor de um clique, o problema de maximização de lucro será

$$\max_x vx - c(x).$$

Como vimos, a solução ideal implica estabelecer um valor igual ao custo marginal. Uma vez que o anunciante determina o número de cliques que maximiza o lucro, poderá escolher um lance que lhe renderá esses muitos cliques.

Esse processo é mostrado na Figura 22.6, que é um gráfico padrão de custo médio e custo marginal, com a adição de uma nova reta ilustrando o lance.

Como o anunciante descobre a curva de custo? Ele pode experimentar com diferentes lances e registrar o número de cliques resultantes e o custo. Ou o mecanismo de busca pode fornecer uma estimativa da função de custo, utilizando as informações provenientes dos leilões.

Suponha, por exemplo, que queiramos avaliar o que aconteceria se um anunciante aumentasse seu lance por clique de US$0,50 para US$0,80. O mecanismo de busca poderia verificar em cada leilão de que o anunciante participasse como sua posição mudaria e quantos cliques novos poderia esperar receber na nova posição.

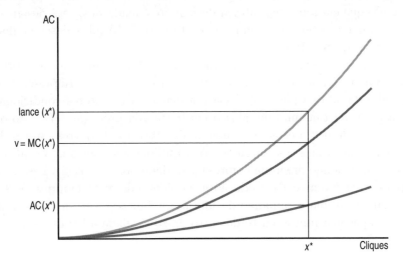

FIGURA 22.6 Curvas de clique-custo. *O número de cliques que maximiza o lucro é aquele em que o valor é igual ao custo marginal, o qual determina o lance apropriado e o custo médio por clique.*

22.5 Custos de longo prazo

Na análise que acabamos de fazer, consideramos os custos fixos das empresas como os custos que envolvem pagamentos a fatores impossíveis de ajustar no curto prazo. No longo prazo, a empresa pode escolher o nível de seus fatores "fixos" – eles não são mais fixos.

É claro que, no longo prazo, pode ainda haver fatores quase fixos. Isto é, pode ser uma característica da tecnologia que alguns custos tenham de ser pagos para que se obtenha algum nível positivo de produção. Mas, no longo prazo, não há custos fixos, no sentido de que é sempre possível produzir zero unidade de um bem a custo zero – isto é, sempre é possível encerrar as atividades. Se os fatores quase fixos estiverem presentes no longo prazo, a curva de custo médio tenderá a ter uma forma de "U", como ocorre no curto prazo. Mas, pela própria definição de longo prazo, nele sempre será possível produzir zero unidade a custo zero.

É evidente que o significado de longo prazo dependerá do problema que analisarmos. Se acharmos que o fator fixo seja o tamanho da fábrica, então o longo prazo será o tempo que levaria para a empresa alterar o tamanho da fábrica. Mas, se acharmos que o fator fixo seja a obrigação da empresa de pagar salários, o longo prazo será o tempo que ela levaria para mudar o tamanho de sua força de trabalho.

Apenas para sermos específicos, imaginemos o fator fixo como sendo o tamanho da fábrica e o representemos por k. A função custo de curto prazo da empresa, dado que ela tem uma fábrica de k metros quadrados, será designada por $c_s(y, k)$, em que o subscrito s significa "curto prazo". (Aqui, k desempenha o papel de x_2 no Capítulo 21.)

Para qualquer nível dado de produção, haverá um tamanho de fábrica que será o tamanho ótimo para obter aquele nível de produção. Representemos esse tamanho de fábrica por $k(y)$. Essa é a demanda de fatores condicionada da empresa para um tamanho de fábrica em função da produção. (É claro que ela também depende dos preços, do tamanho da fábrica e de outros fatores de produção, mas suprimimos esses argumentos.) Então, como vimos no Capítulo 21, a função custo de longo prazo da empresa será dada por $c_s(y, k(y))$. Esse é o custo total para obter um nível de produção y, considerando que a empresa possa ajustar de maneira ótima o tamanho da fábrica. A função custo de longo prazo da empresa é apenas a função custo de curto prazo avaliada à luz da escolha ótima de fatores fixos:

$$c(y) = c_s(y, k(y)).$$

Vejamos agora que aspecto gráfico isso apresenta. Escolhamos um nível de produção y^* e façamos com que $k^* = k(y^*)$ seja o tamanho ótimo de uma fábrica para esse nível de produção. A função custo de curto prazo para uma fábrica de tamanho k^* será dada por $c_s(y, k^*)$, enquanto a função custo de longo prazo será dada por $c(y) = c_s(y, k(y))$, como mostrado anteriormente.

Observemos agora o importante fato de que o custo de curto prazo para obter a produção y tem de ser pelo menos tão grande quanto o custo de longo prazo para produzir y. Por quê? No curto prazo, a empresa tem um tamanho fixo de fábrica, enquanto no longo prazo ela tem liberdade para ajustar o tamanho de sua fábrica. Como uma das decisões de longo prazo é escolher o tamanho de fábrica k^*, sua escolha ótima para produzir y unidades de produto deve ter um custo pelo menos tão pequeno quanto $c(y, k^*)$. Isso significa que a empresa tem de conseguir sair-se pelo menos tão bem ajustando o tamanho da fábrica quanto ao mantê-lo fixo. Assim,

$$c(y) \leq c_s(y, k^*)$$

para todos os níveis de y.

De fato, num determinado nível de y, a saber, y^*, temos que

$$c(y^*) = c_s(y^*, k^*).$$

Por quê? Porque, em y^*, a escolha *ótima* do tamanho da fábrica é k^*. Assim, em y^*, os custos de longo prazo são iguais aos custos de curto prazo.

Se os custos de curto prazo forem sempre maiores que os de longo prazo e eles forem iguais num determinado nível de produção, isso significará que os custos médios de curto e de longo prazos terão a mesma propriedade: $CMe(y) \leq CMe_s(y, k^*)$ e $CMe(y^*) = CMe_s(y^*, k^*)$. Isso implica que a curva de custo médio de curto prazo situa-se sempre acima da curva de custo médio de longo prazo e que elas se tocam num ponto, y^*. Portanto, a curva de custo médio de longo prazo (CMeLP) e a curva de custo médio de curto prazo (CMeCP) tangenciam-se nesse ponto, como mostra a Figura 22.7.

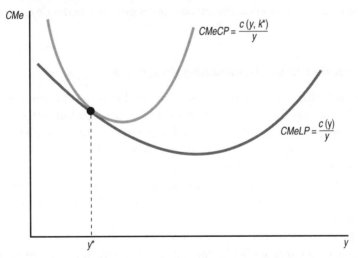

FIGURA 22.7 Custos médios de curto e de longo prazos. A curva de custo médio de curto prazo tem de tangenciar a curva de custo médio de longo prazo.

Podemos fazer o mesmo tipo de construção para níveis de produção diferentes de y^*. Vamos supor que escolhemos os níveis de produção $y_1, y_2, \ldots, y_n$ e os tamanhos de fábrica correspondentes $k_1 = k(y_1)$, $k_2 = k(y_2)$, ..., $k_n = k(y_n)$. Teremos, assim, uma ilustração como a da Figura 22.8. Resumimos essa figura dizendo que a curva de custo médio de longo prazo é a envoltória inferior das curvas de custo médio de curto prazo.

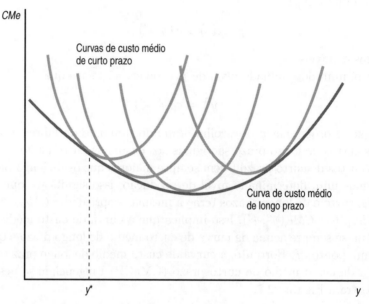

FIGURA 22.8 *Custos médios de longo e curto prazos.* A curva de custo médio de longo prazo é a envoltória inferior das curvas de custo médio de curto prazo.

22.6 Níveis discretos de tamanho de fábrica

Na análise anterior, supusemos de maneira implícita que podemos escolher um número contínuo de diferentes tamanhos de fábrica, em que cada nível de produção está associado a um único tamanho ótimo de fábrica. Podemos, contudo, também examinar o que acontece se só pudermos escolher entre uns poucos níveis diferentes de tamanho de fábrica.

Vamos supor que dispomos de apenas quatro escolhas diferentes, k_1, k_2, k_3 e k_4. Representamos na Figura 22.9 as quatro curvas de custo médio associadas a esses tamanhos de fábrica.

Como podemos construir a curva de custo médio de longo prazo? Bem, lembre-se de que essa curva é obtida pelo ajuste ótimo de k. Nesse caso, não é difícil fazê-lo: como só há quatro tamanhos de fábrica diferentes, apenas vemos qual deles possui os menores custos associados e o escolhemos. Ou seja, para qualquer nível de produção y, basta escolher o nível de tamanho de fábrica que fornece o custo mínimo de obter esse nível de produção.

Assim, a curva de custo médio de longo prazo será a envoltória inferior das curvas de custo médio de curto prazo, conforme representado na Figura 22.9.

Observe que essa figura tem qualitativamente as mesmas implicações da Figura 22.8: os custos médios de curto prazo são pelo menos tão grandes quanto os custos médios de longo prazo, e eles são os mesmos ao nível de produção em que a demanda de longo prazo por fator fixo iguala-se à quantidade de fator fixo de que se dispõe.

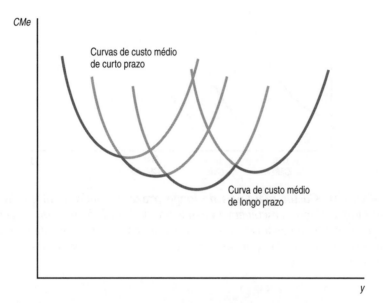

FIGURA 22.9 *Níveis discretos de tamanho de fábrica.* A curva de custo de longo prazo é a envoltória inferior das curvas de curto prazo, como antes.

22.7 Custos marginais de longo prazo

Vimos na última seção que a curva de custo médio de longo prazo é a envoltória inferior das curvas de custo médio de curto prazo. Quais as implicações disso para o custo marginal? Examinemos primeiro o caso em que há níveis discretos de tamanho de fábrica. Nessa situação, a curva de custo marginal de longo prazo consiste nas partes apropriadas das curvas de custo marginal de curto prazo, como mostra a Figura 22.10. Para cada nível de produção, vemos sobre qual curva de custo médio de curto prazo estamos operando e então olhamos para o custo marginal associado a ela.

Isso tem de ser verdadeiro, não importa quantos tamanhos de fábrica diferentes existam, de modo que o traçado do caso contínuo se pareça com a Figura 22.11. O custo marginal de longo prazo em qualquer nível de produção y tem de ser igual ao custo marginal de curto prazo associado ao nível ótimo de tamanho de fábrica para produzir y.

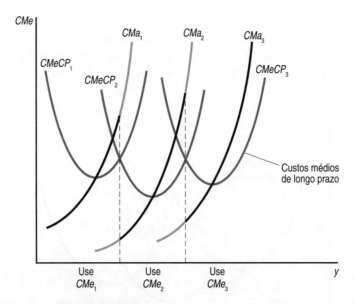

FIGURA 22.10 Custos marginais de longo prazo. Quando há níveis discretos do fator fixo, a empresa escolherá a quantidade de fator fixo que minimiza os custos médios. Assim, a curva de custo marginal de longo prazo consistirá em vários segmentos das curvas de custo marginal de curto prazo associadas a cada nível diferente do fator fixo.

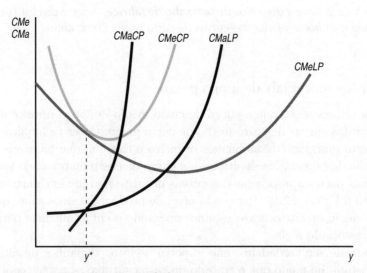

FIGURA 22.11 Custos marginais de longo prazo. A relação entre os custos marginais de curto e de longo prazos com níveis contínuos do fator fixo.

RESUMO

1. Os custos médios são compostos dos custos variáveis médios e dos custos fixos médios. Estes sempre diminuem com a produção, enquanto os custos variáveis médios tendem a aumentar. O resultado líquido é uma curva de custo médio em forma de "U".

2. A curva de custo marginal localiza-se abaixo da curva de custo médio, quando os custos médios diminuem, e acima, quando crescem. Portanto, os custos marginais têm de ser iguais aos custos médios no ponto de custo médio mínimo.

3. A área abaixo da curva de custo marginal mede os custos variáveis.

4. A curva de custo médio de longo prazo é a envoltória inferior das curvas de custo médio de curto prazo.

QUESTÕES DE REVISÃO

1. Quais das seguintes afirmações são verdadeiras? (1) Os custos fixos médios nunca aumentam com a produção; (2) os custos médios totais são sempre maiores ou iguais aos custos variáveis médios; (3) o custo médio nunca pode aumentar quando os custos marginais diminuem.

2. Uma empresa produz bens idênticos em duas fábricas diferentes. Se o custo marginal for maior na primeira fábrica do que na segunda, como a empresa pode reduzir seus custos e manter o mesmo nível de produção?

3. Falso ou verdadeiro? No longo prazo, uma empresa sempre opera no nível mínimo de custos médios para que a fábrica de tamanho ótimo alcance determinado nível de produção.

APÊNDICE

Afirmamos no texto que o custo variável médio iguala-se ao custo marginal na primeira unidade produzida. Em termos de cálculo, isso é expresso por

$$\lim_{y \to 0} \frac{c_v(y)}{y} = \lim_{y \to 0} c'(y).$$

O lado esquerdo dessa expressão não está definido em $y = 0$, mas seu limite é definido e podemos calculá-lo utilizando a regra de l'Hôpital, que afirma que o limite de uma fração cujo numerador e denominador se aproximam de zero é dado pelo limite das derivadas do numerador e do denominador. Ao aplicarmos essa regra, teremos

$$\lim_{y \to 0} \frac{c_v(y)}{y} = \frac{\lim_{y \to 0} dc_v(y)/dy}{\lim_{y \to 0} dy/dy} = \frac{c'(0)}{1},$$

o que fundamenta a afirmação.

Também dissemos que a área sob a curva de custo marginal fornecia o custo variável. Isso é fácil de demonstrar com a utilização do teorema fundamental de cálculo. Como

$$CVM_e(y) = \frac{dc_v(y)}{dy},$$

sabemos que a área sob a curva de custo marginal é

$$c_v(y) = \int_0^y \frac{dc_v(x)}{dx} dx = c_v(y) - c_v(0) = c_v(y).$$

A discussão sobre as curvas de custo marginal de longo e de curto prazos é bastante clara do ponto de vista geométrico, mas o que ela significa em termos de economia? Acontece que o argumento do cálculo proporciona a melhor intuição. O argumento é simples. O custo marginal de produção representa apenas a mudança no custo como resultado de alterações na produção. No curto prazo, temos de manter o tamanho da fábrica (ou seja lá o que for) fixo, enquanto no longo prazo temos liberdade para ajustá-lo. Portanto, o custo marginal de longo prazo consistirá em duas partes: como os custos marginais mudam ao se manter fixo o tamanho da fábrica e como os custos marginais variam quando o tamanho da fábrica se ajusta. Mas, se o tamanho da fábrica for escolhido de maneira ótima, este último termo terá de ser zero! Assim, os custos marginais de curto e de longo prazos têm de ser iguais.

A prova matemática envolve a regra da cadeia. Ao usarmos a definição do texto

$$c(y) \equiv c_s(y, k(y)).$$

Se diferenciarmos com relação a y, teremos

$$\frac{dc(y)}{dy} = \frac{\partial c_s(y,k)}{\partial y} + \frac{\partial c_s(y,k)}{\partial k}\frac{\partial k(y)}{\partial y}.$$

Se avaliarmos isso a um nível específico de produção y^* e o tamanho ótimo de fábrica a ele associado, $k^* = k(y^*)$, saberemos que

$$\frac{\partial c_s(y^*, k^*)}{\partial k} = 0,$$

porque essa é a condição de primeira ordem necessária para que k^* seja o tamanho da fábrica minimizador do custo em y^*. Assim, o segundo termo na expressão se cancela e tudo que temos é o custo marginal de curto prazo:

$$\frac{dc(y^*)}{dy} = \frac{\partial c_s(y^*, k^*)}{\partial y}.$$

CAPÍTULO **23**

A OFERTA DA EMPRESA

Neste capítulo, veremos como derivar a curva de oferta de uma empresa competitiva a partir de sua função custo com o uso do modelo de maximização de lucro. A primeira coisa a fazer é descrever o ambiente de mercado no qual a empresa opera.

23.1 Ambientes de mercado

Toda empresa se depara com duas decisões importantes: a escolha do volume de produção e do preço de seu produto. Se não existissem restrições para uma empresa que maximiza o lucro, ela fixaria um preço arbitrariamente alto e produziria uma quantidade arbitrariamente grande de produto. Mas nenhuma empresa opera num ambiente tão sem restrições. Em geral, as empresas enfrentam dois tipos de restrição nas suas ações.

Primeiro, elas enfrentam as **restrições tecnológicas** resumidas pela função de produção. Só existem algumas combinações factíveis de insumos e de produção, e mesmo a empresa mais ávida por lucros tem de respeitar as realidades do mundo físico. Já discutimos como podemos resumir as restrições tecnológicas e vimos como elas levam às **restrições econômicas** resumidas pela função custo.

Mas agora trazemos uma nova restrição – ou ao menos uma velha restrição vista de uma perspectiva diferente. É a **restrição de mercado**. Uma empresa pode produzir qualquer coisa que seja fisicamente factível e pode fixar qualquer preço que deseje... Mas só poderá vender se as pessoas quiserem comprar.

Se fixar determinado preço p, venderá determinado montante de produto x. Podemos chamar a relação entre o preço que a empresa estabelece e o total que ela vende de **curva de demanda com a qual a empresa se defronta**.

Se houvesse apenas uma empresa no mercado, a curva de demanda com a qual a empresa se defrontaria seria muito simples de descrever – seria apenas a curva de demanda de mercado descrita nos capítulos anteriores sobre o comportamento do consumidor. Isso porque a curva de demanda de mercado mede quanto do bem as pessoas estão dispostas a comprar a cada preço. Assim, a curva de demanda resume as restrições de mercado com as quais se defronta a empresa que possui todo o mercado.

Mas se houver outras empresas no mercado, as restrições que a empresa enfrentará serão diferentes. Nesse caso, a empresa terá de conjecturar como as *demais* empresas irão se comportar quando ela escolher o preço e o nível de produção.

A solução desse problema não é fácil, tanto para as empresas como para os economistas. Há muitas possibilidades diferentes e tentaremos examiná-las de modo sistemático. Empregaremos o termo **ambiente de mercado** para descrever como as empresas respondem às outras quando tomam decisões de preços e de volume de produção.

Neste capítulo, examinaremos o ambiente mais simples de mercado, o da **concorrência pura**. Esse é um bom ponto de comparação para vários outros ambientes e é, por si só, de considerável interesse. Forneceremos primeiro a definição econômica de concorrência pura e então tentaremos justificá-la.

23.2 Concorrência pura

Para o leigo, a palavra "concorrência" tem uma conotação de intensa rivalidade. É por isso que os estudantes costumam surpreender-se com o fato de que a definição dos economistas para concorrência pareça tão passiva; dizemos que um mercado é **perfeitamente competitivo** se todas as empresas partirem do pressuposto de que o preço de mercado independe de seu nível de produção. Assim, num mercado competitivo, cada empresa só tem de se preocupar com a quantidade de bens que deseja produzir. Seja qual for a quantidade produzida, ela só poderá vendê-la a um preço: o preço vigente no mercado.

Em que tipo de ambiente essa pode ser uma hipótese razoável para a empresa considerar? Bem, suponhamos que temos um setor composto de várias empresas que produzam um produto idêntico e que cada empresa seja uma pequena parte do mercado. Um bom exemplo seria o mercado de trigo. Há milhares de produtores de trigo nos Estados Unidos e mesmo o maior deles produz apenas uma fração mínima da oferta total. É razoável, nesse caso, que qualquer empresa do setor considere o preço de mercado como predeterminado. Um produtor de trigo não tem de se preocupar com o preço que vai fixar para o seu trigo – se ele desejar vender alguma quantidade, terá de vendê-la ao preço de mercado. Ele é um **tomador de preço**: o preço é dado no que lhe diz respeito; tudo com que ele tem de se preocupar é com a quantidade a produzir.

Esse é um tipo de situação – um produto idêntico e várias empresas pequenas, um exemplo clássico da situação em que o comportamento do tomador de preço é sensato. Mas não é o único caso em que esse comportamento é possível. Mesmo se houver poucas empresas no mercado, elas podem tratar o preço de mercado como se estivesse fora de seu controle.

Imaginemos o caso em que haja a oferta fixa de um bem perecível: digamos peixe fresco ou flores. Mesmo que existam apenas três ou quatro empresas no mercado, cada uma delas poderá tomar os preços das *demais* como dados. Se os clientes comprarem apenas ao menor preço, então esse será o preço de mercado. Se uma das empresas desejar vender alguma coisa, ela terá de vender ao preço de mercado. Portanto, esse tipo de situação de comportamento competitivo – de considerar o preço de mercado como fora de controle – também parece plausível.

Podemos descrever a relação entre o preço e a quantidade percebidos por uma empresa competitiva em um diagrama como o da Figura 23.1. Como se pode ver, essa curva de demanda é bastante simples. A empresa competitiva acredita que não venderá nada se cobrar um preço acima do preço de mercado. Se vender ao preço de mercado, ela poderá vender a quantidade que desejar, e, se vender abaixo do preço de mercado, terá toda a demanda de mercado a esse preço.

Como de costume, podemos pensar nesse tipo de curva de demanda de duas maneiras. Se considerarmos a quantidade como função do preço, a curva dirá que podemos vender qualquer quantidade que desejarmos ao preço de mercado ou abaixo dele. Já se encararmos o preço como função da quantidade, ele dirá que não importa o quanto vendamos, pois o preço de mercado independerá de nossas vendas.

(É claro que isso não tem de ser verdadeiro para literalmente *qualquer* quantidade. O preço tem de ser independente de nosso produto para qualquer quantidade que possamos pensar em vender. No caso do florista, o preço tem de independer da quantidade que ele venda até esgotar seu estoque – o máximo que ele poderia vender.)

É importante entender a diferença entre a "curva de demanda com que a empresa se defronta" e a "curva de demanda do mercado". A curva de demanda do mercado mede a relação entre o preço de mercado e o total da produção vendida. A curva de demanda com que a empresa se defronta mede a relação entre o preço de mercado e a produção de *determinada empresa*.

A curva de demanda do mercado depende do comportamento do consumidor. A curva de demanda com que a empresa se defronta depende não apenas do comportamento do consumidor, mas também do comportamento das outras empresas. A justificativa usual para o modelo competitivo é que, quando existem muitas empresas pequenas no mercado, cada uma delas se defronta com uma curva de demanda essencialmente plana, mas mesmo se houver apenas duas empresas no mercado e uma delas insistir em cobrar determinado preço fixo, a outra empresa no mercado estará diante de uma curva de demanda competitiva, como a representada na Figura 23.1.

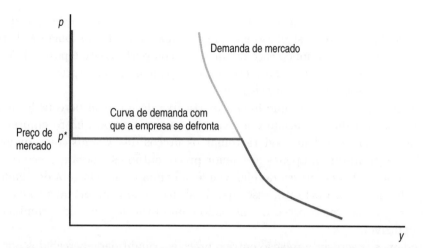

FIGURA 23.1 *A curva de demanda com que a empresa competitiva se defronta.* A demanda da empresa é horizontal ao preço de mercado. Com preços maiores, a empresa não vende nada e, abaixo do preço de mercado, ela se defronta com a curva de demanda de todo o mercado.

Assim, o modelo competitivo pode valer numa variedade de circunstâncias bem mais ampla do que parece à primeira vista.

23.3 A decisão de oferta de uma empresa competitiva

Utilizemos os fatos que descobrimos sobre as curvas de custo para imaginarmos a curva de oferta de uma empresa competitiva. Por definição, a empresa competitiva ignora sua influência sobre o preço de mercado. Assim, o problema de maximização com que se defronta uma empresa competitiva é

$$\max_{y} py - c(y).$$

Isso diz apenas que a empresa competitiva quer maximizar seus lucros: a diferença entre suas receitas, py, e seus custos, $c(y)$.

Que nível de produção uma empresa competitiva escolherá ter? Resposta: ela operará onde a receita marginal for igual ao custo marginal – onde a receita extra recebida por uma unidade adicional produzida iguala-se ao custo extra de produzir uma unidade a mais. Se essa condição não ocorresse, a empresa poderia sempre aumentar seus lucros através da mudança do nível de produção.

No caso de uma empresa competitiva, a receita marginal é simplesmente o preço. Para verificar isso, pergunte quanto de receita extra uma empresa competitiva obtém quando aumenta a produção em Δy. Temos

$$\Delta R = p\Delta y,$$

já que, por hipótese, p não varia. Portanto, a receita extra por unidade de produto é dada por

$$\frac{\Delta R}{\Delta y} = p,$$

que é a expressão da receita marginal.

Assim, a empresa competitiva escolherá um nível de produto y onde o custo marginal com o qual ela se defronta em y é exatamente igual ao preço de mercado. Em símbolos:

$$p = CMs(y).$$

Para um dado preço de mercado, p, queremos encontrar o nível de produção em que os lucros sejam máximos. Se o preço for maior do que o custo marginal num nível de produto y, a empresa poderá aumentar seus lucros ao produzir um pouco mais, porque preços maiores do que os custos marginais significam que

$$p - \frac{\Delta c}{\Delta y} > 0.$$

Logo, aumentar a produção em Δy significa que

$$p\Delta y - \frac{\Delta c}{\Delta y}\Delta y > 0.$$

Ao simplificarmos, encontraremos que

$$p\Delta y - \Delta c > 0,$$

o que significa que o aumento das receitas resultante da produção extra ultrapassa o aumento dos custos. Assim, os lucros têm de aumentar.

Argumento semelhante pode ser utilizado quando o preço for menor do que o custo marginal. Nesse caso, a redução da produção elevará os lucros, já que as receitas perdidas serão mais do que compensadas pela redução de custos.

Logo, ao nível ótimo de produção, a empresa tem de produzir onde o preço se iguala ao custo marginal. Seja qual for o nível do preço de mercado p, a empresa escolherá um nível de produção y em que $p = CMa(y)$. Assim, a curva de custo marginal de uma empresa competitiva é precisamente sua curva de oferta. Ou, dito de outro modo, o preço de mercado é precisamente o custo marginal – desde que cada empresa produza em seu nível maximizador de lucro.

23.4 Uma exceção

Bem... talvez não *exatamente*. Há dois casos problemáticos. O primeiro é quando existem vários níveis de produção em que o preço se iguala ao custo marginal, como no caso representado na Figura 23.2. Nela, há dois níveis de produção em que o preço se iguala ao custo marginal. Qual deles a empresa escolherá?

Não é difícil ver a resposta. Observe a primeira interseção, onde a curva de custo marginal se inclina para baixo. Se nesse ponto aumentarmos um pouco a produção, os custos de cada unidade adicional produzida cairão. Isso significa que a curva de custo marginal é decrescente. Mas, como o preço de mercado continuará o mesmo, os lucros terão definitivamente de aumentar.

Portanto, podemos excluir os níveis de produção nos quais a curva de custo marginal inclina-se para baixo. Nesses pontos, o aumento de produção fará sempre com que os lucros aumentem. A curva de oferta da empresa competitiva tem de estar sempre sobre a parte da curva de custo marginal com inclinação ascendente. Isso significa que a curva de oferta tem de estar sempre inclinada para cima. O fenômeno do "bem de Giffen" não pode ocorrer com as curvas de oferta.

A igualdade entre o preço e o custo marginal é condição *necessária* para a maximização de lucro, mas, em geral, não constitui condição *suficiente*. O fato de encontrarmos um ponto onde o preço é igual ao custo marginal não significa que encontramos o ponto de lucro máximo. Mas, se encontrarmos o ponto de lucro máximo, saberemos que o preço tem de igualar-se ao custo marginal.

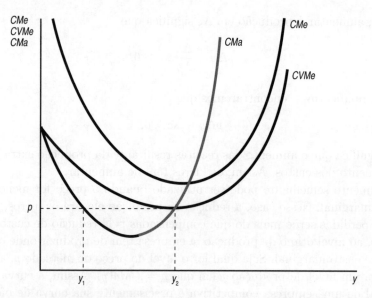

FIGURA 23.2 Custo marginal e oferta. *Embora haja dois níveis de produção em que o preço se iguala ao custo marginal, a quantidade ofertada que maximiza lucro só pode situar-se na parte de inclinação ascendente da curva de custo marginal.*

23.5 Outra exceção

Essa análise baseia-se no pressuposto de que é lucrativo produzir alguma coisa. Afinal, poderia ocorrer que o melhor que uma empresa tivesse a fazer fosse fabricar zero unidade de um produto. Como sempre é possível atingir um nível de produção zero, temos de comparar nosso candidato à maximização do lucro com a alternativa de não fazer nada.

Se uma empresa produzir zero, ela ainda terá de pagar os custos fixos, F. Portanto, os lucros de fabricar zero unidade de um produto são de exatamente $-F$. Os lucros proporcionados por um nível de produto y são de $py - c_v(y) - F$. Será melhor para a empresa encerrar suas atividades quando

$$-F > py - c_v(y) - F,$$

ou seja, quando os "lucros" de produzir nada e apenas pagar os custos fixos excederem os lucros de produzir onde o preço se iguala ao custo marginal. Ao rearranjarmos essa equação, teremos a **condição de encerramento** de operações:

$$CVMe(y) = \frac{c_v(y)}{y} > p.$$

Se os custos variáveis médios fossem maiores do que p, a empresa ficaria melhor se fabricasse zero unidade de produto. Isso faz sentido, já que diz que as receitas obtidas com a venda da produção y não cobrem nem os custos *variáveis* de produção, $c_v(y)$. Nesse caso, a empresa também pode sair do mercado. Se não produzir nada, a empresa perderá os custos fixos, mas perderia ainda mais se continuasse a produzir.

Essa análise indica que apenas as porções da curva de custo marginal localizadas acima da curva de custo médio variável são pontos possíveis na curva de oferta. Se um ponto onde o preço fosse igual ao custo marginal estivesse abaixo da curva de custo variável médio, a empresa escolheria otimamente produzir zero unidade de um bem.

Temos agora uma representação da curva de oferta como a da Figura 23.3. A empresa competitiva produz ao longo da parte da curva do custo marginal que tem inclinação ascendente e que se situa acima da curva de custo variável médio.

EXEMPLO: Fixação de preços para sistemas operacionais

O computador precisa de um sistema operacional para funcionar e a maioria dos fabricantes vende seus computadores com o sistema operacional já instalado. No início da década de 1980, diversos produtores de sistemas operacionais lutavam pela supremacia no mercado de microcomputadores compatíveis com o IBM-PC. A prática comum naquela época consistia em os produtores de sistemas operacionais cobrarem do fabricante de computadores pela cópia do sistema operacional *instalada* em cada computador vendido.

A Microsoft Corporation ofereceu um plano alternativo no qual a cobrança ao fabricante baseava-se no número de microcomputadores *fabricados*. A Microsoft fixou sua taxa de licenciamento num patamar baixo o suficiente para despertar o interesse dos fabricantes.

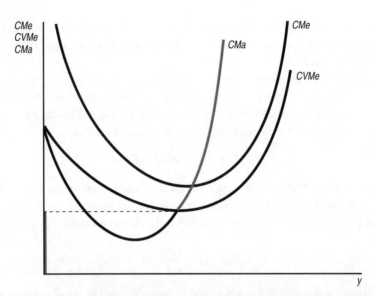

FIGURA 23.3 *Custo variável médio e oferta.* A curva de oferta é a parte ascendente da curva de custo marginal que está localizada acima da curva de custo variável médio. A empresa não operará nos pontos da curva de custo marginal situados abaixo da curva de custo médio porque poderia obter maiores lucros (menores perdas) se fechasse.

Observe a perspicácia da estratégia de fixação de preços da Microsoft: uma vez assinado o contrato com o fabricante, o custo marginal de instalar o MS-DOS num computador já construído era zero. A instalação do sistema operacional de uma empresa concorrente, por sua vez, poderia custar entre US$50 e US$100. O fabricante de hardware (e, no final das contas, o usuário) pagava à Microsoft pelo sistema operacional, mas a estrutura do contrato que estabelecia os preços tornou o MS-DOS mais atraente com relação à concorrência. Em consequência, o programa da Microsoft acabou por ser o sistema operacional padrão dos microcomputadores e a empresa alcançou uma penetração de mercado superior a 90%.

23.6 A curva de oferta inversa

Vimos que a curva de oferta de uma empresa competitiva é determinada pela condição de que o preço se iguale ao custo marginal. Assim como antes, podemos expressar essa relação entre o preço e a produção de duas formas: podemos tanto imaginar a produção como uma função do preço, como fazemos normalmente, quanto pensar na "curva de oferta inversa", que fornece o preço como função da produção. Encarar essa relação do segundo modo proporciona certo insight. Como o preço se iguala ao custo marginal em cada ponto da curva de oferta, o preço de mercado tem de ser uma medida do custo marginal para cada empresa que opere no setor. Tanto uma empresa que tenha uma produção muito grande como outra que produza apenas uma pequena quantidade devem ter o *mesmo* custo marginal, se ambas estiverem maximizando os lucros. O custo total de produção de cada empresa pode ser muito diferente, mas o custo marginal de produção tem de ser o mesmo.

A equação $p = CMa(y)$ nos fornece a função da curva de oferta inversa: o preço como função da produção. Essa forma de expressar a curva de oferta pode ser muito útil.

23.7 Os lucros e o excedente do produtor

Dado o preço de mercado, podemos agora calcular a posição de operação ótima da empresa a partir da condição de que $p = CMa(y)$. Dada a posição de operação ótima, podemos calcular os lucros da empresa. Na Figura 23.4, a *área do quadrado é de exatamente* p^* y^*, ou a receita total. A área y^* $CMe(y^*)$ é o custo total, já que

$$yCMe(y) = y\frac{c(y)}{y} = c(y).$$

Os lucros são apenas a diferença entre essas duas áreas.

Lembre-se de nossa discussão sobre o **excedente do produtor** no Capítulo 14. Definimos o excedente do produtor como a área à esquerda da curva de oferta, em analogia ao excedente do consumidor, que correspondia à área à esquerda da curva de demanda. Ocorre que o excedente do produtor está intimamente relacionado aos lucros da empresa. Mais precisamente, o excedente do produtor é igual às receitas menos os custos variáveis, ou, de maneira equivalente, lucros mais os custos fixos:

lucros = $py - c_v(y) - F$

excedente do produtor = $py - c_v(y)$.

O modo mais direto de medir o excedente do produtor é examinar a diferença entre a caixa da receita e a caixa $y^*CVMe(y^*)$, como na Figura 23.5A. Mas há outros meios de medir o excedente do produtor com o uso da própria curva de custo marginal.

Sabemos do Capítulo 22 que a área abaixo da curva de custo marginal mede o total de custos variáveis. Isso é verdadeiro porque a área sob a curva de custo marginal representa o custo de produzir a primeira unidade mais o custo de produzir a segunda unidade, e assim por diante. Assim, para obtermos o excedente do produtor, podemos subtrair a área abaixo da curva de custo marginal da caixa de receita e obter a área mostrada na Figura 23.5B.

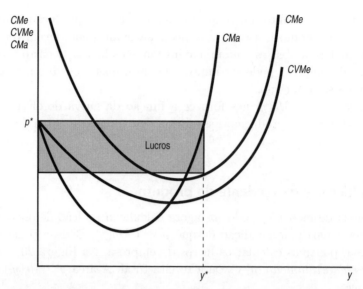

FIGURA 23.4 Lucros. Os lucros são a diferença entre a receita total e os custos totais, como mostra o retângulo reticulado.

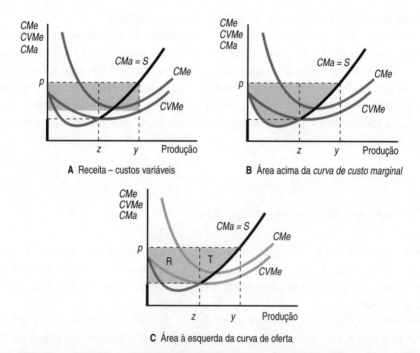

FIGURA 23.5 Excedente do produtor. Há três modos equivalentes de medir o excedente do produtor. O painel A mostra a caixa que mede a receita menos o custo variável. O painel B representa a área acima da curva de custo marginal. O painel C usa a caixa até o nível de produção z (área R) e então utiliza a área acima da curva de custo marginal (área T).

Por fim, podemos combinar as duas formas de medir o excedente do produtor. Utilize a definição da "caixa" até o ponto em que o custo marginal se iguala ao custo variável médio e em seguida use a área acima da curva de custo marginal, como mostra a Figura 23.5C. Esta última forma é a mais conveniente para a maioria das aplicações, uma vez que é apenas a área à esquerda da curva de oferta. Observe que isso é consistente com a definição de excedente do produtor dada no Capítulo 14.

Raramente estamos interessados na quantidade *total* do excedente do produtor; em geral, o que mais nos interessa é a *variação* do excedente do produtor. A alteração no excedente do produtor quando a empresa muda de um nível de produção y^* para um patamar de produção y' será geralmente uma região de forma trapezoidal, como a da Figura 23.6.

Observe que a mudança no excedente do produtor ao mover-se de y^* para y' é apenas a mudança nos lucros ao mover-se de y^* para y', uma vez que, por definição, os custos fixos não variam. Desse modo, podemos medir o impacto nos lucros de uma mudança na produção a partir das informações contidas na curva de custo marginal, sem termos de nos preocupar em absoluto com a curva de custo médio.

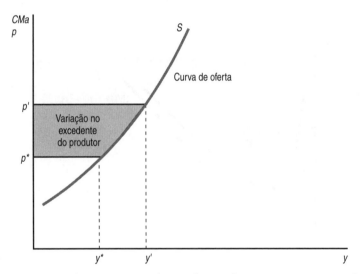

FIGURA 23.6 *A variação no excedente do produtor. Como a curva de oferta coincide com a parte de inclinação ascendente da curva de custo marginal, a variação no excedente do produtor normalmente terá o formato aproximado de um trapézio.*

EXEMPLO: A curva de oferta para uma função custo específica

Com o que se parece a curva de oferta do exemplo dado no capítulo anterior, onde $c(y) = y^2 + 1$? Naquele exemplo, a curva de custo marginal estava sempre acima da curva de custo variável médio e sempre se inclinava para cima. Logo, o princípio de que o "preço se iguala ao custo marginal" fornece a curva de oferta de maneira direta. Ao substituirmos $2y$ pelo custo marginal, obtemos a fórmula

$$p = 2y.$$

Ela nos fornece a curva de oferta inversa ou o preço como função da produção. Ao resolvermos a produção como uma função do preço, teremos

$$S(p) = y = \frac{p}{2}$$

como a nossa fórmula da curva de oferta. Isso é mostrado na Figura 23.7.

Se substituirmos essa função oferta na definição de lucros, poderemos calcular os lucros máximos para cada preço p. Ao fazermos os cálculos, teremos

$$\pi(p) = py - c(y)$$
$$= p\frac{p}{2} - \left(\frac{p}{2}\right)^2 - 1$$
$$= \frac{p^2}{4} - 1.$$

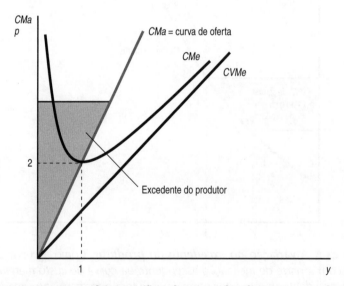

FIGURA 23.7 Um exemplo específico de curva de oferta. *A curva de oferta e o excedente do produtor da função custo $c(y) = y^2 + 1$.*

Qual a relação entre os lucros máximos e o excedente do produtor? Na Figura 23.7, vemos que o excedente do produtor – a área à esquerda da curva de oferta entre um preço de zero e um preço de p – será um triângulo com uma base $y = p/2$ e uma altura p. A área desse triângulo é:

$$A = \left(\frac{1}{2}\right)\left(\frac{p}{2}\right)p = \frac{p^2}{4}.$$

Quando comparamos isso com a expressão dos lucros, vemos que o excedente do produtor se iguala aos lucros mais os custos fixos, conforme afirmamos.

23.8 A curva de oferta de longo prazo de uma empresa

A função oferta de longo prazo da empresa mede o quanto ela produziria de maneira ótima se lhe fosse permitido ajustar o tamanho da fábrica (ou quaisquer fatores fixos no curto prazo). Ou seja, a curva de oferta de longo prazo seria dada por

$$p = CMa_l(y) = MC(y, k(y)).$$

A curva de oferta de curto prazo é dada pela igualdade entre preço e custo marginal em algum nível fixo de k:

$$p = CMa(y, k).$$

Observe a diferença entre as duas expressões. A curva de oferta de curto prazo envolve o custo marginal de produção, mantendo-se k fixo num dado nível de produção, enquanto a curva de oferta de longo prazo envolve o custo marginal de produção quando k é ajustado de maneira ótima. Agora sabemos alguma coisa sobre a relação entre os custos marginais de curto e de longo prazo: eles coincidem no nível de produção y^*, em que a escolha do fator fixo associada ao custo marginal de curto prazo é a escolha ótima, k^*. Assim, as curvas de oferta de longo e curto prazo da empresa coincidem em y^*, como na Figura 23.8.

No curto prazo, a empresa tem alguns fatores com oferta fixa; no longo prazo, esses fatores são variáveis. Portanto, quando o preço da produção varia, a empresa tem mais escolhas para promover ajustes no longo prazo do que no curto prazo. Isso sugere que a curva de oferta de longo prazo reagirá mais ao preço – será mais elástica – do que a curva de oferta de curto prazo, como ilustra a Figura 23.8.

O que mais podemos dizer sobre a curva de oferta de longo prazo? O longo prazo é definido como o período no qual a empresa é livre para ajustar todos os seus insumos. Uma escolha que a empresa tem é a de permanecer ou não em funcionamento. Como no longo prazo a empresa pode sempre obter lucro zero encerrando o negócio, os lucros que ela realiza no equilíbrio de longo prazo têm de ser ao menos zero:

$$py - c(y) \geq 0,$$

o que significa que

$$p \geq \frac{c(y)}{y}.$$

FIGURA 23.8 Curvas de oferta de curto e longo prazo. Normalmente a curva de oferta de longo prazo será mais elástica do que a curva de oferta de curto prazo.

Isso informa que, no longo prazo, o preço tem de ser pelo menos tão grande quanto o custo médio. Portanto, o aspecto relevante da curva de oferta de longo prazo é a parte de inclinação ascendente da curva de custo marginal que se localiza acima da curva de custo médio de longo prazo, como mostra a Figura 23.9.

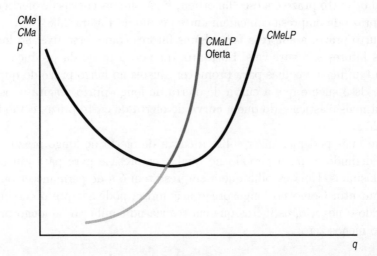

FIGURA 23.9 Curva de oferta de longo prazo. A curva de oferta de longo prazo será a parte de inclinação ascendente da curva de custo marginal de longo prazo que se situa acima da curva de custo médio.

Isso é totalmente coerente com a história do curto prazo. No longo prazo, todos os custos são variáveis; logo, a condição de curto prazo de ter o preço acima do custo variável médio equivale à condição de longo prazo de ter o preço acima do custo médio.

23.9 Custos médios constantes de longo prazo

Um caso de interesse particular é aquele em que a tecnologia de longo prazo da empresa apresenta retornos constantes de escala. Aqui, a curva de oferta de longo prazo será a curva de custo marginal de longo prazo, a qual, no caso de custo médio constante, coincide com a curva de custo médio de longo prazo. Dessa forma, temos a situação mostrada na Figura 23.10, em que a curva de oferta de longo prazo é a linha horizontal em $c_{mín}$, o nível do custo médio constante.

Essa curva de oferta significa que a empresa está disposta a ofertar qualquer quantidade de produção em $p = c_{mín}$, uma quantidade arbitrariamente grande em $p > c_{mín}$, e produção zero em $p < c_{mín}$. Quando pensamos no argumento da reprodução dos retornos constantes de escala, isso faz sentido. Retornos constantes de escala implicam que, se conseguirmos produzir uma unidade por $c_{mín}$ dólares, poderemos produzir n unidades por $nc_{mín}$ dólares. Portanto, estaremos dispostos a ofertar qualquer quantidade de produto a um preço igual a $c_{mín}$ e uma quantidade arbitrariamente grande de produto a qualquer preço maior que $c_{mín}$.

Por outro lado, se $p < c_{mín}$, de modo que não se possa atingir um nível de equilíbrio nem mesmo ofertando uma unidade de produto, certamente não se atingirá o nível de equilíbrio fornecendo n unidades de produto. Portanto, para qualquer preço menor do que $c_{mín}$, desejaremos ofertar zero unidade de produto.

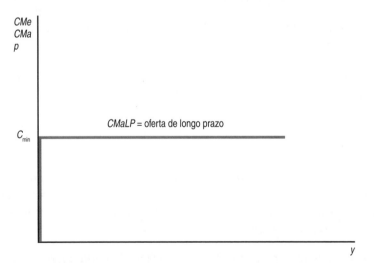

FIGURA 23.10 *Custos médios constantes.* No caso dos custos médios constantes, a curva de oferta de longo prazo será uma reta horizontal.

RESUMO

1. A relação entre o preço que uma empresa cobra e a produção que vende é conhecida como a curva de demanda com a qual a empresa se defronta. Por definição, a empresa competitiva se defronta com uma curva de demanda horizontal cuja altura é determinada pelo preço de mercado – o preço cobrado pelas outras empresas no mercado.

2. A curva de oferta (de curto prazo) da empresa competitiva corresponde à porção de sua curva de custo marginal (de curto prazo) que se inclina para cima e se situa acima da curva de custo variável médio.

3. A variação no excedente do produtor quando o preço de mercado muda de p_1 para p_2 é a área à esquerda da curva de custo marginal entre p_1 e p_2. Ela também mede a variação nos lucros da empresa.

4. A curva de oferta de longo prazo de uma empresa é aquela porção da sua curva de custo marginal de longo prazo positivamente inclinada e que está localizada acima da curva de custo médio de longo prazo.

QUESTÕES DE REVISÃO

1. Uma empresa tem uma função custo dada por $c(y) = 10y^2 + 1.000$. Qual é a sua curva de oferta?

2. Uma empresa tem uma função custo dada por $c(y) = 10y^2 + 1.000$. Em que nível de produção o custo médio é minimizado?

3. Se a curva de oferta é dada por $S(p) = 100 + 20p$, qual é a fórmula da curva de oferta inversa?

4. A curva de oferta de uma empresa é dada por $S(p) = 4p$. Seus custos fixos são de 100. Se o preço mudar de 10 para 20, que mudança ocorrerá nos lucros?

5. Se a função custo de longo prazo for $c(y) = y^2 + 1$, qual será a curva de oferta de longo prazo da empresa?

6. Classifique cada um dos itens a seguir como restrições tecnológicas ou de mercado: o preço dos insumos, o número de outras empresas no mercado, a quantidade de produção alcançada e a capacidade de produzir mais, dados os níveis correntes de insumo.

7. Qual é o principal pressuposto que caracteriza um mercado puramente competitivo?

8. Num mercado puramente competitivo, a receita marginal de uma empresa é sempre igual a quê? Uma empresa que maximize lucros operará em que nível de produção em tal mercado?

9. Se os custos variáveis médios excedessem o preço de mercado, que nível de produção a empresa deveria manter? E se não houvesse custos fixos?

10. É sempre melhor para uma empresa perfeitamente competitiva continuar a produzir, mesmo quando está perdendo dinheiro? Se isso for verdade, quando?

11. Num mercado perfeitamente competitivo, qual a relação entre o preço de mercado e o custo de produção de todas as empresas de uma indústria?

APÊNDICE

A discussão deste capítulo é muito simples se você fala a linguagem do cálculo. O problema de maximização de lucro é:

$$\max_{y} py - c(y)$$

de modo que $y \geq 0$.

As condições necessárias para a oferta ótima, y^*, são a condição de primeira ordem

$$p - c'(y) = 0.$$

e a de segunda ordem

$$-c''(y^*) \leq 0.$$

A condição de primeira ordem diz que o preço é igual ao custo marginal e a condição de segunda ordem diz que os custos marginais têm de ser crescentes. É claro que isso parte do pressuposto de que $y^* > 0$. Se o preço for menor do que o custo variável médio em y^*, valerá a pena para a empresa ter um nível de produção zero. Para descobrirmos a curva de oferta de uma empresa competitiva, temos de encontrar todos os pontos em que as condições de primeira e de segunda ordem são satisfeitas e compará-los entre si – e a $y = 0$ – e escolher o que proporciona maiores lucros. Essa é a oferta que maximiza o lucro.

CAPÍTULO 24

A OFERTA DA INDÚSTRIA

Vimos como derivar uma curva de oferta da empresa a partir de sua curva de custo marginal. Mas, num mercado competitivo, existirão normalmente várias empresas, de modo que a curva de oferta que a indústria[1] apresenta ao mercado será a soma das ofertas de todas as empresas individuais. Neste capítulo, analisaremos a **curva de oferta da indústria**.

24.1 A oferta da indústria no curto prazo

Comecemos pelo estudo de uma indústria com um número fixo de empresas, n. Seja $S_i(p)$ a curva de oferta da empresa i, de maneira que a **curva de oferta da indústria**, ou a **curva de oferta do mercado**, seja

$$S(p) = \sum_{i=1}^{n} S_i(p),$$

---

[1] *Nota da Revisão Técnica*: O termo *indústria* significa atividade econômica secundária, ou seja, que engloba as atividades de produção ou qualquer de seus ramos, em oposição às atividades primária (agrícola) e terciária (comércio). Entretanto, pode também ser empregado como negócio, ofício ou qualquer empreendimento. É com esse sentido que essa palavra deverá ser compreendida no texto. Assim o autor, ao usá-la, refere-se tanto à indústria petrolífera quanto à indústria de pessoas que vendem antiguidades. Além disso, o termo *indústria* está consagrado em teoria microeconômica e quer significar mercado ou conjunto de empresas que exploram o mesmo negócio.

que é a soma das curvas de oferta individuais. Geometricamente, pegamos a soma das quantidades ofertadas por cada empresa a cada preço, o que resulta numa soma *horizontal* das curvas de oferta, como mostra a Figura 24.1.

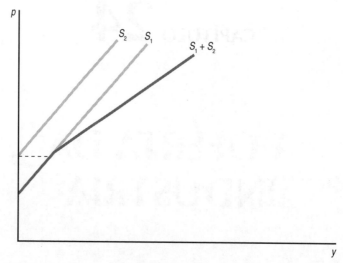

FIGURA 24.1 A curva de oferta da indústria. A curva de oferta da indústria ($S_1 + S_2$) é a soma das curvas de oferta individuais (S_1 e S_2).

24.2 O equilíbrio da indústria no curto prazo

Para encontrarmos o equilíbrio da indústria, pegamos a curva de oferta do mercado e procuramos sua interseção com a curva de demanda do mercado. Isso nos fornece o preço de equilíbrio, p^*.

Dado esse preço de equilíbrio, podemos retornar às empresas individuais e examinar seus níveis de produção e de lucros. A Figura 24.2 ilustra uma configuração típica com três empresas, A, B e C. Nesse exemplo, a empresa A opera numa combinação de preço e produção que se situa sobre sua curva de custo médio. Isso significa que

$$p = \frac{c(y)}{y}.$$

Se efetuarmos a multiplicação cruzada e rearranjarmos essa equação, teremos que

$$py - c(y) = 0.$$

A empresa A está, pois, obtendo lucro zero.

A empresa B opera num ponto em que o preço é maior do que o custo médio: $p > c(y)/y$, o que significa que aufere lucro no equilíbrio de curto prazo. A empresa C opera onde o preço é menor do que o custo médio, de modo que obtém lucros negativos, isto é, sofre uma perda.

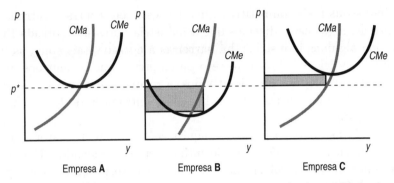

FIGURA 24.2 Equilíbrio de curto prazo. Eis um exemplo de equilíbrio de curto prazo com três empresas. A empresa A tem lucro zero, a empresa B tem lucro positivo e a empresa C tem lucro negativo, ou seja, prejuízo.

De modo geral, as combinações de preços e produção localizadas acima da curva de custo médio representam lucros positivos, enquanto as combinações que se situam abaixo representam lucros negativos. Mesmo que a empresa esteja obtendo lucros negativos, ainda será melhor para ela continuar em funcionamento no curto prazo se a combinação de preço e produção situar-se acima da curva de custo médio *variável*, porque, nesse caso, ela perderá menos se permanecer em operação do que se alcançar um nível zero de produção.

24.3 O equilíbrio da indústria no longo prazo

No longo prazo, as empresas são capazes de ajustar seus fatores fixos. Elas podem escolher o tamanho das instalações, os bens de capital ou qualquer coisa que maximize seus lucros no longo prazo. Isso significa apenas que elas se moverão de suas curvas de curto prazo para as de longo prazo e isso não acrescenta dificuldades analíticas: simplesmente utilizamos as curvas de oferta de longo prazo determinadas pela curva de custo marginal de longo prazo.

Entretanto, pode ocorrer um efeito adicional de longo prazo. Se uma empresa sofre perdas no longo prazo, não há razão para que permaneça na indústria, de modo que esperamos que ela *saia* da indústria, já que, se o fizer, poderá reduzir suas perdas a zero. Essa é apenas outra forma de dizer que a única parte relevante da curva de oferta de uma empresa no longo prazo é a que se localiza *sobre ou acima* da curva de custo médio – uma vez que são esses os pontos que correspondem a lucros não negativos.

Do mesmo modo, se uma empresa estiver obtendo lucros, esperamos que haja novas *entradas* no mercado. Afinal, a curva de custo deve incluir os custos de todos os fatores necessários para que se consiga produzir, medidos pelos seus preços de mercado (isto é, seus custos de oportunidade). Se uma empresa obtém lucros no longo prazo, isso significa que *qualquer um* pode ir ao mercado, adquirir esses fatores e produzir a mesma quantidade aos mesmos preços.

Nas indústrias mais competitivas, não há restrições contra a entrada de novas empresas; nesse caso, dizemos que a indústria apresenta **entrada livre**. No entanto, em algumas indústrias, há **barreiras à entrada**, tais como as licenças ou as restrições legais sobre o número de empresas que podem operar na indústria. Por exemplo, nos Estados Unidos, a regulamentação sobre a venda de bebidas alcoólicas em vários estados impede a entrada livre de bebidas na indústria varejista.

Os dois efeitos de longo prazo – a aquisição dos diferentes fatores fixos e os fenômenos de entrada e saída – estão intimamente relacionados. Uma empresa de uma indústria pode resolver adquirir uma nova fábrica ou estocar e produzir uma quantidade maior de bens. Ou uma nova empresa pode entrar na indústria ao adquirir uma nova fábrica e produzir algo. A única diferença está em quem possui as novas instalações produtivas.

É claro que, à medida que mais empresas entram na indústria – enquanto outras, por perderem dinheiro, saem dela, a quantidade produzida irá variar, ocasionando uma mudança no preço de mercado. Isso, por sua vez, afetará os lucros e os incentivos à entrada e à saída. Que aspecto terá o equilíbrio final em uma indústria com entrada livre?

Examinemos um caso em que todas as empresas tenham funções custo de longo prazo idênticas, digamos $c(y)$. Dada a função custo, podemos calcular o nível de produção em que os custos médios são minimizados, que representamos por y^*. Seja $p^* = c(y^*)/y^*$ o valor mínimo do custo médio. Esse custo é significativo porque é o preço mínimo que poderia ser cobrado no mercado e que permitiria às empresas alcançar o ponto de equilíbrio.

Podemos agora traçar as curvas de oferta da indústria para cada número diferente de empresas que possam estar no mercado. A Figura 24.3 ilustra as curvas de oferta da indústria caso haja 1, ..., 4 empresas no mercado. (Utilizamos quatro empresas apenas a título de exemplo; na verdade, seria de esperar que houvesse um número bem maior de empresas no mercado.) Observe que, como todas as empresas têm a mesma curva de oferta, a quantidade total ofertada, se duas empresas estiverem no mercado, corresponde exatamente ao dobro de quando há apenas uma empresa no mercado; a oferta quando três empresas operam no mercado é exatamente o triplo, e assim por diante.

Acrescentemos agora mais duas retas ao diagrama: uma reta horizontal em p^*, o preço mínimo coerente com lucros não negativos, e a curva de demanda do mercado. Examine os interceptos da curva de demanda e as curvas de oferta de $n = 1, 2, \ldots$ empresas. Se as empresas ingressarem na indústria quando estiverem sendo realizados lucros positivos, o intercepto relevante será o *preço mais baixo coerente com lucros não negativos*. Isso é representado por p' na Figura 24.3; e, por acaso, ocorre quando há três empresas no mercado. Se mais uma empresa ingressar no mercado, os lucros serão empurrados para o negativo. Nesse caso, o número máximo de empresas competitivas que esse mercado pode suportar é igual a três.

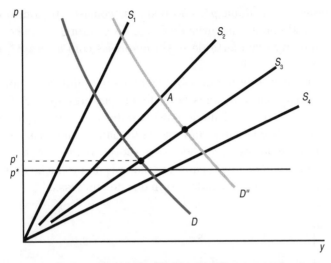

FIGURA 24.3 *Curvas de oferta da indústria com livre entrada. Curvas de oferta para 1, ... , 4 empresas. O preço de equilíbrio, p', ocorre na interseção mais baixa possível entre as curvas de demanda e oferta, de modo que p' ≥ p**

24.4 A curva de oferta de longo prazo

A construção dada na seção anterior – traçar as curvas de oferta da indústria para cada número possível de empresas que poderiam estar no mercado e procurar conhecer o maior número de empresas consistente com lucros não negativos – é perfeitamente rigorosa e fácil de aplicar. No entanto, há uma aproximação útil que, em geral, proporciona algo muito próximo da resposta certa.

Vejamos se é possível elaborar *uma* curva de oferta da indústria a partir das n curvas que temos acima. O primeiro aspecto a observar é que podemos descartar todos os pontos da curva de oferta que se encontram abaixo de p^*, uma vez que eles nunca serão posições operacionais de longo prazo. Mas podemos também excluir alguns dos pontos da curva de oferta que estão *acima* de p^*.

Costumamos supor que a curva de demanda de mercado inclina-se para baixo. Assim, a curva de demanda mais íngreme é a linha vertical. Isso implica que pontos como A na Figura 24.3 jamais seriam observados – porque qualquer curva de demanda inclinada para baixo que passasse por A também teria de cortar uma curva de oferta associada a um número maior de empresas, conforme mostra a curva de demanda hipotética D'', que passa pelo ponto A na Figura 24.3.

Desse modo, podemos eliminar uma porção de cada curva de oferta da possibilidade de constituir uma possível posição de equilíbrio de longo prazo. Cada ponto da curva de oferta de uma única empresa, que se situa à direita do intercepto da curva de oferta de duas empresas e da linha estabelecida por p^*, não pode ser coerente com o equilíbrio de longo prazo. Da mesma forma, qualquer ponto da curva de duas empresas, que se localize à direita do intercepto da curva de oferta de três empresas com a linha p^*, não pode ser consistente com o equilíbrio de longo prazo... e todo ponto da curva de oferta de n empresas, que esteja à direita do intercepto da curva de oferta de $n + 1$ empresas com a reta p^*, não pode ser consistente com o equilíbrio.

As partes das curvas de oferta sobre as quais o equilíbrio de longo prazo pode realmente ocorrer são indicadas pelas linhas em destaque na Figura 24.4. O enésimo segmento de reta reticulado mostra todas as combinações de preços e a produção da indústria coerentes com que se tenham n empresas no equilíbrio de longo prazo. Observe que esses segmentos de reta tornam-se cada vez mais planos à medida que examinamos níveis cada vez maiores de produção da indústria com o envolvimento de um número cada vez maior de empresas.

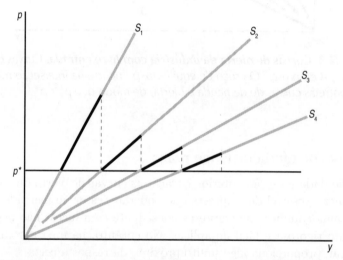

FIGURA 24.4 A curva de oferta de longo prazo. *Podemos eliminar porções das curvas de oferta que nunca podem interceptar uma curva de demanda de mercado inclinada para baixo no longo prazo, como os pontos de cada curva de oferta à direita das linhas tracejadas.*

Por que essas curvas se aplainam? Pense nisso. Se há uma empresa no mercado e o preço sobe em Δp, ela produzirá, digamos, mais Δy. Se houver n empresas no mercado e o preço subir em Δp, *cada* empresa produzirá mais Δy, de modo que obteremos uma produção total $n\Delta y$ maior. Isso quer dizer que a curva de oferta se tornará cada vez mais plana à medida que houver mais empresas no mercado, uma vez que a oferta de produção ficará cada vez mais sensível ao preço.

Quando tivermos um número razoável de empresas no mercado, a inclinação da curva de oferta será, com efeito, muito plana, suficientemente plana, a ponto de que seja razoável considerar sua inclinação como zero – ou seja, considerar a curva de oferta de longo prazo da indústria como uma reta plana igual ao custo médio mínimo. Essa será uma aproximação ruim se houver apenas poucas empresas na indústria no longo prazo. Todavia, o pressuposto de que um pequeno número de empresas se comportará de maneira competitiva também será provavelmente uma aproximação ruim! Se houver um número razoável de empresas no longo prazo, o preço de equilíbrio não poderá afastar-se muito do custo médio mínimo, como mostra a Figura 24.5.

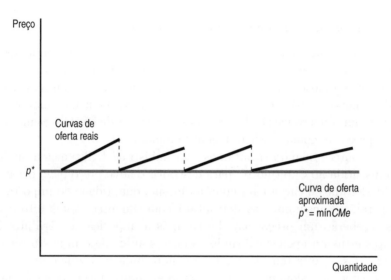

FIGURA 24.5 *Curva de oferta de longo prazo aproximada.* A curva de oferta de longo prazo será aproximadamente plana ao preço que iguala o custo médio mínimo.

Esse resultado tem a importante implicação de que, em uma indústria competitiva com entrada livre, os lucros não podem afastar-se muito de zero. Se houver níveis significativos de lucros em uma indústria com entrada livre, isso atrairá outras empresas para ingressar na indústria, o que puxará os lucros em direção a zero.

Lembre-se, o cálculo correto dos custos econômicos envolve a medição de todos os fatores de produção em seus preços de mercado. Desde que *todos* os fatores sejam medidos e tenham seus preços devidamente avaliados, a empresa que aufere lucros positivos pode ser exatamente imitada por qualquer outra. Qualquer um pode ir ao mercado aberto e comprar os fatores necessários para alcançar o mesmo nível de produção, do mesmo modo que a empresa em questão.

Em uma indústria com entrada e saída livres, a curva de custo médio de longo prazo deve ser essencialmente plana a um preço igual ao custo médio mínimo. Esse é exatamente o tipo de curva de oferta de longo prazo que teria uma única empresa com rendimentos de escala constantes. Não se trata de acidente. Argumentamos que os rendimentos de escala constantes formavam uma suposição razoável, uma vez que a empresa sempre poderia repetir o que fazia antes. Mas outra empresa também poderia imitá-la! Aumentar a produção com a construção de outra fábrica é o mesmo que a entrada de uma nova empresa no mercado com instalações fabris duplicadas. Assim, a curva de oferta de longo prazo de uma indústria competitiva com entrada livre se parecerá com a curva de oferta de longo prazo de uma empresa com retornos de escala constantes: uma reta plana no ponto em que o preço se iguala ao custo médio mínimo.

EXEMPLO: Tributação no longo e no curto prazo

Imaginemos uma indústria que tenha entrada e saída livres. Suponhamos que de início ela esteja em equilíbrio de longo prazo com um número fixo de empresas e lucro zero, como mostra a Figura 24.6. No curto prazo, com um número fixo de empresas, a curva de oferta da indústria se inclina para cima, enquanto no longo prazo, com um número variável de empresas, a curva de oferta é plana no ponto em que o preço se iguala ao custo médio mínimo.

O que acontece quando tributamos essa indústria? Utilizamos a análise geométrica discutida no Capítulo 16: para descobrir o novo preço pago pelos demandantes, deslocamos a curva para cima na mesma quantidade do imposto.

Em geral, o consumidor se defrontará com um preço mais alto e os produtores receberão um preço mais baixo após a imposição do tributo. Mas os produtores estavam apenas cobrindo os custos antes de o imposto ter sido estabelecido; assim, eles têm de estar perdendo dinheiro a qualquer preço mais baixo. Essas perdas econômicas encorajarão algumas empresas a sair da indústria. Assim, a oferta de produção se reduzirá e o preço aos consumidores subirá ainda mais.

No longo prazo, o setor ofertará ao longo da curva de oferta de longo prazo horizontal. Para ofertar ao longo dessa curva, as empresas terão de receber um preço igual ao custo médio mínimo – exatamente o mesmo que recebiam antes da imposição do tributo. Em consequência, o preço aos consumidores terá de subir na proporção inteira do imposto.

Na Figura 24.6, o equilíbrio encontra-se de início em $P_D = P_S$. Com a imposição do tributo, a curva de oferta de curto prazo é deslocada para cima, proporcionalmente ao valor do imposto, e o preço de equilíbrio pago pelos demandantes sobe para P'_D. O preço de equilíbrio recebido pelos ofertantes cai para $P'_S = P'_D - t$. Mas isso só ocorre no curto prazo – quando há um número fixo de empresas na indústria. A liberdade de entrada e saída faz com que a curva de oferta de *longo prazo* da indústria seja horizontal em $P_D = P_S$ = custo médio mínimo. Portanto, no longo prazo, o deslocamento da curva de oferta para cima implica que todo o imposto seja repassado para os consumidores.

Em suma: num setor com entrada livre, um imposto aumentará, de início, o preço aos consumidores num percentual menor do que seu valor total, uma vez que parte da incidência desse tributo recairá sobre os produtores. No longo prazo, contudo, o imposto induzirá as empresas a abandonarem o setor, o que reduzirá a oferta e fará com que os consumidores acabem por arcar com todo o ônus do imposto.

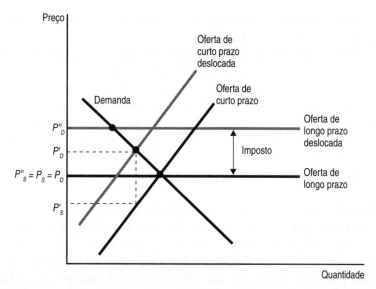

FIGURA 24.6 *Tributação no curto e no longo prazo.* No curto prazo, com um número fixo de empresas, a curva de oferta da indústria terá inclinação para cima, de modo que parte do imposto recaia sobre os consumidores e outra parte, sobre as empresas. Já no longo prazo, a curva de oferta da indústria será horizontal, de maneira que todo o imposto recaia sobre os consumidores.

24.5 O significado do lucro zero

Em uma indústria com entrada livre, os lucros serão levados a zero pelas novas empresas que nele ingressam: sempre que houver lucros positivos, haverá o incentivo para que novas empresas venham a obter parte desses lucros. Quando os lucros são zero, isso não significa que a indústria desaparecerá; apenas significa que ela parará de crescer, uma vez que ela não oferece mais atrativo para a entrada.

Num equilíbrio de longo prazo com lucro zero, todos os fatores de produção são remunerados a preço de mercado – o mesmo preço de mercado que esses fatores poderiam receber em qualquer outro lugar. O proprietário da empresa, por exemplo, continua a receber o pagamento por seu tempo de trabalho, pela quantidade de dinheiro que investiu na empresa ou por qualquer contribuição que deu para a operação da empresa. O mesmo vale para todos os outros fatores de produção. A empresa ainda ganha dinheiro – o problema é que todo ele é gasto na compra dos insumos que utiliza. Todos os fatores de produção recebem nessa indústria a mesma quantia que poderiam ganhar em qualquer outro lugar, de modo que não há nenhuma recompensa extra – nenhum lucro puro – para atrair novos fatores de produção para essa indústria. No entanto, também não há nada que os leve a sair. Indústrias com equilíbrio de longo prazo com lucro zero são indústrias maduras; elas dificilmente aparecerão como matéria de capa da *Business Week*, mas formam a espinha dorsal da economia.

Lembre-se: os lucros econômicos são definidos mediante a utilização dos preços de mercado de todos os fatores de produção. Os preços de mercado medem o custo de oportunidade desses fatores – o quanto eles poderiam ganhar em qualquer outro lugar. Qualquer quantidade de dinheiro ganha além do pagamento de fatores de produção constitui lucro econômico puro. Mas, se alguém encontrar um lucro econômico puro, outras pessoas tentarão entrar nessa indústria para também tentar auferir parte desse lucro. É essa tentativa de obter lucros econômicos que acaba por levar esses lucros a zero em uma indústria competitiva com entrada livre.

Em alguns lugares, a motivação pelo lucro é vista com certo desdém. Mas, quando a examinamos em bases puramente econômicas, os lucros proporcionam exatamente os sinais certos no que concerne à alocação de recursos. Se uma empresa auferir lucros positivos, isso significa que as pessoas valorizam mais o produto dela do que os insumos. Não faz sentido que haja mais empresas fabricando esse tipo de bem?

24.6 Fatores fixos e renda econômica

Se houver entrada livre, os lucros tenderão a zero no longo prazo. Mas nem todas as indústrias têm entrada livre; em algumas delas, o número de empresas participantes é fixo.

Uma razão comum para isso é que alguns fatores de produção encontram-se disponíveis apenas em quantidades limitadas. Dissemos que, no longo prazo, os fatores fixos poderiam ser comprados ou vendidos por uma empresa individual. Há, porém, certos fatores que são fixos para a *economia como um todo* até no longo prazo.

O exemplo mais óbvio disso é a indústria de extração de recursos: a existência de lençóis petrolíferos constitui um insumo necessário à indústria de extração de petróleo e a quantidade de petróleo disponível é limitada. Afirmação semelhante pode ser feita com relação ao gás, ao carvão, aos metais preciosos ou a qualquer outro recurso desse tipo. A agricultura dá outro exemplo. Há somente determinada quantidade de terra apropriada para o plantio.

Um exemplo mais exótico de fator fixo é o talento. Há apenas certo número de pessoas que possuem o nível necessário de talento para ser atleta profissional ou artista. Pode haver "entrada livre" nesses campos – mas só para os que forem suficientemente bons para entrar!

Há outros casos em que o fator fixo não é estabelecido pela natureza, mas pela lei. Em muitos setores é preciso ter uma licença ou permissão, mas e o número de permissões pode ser fixado por lei. Em muitas cidades, a indústria de táxis é regulamentada dessa maneira. As licenças para a venda de bebidas constituem outro exemplo.

Se houver restrições como essas ao número de empresas de uma indústria, de modo que as empresas não possam ingressar livremente nela, pode parecer que seja possível haver uma indústria com lucros positivos no longo prazo, sem nenhuma força econômica que empurre os lucros para zero.

Essa aparência é falsa. Há uma força econômica que empurra os lucros para zero. Se uma empresa operar num ponto em que os lucros pareçam positivos no longo prazo, é provável que não se tenha medido de maneira apropriada o valor de mercado ou o que seja que esteja impedindo a entrada.

É importante lembrar aqui a definição econômica de custo: devemos avaliar cada fator de produção em seu *preço de mercado* – seu custo de oportunidade. Se um fazendeiro aparentar auferir lucros positivos após subtrairmos seus custos de produção, provavelmente será porque esquecemos de subtrair o custo de suas terras.

Vamos supor que conseguimos avaliar todos os insumos agrícolas, à exceção do custo da terra, e acabamos por encontrar um lucro anual de π dólares. Quanto custaria a terra num mercado livre? Quanto alguém pagaria para alugá-la por um ano?

A resposta é: os pretendentes desejariam alugá-la por π dólares por ano, o valor do "lucro" que ela proporciona. Você não precisaria saber nada sobre agricultura para alugar essa terra e ganhar π dólares – afinal, também avaliamos o trabalho do fazendeiro em seu preço de mercado, o que significa que você pode contratar um fazendeiro e ainda auferir π dólares de lucro. Assim, o valor de mercado dessa terra – sua renda competitiva – é de apenas π. Os lucros econômicos da atividade agrícola são zero.

Observe que a taxa de aluguel determinada por esse procedimento pode não ter nada a ver com o custo histórico da fazenda. O que interessa não é o quanto você pagou por ela, mas por quanto poderá vendê-la – é isso que determina o custo de oportunidade.

Toda vez que um fator fixo impedir a entrada em uma indústria, haverá uma taxa de equilíbrio de renda para esse fator. Mesmo que haja fatores fixos, sempre se pode ingressar em uma indústria mediante a compra da posição de uma das empresas que dela participam. Toda empresa da indústria tem a opção de vender-se – e o custo de oportunidade de não fazer isso constitui um custo de produção que deve ser considerado.

Assim, em certo sentido, é sempre a *possibilidade* da entrada que leva os lucros para zero. Afinal, há duas maneiras de ingressar em uma indústria: pode-se constituir uma nova empresa ou adquirir uma já existente que opere na indústria. Se uma empresa nova puder comprar tudo o que for necessário para produzir em uma indústria e ainda auferir lucro, ela o fará. Há, porém, certos fatores cuja oferta é fixa. É a concorrência por esses fatores entre os entrantes potenciais nessa indústria que elevará os preços desses fatores até o ponto em que o lucro desaparece.

EXEMPLO: Licenças para táxis na cidade de Nova York

Dissemos anteriormente que as licenças para operar táxis na cidade de Nova York custam cerca de US$100.000. Ainda assim, os taxistas ganharam apenas cerca de US$400 por uma semana de 50 horas, o que representa menos de US$8 por hora. A Comissão de Táxis e Limusines de Nova York argumentou que esse salário era muito baixo para atrair bons motoristas, que as tarifas deveriam ser aumentadas para atrair profissionais melhores.

Um economista argumentaria que o aumento das tarifas não teria virtualmente nenhum efeito sobre a quantia que os motoristas levariam para casa; a única consequência seria o aumento do valor da licença para ter um táxi. Podemos ver o motivo ao examinarmos os números da comissão referente aos custos operacionais dos táxis. Em 1986, a taxa de aluguel era de US$55 para o horário diurno e US$65 para o horário noturno. O motorista que alugava o táxi pagava a gasolina e embolsava uma renda diária de US$80.

Observe agora quanto o proprietário da licença de táxi ganhava. Supondo-se que o táxi pudesse ser alugado nos dois turnos por 320 dias por ano, a renda proveniente do aluguel chegaria a US$38.400 anuais. O seguro, a depreciação, a manutenção e daí em diante consumiam cerca de US$21.100 ao ano, possibilitando um lucro anual de US$17.300. Como a licença custava US$100.000, indicava um rendimento total de aproximadamente 17%.

Um aumento na tarifa permitida refletir-se-ia diretamente no valor da licença. Uma elevação tarifária que proporcionasse uma renda adicional de US$10.000 resultaria num aumento do valor da licença de cerca de US$60.000. A remuneração dos taxistas – que é estabelecida pelo mercado de trabalho – não seria afetada por essa mudança.[2]

24.7 Renda econômica

Os exemplos da seção anterior constituem exemplos de **renda econômica**. A renda econômica é definida como os pagamentos a um fator de produção que ultrapassam o pagamento mínimo necessário para ter o fator ofertado.

Considere, por exemplo, o caso do petróleo de que falamos anteriormente. Para produzir petróleo é preciso ter trabalho, algumas máquinas e, o mais importante, petróleo no subsolo! Suponhamos que o bombeamento de cada barril de petróleo de um poço já existente custe US$1. Assim, cada preço superior a US$1 por barril induzirá as empresas a oferecerem petróleo de poços já existentes. Mas o verdadeiro preço do petróleo é muito maior do que US$1 por barril. As pessoas querem petróleo por vários motivos e estão dispostas a pagar mais do que o custo de produção para obtê-lo. A parcela do preço que ultrapassa o custo de produção é a renda econômica.

---

[2] Os números foram retirados de um editorial não assinado do *New York Times* de 17 de agosto de 1986.

Por que as empresas não entram nesse setor? Bem, elas tentam, mas só há determinada quantidade de petróleo disponível. O petróleo é vendido por um valor maior do que o custo de produção em razão da limitação da oferta.

Vejamos agora as licenças para táxis. Considerada como um pedaço de papel, elas custam quase nada para produzir. Mas, na cidade de Nova York, elas podem custar US$100.000! Por que as pessoas não entram nessa indústria e não produzem mais licenças para táxis? A razão é que essa entrada é ilegal – a oferta de licenças para táxis é controlada pela cidade.

As terras agrícolas são outro exemplo de renda econômica. No conjunto, a quantidade total de terra é fixa. Haveria tanta terra ofertada a zero dólar o acre como a US$1.000. Assim, no geral, os pagamentos relativos à terra constituem renda econômica.

Do ponto de vista da economia como um todo, são os preços dos produtos agrícolas que determinam o valor da terra agriculturável, mas, sob a ótica do fazendeiro, o valor de sua terra é um custo de produção que entra na fixação do preço de seu produto.

Isso é ilustrado pela Figura 24.7. Nela, o *CVMe* representa a curva de custo médio de todos os fatores de produção *exceto* os custos da terra. (Partimos do pressuposto de que a terra é o único fator fixo.) Se o preço de uma safra plantada nessa terra for p^*, os lucros que possam ser atribuídos à terra serão medidos pela área da caixa: são rendas econômicas. É quanto a terra renderia num mercado competitivo – o que receberia para levar os lucros a zero.

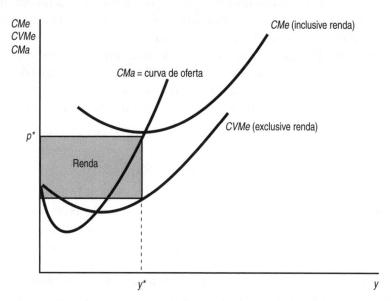

FIGURA 24.7 Renda econômica da terra. A área da caixa representa a renda econômica da terra.

A curva de custo médio que *inclui* o valor da terra é chamada de *CMe*. Se medirmos corretamente o valor da terra, o lucro econômico de operar a fazenda será exatamente zero. Como a renda de equilíbrio da terra será o que receberia para levar os lucros a zero, teremos

$$p^*y^* - c_v(y^*) - \text{renda} = 0$$

ou

$$\text{renda} = p^*y^* - c_v(y^*). \qquad (24.1)$$

Isso é exatamente o que chamamos anteriormente de excedente do produtor. Com efeito, trata-se do mesmo conceito, apenas visto sob uma luz diferente. Assim, podemos também medir a renda ao tomarmos a área à esquerda da curva de custo marginal, conforme já foi dito.

Dada a definição de renda na equação (24.1), agora é fácil constatar a veracidade do que dissemos anteriormente: é o preço de equilíbrio que determina a renda, e não o contrário. A empresa oferta ao longo de sua curva de custo marginal – que independe dos gastos com fatores fixos. A renda se ajustará para levar os lucros a zero.

24.8 Taxas de renda e preços

Como medimos a produção em unidades de fluxo – tanto de produção por unidade de tempo, temos de ser cuidadosos ao medir os lucros e as rendas em unidades monetárias por unidade de tempo. Portanto, na discussão anterior, falamos sobre a renda anual da terra ou de licenças para táxi.

Se a terra ou a licença tiverem de ser vendidas diretamente, em vez de alugadas, o preço de equilíbrio seria o valor atual do fluxo de pagamentos de aluguéis. Isso é apenas consequência do costumeiro argumento de que os ativos geradores do fluxo de pagamentos deveriam poder ser vendidos no mercado competitivo por seus preços atuais.

EXEMPLO: Licenças para venda de bebidas alcoólicas

Nos Estados Unidos, cada estado determina sua própria política com relação às vendas de bebidas alcoólicas. Alguns estados detêm o monopólio sobre essas bebidas, enquanto outros emitem licenças para quem queira comercializá-las. Em alguns casos, as licenças são emitidas mediante o pagamento de uma taxa; em outros, o número de licenças é fixo. Em Michigan, por exemplo, o número de licenças para a venda de cerveja e vinho a serem consumidos no local limita-se a uma licença para cada 1.500 residentes.

Depois de cada censo federal, uma junta estadual de controle de bebidas alcoólicas aloca licenças para comunidades que cresceram. (Entretanto, as licenças não são retiradas das comunidades que diminuíram.) Essa escassez artificial de licenças criou um mercado vibrante de licenças para servir bebidas alcoólicas em muitas comunidades de rápido crescimento. Por exemplo, em 1983, Ann Harbor, Michigan, tinha 66 licenças para bebidas alcoólicas. O censo de 1980 possibilitou a emissão de seis novas licenças, que foram disputadas por 33 interessados. Naquela época, o valor de mercado da licença era de US$80.000. O jornal local publicou matéria segundo a qual "a demanda ultrapassa a oferta de licenças para bebidas alcoólicas". Já os economistas locais dificilmente se surpreenderiam com o fato de que a troca de um ativo de US$80.000 por um preço zero resultasse em excesso de demanda!

Tem havido muitas propostas para relaxar as leis de controle de bebidas alcoólicas em Michigan com a permissão de que o estado emita novas licenças. Essas propostas, no entanto, nunca se converteram em lei graças à oposição de vários grupos políticos. Alguns desses grupos opõem-se ao consumo de álcool por motivos de saúde pública ou religiosos. Outros têm razões um tanto diferentes. Por exemplo, um dos opositores mais vociferantes ao relaxamento das leis é a Associação dos Distribuidores Licenciados de Bebidas de Michigan, grupo que representa os vendedores de bebidas alcoólicas do Michigan. Embora à primeira vista possa parecer paradoxal que esse grupo se oponha à liberalização das leis relativas às bebidas alcoólicas, um pouco de reflexão pode esclarecer o possível motivo: a emissão de novas licenças diminuiria, sem dúvida, o valor de revenda das licenças *existentes* – o que imporia perdas significativas a seus atuais detentores.

24.9 A política de renda

A renda econômica em geral existe por causa das restrições legais à entrada na indústria. Mencionamos dois exemplos acima: o das licenças para operar táxis e o de vender bebidas alcoólicas. Em ambos os casos, o número de licenças é fixado por lei, o que restringe a entrada na indústria e cria rendas econômicas.

Suponhamos que o governo da cidade de Nova York queira aumentar o número de táxis em operação. O que acontecerá ao valor de mercado das atuais licenças para táxis? Obviamente, elas serão desvalorizadas. Essa desvalorização atingirá a indústria diretamente no bolso, o que certamente levará à criação de *lobbies* para combater a medida.

O governo federal também restringe artificialmente a produção de alguns produtos de um modo que cria renda. Por exemplo, o governo federal declarou que o tabaco só pode ser plantado em certas terras. O valor dessas terras será então determinado pela demanda por produtos do fumo. Qualquer tentativa para eliminar esse sistema de licenciamento terá de enfrentar um poderoso *lobby*. Se o governo criar uma escassez artificial, será muito difícil eliminá-la. Os beneficiários dessa escassez artificial – as pessoas que adquiriram o direito de operar na indústria – irão opor-se com vigor a qualquer tentativa de ampliar essa indústria.

Os beneficiados de uma indústria na qual a entrada é restrita por lei poderão muito bem dedicar recursos consideráveis para manter sua posição favorecida. As despesas com *lobistas*, advogados e profissionais de relações públicas, entre outras, poderão ser grandes. Do ponto de vista da sociedade, esses tipos de despesas representam puro desperdício. Eles não são custos de produção verdadeiros; não levam a um aumento da produção. Os esforços de *lobby* e de relações públicas apenas determinam quem recebe o dinheiro relativo à produção existente.

Os esforços direcionados à manutenção ou aquisição de direitos sobre fatores de ofertas fixas são às vezes chamados de **procura de renda**. Do ponto de vista da sociedade, eles representam puro ônus, uma vez que não geram nenhum aumento de produção, mas apenas mudam o valor de mercado dos fatores de produção existentes.

EXEMPLO: O governo e a agricultura

Só há uma boa coisa a dizer sobre o programa americano de subsídios à agricultura: ele produz uma inesgotável fonte de exemplos para os livros-texto de economia. Cada nova reforma do programa agrícola traz novos problemas. "Se você quiser descobrir os furos de um programa, basta jogá-lo para os fazendeiros. Ninguém é mais criativo para descobrir meios de utilizá-los", diz Terry Bar, vice-presidente do Conselho Nacional de Cooperativas Agrícolas.[3]

Até 1996, a estrutura básica dos subsídios à agricultura nos Estados Unidos compreendia instrumentos de sustentação de preços: o governo garantia o preço mínimo de uma lavoura pagando ao agricultor a diferença entre esse preço e o preço de mercado, se ele fosse menor. A fim de poder receber esse apoio, o agricultor devia comprometer-se a não plantar em determinada fração de suas terras.

Pela própria natureza do plano, a maior parte dos benefícios vai para os grandes fazendeiros. De acordo com um cálculo, 13% dos subsídios federais diretos iam para 1% dos fazendeiros que tinham vendas anuais superiores a US$500.000. A Lei de Segurança de Alimentos de 1985 restringiu de maneira significativa os pagamentos para os grandes fazendeiros. Como resultado, os fazendeiros dividiram suas propriedades e alugaram partes delas aos investidores locais. Os investidores adquiriam parcelas suficientemente grandes para se beneficiarem dos subsídios, mas muito pequenas para se enquadrarem nas restrições destinadas aos grandes produtores. Uma vez adquirida a terra, o investidor registrava-a no programa do governo, que lhe pagaria para *não* plantar nessa terra. Essa prática ficou conhecida como "cultivar o governo".

Segundo estudos, a restrição aos pagamentos aos grandes produtores rurais, estabelecida pela lei de 1985, resultou na criação de 31.000 novos candidatos aos subsídios agrícolas. O custo desses subsídios chegou perto dos US$2,3 bilhões.

Observe que o objetivo ostensivo do programa – restringir a quantidade de subsídios governamentais pagos aos grandes fazendeiros – não foi atingido.

---

[3] Citado em William Robbins, "Limits on Subsidies to Big Farms Go Awry, Sending Costs Climbing", *The New York Times*, 15 de junho de 1987, A1.

Quando os grandes fazendeiros arrendam suas terras aos pequenos produtores, o preço de mercado dos aluguéis depende da generosidade dos subsídios federais. Quanto mais elevados forem os subsídios, maior a renda de equilíbrio recebida pelos grandes fazendeiros. Os benefícios do programa de subsídios vão ainda para os possuidores originais da terra, uma vez que, no final das contas, é o valor do que a terra pode render – seja colhendo safras, seja "cultivando o governo" – que determina seu valor de mercado.

A Lei Agrícola de 1996 se propunha a eliminar a maioria dos subsídios até 2002. Contudo, o orçamento federal de 1998 restaurou cerca de US$6 bilhões em subsídios à agricultura, mostrando, mais uma vez, o quão difícil é conciliar política e economia.

24.10 Política de energia

Concluímos este capítulo com um exemplo expandido que utiliza alguns dos conceitos que desenvolvemos.

Em 1974, a Organização dos Países Exportadores de Petróleo (Opep) promoveu um aumento significativo no preço do petróleo. Os países que não produziam petróleo tinham pouca margem de escolha no tocante à política energética – os preços do petróleo e dos produtos que dele dependiam para sua fabricação tiveram de subir.

Nessa época, os Estados Unidos produziam metade de seu consumo doméstico e o Congresso julgou injusto que os produtores domésticos recebessem lucros extraordinários provenientes de um aumento descontrolado dos preços. (O termo "lucros extraordinários" refere-se a um aumento dos lucros em consequência de um acontecimento externo, em oposição a um aumento dos lucros devido a decisões de produção.) Assim, o Congresso arquitetou um plano bizarro para tentar conter o preço dos produtos que utilizavam o petróleo como insumo. O mais proeminente desses produtos é a gasolina, de maneira que analisaremos o efeito do programa para esse mercado.

Fixação de dois preços ligados para o petróleo

A política adotada pelo Congresso, que ficou conhecida como a fixação de "dois preços ligados" para o petróleo, funcionava mais ou menos assim: o petróleo importado seria vendido por qualquer que fosse o seu preço de mercado, mas o petróleo doméstico – proveniente de poços que entraram em produção antes de 1974 – seria vendido pelo preço antigo: o preço pelo qual era vendido antes da decisão da Opep. *Grosso modo*, diríamos que o barril do petróleo importado seria vendido por US$15, enquanto o do petróleo doméstico seria comercializado por volta de US$5. A ideia era de que o preço médio do petróleo ficaria em cerca de US$10 o barril, o que ajudaria a segurar o preço da gasolina.

Um esquema desses poderia funcionar? Vamos examiná-lo sob o ponto de vista dos produtores de gasolina. Como seria a curva de oferta da gasolina? Para responder a essa pergunta, temos de indagar como seria a curva de custo marginal da gasolina.

O que você faria se tivesse uma refinaria de gasolina? Obviamente, tentaria primeiro usar o petróleo doméstico, que é mais barato. Só depois que se esgotassem os estoques de petróleo doméstico é que utilizaria o petróleo importado, mais caro. Assim, a curva de custo marginal agregado – a curva de oferta da indústria – da gasolina teria de se parecer de alguma forma com o que mostra a Figura 24.8. A curva dá um salto no ponto em que a produção de petróleo doméstico americano se esgota e o petróleo importado começa a ser usado. Antes desse ponto, o preço doméstico do petróleo mede o preço do fator relevante de produzir gasolina. Depois do ponto, é o preço do petróleo importado que é o preço do fator relevante.

A Figura 24.8 mostra as curvas de oferta da gasolina se todo o petróleo fosse vendido pelo preço mundial de US$15 o barril e se todo o petróleo fosse vendido ao preço doméstico de US$5. Se o petróleo doméstico fosse realmente vendido a US$5 o barril e o petróleo estrangeiro a US$15, a curva de oferta da gasolina coincidiria com a curva de oferta de US$5 o barril, até que o petróleo doméstico, mais barato, se esgotasse e, a partir daí, passaria a coincidir com a curva de oferta de US$15 o barril.

Encontremos agora o intercepto dessa curva de oferta com a curva de demanda do mercado para encontrar o preço de equilíbrio da Figura 24.8. O diagrama revela um fato interessante: o preço da gasolina no sistema de dois preços ligados é exatamente o mesmo que seria se todo o petróleo fosse adquirido ao preço do produto importado! O preço da gasolina é determinado pelo custo *marginal* de produção e o custo *marginal* é determinado pelo custo do petróleo importado.

Se refletirmos um pouco sobre isso, veremos que faz todo sentido. As empresas de gasolina venderão seu produto ao preço que o mercado puder suportar. Não será só porque você deu a sorte de comprar um pouco de petróleo barato que deixará de vender sua gasolina pelo mesmo preço que as outras empresas vendem.

Suponhamos, por enquanto, que todo o petróleo fosse vendido ao mesmo preço e que o equilíbrio fosse alcançado ao preço p^*. Aí chega o governo e baixa o preço dos primeiros 100 barris de petróleo que os refinadores utilizaram. Será que isso lhes afetará a decisão de oferta? De modo algum! Para afetar a oferta é preciso alterar os incentivos na margem. O único modo de obter um preço mais baixo para a gasolina é aumentar a oferta, o que implica abaixar o custo marginal do petróleo.

A política de dois preços ligados constituiu apenas uma transferência dos produtores domésticos de petróleo para os refinadores domésticos. Os produtores receberam por seu petróleo US$10 a menos do que poderiam ter recebido e os lucros que receberiam foi para os refinadores de gasolina. Essa política não teve nenhum efeito sobre a oferta de gasolina e, portanto, também não poderia ter nenhum efeito sobre o preço da gasolina.

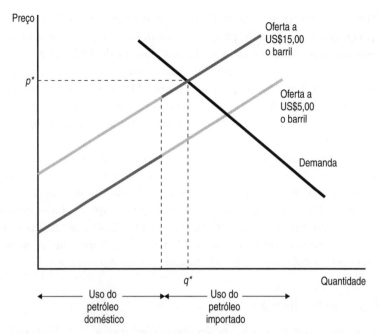

FIGURA 24.8 *A curva de oferta da gasolina.* Sob a política dos dois preços ligados do petróleo, a curva de oferta da gasolina seria descontínua, saltando da curva de oferta inferior para a curva de oferta superior quando se esgotasse o petróleo mais barato.

Controles de preços

As forças econômicas inerentes a esse argumento não demoraram a se fazerem sentir. O Departamento de Energia logo percebeu que não poderia permitir que o mercado determinasse o preço da gasolina no sistema de dois preços ligados – uma vez que o mercado por si só implicaria um preço único para a gasolina, o mesmo que prevaleceria na ausência do sistema dos dois preços ligados.

Por isso, o Departamento instituiu o controle de preços para a gasolina. Os refinadores teriam de cobrar pela gasolina um preço baseado nos custos de produção – que, por sua vez, eram determinados pelo custo do petróleo que conseguiam comprar.

A disponibilidade de petróleo doméstico barato variava com a localização. No Texas, os refinadores estavam próximos da principal fonte de produção, o que lhes permitia adquirir petróleo barato em grandes quantidades. O controle de preço fez com que o preço da gasolina fosse relativamente baixo no Texas. Já na Nova Inglaterra, praticamente todo o petróleo tinha de ser importado, o que elevava bastante o preço da gasolina na região.

Quando temos preços diferentes para o mesmo produto, é natural que as empresas tentem vender pelo preço mais alto. Mais uma vez, o Departamento de

Energia teve de intervir para impedir o envio descontrolado de gasolina das regiões de preço baixo para as de preço alto. Essa intervenção resultou na falta de gasolina em diversas ocasiões em meados da década de 1970. Periodicamente, a oferta de gasolina em alguma região do país se esgotaria, fazendo com que restasse pouco do combustível a qualquer preço. O sistema de mercado livre no suprimento de produtos de petróleo nunca apresentara esse comportamento; a escassez deveu-se totalmente à conjugação do sistema de dois preços ligados ao petróleo com o controle de preços.

Os economistas salientaram isso na época, mas seus avisos não lograram ter muito efeito na política. Grande efeito, porém, teve o *lobby* dos refinadores de gasolina. Grande parte do petróleo doméstico foi vendida em contratos de longo prazo e alguns refinadores compraram-no em grande quantidade, enquanto outros tiveram de adquirir o caro produto importado. Esses, naturalmente, objetaram que isso era injusto, de modo que o Congresso elaborou outro esquema para alocar o petróleo doméstico barato de maneira mais equitativa.

O programa de habilitação

Esse programa, que ficou conhecido como "programa de habilitação", funcionava mais ou menos assim: toda vez que o refinador comprava o petróleo estrangeiro caro, recebia um cupom que lhe permitia comprar certa quantidade de petróleo doméstico barato. A quantidade que o refinador podia comprar dependia das condições de oferta, mas digamos que fosse numa base de um para um: cada barril de petróleo estrangeiro que ele comprasse por US$15 dava-lhe o direito de adquirir um barril de petróleo doméstico por US$5.

Qual o efeito disso sobre o preço marginal do petróleo? Agora, o preço marginal do petróleo era apenas a média ponderada dos preços do petróleo doméstico e do importado; no caso de um por um descrito anteriormente, o preço seria de US$10. A Figura 24.9 mostra o efeito sobre a curva de oferta da gasolina.

O custo marginal do petróleo realmente baixou, o que significa que o preço da gasolina também foi reduzido. Mas veja quem passou a pagar por isso: os produtores domésticos de petróleo! Os Estados Unidos compravam petróleo estrangeiro que custava US$15 o barril em dólares de verdade e faziam de conta que custava apenas US$10. Os produtores domésticos eram obrigados a vender seu petróleo por valores abaixo do preço do mercado internacional. O país subsidiava a importação de petróleo estrangeiro e obrigava os produtores domésticos a pagar o subsídio!

Esse programa também acabou por ser abandonado e o governo impôs um tributo sobre a produção doméstica para que os produtores não obtivessem lucros extraordinários graças à ação da Opep. É claro que esse imposto desencorajou a produção local e, assim, fez aumentar o preço da gasolina, mas isso foi, na época, aparentemente aceitável para o Congresso.

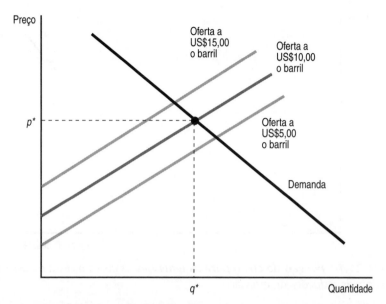

FIGURA 24.9 O programa de habilitação. *Sob o programa de habilitação, a curva de oferta da gasolina se situaria entre a curva de oferta de todo o petróleo ofertado ao preço do importado e a curva de oferta de todo o petróleo ofertado ao preço doméstico.*

24.11 Imposto de carbono *versus* comércio de créditos de carbono

Vários climatologistas motivados pela preocupação com o aquecimento global instaram os governos a criar políticas para reduzir as emissões de carbono. Do ponto de vista econômico, duas dessas políticas de redução são particularmente interessantes: os **impostos sobre o carbono** e o **comércio de créditos de carbono**.

O imposto sobre o carbono refere-se ao imposto sobre as emissões de carbono, enquanto o comércio de créditos de carbono concede licenças de permissão de emissão de carbono que podem ser negociadas de modo organizado no mercado. Para comparar esses dois sistemas, examinaremos um modelo simples.

Produção ótima de emissões

Começaremos examinando o problema de produzir determinado montante de emissões com o custo mais baixo possível.

Suponhamos que existem duas empresas que têm os níveis atuais de emissão de carbono indicados por $(\bar{x}_1, \bar{x}_2)$. A empresa i pode reduzir seu nível de emissões em x_i a um custo de $c_i(x_i)$. A Figura 24.10 mostra a forma possível dessa função de custo.

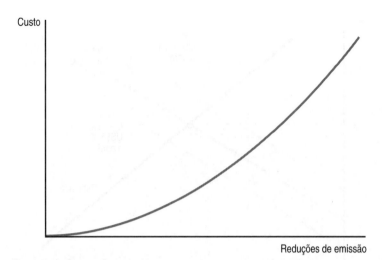

FIGURA 24.10 *Função de custo para as emissões*. A curva mostra o custo associado com as reduções de emissão.

O objetivo é reduzir as emissões em um montante designado, T, com o menor custo possível. Esse problema de minimização pode ser escrito como

$$\min_{x_1, x_2} c_1(x_1) + c_2(x_2)$$

tal que $x_1 + x_2 = T$.

Se as funções custo fossem conhecidas, o governo poderia, a princípio, resolver esse problema de otimização e atribuir um montante específico de redução de emissões para cada empresa. No entanto, isso não é viável se houver milhares de emissores de carbono. O desafio é encontrar uma maneira de atingir uma solução ótima, descentralizada, baseada no mercado.

Vamos examinar a estrutura do problema de otimização. É evidente que, para uma solução ótima, o custo marginal de redução de emissões deve ser o mesmo para cada empresa. Caso contrário, valeria a pena aumentar as emissões na empresa com o menor custo marginal e reduzir as emissões na empresa com o custo marginal maior. Enquanto se estivessem reduzindo os custos, isso manteria a produção total no nível preestabelecido.

Assim, temos um princípio simples: na solução ideal, o custo marginal de redução de emissões deveria ser o mesmo para cada empresa. No caso das duas empresas que estamos analisando, podemos encontrar esse ponto ótimo por meio de um diagrama simples. Fazendo com que $CMa_1(x_1)$ seja o custo marginal de redução de emissões de x_1 para a empresa 1 e escrevendo o custo marginal de redução de emissões para a empresa 2 como uma função da produção da empresa 1: $CMa_2(T - x_1)$, supõe-se que a meta de redução tenha sido alcançada. Desenhamos essas duas curvas na Figura 24.11. O ponto de interseção determina a divisão ideal de redução de emissão entre as duas empresas, dado que se deve produzir T redução de emissões no total.

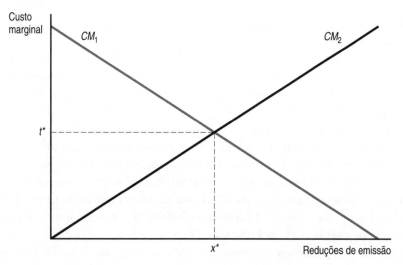

FIGURA 24.11 *Equilíbrio no mercado créditos de carbono.* O ponto t^* fornece o imposto de carbono e o preço ótimo de permissão de emissão.

Imposto de carbono

Em vez de uma solução direta do problema de minimização do custo, iremos considerar uma solução descentralizada por meio do imposto sobre o carbono. Neste quadro, o governo estabelece uma proporção t de imposto que cobra pelas emissões de carbono. Se a empresa 1 começasse em $\bar{x}_1$ e reduzisse suas emissões em x_1, então teria $\bar{x}_1 - x_1$ emissões. Se pagasse t por unidade emitida, sua fatura de imposto de carbono seria $t(\bar{x}_1 - x_1)$.

Diante desse imposto, a empresa 1 desejaria escolher o nível de redução de emissões que minimizasse seu custo total de operação: o custo de redução de emissões mais o custo do pagamento do imposto de carbono sobre as emissões que permanecessem. Isso conduziria ao problema de minimização de custo

$$\min_{x_1} c_1(x_1) + t(\bar{x}_1 - x_1).$$

Certamente, a empresa iria desejar reduzir as emissões até o ponto em que o custo marginal de mais reduções fosse igual ao imposto sobre o carbono, ou seja, em que $t = CMa_1(x_1)$.

Se o imposto sobre o carbono fosse definido como o índice t^*, conforme determinado na Figura 24.11, então o montante total de emissões de carbono seria o valor-alvo, T. Assim, o imposto sobre o carbono ofereceria uma forma descentralizada de atingir o resultado ideal.

Comércio de créditos de carbono (cap and trade)

Alternativamente, suponhamos que não haja imposto sobre o carbono, mas que o governo tenha providenciado **licenças de emissão** comercializáveis. Cada licença permite à empresa detentora da licença produzir certo montante de emissões de carbono. O governo estipula a quantidade de licenças de emissão que irá atingir a redução pretendida.

Imaginemos um mercado dessas licenças no qual cada empresa possa comprar uma licença para emitir x unidades de carbono a um preço p por unidade. O custo da empresa 1 de reduzir as emissões em x_1 é $c_1(x_1) + p(\bar{x}_1 - x_1)$. É indiscutível que a empresa desejará operar onde o preço de uma licença de emissão seja igual ao custo marginal, $p = CMa_1(x_1)$. Ou seja, escolherá o nível de emissão no ponto em que o custo de reduzir as emissões de carbono de uma unidade seria apenas igual ao custo economizado por não ter de comprar uma licença.

Por essa razão, a curva de custo marginal resulta em uma oferta de emissões em função do preço. O preço de equilíbrio é o preço em que a oferta total de emissões é igual ao valor alvo T. O preço associado será o mesmo que o índice ótimo do imposto de carbono t^* da Figura 24.11.

A questão que permanece é como distribuir as licenças? Uma forma seria a de o governo vender as licenças para as empresas. Isso seria basicamente o mesmo que o sistema de imposto sobre o carbono. O governo poderia escolher um preço e vender tantas licenças quantas fossem necessárias por aquele preço. Como alternativa, poderia escolher um nível alvo de emissões e leiloar as permissões, deixando as empresas determinarem o preço. Esse é um tipo de sistema de "comércio de créditos de carbono". Essas duas políticas devem conduzir essencialmente ao mesmo preço de equilíbrio de mercado.

Outra possibilidade seria o governo distribuir as licenças para as empresas de acordo com alguma fórmula. Essa fórmula poderia ser baseada em uma variedade de critérios, mas uma razão importante para conceder essas permissões valiosas seria, presumivelmente, a construção de apoio político para o programa. As permissões poderiam ser distribuídas com base em critérios objetivos, tais como definir que empresas têm mais funcionários, ou procurando saber quais empresas fizeram as maiores doações para determinadas causas políticas.

Do ponto de vista econômico, não importa se o governo possui as licenças e as vende para as empresas (que é basicamente um sistema de imposto sobre o carbono) ou se elas recebem as licenças e as vendem umas às outras (o que é basicamente o comércio dos créditos de carbono).

Se for criado um sistema de comércio de crédito de carbono, as empresas irão achar atraente investir em formas para adquirir licenças de emissão. Por exemplo, irão desejar pressionar o Congresso por tais licenças. O gasto para fazer *lobby* deverá ser considerado como parte do custo do sistema, conforme descrito em nossa discussão anterior sobre **busca de renda** (*rent seeking*). Naturalmente, o sistema de imposto sobre o carbono também estaria sujeito à pressão (*lobbying*) semelhante. As empresas, sem dúvida, procurariam isenções de impostos de carbono por um motivo ou outro, mas existe o argumento a favor de que o sistema de imposto sobre o carbono é menos suscetível à manipulação política do que o sistema de comércio de créditos de carbono.

RESUMO

1. A curva de oferta de curto prazo de uma indústria é exatamente a soma horizontal das curvas de oferta de cada uma das empresas que operam nessa indústria.

2. A curva de oferta de longo prazo de uma indústria tem de levar em consideração a saída e a entrada de empresas na indústria.

3. Se a entrada e a saída forem livres, o equilíbrio de longo prazo envolverá o número máximo de empresas coerentes com lucros não negativos. Isso significa que a curva de oferta de longo prazo será essencialmente horizontal num preço igual ao custo médio mínimo.

4. Se houver forças que impeçam a entrada de empresas em uma indústria lucrativa, os fatores que impedirem a entrada ganharão rendas econômicas. O valor da renda será determinado pelo preço da produção da indústria.

QUESTÕES DE REVISÃO

1. Se $S_1(p) = p - 10$ e $S_2(p) = p - 15$, em que preço a curva de oferta da indústria apresenta uma quebra?

2. No curto prazo, a demanda de cigarros é totalmente inelástica. No longo prazo, suponhamos que seja perfeitamente elástica. Que impacto terá um imposto sobre o preço dos cigarros ao consumidor no curto e no longo prazos?

3. Verdadeiro ou falso? As lojas de conveniência próximas do *campus* cobram preços altos porque têm de pagar aluguéis elevados.

4. Verdadeiro ou falso? No equilíbrio de longo prazo do setor, nenhuma empresa perderá dinheiro.

5. De acordo com o modelo apresentado neste capítulo, o que determina o total de entrada e saída de um setor?

6. O modelo de entrada apresentado neste capítulo implica que quanto maior for o número de empresas num setor, a curva de oferta de longo prazo do setor será mais íngreme ou mais plana?

7. Um motorista de táxi de Nova York parece auferir lucros positivos no longo prazo depois de contabilizar cuidadosamente os custos operacionais e trabalhistas. Isso violaria o modelo competitivo? Por que sim ou por que não?

CAPÍTULO 25

MONOPÓLIO

Nos capítulos anteriores, analisamos o comportamento de uma indústria competitiva, estrutura de mercado que tende mais a ocorrer quando há um grande número de pequenas empresas. Neste capítulo, nos voltaremos para o extremo oposto e examinaremos uma estrutura industrial em que há apenas *uma* empresa – um **monopólio**.

Quando há somente uma empresa no mercado, é pouco provável que ela considere os preços como dados. Pelo contrário, o monopólio reconheceria sua influência sobre o preço de mercado e escolheria o nível de preço e de produção que maximizasse seus lucros totais.

É claro que a empresa não pode escolher preços e nível de produção de maneira separada; para qualquer preço determinado, o monopólio só poderá vender o que o mercado suporta. Se escolher um preço muito alto, a empresa só conseguirá vender uma quantidade pequena. O comportamento da demanda dos consumidores restringirá a escolha do monopolista no que tange ao preço e à quantidade.

Podemos visualizar o monopolista a escolher o preço e deixar que os consumidores escolham o quanto desejam comprar àquele preço ou podemos visualizá-lo a escolher a quantidade e deixar que os consumidores decidam o quanto pagarão por aquela quantidade. A primeira abordagem é provavelmente mais natural, mas a segunda é mais conveniente do ponto de vista analítico. E, claro, ambas as abordagens equivalem-se quando efetuadas de maneira correta.

25.1 Maximização dos lucros

Iniciemos pelo estudo do problema de maximização de lucros do monopolista. Utilizemos $p(y)$ para representar a curva de demanda inversa do mercado e $c(y)$

para representar a função custo. Seja $r(y) = p(y)y$ a função receita do monopolista. O problema de maximização do lucro do monopolista assume a forma

$$\max_y \; r(y) - c(y).$$

A condição de ótimo desse problema é direta: na escolha ótima da produção, a receita marginal tem de ser igual ao custo marginal. Se a receita marginal fosse menor que o custo marginal, ela incentivaria a empresa a diminuir a produção, uma vez que a economia obtida no custo mais do que compensaria a perda de receita. Se a receita marginal fosse maior do que o custo marginal, ela incentivaria a empresa a aumentar a produção. O único ponto onde falta incentivo à empresa para mudar a produção é onde a receita marginal e o custo marginal são iguais.

Em termos de álgebra, podemos escrever a condição de otimização como

$$RM = CMa$$

ou

$$\frac{\Delta r}{\Delta y} = \frac{\Delta c}{\Delta y}.$$

A mesma condição $RM = CMa$ tem de valer para a empresa competitiva; nesse caso, a receita marginal é igual ao preço e a condição reduz-se a que o preço seja igual ao custo marginal.

No caso de um monopolista, o termo da receita marginal é um pouco mais complicado. Se o monopolista decidir aumentar o seu produto em Δy, haverá dois efeitos sobre a receita. Primeiro, venderá uma parcela maior de sua produção e obterá com isso uma receita $p\Delta y$. Mas, em segundo lugar, o preço diminuirá em Δp e o monopolista obterá esse preço menor em *toda* a produção que está sendo vendida.

Assim, o efeito total sobre as receitas de se alterar a produção em Δy será

$$\Delta r = p\Delta y + y\Delta p,$$

de modo que a variação na receita dividida pela variação na produção – a receita marginal – será

$$\frac{\Delta r}{\Delta y} = p + \frac{\Delta p}{\Delta y}y.$$

(Essa é exatamente a mesma derivação que analisamos em nossa discussão sobre a receita marginal no Capítulo 15. Talvez seja bom você rever aquele material antes de prosseguir.)

Outro modo de pensar nisso é imaginar que o monopolista escolhe a produção e o preço ao mesmo tempo – sem, é claro, deixar de reconhecer a restrição imposta pela curva de demanda. Se o monopolista quiser vender uma parte maior de sua produção, terá de baixar o preço. Mas essa diminuição de preço significará um preço mais baixo para todas as unidades que ele está vendendo e não apenas para as novas unidades. Portanto, o termo $y\Delta p$.

No caso competitivo, a empresa que pudesse colocar seu preço abaixo do preço cobrado pelas outras empresas capturaria de imediato todo o mercado de suas concorrentes. Mas, no caso do monopólio, esse já tem todo o mercado; quando ele reduz seu preço, tem de considerar o efeito dessa redução em todas as unidades que vende.

Seguindo a análise do Capítulo 15, podemos exprimir a receita marginal em termos da elasticidade por meio da fórmula

$$RM(y) = p(y)\left[1 + \frac{1}{\epsilon(y)}\right]$$

e escrever a condição de ótimo "receita marginal se iguala ao custo marginal" como

$$p(y)\left[1 + \frac{1}{\epsilon(y)}\right] = CMa(y). \tag{25.1}$$

Como a elasticidade é naturalmente negativa, poderíamos também escrever essa expressão como

$$p(y)\left[1 - \frac{1}{|\epsilon(y)|}\right] = CMa(y).$$

A partir dessas duas equações, é fácil verificar a relação com o caso competitivo: neste, a empresa defronta-se com uma curva de demanda plana – uma curva de demanda infinitamente elástica. Isso significa que $1/|\epsilon| = 1/\infty = 0$, de modo que a versão apropriada dessa equação para a empresa competitiva é simplesmente a de que o preço se iguala ao custo marginal. Observe que o monopolista nunca escolherá operar onde a curva de demanda é *inelástica*. Isso porque, se $|\epsilon|<1$, então $1/|\epsilon|>1$ e a receita marginal será negativa, de maneira que não se poderá igualar ao custo marginal. O significado disso torna-se claro quando pensamos nas implicações da curva de demanda inelástica: se $|\epsilon|<1$, uma redução na produção aumentará a receita e diminuirá o custo total, fazendo com que os lucros aumentem. Assim, qualquer ponto onde $|\epsilon|<1$ não pode ser um ponto de lucro máximo para o monopolista, uma vez que poderia aumentar seus lucros produzindo menos. Segue-se que o ponto que gera lucros máximos só pode ocorrer onde $|\epsilon|\geq 1$.

25.2 Curva de demanda linear e monopólio

Suponhamos que o monopolista se defronte com uma curva de demanda linear

$$p(y) = a - by.$$

A função receita será

$$r(y) = p(y)y = ay - by^2,$$

e a função receita marginal será

$$RM(y) = a - 2by.$$

(Isso se segue da fórmula apresentada no final do Capítulo 15. É fácil derivar com o uso de cálculo simples. Se você não sabe cálculo, apenas memorize a fórmula, já que a utilizaremos bastante.)

Observe que a função receita marginal tem o mesmo intercepto vertical, a, como a curva de demanda, mas com uma inclinação duas vezes maior. Isso nos proporciona um modo simples de traçar a curva de receita marginal. Sabemos que o intercepto vertical é a. Para obter o intercepto horizontal, basta pegar a metade do intercepto horizontal da curva de demanda e ligar ambos com uma linha reta. A Figura 25.1 ilustra a curva de demanda e a curva de receita marginal.

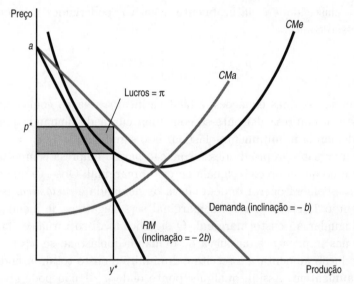

FIGURA 25.1 *Monopólio com uma curva de demanda linear.* A produção que maximiza o lucro do monopolista ocorre onde a receita marginal se iguala ao custo marginal.

A produção ótima, y^*, é o ponto onde a curva de receita marginal intercepta a curva de custo marginal. O monopolista cobrará o preço máximo que puder obter a esse nível de produção, $p(y^*)$. Isso proporcionará ao monopolista a receita de $p(y^*)y^*$, da qual subtraímos o custo total $c(y^*) = CMe(y^*)y^*$, restando uma área de lucro, como ilustrado.

25.3 Estabelecimento de preços com *markup*[1]

Podemos utilizar a fórmula de elasticidade para que o monopolista expresse sua política de preços de outra forma. Ao rearranjarmos a equação (25.1), teremos

$$p(y) = \frac{CMa(y^*)}{1 - 1/|\epsilon(y)|}. \qquad (25.2)$$

Essa fórmula indica que o preço de mercado é um *markup* sobre o custo marginal, no qual a quantidade de *markup* depende da elasticidade da demanda. O *markup* é dado por

$$\frac{1}{1 - 1/|\epsilon(y)|}.$$

Como o monopolista sempre opera onde a curva de demanda é elástica, temos a garantia de que $|\epsilon|>1$, e, assim, o *markup* é maior que 1.

No caso da curva de demanda com elasticidade constante, essa fórmula é especialmente simples, uma vez que $\epsilon(y)$ é uma constante. O monopolista que se defronta com uma curva de demanda com elasticidade constante cobrará um preço que é um *markup constante* do custo marginal. Isso está ilustrado na Figura 25.2. A curva chamada de $CMa / (1 - 1/|\epsilon|)$ é uma fração constante maior do que a curva do custo marginal; o nível ótimo de produção ocorre onde $p = CMa / (1 - 1/|\epsilon|)$.

EXEMPLO: O impacto dos impostos sobre o monopolista

Imaginemos uma empresa com custos marginais constantes e indaguemos o que acontece com o preço cobrado quando é estabelecido um imposto sobre a quantidade. É evidente que os custos marginais sobem na mesma proporção do valor do imposto, mas o que acontece com o preço de mercado?

Examinemos primeiro o caso de uma curva de demanda linear, como mostra a Figura 25.3. Quando a curva de custo marginal, CMa, desloca-se para cima no valor total do imposto para $CMa + t$, o intercepto da receita marginal e do custo marginal move-se para a esquerda. Como a curva de demanda tem metade da inclinação da curva de receita marginal, o preço aumenta em metade do valor do imposto.

Isso é fácil de verificar algebricamente. A condição de que a receita marginal se iguale ao custo marginal mais impostos é

$$a - 2by = c + t.$$

A resolução para y proporciona

$$y = \frac{a - c - t}{2b}.$$

---

[1] *Nota da Tradução*: Acréscimo feito ao preço de custo na fixação do preço de venda.

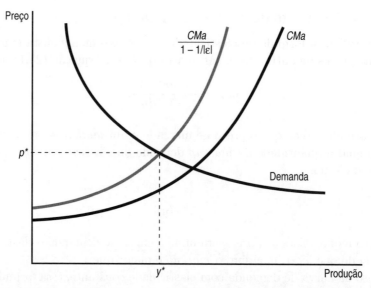

FIGURA 25.2 *Monopólio com elasticidade de demanda constante*. Para localizar o nível de produção que maximiza o lucro, encontramos o nível de produção onde a curva CMa / (1 − 1/|ϵ|) cruza a curva de demanda.

Portanto, a variação na produção será dada por

$$\frac{\Delta y}{\Delta t} = -\frac{1}{2b}.$$

A curva de demanda será

$$p(y) = a - by,$$

de modo que o preço mudará em $-b$ vezes a variação na produção:

$$\frac{\Delta p}{\Delta t} = -b \times -\frac{1}{2b} = \frac{1}{2}.$$

O fator 1/2 ocorre nesse cálculo em razão dos pressupostos da curva de demanda linear e dos custos marginais constantes. Juntos, esses pressupostos implicam que o preço aumenta menos que o imposto. Seria isso verdadeiro, de um modo geral?

A resposta é não. Em geral, o imposto pode aumentar o preço em mais ou em menos que o valor do imposto. Como um exemplo fácil, veja o caso do monopolista que se depara com uma curva de demanda de elasticidade constante. Teremos, então,

$$p = \frac{c+t}{1 - 1/|\epsilon|},$$

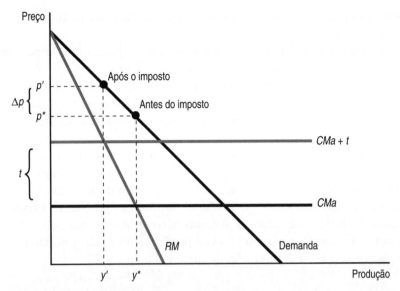

FIGURA 25.3 A demanda linear e os impostos. *A imposição de um imposto ao monopolista que se depara com uma curva de demanda linear. Observe que o preço aumentará em metade da quantia do imposto.*

de modo que

$$\frac{\Delta p}{\Delta t} = \frac{1}{1 - 1/|\epsilon|},$$

que certamente é maior do que 1. Nesse caso, o monopolista repassa aos preços *mais* do que o valor do imposto.

Outro tipo de imposto que podemos examinar é o imposto sobre os lucros. Nesse caso, o monopolista é obrigado a pagar uma fração τ de seus lucros ao governo. Seu problema de maximização será, pois,

$$\max_{y} \ (1 - \tau)[p(y)y - c(y)].$$

Mas o valor de y que maximiza os lucros também maximizará $(1 - \tau)$ vezes os lucros. Assim, um imposto apenas sobre os lucros não terá efeito sobre a escolha de produção do monopolista.

25.4 A Ineficiência do monopólio

A indústria competitiva opera num ponto onde o preço se iguala ao custo marginal. Já a indústria monopolizada opera num ponto onde o preço é maior que o custo marginal. Por esse motivo, o preço será em geral mais alto e a produção menor se uma empresa se comportar de modo monopolístico em vez de competitivo. Por isso, os consumidores estarão tipicamente em situação pior em uma indústria organizada como monopólio do que em uma indústria organizada de maneira competitiva.

Mas, pela mesma razão, a empresa estará melhor! Se considerarmos, de modo geral, tanto a empresa como o consumidor, não ficará claro qual é o "melhor" arranjo, se a concorrência ou o monopólio. Parece que se tem de fazer um juízo de valor sobre o bem-estar dos consumidores e dos proprietários das empresas. Entretanto, veremos que se pode argumentar contra o monopólio somente no que tange à eficiência.

Examinemos uma situação de monopólio como a representada na Figura 25.4. Vamos supor que pudéssemos, de alguma forma, sem custos, forçar essa empresa a se comportar competitivamente e considerar o preço do mercado como se fosse estabelecido de maneira exógena. Teríamos, então, (p_c, y_c) como o preço e a produção competitivos. Entretanto, se a empresa reconhecesse sua influência no preço de mercado e escolhesse o seu nível de produção de modo a maximizar lucros, verificaríamos o preço e a produção de monopólio (p_m, y_m).

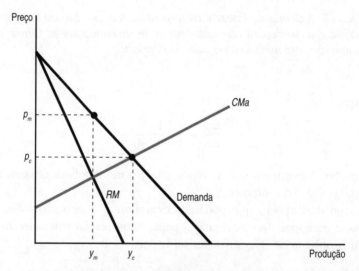

FIGURA 25.4 A ineficiência do monopólio. Um monopolista produz menos que o nível competitivo de produção e, portanto, é ineficiente no sentido de Pareto.

Lembre-se de que um arranjo econômico é eficiente no sentido de Pareto se não houver nenhuma forma de melhorar a situação de uma pessoa sem piorar a de outra. Será o nível de produção do monopólio eficiente no sentido de Pareto?

Lembre-se da definição da curva de demanda inversa. A cada nível de produção, $p(y)$ mede quanto as pessoas estão dispostas a pagar por uma unidade adicional do bem. Como $p(y)$ é maior do que $CMa(y)$ para todos os níveis de produção entre y_m e y_c, há toda uma faixa de produção em que as pessoas estão dispostas a pagar mais por uma unidade de um bem do que custa para produzi-lo. É claro que há potencial para uma melhoria de Pareto aqui!

Vejamos, por exemplo, a situação no nível de produção de monopólio y_m. Como $p(y_m) > CMa(y_m)$, sabemos que há alguém disposto a pagar mais por uma unidade extra do produto do que custa para produzir essa unidade. Suponhamos que a empresa produza tal unidade extra e a venda a essa pessoa por um preço p, em que $p(y_m) > p > CMa(y_m)$. Esse consumidor estará em melhor situação porque estava disposto a pagar $p(y_m)$ por aquela unidade de consumo e ela lhe foi vendida por $p < p(y_m)$. Do mesmo modo, custou ao monopolista $CMa(y_m)$ para produzir a unidade extra e ele a vendeu por $p > CMa(y_m)$. Todas as outras unidades de produto estão sendo vendidas pelo mesmo preço de antes, de modo que nada variou. Mas, na venda da unidade extra de produto, cada lado do mercado obtém um excedente – cada lado do mercado está em melhor situação e ninguém fica pior. Encontramos uma melhoria de Pareto.

Vale a pena examinar a razão dessa ineficiência. O nível eficiente de produção é aquele em que a disposição para pagar por uma unidade extra do produto é exatamente igual ao custo de produzi-la. A empresa competitiva faz essa comparação. Mas o monopolista também observa o efeito de aumentar a produção sobre a receita recebida das unidades **inframarginais**,[2] que nada têm a ver com eficiência. O monopolista estaria sempre pronto a vender uma unidade adicional a um preço mais baixo do que estivesse vendendo, se não fosse preciso reduzir o preço de todas as unidades inframarginais que estivessem à venda.

25.5 O ônus do monopólio

Agora que sabemos que um monopólio é ineficiente, podemos desejar conhecer a amplitude dessa ineficiência. Haverá uma forma de medir a perda total de eficiência provocada pelo monopólio? Sabemos como medir a perda experimentada pelos consumidores ao terem de pagar p_m, em vez de p_c – basta verificarmos a mudança ocorrida no excedente do consumidor. No que tange à empresa, também sabemos como medir o ganho verificado nos lucros ao cobrar p_m em vez de p_c – é só utilizarmos a variação do excedente do produtor.

O modo mais natural de combinar esses dois números é tratar a empresa – ou, mais apropriadamente, seus proprietários – e os consumidores da produção da empresa simetricamente e somar os lucros da empresa ao excedente do consumidor. A mudança nos lucros da empresa – a variação no excedente do produtor – mede o quanto os proprietários estariam dispostos a pagar para obter o preço mais alto sob monopólio, enquanto a mudança no excedente do consumidor mede o quanto os consumidores teriam de receber para serem compensados pelo preço mais alto. Assim, a diferença entre esses dois números deveria oferecer uma medida considerável do benefício líquido ou custo de monopólio.

A Figura 25.5 ilustra as mudanças nos excedentes do produtor e do consumidor resultantes da passagem da produção de monopolista para competitiva. O excedente do monopolista diminui em A devido ao preço mais baixo nas

---

[2] *Nota da Revisão Técnica*: Todas as demais unidades vendidas.

unidades que ele já vendia e sobe num total de C devido às unidades extras que agora vende.

O excedente dos consumidores aumenta em A porque agora os consumidores obtêm todas as unidades que compravam anteriormente a um preço menor e sobe em B porque eles obtêm um excedente nas unidades extras que são vendidas. A área A representa apenas a transferência do monopolista para o consumidor: num lado do mercado a situação melhora; no outro, piora, mas o excedente total não varia. A área $B + C$ representa um aumento verdadeiro no excedente – essa área mede o valor que os consumidores e os produtores atribuem à produção extra que está sendo obtida.

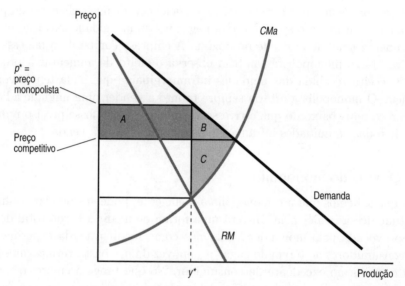

FIGURA 25.5 O ônus do monopólio. O ônus do monopólio é dado pela área B + C.

A área $B + C$ é conhecida como ônus graças ao monopólio. Ela fornece uma medida de quão pior está a situação das pessoas que pagam o preço de monopólio em vez de pagar o preço competitivo. O ônus resultante do monopólio, assim como o ônus provocado por um imposto, mede o valor da produção perdida mediante o cálculo do valor de cada unidade da produção perdida ao preço que as pessoas estariam dispostas a pagar por elas.

Para constatarmos que o ônus realmente mede o valor da produção perdida, basta imaginarmos que, a partir do ponto de monopólio, se ofereça uma unidade a mais de um produto. O valor dessa unidade marginal de produção será justamente o preço de mercado. O custo de produzir a unidade adicional de produto é o custo marginal. Portanto, o "valor social" de produzir uma unidade extra simplesmente será o preço menos o custo marginal. Considere, agora, no valor da próxima unidade de produto; mais uma vez, seu valor social será a diferença entre o preço e o custo marginal àquele nível de produção. E assim por diante. À medida que nos movemos do nível de produção de monopólio para o nível de produção competitiva, "somamos" as distâncias entre as curvas de demanda e de custo marginal, para gerar o valor da produção perdida em consequência do comportamento de monopólio. A área total existente entre as duas curvas de produção – a monopolista e a competitiva – é o ônus.

EXEMPLO: A duração ótima de uma patente

Uma **patente** oferece aos inventores o direito exclusivo de beneficiarem-se de suas invenções por um período limitado de tempo. Oferece, portanto, uma espécie de monopólio limitado. Tal proteção à patente visa a encorajar a inovação. Na ausência de um sistema de patentes, é provável que tanto as pessoas como as empresas não se dispusessem a investir muito em pesquisa e desenvolvimento, uma vez que as descobertas que fizessem seriam copiadas pelos concorrentes.

Nos Estados Unidos, a patente é válida por 17 anos. Durante esse período, os proprietários da patente têm o monopólio da invenção; expirado esse prazo de validade, qualquer um estará livre para utilizar a tecnologia descrita na patente. Quanto maior a duração da patente, maior o ganho dos inventores e, portanto, mais incentivos terão para gastar em pesquisa e desenvolvimento. Entretanto, quanto maior a duração do monopólio, maior será a geração de ônus. A vida longa para a patente tem como benefício o encorajamento da inovação e como custo o incentivo ao monopólio. A vida "ótima" de uma patente é o período que equilibra esses dois efeitos conflitantes.

O problema de determinar a duração ótima de uma patente foi examinado por William Nordhaus, da Universidade Yale.[3] Como Nordhaus aponta, o problema é muito complexo e envolve várias relações desconhecidas. No entanto, alguns cálculos simples podem fornecer algum insight que demonstre se a duração da patente atual está muito desalinhada em relação aos benefícios estimados e aos custos já descritos.

Nordhaus descobriu que, para a maioria das invenções, uma duração de patente de 17 anos era, em termos brutos, 90% eficiente – significando que alcançava 90% do excedente do consumidor máximo possível. Com base nesses dados, não parece haver motivo para se efetuarem mudanças drásticas no sistema de patentes.

EXEMPLO: Emaranhados de patentes

A proteção da propriedade intelectual oferecida pelas patentes fornece incentivos à inovação, mas pode haver um abuso desse direito. Alguns estudiosos argumentaram

---

[3] William Nordhaus, *Invention, Growth, and Welfare* (Cambridge, Mass.: MIT Press, 1969).

que a extensão dos direitos de propriedade intelectual a processos corporativos, software e outros domínios resultou em uma baixa qualidade das patentes.

Podemos conceber as patentes como tendo três dimensões: comprimento, largura e altura. O "comprimento" é o tempo de validade da patente. A "largura" depende da maior ou menor abrangência com que se interpretam as pretensões dos proprietários da patente. A "altura" é o padrão de novidade aplicado para determinar se a patente realmente representa uma nova ideia. Infelizmente, apenas o comprimento é quantificado de forma fácil. Os outros aspectos de qualidade, extensão e novidade da patente podem ser bastante subjetivos.

Já que ficou muito fácil obter patentes nos últimos anos, muitas empresas investem na aquisição de portfólios de patentes relacionadas a quase todos os aspectos de seus negócios. Qualquer companhia que queira ingressar em um setor do mercado e competir com outra empresa já estabelecida (*incumbent*), que já se beneficie da propriedade de um amplo espectro de patentes, pode se ver prejudicada por um **emaranhado de patentes**.

Mesmo empresas já bem estabelecidas acham importante investir na obtenção de um portfólio de patentes. Em 2004, a Microsoft pagou US$440 milhões à companhia InterTrust Technology para licenciar um portfólio de patentes relacionado à segurança de computadores e assinou um acordo válido por dez anos com a Sun Microsystems, pelo qual pagou US$900 milhões, com o objetivo de solucionar problemas de patente.

Entre 2003 e 2004, foram concedidas mais de mil patentes à Microsoft.[4]

Qual a razão dessa ênfase em portfólios de patentes? Para grandes companhias como a Microsoft, seu valor primordial reside no seu uso como "chips de barganha" em acordos que envolvem o licenciamento cruzado de patentes.

Os emaranhados de patentes com que cada companhia inicia um negócio operam como os mísseis nucleares mantidos pelos Estados Unidos e a União Soviética durante a Guerra Fria. Cada uma das potências tinha mísseis apontados para a outra em número suficiente para criar uma "destruição mutuamente garantida" no caso de o outro lado atacar primeiro. Portanto, nenhum lado podia se arriscar a iniciar um ataque.

Algo semelhante acontece no caso dos emaranhados de patentes. Se a IBM tentasse processar a HP por violar uma patente, a HP lançaria mão de seu próprio rol de patentes para processar a IBM por violar alguma dessas tecnologias. Até mesmo as companhias não muito interessadas em patentear aspectos de seus negócios são forçadas a fazê-lo para obter a munição necessária na defesa contra outros processos.

---

[4] *Nota da Revisão Técnica*: O termo "obtenção de patentes" tem dois significados. O primeiro pode ser entendido como o resultado de uma negociação comercial de licenciamento de patentes entre a empresa detentora e a empresa interessada em ser licenciada (compra de patentes). O segundo significado está relacionado com a obtenção de direitos de patentes resultantes de esforços de investimento em pesquisa e desenvolvimento da própria empresa. Neste último caso, é importante lembrar que os escritórios de patentes têm aumentado a abrangência dos objetos que podem ser patenteados, facilitando a obtenção de patentes.

A opção que corresponde à "bomba nuclear" no caso dos emaranhados de patentes é uma "proibição prévia". Em certas circunstâncias, um juiz poderia forçar uma companhia a parar de vender um item que pode estar violando uma patente detida pela outra parte. Esse procedimento pode ter um custo excessivamente alto. Em 1986, a Kodak teve de interromper completamente suas atividades no mercado de fotografia instantânea por causa da proibição ordenada por um tribunal. No final do processo, a Kodak foi sentenciada a pagar uma multa no valor de US$1 bilhão por violação de patente.

Uma ordem judicial para interromper a produção pode ser uma gigantesca ameaça, mas não tem força contra companhias que não produzem nada. A InterTrust, por exemplo, não vende produtos – todo o seu faturamento tem origem no licenciamento de patentes. Por essa razão, ela poderia ameaçar processar outras companhias por violação de patente sem se preocupar com a ameaça de ser processada por essas eventuais partes adversas.

EXEMPLO: Gerenciando a oferta de batatas

Todo mundo está familiarizado com a Organização dos Países Exportadores de Petróleo (Opep), o cartel internacional que tenta influenciar o preço do petróleo por meio da criação de cotas de produção. Normalmente, é ilegal nos Estados Unidos coordenar a produção para fazer os preços subirem, mas existem algumas indústrias isentas das regras antitruste.

Um exemplo notável é o dos produtores agrícolas. A lei Capper Volstead, de 1922, isenta os agricultores, especialmente, das regras federais antitruste. O resultado foi a criação de uma série de "juntas de comercialização agrícola", na tentativa de regular voluntariamente a oferta de produtos agrícolas.

Por exemplo, os Cultivadores de Batatas Unidos da América, grupo constituído em março de 2005, entraram em acordo com os produtores de batata, que representavam mais de 60% da área plantada de batata nos Estados Unidos. Em 2005, reivindicaram a redução da produção de 6,8 milhões de sacas de batata, cada uma pesando aproximadamente 45 quilos. Segundo o *Wall Street Journal*, isso era o equivalente a cerca de 1,3 bilhões de pedidos de batata frita.[5]

25.6 Monopólio natural

Vimos anteriormente que a quantidade de produção eficiente no sentido de Pareto ocorre num setor quando o preço se iguala ao custo marginal. O monopolista produz onde a receita marginal se iguala ao custo marginal e, portanto, produz muito pouco. Pode parecer que regular um monopólio para eliminar a ineficiência seja muito fácil – tudo que o regulador tem a fazer é igualar o preço ao custo marginal e a maximização de lucro fará o resto. Infelizmente, essa análise

---

[5] Timothy W. Martin, "This Spud's Not for You", *Wall Street Journal*, 26 de setembro de 2009.

deixa de fora um aspecto importante do problema: pode ser que o monopolista obtenha lucro negativo a tal preço.

A Figura 25.6 mostra um exemplo disso. Aqui, o ponto mínimo da curva de custo médio encontra-se à direita da curva de demanda e o intercepto da demanda e do custo marginal localiza-se abaixo da curva de custo médio. Embora o nível de produção y_{CMa} seja eficiente, não é lucrativo. Se um regulador estabelecer esse nível de produção, o monopolista preferirá abandonar o negócio.

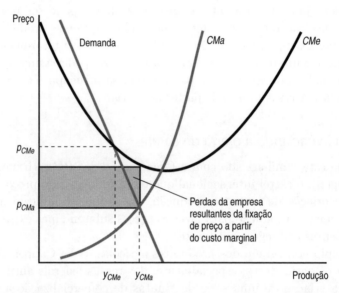

FIGURA 25.6 Um monopólio natural. Se o monopolista natural operar onde o preço se iguala ao custo marginal, ele alcançará um nível eficiente de produção, y_{CMa}, mas não conseguirá cobrir seus custos. Se for obrigado a produzir num nível em que o preço se iguale ao custo médio, y_{CMe}, cobrirá os custos, mas produzirá muito pouco em relação à quantidade eficiente.

Esse tipo de situação costuma ocorrer com os serviços de utilidade pública. Imaginemos uma empresa de gás, por exemplo. Nela, a tecnologia envolve custos fixos muito grandes – criação e manutenção de canalização para gás – e um custo marginal muito baixo para ofertar unidades extras de gás, visto que uma vez que a canalização esteja instalada, custa muito pouco bombear gás para dentro dela. Do mesmo modo, uma empresa telefônica local envolve custos muito elevados para instalar fios e redes de comutação, enquanto os custos marginais de uma unidade extra de serviço telefônico são muito baixos. Quando há custos fixos elevados e custos marginais baixos, pode-se obter com facilidade a situação descrita na Figura 25.6. Tal situação é conhecida como **monopólio natural**.

Se permitir que o estabelecimento do próprio preço pelo monopolista natural for indesejável devido à ineficiência de Pareto e forçar o monopólio natural a produzir a um preço competitivo não for viável devido ao lucro negativo, o que resta? Na sua maioria, os monopólios naturais são regulados ou operados pelo governo. Os diferentes países adotaram formas diferentes. Em alguns deles, o serviço telefônico é prestado pelo governo e, em outros, por empresas privadas regulamentadas pelo governo. Ambas as soluções possuem vantagens e desvantagens.

Por exemplo, examinemos o caso da regulamentação pelo governo de um monopólio natural. Se a empresa regulada não receber subsídios, terá de conseguir lucros não negativos, o que significa que terá de operar sobre ou acima da curva de custo médio. Se oferecer o serviço para todos que estejam dispostos a pagar por ele, terá também de operar sobre a curva de demanda. Portanto, a posição natural de operação para uma empresa regulamentada será um ponto como (p_{CMe}, y_{CMe}) na Figura 25.6. Nesse ponto, a empresa venderá seu produto ao custo médio de produção, de modo que os custos serão cobertos, mas haverá uma produção pequena demais em relação ao nível eficiente de produção.

Essa solução é muitas vezes adotada como uma política razoável de determinação de preços para um monopólio natural. Os reguladores governamentais estabelecem o preço que as empresas de utilidade pública podem cobrar. Geralmente, supõe-se que esses preços apenas permitam às empresas alcançar o ponto de equilíbrio – produzir em um nível em que o preço se iguale aos custos médios.

O problema que os reguladores enfrentam é o de conhecer com exatidão os verdadeiros custos da empresa. Normalmente, há uma comissão de utilidade pública que investiga os custos do monopólio numa tentativa de descobrir os custos-médios verdadeiros e estabelecer um preço capaz de cobrir esses custos. (É claro, um desses custos é o pagamento que as empresas têm de fazer a seus acionistas e a outros credores em troca do dinheiro que eles emprestaram à empresa.)

Nos Estados Unidos, esses conselhos reguladores operam nos níveis estadual e local. Os serviços telefônicos, de fornecimento de gás natural e de eletricidade costumam funcionar dessa forma. Outros monopólios naturais, como canais de TV a cabo, são normalmente regulados conforme o nível local.

A outra solução para o problema do monopólio natural é deixar o governo operá-lo. A solução ideal nesse caso é operar o serviço com preço igual ao do custo marginal e fornecer um subsídio de montante fixo para manter a empresa em operação. Isso é praticado com frequência nos sistemas de transportes públicos locais, como os de ônibus e metrô. Os subsídios de montante fixo podem não refletir operação ineficiente por si, mas apenas refletir os grandes custos fixos associados a esses serviços de utilidade pública.

Assim, mais uma vez, os subsídios podem representar apenas ineficiência! O problema dos monopólios governamentais é que neles é quase tão difícil medir os custos quanto nos serviços de utilidade pública regulamentados. As comissões de regulamentação governamentais que controlam as operações dos serviços de utilidade pública frequentemente os sujeitam a sabatinas para que justifiquem seus custos, enquanto uma burocracia governamental interna talvez consiga escapar a esse intenso escrutínio. Os burocratas do governo que controlam esses monopólios governamentais podem ser menos responsáveis com relação ao público do que aqueles que controlam os monopólios regulamentados.

25.7 O que causa os monopólios?

De posse de informações sobre custos e demanda, quando podemos prever se um setor será competitivo ou monopolizado? Em geral, a resposta depende da relação entre as curvas de custo médio e de demanda. O fator crucial é o tamanho da **escala mínima de eficiência** (**EME**), que aponta o nível de produção capaz de minimizar o custo médio, com respeito ao tamanho da demanda.

Vejamos a Figura 25.7, que ilustra a curva de custo médio e as curvas de demanda de mercado para dois bens. No primeiro caso, há espaço no mercado para várias empresas, cada uma delas cobrando um preço próximo a p^* e operando em escala relativamente pequena. No segundo mercado, apenas uma empresa pode obter lucros positivos. Assim, é de se esperar que o primeiro mercado funcione de modo competitivo e o segundo, de maneira monopolista.

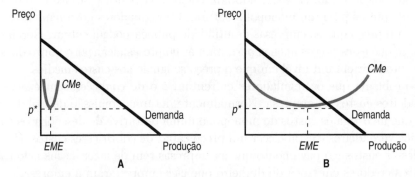

FIGURA 25.7 Demanda em relação à escala mínima de eficiência. (A) Se a demanda for grande em relação à escala mínima de eficiência, isso provavelmente resultará num mercado competitivo. (B) Se for pequena, é possível que ocorra uma estrutura industrial monopolista.

Portanto, a forma da curva de custo médio, ditada pela tecnologia básica empregada, é um aspecto importante para determinar se o mercado funcionará de modo competitivo ou monopolista. Se a escala mínima de produção eficiente – o nível de produção que minimiza os custos médios – for pequena em relação ao tamanho do mercado, podemos esperar a prevalência das condições competitivas.

Observe que essa afirmação é *relativa*: o que importa é a relação entre a escala e o tamanho do mercado. Não podemos fazer muito no que tange à escala mínima de eficiência – que é determinada pela tecnologia. Mas a política econômica pode influenciar o tamanho do mercado. Se um país escolher uma política de comércio exterior não restritiva, de modo que as empresas domésticas enfrentem a concorrência externa, essas empresas terão uma capacidade bem menor de influenciar os preços. Em sentido contrário, se um país adotar uma política de comércio exterior restritiva, que limite o tamanho do mercado àquele país, tornar-se-á mais provável a ocorrência de práticas monopolistas.

Se os monopólios surgem porque a escala mínima de eficiência é grande em relação ao tamanho do mercado e não é possível aumentá-lo, então a indústria é candidata à regulamentação ou a outros tipos de intervenção governamental. É claro que tal regulamentação e intervenção também têm seu custo. Os conselhos reguladores custam dinheiro e os esforços da empresa para satisfazê-los podem custar bastante caro. Do ponto de vista da sociedade, a questão deveria ser: o ônus do monopólio excede os custos de regulamentação?

Outra razão pela qual o monopólio pode ocorrer é o fato de várias empresas diferentes em um setor poderem fazer uma colusão[6] para restringir a produção com o objetivo de aumentar o preço e, portanto, os lucros. Quando as empresas se unem para reduzir a produção e aumentar o preço, dizemos que a indústria está organizada como um **cartel**.

Nos Estados Unidos, os cartéis são ilegais. A Divisão Antitruste do Departamento de Justiça e o Departamento de Concorrência da Comissão Federal do Comércio têm por função procurar provas de comportamento não competitivo por parte das empresas. Se o governo constatar que um grupo de empresas tentou restringir a produção ou está envolvido em outras práticas anticompetitivas, as empresas em questão poderão ser forçadas a pagar multas pesadas.

Entretanto, um setor pode ter uma empresa dominante por puro acidente histórico. Se uma empresa for a primeira a entrar num mercado, ela pode adquirir tal vantagem de custo que desencoraje outras empresas a entrar no setor. Suponhamos, por exemplo, que a entrada em determinado setor envolva custos muito altos. Então, a empresa estabelecida – aquela já instalada no setor – pode, em certas condições, ser capaz de convencer os entrantes potenciais de que reduzirá drasticamente os preços se eles tentarem entrar no setor. Ao impedir, desse modo, a entrada de concorrentes, uma empresa pode eventualmente dominar o mercado. No Capítulo 29, estudaremos um exemplo de fixação de preços para evitar a entrada de competidores.

EXEMPLO: Os diamantes são eternos

O cartel de diamantes De Beers foi formado por Sir Ernest Oppenheimer, minerador sul-africano, em 1930. Desde então, o cartel consolidou-se como um dos mais bem-sucedidos do mundo. A De Beers manipula mais de 80% da produção anual de diamantes do mundo e tem conseguido manter um quase monopólio por várias décadas. Ao longo dos anos, a De Beers desenvolveu diversos mecanismos para assegurar o controle do mercado de diamantes.

Primeiro, ela mantém estoques consideráveis de diamantes de todos os tipos. Se algum produtor tentar vender fora do âmbito do cartel, a De Beers tem condições de rapidamente inundar o mercado com o mesmo tipo de diamante, como forma de punir o desertor do cartel. Em segundo lugar, as cotas dos grandes produtores baseiam-se na *proporção* das vendas totais. Quando o mercado está

---

[6] *Nota da Revisão Técnica*: Ajuste secreto entre duas ou mais partes com prejuízos para terceiros.

fraco, a cota de produção de todos é reduzida de maneira proporcional, o que automaticamente aumenta a escassez e eleva os preços.

Em terceiro lugar, a De Beers está envolvida tanto na mineração como na venda no atacado. No mercado atacadista, os diamantes são vendidos para os lapidadores em caixas sortidas: os compradores levam uma caixa inteira ou nada – não podem escolher as pedras uma a uma. Se o mercado estiver fraco no tocante a determinado tamanho de diamante, a De Beers pode reduzir o número dessas pedras ofertadas nas caixas, o que as torna mais escassas.

Por fim, a De Beers pode influenciar a direção da demanda final de diamantes por meio dos US$110 milhões que gasta anualmente em propaganda. Mais uma vez, essa propaganda pode ser ajustada para os tipos de diamante cuja oferta encontra-se mais escassa.[7]

EXEMPLO: Ação combinada nos mercados de leilões

Certa vez, Adam Smith disse: "Pessoas de um mesmo negócio raramente se encontram, mesmo para congraçamento ou diversão, mas, quando o fazem, a conversa acaba em conspiração contra o público ou em algum tipo de maquinação para elevar os preços." Os lances nos mercados de leilões proporcionam um exemplo ilustrativo da observação de Smith. Em 1988, o Departamento de Justiça americano acusou doze antiquários da Filadélfia de violar a lei antitruste por participar desse tipo específico de "conspiração contra o público".[8]

Os comerciantes foram acusados de participar de "círculos de lances", ou "*pools*"[9], em leilões de móveis antigos. Os membros do *pool* escolhiam um deles para fazer lances acerca de determinadas peças. Se essa pessoa conseguisse arrematar a peça, os negociantes promoviam depois um leilão particular, denominado "nocaute",[10] no qual seus integrantes disputavam-na entre si. Essa prática permitia que os membros do *pool* adquirissem as peças a um preço muito inferior ao que prevaleceria se as disputassem em separado; em muitos casos, os preços dos leilões particulares atingiam patamares de 50% a 100% mais elevados do que o valor pago aos vendedores originais dos bens.

Os negociantes surpreenderam-se com o processo do Departamento de Justiça, pois consideravam essa ação em *pool* uma prática comercial corriqueira do ramo e

---

[7] Uma breve descrição do mercado de diamantes pode ser encontrada em "The cartel lives to face another threat", *The Economist*, 10 de janeiro de 1987, p. 58-60. Uma descrição mais detalhada pode ser encontrada em Edward J. Epstein, *Cartel* (Nova York: Putnam, 1978).
[8] Ver Meg Cox, "At Many Auctions, Illegal Bidding Thrives as a Longtime Practice among Dealers", *Wall Street Journal*, 19 de fevereiro de 1988, que serviu de fonte para este exemplo.
[9] *Nota da Revisão Técnica*: O termo inglês *pool* tem o significado comercial de associação entre várias empresas (no caso, leiloeiros) para especulações no mercado ou compras e vendas em comum.
[10] *Nota da Tradução*: Além do significado próprio do boxe, a palavra inglesa *knockout* também quer dizer – de acordo com o Dicionário Inglês-Português de Leonel e Lino Vallandro, Ed. Globo, Porto Alegre, 1979 – "combinação entre licitantes para adquirir a baixo preço artigos em leilão".

nela não enxergavam nenhuma ilegalidade. Eles viam a formação de *pools* como uma tradição de cooperação entre eles; o convite para juntar-se a um *pool* era considerado "um marco de distinção". Segundo um desses negociantes: "O dia em que fui admitido em um *pool* foi um dia de glória. Se você não fizesse parte do *pool*, não era considerado um negociante de muito valor." Os negociantes eram tão ingênuos a esse respeito que mantinham registros cuidadosos dos pagamentos que faziam nos leilões "nocaute", anotações posteriormente utilizadas pelo Departamento de Justiça para processá-los.

O Departamento de Justiça argumentou que, "se eles se juntavam para manter baixo o preço [recebido pelo vendedor], isso era ilegal". O ponto de vista do Departamento de Justiça acabou por prevalecer sobre o dos negociantes: 11 entre 12 deles confessaram-se culpados, pagaram multas entre US$1.000 e US$50.000 e beneficiaram-se de *sursis*. O negociante que optou pelo julgamento foi considerado culpado pelo júri, que o condenou a 30 dias de prisão domiciliar e multa de US$30.000.

EXEMPLO: Fixação de preços no mercado de memória para computador

DRAM são os chips de memória dinâmica de acesso aleatório (Dynamic Random Access Memory) incluídos em seu computador. São produtos bastante semelhantes, algo como uma commodity, e o mercado para esses chips é (em geral) altamente competitivo. Contudo, alega-se que muitos fabricantes de chips DRAM conspiraram para fixar preços e cobram dos fabricantes de computadores um preço mais alto do que seria praticado em condições puramente competitivas. Supostamente, a Apple, Compaq, Dell, Gateway, HP e IBM foram afetadas por essa conspiração.

O Departamento de Justiça começou a investigar tais alegações em 2002. Em setembro de 2004, a Infineon, a fábrica alemã de chips DRAM, declarou-se culpada pela fixação de preços e concordou em pagar uma multa de US$160 milhões. Essa foi a terceira maior multa criminal já imposta pela divisão antitruste do Departamento de Justiça.

De acordo com os documentos judiciais, a Infineon foi acusada de "participar de reuniões, conversações e comunicados com seus concorrentes para discutir os preços dos chips DRAM que seriam cobrados de alguns clientes; acertar níveis de preço para alguns clientes; e trocar informações sobre vendas com o propósito de monitorar e fazer valer os preços acertados".

Em seguida, quatro executivos da Infineon foram condenados à prisão e tiveram de pagar multas pesadas. As autoridades antitruste levam muito a sério a prática de fixação de preços, por isso as consequências para os que se envolvem nessa atividade, com as empresas ou os indivíduos, podem ser severas.

RESUMO

1. Quando há apenas uma única empresa em uma indústria, dizemos que ela constitui um monopólio.

2. O monopolista opera num ponto onde a receita marginal é igual ao custo marginal. Portanto, um monopolista cobra um preço que é um *markup* do custo marginal, em que o tamanho do *markup* depende da elasticidade da demanda.

3. Como o monopolista cobra um preço que ultrapassa o custo marginal, produzirá uma quantidade ineficiente de produto. A extensão da ineficiência pode ser medida pelo ônus – a perda líquida dos excedentes dos consumidores e produtores.

4. Um monopólio natural ocorre quando uma empresa não pode operar a um nível eficiente de produto sem perder dinheiro. Muitas empresas de prestação de serviços de utilidade pública constituem monopólios naturais desse tipo e são, portanto, regulamentadas pelo governo.

5. A competitividade ou a monopolização de um setor depende, em parte, da natureza da tecnologia. Se a escala mínima de eficiência for grande em relação à demanda, o mercado, provavelmente, será um monopólio. Mas, se a escala mínima de eficiência for pequena em relação à demanda, haverá espaço para várias empresas na indústria e, portanto, há expectativa de uma estrutura competitiva de mercado.

QUESTÕES DE REVISÃO

1. Diz-se que a curva de demanda da heroína é altamente inelástica. Também se diz que a oferta de heroína é monopolizada pela Máfia, que supomos ter interesse em maximizar o lucro. Essas duas afirmações são coerentes?

2. O monopolista defronta-se com uma curva de demanda dada por $D(p) = 100 - 2p$. Sua função custo é $c(y) = 2y$. Qual seu nível ótimo de produção e preço?

3. O monopolista defronta-se com uma curva de demanda dada por $D(p) = 10p^{-3}$. Sua função custo é $c(y) = 2y$. Qual seu nível ótimo de produção e preço?

4. Se $D(p) = 100/p$ e $c(y) = y^2$, qual é o nível ótimo de produção monopolista? (Tenha cuidado.)

5. Um monopolista com custo marginal constante opera num nível de produção em que $|\epsilon| = 3$. O governo impõe um imposto de quantidade de US$6 por unidade produzida. Se a curva de demanda com a qual se defronta o monopolista for linear, em quanto aumenta o preço?

6. Qual é a resposta para a pergunta anterior se a curva de demanda com a qual o monopolista se defronta tiver elasticidade constante?

7. Se a curva de demanda com a qual o monopolista se defronta tiver uma elasticidade constante de 2, qual será o *markup* no custo marginal?

8. O governo pensa em subsidiar os custos marginais do monopolista descrito na questão anterior. Que nível de subsídio o governo deverá escolher, se desejar que o monopolista alcance a quantidade social ótima de produção?

9. Mostre matematicamente que um monopolista sempre estabelece seu preço acima do custo marginal.

10. Verdadeiro ou falso? A imposição de um imposto de quantidade a um monopolista sempre fará com que o preço de mercado aumente proporcionalmente ao total do imposto.

11. Que problemas uma agência regulatória enfrenta na tentativa de forçar um monopolista a cobrar um preço perfeitamente competitivo?

12. Que tipos de condições econômicas e tecnológicas estimulam a formação de monopólios?

APÊNDICE

Defina a função receita por $r(y) = p(y)y$. Assim, o problema de maximização de lucros do monopolista será

$$\text{máx } r(y) - c(y).$$

A condição de primeira ordem para esse problema é apenas

$$r'(y) - c'(y) = 0,$$

o que implica que a receita marginal deve se igualar ao custo marginal na escolha ótima de produção.

Ao diferenciarmos a definição da função receita, teremos $r'(y) = p(y) + p'(y)y$ e, quando a substituirmos na condição de primeira ordem do monopolista, teremos a forma alternativa

$$p(y) + p'(y)y = c'(y).$$

A condição de segunda ordem para o problema de maximização do lucro do monopolista é

$$r''(y) - c''(y) \leq 0.$$

Isso implica que

$$c''(y) \geq r''(y)$$

ou que a inclinação da curva de custo marginal ultrapassa a da curva de receita marginal.

CAPÍTULO 26

O COMPORTAMENTO MONOPOLISTA

Num mercado competitivo, normalmente há diversas empresas que vendem o mesmo produto. Qualquer tentativa por parte de uma das empresas de vender seu produto por um preço superior ao de mercado leva os consumidores a abandoná-la em favor dos concorrentes. Num mercado monopolizado, somente uma empresa vende determinado produto. Quando o monopolista eleva seu preço, perde alguns, mas não todos os seus clientes.

Na verdade, a maioria das indústrias encontra-se em algum ponto entre esses dois extremos. Se um posto de gasolina de uma cidadezinha elevar o preço da gasolina que vende e perder a maioria de seus clientes, é razoável supor que essa empresa terá de agir como uma empresa competitiva. Se um restaurante da mesma cidade aumentar os preços e perder apenas uns poucos clientes, será razoável pensar que essa casa comercial tem algum grau de poder de monopólio.

Se alguma empresa detiver algum grau de poder de monopólio, disporá de maiores opções do que uma empresa que atue em uma indústria com concorrência perfeita. Ela pode, por exemplo, praticar estratégias de fixação de preços e de comercialização mais complicadas do que uma empresa que esteja em uma indústria competitiva. Pode, ainda, tentar diferenciar seus produtos daqueles vendidos pelos concorrentes para aumentar ainda mais seu poder no mercado. Neste capítulo, examinaremos como as empresas podem aumentar e explorar seu poder de mercado.

26.1 Discriminação de preços

Argumentamos anteriormente que o monopólio opera num nível ineficiente de produção porque ele a restringe ao ponto em que as pessoas estejam dispostas a pagar por uma produção adicional mais do que custa para produzi-la. O monopolista não quer produzir essa quantidade *extra* porque ela forçaria para baixo o preço que ele conseguiria obter por *toda* a sua produção.

Mas, se o monopolista conseguisse vender diferentes unidades de produto por preços diferentes, a história seria outra. A venda de diferentes unidades de produto a preços diferentes é chamada de **discriminação de preços**. Em geral, os economistas distinguem três tipos de discriminação de preços.

A **discriminação de preços de primeiro grau** significa que o monopolista vende diferentes unidades de produto a diferentes preços *e* que os preços podem diferir de pessoa para pessoa. Essa prática é às vezes conhecida como o caso de **discriminação perfeita de preços**.

A **discriminação de preços de segundo grau** significa que o monopolista vende diferentes unidades de produto a diferentes preços, mas cada pessoa que compra a mesma quantidade de bens paga o mesmo preço. Assim, os preços diferem no que tange às unidades do bem, mas não no que diz respeito às pessoas. O principal exemplo disso é o dos descontos por quantidade.

Já a **discriminação de preços de terceiro grau** ocorre quando o monopolista vende a produção para pessoas diferentes a diferentes preços, mas cada unidade vendida a determinada pessoa é vendida pelo mesmo preço. Essa é a modalidade mais comum de discriminação de preços e os exemplos dela incluem os descontos para pessoas idosas, para estudantes etc.

Vejamos cada um desses casos para analisarmos o que a teoria econômica diz sobre o funcionamento da discriminação de preços.

26.2 Discriminação de preços de primeiro grau

Quando há a **discriminação de preços de primeiro grau**, ou **discriminação perfeita** de preços, cada unidade do bem é vendida à pessoa que lhe atribui maior valor e ao preço máximo que essa pessoa esteja disposta a pagar por ele.

Examinemos a Figura 26.1, que ilustra as curvas de demanda de dois consumidores por um bem. Imagine um modelo de preço de reserva em que as pessoas escolham quantidades inteiras de bens e em que cada passo da curva de demanda represente uma mudança na disposição de pagar por unidades adicionais do bem. Também ilustramos curvas de custo marginal (constante) para o bem.

O produtor que for capaz de efetuar a discriminação de preços com perfeição venderá cada unidade do bem ao preço mais alto que puder impor, ou seja, ao preço de reserva de cada consumidor. Como cada unidade é vendida ao consumidor a seu preço de reserva para cada uma dessas unidades, não há geração de excedente do consumidor nesse mercado; todo o excedente vai para o produtor. Na Figura 26.1, as áreas reticuladas indicam o *excedente do produtor* que vai para o monopolista. Num mercado competitivo comum, essas áreas representariam o *excedente do consumidor*, mas, no caso da discriminação perfeita de preços, o monopolista consegue apropriar-se desse excedente.

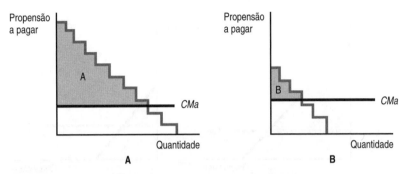

FIGURA 26.1 Discriminação de preços de primeiro grau. *Eis duas curvas de demanda do consumidor de um bem com a curva de custo marginal constante. O produtor venderá cada unidade do bem ao preço máximo que impuser que lhe proporcionará o maior lucro possível.*

Como o produtor obtém todo o excedente do mercado, ele quer assegurar-se de que esse excedente seja o maior possível. Dito de outro modo, o objetivo do produtor é maximizar seu lucro (o excedente do produtor) sujeito à restrição de que os consumidores estejam exatamente propensos a adquirir o bem. Isso significa que o resultado será eficiente no sentido de Pareto, uma vez que não haverá forma de melhorar a situação tanto dos consumidores como do produtor: o lucro do produtor não poderá ser aumentado, posto que já é o maior possível, enquanto o excedente do consumidor não poderá ser aumentado sem reduzir o lucro do produtor.

Se nos movermos para a aproximação da curva de demanda contínua, como na Figura 26.2, veremos que o monopolista que discrimina preços com perfeição tem de manter um nível de produção em que o preço se iguale ao custo marginal; se o preço for maior do que o custo marginal, isso significará que há alguém propenso a pagar mais do que custa produzir uma unidade adicional. Por que, então, não produzir essa unidade extra e vendê-la para essa pessoa ao preço de reserva dela e, assim, aumentar os lucros?

Exatamente como no caso do mercado competitivo, a soma dos excedentes do produtor e do consumidor é maximizada. No entanto, na discriminação perfeita de preços, o produtor acaba por obter *todo* o excedente gerado no mercado!

Interpretamos a discriminação de preços de primeiro grau como o ato de vender cada unidade ao máximo preço que se puder impor. No entanto, também podemos encará-la como a venda de uma quantidade fixa de um bem ao preço de "pegar ou largar". No caso ilustrado na Figura 26.2, o monopolista venderia x_1^0 unidades do bem à pessoa 1 a um preço igual à área que está abaixo da curva de demanda da pessoa 1 e se oferecerá para vender x_2^0 unidades do bem à pessoa 2 a um preço igual à área sob a curva de demanda da pessoa, B. Como anteriormente, cada pessoa terminaria com um excedente do consumidor igual a zero e a totalidade do excedente, $A + B$, ficaria com o monopolista.

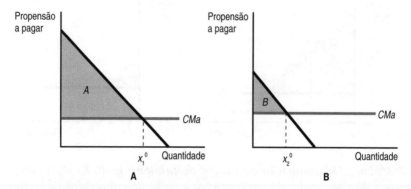

FIGURA 26.2 Discriminação de preços de primeiro grau com curvas de demandas contínuas. Eis duas curvas de demanda contínua do consumidor de um bem com a curva de custo marginal constante. Aqui, o produtor maximizará os lucros produzindo onde o preço se iguale ao custo marginal, como no caso de um mercado competitivo.

A discriminação perfeita de preços constitui um conceito idealizado – como sugere a palavra "perfeita", mas que é interessante do ponto de vista teórico, porque fornece um exemplo de outro mecanismo de alocação de recursos além do mercado competitivo que alcança a eficiência de Pareto. Na vida real há pouquíssimos exemplos de discriminação perfeita de preços. O exemplo mais próximo seria o do médico de uma cidadezinha que cobra preços diferentes de seus clientes, de acordo com a possibilidade de cada um para pagar.

EXEMPLO: Discriminação de preços de primeiro grau na prática

Como mencionado anteriormente, a discriminação de preços de primeiro grau é, antes de tudo, um conceito teórico. É difícil encontrar, no mundo real, exemplos nos quais cada indivíduo paga um preço diferente. Um exemplo possível é o de casos em que os preços são estabelecidos por negociação, como nas vendas de automóveis e no mercado de antiguidades. Contudo, esses não são os exemplos ideais.

Recentemente, a companhia Southwest Airlines introduziu um sistema chamado Ding, que tenta algo bastante semelhante à discriminação de preços de primeiro grau.[1] O sistema usa engenhosamente a internet. O usuário instala um

---

[1] Ver Christopher Elliott, "Your Very Own Personal Air Fare", *The New York Times*, 9 de agosto de 2005.

programa em seu computador e a linha aérea lhe manda, periodicamente, ofertas especiais de passagens. As ofertas são anunciadas com um som "ding", daí o nome do sistema.

Segundo um analista, os preços das ofertas feitas pelo Ding eram aproximadamente 30% mais baixos que os de ofertas comparáveis.

Mas esses preços baixos se manteriam? Tal sistema poderia ser usado para oferecer passagens por preços mais elevados. Mas essa possibilidade parece improvável considerando-se a natureza intensamente competitiva do setor aéreo. Se os preços começarem a subir, é fácil para o usuário retornar ao modo convencional de comprar passagens aéreas.

26.3 Discriminação de preços de segundo grau

A **discriminação de preços de segundo grau** é também conhecida como o caso da **fixação de preços não linear**, porque significa que o preço por unidade produzida não é constante, mas depende da quantidade que se compra. Essa modalidade de discriminação de preços é comumente utilizada pelas concessionárias de serviços de utilidade pública; por exemplo, o preço unitário da eletricidade em geral depende da quantidade que se compra. Outras indústrias costumam dar descontos para a compra de grande quantidade.

Examinemos o caso mostrado anteriormente na Figura 26.2. Vimos que o monopolista *gostaria* de vender uma quantidade de x_1^0 à pessoa 1 ao preço A + custo e uma quantidade de x_2^0 à pessoa 2 ao preço B + custo. Para estabelecer os preços certos, o monopolista tem de *conhecer* as curvas de demanda dos consumidores; ou seja, tem de conhecer a propensão exata a pagar de cada pessoa. Mesmo que o monopolista saiba algo sobre a distribuição estatística da propensão a pagar – por exemplo, os estudantes universitários estão dispostos a pagar menos por uma entrada de cinema do que os demais, pode ser difícil distinguir os estudantes dos demais na fila em frente à bilheteria.

Do mesmo modo, um agente de viagens pode saber que quem viaja a negócios pode estar propenso a pagar mais por suas passagens de avião do que os turistas, mas em geral é difícil distinguir se determinado viajante é um executivo ou um turista. Se a troca de um terno cinza por bermudas proporcionasse uma economia de US$500 nas despesas de viagem, os códigos de vestimenta das empresas mudariam com rapidez!

O problema com o exemplo de discriminação de preços de primeiro grau mostrado na Figura 26.2 é que a pessoa 1 – a pessoa mais propensa a pagar – pode *querer* passar-se pela pessoa 2 – a pessoa menos propensa a pagar. O vendedor poderá não ter nenhum meio eficaz de distinguir uma da outra.

Um meio de lidar com esse problema é oferecer dois pacotes diferentes de preço-quantidade no mercado. Um deles terá como alvo a pessoa mais propensa a pagar, enquanto o outro será dirigido à pessoa menos propensa a pagar. Pode ocorrer com frequência que o monopolista consiga elaborar pacotes de preço-quantidade capazes de induzir os consumidores a escolher o pacote a eles destinado; no jargão econômico, o monopolista elabora pacotes de preço--quantidade que proporcionam aos consumidores o incentivo à **autosseleção**.

Para vermos como isso funciona, a Figura 26.3 ilustra o mesmo tipo de curvas de demanda utilizadas na Figura 26.2; agora, porém, colocadas uma acima da outra. Também fizemos nesse diagrama com que o custo marginal fosse igual a zero para manter a simplicidade do argumento.

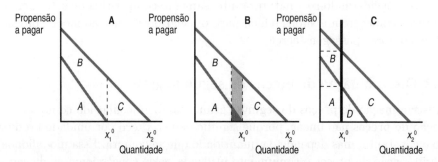

FIGURA 26.3 Discriminação de preços de segundo grau. *Eis aqui as curvas de demanda de dois consumidores; partimos do pressuposto de que o produtor tenha custo marginal zero. O painel A ilustra o problema de autosseleção. O painel B mostra o que acontecerá se o monopolista reduzir a produção destinada ao consumidor 1. Já o painel C retrata a solução maximizadora de lucros.*

Assim como antes, o monopolista gostaria de ofertar x_1^0 ao preço A e x_2^0 ao preço $A + B + C$. Isso permitiria que o monopolista capturasse todo o excedente e gerasse o maior lucro possível. No entanto, para infortúnio do monopolista, essas combinações de preço-quantidade não são compatíveis com a autosseleção. O consumidor de elevado nível de demanda acharia ótimo escolher a quantidade x_1^0 e pagar o preço A; isso o deixaria com um excedente igual ao da área B, o que é melhor do que o excedente zero que ele obteria se escolhesse x_2^0.

Uma coisa que o monopolista pode fazer é ofertar x_2^0 ao preço de $A + C$. Nesse caso, o consumidor de nível de demanda elevado achará ótimo escolher x_2^0 e receber um excedente bruto de $A + B + C$. Ele pagará ao monopolista $A + C$, o que proporcionará um excedente líquido de B ao consumidor 2 – exatamente o que obteria se escolhesse x_1^0. Isso em geral proporciona ao monopolista um lucro maior do que obteria se oferecesse apenas uma combinação de preço-quantidade.

A história, porém, não acaba aqui. Há ainda algo mais que o monopolista pode fazer para incrementar os lucros. Suponhamos que, em vez de oferecer x_1^0 ao preço A ao consumidor com baixo nível de demanda, o monopolista ofereça uma quantidade um pouco menor a um preço ligeiramente menor do que A. Isso reduzirá os lucros do monopolista com relação à pessoa 1 pelo pequeno triângulo em tom mais escuro ilustrado na Figura 26.3B. Observe, porém, que, como o pacote da pessoa 1 ficou menos atraente para a pessoa 2, o monopolista agora pode cobrar *mais* da pessoa 2 por x_2^0! Ao reduzir x_1^0, o monopolista torna a área A um pouco menor (na proporção do triângulo em negrito), mas torna a área C maior (na proporção da área reticulada). Como resultado, há um aumento nos lucros do monopolista.

Ao prosseguirmos nessa linha de raciocínio, veremos que o monopolista desejará diminuir a quantidade ofertada à pessoa 1 até o ponto em que o lucro perdido com essa pessoa em consequência da redução na produção iguale o lucro ganho com a pessoa 2. Nesse ponto, conforme ilustrado na Figura 26.3C, os benefícios e os custos marginais advindos da redução da quantidade equilibram-se. A pessoa 1 escolhe x_1^m e paga A; a pessoa 2 escolhe x_2^0 e paga $A + C + D$. A pessoa 1 acaba com excedente zero e a pessoa 2 com excedente de B – o mesmo que obteria se escolhesse consumir x_1^m.

Na prática, o monopolista sempre incentiva essa autosseleção não mediante o ajuste da *quantidade* do bem, como nesse exemplo, mas, sim, pelo ajuste da *qualidade* do bem. As quantidades apresentadas no modelo que acabamos de examinar podem ser reinterpretadas como qualidades e tudo funcionará como antes. Em geral, o monopolista procurará reduzir a qualidade oferecida ao extremo inferior de seu mercado de modo a não canibalizar as vendas feitas ao extremo superior. Se não houvesse consumidores no extremo superior, aqueles situados no extremo inferior obteriam um produto de qualidade mais elevada, mas acabariam não auferindo um excedente igual a zero. Sem consumidores no extremo inferior, os consumidores do extremo superior registrariam excedente igual a zero, de modo que seriam beneficiados pela existência daqueles consumidores do extremo inferior. Isso ocorre porque o monopolista deve reduzir o preço cobrado aos consumidores do extremo superior a fim de desestimulá-los a optar pelo produto destinado aos consumidores do extremo inferior.

EXEMPLO: Discriminação de preços nas tarifas aéreas

O setor de transportes aéreos tem sido muito bem-sucedido na discriminação de preços (embora os representantes do setor prefiram empregar o termo "administração de rendimentos"). O modelo descrito aplica-se razoavelmente bem ao problema enfrentado pelas empresas aéreas: há, essencialmente, dois tipos de consumidores, os que viajam a negócios e os que viajam por motivos pessoais, e que, em geral, têm propensão a pagar bem diferente. Embora haja várias empresas aéreas concorrentes no mercado americano, é muito comum ver apenas uma ou duas delas fazendo a ligação entre duas cidades. Isso proporciona a essas empresas grande liberdade para fixar preços.

Vimos que a política ótima de preços para um monopolista que lida com dois grupos de consumidores é vender ao mercado com mais propensão a pagar por preços altos e ofertar um produto de menor qualidade ao mercado com menos propensão a pagar. O ponto almejado com o produto de menor qualidade é dissuadir os que têm mais propensão a parar de comprá-lo.

O modo que as empresas encontraram para implementar essa dissuasão é oferecer uma "tarifa sem restrições" para quem viaja a negócios e uma "tarifa com restrições" para quem viaja a passeio. A tarifa com restrições sempre requer compra antecipada, permanência de uma noite de sábado e outras imposições desse tipo. Essas imposições, é claro, têm por objetivo possibilitar a discriminação entre os passageiros que viajam a negócios e têm um elevado nível de demanda e os que viajam por motivos pessoais – esses, mais sensíveis ao preço. Ao oferecer um produto "degradado" – as tarifas com restrições, as empresas conseguem cobrar dos clientes que exigem condições flexíveis de viagem um valor consideravelmente mais elevado pelas passagens.

Esse modo de agir pode ter uma utilidade social: se não houvesse a possibilidade de discriminar preços, as empresas poderiam decidir que seria ótimo vender *apenas* para os mercados de demanda elevada.

Outra forma pela qual as empresas aéreas discriminam os preços se refere à distinção entre primeira classe e classe econômica. Os passageiros da primeira classe pagam bem mais por suas passagens, mas recebem um nível mais elevado de serviço: mais espaço, comida melhor e mais atenção. Por sua vez, os passageiros da classe econômica recebem um nível mais baixo de serviço em todos os aspectos. Esse tipo de discriminação tem caracterizado os serviços de transportes por centenas de anos. Veja, por exemplo, este comentário sobre a fixação dos preços das passagens dos trens, feito por Emile Dupuit, economista francês do século XIX:

> Não é por causa de uns poucos milhares de francos que teriam de ser gastos para colocar teto nos vagões da terceira classe ou acolchoar-lhes os assentos que uma ou outra empresa tem vagões abertos e com assentos de madeira... O que as empresas querem evitar é que os passageiros que possam pagar a tarifa de segunda classe viajem na terceira; elas atingem os pobres não porque queiram infligir-lhes mal, mas, sim, para amedrontar os ricos... E é também pelo mesmo motivo que as empresas, após serem cruéis com os passageiros da terceira classe e mesquinhas com os da segunda, tornam-se generosas no trato com os clientes da primeira classe. Depois de recusar aos pobres o necessário, elas concedem aos ricos o supérfluo.[2]

Da próxima vez que você viajar na classe econômica, talvez lhe sirva de consolo saber que as viagens de trem na França do século XIX eram ainda mais desconfortáveis!

EXEMPLO: Preços de medicamentos com receita médica[3]

O suprimento mensal do antidepressivo Zoloft custa US$29,74 na Áustria, US$32,91 em Luxemburgo, US$40,97 no México e US$64,67 nos Estados Unidos.

---

[2] Tradução para o inglês de R.B. Ekelund em "Price Discrimination and Product Differentiation in Economic Theory: An Early Analysis", *Quarterly Journal of Economics*, 84 (1970), p. 268-78.

[3] *Nota da Revisão Técnica*: Os medicamentos que só podem ser adquiridos mediante receita médica podem sofrer influência em seus preços se os planos de saúde limitarem o teto a ser reembolsado. Caso contrário, os médicos tenderão a receitar levando em conta apenas aspectos técnicos, e não de preço.

Por que os preços diferem? Os fabricantes de medicamentos, como as demais empresas, cobram de acordo com o que o mercado pode suportar. Os preços dos medicamentos em países pobres tendem a ser mais baixos, pois eles não podem pagar tanto quanto os países ricos.

Mas essa não é a história toda. O poder de barganha também difere drasticamente de um país para o outro. No Canadá, que conta com um plano nacional de saúde, os preços dos medicamentos tendem a ser inferiores aos preços praticados nos Estados Unidos, onde os serviços de saúde não são centralizados.

Foi feita a proposta de que os fabricantes de medicamentos sejam obrigados a cobrar um preço único no mundo inteiro. Deixando de lado a espinhosa questão de como os fazer cumprirem tal norma, podemos nos perguntar sobre quais seriam as consequências dessa política de preços? Ao todo, os preços mundiais terminariam sendo mais baixos ou mais elevados?

A resposta depende do tamanho relativo do mercado. Um medicamento para a malária tem a maior parte da sua demanda localizada em países pobres. Se fossem forçadas a praticar um preço único, as companhias farmacêuticas possivelmente venderiam tal medicamento por um preço baixo. Mas um medicamento para doenças que afetam habitantes de países ricos provavelmente seria vendido por um preço alto, tornando-o caro demais para quem habita as áreas mais pobres do globo.

Normalmente, passar da discriminação de preços para um regime de preço único elevaria alguns preços e baixaria outros, melhorando a situação de algumas pessoas e piorando a de outras. Em alguns casos, um produto não poderia sequer ser ofertado em alguns mercados se o vendedor fosse obrigado a aplicar um preço único.

26.4 Discriminação de preços de terceiro grau

Lembre-se de que isso significa que o monopolista vende a pessoas diferentes a preços diferentes, mas que todas as unidades do bem vendidas a determinado grupo são vendidas ao mesmo preço. A discriminação de preços de terceiro grau é a modalidade mais comum de discriminação de preços. Os exemplos podem incluir os descontos para estudantes nos cinemas ou os descontos para as pessoas idosas nas farmácias. Como o monopolista encontra os preços ótimos a serem cobrados em cada mercado?

Suponhamos que o monopolista consiga identificar dois grupos de pessoas e possa vender um item a cada grupo por um preço diferente. Suponhamos que os consumidores de cada mercado não consigam revender o bem. Empreguemos $p_1(y_1)$ e $p_2(y_2)$ para representar as curvas de demanda inversa dos grupos 1 e 2, respectivamente, e $c(y_1 + y_2)$ para representar o custo de produção. O problema de maximização do lucro enfrentado pelo monopolista é

$$\max_{y_1, y_2} \; p_1(y_1)y_1 + p_2(y_2)y_2 - c(y_1 + y_2).$$

A solução ótima deverá ter

$$RM_1(y_1) = CMa(y_1 + y_2)$$

$$RM_2(y_2) = CMa(y_1 + y_2).$$

Ou seja, o custo marginal de produzir uma unidade de produto extra deve ser igual à receita marginal em *cada* mercado. Se a receita marginal no mercado 1 ultrapassar o custo marginal, valeria a pena aumentar a producao nos dois mercados, o que significa claramente que a receita marginal em cada mercado tambem tem de ser a mesma. Desse modo, um bem deve proporcionar o mesmo aumento de receita, seja ele vendido no mercado 1 ou 2.

Podemos utilizar a fórmula-padrão de elasticidade da receita marginal e representar as condições de maximização de lucro como

$$p_1(y_1)\left[1 - \frac{1}{|\epsilon_1(y_1)|}\right] = CMa(y_1 + y_2)$$

$$p_2(y_2)\left[1 - \frac{1}{|\epsilon_2(y_2)|}\right] = CMa(y_1 + y_2),$$

em que $\epsilon_1(y_1)$ e $\epsilon_2(y_2)$ representam as elasticidades da demanda nos respectivos mercados, avaliadas de acordo com as escolhas maximizadoras de lucro da produção.

Agora, observe o seguinte. Se $p_1 > p_2$, devemos ter

$$1 - \frac{1}{|\epsilon_1(y_1)|} < 1 - \frac{1}{|\epsilon_2(y_2)|},$$

o que, por sua vez, implica que

$$\frac{1}{|\epsilon_1(y_1)|} > \frac{1}{|\epsilon_2(y_2)|}.$$

Isso significa que

$$|\epsilon_2(y_2)| > |\epsilon_1(y_1)|.$$

Assim, o mercado com o preço mais alto precisa ter a menor elasticidade de demanda. Se pensarmos bem, isso é bastante razoável. Uma demanda elástica é uma demanda sensível ao preço. Uma empresa que discrimina preços atribuirá, portanto, um preço mais baixo para o grupo sensível ao preço e um preço mais elevado ao grupo relativamente insensível. Desse modo, ela maximiza seus lucros em termos gerais.

Sugerimos que os descontos para idosos e estudantes constituíam bons exemplos de discriminação de preços de terceiro grau. Podemos agora ver por que eles têm descontos. É provável que os estudantes e os idosos sejam mais sensíveis aos preços do que o consumidor médio e, por isso, tenham demandas mais elásticas para a região relevante dos preços. Assim, a empresa que maximiza o lucro discriminará os preços em seu favor.

EXEMPLO: Curvas de demanda linear

Examinemos o problema em que a empresa se defronta com dois mercados com curvas de demanda linear, $x_1 = a - bp_1$ e $x_2 = c - dp_2$. Suponhamos, para simplificar, que os custos marginais sejam zero. Se a empresa puder discriminar preços, ela produzirá onde a receita marginal se iguala a zero em cada mercado – numa combinação entre preço e quantidade situada na metade inferior da curva de demanda, com produções de $x_1^* = a/2$ e $x_2^* = c/2$ e preços $p_1^* = a/2b$ e $p_2^* = c/2d$.

Suponhamos que a empresa fosse forçada a vender em ambos os mercados ao mesmo preço. Ela, então, se defrontaria com uma curva de demanda $x = (a + c) - (b + d)p$ e produziria na metade inferior dessa curva de demanda, o que resultaria numa produção de $x^* = (a + c)/2$ e num preço de $p^* = (a + c)/2(b + d)$. Observe que a produção total é a mesma, seja permitido ou não discriminar preços. (Essa é uma característica especial da curva de demanda linear e não se aplica no geral.)

Há, porém, uma exceção importante a essa afirmação. Partimos do pressuposto de que, quando o monopolista escolher um preço ótimo, ele venderá uma quantidade positiva da produção em cada mercado. Também pode acontecer que, ao preço maximizador do lucro, o monopolista venda em apenas um dos mercados, conforme ilustra a Figura 26.4.

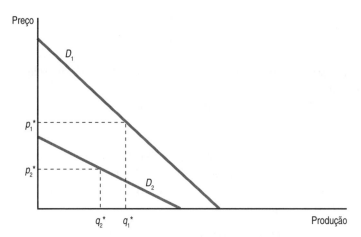

FIGURA 26.4 Discriminação de preços com demandas lineares. Se o monopolista puder cobrar apenas um preço, ele cobrará p_1^* e venderá apenas para o mercado 1. Mas, se lhe for permitido discriminar preços, também venderá ao preço p_2^* no mercado 2.

Temos aqui duas curvas de demanda linear; como supomos que o custo marginal seja zero, o monopolista desejará operar num ponto onde a elasticidade da demanda seja −1, que sabemos situar-se na metade inferior da curva de demanda. Portanto, o preço p_1^* é um preço que maximiza o lucro – se o preço diminuísse um pouco mais, as receitas do mercado 1 diminuiriam. Se a demanda for muito pequena no mercado 2, pode ser que o monopolista não queira diminuir o preço ainda mais para vender nesse mercado; ele acabará por vender apenas para o mercado maior.

Nesse caso, permitir a discriminação de preços aumentará, sem dúvida, a produção total, uma vez que o monopolista terá interesse em vender nos dois mercados, se puder cobrar um preço diferente em cada um deles.

EXEMPLO: Cálculo da discriminação ótima de preços

Suponhamos que o monopolista se defronte com dois mercados com curvas de demanda dadas por

$$D_1(p_1) = 100 - p_1$$
$$D_2(p_2) = 100 - 2p_2.$$

Suponhamos ainda que o custo marginal do monopolista seja constante, em US$20 a unidade. Se ele pudesse discriminar preços, quanto cobraria em cada mercado, para maximizar seus lucros? E se ele não pudesse discriminá-los? Quanto cobraria?

Para solucionar o problema da discriminação de preços, calculamos primeiro as funções de demanda inversas:

$$p_1(y_1) = 100 - y_1$$
$$p_2(y_2) = 50 - y_2/2.$$

A receita marginal iguala-se ao custo marginal em cada mercado, gerando as duas equações:

$$100 - 2y_1 = 20$$
$$50 - y_2 = 20.$$

Ao resolvermos, teremos $y_1^* = 40$ e $y_2^* = 30$. Se substituirmos nas funções de demanda inversas, obteremos os preços $p_1^* = 40$ e $p_2^* = 35$.

Se o monopolista tiver de cobrar o mesmo preço em ambos os mercados, calculamos primeiro a demanda total:

$$D(p) = D_1(p_1) + D_2(p_2) = 200 - 3p.$$

A curva de demanda inversa será

$$p(y) = \frac{200}{3} - \frac{y}{3}.$$

A igualdade entre a receita e o custo marginais proporciona

$$\frac{200}{3} - \frac{2}{3}y = 20,$$

que pode ser resolvida para resultar em $y^* = 70$ e $p^* = 43\frac{1}{3}$.

De acordo com o que foi visto na seção anterior, é importante verificar que esse preço não venha a gerar demandas não negativas em cada mercado. Contudo, é fácil de constatar que se trata de um caso desses.

EXEMPLO: Discriminação de preços em jornais acadêmicos

A maior parte da comunicação universitária efetua-se por meio de jornais acadêmicos. Essas publicações são vendidas por assinatura a bibliotecas e a pessoas. É muito comum observar a cobrança de preços diferentes para as assinaturas dos exemplares destinados a bibliotecas e aqueles remetidos às pessoas. Em geral, era de se esperar que a demanda das bibliotecas fosse bem mais inelástica do que a das pessoas e, por isso, exatamente como prevê a análise econômica, os preços das assinaturas para bibliotecas são muito mais altos do que os para as pessoas – não raro, duas a três vezes mais elevados.

Mais recentemente, algumas editoras começaram a discriminar preços geograficamente. Em 1984, quando o dólar americano experimentava uma valorização recorde em relação à libra esterlina, vários editores britânicos começaram a cobrar preços diferentes para assinantes americanos e para assinantes europeus. Era de se esperar que a demanda americana fosse mais inelástica. Como o preço em dólares das publicações britânicas era relativamente baixo em consequência da taxa de câmbio, um aumento de 10% no preço cobrado nos Estados Unidos resultaria numa queda percentual da demanda menor do que um aumento semelhante no preço praticado na Grã-Bretanha. Assim, no que tange à maximização do lucro, fez sentido para os editores britânicos aumentar os preços de seus jornais para o grupo com menor elasticidade de demanda – os assinantes americanos. De acordo com um estudo de 1984, as bibliotecas americanas pagavam 67% a mais pelas publicações que as bibliotecas do Reino Unido e 34% a mais que qualquer outra no mundo.[4]

Outras provas de discriminação nos preços podem ser encontradas pelo exame do padrão de aumento de preços. De acordo com um estudo feito pela Biblioteca da Universidade de Michigan, "... os editores elaboraram cuidadosamente sua nova estratégia de preços. Parece haver uma correlação direta... entre os padrões de uso da biblioteca e a magnitude do diferencial de preços. Quanto maior o uso, maior o diferencial".[5]

Em 1986, a taxa de câmbio voltou a favorecer a libra esterlina e os preços em dólares dos jornais britânicos aumentaram de maneira significativa. Os aumentos de preços esbarraram numa séria resistência. As frases que concluem o relatório são ilustrativas: "Espera-se que um vendedor com o monopólio de um produto

---

[4] Hamaker, C. e Astle, D., "Recent Pricing Patterns in British Journal Publishing", *Library Acquisitions: Practice and Theory*, 8: 4 (primavera de 1984), p. 225-32.
[5] O estudo, conduzido por Robert Houbeck para a Biblioteca da Universidade de Michigan, foi publicado no vol. 2, n. 1, de *University Library Update*, abril de 1986.

cobre de acordo com a demanda. O que o *campus*, como cliente, tem de decidir é se continuará a pagar até 114% a mais que seus correspondentes ingleses por produto idêntico."

26.5 Vinculação de produtos

As empresas gostam de vender produtos de maneira **casada**; em pacotes de bens relacionados, em geral ofertados para venda casada. Exemplo notável são os pacotes de software, que podem reunir diversas ferramentas – um processador de textos, uma planilha eletrônica e uma ferramenta de apresentação – vendidas juntas num conjunto único. Outro exemplo é o das revistas, que consistem num conjunto de artigos, os quais, em princípio, poderiam ser vendidos separadamente. Do mesmo modo, as revistas costumam ser vendidas por assinatura – que não passa de uma forma de vincular várias edições.

A vinculação pode ser motivada pela economia de custos: em geral é mais barato vender diversos artigos juntos do que vender cada um deles separadamente. Pode, ainda, ser motivada pela complementaridade entre os bens envolvidos: os programas de computador vendidos em pacotes em geral interagem com mais eficiência do que ocorre com uma reunião de programas separados.

Mas também pode haver razões que envolvam o comportamento do consumidor. Vejamos um exemplo simples: suponhamos que haja duas classes de consumidores e dois programas de computador diferentes, um processador de texto e uma planilha eletrônica. Os consumidores do tipo A estão dispostos a pagar US$120 por um processador de texto e US$100 por uma planilha eletrônica. Já os consumidores do tipo B têm preferências opostas: estão dispostos a pagar US$120 pela planilha eletrônica e US$100 pelo processador de texto. Essas informações encontram-se resumidas na Tabela 26.1.

TABELA 26.1 *Disposição para pagar por componentes de software*

Tipo de consumidor	Processador de texto	Planilha eletrônica
Consumidores do tipo A	120	100
Consumidores do tipo B	100	120

Suponhamos que você venda esses produtos. Para simplificar, vamos presumir que o custo marginal seja desprezível, de modo que você só queira maximizar a receita. Além disso, partamos do pressuposto conservador de que a propensão a pagar por um pacote que contenha um processador de texto e uma planilha eletrônica seja a mesma que a soma da propensão a pagar por cada componente.

Examinemos agora os lucros proporcionados por duas políticas de marketing diferentes. Suponhamos, primeiro, que você venda cada um dos itens separadamente. A receita que maximiza a política é a de fixar um preço de

US$100 para cada tipo de software. Se você fizer isso, venderá duas cópias do processador de texto e duas da planilha eletrônica e receberá uma receita total de US$400.

Mas e se você juntar os dois itens? Nesse caso, você poderia vender *cada* pacote por US$220 e receber uma receita líquida de US$440. A estratégia de vinculação é mais atraente!

O que ocorre nesse exemplo? Lembre-se de que, quando você vende um item para várias pessoas diferentes, o preço é determinado pelo comprador com a *menor* propensão a pagar. Quanto mais variadas forem as avaliações feitas pelas pessoas, mais baixo será o preço que você terá de pagar para vender determinado número de itens. Nesse caso, a vinculação do processador de texto com a planilha eletrônica reduz a dispersão da propensão a pagar – o que permite ao monopolista estabelecer um preço mais elevado para o pacote de bens.

EXEMPLO: Pacotes de software

A Microsoft, a Lotus e outros produtores de software vincularam a maior parte de seus programas aplicativos. Por exemplo, em 1993, a Microsoft ofertou uma planilha eletrônica, um processador de texto, uma ferramenta de apresentação e um banco de dados, tudo sob o nome de "Microsoft Office", pacote que tinha um preço sugerido de varejo de US$750. (O preço com desconto chegava a US$450.) Se adquirido em separado, o conjunto de aplicativos custaria US$1.565! A Lotus ofereceu o "Smart Suite" basicamente pelo mesmo preço; separadamente, os componentes do pacote custavam, no total, US$1.730.

De acordo com um artigo de Steve Lohr no *The New York Times* de 15 de outubro de 1993, 50% do software aplicativo da Microsoft era vendido em pacotes e gerava uma receita anual de US$1 bilhão.

Esses pacotes de software encaixam-se bem no modelo de vinculação. Os gostos em relação ao software são, em geral, muito heterogêneos. Algumas pessoas usam o processador de texto todos os dias; e as planilhas, só de vez em quando. Outras já seguem o padrão oposto. Se você quiser vender uma planilha eletrônica para um grande número de usuários, terá de vendê-la a um preço que seja atraente para o usuário ocasional. O mesmo ocorre com o processador de texto: é a propensão a pagar do usuário *marginal* que dita o preço de mercado. A vinculação de dois produtos permite reduzir a dispersão da propensão a pagar e aumentar os lucros totais.

Isso sem falar que a vinculação não é a essência dos pacotes de software; outros fenômenos também concorrem para isso. Os componentes individuais dos pacotes têm garantia de um bom funcionamento em conjunto; nesse aspecto, eles são bens complementares. Além disso, o êxito de um software tende a depender muito de quantas pessoas o utilizam e a vinculação ajuda a conquistar uma parcela de mercado. Investigaremos o fenômeno das **externalidades da rede** em um capítulo subsequente.

26.6 Tarifas bipartidas

Imaginemos o problema de fixação de preços com que se defrontam os proprietários de um parque de diversões. Eles podem estabelecer um preço para entrar no parque e outro para utilizar no acesso aos brinquedos. Como eles devem fixar esses dois preços se quiserem maximizar os lucros? Observe que as demandas de acesso e de voltas nos brinquedos estão inter-relacionadas: o preço que as pessoas estarão propensas a pagar para entrar no parque dependerá do preço que pagarão pelas voltas. Esse tipo de esquema de fixação de preços que considera demandas inter-relacionadas é conhecido como **tarifa bipartida**.[6]

São muitos os exemplos da aplicação de tarifas bipartidas: a Polaroid vende sua câmara por um preço e o filme por outro. Ao decidir comprar ou não a câmera, as pessoas presumivelmente levam em consideração o preço do filme. Uma empresa que fabrica aparelhos de barbear vende os aparelhos por um preço e as lâminas por outro – mais uma vez, o preço fixado para as lâminas influenciará a demanda pelos aparelhos, e vice-versa.

Vejamos como solucionar esse problema de fixação de preços no contexto do exemplo original: o chamado Dilema da Disneylândia. Como de hábito, faremos algumas suposições simplificadoras. Em primeiro lugar, partiremos do pressuposto de que só haja um brinquedo na Disneylândia. Em segundo lugar, imaginaremos que as pessoas só vão à Disneylândia para andar de brinquedo. Por fim, faremos de conta que todos têm o mesmo gosto em relação a andar de brinquedo.

Na Figura 26.5, representamos a curva de demanda e a curva de custo marginal (constante) para andar de brinquedo. Como costuma acontecer, a curva de demanda se inclina para baixo – se a Disney fixar um preço alto para cada volta,[7] o número de voltas será menor. Suponhamos que seja estabelecido um preço p^*, conforme está na Figura 26.5, que leve a uma demanda de x^* voltas. Quanto eles poderão cobrar de entrada no parque, sendo que as voltas custam p^*?

A propensão total a pagar por x^* voltas é medida pelo excedente do consumidor. Assim, o máximo que os proprietários podem cobrar de entrada é a área chamada de "excedente do consumidor" na Figura 26.5. O lucro total do monopolista compreende essa área mais o lucro proveniente dos passeios, $(p^* - CMa)x^*$.

Não é difícil ver que os lucros totais são maximizados quando o preço se iguala ao custo marginal: vimos anteriormente que esse preço proporciona a maior soma de excedentes: o do consumidor mais o do produtor. Como o monopolista cobra das pessoas o excedente dos consumidores, a fixação de um preço igual ao custo marginal e a cobrança de uma entrada igual ao excedente do consumidor resultante constitui a política de maximização de lucro.

---

[6] Ver o artigo clássico de Walter Oi, "A Disneyland Dilemma: Two-Part Tariffs for a Mickey Mouse Monopoly", *Quarterly Journal of Economics*, 85 (1971), p. 77-96.
[7] *Nota da Revisão Técnica*: Aqui o autor se refere ao número de vezes que cada pessoa andará em cada brinquedo.

De fato, essa é a política que a Disneylândia e a maioria dos outros parques de diversões seguem. Há um preço para a entrada, mas o acesso às atrações do parque é gratuito. Parece que o custo marginal do acesso aos brinquedos é menor do que o custo de transação[8] de cobrar separadamente por eles.

26.7 Competição monopolística

Descrevemos uma indústria monopolista como sendo aquela em que há um único produtor de grande porte. Mas fomos um pouco vagos ao definir o que é exatamente uma indústria. A indústria consiste de todas as empresas que produzem determinado produto. Mas então o que queremos dizer por produto? Afinal, só uma empresa produz Coca-Cola. Isso significa que essa empresa é monopolista?

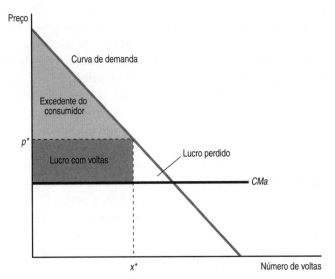

FIGURA 26.5 O dilema da Disneylândia. Se os proprietários do parque fixarem um preço de p*, a demanda por voltas será de x*. O excedente do consumidor mede o preço que eles podem cobrar para a entrada no parque. Os lucros totais da empresa são maximizados quando os proprietários estabelecem um preço de valor idêntico ao custo marginal.

Claro que não. A empresa Coca-Cola ainda tem de competir com outros produtores de refrigerantes. Na verdade, devemos conceber a indústria como o conjunto de empresas que produzem produtos que são considerados como substitutos próximos pelos consumidores. Cada empresa na indústria pode produzir um produto único – uma marca única, digamos, mas os consumidores consideram cada uma das marcas como substitutas em algum grau.

---

[8] *Nota da Revisão Técnica*: Significa o custo incorrido para operacionalizar a cobrança em separado para andar em cada um dos brinquedos.

Embora uma empresa possa ter um monopólio legal nas suas marcas registradas e nomes comerciais, de modo que as outras empresas não possam produzir *exatamente* o mesmo produto, sempre é possível que outras empresas fabriquem produtos *similares*. Do ponto de vista de determinada empresa, as decisões de produção de seus concorrentes constituem fatores de grande importância a serem considerados no momento de decidir a quantidade exata a ser produzida e o preço a ser cobrado.

Assim, a curva de demanda com a qual a empresa se defronta dependerá em geral das decisões de produção e dos preços cobrados pelas outras empresas que fabricam produtos similares. A inclinação da curva de demanda com a qual a empresa se defronta dependerá do grau de semelhança de seus produtos com os das demais empresas. Se um grande número de empresas no setor fabricar produtos *idênticos*, a curva de demanda com as quais cada uma delas se defronta será essencialmente plana. Cada empresa tem de vender seu produto pelo mesmo preço que as outras cobram. Qualquer empresa que tentasse aumentar seu preço acima dos preços cobrados pelas outras empresas que vendessem produtos idênticos logo perderia todos os seus clientes. Entretanto, se uma empresa tiver direitos exclusivos para vender determinado produto, talvez ela possa aumentar seu preço sem perder todos os seus clientes. Alguns deles, mas não todos, podem migrar para os produtos dos concorrentes. O número de consumidores a migrar dependerá do grau de semelhança que os consumidores perceberem entre os produtos – ou seja, dependerá da elasticidade da curva de demanda com que a empresa se defronta.

Se uma empresa obtém lucro com a venda de um produto em uma indústria e as demais empresas não podem reproduzir esse produto com perfeição, elas ainda podem achar lucrativo entrar naquela indústria e produzir um produto semelhante, mas diferenciado. Os economistas referem-se a esse fenômeno como **diferenciação de produto** – cada empresa tenta diferenciar seu produto das demais empresas da indústria. Quanto mais bem-sucedida for a empresa nessa tarefa de diferenciar seus produtos daqueles produzidos pelas empresas que vendem produtos similares, mais poder de monopólio ela terá – isto é, menos elástica será a curva de demanda por aquele produto. Vejamos, por exemplo, a indústria de refrigerantes. Nela, há um grande número de empresas que produzem produtos semelhantes, mas não idênticos. Cada produto tem seus consumidores seguidores e, portanto, tem algum poder de mercado.

Uma estrutura setorial como a que acabamos de descrever compartilha elementos de competição e de monopólio; é, portanto, referida como **competição monopolística**.[9] A estrutura da indústria é monopolizadora na medida em que

---

[9] *Nota da Revisão Técnica*: Competição monopolística indica que a forma de competir utilizada é a criação de situações de quase monopólio em virtude da introdução de produtos diferenciados na percepção dos consumidores. A conquista dessa percepção diferenciada dos consumidores faz-se permanentemente através de vários mecanismos, tais como pesquisa e desenvolvimento de novos produtos, novos usos para produtos antigos, associações de marcas ou imagens aos produtos, localização privilegiada na distribuição dos produtos e criação de reputação institucional.

cada empresa se defronta com uma curva de demanda de inclinação negativa pelo seu produto. Ela tem, portanto, algum grau de monopólio, no sentido de que pode estabelecer seu próprio preço, em vez de aceitar passivamente o preço de mercado, como o faz a empresa competitiva. Entretanto, as empresas têm de lutar pelos clientes em termos tanto do preço como dos tipos de produtos que vendem. Além disso, não há restrições contra a entrada de novas empresas em uma indústria competitiva monopolizadora. Nesses aspectos, a indústria é como uma indústria competitiva.

A competição monopolística é provavelmente a forma que mais prevalece na estrutura industrial. Infelizmente, é também a modalidade mais difícil de analisar. Os casos extremos de monopólio puro e competição pura são mais simples e podem frequentemente ser utilizados como primeiras aproximações para modelos mais elaborados de competição monopolista. Em um modelo detalhado do setor de competição monopolística, muito depende dos detalhes específicos dos produtos e da tecnologia, assim como da natureza das escolhas estratégicas disponíveis para as empresas. Não é razoável modelar uma indústria de competição monopolística de maneira abstrata, como fizemos antes com os casos mais simples de competição e monopólio puros. Ao contrário, os detalhes institucionais da indústria específica em observação têm de ser examinados. Descreveremos alguns métodos que os economistas utilizam para analisar escolha estratégica nos dois capítulos seguintes, mas um estudo detalhado da competição monopolística terá de esperar por cursos mais avançados.

Podemos, no entanto, descrever uma característica interessante do aspecto da livre entrada da competição monopolística. À medida que mais e mais empresas entram na indústria de um tipo particular de produto, como esperaríamos que a curva de demanda de uma empresa estabelecida se modificasse? Primeiro, esperaríamos que a curva de demanda se deslocasse para dentro, uma vez que nossa expectativa era de que, a cada preço, ela vendesse menos unidades de produto conforme mais empresas entrassem no setor. Depois, esperaríamos que a curva de demanda com a qual a empresa se defronta se tornasse mais elástica à medida que mais empresas produzissem mais e mais produtos similares. Portanto, a entrada de novas empresas com produtos similares em um setor tenderia a deslocar as curvas de demanda com as quais se defrontam as empresas existentes para a esquerda e fazê-las mais planas.

Se as empresas continuam a entrar no setor enquanto esperam obter lucro, o equilíbrio precisa satisfazer as condições:

1. Cada empresa vende uma combinação de preço e quantidade sobre sua curva de demanda.

2. Cada empresa maximiza seus lucros, dada a curva de demanda com a qual se defronta.

3. A entrada forçou os lucros de cada empresa para zero.

Esses fatos implicam uma relação geométrica particular entre a curva de demanda e a curva de custo médio: a curva de demanda e a curva de custo médio têm de ser tangentes.

O argumento está ilustrado na Figura 26.6. O fato 1 diz que a combinação de preço e quantidade tem de estar em algum ponto sobre a curva de demanda e o fato 3 diz que a combinação de preço e quantidade também tem de estar sobre a curva de custo médio. Portanto, a posição de operação da empresa tem de situar-se num ponto que esteja em ambas as curvas. Poderia a curva de demanda cruzar a curva de custo médio? Não, porque então haveria algum ponto na curva de demanda acima da curva de custo médio – mas isso seria um ponto que geraria lucros *positivos*.[10] E, pelo fato 2, o ponto de lucro zero é o ponto de lucro máximo.

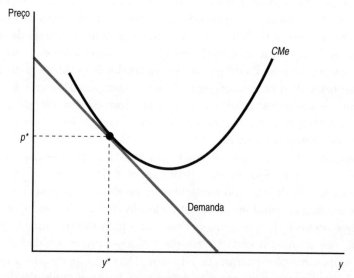

FIGURA 26.6 Competição monopolística. Num equilíbrio de competição monopolística com lucro zero, as curvas de demanda e de custo médio têm de ser tangentes.

Outra forma de verificar isso é examinar o que aconteceria se a empresa apresentada na Figura 26.6 cobrasse qualquer preço que não fosse o de equilíbrio. A qualquer outro preço, mais alto ou mais baixo, a empresa perderia dinheiro, enquanto ao preço de equilíbrio obteria lucro zero. Portanto, o preço de equilíbrio é o preço de maximização de lucro.

Há duas observações importantes sobre o equilíbrio competitivo monopolizador. Primeiro, embora os lucros sejam zero, a situação ainda é ineficiente no

---

[10] Se $p > c(y)/y$, uma simples álgebra mostra que $py - c(y) > 0$.

sentido de Pareto. Os lucros nada têm a ver com a questão da eficiência; quando o preço é maior do que o custo marginal, há um argumento de eficiência para expandir a produção.

Segundo, é claro que as empresas irão operar à esquerda do nível de produção, onde o custo médio é minimizado. Isso tem sido interpretado como se na competição monopolística houvesse "excesso de capacidade". Se houvesse menos empresas, cada uma poderia atuar numa escala de operação mais eficiente, o que seria melhor para os consumidores. Todavia, se houvesse menos empresas, haveria também menor variedade de produtos, o que pioraria a situação dos consumidores. Qual desses efeitos é o dominante constitui uma questão de difícil resposta.

26.8 Modelo de diferenciação de produtos por localização[11]

Em Atlantic City, Nova Jersey, há um calçadão ao longo da praia. Alguns sorveteiros, com carrocinhas, querem vender seus sorvetes nesse calçadão. Se um desses sorveteiros recebesse concessão para trabalhar no local, onde ele deveria ficar?[12]

Suponhamos que os consumidores distribuam-se de maneira homogênea ao longo da praia. Do ponto de vista social, o sorveteiro deve situar-se de modo a minimizar a distância total a ser percorrida por todos os consumidores. Não é difícil constatar que a localização ótima situa-se na metade do calçadão.

Suponhamos, agora, que dois sorveteiros recebam permissão para trabalhar no local. Vamos supor, ainda, que fixemos o preço do sorvete e apenas perguntemos onde eles deveriam ficar para minimizar a distância total percorrida. Se cada consumidor anda até o sorveteiro mais próximo, deveríamos colocar um sorveteiro em 1/4 e o outro em 3/4 do comprimento total do calçadão. O consumidor que estiver na metade do caminho entre os dois sorveteiros será indiferente entre eles; cada sorveteiro terá uma fatia de mercado correspondente à metade do número de consumidores. Veja a Figura 26.7A.

Mas os sorveteiros têm algum incentivo para permanecer nesse local? Coloque-se no lugar do sorveteiro E. Se você se mover um pouco para a direita, roubará alguns clientes do outro sorveteiro e não perderá nenhum dos seus. Se se mover para a direita, continuará sendo o sorveteiro mais próximo de todos os clientes situados à sua esquerda e, além disso, estará mais perto dos clientes situados à sua direita. Assim, você aumentará sua fatia de mercado e os seus lucros.

---

[11] *Nota da Revisão Técnica*: Significa que os produtores, apesar de venderem produtos idênticos, diferenciar-se-ão dos demais por sua localização.
[12] O que será apresentado aqui está embasado no modelo clássico de Harold Hotelling, "Stability in Competition", *Economic Journal*, março de 1929.

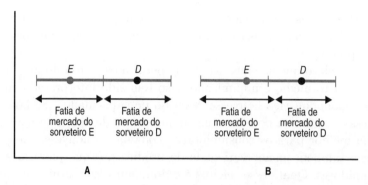

FIGURA 26.7 **Competição na localização.** O painel A mostra o padrão de localização socialmente ótimo; E localiza-se em 1/4 do caminho ao longo da linha e D situa-se em 3/4 do caminho. Mas é do interesse de cada um dos sorveteiros mover-se em direção ao centro. A única localização de equilíbrio para ambos os sorveteiros está no meio.

Mas o sorveteiro D pode raciocinar da mesma forma – ao mover-se para a esquerda, ele roubará clientes do outro sorveteiro e não perderá nenhum dos seus! Isso mostra que os padrões de localização socialmente ótimos não estão em equilíbrio. O único equilíbrio ocorre quando ambos os vendedores trabalham no meio do calçadão. Nesse caso, a competição pelos clientes resultou num padrão *ineficiente* de localização.

O modelo do calçadão pode servir de metáfora para outros tipos de problemas de diferenciação de produto. Em vez do calçadão, pense na escolha da programação musical por duas emissoras de rádio. Em um extremo, temos a música clássica, e, no outro, o *rock heavy metal*. Cada ouvinte escolhe a estação que esteja mais de acordo com seu gosto. Se a estação de música clássica tocar algo um pouco mais ao centro do espectro do gosto, não perderá os clientes clássicos, mas ganhará alguns ouvintes de gosto mediano. Se a emissora de *rock* deslocar sua programação um pouco mais para o centro, não perderá nenhum dos amantes de *rock* e ainda ganhará alguns ouvintes de gosto mediano. Em equilíbrio, ambas as estações tocarão o mesmo tipo de música e as pessoas com gostos mais extremados ficarão descontentes com ambas!

26.9 Diferenciação de produtos

O modelo do calçadão sugere que a competição monopolística resultará em pouquíssima diferenciação de produtos: cada empresa desejará tornar seu produto semelhante ao da outra para roubar os clientes dela. Com efeito, podemos pensar em mercados nos quais há demasiada imitação em relação ao que pareceria normal.

No entanto, as coisas nem sempre funcionam desse modo. Suponhamos que o calçadão seja *muito* extenso. Isso fará com que ambos os sorveteiros fiquem felizes em sentar-se próximo a cada extremo do calçadão. Se suas áreas de mercado não se sobrepuserem, eles não terão nada a ganhar com o deslocamento para o centro. Nesse caso, nenhum dos monopolistas tem incentivo para imitar o outro e os produtos serão quase tão diferentes quanto possível.

É possível produzir modelos de competição monopolística onde haja diferenciação *excessiva* de produtos. Nesses modelos, cada empresa tenta convencer os consumidores de que seu produto é diferente dos produtos feitos pelos concorrentes, com o objetivo de obter algum grau de poder de mercado. Se as empresas conseguirem convencer os consumidores de que seus produtos não têm substitutos próximos, conseguirão cobrar um preço maior por eles do que cobrariam se não fosse assim.

Isto leva cada produtor a investir pesadamente na criação de uma marca com uma identidade forte. O sabão em pó, por exemplo, é uma mercadoria bastante padronizada. Contudo, os fabricantes investem somas gigantescas em anúncios que prometem roupas mais limpas, mais cheirosas, um casamento mais feliz e uma vida melhor se você escolher a marca deles em vez das concorrentes. Esse "posicionamento do produto" se assemelha muito ao dos vendedores de sorvete que ficam bem afastados uns dos outros para evitar uma concorrência direta.

Alguns críticos sustentam que tais investimentos excessivos no posicionamento de produtos são um desperdício. Talvez isso seja verdade em alguns casos, mas a "excessiva variedade" pode ser uma mera consequência de encorajar as empresas a oferecerem aos consumidores uma variedade de produtos para escolha.

26.10 Mais sorveteiros

Mostramos que, se há dois sorveteiros cujas áreas de mercado se sobrepõem e se ambos venderem ao mesmo preço, eles acabarão situados no "meio" do calçadão. O que ocorre se houver mais do que dois sorveteiros competindo em suas localidades?

O caso mais simples seria o da existência de três sorveteiros. O resultado é bastante peculiar: não há padrão de locação de equilíbrio! Observe a Figura 26.8. Se houver três sorveteiros localizados no calçadão, um deles estará situado entre os outros dois. Como mostramos anteriormente, é compensador para os sorveteiros "externos" mover-se em direção àquele que está no meio, uma vez que podem roubar algum de seus clientes sem perder nenhum dos próprios clientes. Mas, se eles se aproximarem demais do outro sorveteiro, será compensador passar imediatamente para a direita do concorrente da direita ou para a esquerda do da esquerda, a fim de roubar-lhes mercado. Qualquer que seja o padrão de localização, será compensador para alguém efetuar um deslocamento!

Felizmente, esse "perverso" resultado só ocorre no caso da existência de três concorrentes. Se houver quatro ou mais concorrentes, surgirá necessariamente um padrão de localização de equilíbrio.

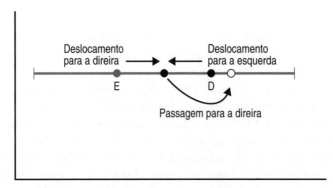

FIGURA 26.8 **Nenhum equilíbrio.** Não há nenhum equilíbrio estratégico puro num modelo de Hotelling com três empresas, dado que, em qualquer configuração, pelo menos uma das empresas deseja mudar sua localização.

RESUMO

1. Em geral haverá um incentivo para que o monopolista faça algum tipo de discriminação de preço.

2. A discriminação de preço perfeita envolve a cobrança a cada cliente de um preço no estilo "pegar ou largar". Isso resultará num nível eficiente de produção.

3. Se a empresa puder cobrar preços diferentes em dois mercados diferentes, ela tenderá a cobrar o preço mais baixo no mercado com demanda mais elástica.

4. Se a empresa puder estabelecer uma tarifa compartilhada e os consumidores forem idênticos, ela em geral desejará fixar um preço igual ao custo marginal e fazer com que todos os lucros venham da taxa de entrada.

5. A estrutura industrial conhecida como competição monopolística refere-se a uma situação em que há diferenciação de produtos, de modo que todas as empresas têm certo grau de poder de monopólio, mas a entrada também é livre, o que leva os lucros a zero.

6. A competição monopolística pode geralmente resultar em uma diferenciação de produtos muito grande ou muito pequena.

QUESTÕES DE REVISÃO

1. Um monopólio sempre proporcionará, por conta própria, um nível de produção eficiente no sentido de Pareto?

2. Suponhamos que o monopolista venda para dois grupos que tenham curvas de demanda de elasticidade constante, com elasticidades de ϵ_1 e ϵ_2. O custo marginal de produção é constante em c. Que preço será cobrado de cada grupo?

3. Suponhamos que o proprietário de um parque de diversões consiga praticar a discriminação de preços de primeiro grau mediante a cobrança de um preço diferente para andar em cada tipo de brinquedo. Suponhamos ainda que andar em qualquer brinquedo tenha custo marginal zero e que todos os consumidores tenham os mesmos gostos. O monopolista será mais bem-sucedido se cobrar para andar nos brinquedos e fixar o preço em zero para a entrada ou se cobrar pela entrada e fixar o preço em zero para andar nos brinquedos?

4. A Disneylândia também oferece um desconto para quem reside no sul da Califórnia. (É só mostrar o código postal na entrada.) Que tipo de discriminação de preço é esse? Quais as implicações dele com relação à elasticidade da demanda das atrações da Disney por parte dos habitantes do sul da Califórnia?

CAPÍTULO 27

O MERCADO DE FATORES

Em nossa análise das demandas por fatores no Capítulo 20, examinamos apenas o caso de uma empresa que se defrontava com um mercado de produção competitivo e com um mercado de fatores competitivo. Agora que estudamos o comportamento do monopólio, podemos examinar algumas especificações alternativas do comportamento da demanda de fatores. Por exemplo, o que acontece à demanda de fatores se uma empresa se comportar como monopolista no seu mercado de produção? Ou o que acontece à demanda de fatores se a empresa for a única demandante de alguns fatores? Neste capítulo, investigaremos essas questões e outras a elas relacionadas.

27.1 O monopólio no mercado do produto

Quando uma empresa determina sua demanda maximizadora de lucros de um fator é sinal de que ela deseja escolher uma quantidade tal desse fator a ponto de a receita marginal de empregar um pouco mais dele se igualar ao custo marginal de empregá-lo. Isso decorre da lógica-padrão: se a receita marginal de alguma ação não se igualasse ao seu custo marginal, então valeria a pena para a empresa mudar de ação.

Essa regra geral pode assumir diversas formas especiais, dependendo dos pressupostos que se fizerem a respeito do meio ambiente no qual a empresa opera. Por exemplo, suponhamos que a empresa tenha o monopólio de seu produto. Para simplificar, iremos supor que só exista um fator de produção e escreveremos a função de produção como $y = f(x)$. A receita que a empresa recebe depende do volume de sua produção, de modo que escrevemos $R(y) = p(y)y$, em que $p(y)$ é a função demanda inversa. Vejamos agora como um aumento marginal na quantidade de insumo afeta as receitas da empresa.

Vamos supor que aumentamos um pouco o total de insumo, em Δx. Isso resultará num pequeno aumento da produção, Δy. A taxa do aumento do produto pelo aumento do insumo é o **produto marginal** do fator:

$$PMx = \frac{\Delta y}{\Delta x} = \frac{f(x + \Delta x) - f(x)}{\Delta x}. \quad (27.1)$$

Esse aumento no produto causará uma mudança na receita, denominada **receita marginal**.

$$RM = \frac{\Delta R}{\Delta y} = \frac{R(y + \Delta y) - R(y)}{\Delta y}. \quad (27.2)$$

O efeito na receita derivado do crescimento marginal no insumo é chamado de **produto da receita marginal**. Ao examinarmos as equações (27.1) e (27.2), observamos que é dado por

$$\begin{aligned} PRMx &= \frac{\Delta R}{\Delta x} = \frac{\Delta R}{\Delta y}\frac{\Delta y}{\Delta x} \\ &= RMy \times PMx. \end{aligned}$$

Podemos utilizar nossa expressão-padrão para a receita marginal para escrever isso como

$$\begin{aligned} PRMx &= \left[p(y) + \frac{\Delta p}{\Delta y}y\right] PMx \\ &= p(y)\left[1 + \frac{1}{\epsilon}\right] PMx \\ &= p(y)\left[1 - \frac{1}{|\epsilon|}\right] PMx. \end{aligned}$$

A primeira expressão é a expressão usual da receita marginal. A segunda e a terceira expressões utilizam a forma da elasticidade da receita marginal, discutida no Capítulo 15.

Agora é fácil verificar como isso generaliza o caso competitivo discutido no Capítulo 20. A elasticidade da curva de demanda com a qual a empresa se defronta num mercado competitivo é infinita; consequentemente, a receita marginal da empresa competitiva é igual ao preço. Portanto, o "produto da receita marginal" do insumo de uma empresa em um mercado competitivo é apenas o **valor do produto marginal** daquele insumo, pPM_x.

Como o produto da receita marginal (no caso de um monopólio) se compara ao valor do produto marginal? Como a curva de demanda tem inclinação negativa, podemos ver que o produto da receita marginal será sempre menor do que o valor do produto marginal:

$$PRMx = p\left[1 - \frac{1}{|\epsilon|}\right] PM_x \leq pPM_x.$$

Enquanto a função demanda não for perfeitamente elástica, o PRM_x será estritamente menor do que pPM_x. Isso significa que, a qualquer nível de emprego do fator, o valor marginal de uma unidade adicional será menor para o monopolista do que para a empresa competitiva. No restante desta seção, suporemos que lidamos com esse caso – o caso em que o monopolista realmente tem algum poder de monopólio.

De início, essa afirmação pode parecer paradoxal, uma vez que o monopolista obtém lucros maiores do que a empresa competitiva. Nesse sentido, o total do fator insumo "tem maior valor" para o monopolista do que para a empresa competitiva.

A resolução desse "paradoxo" está em observar a diferença entre os valores total e marginal. A quantidade total empregada do fator realmente vale mais para o monopolista do que para a empresa competitiva, uma vez que o monopolista obterá maiores lucros com seu emprego do que a empresa competitiva. Todavia, num *determinado* nível de produção, um aumento no uso do fator aumentará a produção e *reduzirá* o preço que o monopolista consegue cobrar. Mas um aumento na produção da empresa competitiva não mudará o preço que ela pode cobrar. Portanto, na margem, um pequeno *aumento* no emprego do fator vale menos para o monopolista do que para a empresa competitiva.

Como os aumentos no emprego do fator valem menos para o monopolista do que para a empresa competitiva na margem no curto prazo, faz sentido que o monopolista normalmente deseje empregar uma quantidade menor do insumo. Com efeito, isso, em geral, é verdadeiro: o monopolista aumenta seus lucros ao reduzir a produção, de modo que normalmente empregará menor quantidade de insumo do que a empresa competitiva.

Para descobrir quanto de um fator uma empresa emprega, temos de comparar a receita marginal de uma unidade adicional do fator com o custo marginal de empregar esse fator. Suponhamos que a empresa opere num mercado de fatores competitivo, de modo que possa empregar o quanto do fator desejar ao preço constante w. Nesse caso, a empresa competitiva deseja empregar x_c unidades do fator, onde

$$pPM(x_c) = w.$$

O monopolista, entretanto, deseja empregar x_m unidades do fator, onde

$$PRM(x_m) = w.$$

Ilustramos isso na Figura 27.1. Como $PRM(x) < pPM(x)$, o ponto onde $PRM(x_m) = w$ estará sempre à esquerda do ponto onde $pPM(x_c) = w$. Portanto, o monopolista empregará sempre menos do que a empresa competitiva.

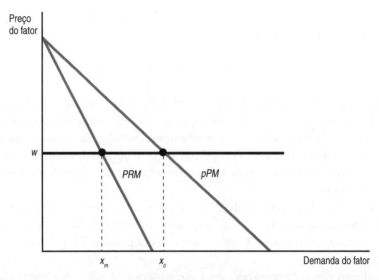

FIGURA 27.1 **Demanda de fatores do monopolista.** Como a curva de produto da receita marginal (PRM) está abaixo da curva que mede o valor do produto marginal (pPM), a demanda de fatores do monopolista tem de ser menor do que a demanda de fatores da mesma empresa se ela se comportar de maneira competitiva.

27.2 O monopsônio

No monopólio há apenas um único vendedor de uma mercadoria. Já no **monopsônio**, o comprador é que é um só. A análise do monopsonista é semelhante à do monopolista. Para simplificar, suponhamos que o comprador produza bens que serão vendidos num mercado competitivo.

Como anteriormente, suporemos que a empresa produza utilizando um único fator de acordo com a função de produção $y = f(x)$. Entretanto, ao contrário da análise anterior, suponhamos que a empresa domine o mercado de fatores no qual ela opera e reconheça que a quantidade do fator que ela demanda influenciará o preço que terá de pagar por ele.

Resumimos essa relação pela curva de oferta (inversa) $w(x)$. A interpretação dessa função é que, se a empresa quiser empregar x unidades de fator, ela precisará pagar um preço $w(x)$. Partimos do pressuposto de que $w(x)$ seja uma função crescente: quanto mais do fator x a empresa quiser usar, maior terá de ser o preço do fator que ela oferece.

A empresa que opera num mercado de fatores competitivo se defronta, por definição, com uma curva de oferta de fatores plana: ela pode utilizar o quanto desejar no nível corrente de preço do fator. O monopsonista enfrenta uma curva de oferta de fatores com inclinação ascendente: quanto mais quiser empregar do fator, mais alto será o preço a pagar por ele. Uma empresa num mercado de fatores competitivo é uma **tomadora de preços**. Um monopsonista é um **fixador de preços**.

O problema de maximização de lucros com o qual o monopsonista se defronta é

$$\max_{x} \; pf(x) - w(x)x.$$

A condição para a maximização do lucro é de que a receita marginal da aquisição de uma unidade extra do fator deve igualar-se ao custo marginal dessa unidade. Como partimos do pressuposto de que o mercado do produto é competitivo, a receita marginal será simplesmente pPM_x. Mas e o custo marginal?

A alteração total provocada nos custos pelo emprego de mais Δx do fator será

$$\Delta c = w\Delta x + x\Delta w,$$

de modo que a alteração provocada nos custos pela mudança de uma unidade em Δx será

$$\frac{\Delta c}{\Delta x} = CMa_x = w + \frac{\Delta w}{\Delta x}x.$$

A interpretação dessa expressão é semelhante à da expressão da receita marginal: quando a empresa aumenta seu emprego do fator, ela tem de pagar $w\Delta x$ mais por ele. Mas o aumento da demanda pelo fator elevará o preço do fator em Δw e a empresa terá de pagar esse preço mais alto por todas as unidades que empregava anteriormente.

Também podemos escrever o custo marginal de utilizar unidades adicionais do fator como

$$CMa_x = w\left[1 + \frac{x}{w}\frac{\Delta w}{\Delta x}\right]$$
$$= w\left[1 + \frac{1}{\eta}\right]$$

em que η representa a elasticidade de *oferta* do fator. Como as curvas de oferta têm normalmente inclinação ascendente, η será um número positivo. Se a curva de oferta for *perfeitamente* elástica, de tal modo que η seja infinito, isso se reduzirá ao caso da empresa que se defronta com um mercado de fatores competitivo. Observe a semelhança dessas observações com o caso do monopolista.

Analisemos o caso do monopsonista que se defronta com uma curva de oferta linear para o fator. A curva de oferta inversa possui a forma

$$w(x) = a + bx,$$

de modo que os custos totais tenham a forma

$$C(x) = w(x)x = ax + bx^2,$$

e, assim, o custo marginal de uma unidade adicional de insumo seja de

$$CMa_x(x) = a + 2bx.$$

A Figura 27.2 mostra como é construída a solução do monopsônio. Encontramos a posição onde a receita marginal iguala o custo marginal para determinar x^* e verificar qual terá de ser o preço do fator naquele ponto.

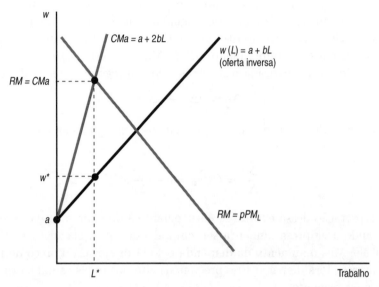

FIGURA 27.2 O monopsônio. *A empresa opera onde a receita marginal do emprego de uma unidade adicional do fator iguala-se ao custo marginal dessa unidade.*

Como o custo marginal de empregar uma unidade extra do fator excede o preço dele, esse preço será menor do que se a empresa se houvesse defrontado com um mercado de fatores competitivo. Muito pouco do fator será empregado em comparação com o mercado competitivo. Assim como ocorre com o monopolista, o monopsonista opera num ponto ineficiente no sentido de Pareto. Mas a ineficiência encontra-se agora no mercado de fatores, e não no de produto.

EXEMPLO: O salário mínimo

Suponhamos que o mercado de trabalho seja competitivo e o governo estabeleça um salário mínimo maior do que o salário de equilíbrio vigente. Como a demanda se iguala à oferta no salário de equilíbrio, a oferta de trabalho irá exceder a demanda de trabalho ao salário mínimo mais alto, conforme demonstra a Figura 27.3A.

As coisas serão bem diferentes se o mercado de trabalho for dominado por um monopsonista. Nesse caso, é possível que a imposição do salário mínimo *aumente* o nível de emprego, conforme mostra a Figura 27.3B. Se o governo estabelecer um salário mínimo igual ao que prevaleceria no mercado competitivo, o "monopsonista" irá perceber que poderá contratar trabalhadores a um salário constante de w_c. Como a taxa salarial com que ele se defronta independe agora de quantos trabalhadores emprega, ele fará contratações até que o valor do produto marginal se iguale a w_c. Ou seja, ele empregará o mesmo número de trabalhadores que empregaria no caso de se defrontar com um mercado de trabalho competitivo.

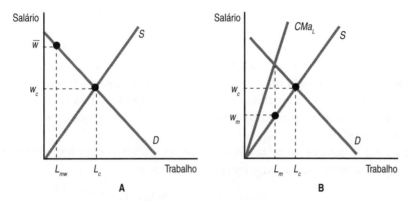

FIGURA 27.3 Salário mínimo. O painel A mostra o efeito do salário mínimo num mercado de trabalho competitivo. No salário competitivo, w_c, o nível de emprego seria de L_c. Ao salário mínimo, $\overline{w}$, o nível de emprego é de apenas L_{mw}. O painel B mostra o efeito do salário mínimo num mercado de trabalho organizado como monopsônio. Sob o monopsônio, o salário é w_m e o nível de emprego é de L_m, que é menor do que o nível de emprego num mercado de trabalho competitivo. Se o salário mínimo for fixado em w_c, o nível de emprego crescerá para L_c.

Estabelecer um piso salarial para o monopsonista é o mesmo que estabelecer um teto de preços para o monopolista: cada política faz com que a empresa se comporte como se estivesse num mercado competitivo.

27.3 Monopólios *upstream* e *downstream*[1] na cadeia de produção

Acabamos de examinar dois casos que envolviam a concorrência imperfeita e o mercado de fatores: o caso de uma empresa com monopólio no mercado de produtos, mas que se defrontava com um mercado de fatores competitivo, e o caso de uma empresa com mercado de produtos competitivo que se defrontava com um mercado de fatores monopolizado. Mas há outras variações possíveis. A empresa poderia, por exemplo, defrontar-se com um vendedor monopolista em seu mercado de fatores. Ou, ainda, poderia enfrentar um comprador monopsonista em seu mercado de produção. Não faz muito sentido nos determos a cada caso possível,

---

[1] *Nota da Revisão Técnica:* Os termos *upstream* e *downstream* são usados de forma corrente na literatura sobre economia e na linguagem de negócios no Brasil. Entretanto, também se encontra "para trás" e "para frente", ou a montante e a jusante.

pois eles logo se tornam repetitivos. Mas examinaremos uma estrutura de mercado interessante na qual a produção do monopolista é utilizada como fator de produção por outro monopolista.

Suponhamos, pois, que um monopolista tenha uma produção de x a um custo marginal constante de c. Chamamos esse monopolista de **monopolista upstream**. Ele vende o fator x para outro monopolista, o **monopolista downstream**, ao preço k. O monopolista downstream utiliza o fator x para obter a produção y, de acordo com a função de produção $y = f(x)$. Essa produção é vendida num mercado monopolista em que a curva de demanda inversa é $p(y)$. Para fins deste exemplo, consideremos uma curva de demanda inversa linear $p(y) = a - by$.

Para simplificar as coisas, imaginemos a função de produção como sendo $y = x$, de modo que, para cada unidade do insumo x, o monopolista possa obter uma unidade de produto y. Suponhamos ainda que o monopolista downstream não tenha nenhum custo de produção além do preço unitário k que tem de pagar ao monopolista upstream.

Para vermos como esse mercado funciona, comecemos com o monopolista downstream. Seu problema de maximização de lucro é

$$\max_y \; p(y)y - ky = [a - by]y - ky.$$

Ao igualarmos a receita marginal ao custo marginal, temos

$$a - 2by = k,$$

o que implica que

$$y = \frac{a-k}{2b}.$$

Como o monopolista demanda uma unidade do insumo x para cada unidade de produção y que obtém, essa expressão também determina a função de demanda do fator

$$x = \frac{a-k}{2b}. \tag{27.3}$$

Essa função mostra o relacionamento entre o preço do fator k e a quantidade total do fator que o monopolista downstream demandará.

Vejamos agora o problema do monopolista upstream. Presumivelmente ele compreende o processo e é capaz de saber quanto do bem x venderá se estabelecer vários preços k; isso nada mais é que a função demanda de fatores dada na equação (27.3). O monopolista upstream quer escolher x para maximizar seu lucro.

Podemos determinar esse nível com bastante facilidade. Se resolvermos a equação (27.3) para k como função de x, teremos

$$k = a - 2bx,$$

A receita marginal associada a essa função de demanda do fator é

$$RM = a - 4bx.$$

Se igualarmos a receita marginal ao custo marginal, teremos

$$a - 4bx = c,$$

ou

$$x = \frac{a-c}{4b}.$$

Como a função de produção é simplesmente $y = x$, isso também nos dá a quantidade total produzida:

$$y = \frac{a-c}{4b}. \tag{27.4}$$

Vale a pena comparar isso à quantidade que seria produzida por um único monopolista integrado. Suponhamos que as empresas upstream e downstream se fundissem, de modo que tivéssemos um monopolista que se defrontasse com uma função demanda inversa de produção $p = a - by$ em um custo marginal constante de c por unidade produzida. A receita marginal que se iguala à equação de custo marginal é

$$a - 2by = c,$$

o que implica que a produção maximizadora de lucros é

$$y = \frac{a-c}{2b}. \tag{27.5}$$

Ao compararmos a equação (27.4) à (27.5), veremos que o monopolista integrado obtém uma produção *duas* vezes maior do que o monopolista não integrado.

Isso está representado na Figura 27.4. A curva de demanda final com que o monopolista downstream se defronta, $p(y)$, e a curva de receita marginal associada a essa função de demanda formam a própria função demanda com a qual se defronta o monopolista upstream. A curva de receita marginal associada a essa função de demanda será, portanto, *quatro* vezes mais inclinada do que a curva de demanda final – é por esse motivo que a produção nesse mercado é de apenas metade do que seria no mercado integrado.

É claro que o fato de a curva de receita marginal final ser exatamente quatro vezes mais inclinada constitui uma particularidade do caso da demanda linear. Entretanto, não é difícil perceber que o monopolista integrado sempre produzirá mais do que a dupla de monopolistas upstream e downstream. No último caso, o monopolista upstream eleva seu preço acima do custo marginal e, em resposta, o monopolista downstream eleva seu preço acima desse teto de custo. Há, pois, um **markup** *duplo*. O preço não é alto demais apenas do ponto de vista social; é alto demais do ponto de vista da maximização dos lucros totais do monopólio! Se os dois monopolistas se fundissem, o preço baixaria e os lucros subiriam.

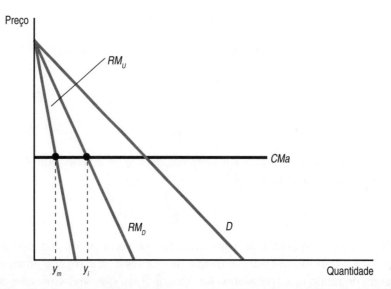

FIGURA 27.4 O monopólio upstream e downstream na cadeia de insumos.
O monopolista downstream se defronta com a curva de demanda (inversa) p(y). A receita marginal associada a essa curva de demanda é $RM_D(y)$. Essa, por sua vez, é a curva de demanda com a qual o monopolista upstream se defronta e a curva de receita marginal associada é $RM_U(y)$. O monopolista integrado produz em y_i^*, enquanto o não integrado produz em y_m^*.

RESUMO

1. A empresa que maximiza lucros sempre quer fazer com que a receita marginal de cada ação que realiza se iguale ao custo marginal daquela ação.

2. No caso do monopolista, a receita marginal associada ao aumento do emprego de um fator é chamada de produto da receita marginal.

3. Para um monopolista, o produto da receita marginal será sempre menor do que o valor do produto marginal, pelo fato de a receita marginal decorrente do aumento da produção ser sempre menor do que o preço.

4. Assim como o monopólio consiste num mercado com um único vendedor, o monopsônio consiste num mercado com um único comprador.

5. Para um monopsonista, a curva de custo marginal associada a um fator será sempre mais inclinada do que a curva de oferta daquele fator.

6. Por isso, o monopsonista empregará sempre uma quantidade ineficientemente pequena do fator de produção.

7. Se o monopolista upstream vender um fator para um monopolista downstream, o preço final do produto será alto demais graças ao fenômeno do *markup* duplo.

QUESTÕES DE REVISÃO

1. Vimos que o monopolista nunca produziu onde a demanda pelo produto era inelástica. O monopsonista irá produzir onde a oferta de um fator seja inelástica?

2. Em nosso exemplo de salário mínimo, o que aconteceria se o mercado de trabalho fosse dominado por um monopsonista e o governo fixasse um salário que estivesse acima do nível competitivo?

3. Em nossa análise dos monopolistas upstream e downstream, derivamos expressões para a produção total. Quais são as expressões apropriadas para os preços de equilíbrio, p e k?

APÊNDICE

Podemos calcular o produto da receita marginal usando a regra da cadeia. Seja $y = f(x)$ a função de produção e $p(y)$ a função de demanda inversa. A receita como função do emprego de fatores será

$$R(x) = p(f(x))f(x).$$

Ao diferenciarmos essa expressão com relação a x, teremos

$$\begin{aligned}\frac{dR(x)}{dx} &= p(y)f'(x) + f(x)p'(y)f'(x) \\ &= [p(y) + p'(y)y]f'(x) \\ &= RM \times PM.\end{aligned}$$

Examinemos o comportamento de uma empresa que seja competitiva em seu mercado de produto e monopsonista em seu mercado de fatores. Se $w(x)$ for a função oferta de fatores inversa, o problema de maximização de lucro será

$$\max_x \; pf(x) - w(x)x.$$

Ao diferenciarmos com relação a x, teremos

$$pf'(x) = w(x) + w'(x)x = w(x)\left[1 + \frac{x}{w}\frac{dw}{dx}\right] = w(x)\left[1 + \frac{1}{\eta}\right].$$

Como a curva de oferta de fatores tem inclinação ascendente, o lado direito dessa expressão será maior do que w. Portanto, o monopsonista escolherá empregar menos do fator do que faria uma empresa que se comportasse de maneira competitiva no mercado de fatores.

CAPÍTULO 28

O OLIGOPÓLIO

Examinamos até agora duas importantes formas de estrutura de mercado: concorrência pura, em que normalmente há vários pequenos concorrentes, e o monopólio puro, em que existe apenas uma empresa grande. Entretanto, grande parte do mundo se situa entre esses dois extremos. Há com frequência um grande número de concorrentes no mercado, mas não tantos a ponto de considerarmos nula a influência de cada um deles sobre o preço. Essa situação é conhecida como **oligopólio**.

O modelo de concorrência monopolizadora descrito no Capítulo 25 é uma forma especial de oligopólio que enfatiza questões de diferenciação de produção e entrada. No entanto, os modelos de oligopólio que estudaremos neste capítulo dizem mais respeito às interações estratégicas que surgem num setor com pequeno número de empresas.

Há vários modelos relevantes, uma vez que há várias formas diferentes de uma empresa se comportar num ambiente oligopolista. Não é razoável esperar um modelo muito abrangente, sendo que vários padrões de comportamento diferentes podem ser observados no mundo real. O que queremos é um guia de alguns padrões de comportamento possíveis e uma indicação de quais fatores podem ser mais importantes na hora de decidir entre os vários modelos aplicáveis.

Para simplificar, em geral nos restringiremos ao caso de duas empresas; essa situação é chamada **duopólio**. O caso de duopólio nos permite captar vários dos aspectos importantes das empresas envolvidas em interação estratégica, sem as complicações notacionais comuns aos modelos com um grande número de empresas. Também nos limitaremos à investigação dos casos em que ambas as empresas fabricam produtos idênticos. Isso nos permite evitar os problemas de diferenciação de produto e focalizar apenas as interações estratégicas.

28.1 A escolha de uma estratégia

Se houver duas empresas no mercado que fabricam um produto homogêneo, haverá então quatro variáveis de interesse: os preços cobrados e as quantidades produzidas por cada uma delas.

Quando uma empresa decide a respeito das suas escolhas sobre preços e quantidades, ela pode já conhecer as escolhas feitas pela outra. Se uma empresa estabelece seu preço antes da outra, nós a chamamos **líder de preço**, e a outra, **seguidora de preço**. Do mesmo modo, uma empresa pode escolher sua quantidade antes da outra; nesse caso, ela será a **líder de quantidade**, e a outra, **seguidora de quantidade**. As interações estratégicas nesses casos formam um **jogo sequencial**.[1]

Entretanto, pode ser que, quando uma empresa tome decisões, ela não conheça as escolhas da outra. Nesse caso, é preciso adivinhar a escolha da outra empresa para tomar uma decisão. Isso é um **jogo simultâneo**. Mais uma vez, há duas possibilidades: as empresas poderiam escolher, simultaneamente, tanto os preços como as quantidades.

Esse esquema de classificação oferece quatro possibilidades: liderança de quantidade, liderança de preço, estabelecimento simultâneo da quantidade e estabelecimento simultâneo do preço. Cada um desses tipos de interação faz surgir um conjunto diferente de questões estratégicas.

Também examinaremos outra forma de interação. Em vez de competirem umas com as outras, as empresas podem formar um **conluio**. Nesse caso, elas podem chegar a um acordo para estabelecer preços e quantidades que maximizem a soma de seus lucros. Esse tipo de conluio é chamado de **jogo cooperativo**.

EXEMPLO: Correspondência de preços

É comum encontrar anúncios em que o vendedor "cobre qualquer oferta". Geralmente é considerado como sinal de mercados intensamente competitivos. Entretanto, tais ofertas podem também ser usadas como uma forma de amortecer a competição.

Suponhamos que haja duas lojas de pneus, Pneus do Leste e Pneus do Oeste, que estão anunciando a mesma marca de pneu por US$50. Se a Pneus do Leste baixar o preço anunciado para US$45, enquanto o preço da Pneus do Oeste permanecer em US$50, provavelmente alguns dos clientes do lado oeste da cidade estarão dispostos a se deslocar por mais alguns minutos, a fim de economizar US$5. A Pneus do Leste, então, venderá mais pneus a um preço inferior. Se o aumento das vendas for grande o suficiente para superar a redução do preço, seus lucros aumentarão.

Essa, em suma, é a lógica básica da concorrência: se os clientes estiverem suficientemente sensíveis ao preço, então um vendedor que baixar seu preço desfrutará de um aumento nas vendas e um aumento nos lucros.

---

[1] Examinaremos a teoria dos jogos com mais detalhes no próximo capítulo, mas parece apropriado apresentar aqui esses exemplos específicos.

Mas suponhamos que, em vez de efetivamente reduzir o preço, a Pneus do Oeste continue a cobrar US$50 e acrescente a promessa de cobrir qualquer oferta. O que acontecerá agora, se a Pneus do Leste baixar o preço anunciado?

Nesse caso, os que acham que a Pneus do Oeste é mais conveniente simplesmente mostrarão o anúncio da Pneus do Leste para obter o desconto. Desse modo, a Pneus do Leste não atrairá novos clientes em razão do corte no preço. Na verdade, perderá receita ao vender essencialmente o mesmo número de pneus a um preço inferior.

Moral da história: um vendedor que oferece garantia de preço baixo afasta muito a motivação dos seus concorrentes para reduzir os preços.

28.2 Liderança de quantidade

No caso de liderança de quantidade, uma empresa faz a escolha antes da outra. Isso é às vezes chamado de **modelo de Stackelberg**, em homenagem ao primeiro economista que estudou de maneira sistemática as interações líder-seguidor.[2]

O modelo de Stackelberg é frequentemente utilizado para descrever indústrias em que haja uma empresa dominante ou um líder natural. Por exemplo, a IBM é frequentemente considerada uma empresa dominante na indústria de computadores. Um padrão comumente observado no comportamento de empresas menores é de esperar que a IBM anuncie seus novos produtos para então ajustar, com base nesses anúncios, as decisões sobre seus próprios produtos. Nesse caso, podemos querer modelar a indústria de computadores com a IBM no papel de líder de Stackelberg e as demais empresas como seguidoras de Stackelberg.

Voltemo-nos agora para os detalhes do modelo teórico. Suponhamos que a empresa 1 seja a líder e que escolha produzir uma quantidade y_1. A empresa 2 responde com a escolha de uma quantidade y_2. Ambas as empresas sabem que o preço de equilíbrio do mercado depende da quantidade total produzida. Utilizamos a função de demanda inversa $p(Y)$ para indicar o preço de equilíbrio como função da produção do setor, $Y = y_1 + y_2$.

Que nível de produção a líder deveria escolher para maximizar seus lucros? A resposta depende de como ela espera que a seguidora reaja à sua escolha. Presumivelmente, a líder deveria esperar que a seguidora tentasse maximizar os lucros dela com base em suas escolhas. Para decidir sobre sua própria produção, a líder terá de considerar o problema de maximização de lucro da seguidora.

O problema da seguidora

Suponhamos que a seguidora queira maximizar seus lucros

$$\max_{y_2} \; p(y_1 + y_2)y_2 - c_2(y_2).$$

---

[2] Heinrich von Stackelberg, economista alemão, publicou seu importante trabalho sobre a organização dos mercados, *Marktform und Gleichgewicht*, em 1934.

O lucro da seguidora depende da escolha de produção da líder, mas, do ponto de vista da seguidora, a produção da líder é predeterminada – a líder já concluiu sua produção, que a seguidora simplesmente encara como uma constante.

A seguidora quer escolher um nível de produção em que a receita marginal seja idêntica ao custo marginal:

$$RM_2 = p(y_1 + y_2) + \frac{\Delta p}{\Delta y_2} y_2 = CMa_2.$$

A receita marginal tem a interpretação usual. Quando a seguidora aumenta a sua produção, aumenta sua receita ao vender mais produtos ao preço de mercado. Mas também empurra o preço para baixo em Δp e isso diminui seus lucros em todas as unidades previamente vendidas ao preço mais alto.

O importante a observar é que a escolha maximizadora de lucros da seguidora dependerá da escolha feita pela líder. Escrevemos esse relacionamento como

$$y_2 = f_2(y_1).$$

A função $f_2(y_1)$ fornece a produção maximizadora de lucro da seguidora como uma função da escolha da líder. Essa função é chamada **função de reação**, uma vez que mostra como a seguidora reagirá à escolha de produção da líder.

Derivemos uma curva de reação no caso simples de demanda linear. Nesse caso, a função de demanda (inversa) assume a forma $p(y_1 + y_2) = a - b(y_1 + y_2)$. Por conveniência, consideraremos os custos como iguais a zero.

Assim, a função lucro da empresa 2 é

$$\pi_2(y_1, y_2) = [a - b(y_1 + y_2)]y_2$$

ou

$$\pi_2(y_1, y_2) = ay_2 - by_1 y_2 - by_2^2.$$

Podemos utilizar essa expressão para desenhar as **linhas isolucro** da Figura 28.1. Essas retas apresentam as combinações de y_1 e y_2 que proporcionam um nível constante de lucro à empresa 2. Isto é, as retas isolucro são compostas de todos os pontos (y_1, y_2) que satisfazem as equações da forma

$$ay_2 - by_1 y_2 - by_2^2 = \overline{\pi}_2.$$

Observe que os lucros da empresa 2 aumentarão à medida que nos movermos para retas isolucro mais à esquerda. Isso será verdadeiro porque, se fixarmos a produção da empresa 2 num determinado nível, os lucros da empresa 2 aumentarão à medida que a produção da empresa 1 diminui. A empresa 2 alcançará o máximo de lucro possível quando se tornar monopolista, ou seja, quando a empresa 1 escolher produzir zero unidade.

Para cada escolha possível de produção da empresa 1, a empresa 2 escolherá uma produção que lhe proporcione os maiores lucros possíveis. Isso significa que, para cada escolha de y_1, a empresa 2 escolherá o valor de y_2 que a coloque na isolucro mais à esquerda, como ilustra a Figura 28.1. Esse ponto satisfará a condição usual de tangência: a inclinação da isolucro terá de ser vertical na escolha ótima. O *locus* dessa tangência descreve a curva de reação da empresa 2, $f_2(y_1)$.

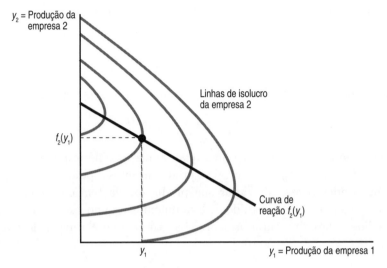

FIGURA 28.1 Derivação de uma curva de reação. *Essa curva de reação mostra a produção que maximiza lucros da seguidora, a empresa 2, a cada escolha de produção da líder, a empresa 1. Para cada escolha de y_1, a seguidora escolhe o nível de produção $f_2(y_1)$ associado à linha isolucro mais à esquerda.*

Para vermos esse resultado de maneira algébrica, precisamos de uma expressão para a receita marginal associada à função lucro da empresa 2. Essa expressão é dada por

$$RM_2(y_1, y_2) = a - by_1 - 2by_2.$$

(Isso é fácil de derivar com o emprego do cálculo. Se você não sabe cálculo, terá de aceitar essa afirmação na base da fé.) Se igualarmos a receita marginal ao custo marginal, que no exemplo é zero, teremos

$$a - by_1 - 2by_2 = 0,$$

que podemos resolver para derivar a curva de reação da empresa 2:

$$y_2 = \frac{a - by_1}{2b}.$$

Essa curva de reação é a linha reta representada na Figura 28.1.

O problema da líder

Já examinamos como a seguidora escolherá sua produção, *dada* a escolha da líder. Agora nos voltaremos para o problema da maximização de lucro da líder.

É de supor que a líder também tenha conhecimento de que suas ações influenciam a escolha de produção da seguidora. Essa relação é resumida pela função de reação $f_2(y_1)$. Portanto, ao fazer suas escolhas de produção, ela deverá reconhecer a influência que exerce na seguidora.

O problema de maximização de lucro da líder se torna, pois,

$$\max_{y_1} p(y_1 + y_2)y_1 - c_1(y_1)$$

de modo que $y_2 = f_2(y_1)$.

A substituição da segunda equação na primeira nos proporciona

$$\max_{y_1} p[y_1 + f_2(y_1)]y_1 - c_1(y_1).$$

Observe que a líder reconhece que, quando ela escolhe produzir y_1, a produção total será de $y_1 + f_2(y_1)$: sua própria produção *mais* a produção da seguidora.

Quando a líder pensa em variar sua produção, ela tem de reconhecer a influência que exerce sobre a seguidora. Examinemos isso no contexto da curva de demanda linear descrita anteriormente. Lá, vimos que a função de reação era dada por

$$f_2(y_1) = y_2 = \frac{a - by_1}{2b}. \tag{28.1}$$

Como pressupomos que os custos marginais são zero, os lucros da líder serão

$$\pi_1(y_1, y_2) = p(y_1 + y_2)y_1 = ay_1 - by_1^2 - by_1 y_2. \tag{28.2}$$

Mas a produção da seguidora, y_2, dependerá da escolha da líder através da função de reação $y_2 = f_2(y_1)$.

Ao substituirmos a equação (28.1) na equação (28.2), teremos

$$\pi_1(y_1, y_2) = ay_1 - by_1^2 - by_1 f_2(y_1)$$
$$= ay_1 - by_1^2 - by_1 \frac{a - by_1}{2b}.$$

Ao simplificarmos essa expressão, teremos

$$\pi_1(y_1, y_2) = \frac{a}{2}y_1 - \frac{b}{2}y_1^2.$$

A receita marginal dessa função será

$$RM = \frac{a}{2} - by_1.$$

Se igualarmos isso ao custo marginal, que no exemplo é zero, e resolvermos para y_1, teremos

$$y_1^* = \frac{a}{2b}.$$

Para encontrarmos a produção da seguidora, basta substituirmos y_1^* na função de reação:

$$y_2^* = \frac{a - by_1^*}{2b}$$
$$= \frac{a}{4b}.$$

Essas duas equações proporcionam uma produção total do setor de $y_1^* + y_2^* = 3a/4b$.

A solução de Stackelberg pode também ser ilustrada de modo gráfico com o uso das curvas isolucro apresentadas na Figura 28.2. (Essa figura também ilustra o equilíbrio de Cournot, que será descrito na seção 28.5.) Nela, ilustramos as curvas de reação de ambas as empresas e as curvas isolucro da empresa 1. As curvas isolucro da empresa 1 têm a mesma forma geral das curvas isolucro da empresa 2; elas apenas apresentam um deslocamento de 90 graus. Os lucros maiores da empresa 1 estão associados com as curvas isolucro mais baixas, uma vez que os lucros da empresa 1 irão aumentar à medida que a produção da empresa 2 diminuir.

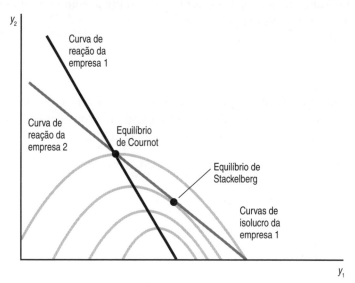

FIGURA 28.2 Equilíbrio de Stackelberg. *A empresa 1, a líder, escolhe o ponto na curva de reação da empresa 2 que toca a curva isolucro mais baixa da empresa 1, o que gera os maiores lucros possíveis para a líder.*

A empresa 2 comporta-se como seguidora, o que significa que escolherá uma produção sobre sua curva de reação, $f_2(y_1)$. Portanto, a empresa 1 quer escolher uma combinação de produção que lhe forneça os maiores lucros possíveis. Mas os maiores lucros possíveis significam escolher o ponto da curva de reação que toca a curva isolucro *mais baixa*, conforme ilustra a Figura 28.2. Segue-se pela lógica comum da maximização que a curva de reação tem de tangenciar a curva isolucro nesse ponto.

28.3 Liderança de preço

Em vez de fixar a quantidade, a líder pode fixar o preço. Para tomar uma decisão razoável sobre a fixação de seu preço, a líder terá de prever o comportamento da seguidora. Dessa forma, precisamos primeiro investigar o problema da maximização de lucro com o qual a seguidora se defronta.

A primeira coisa que observamos é que, em equilíbrio, a seguidora tem sempre de estabelecer o mesmo preço que a líder. Isso é consequência da hipótese de que as duas empresas vendem produtos idênticos. Se uma cobrasse um preço diferente da outra, todos os consumidores prefeririam o produtor que tivesse o menor preço e não poderíamos ter um equilíbrio com ambas as empresas produzindo.

Suponhamos que a líder estabeleça um preço p. Iremos supor que a seguidora tome esse preço como dado e escolha a produção que maximize seu lucro. Isso é essencialmente o mesmo que o comportamento competitivo que investigamos anteriormente. No modelo competitivo, cada empresa considera o preço como estando fora do seu controle porque ela é uma parte muito pequena do mercado; no modelo de liderança de preço, a seguidora toma o preço como fora de seu controle porque ele já foi estabelecido pela líder.

A seguidora quer maximizar os lucros:

$$\max_{y_2} \; py_2 - c_2(y_2).$$

Isso leva à condição familiar em que a seguidora quererá escolher um nível de produção em que o preço se iguale ao custo marginal, o que determina a curva de oferta da seguidora, $S(p)$, que ilustramos na Figura 28.3.

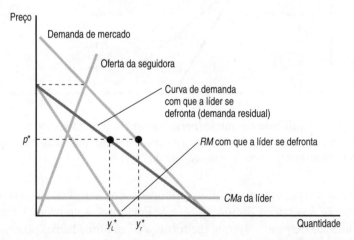

FIGURA 28.3 Líder de preços. A curva de demanda com a qual a líder se defronta é a curva de demanda do mercado menos a curva de oferta da seguidora. A líder iguala a receita e o custo marginais para encontrar a quantidade ótima de oferta, y_L^*. A quantidade total ofertada pelo mercado é y_T^* e o preço de equilíbrio é p^*.

Vejamos agora o problema com o qual a líder se defronta. Ela percebe que, se fixar um preço p, a seguidora ofertará $S(p)$. Isso significa que a produção total que a líder venderá será $R(p) = D(p) - S(p)$. Essa é a **curva de demanda residual** com que a líder se defronta.

Suponhamos que a líder tenha um custo marginal de produção constante c. Assim, os lucros que ela obtém para qualquer preço p são dados por:

$$\pi_1(p) = (p-c)[D(p) - S(p)] = (p-c)R(p).$$

Para maximizar os lucros, a líder quer escolher uma combinação de preço e produção em que a receita marginal seja igual ao custo marginal. No entanto, a receita marginal deve ser a receita marginal da curva de demanda *residual* – a curva que realmente mede quanto da produção ela conseguirá vender a cada preço dado. Na Figura 28.3, a curva de demanda residual é linear; portanto, a curva de receita marginal associada a ela terá o mesmo intercepto vertical e será duas vezes mais inclinada.

Examinemos um exemplo algébrico simples. Suponhamos que a curva de demanda inversa é $D(p) = a - bp$. A seguidora tem uma função custo $c_2(y_2) = y_2^2/2$ e a líder tem a função custo $c_1(y_1) = cy_1$.

Para qualquer preço p, a seguidora quer operar onde o preço se iguala ao custo marginal. Se a função custo for $c_2(y_2) = y_2^2/2$, pode-se demonstrar que a curva de custo marginal é $CMa_2(y_2) = y_2$. Ao fazermos com que o preço seja igual ao custo marginal, teremos

$$p = y_2.$$

A resolução para a curva de oferta do seguidor nos proporciona $y_2 = S(p) = p$.

A curva de demanda com que a líder se defronta – a curva de demanda residual – será

$$R(p) = D(p) - S(p) = a - bp - p = a - (b+1)p.$$

De agora em diante, isso é apenas como um problema comum de monopólio. Ao resolvermos para p como uma função da produção y_1 da líder, teremos

$$p = \frac{a}{b+1} - \frac{1}{b+1}y_1. \tag{28.3}$$

Essa é a função de demanda inversa com a qual a líder se defronta. A curva de receita marginal associada tem o mesmo intercepto e é duas vezes mais inclinada. Isso significa que ela é dada por

$$RM_1 = \frac{a}{b+1} - \frac{2}{b+1}y_1.$$

Se igualarmos a receita marginal ao custo marginal, teremos a equação

$$RM_1 = \frac{a}{b+1} - \frac{2}{b+1}y_1 = c = MC_1.$$

Se resolvermos para a produção que maximiza os lucros da líder, teremos

$$y_1^* = \frac{a - c(b+1)}{2}.$$

Poderíamos prosseguir e substituí-la na equação (28.3) para obter o preço de equilíbrio, mas a equação não tem nenhum interesse particular.

28.4 Comparação entre a liderança de preço e a liderança de quantidade

Vimos como calcular os preços e as quantidades de equilíbrio nos casos de liderança de preço e de liderança de quantidade. Cada modelo determina uma combinação de preço e quantidade de equilíbrio; cada modelo é apropriado em circunstâncias diferentes.

Uma forma de examinar o estabelecimento da quantidade é imaginar que a empresa fizesse uma escolha de capacidade. Quando a empresa fixa uma quantidade, ela na verdade determina o quanto pode ofertar ao mercado. Se uma empresa puder ser a primeira a investir em capacidade produtiva, ela estará naturalmente se preparando para tornar-se líder de quantidade.

Vamos supor que observamos um mercado onde as escolhas de capacidade não tenham importância, porém no qual uma das empresas distribua um catálogo de preços. É natural que vejamos essa empresa como estabelecedora de preços. Suas rivais podem encarar o preço do catálogo como dado e, com base nele, tomar suas próprias decisões de preço e oferta.

Se o modelo de liderança de preço ou de liderança de quantidade é apropriado ou não, é uma pergunta que não podemos responder com base só na teoria. Temos de observar como as empresas realmente tomam suas decisões para que possamos escolher o modelo mais apropriado.

28.5 Estabelecimento simultâneo da quantidade

Uma dificuldade com o modelo de líder-seguidora é que ele é necessariamente assimétrico: uma empresa é capaz de tomar decisões antes da outra. Em algumas situações isso não é razoável. Por exemplo, suponhamos que duas empresas tentem, *simultaneamente*, decidir que quantidade produzir. Nesse caso, cada uma delas terá de prever a produção da outra para chegar a uma decisão sensata.

Nesta seção examinaremos um modelo de um período no qual cada empresa tem de prever a escolha de produção da outra. Com base nessa previsão, cada empresa escolherá uma produção que maximize seu próprio lucro. Procuraremos, então, um equilíbrio em previsões – uma situação em que cada empresa vê confirmadas suas crenças sobre a outra. Esse modelo é conhecido como **modelo de Cournot** em homenagem ao matemático francês do século XIX que pela primeira vez examinou as suas consequências.[3]

---

[3] Augustin Cournot nasceu em 1801. Seu livro, *Researches into the Mathematical Principles of the Theory of Wealth*, foi publicado em 1838.

Iniciamos com o pressuposto de que a empresa 1 espera que a empresa 2 produza y_2^e unidades (*e* significa produção *esperada*). Se a empresa 1 decidir pela produção de y_1 unidades, ela esperará que o total produzido seja de $Y = y_1 + y_2^e$ e que essa produção gere um preço de mercado de $p(Y) = p(y_1 + y_2^e)$. O problema de maximização de lucro da empresa 1 será, então,

$$\max_{y_1} p(y_1 + y_2^e)y_1 - c(y_1).$$

Para qualquer expectativa feita sobre a produção da empresa 2, y_2^e, haverá uma escolha ótima de produção da empresa 1, y_1. Escrevamos essa relação funcional entre a *produção esperada* da empresa 2 e a *escolha ótima* da empresa 1 como

$$y_1 = f_1(y_2^e).$$

Essa função é simplesmente a função de reação que analisamos anteriormente neste capítulo. Em nosso tratamento original, a função de reação fornecia a produção da seguidora como uma função da escolha da líder. Aqui, a função de reação fornece a escolha ótima de uma empresa como função de suas *expectativas* sobre a escolha da outra empresa. Embora a interpretação da função de reação seja diferente nos dois casos, a definição matemática é exatamente a mesma.

Do mesmo modo, podemos derivar a curva de reação da empresa 2.

$$y_2 = f_2(y_1^e),$$

que mostra a escolha ótima de produção da empresa 2 para uma expectativa feita sobre a produção da empresa 1, y_1^e.

Agora, lembre-se de que cada empresa escolhe sua produção de acordo com o *pressuposto* de que a produção da outra será de y_1^e ou y_2^e. Para valores arbitrários de y_1^e e y_2^e isso não irá ocorrer – em geral, o nível ótimo de produção da empresa 1, y_1, será diferente do que a empresa 2 *espera* que seja, y_1^e.

Procuremos uma combinação de produção (y_1^*, y_2^*), de modo que o nível ótimo de produção da empresa 1, supondo-se que a empresa 2 produza y_2^*, seja de y_1^* e que o nível de produção ótimo da empresa 2, supondo-se que a empresa 1 permaneça em y_1^*, seja de y_2^*. Em outras palavras, as escolhas de produção (y_1^*, y_2^*) satisfazem

$$y_1^* = f_1(y_2^*)$$

$$y_2^* = f_2(y_1^*).$$

Tal combinação de níveis de produção é conhecida como **equilíbrio de Cournot**. Nele, cada empresa maximiza seus lucros de acordo com suas expectativas sobre a escolha de produção da outra empresa e, além disso, essas expectativas são confirmadas em equilíbrio: cada empresa escolhe de forma ótima fabricar a quantidade que a outra empresa espera que ela fabrique. Num equilíbrio de Cournot, nenhuma empresa achará lucrativo mudar sua produção, uma vez que descubra a escolha realmente feita pela outra empresa.

Um exemplo de equilíbrio de Cournot é dado na Figura 28.2. O equilíbrio de Cournot é simplesmente o par de produções no qual as duas curvas de reação se cruzam. Em tal ponto, cada empresa está produzindo um nível de produção que maximiza o lucro, dada a escolha de produção da outra empresa.

28.6 Exemplo de equilíbrio de Cournot

Lembre-se do caso da função de demanda linear e dos custos marginais zero que investigamos anteriormente. Vimos que, nesse caso, a função de reação da empresa 2 tomou a forma

$$y_2 = \frac{a - by_1^e}{2b}.$$

Como nesse exemplo a empresa 1 age exatamente como a empresa 2, sua curva de reação tem a mesma forma:

$$y_1 = \frac{a - by_2^e}{2b}.$$

A Figura 28.4 representa esse par de curvas de reação. A interseção das duas retas fornece o equilíbrio de Cournot. Nesse ponto, a escolha de cada empresa é a escolha que maximiza o lucro, segundo suas expectativas sobre o comportamento da outra empresa, e as expectativas de cada empresa sobre o comportamento da outra são confirmadas pelo seu comportamento *real*.

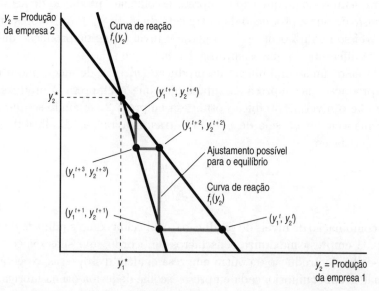

FIGURA 28.4 O equilíbrio de Cournot. Cada empresa maximiza seus lucros de acordo com as expectativas que faz sobre a decisão de produção da outra. O equilíbrio de Cournot é em (y_1^*, y_2^*) onde as duas curvas de reação se cruzam.

Para calcular o equilíbrio de Cournot algebricamente, procuramos pelo ponto (y_1, y_2), onde cada empresa faz o que a outra espera que ela faça. Estabelecemos que $y_1 = y_1^e$ e que $y_2 = y_2^e$, o que nos dá as duas equações seguintes, com duas incógnitas:

$$y_1 = \frac{a - by_2}{2b}$$

$$y_2 = \frac{a - by_1}{2b}.$$

Nesse exemplo, ambas as empresas são idênticas, de modo que cada uma irá produzir o mesmo nível de produção em equilíbrio. Assim, podemos substituir $y_1 = y_2$ numa das equações anteriores para obter

$$y_1 = \frac{a - by_1}{2b}.$$

Ao resolvermos para y_1^*, obteremos

$$y_1^* = \frac{a}{3b}.$$

Como as duas empresas são idênticas, isso implica que

$$y_2^* = \frac{a}{3b}$$

da mesma forma que a produção total do setor será

$$y_1^* + y_2^* = \frac{2a}{3b}.$$

28.7 Ajustamento para o equilíbrio

Podemos usar a Figura 28.4 para descrever um processo de ajustamento para o equilíbrio. Suponhamos que no período t as empresas estejam produzindo (y_1^t, y_2^t), que não são necessariamente produções de equilíbrio. Se a empresa 1 espera que a empresa 2 continue a manter sua produção em y_2^t, então, no período seguinte, a empresa 1 escolherá o nível de produção que maximize o lucro conforme essa expectativa, ou seja, $f_1(y_2^t)$. Portanto, a escolha da empresa 1 no período $t+1$ será dada por

$$y_1^{t+1} = f_1(y_2^t).$$

A empresa 2 pode pensar da mesma forma, de modo que sua escolha no próximo período será

$$y_2^{t+1} = f_2(y_1^t).$$

Essas equações descrevem como cada empresa ajusta sua produção em face da escolha da outra empresa. A Figura 28.4 ilustra o movimento das produções das empresas em consequência desse comportamento. Eis como interpretar o diagrama. Inicie em algum ponto de produção (y_1^t, y_2^t). Dado o nível de produção da empresa 2, a empresa 1 escolhe a produção ótima de $y_1^{t+1} = f_1(y_2^t)$ para o período seguinte. Encontramos esse ponto no diagrama ao nos movermos horizontalmente para a esquerda até encontrarmos a função de reação da empresa 1.

Se a empresa 2 espera que a empresa 1 continue a produzir y_1^{t+1}, sua resposta ótima será produzir y_2^{t+1}. Localizamos esse ponto ao nos movermos em sentido vertical e ascendente até que encontramos a função de reação da empresa 2. Continuaremos a nos mover ao longo dessa "escada" para descobrir a sequência de escolha de produção das duas empresas. No exemplo ilustrado, esse processo de ajustamento converge para o equilíbrio de Cournot. Dizemos, nesse caso, que o equilíbrio de Cournot é um **equilíbrio estável**.

Apesar do apelo intuitivo do processo de ajustamento, ele apresenta alguns problemas. Cada empresa pressupõe que a produção da outra será fixa de um período para outro, mas ocorre que ambas as empresas mudam sua produção. Apenas em equilíbrio é que a expectativa de uma empresa sobre a escolha de produção da outra é realmente satisfeita. Por essa razão, iremos geralmente ignorar a questão de como o equilíbrio é alcançado e focalizaremos apenas a questão de como as empresas se comportam em equilíbrio.

28.8 Várias empresas no equilíbrio de Cournot

Suponhamos agora que temos várias empresas envolvidas em um equilíbrio de Cournot, não apenas duas. Nesse caso, devemos supor que cada empresa tenha uma expectativa sobre as escolhas de produção das outras da indústria e procurar descrever a produção de equilíbrio.

Suponhamos que haja n empresas e vamos fazer com que $Y = y_1 + ... + y_n$ seja o total de produção do setor. Assim, a "condição de que a receita marginal iguala-se ao custo marginal" da empresa i será

$$p(Y) + \frac{\Delta p}{\Delta Y} y_i = CMa(y_i).$$

Se fatorarmos $P(Y)$ e multiplicarmos o segundo termo por Y/Y, poderemos escrever essa equação como

$$p(Y)\left[1 + \frac{\Delta p}{\Delta Y}\frac{Y}{p(Y)}\frac{y_i}{Y}\right] = CMa(y_i).$$

Se utilizarmos a definição de elasticidade da curva de demanda agregada e fizermos com que $s_i = y_i/Y$ seja a participação total da empresa i no mercado, isso se reduzirá a

$$p(Y)\left[1 - \frac{s_i}{|\epsilon(Y)|}\right] = CMa(y_i). \tag{28.4}$$

Podemos também escrever essa expressão como

$$p(Y)\left[1 - \frac{1}{|\epsilon(Y)|/s_i}\right] = CMa(y_i).$$

Isso parece exatamente igual à expressão do monopolista, exceto pelo termo s_i. Podemos pensar em $|\epsilon(Y)|/s_i$ como sendo a elasticidade da curva de demanda com a qual a empresa se defronta: quanto menor a participação da empresa no mercado, mais elástica é a curva de demanda com que ela se defronta.

Se sua participação no mercado for de 1 – caso em que a empresa será monopolista, a curva de demanda com a qual a empresa se defrontará será a curva de demanda do mercado, de modo que a condição se reduzirá exatamente àquela do monopolista. Se a empresa for muito pequena em relação ao mercado, sua participação nesse mercado será efetivamente zero e a curva de demanda com a qual ela se defrontará será efetivamente plana. Portanto, a condição será reduzida à do concorrente puro: o preço iguala-se ao custo marginal.

Essa é uma justificativa para o modelo competitivo descrito no Capítulo 23. Se houver um grande número de empresas, a influência de cada uma no mercado será desprezível e o equilíbrio de Cournot será efetivamente o mesmo que seria na concorrência pura.

28.9 Fixação simultânea de preços

No modelo de Cournot descrito anteriormente, supomos que as empresas escolhiam suas quantidades e deixavam que o mercado determinasse o preço. Outra abordagem é pensar que as empresas fixem os preços e deixem o mercado determinar a quantidade vendida. Esse modelo é chamado de **concorrência de Bertrand**.[4]

Quando uma empresa escolhe seu preço, ela tem de prever o preço que será fixado pela outra empresa do setor. Exatamente como no caso de equilíbrio de Cournot, queremos encontrar um par de preços, de modo que cada preço seja uma escolha que maximize o lucro, dada a escolha feita pela outra empresa.

Como se parece o equilíbrio de Bertrand? Quando as empresas vendem produtos idênticos, como pressupomos, o equilíbrio de Bertrand tem uma estrutura muito simples. É o equilíbrio competitivo, em que o preço se iguala ao custo marginal!

Primeiro, notamos que o preço nunca pode ser menor do que o custo marginal, já que qualquer uma das empresas aumentaria seus lucros produzindo menos. Portanto, examinemos o caso em que o preço é maior do que o custo marginal. Suponhamos que ambas as empresas vendam sua produção a um preço $\hat{p}$ maior do que o custo marginal. Considere a posição da empresa 1. Se ela diminuir seu preço numa pequena quantia ϵ e se a outra empresa mantiver seu preço fixo em $\hat{p}$, todos os consumidores preferirão comprar da empresa 1.

---

[4] Joseph Bertrand, também matemático francês, apresentou seu trabalho numa resenha da obra de Cournot.

Ao reduzir seu preço em uma quantia muito pequena, ela pode roubar todos os clientes da empresa 2.

Se a empresa 1 realmente espera que a empresa 2 cobre um preço $\hat{p}$ que é maior que o custo marginal, sempre valerá a pena para a empresa 1 diminuir seu preço para $\hat{p} - \epsilon$. Mas a empresa 2 pode pensar da mesma forma! Portanto, qualquer preço acima do custo marginal não pode ser um preço de equilíbrio; o único equilíbrio é o equilíbrio competitivo.

Esse resultado parece paradoxal quando você o vê pela primeira vez. Como podemos obter um equilíbrio competitivo se há apenas duas empresas no mercado? Se pensarmos no modelo de Bertrand como o modelo de lances competitivos, faz mais sentido. Suponhamos que uma empresa faça uma "oferta" para os consumidores ao fixar um preço acima do custo marginal. Então a outra empresa sempre pode obter lucro ao vender abaixo desse preço. Segue-se que o único preço que cada empresa não pode racionalmente esperar que diminua é o preço que se iguala ao custo marginal.

Observa-se com frequência que ofertas competitivas entre as empresas que não conseguem formar um conluio podem resultar em preços muito menores do que os que podem ser alcançados por outros meios. Esse fenômeno é simplesmente um exemplo da lógica da concorrência de Bertrand.

28.10 Conluio

Nos modelos que examinamos até agora, as empresas operavam de maneira independente. Mas se elas formarem um conluio para determinar conjuntamente sua produção, esses modelos não serão mais muito razoáveis. Se houver possibilidade de conluio, as empresas farão melhor se escolherem a produção que maximiza os lucros totais da indústria e então dividirem os lucros entre si. Quando as empresas se juntam e tentam fixar preços e produção para maximizar os lucros do setor, elas passam a ser conhecidas como um **cartel**. Conforme vimos no Capítulo 25, um cartel é apenas um grupo de empresas que se juntam em conluio para se comportar como um monopolista e maximizar a soma de seus lucros.

Assim, o problema de maximização do lucro com o qual as duas empresas se defrontam para escolher suas produções y_1 e y_2 de modo a maximizar os lucros totais do setor é:

$$\max_{y_1, y_2} p(y_1 + y_2)[y_1 + y_2] - c_1(y_1) - c_2(y_2).$$

Isso terá as seguintes condições de qualidade ótima:

$$p(y_1^* + y_2^*) + \frac{\Delta p}{\Delta Y}[y_1^* + y_2^*] = CMa_1(y_1^*)$$

$$p(y_1^* + y_2^*) + \frac{\Delta p}{\Delta Y}[y_1^* + y_2^*] = CMa_2(y_2^*).$$

A interpretação dessas condições é interessante. Quando a empresa 1 pensa em expandir sua produção em Δy_1, ela contemplará dois efeitos comuns: os lucros adicionais resultantes da venda de uma produção maior e a redução nos lucros por forçar os preços para baixo. Porém, no segundo efeito, leva-se agora em consideração o efeito do preço mais baixo não só sobre sua própria produção, mas também sobre a produção da outra empresa. Isso ocorre porque ela agora está interessada em maximizar os lucros totais do setor e não apenas seus próprios lucros.

As condições de otimização implicam que a receita marginal da produção de uma unidade adicional tem de ser a mesma, não importando onde seja produzida. Segue-se que $CMa_1(y_1^*) = CMa_2(y_2^*)$, de modo que os dois custos marginais se igualem para alcançar o equilíbrio. Se uma empresa tiver uma vantagem de custo, de modo que sua curva de custo marginal sempre se situe abaixo da curva da outra empresa, ela então produzirá necessariamente mais em equilíbrio na solução de cartel.

O problema em formar um cartel na vida real é que sempre há a tentação de burlá-lo. Suponhamos, por exemplo, que duas empresas operem em produções que maximizam os lucros do setor (y_1^*, y_2^*) e a empresa 1 pense em aumentar um pouco mais a produção, Δy_1. Os lucros marginais que a empresa 1 obterá serão de

$$\frac{\Delta \pi_1}{\Delta y_1} = p(y_1^* + y_2^*) + \frac{\Delta p}{\Delta Y} y_1^* - CMa_1(y_1^*). \tag{28.5}$$

Vimos anteriormente que a condição de otimização para a solução de cartel é

$$p(y_1^* + y_2^*) + \frac{\Delta p}{\Delta Y} y_1^* + \frac{\Delta p}{\Delta Y} y_2^* - CMa_1(y_1^*) = 0.$$

Ao rearranjarmos essa equação, teremos

$$p(y_1^* + y_2^*) + \frac{\Delta p}{\Delta Y} y_1^* - CMa_1(y_1^*) = -\frac{\Delta p}{\Delta Y} y_2^* > 0. \tag{28.6}$$

A última desigualdade deriva do fato de que $\Delta p / \Delta Y$ é negativo, uma vez que a curva de demanda tem inclinação negativa.

O exame das equações (28.5) e (28.6) nos permite verificar que

$$\frac{\Delta \pi_1}{\Delta y_1} > 0.$$

Portanto, se a empresa 1 espera que a empresa 2 mantenha fixa sua produção, ela esperará que possa aumentar os lucros mediante o aumento de sua própria produção. Na solução de cartel, as empresas agem em conjunto ao restringir a produção para não "estragar" o mercado. Elas sabem o efeito que o aumento da produção de qualquer das empresas tem sobre os lucros conjuntos. Mas, se cada uma delas esperar que a outra mantenha sua cota de produção, então cada empresa ficará tentada a aumentar seus próprios lucros ao expandir unilateralmente sua produção. Nos níveis de produção que maximizam os lucros conjuntos, sempre será lucrativo para uma empresa aumentar unilateralmente a produção – se sua expectativa for que a outra mantenha fixa sua produção.

A situação é pior ainda. Se a empresa 1 esperar que a empresa 2 mantenha fixa sua produção, ela achará lucrativo aumentar sua própria produção. Mas, se achar que a empresa 2 aumentará sua produção, então desejará aumentar sua produção antes da empresa 2 e lucrar enquanto puder!

Assim, para manter um cartel efetivo, as empresas precisam encontrar um meio de detectar e punir a burla. Se não tiverem um modo de observar a produção uma da outra, a tentação de trair pode quebrar o cartel. Retornaremos a esse assunto posteriormente.

Para nos certificarmos de que entendemos a solução de cartel, vamos calculá-la para o caso de custos marginais iguais a zero e para a curva de demanda linear que utilizamos no caso de Cournot.

A função lucro agregada será

$$\pi(y_1, y_2) = [a - b(y_1 + y_2)](y_1 + y_2) = a(y_1 + y_2) - b(y_1 + y_2)^2,$$

de modo que as condições de igualdade entre custos e receitas marginais serão

$$a - 2b(y_1^* + y_2^*) = 0,$$

o que implica que

$$y_1^* + y_2^* = \frac{a}{2b}.$$

Como os custos marginais são zero, a divisão da produção entre as duas empresas não importa. Tudo que é determinado é o nível total de produção do setor.

Essa solução está representada na Figura 28.5. Nesse diagrama ilustramos as curvas isolucro de cada uma das empresas e destacamos o local das tangentes comuns. Por que essa reta é importante? Como o cartel tenta maximizar os lucros totais do setor, segue que os lucros marginais do aumento de produção de qualquer uma das duas empresas têm de ser iguais – de outra forma, valeria a pena para a empresa mais lucrativa produzir mais. Isso, por sua vez, implica que as inclinações das curvas isolucro têm de ser iguais para cada empresa, isto é, as curvas isolucro têm de ser tangentes entre si; portanto, as combinações de produção que maximizam os lucros totais da indústria – a solução de cartel – são aquelas que estão sobre a reta ilustrada na Figura 28.5.

A Figura 28.5 também ilustra a tentação de trapacear que está presente na solução de cartel. Veja, por exemplo, o ponto onde as duas empresas dividem o mercado em partes iguais. Pense no que ocorreria se a empresa 1 esperasse que a empresa 2 mantivesse sua produção constante. Se a empresa 1 aumentasse a produção enquanto a empresa 2 a mantivesse constante, a empresa 1 iria se mover para uma curva isolucro mais baixa – o que significa que a empresa 1 aumentaria seus lucros. Essa é exatamente a história contada pela álgebra dada anteriormente. Se uma empresa pensa que a produção da outra permanecerá constante, ela será tentada a aumentar sua própria produção e, portanto, obter maiores lucros.

28.11 Estratégias punitivas

Vimos que um cartel é fundamentalmente instável no sentido de que é sempre interessante para cada uma das empresas aumentar sua produção acima daquela que maximiza o lucro agregado. Se o cartel se propõe a operar com sucesso, deve encontrar alguma forma de "estabilizar" o comportamento. Uma maneira de fazê-lo é incentivando cada uma das empresas a ameaçar de punir a outra se esta não respeitar o acordo do cartel. Nesta seção, verificaremos a magnitude das punições necessárias para estabilizar um cartel.

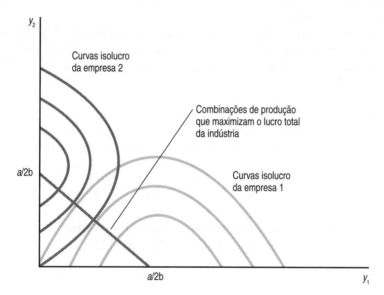

FIGURA 28.5 Um cartel. Se os lucros do setor forem maximizados, o lucro marginal de aumentar um pouco a produção em qualquer uma das empresas tem de ser o mesmo. Isso implica que as curvas isolucro têm de ser tangentes entre si aos níveis de produção que maximizem o lucro.

Imaginemos um duopólio com duas empresas idênticas. Se cada empresa for responsável por metade da produção monopolística, os lucros totais serão maximizados e cada empresa terá um ganho de, digamos, π_m. A fim de tornar este desfecho estável, uma empresa anuncia para a outra: "Se você mantiver o nível de produção que maximiza os lucros conjuntos do setor, ótimo. Mas se eu descobrir que vocês estão produzindo mais do que isso, vou castigá-los produzindo permanentemente o nível de produção de Cournot." Isso é conhecido como **estratégia de punição**.

Esse tipo de ameaça será adequado para estabilizar o cartel? Temos de verificar quais são os custos e benefícios da trapaça em relação aos da cooperação. Imagine que ocorra a traição e que a punição seja levada adiante. Dado que a resposta ótima ao comportamento de Cournot é o comportamento de Cournot (por definição), isso teria o seguinte resultado: cada empresa obteria, a cada período, um lucro de, digamos, π_c. Obviamente, o lucro de Cournot, π_c, é menor do que o lucro do cartel, π_m.

Imaginemos que ambas as empresas estejam produzindo, cada uma delas, o nível de produção de conluio, monopolístico. Coloque-se no lugar de uma das empresas tentando decidir se continua a produzir sua cota. Se aumentar sua produção, desviando-se de sua cota, você obterá um lucro de π_d, em que $\pi_d > \pi_m$. Esta é a tentação com que se depara o participante de um cartel como o descrito anteriormente: se cada empresa restringe a produção e leva o preço para cima, então cada empresa tem um incentivo para capitalizar sobre o preço elevado aumentando sua produção.

Mas isso não é o fim da história porque existe uma punição para a trapaça. Ao produzir à quantidade de cartel, cada uma das empresas obtém um fluxo constante de lucro de π_m. O valor presente de tal fluxo, a partir de hoje, é dado por

$$\text{Valor presente do comportamento de cartel} = \pi_m + \frac{\pi_m}{r}.$$

Se produzir mais do que a quantidade de cartel, a empresa aufere lucros de π_d uma vez, mas terá de conviver com o rompimento do cartel e a reversão ao comportamento de Cournot:

$$\text{Valor presente da trapaça} = \pi_d + \frac{\pi_c}{r}.$$

Quando o valor presente de permanecer no cartel será maior do que o valor presente de trapacear em relação ao acordo do cartel? Obviamente quando

$$\pi_m + \frac{\pi_m}{r} > \pi_d + \frac{\pi_c}{r},$$

que pode também ser escrito como

$$r < \frac{\pi_m - \pi_c}{\pi_d - \pi_m}.$$

Observe que o numerador da fração é positivo, uma vez que os lucros de monopólio são maiores do que os lucros de Cournot, e que o denominador também é positivo, dado que o desvio é ainda mais lucrativo do que a adesão à cota de monopólio.

A desigualdade nos diz que enquanto a taxa de juros for suficientemente pequena, de modo que a perspectiva de uma punição futura seja suficientemente importante, será compensador para as empresas respeitarem suas cotas.

A fraqueza desse modelo está no fato de a ameaça de uma reversão permanente ao comportamento de Cournot não ter credibilidade. Uma empresa pode acreditar que a outra lhe aplicará uma punição pelo desvio, mas "permanentemente" é um período muito longo. Um modelo mais realista levaria em consideração períodos mais curtos de retaliação, mas a análise se torna mais complexa. No próximo capítulo, veremos mais modelos de "jogos repetidos" que ilustram alguns dos comportamentos possíveis.

EXEMPLO: Emparelhamento de preços e concorrência

Vimos que os membros de um cartel estão sempre tentados a produzir além de sua cota. Para manter-se bem-sucedido, um cartel tem de encontrar algum meio de policiar o comportamento mediante alguma forma de punição para desvios da produção conjunta maximizadora de lucros. Isso quer dizer, em especial, que as empresas têm de conseguir acompanhar os preços e os níveis de produção das outras empresas integrantes no cartel.

Um modo fácil de obter informações sobre os preços cobrados pelas outras empresas do setor é usar seus clientes para espioná-las. É comum ver empresas varejistas anunciarem que "cobrirão qualquer preço". Em alguns casos, essas ofertas podem indicar um ambiente de varejo muito competitivo. Em outros, porém, a mesma política pode ser utilizada para coletar informações sobre os preços das outras empresas para manter um cartel.

Suponhamos, por exemplo, que duas empresas concordem, de maneira implícita ou explícita, em vender determinado modelo de refrigerador por US$700. Como pode cada uma das empresas saber se a outra não está trapaceando e vendendo o refrigerador por US$675? Um dos meios é dizer que cobre qualquer oferta de preço que os clientes encontrarem. Assim, os clientes relatam qualquer tentativa de rompimento do arranjo de conluio.

EXEMPLO: Restrições voluntárias de exportações

Na década de 1980, as empresas automobilísticas japonesas concordaram em aderir a uma "restrição voluntária de exportações" (RVE). Isso significava que elas reduziriam "voluntariamente" suas exportações de automóveis para os Estados Unidos. O consumidor americano típico achou que isso constituiu uma grande vitória dos negociadores comerciais dos Estados Unidos.

Mas se refletirmos sobre isso por um instante, as coisas parecerão bem diferentes. Quando examinamos o oligopólio, vimos que o problema que as empresas enfrentam em um setor refere-se à forma de *restringir* a produção para suportar preços mais altos e desencorajar a concorrência. Conforme vimos, haverá sempre a tentação de burlar os acordos de produção; todo cartel tem de encontrar um jeito de detectar e coibir essas violações. É muito conveniente para as empresas que uma terceira parte, como o governo, possa fazer isso. Foi exatamente esse o papel que o governo americano desempenhou para os fabricantes japoneses de automóveis!

Segundo estimativa, os automóveis japoneses importados custavam em 1984, nos Estados Unidos, US$2.500 a mais do que custariam se não houvesse as RVEs.

Além disso, os preços mais altos dos carros importados permitiram aos fabricantes americanos vender seus automóveis cerca de US$1.000 mil mais caros do que teriam vendido de outra forma.[5]

Esses preços mais altos fizeram os consumidores americanos pagarem cerca de US$10 bilhões a mais pelos carros japoneses entre 1985 e 1986 do que teriam pagado se não houvesse as restrições. Esse dinheiro foi diretamente para os bolsos dos fabricantes japoneses de automóveis. Grande parte desse lucro adicional parece ter sido investido na melhoria da capacidade produtiva, o que permitiu à indústria automobilística japonesa reduzir o custo de produção nos anos subsequentes. As RVEs realmente tiveram êxito em preservar empregos americanos, mas aparentemente a um custo anual de cerca de US$160.000 por vaga preservada.

Se o objetivo da política de RVE fosse apenas o de aumentar a saúde da indústria americana de automóveis, haveria um meio bem mais simples de fazer isso: bastava impor uma tarifa de US$2.500 a cada carro importado japonês. Assim, as receitas proporcionadas pelas restrições comerciais iriam para o governo dos Estados Unidos e não para a indústria automobilística japonesa. Em vez de remeter para o exterior US$10 bilhões entre 1985 e 1986, o governo americano poderia ter gasto esse dinheiro em projetos destinados a aumentar a saúde da indústria automobilística americana no longo prazo.

28.12 Comparação das soluções

Examinamos vários modelos de comportamento de duopólio: liderança de quantidade (Stackelberg), liderança de preço, fixação simultânea de quantidade (Cournot), fixação simultânea de preços (Bertrand) e a solução de conluio. Como podemos compará-los?

Em geral, a solução de conluio resulta na menor produção do setor e no mais alto preço. O equilíbrio de Bertrand – o equilíbrio competitivo – resulta em maior produção e menor preço. Os outros modelos geram resultados entre esses dois extremos.

É possível ter uma variedade adicional de modelos. Por exemplo, poderíamos observar um modelo com produtos diferenciados em que os dois bens vendidos não fossem substitutos perfeitos entre si. Ou poderíamos observar um modelo em que as empresas fazem uma sequência de escolhas ao longo do tempo. Nesse modelo, as escolhas que uma empresa faz num período podem influenciar as escolhas posteriores da outra empresa.

Também partimos do pressuposto de que cada empresa conhece as funções demanda e oferta das demais empresas na indústria. Na verdade, essas funções não são nunca conhecidas ao certo. Para tomar suas próprias decisões, cada empresa tem de estimar as condições de demanda e de custos com que suas concorrentes se defrontam. Todos esses fenômenos foram modelados por economistas, mas os modelos tornam-se muito mais complexos.

---

[5] Robert Crandall, "Import Quotas and the Automobile Industry: the Costs of Protectionism", *The Brookings Review*, verão de 1984.

RESUMO

1. O oligopólio caracteriza-se por um mercado com poucas empresas que reconhecem sua interdependência estratégica. Há várias formas possíveis de comportamento para os oligopólios, dependendo da natureza exata de suas interações.

2. No modelo de liderança de quantidade (Stackelberg), a empresa lidera ao fixar sua produção e a outra empresa a segue. Quando a líder escolhe determinado nível de produção, ela leva em consideração como a seguidora irá responder.

3. No modelo de liderança de preços, uma empresa fixa seu preço e a outra escolhe o quanto quer produzir a esse preço. Novamente, a líder, ao decidir, leva em consideração o comportamento da seguidora.

4. No modelo de Cournot, cada empresa escolhe sua produção para maximizar os lucros, dadas as suas expectativas sobre a escolha da outra empresa. Em equilíbrio, cada empresa acha que sua expectativa sobre a escolha da outra empresa está confirmada.

5. Um equilíbrio de Cournot no qual cada empresa possui uma pequena parcela do mercado implica que o preço será muito próximo do custo marginal – isto é, o setor será quase competitivo.

6. No modelo de Bertrand, cada empresa escolhe seu preço com base em suas expectativas sobre o preço que a outra empresa escolherá. O único preço de equilíbrio é o equilíbrio competitivo.

7. Um cartel consiste no conluio de um número de empresas para restringir a produção e maximizar o lucro do setor. O cartel normalmente será instável no sentido de que cada empresa será tentada a vender mais do que o acordo determina sobre sua cota de produção, se ela achar que as demais empresas não irão reagir.

QUESTÕES DE REVISÃO

1. Suponhamos que temos duas empresas que se defrontem com uma curva de demanda linear $p(Y) = a - bY$ e que tenham custos marginais constantes, c, para cada empresa. Resolva para o equilíbrio ótimo de Cournot.

2. Imagine um cartel em que cada empresa tenha custos marginais idênticos e constantes. Se o cartel maximizar os lucros totais da indústria, o que isso implicará sobre a divisão de produção entre as empresas?

3. A empresa líder pode obter no equilíbrio de Stackelberg um lucro mais baixo do que obteria no equilíbrio de Cournot?

4. Suponhamos que haja n empresas idênticas no equilíbrio de Cournot. Mostre que a elasticidade da curva de demanda de mercado tem de ser maior que $1/n$.

(Sugestão: no caso de um monopolista, $n = 1$, e isso apenas diz que o monopolista opera na parte elástica da curva de demanda. Aplique a esse problema a lógica que utilizamos para estabelecer tal fato.)

5. Trace um conjunto de curvas de reação que resultam num equilíbrio instável.
6. Os oligopólios produzem um nível eficiente de produção?

CAPÍTULO **29**

A TEORIA DOS JOGOS

O capítulo anterior, sobre a teoria do oligopólio, apresentou a teoria clássica de interação estratégica entre as empresas. Mas isso é apenas a ponta do *iceberg*. Os agentes econômicos podem interagir estrategicamente numa variedade de formas e várias delas têm sido estudadas utilizando-se o instrumental da **teoria dos jogos**. A teoria dos jogos lida com a análise geral de interação estratégica. Pode ser utilizada para estudar jogos de salão, negociações políticas e comportamento econômico. Neste capítulo, exploraremos brevemente esse assunto fascinante para que você experimente como isso funciona e como pode ser utilizado para estudar o comportamento econômico em mercados oligopolizados.

29.1 A matriz de ganhos de um jogo

A interação estratégica pode envolver muitos jogadores e muitas estratégias, mas nos limitaremos aos jogos de duas pessoas com um número finito de estratégias. Isso nos permitirá representar o jogo facilmente numa **matriz de ganhos**. É mais simples examinar isso no contexto de um exemplo específico.

Suponhamos que duas pessoas estão jogando um jogo simples. A pessoa A escreverá uma destas duas palavras em um pedaço de papel: "alto" ou "baixo". Ao mesmo tempo, a pessoa B irá, de forma independente, escrever "esquerda" ou "direita" em um pedaço de papel. Depois de fazerem isso, os papéis serão examinados e cada um dos jogadores receberá o ganho representado na Tabela 29.1. Se A escreve "alto" e B escreve "esquerda", então examinamos o quadrado do alto à esquerda da matriz. Nessa matriz, o ganho para A é a primeira entrada do quadrado, 1, e o ganho de B é a segunda entrada, 2. Do mesmo modo, se A escreve "baixo" e B escreve "direita", então A receberá um ganho de 1 e B obterá um ganho de 0.

A pessoa A tem duas estratégias: pode escolher alto ou baixo. Essas estratégias poderiam representar escolhas econômicas como "aumentar preço" ou "diminuir preço". Ou poderiam representar escolhas políticas como "declarar guerra" ou "não declarar guerra". A matriz de ganhos de um jogo apenas representa os ganhos de cada jogador para cada combinação de estratégias escolhida.

Qual é o resultado desse tipo de jogo? O jogo representado na Tabela 29.1 tem uma solução muito simples. Do ponto de vista da pessoa A, será sempre melhor escolher baixo, uma vez que seus ganhos resultantes dessa escolha (2 ou 1) serão sempre maiores do que as entradas correspondentes na escolha alto (1 ou 0). De forma semelhante, será sempre melhor para B escolher esquerda, porque 2 e 1 dominam 1 e 0. Portanto, é de se esperar que a estratégia de equilíbrio para A seja jogar baixo e, para B, jogar esquerda.

Nesse caso, temos uma **estratégia dominante**. Há uma escolha ótima de estratégia para cada um dos dois jogadores, independentemente do que o outro faça. Qualquer que seja a escolha de B, o jogador A obterá um ganho maior se jogar baixo, assim, jogar baixo, faz sentido para A. Qualquer que seja a escolha de A, B obterá um ganho maior se jogar esquerda. Portanto, essas escolhas dominam as alternativas e temos um equilíbrio em estratégias dominantes.

TABELA 29.1 *Matriz de ganhos de um jogo*

		Jogador B	
		Esquerda	Direita
Jogador A	Alto	1, 2	0, 1
	Baixo	2, 1	1, 0

Se houver uma estratégia dominante para cada jogador em algum jogo, então poderemos prever qual será o resultado de equilíbrio no jogo, porque a estratégia dominante é a melhor, não importando o que faça o outro jogador. Nesse exemplo, esperaríamos um resultado de equilíbrio em que A joga baixo, recebendo um ganho de equilíbrio de 2, e B joga esquerda, recebendo um ganho de equilíbrio de 1.

29.2 O equilíbrio de Nash

Os equilíbrios de estratégia dominante são bons quando acontecem, mas não ocorrem assim com tanta frequência. Por exemplo, o jogo representado na Tabela 29.2 não tem um equilíbrio de estratégia dominante. Nesse jogo, quando B escolhe esquerda, os ganhos de A são 2 ou 0. Quando B escolhe direita, os ganhos de A são 0 ou 1. Isso significa que, quando B escolhe esquerda, A desejaria escolher alto e, quando B escolhe direita, A desejaria escolher baixo. Portanto, a escolha ótima de A depende do que ele pensa que B fará.

TABELA 29.2 **Um equilíbrio de Nash**

		Jogador B	
		Esquerda	Direita
Jogador A	Alto	2, 1	0, 0
	Baixo	0, 0	1, 2

No entanto, talvez o equilíbrio de estratégia dominante exija demais. Em vez de exigir que a escolha de A seja ótima para *todas* as escolhas de B, podemos exigir apenas que ela seja ótima para as escolhas *ótimas* de B. Se B for um jogador inteligente e bem informado, ele desejará escolher apenas estratégias ótimas. (Embora o que represente uma escolha ótima para B também dependa da escolha de A!)

Diremos que um par de estratégias constitui um **equilíbrio de Nash** se a escolha de A for ótima, dada a escolha de B, *e* a escolha de B for ótima, dada a escolha de A.[1] Lembre-se de que nenhuma pessoa sabe o que a outra fará quando for obrigada a escolher sua própria estratégia, mas cada pessoa pode ter suas próprias expectativas a respeito de qual será a escolha da outra pessoa. O equilíbrio de Nash pode ser interpretado como um par de expectativas sobre as escolhas da outra pessoa, de modo que, quando a escolha de uma pessoa for revelada, nenhuma delas desejará mudar seu próprio comportamento.

No caso da Tabela 29.2, a estratégia (no alto, à esquerda) é um equilíbrio de Nash. Para provar isso, observe que, se A escolher alto, o melhor que B tem a fazer é escolher esquerda, uma vez que seu ganho, se escolher esquerda, é 1; e se escolher direita, é 0. E se B escolher esquerda, o melhor que A tem a fazer é escolher alto, uma vez que obterá um ganho de 2, em vez de 0.

Assim, se A escolher alto, a escolha ótima para B será esquerda, e, se B escolher esquerda, a escolha ótima para A será alto. Temos, portanto, um equilíbrio de Nash: *dada* a escolha do outro, cada um faz a escolha ótima.

O equilíbrio de Nash é uma generalização do equilíbrio de Cournot, descrito no capítulo anterior. Neste, as escolhas representavam níveis de produção e cada empresa escolhia seu próprio nível considerando a escolha da outra empresa como fixa. Supunha-se que cada empresa fizesse o melhor para si, considerando

---

[1] John Nash, matemático americano que formulou esse conceito fundamental da teoria dos jogos em 1951. Em 1994, recebeu o prêmio Nobel de Economia, junto a outros dois pioneiros da teoria dos jogos, John Harsanyi e Reinhard Selten. O filme *Uma mente brilhante*, uma história vagamente assemelhada à sua biografia, ganhou o Oscar de melhor filme de 2002.

que a outra empresa fosse manter o nível de produção que escolhera – ou seja, ela continuava a jogar a estratégia que havia escolhido. O equilíbrio de Cournot ocorre quando cada empresa maximiza lucros com base no comportamento da outra empresa; é exatamente essa a definição de equilíbrio de Nash.

A noção de equilíbrio de Nash tem certa lógica, mas infelizmente também tem alguns problemas. Primeiro, um jogo pode ter mais de um equilíbrio de Nash. De fato, na Tabela 29.2, as escolhas (baixo, direita) também compreendem um equilíbrio de Nash. Podemos verificar isso pelo tipo de argumento utilizado antes ou apenas notar que a estrutura do jogo é simétrica: os ganhos de B são os mesmos num caso em que os ganhos de A são no outro, de forma que a nossa prova de que alto/esquerda é um equilíbrio é também uma prova de que baixo/direita é um equilíbrio.

O segundo problema com o conceito de equilíbrio de Nash é que há jogos que não têm, em absoluto, equilíbrio de Nash da forma que descrevemos. Vejamos, por exemplo, o caso representado na Tabela 29.3. Nela não há um equilíbrio de Nash do tipo que vínhamos examinando. Se o jogador A jogar alto, o jogador B jogará esquerda. Mas, se o jogador B jogar esquerda, o jogador A jogará baixo. Do mesmo modo, se A jogar baixo, então B jogará direita. Mas, se B jogar direita, A jogará alto.

TABELA 29.3 *Um jogo sem equilíbrio de Nash (em estratégias puras)*

		Jogador B	
		Esquerda	Direita
Jogador A	Alto	0, 0	0, –1
	Baixo	1, 0	–1, 3

29.3 Estratégias mistas

Entretanto, se ampliarmos nossa definição de estratégias, poderemos encontrar um novo equilíbrio de Nash para esse jogo. Temos pensado em cada agente escolhendo uma estratégia definitiva. Ou seja, cada agente faz uma escolha e a mantém. Isso é chamado **estratégia pura**.

Outra forma de pensar nisso é permitir que os agentes *randomizem* suas estratégias – atribuam uma probabilidade para cada escolha e joguem suas escolhas de acordo com essas probabilidades. Por exemplo, A poderia escolher jogar alto 50% do tempo e baixo os 50% restantes, enquanto B poderia escolher jogar esquerda 50% do tempo e direita 50%. Esse tipo de estratégia é chamado **estratégia mista**.

Se A e B seguirem as estratégias mistas dadas, de jogar cada uma de suas escolhas metade do tempo, eles terão uma probabilidade de 1/4 de acabar em cada uma das células da matriz de ganho. Assim, o ganho médio de A será 0, e o de B será 1/2.

O equilíbrio de Nash em estratégias mistas é um equilíbrio no qual cada agente escolhe a frequência ótima para jogar as suas estratégias, dadas as frequências das escolhas do outro agente.

Pode ser mostrado que, para o tipo de jogo que estamos analisando neste capítulo, haverá sempre um equilíbrio de Nash em estratégias mistas. Devido ao fato de que sempre existem equilíbrios em estratégias mistas e também ao de que o conceito tem certa plausibilidade inerente, esse conceito de equilíbrio é muito popular na análise do comportamento em jogos. No exemplo da Tabela 29.3 pode ser mostrado que, se o jogador A jogar alto com probabilidade 3/4 e baixo com probabilidade 1/4 e o jogador B jogar esquerda com probabilidade 1/2 e direita com probabilidade 1/2, isso constituirá um equilíbrio de Nash.

EXEMPLO: Pedra, papel, tesoura

Já temos o bastante sobre essa teoria. Examinemos um exemplo que realmente interessa: o conhecido passatempo "pedra, papel, tesoura". Nesse jogo, cada jogador escolhe simultaneamente colocar a mão fechada (pedra), a mão aberta (papel) ou o dedo indicador e o médio (tesoura). As regras: a pedra "quebra" (vence) a tesoura; a tesoura "corta" (vence) o papel; o papel "embrulha" (vence) a pedra.

No decorrer da História, incontáveis horas foram dedicadas a esse jogo. Existe, inclusive, uma sociedade profissional internacional que o promove, a World RPS Society, que possui um site e um documentário do campeonato mundial de 2003, realizado em Toronto.

Obviamente, os especialistas em teoria dos jogos reconhecem que a estratégia de equilíbrio no jogo "pedra, papel, tesoura" consiste em escolher aleatoriamente um dos três resultados. Mas os seres humanos não são necessariamente tão bons em escolher resultados de forma totalmente aleatória. Se você for capaz de prever, com algum grau de acerto, as escolhas de seu oponente, poderá contar com alguma vantagem ao fazer as suas próprias escolhas.

De acordo com a explicação um tanto irônica de Jennifer 8. Lee, a psicologia é o mais importante.[2] Em seu artigo, ela escreve que "a maioria das pessoas tem um lance pronto, que reflete seu caráter, usado como 'arma secreta' quando a pessoa é pega de surpresa. O papel, considerado um lance refinado, até passivo, aparentemente é a escolha preferida de tipos literários ou jornalistas".

Eu me pergunto: qual seria o lance "arma secreta" dos economistas? Talvez seja a tesoura, já que gostamos de cortar até deixar à mostra as forças essenciais em ação no comportamento humano. Então, você deveria apostar na pedra contra um economista? Talvez! Mas eu não me fiaria nisso.

---

[2] Sim, "8" de fato é seu primeiro sobrenome. "Rock, Paper, Scissors: High Drama in the Tournament Ring" foi publicado no *The New York Times* em 5 de setembro de 2004.

29.4 O dilema do prisioneiro

Outro problema com o equilíbrio de Nash de um jogo é que ele não conduz necessariamente a resultados eficientes no sentido de Pareto. Consideremos, por exemplo, o jogo apresentado na Tabela 29.4. Esse jogo é conhecido como **dilema do prisioneiro**. A discussão original do jogo tratava de uma situação em que dois prisioneiros, comparsas num crime, eram interrogados em locais separados. Cada prisioneiro tinha a opção de confessar o crime e envolver o outro ou negar sua participação no crime. Se apenas um prisioneiro confessasse o crime, ele seria libertado e as autoridades condenariam o outro prisioneiro a seis meses de prisão. Se ambos os prisioneiros negassem seu envolvimento, ambos passariam um mês na prisão por causa de aspectos burocráticos e, se confessassem, seriam ambos presos por três meses. A matriz de ganhos desse jogo é apresentada na Tabela 29.4. As entradas em cada célula da matriz representam a utilidade que cada um dos agentes atribui aos vários períodos de prisão que, para simplificar, supomos ser o negativo da duração de suas penas.

Coloque-se na posição do jogador A. Se o jogador B negar ter cometido o crime, você certamente estará melhor se confessar, uma vez que você será libertado. Do mesmo modo, se o jogador B confessar, você estará melhor se confessar, uma vez que obterá uma sentença de três meses no lugar de uma de seis. Portanto, *independentemente* do que B fizer, A ficará em situação melhor se confessar.

TABELA 29.4 *O dilema do prisioneiro*

		Jogador B Confessa	Jogador B Nega
Jogador A	Confessa	−3, −3	0, −6
Jogador A	Nega	−6, 0	−1, −1

O mesmo ocorre com o jogador B – ele também estará melhor se confessar. Portanto, o único equilíbrio de Nash nesse jogo para ambos os jogadores é confessar. De fato, a confissão de ambos os jogadores não é apenas um equilíbrio de Nash, é um equilíbrio de estratégia dominante, uma vez que cada jogador tem a mesma escolha ótima, independentemente do que o outro jogador faça.

Mas se eles pudessem aguentar firme, os dois ficariam em melhor situação! Se ambos pudessem ter certeza de que o outro não confessaria e pudessem fazer um acordo de ocultar a autoria do crime, ambos teriam um ganho de −1, o que os colocaria em melhor situação. A estratégia "nega/nega" é eficiente no sentido de Pareto – não há outra escolha capaz de melhorar a situação de ambos os jogadores – enquanto a estratégia "confessa/confessa" é ineficiente no sentido de Pareto.

O problema é que não há meio de os dois prisioneiros coordenarem suas ações; se ambos pudessem confiar um no outro, ambos poderiam melhorar.

O dilema do prisioneiro aplica-se a um amplo espectro de fenômenos econômicos e políticos. Vejamos, por exemplo, o problema do controle de armamentos. Interpretemos a estratégia "confessa" como "instalar um novo míssil" e a estratégia "nega" como "não instalar". Observe que os ganhos são razoáveis. Se meu oponente instalar seu míssil, eu certamente irei querer instalar o meu, embora a melhor estratégia para ambos seja entrar em acordo e não os instalar. Mas, se não houver meio de chegar a um acordo, cada um termina por instalar seu míssil e ambos pioram.

Outro bom exemplo é o problema da trapacear em um cartel. Agora interprete "confessa" como "produzir mais do que sua cota" e interprete "nega" como "manter a cota original". Se você acha que a outra empresa manterá a cota dela, valerá a pena para você produzir além de sua própria cota. E, se você acha que a outra empresa irá produzir mais que a cota dela, então você também pode exceder a sua!

O dilema do prisioneiro tem provocado muita controvérsia sobre qual será a forma "correta" de jogá-lo – ou, mais precisamente, qual a forma razoável de jogar o jogo. A resposta parece depender da questão de saber se você está jogando uma só vez ou se o jogo será repetido um número indefinido de vezes.

Se o jogo for jogado apenas uma vez, a estratégia de burlar – nesse exemplo, confessar – parece razoável. Afinal, independentemente de qualquer coisa que o outro jogador faça, você estará melhor, e não tem meio algum de influenciar o comportamento da outra pessoa.

29.5 Jogos repetidos

Na seção anterior, os jogadores só se encontraram uma vez e jogaram o dilema do prisioneiro também uma vez. No entanto, a situação é diferente se o jogo for repetido seguidamente pelos mesmos jogadores. Nesse caso, haverá novas possibilidades estratégicas abertas para cada jogador. Se o outro jogador escolher burlar numa jogada, você poderá escolher burlar na próxima. Portanto, seu oponente poderá ser "punido" por "mau comportamento". Num jogo repetido, cada jogador tem a oportunidade de estabelecer uma reputação de cooperação e, assim, encorajar o outro jogador a fazer o mesmo.

A viabilidade ou não desse tipo de estratégia irá depender de o jogo ser (ou não) jogado por um número *fixo* ou *indefinido* de vezes.

Consideremos o primeiro caso, em que ambos os jogadores sabem que o jogo, digamos, será repetido dez vezes. Qual será o resultado? Vamos supor que consideramos a décima rodada. Esta é a última vez em que o jogo será realizado, por hipótese. Nesse caso, parece provável que cada jogador escolha o equilíbrio de estratégia dominante e burle. Afinal, jogar pela última vez é como jogar uma vez, de modo que deveríamos esperar o mesmo resultado.

Imaginemos agora o que aconteceria na nona rodada. Acabamos de concluir que cada jogador burlará na décima rodada. Então, por que cooperar na nona jogada? Se você cooperar, o outro jogador poderá burlar agora e explorar sua boa índole. Cada jogador pode pensar da mesma forma, e, então, cada um deles burlará.

Pensemos agora na oitava jogada. Se a outra pessoa for burlar na nona jogada... e assim por diante. Se o jogo tiver um número fixo e conhecido de rodadas, então cada jogador burlará em todas as jogadas. Se não houver meio de impor a cooperação na última rodada, não haverá meio de impor a cooperação na rodada anterior à última, e assim por diante.

Os jogadores cooperam porque têm a esperança de que a cooperação induza a mais cooperação no futuro. Mas isso exige que haja sempre a possibilidade de um jogo futuro. Como não há possibilidade de jogo futuro na última rodada, ninguém cooperará. Mas, então, por que alguém deveria cooperar na penúltima rodada? Ou na antepenúltima? E por aí vai... A solução cooperativa "desenreda-se" a partir do fim em um dilema do prisioneiro com um número conhecido e fixo de jogadas.

Mas se o jogo for repetido um número indefinido de vezes, então você realmente terá uma forma de influenciar o comportamento de seu oponente: se ele se recusar a cooperar nessa jogada, você pode se recusar a cooperar na próxima. Na medida em que ambas as partes preocupam-se bastante com seus ganhos futuros, a ameaça de não cooperação no futuro pode ser suficientemente forte para convencer as pessoas a jogarem a estratégia eficiente no sentido de Pareto.

Isso foi demonstrado de maneira convincente em uma série de experimentos conduzidos por Robert Axelrod.[3] Ele solicitou a dezenas de peritos em teoria dos jogos que fornecessem suas estratégias favoritas para o dilema do prisioneiro e então promoveu um "torneio" no computador para testar as estratégias umas contra as outras. Cada estratégia foi testada contra todas as outras no computador, que manteve um registro dos ganhos totais.

A estratégia vencedora – aquela com ganhos totais mais altos – acabou sendo a estratégia mais simples. Ela é chamada de "olho por olho" e funciona da seguinte forma: na primeira rodada, você coopera – joga a estratégia do "nega". Em todas as demais rodadas, se o seu oponente cooperou na jogada anterior, você coopera; se burlou, você burla. Em outras palavras, você faz nessa jogada tudo o que seu oponente fez na anterior. É só.

A estratégia de "olho por olho" funciona bem porque proporciona punição imediata para a burla. É também uma estratégia de perdão: só pune o outro jogador uma vez por cada burla. Se ele entrar na linha e começar a cooperar, a estratégia de "olho por olho" o premiará com a cooperação. Parece ser um exce-

---

[3] Robert Axelrod é cientista político na Universidade de Michigan. Para uma análise mais cuidadosa, ver seu livro *The Evolution of Cooperation* (Nova York: Basic Books, 1984).

lente mecanismo para obter o resultado eficiente num dilema do prisioneiro que será jogado por um número indefinido de vezes.

29.6 Manutenção de um cartel

No Capítulo 28 discutimos o comportamento de duopolistas num jogo de fixação de preços. Argumentamos que, se cada duopolista pudesse escolher seu preço, o resultado de equilíbrio seria o equilíbrio competitivo. Se cada uma das empresas pensasse que a outra manteria seu preço fixo, então todas achariam lucrativo vender por preço inferior ao das demais. Isso não seria verdade se cada empresa cobrasse o preço mais baixo possível, que, no caso que examinamos, seria um preço zero, uma vez que os custos marginais eram zero. Na terminologia deste capítulo, cada empresa que cobrar um preço zero constituirá um equilíbrio de Nash em estratégias de preço – o que chamamos de equilíbrio de Bertrand no Capítulo 28.

A matriz de ganhos do jogo do duopólio em estratégias de fixação de preço tem a mesma estrutura que o dilema do prisioneiro. Se cada uma das empresas cobrar um preço alto, ambas conseguirão altos lucros. Essa é a situação em que ambos cooperam para manter o resultado de monopólio. Mas, se uma delas cobrar um preço alto, então valerá a pena para a outra diminuir um pouco seus preços, capturar o mercado da companheira e obter lucros ainda mais altos. Mas, se ambas as empresas cortarem seus preços, ambas terminarão por obter lucros menores. Qualquer que seja o preço que a outra cobre, sempre valerá a pena diminuir um pouco seu preço. O equilíbrio de Nash ocorre quando cada concorrente cobra o menor preço possível.

Entretanto, se o jogo repetir-se um número indefinido de vezes, pode haver outros ganhos possíveis. Suponhamos que você resolva jogar "olho por olho". Se o companheiro cortar o preço essa semana, você cortará o seu na próxima. Se cada jogador soubesse que o outro está jogando "olho por olho", então cada um teria medo de diminuir seu preço e iniciar uma guerra de preços. A ameaça implícita no "olho por olho" pode permitir às empresas manter preços altos.

Os cartéis da vida real às vezes empregam estratégias de retaliação. Por exemplo, o Comitê Executivo Conjunto era um famoso cartel que estabelecia o preço do frete ferroviário nos Estados Unidos no final do século XIX. A formação desse cartel precedeu a legislação antitruste e era perfeitamente legal naquela época.[4]

O cartel determinava a parcela de mercado que cada ferrovia poderia ter do frete embarcado. Cada empresa fixava sua própria cota e o Comitê controlava quanto cada uma transportava. Entretanto, houve várias ocasiões, durante 1881, 1884 e 1885, em que alguns membros do cartel acharam que as demais empresas do grupo estivessem reduzindo suas tarifas para aumentar sua participação no mercado, a despeito do acordo. Nesses períodos, havia guerras de preços com

---

[4] Uma análise pormenorizada pode ser encontrada em Robert Porter, "A Study of Cartel Stability: the Joint Executive Commitee, 1880-1886", *The Bell Journal of Economics*, 14: 2 (outono de 1983), p. 301-25.

frequência. Quando uma empresa tentava "burlar", todas as outras reduziam seus preços para punir a que havia burlado. Esse tipo de estratégia de "olho por olho" era aparentemente capaz de manter o acordo do cartel por algum tempo.

EXEMPLO: Olho por olho na formação de preços das passagens aéreas

A formação dos preços das passagens aéreas oferece um exemplo interessante do comportamento de retaliação. Frequentemente, as empresas oferecem tarifas promocionais especiais de algum tipo; muitos observadores afirmam que essas promoções podem ser utilizadas para levar os concorrentes a restringirem as reduções de preços em rotas fundamentais.

Um diretor sênior de uma grande empresa de aviação dos Estados Unidos narrou o caso em que a Northwest reduziu as tarifas dos voos noturnos que partiam de Minneapolis para várias cidades da Costa Oeste com o objetivo de preencher lugares vagos. A Continental Airlines interpretou isso como uma tentativa de ampliar a participação de mercado a suas expensas e respondeu reduzindo as tarifas de *todos* os seus voos a partir de Minneapolis para o nível da tarifa noturna da Northwest. Contudo, a vigência dos cortes nas tarifas da Continental seria de apenas um ou dois dias.

A Northwest interpretou esse movimento como um sinal de que a Continental não estava seriamente empenhada na concorrência por aquele mercado, mas que desejava apenas que a Northwest recuasse do corte nas tarifas noturnas. E, assim, decidiu enviar uma mensagem de volta para a Continental: determinou a fixação de tarifas reduzidas para voos destinados à Costa Oeste a partir de Houston, sede da Continental! Dessa forma, a Northwest indicou que acreditava que seus cortes eram justificados, enquanto a resposta da Continental era inadequada.

Todos esses cortes tinham uma breve vigência; isso parece indicar que tinham um sentido mais de advertência à concorrência do que de tentativa de ampliação da participação no mercado. Como explicou o analista, tarifas que a empresa não deseja oferecer "deveriam ter sempre uma data de expiração na esperança de que a concorrência acabe por acordar e igualar".

As regras de concorrência implícitas em mercados duopolistas de passagens aéreas parecem ser as seguintes: se a outra empresa mantiver preços altos, eu também cobrarei preços altos, mas, se ela reduzir seus preços, adotarei a prática do olho por olho e reduzirei minhas tarifas. Em outras palavras, "viva segundo a Regra de Ouro": faça aos outros o que deseja que eles façam para você. Essa ameaça de retaliação, portanto, serve para manter todos os preços em nível elevado.[5]

---

[5] Fatos citados em A. Nomani, "Fare Warning: How Airlines Trade Price Plans", *The Wall Street Journal*, 9 de outubro de 1990, p. B1.

29.7 Jogos sequenciais

Até agora estivemos pensando sobre jogos em que ambos os jogadores agem simultaneamente. Mas, em muitas situações, um jogador movimenta-se primeiro e o outro reage. Exemplo disso é o modelo de Stackelberg descrito no Capítulo 28, em que um jogador é o líder e o outro, o seguidor.

Descrevamos um jogo como esse. Na primeira jogada, o jogador A tem de escolher alto ou baixo. O jogador B observa a jogada do primeiro jogador e então escolhe esquerda ou direita. Os ganhos são ilustrados na matriz de jogo da Tabela 29.5.

Observe que, quando o jogo é apresentado nessa forma, ele tem dois equilíbrios de Nash: alto/esquerda e baixo/direita. No entanto, mostraremos a seguir que um destes equilíbrios não é realmente razoável. A matriz de ganhos esconde o fato de que um jogador sabe o que o outro escolheu antes que ele faça sua escolha. Nesse caso, é mais útil examinar um diagrama que ilustre a natureza assimétrica do jogo.

A Figura 29.1 é uma representação de um jogo na **forma extensiva** – um modo de representação do jogo que mostra o padrão de tempo das escolhas. Primeiro, o jogador A tem de escolher alto ou baixo e, em seguida, o jogador B tem de escolher esquerda ou direita. Mas, quando B faz sua escolha, ele já sabe o que A fez.

TABELA 29.5 *Matriz de ganhos de um jogo sequencial*

		Jogador B	
		Esquerda	Direita
Jogador A	Alto	1, 9	1, 9
	Baixo	0, 0	2, 1

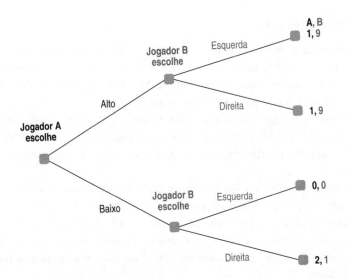

FIGURA 29.1 *Forma extensiva do jogo.* Essa forma de representar um jogo indica a ordem em que os jogadores escolhem.

A forma de analisar esse jogo é ir até o final e trabalhar de trás para frente. Suponhamos que o jogador A tenha feito a sua escolha e que estejamos em um ramo da árvore do jogo. Se o jogador A escolheu alto, então não importa o que B faça, pois o ganho será (1,9). Se o jogador A escolheu baixo, a coisa sensata para o jogador B fazer é escolher direita, e o ganho será (2,1).

Pense agora na escolha inicial do jogador A. Se escolher alto, o ganho será (1,9) e, portanto, ele obterá um ganho de 1. Mas, se escolher baixo, obterá um ganho de 2. Então, o sensato a fazer é escolher baixo. Assim, as escolhas de equilíbrio no jogo serão baixo/direita, de maneira que o ganho do jogador A será 2 e o do jogador B será 1.

As estratégias alto/esquerda não são um equilíbrio razoável nesse jogo sequencial. Ou seja, elas não são um equilíbrio, dada a ordem na qual os jogadores realmente fazem suas escolhas. É verdade que, se o jogador A escolhesse alto, o jogador B poderia escolher esquerda – mas seria uma bobagem do jogador A se escolhesse alto!

Do ponto de vista do jogador B isso é lamentável, uma vez que ele termina com o ganho de 1 em vez de 9! O que ele poderia fazer a esse respeito?

Bem, ele poderia *ameaçar* jogar esquerda se A jogasse baixo. Se o jogador A pensasse que o jogador B pudesse realmente cumprir a ameaça, seria melhor que jogasse alto. Isso porque alto lhe proporciona 1, enquanto baixo – se o jogador B cumprisse a ameaça – lhe proporcionaria apenas zero.

Mas essa ameaça é confiável? Uma vez que A faça sua escolha, sim. O jogador B pode obter 0 ou 1, e ele pode obter 1. A menos que o jogador B possa de alguma forma convencer o jogador A de que realmente cumprirá a ameaça – mesmo que isso lhe prejudique – ele terá de optar pelo ganho mais baixo.

O problema do jogador B é que, uma vez que o jogador A faça sua escolha, ele espera que B aja de maneira racional. O jogador B estaria melhor se pudesse *comprometer-se* a jogar esquerda quando o jogador A joga baixo.

Uma forma de B fazer isso é permitir que outra pessoa escolha por ele. Por exemplo, B pode contratar um advogado e instruí-lo a jogar esquerda se A jogar baixo. Se A tiver ciência dessas instruções, a situação será radicalmente diferente de seu ponto de vista. Se ele souber dar instruções de B a seu advogado, ele saberá que, se jogar baixo, acabará com resultado 0. Assim, a coisa mais sensata a fazer será jogar alto. Nesse caso, B fez melhor para si próprio ao *limitar* suas escolhas.

29.8 Um jogo com barreiras à entrada

Em nossa análise de oligopólio, consideramos fixo o número de empresas no setor. Mas, em muitas situações, a entrada é possível. É claro que é do interesse das empresas na indústria evitar tal entrada. Como elas já estão na indústria, elas se movem antes e, assim, encontram-se em posição de vantagem para escolher meios de manter suas oponentes fora.

Suponhamos, por exemplo, que consideremos um monopolista que enfrente a ameaça de entrada de outra empresa. A empresa entrante decide entrar ou não no mercado e a empresa estabelecida decide cortar ou não seu preço em resposta. Se a empresa entrante decidir manter-se fora, obterá um ganho de 1, enquanto a empresa estabelecida ganhará 9.

Se a empresa entrante decidir entrar, então seu ganho dependerá de a empresa estabelecida querer lutar – competindo com ela de maneira vigorosa – ou não. Se a empresa estabelecida lutar, então supomos que ambas as jogadoras terminarão com zero. Se a empresa estabelecida decidir não lutar, supomos então que ela obterá 1 e a entrante, 2. Veja a Figura 29.2.

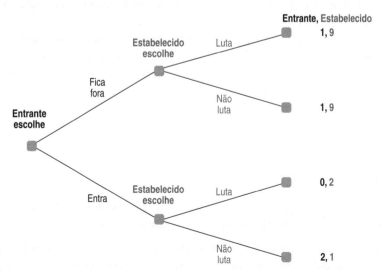

FIGURA 29.2 *Novo jogo de entrada.* Esta figura ilustra o jogo de entrada com os ganhos alterados.

Observe que essa é exatamente a estrutura do jogo sequencial que estudamos anteriormente e que, portanto, tem estrutura idêntica à apresentada na Figura 29.1. A empresa estabelecida é o jogador B, enquanto a entrante potencial é o jogador A. A estratégia alto é permanecer fora e a estratégia baixo é entrar. A estratégia esquerda é lutar; e a direita, não lutar. Como vimos nesse jogo, o ganho de equilíbrio é, para a entrante potencial, entrar e, para a empresa estabelecida, *não* lutar.

O problema da empresa estabelecida é que ela não pode se comprometer de antemão a lutar se a outra empresa entrar. Se a outra empresa entrar, o mal estará feito e a atitude mais racional para a empresa estabelecida será viver e deixar viver. Na medida em que a entrante potencial reconhecer isso, ela irá, corretamente, encarar quaisquer ameaças de lutar como sendo vazias.

Mas suponhamos agora que a empresa estabelecida possa comprar uma capacidade de produção extra que lhe permita produzir mais ao mesmo custo marginal. É claro que, se ela permanecer como monopolista, não desejará realmente utilizar essa capacidade, uma vez que já produz a quantidade que maximiza seu lucro de monopólio.

Se entrar outra empresa, a empresa estabelecida agora será capaz de produzir uma quantidade tal que lhe permita competir com muito mais sucesso contra a nova empresa entrante. Ao investir em capacidade adicional, ela diminuirá seus custos de combate se outra empresa tentar entrar. Suponhamos que, se ela comprar a capacidade extra e escolher lutar, obterá um lucro de 2. Isso muda a árvore do jogo apresentada na Figura 29.2.

Agora, graças à capacidade aumentada, a ameaça de lutar torna-se crível. Se a empresa entrante potencial vier para o mercado, a empresa estabelecida obterá um ganho de 2, se lutar, e de 1, se não lutar; a escolha racional da empresa estabelecida será, pois, a luta. Já a empresa entrante obterá ganho de 0, se entrar, e de 1, se permanecer fora. A coisa mais sensata que a empresa entrante potencial tem a fazer é ficar fora.

Mas isso significa que a empresa estabelecida continuará como monopolista e nunca utilizará sua capacidade extra! Apesar disso, valerá a pena para o monopolista investir na capacidade extra a fim de tornar crível a *ameaça* de lutar se uma nova empresa tentar entrar no mercado. Ao investir no "excesso" de capacidade, o monopolista sinalizou para a empresa entrante potencial que ele estaria apto a defender seu mercado.

RESUMO

1. Um jogo pode ser descrito pela indicação dos ganhos de cada um dos jogadores para cada configuração de escolhas estratégicas que ele faz.

2. Um equilíbrio de estratégia dominante é um conjunto de escolhas para as quais cada escolha do jogador é ótima, *a despeito* do que os outros jogadores escolham.

3. Um equilíbrio de Nash é um conjunto de escolhas para o qual cada escolha do jogador é ótima, dadas as escolhas dos demais.

4. O dilema do prisioneiro é um tipo de jogo no qual o resultado eficiente no sentido de Pareto é estrategicamente dominado por um resultado ineficiente.

5. Se o dilema do prisioneiro for repetido um número indefinido de vezes, será possível que o resultado eficiente no sentido de Pareto resulte da jogada racional.

6. Em um jogo sequencial, o padrão de tempo das escolhas é importante. Nesses jogos, pode ser frequentemente vantajoso encontrar uma forma de se comprometer de antemão com determinada linha de jogo.

QUESTÕES DE REVISÃO

1. Considere a estratégia "olho por olho" no dilema do prisioneiro repetido. Suponha que um jogador erre e burle quando deveria cooperar. Se ambos os jogadores continuarem a jogar "olho por olho" após isso, o que acontecerá?

2. Equilíbrios de estratégia dominante são sempre equilíbrios de Nash? Os equilíbrios de Nash são sempre equilíbrios de estratégia dominante?

3. Suponha que seu oponente *não* está jogando a estratégia de equilíbrio de Nash dele. Você deveria jogar sua estratégia de equilíbrio de Nash?

4. Sabemos que o jogo do dilema do prisioneiro de uma só jogada resulta numa estratégia de equilíbrio de Nash dominante que é ineficiente no sentido de Pareto. Suponhamos que seja permitido aos dois prisioneiros retaliar após as suas respectivas penas de prisão. Formalmente, qual aspecto do jogo isso iria afetar? Poderia ocorrer um resultado eficiente no sentido de Pareto?

5. Qual será a estratégia de equilíbrio de Nash dominante para o dilema do prisioneiro repetido no caso em que ambos os jogadores saibam que o jogo terminará após um milhão de repetições? Se você fosse testar um experimento com pessoas de verdade em tal cenário, você preveria que os jogadores utilizariam essa estratégia?

6. Suponhamos que o jogador B, em vez do jogador A, se movimentasse primeiro no jogo sequencial descrito neste capítulo. Elabore a nova forma extensiva do jogo. Qual será o equilíbrio desse jogo? O jogador B prefere se mover em primeiro lugar ou em segundo?

CAPÍTULO 30

APLICAÇÕES DA TEORIA DOS JOGOS

No capítulo anterior descrevemos vários conceitos importantes relativos à teoria dos jogos e os ilustramos por meio de alguns exemplos. Neste capítulo, examinaremos quatro questões relevantes – cooperação, competição, coexistência e compromisso – e veremos como funcionam em várias interações estratégicas.

A fim de fazê-lo, examinaremos primeiro uma importante ferramenta analítica, a **curva de melhor resposta**, que pode ser utilizada para chegar ao equilíbrio nos jogos.

30.1 Curvas de melhor resposta

Imagine um jogo de duas pessoas e coloque-se na posição de um dos jogadores. Para qualquer escolha que o outro jogador possa fazer, sua **melhor resposta** é aquela que maximiza seu ganho. Se há várias escolhas que maximizam o seu ganho, então sua melhor resposta será o conjunto de todas essas escolhas.

Por exemplo, considere o jogo representado na Tabela 30.1, que utilizamos para ilustrar o conceito de equilíbrio de Nash. Se o jogador coluna escolhe esquerda, a melhor resposta da linha é alto; se coluna escolhe direita, então a melhor resposta de linha é baixo. Do mesmo modo, as melhores respostas para coluna são jogar esquerda em resposta para alto e jogar direita em resposta para baixo.

TABELA 30.1 *Um jogo simples*

		Coluna	
		Esquerda	Direita
Linha	Alto	2, 1	0, 0
	Baixo	0, 0	1, 2

Podemos resumir isso num pequeno quadro:

Escolha da coluna	Esquerda	Direita
Melhor resposta da linha	Alto	Baixo
Escolha da linha	Alto	Baixo
Melhor resposta da coluna	Esquerda	Direita

Observe que, se coluna pensa que linha vai jogar alto, então coluna jogará esquerda e se linha pensa que coluna jogará esquerda, linha jogará alto, de modo que o par de escolhas (alto, esquerda) é mutuamente consistente, no sentido de que cada jogador dá uma resposta ótima à escolha de seu parceiro.

Imagine um jogo geral de duas pessoas em que linha tem as escolhas $l_1, ..., l_L$ e coluna tem as escolhas $c_1, ..., c_C$. Para cada escolha l feita por linha, seja $b_c(l)$ a melhor resposta para coluna, e para cada escolha c que coluna faça, seja $b_l(c)$ a melhor resposta para linha. Então, **um equilíbrio de Nash** é um par de estratégias (l^*, c^*) tal que

$$c^* = b_c(l^*)$$
$$l^* = b_l(c^*).$$

O conceito de equilíbrio de Nash formaliza a ideia de "consistência mútua". Se linha espera que coluna jogue esquerda, então linha optará por jogar alto; e se coluna espera que linha jogue alto, coluna decidirá jogar esquerda, de modo que são as *crenças* e as *ações* dos jogadores que são mutuamente consistentes num equilíbrio de Nash.

Observe que em alguns casos um dos jogadores pode se mostrar indiferente entre melhores respostas. É por isso que só exigimos que c^* seja *uma* das melhores respostas de coluna e que l^* seja *uma* das melhores respostas de linha. Se houver uma única melhor resposta para cada escolha, então a *curva* de melhor resposta pode ser representada por uma *função* de melhor resposta.

Essa maneira de olhar para o conceito de equilíbrio de Nash deixa claro que se trata simplesmente de uma generalização do equilíbrio de Cournot examinado no Capítulo 28. No caso de Cournot, a variável de escolha é a quantidade produzida, que é uma variável contínua. O equilíbrio de Cournot tem a propriedade de que cada empresa escolhe sua produção maximizadora do lucro, dada a escolha da outra empresa.

O equilíbrio de Bertrand, também apresentado no Capítulo 28, é um equilíbrio de Nash relativo a estratégias de determinação de preços. Cada empresa escolhe o preço que maximiza seu lucro, dada a escolha que acredita que a outra empresa irá fazer.

Esses exemplos mostram como as curvas de melhor resposta generalizam modelos anteriores e proporcionam uma forma simples de resolver o equilíbrio de Nash. Essas propriedades tornam as curvas de melhor resposta uma ferramenta muito útil para determinar o equilíbrio de um jogo.

30.2 Estratégias mistas

Vamos agora usar funções de melhor resposta para analisar o jogo apresentado na Tabela 30.2.

TABELA 30.2 *Solução do equilíbrio de Nash*

		Sra. Coluna	
		Esquerda	Direita
Sr. Linha	Alto	2, 1	0, 0
	Baixo	0, 0	1, 2

Estamos interessados em obter equilíbrios de estratégia mista bem como equilíbrios de estratégia pura, de modo que consideraremos l a probabilidade de que linha jogue alto e $(1 - l)$ a probabilidade de que jogue baixo. Do mesmo modo, seja c a probabilidade de que coluna jogue esquerda e $(1 - c)$ a de que jogue direita. As estratégias puras ocorrem quando l e c são iguais a zero ou um.

Calculemos o ganho esperado de linha quando escolhe a probabilidade l de jogar alto e coluna escolhe a probabilidade c de jogar esquerda. Observe a seguinte matriz

Combinação	Probabilidade	Ganho para linha
Alto, Esquerda	lc	2
Baixo, Esquerda	$(1 - l)c$	0
Alto, Direita	$l(1 - c)$	0
Baixo, Direita	$(1 - l)(1 - c)$	1

Para calcular o ganho esperado para linha, ponderamos os ganhos de linha, na terceira coluna, pela probabilidade de que ocorra, o que aparece na segunda coluna, e os somamos. A resposta é

$$\text{Ganhos de linha} = 2lc + (1 - l)(1 - c),$$

do que, multiplicando, obtemos

$$\text{Ganhos de linha} = 2lc + 1 - l - c + lc.$$

Agora imaginemos que linha pense em aumentar l em Δl. Qual será a variação dos ganhos?

$$\Delta\text{ganhos de linha} = 2c\,\Delta l - \Delta l + c\,\Delta l$$
$$= (3c - 1)\,\Delta l.$$

Essa expressão será positiva quando $3c > 1$ e negativa quando $3c < 1$. Portanto, linha aumentará l sempre que $c > 1/3$, reduzirá l quando $c < 1/3$ e ficará feliz com qualquer valor de $0 \le l \le 1$ quando $c = 1/3$.

Da mesma forma, os ganhos de coluna são dados por

$$\text{Ganhos de coluna} = cl + 2(1 - c)(1 - l).$$

Os ganhos de coluna serão alterados quando c variar em Δc de acordo com

$$\Delta\text{ganhos de coluna} = l\,\Delta c + 2l\,\Delta c - 2\Delta c$$
$$= (3l - 2)\,\Delta c.$$

Portanto, coluna aumentará c sempre que $l > 2/3$, reduzirá c quando $l < 2/3$ e ficará feliz com qualquer valor de $0 \le c \le 1$ quando $l = 2/3$.

Com essas informações podemos traçar as curvas de melhor resposta. Comecemos por linha. Se coluna escolhe $c = 0$, linha desejará tornar l o menor possível, de modo que $l = 0$ é a melhor resposta para $c = 0$. Essa escolha continuará sendo a melhor resposta até que $c = 1/3$, ponto em que qualquer valor de l entre 0 e 1 é a melhor resposta. Para todo $c > 1/3$, a melhor resposta que linha pode dar é $l = 1$.

Essas curvas estão ilustradas na Figura 30.1. É fácil ver que elas se cruzam em três lugares: $(0, 0)$, $(2/3, 1/3)$ e $(1, 1)$, que correspondem aos três equilíbrios de Nash desse jogo. Duas dessas estratégias são puras e uma é mista.

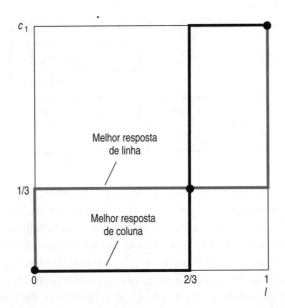

FIGURA 30.1 *Curvas de melhor resposta.* As duas curvas ilustram a melhor resposta de linha e coluna às escolhas de seus adversários. As interseções são equilíbrios de Nash. Nesse caso há três equilíbrios, dois com estratégias puras e um com estratégias mistas.

30.3 Jogos de coordenação

Armados com as ferramentas da seção anterior, podemos passar ao exame de nossa primeira classe de jogos, os **jogos de coordenação**. São jogos em que os ganhos dos participantes são maiores quando eles coordenam suas estratégias. O problema, na prática, é desenvolver mecanismos que propiciem essa coordenação.

Batalha dos sexos

Um dos exemplos clássicos de jogo de coordenação é o da chamada batalha dos sexos. Nesse jogo, um rapaz e uma moça desejam encontrar-se num cinema, mas não tiveram chance de combinar a que filme assistir. E, por azar, esqueceram seus celulares, de modo que não têm como se comunicar, tendo assim que adivinhar o filme a que o outro pretende assistir.

O rapaz deseja ver o último filme de ação, a moça preferiria assistir a um filme de arte, mas ambos preferem ver o mesmo filme a não se encontrar de modo algum. Os ganhos compatíveis com essas preferências são mostrados na Tabela 30.3. Observe a característica definidora dos jogos de coordenação: os ganhos são maiores quando os participantes coordenam suas ações do que quando não o fazem.

TABELA 30.3 *Batalha dos sexos*

		Moça Ação	Moça Arte
Rapaz	Ação	2, 1	0, 0
Rapaz	Arte	0, 0	1, 2

Quais são os equilíbrios de Nash desse jogo? Felizmente, trata-se do mesmo jogo utilizado na seção anterior para ilustrar as curvas de melhor resposta. Vimos que há três equilíbrios: os dois escolhem ação, os dois escolhem arte ou cada um deles escolhe o filme de sua preferência com probabilidade de 2/3.

Como todos esses são equilíbrios possíveis, é difícil dizer o que acontecerá contando apenas com essa descrição. Geralmente, teríamos de recorrer a considerações fora da descrição formal do jogo para resolver o problema. Imagine, por exemplo, que o filme de arte passe mais perto de onde se encontra um dos jogadores. Então, ambos poderiam supor razoavelmente que essa seria a escolha de equilíbrio.

Quando os participantes têm boas razões para acreditar que um dos equilíbrios é mais "natural" do que outros, esse é chamado de **ponto focal** do jogo.

Dilema do prisioneiro

O dilema do prisioneiro, que examinamos detidamente no capítulo anterior, também é um jogo de coordenação. Relembre da história: dois prisioneiros podem confessar, implicando assim o outro, ou negar ter cometido o crime. Os ganhos aparecem na Tabela 30.4.

TABELA 30.4 *Dilema do prisioneiro*

		Jogador B Confessa	Jogador B Nega
Jogador A	Confessa	−3, −3	0, −6
Jogador A	Nega	−6, 0	−1, −1

A característica marcante do dilema do prisioneiro é que a confissão é a estratégia dominante, mesmo que a coordenação (ambos optam por negar) seja bem superior em termos de ganho total. A coordenação permitiria que os prisioneiros escolhessem o melhor ganho, mas o problema é que não há uma forma fácil de fazer isso acontecer quando se joga uma só vez.

Uma maneira de escapar ao dilema do prisioneiro é ampliar o jogo, acrescentando novas escolhas. Vimos no capítulo anterior que um jogo do dilema do prisioneiro repetido indefinidamente poderia alcançar o resultado cooperativo por meio de estratégias como a do olho por olho, em que os jogadores recompensam a cooperação e punem a falta de cooperação em suas ações futuras. A consideração estratégica suplementar nesse caso é que a recusa em cooperar hoje pode resultar numa punição prolongada mais adiante.

Outra forma de "resolver" o dilema do prisioneiro seria acrescentar a possibilidade de contratação. Por exemplo, ambos os jogadores poderiam assinar um contrato dizendo aderir à estratégia cooperativa. Se qualquer um deles renegar o contrato, terá de pagar uma multa ou ser punido de alguma outra forma. Os contratos são muito úteis para alcançar todo tipo de resultado, mas eles precisam apoiar-se na existência de um sistema jurídico que assegure o respeito a tais contratos. Isso faz sentido no caso de negócios entre empresas, mas não é uma pressuposição adequada a outros contextos, como jogos militares ou negociações internacionais.

Jogos de garantia

Pense na corrida armamentista entre Estados Unidos e União Soviética, na década de 1950, quando cada país poderia construir mísseis nucleares ou deixar de fazê-lo. Os ganhos dessas estratégias poderiam ser semelhantes aos apresentados na Tabela 30.5. O melhor resultado para os dois seria abster-se de construir mísseis, dado um ganho de (4, 4). Mas, se um se abstém enquanto o outro constrói, o ganho será de 3 para o que constrói e de 1 para o que se abstém. O ganho quando os dois constroem mísseis é (2, 2).

TABELA 30.5 *Corrida armamentista*

		URSS Abstém	URSS Constrói
EUA	Abstém	4, 4	1, 3
EUA	Constrói	3, 1	2, 2

Não é difícil verificar que são dois equilíbrios de Nash com estratégia pura: abstém/abstém e constrói/constrói. Contudo, o primeiro é melhor para as duas partes. O problema é que nenhum dos participantes sabe que escolha fará o outro. Antes de comprometer-se com a abstenção, cada participante deseja assegurar-se da abstenção do outro.

Uma forma de alcançar essa certeza ocorre se um dos participantes o fizer primeiro, permitindo, digamos, uma inspeção. Observe que isso pode ser feito unilateralmente, pelo menos enquanto se acredita nos ganhos do jogo. Se um dos participantes anuncia que se abstém de construir mísseis nucleares e fornece evidências suficientes de sua escolha ao outro participante, pode ficar certo de que o outro participante também se absterá.

"Roleta russa"

Nosso último jogo de coordenação se refere a uma espécie de racha muito comum em filmes. Dois adolescentes posicionam seus carros em extremos opostos da rua e dirigem em linha reta, um na direção do outro. O primeiro que desvia se desmoraliza; se nenhum deles desvia, batem um no outro. A Tabela 30.6 mostra alguns dos resultados possíveis.

Há dois que são equilíbrios de Nash com estratégia pura (linha desvia; coluna, não) e (coluna desvia; linha, não). Coluna prefere o primeiro equilíbrio e linha, o segundo, mas qualquer equilíbrio é melhor que uma batida. Observe a diferença entre esse jogo e o jogo da garantia no qual os dois jogadores ficavam em melhor situação fazendo a mesma coisa (construindo ou abstendo-se) do que fazendo coisas diferentes. Nesse jogo, os dois jogadores ficam em pior situação ao fazerem a mesma coisa (dirigindo em linha reta ou desviando-se) do que se fizessem coisas diferentes.

Cada jogador sabe que, se conseguir dirigir em linha reta, o outro se acovardará. Mas, naturalmente, cada jogador também sabe que seria uma loucura bater no outro carro. Então, como um dos jogadores poderá alcançar seu equilíbrio preferido?

Uma estratégia importante é o compromisso. Imagine que linha ostensivamente coloca uma tranca no volante de seu carro antes de começar. Coluna, verificando que linha não tem alternativa senão seguir em linha reta, optaria por desviar-se. Obviamente, se os dois jogadores colocassem trancas, o resultado seria desastroso!

Como coordenar

Se você estiver participando de um jogo de coordenação, desejará convencer o outro participante a cooperar para um equilíbrio que agrade mutuamente (o jogo da segurança), cooperar para um equilíbrio que seja de seu agrado (jogo dos sexos), jogar algo que não seja a estratégia de equilíbrio (dilema do prisioneiro) ou fazer uma escolha que leve a seu resultado preferido ("roleta russa").

No jogo da segurança, na batalha dos sexos e em "roleta russa", isso pode ser conseguido quando um dos participantes faz o primeiro movimento e se compromete com uma escolha em particular. O outro jogador pode então observar a escolha e reagir de acordo. No dilema do prisioneiro, essa estratégia não funciona: se um dos jogadores resolve não confessar, o outro tem interesse em fazê-lo. Em lugar de jogadas sequenciais, a repetição e a contratação são as formas principais de "resolver" o dilema do prisioneiro.

TABELA 30.6 *Roleta russa*

		Coluna	
		Desvia	Vai em frente
Linha	Desvia	0, 0	–1, 1
	Vai em frente	1, –1	–2, –2

30.4 Jogos de competição

O polo oposto da cooperação é a competição. Este é o caso famoso dos **jogos de soma zero**, chamados assim porque o ganho de um participante é igual às perdas do outro.

A maioria dos esportes é, de fato, jogos de soma zero: um ponto atribuído a um time é equivalente a um ponto subtraído do outro. A competição é acirrada nesses jogos, porque os interesses dos participantes são diametralmente opostos.

Vamos ilustrar os jogos de soma zero exemplificando com o futebol. Linha chuta um pênalti e coluna defende. Linha pode chutar para a esquerda ou para a direita; coluna pode voltar-se para um ou outro lado a fim de impedir o gol.

Vamos representar os ganhos dessas estratégias em termos de pontos esperados. Obviamente, linha terá mais sucesso se coluna pular para o lado errado. Entretanto, o jogo pode não ser perfeitamente simétrico, porque linha pode chutar melhor com um dos pés do que com o outro e coluna pode defender melhor de um ou de outro lado.

Vamos supor que linha fará gol 80% das vezes, se chutar para a esquerda e coluna pular para a direita, e apenas 50% das vezes, se coluna pular para a esquerda. Se linha chutar para a direita, suporemos que terá êxito 90% do tempo, se coluna pular para a esquerda, mas apenas 20%, se coluna pular para a direita. Esses resultados aparecem na Tabela 30.7.

TABELA 30.7 *Pontuação dos pênaltis no futebol*

		Coluna	
		Defende à esquerda	Defende à direita
Linha	Chuta para a esquerda	50, –50	80, –80
	Chuta para a direita	90, –90	20, –20

Observe que os resultados contidos em cada entrada somam zero, indicando que os jogadores têm objetivos diametralmente opostos. Linha deseja maximizar seu resultado esperado e coluna quer maximizar seu resultado – isto é, ela pretende minimizar os ganhos de linha.

Obviamente, se coluna souber para que lado linha chutará, sua vantagem será fabulosa. Linha, percebendo isso, tentará manter coluna na incerteza. Em especial, chutará às vezes para seu lado forte e outras, para o lado fraco. Ou seja, adotará uma **estratégia mista**.

Se linha chuta para a esquerda com probabilidade p, obterá um ganho esperado de $50p + 90(1 - p)$ quando coluna pular para a esquerda e de $80p + 20(1 - p)$ quando coluna defender para a direita. Linha quer tornar seus ganhos os maiores possíveis, mas coluna deseja que sejam os menores.

Por exemplo, imagine que linha opte por chutar para a esquerda metade das vezes. Se coluna pular para a esquerda, linha agora terá um ganho esperado de $50 \times \frac{1}{2} + 90 \times \frac{1}{2} = 70$; se coluna pular para a direita, linha terá um ganho esperado de $80 \times \frac{1}{2} + 20 \times \frac{1}{2} = 50$.

Coluna, naturalmente, pode aplicar o mesmo raciocínio. Se coluna acredita que linha chutará para a esquerda metade do tempo, então coluna resolverá defender à direita, uma vez que essa é a opção que minimiza o ganho esperado de linha (maximizando, portanto, o ganho esperado de coluna).

A Figura 30.2 mostra os ganhos esperados de linha para diferentes escolhas de p. Isso simplesmente é a representação gráfica de duas funções $50p + 90(1 - p)$ e $80p + 20(1- p)$. Como as duas expressões são funções lineares de p, os gráficos são linhas retas.

Linha reconhece que coluna deseja sempre minimizar seu ganho esperado. Portanto, para qualquer p, o melhor ganho que pode esperar é o ganho mínimo dado pelas duas estratégias. Isso é representado pela linha clara na Figura 30.2.

Onde ocorre o máximo desses dois ganhos mínimos? Obviamente, no pico da linha clara ou, o que vem a dar no mesmo, onde as duas linhas se cruzam. Podemos calcular algebricamente este valor resolvendo

$$50p + 90(1 - p) = 80p + 20(1 - p)$$

para p. Você pode verificar que a solução é $p = 0{,}7$.

Portanto, se linha chuta para a esquerda 70% das vezes e coluna responde de forma ótima, linha obterá um ganho esperado de $50 \times 0{,}7 + 90 \times 0{,}3 = 62$.

E coluna? Podemos efetuar uma análise semelhante para suas escolhas. Imagine que coluna decida defender à esquerda com probabilidade q e à direita com probabilidade $(1 - q)$. Então o ganho esperado de linha será $50q + 80(1 - q)$ se coluna pular para a esquerda e $90q + 20(1 - q)$ ao pular para a direita. Para cada q, coluna deseja *minimizar* o ganho de linha, mas coluna reconhece que linha deseja *maximizar* o mesmo ganho.

Desse modo, se coluna resolve pular para a esquerda com probabilidade ½, ela admite que linha alcançará um ganho esperado de 50 × ½ + 80 × ½ = 55 se linha chutar para a esquerda e 90 × ½ + 20 × ½ = 55 se chutar para a direita. Nesse caso, naturalmente, linha optará por chutar para a esquerda.

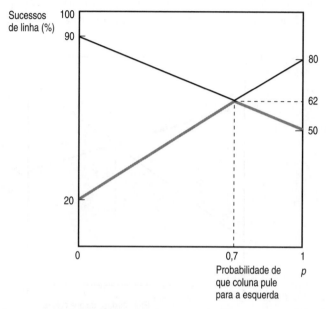

FIGURA 30.2 Estratégia de linha. As duas curvas mostram o ganho esperado de linha como função de p, a probabilidade de que chute para a esquerda. Qualquer que seja o p escolhido, coluna tentará minimizar os ganhos de linha.

Podemos então representar graficamente os dois ganhos na Figura 30.3, que é análoga ao gráfico anterior. Do ponto de vista de coluna, o relevante é o máximo das duas retas, já que isso reflete a escolha ótima de linha para cada escolha de q. Tal como anteriormente, verificamos que o melhor q para coluna é o ponto em que o ganho máximo de linha é minimizado. Isso ocorre quando

$$50q + 80(1 - q) = 90p + 20(1 - q),$$

o que implica $q = 0{,}6$.

Já calculamos as estratégias de equilíbrio para cada um dos dois jogadores. Linha deveria chutar para a esquerda com probabilidade 0,7 e coluna deveria defender à esquerda com probabilidade de 0,6. Esses valores foram escolhidos para que os ganhos de linha e os de coluna sejam iguais, faça o que fizer o outro jogador, já que encontramos esses valores igualando os ganhos das duas estratégias que os oponentes poderiam escolher.

Desse modo, quando linha opta por 0,7, é indiferente para coluna pular para a esquerda e para a direita ou, no caso, pular para a esquerda com qualquer probabilidade q. Em especial, coluna ficará perfeitamente feliz pulando para a esquerda com probabilidade 0,6.

De modo semelhante, se coluna pular para a esquerda com probabilidade 0,6, então linha ficará indiferente entre chutar para a esquerda ou para a direita, ou qualquer combinação entre essas duas possibilidades. Em especial, ficará satisfeita em chutar para a esquerda com probabilidade 0,7. Portanto, essas escolhas são um equilíbrio de Nash: cada jogador está otimizando, dadas as escolhas do outro.

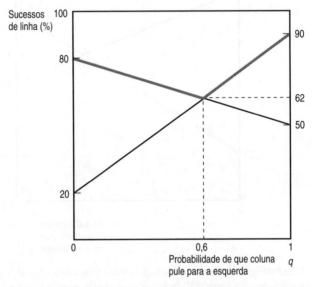

FIGURA 30.3 Estratégia de coluna. As duas retas mostram o ganho esperado de linha como função de q, a probabilidade de que coluna pule para a esquerda. Qualquer que seja o q escolhido por coluna, linha tentará maximizar seu próprio ganho.

Em equilíbrio, linha fará gol em 62% das vezes e deixará de fazer em 38% das oportunidades. Isso é o melhor que pode conseguir, se o outro jogador responder de forma ótima.

E o que acontece se o goleiro não responder de forma ótima? Linha poderá obter resultados melhores? Para responder a essa indagação, podemos recorrer às curvas de resposta ótima apresentadas no início do capítulo. Já vimos que, quando p é menor do que 0,7, coluna pulará para a esquerda e, quando p for maior do que 0,7, coluna preferirá pular para a direita. Do mesmo modo, quando q for menor do que 0,6, linha chutará para a esquerda e, quando for maior do que 0,6, chutará para a direita.

A Figura 30.4 ilustra essas curvas de melhor resposta. Observe que elas se cruzam no ponto em que $p = 0,7$ e $q = 0,6$. O interessante das curvas de melhor resposta é que elas dirão para cada jogador o que fazer para cada escolha feita pelo seu adversário, ótima ou não. A única escolha que será uma resposta ótima é aquela em que as duas curvas se cruzam – o equilíbrio de Nash.

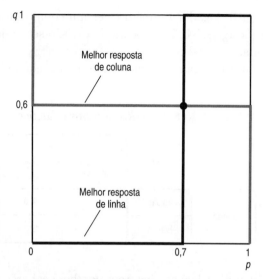

FIGURA 30.4 Curvas de melhor resposta. *Essas são as curvas de melhor resposta para linha e coluna, como função de p, a probabilidade de que linha chute para a esquerda, e q, a probabilidade que coluna defenda à esquerda.*

30.5 Jogos de coexistência

Interpretamos as estratégias mistas como sendo randomização por parte dos jogadores. No jogo dos pênaltis, se a estratégia de linha é chutar para a esquerda, com probabilidade 0,7, e para a direita, com probabilidade 0,3, então podemos pensar que linha vai "misturar" e chutar para a esquerda 70% do tempo e para a direita 30% do tempo.

Mas há outra interpretação. Imagine que atacantes e goleiros sejam emparelhados aleatoriamente e que 70% dos atacantes sempre chutem para a esquerda e 30% sempre chutem para a direita. Então, do ponto de vista do goleiro, ele estará enfrentando um único jogador que randomiza com essas probabilidades.

Isso não é atraente em termos de anedotário de futebol, mas é uma história razoável em termos de comportamento animal. A ideia é que há vários tipos de comportamento geneticamente programados e que a evolução seleciona combinações de população estáveis em termos de forças evolucionárias. Em anos recentes, os biólogos passaram a considerar a teoria dos jogos como uma ferramenta indispensável para estudar o comportamento animal.

O mais famoso dos jogos de interação animal é o **jogo dos pombos e falcões**. Não se trata de um jogo entre as duas espécies (que teria um resultado bastante previsível), mas, antes, de um jogo que envolve uma única espécie que exibe dois tipos de comportamento.

Imagine um cachorro selvagem. Quando dois cachorros selvagens encontram um pedaço de comida, têm de decidir se brigam ou dividem o alimento. A briga é a estratégia do falcão: um ganha e outro perde. Dividir é a estratégia do pombo:

funciona bem se o outro jogador também tiver um comportamento manso, mas, se o outro jogador for agressivo, a proposta de divisão será rejeitada e o jogador dócil ficará sem nada.

Um possível conjunto de ganhos é mostrado na Tabela 30.8.

TABELA 30.8 *Jogo dos pombos e falcões*

		Coluna	
		Falcão	Pombo
Linha	Falcão	−2, −2	4, 0
	Pombo	0, 4	2, 2

Se ambos os cachorros selvagens jogarem pombo, acabarão com (2, 2). Se um deles jogar falcão e o outro, pombo, o jogador falcão ganha tudo. Se ambos jogarem falcão, os dois cachorros serão gravemente feridos.

Obviamente não pode haver equilíbrio se todos jogarem falcão, pois, se algum cachorro jogasse pombo, acabaria com 0 em lugar de −2. E, se todos os cachorros jogassem pombo, compensaria se alguém se desviasse e jogasse falcão, de modo que, no equilíbrio, é necessária alguma mistura de tipos falcão e de tipos pombo. Que mistura poderíamos esperar?

Imagine que a fração que joga falcão seja p. Então, um falcão encontrará outro falcão com probabilidade p e um pombo com probabilidade $1 - p$. O ganho esperado do tipo falcão será

$$H = -2p + 4(1 - p).$$

O ganho esperado do tipo pombo será

$$D = 2(1 - p).$$

Imagine que o tipo que registra o maior ganho se reproduza mais rapidamente, transmitindo a tendência a jogar falcão ou pombo a sua descendência. Portanto, se $H > D$, veríamos que aumenta a fração de tipos falcão na população, enquanto, se $H < P$, esperaríamos um aumento do tipo pombo.

A única forma de manter equilíbrio na população é igualar os ganhos dos dois tipos. Isso exige que

$$H = -2p + 4(1 - p) = 2(1 - p) = D,$$

que se resolve para $p = 1/2$.

Verificamos que uma mistura de pombos e falcões em igual proporção é um equilíbrio. Será, em algum sentido, estável? Representamos graficamente a população que joga falcão na Figura 30.5. Observe que, quando $p > 1/2$, o ganho de se jogar falcão é menor do que o de jogar pombo, de modo que esperaríamos que os pombos se reproduzissem mais rapidamente, levando-nos de volta à proporção de equilíbrio, 50% de pombos e 50% de falcões. Do mesmo modo, quando $p < 1/2$, o ganho de se jogar falcão é maior do que o de se jogar pombo, provocando uma reprodução mais rápida dos falcões.

Esse argumento mostra que $p = 1/2$ é um equilíbrio, mas que ele é também estável sob forças evolucionistas. Considerações desse tipo levaram a um conceito conhecido como **estratégia evolucionariamente estável** (ESS – Evolutionary Stable Strategy).[1] O interessante é que se trata de um equilíbrio de Nash, embora tenha sido deduzido a partir de considerações bastante diversas.

O conceito de equilíbrio de Nash foi elaborado para lidar com indivíduos racionais e calculistas, cada um dos quais esteja tratando de formular uma estratégia adequada à melhor estratégia que possa ser adotada pelo outro jogador. O ESS foi elaborado para modelar o comportamento animal sob forças evolucionárias, em que estratégias com melhores resultados em termos de aptidão de sobrevivência se reproduzirão mais rapidamente. Mas o equilíbrio ESS é também um equilíbrio de Nash, fornecendo outro argumento para a atração exercida por esse conceito específico da teoria dos jogos.

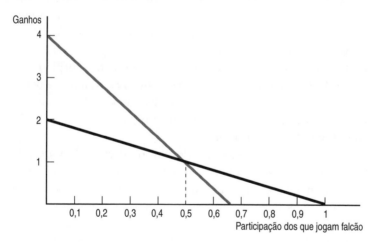

FIGURA 30.5 *Ganhos no jogo de pombos e falcões.* O ganho de falcão é representado em cinza; o de pombo, em preto. Quando p > 1/2, o ganho de falcão é menor que o de pombo e vice-versa, mostrando que o equilíbrio é estável.

30.6 Jogos de compromisso

Os exemplos anteriores, relativos a jogos de cooperação e de competição, tratavam de jogos com **movimentos simultâneos**. Cada jogador tinha de fazer sua

---

[1] Ver John Maynard Smith, *Evolution and the Theory of Games* (Cambridge University Press, 1982).

escolha sem conhecer a opção de seu adversário. Na verdade, jogos de cooperação ou de competição podem tornar-se bastante triviais se os jogadores conhecerem as opções de seus adversários.

Nesta seção, voltaremos nossa atenção a jogos com **movimentos sequenciais**. Uma importante questão estratégica que aparece nesses jogos é o **compromisso**. Para ver como funciona, voltemos ao jogo de "roleta russa", descrito anteriormente. Vimos que, se um dos participantes pudesse forçar-se a escolher seguir em linha reta, a escolha ótima do outro participante seria o desvio. No jogo da segurança, o resultado seria melhor para os dois participantes se um deles tomasse a iniciativa.

Observe que essa escolha compromissada deve ser tanto irreversível como observável pelo outro jogador. A irreversibilidade é parte do que significa ter um compromisso, enquanto a possibilidade de observação é fundamental para que o outro participante possa ser convencido a alterar seu comportamento.

O sapo e o escorpião

Começaremos pela fábula do sapo e do escorpião. Eles estavam à beira do rio, tentando descobrir um modo de chegar à outra margem. "Já sei", disse o escorpião. "Vou subir nas suas costas e você vai nadando até o outro lado." O sapo respondeu: "Mas e se você me picar com seu ferrão?" O escorpião disse: "Por que faria isso? Nós dois iríamos nos afogar."

O sapo achou a resposta convincente, de modo que o escorpião subiu nas costas do sapo e lá foram eles atravessar o rio. A meio caminho, no ponto em que o rio era mais fundo, o escorpião ferrou o sapo. Em meio à dor, o sapo gritou: "Por que está fazendo isso? Agora nós dois estamos perdidos." E o escorpião retrucou enquanto afundava: "É minha natureza."

Vejamos agora o sapo e o escorpião do ponto de vista da teoria dos jogos. A Figura 30.6 ilustra um jogo sequencial com ganhos compatíveis com a fábula. Comecemos no nó mais à esquerda da árvore do jogo. Se o sapo recusa a proposta do escorpião, ambos ficam sem nada. Olhando uma linha acima, vemos que, se o sapo carregar o escorpião, ele aufere uma utilidade 5, por ter feito uma boa ação e o escorpião ganha 3, por poder atravessar o rio. Na linha em que o sapo é ferroado, ele ganha -10 e o escorpião ganha 5, o que indica a satisfação obtida por atender seu instinto natural.

É melhor começar pelo movimento final do jogo: a escolha do escorpião é aplicar, ou não, a ferroada. O ganho por aplicar a ferroada é maior para o escorpião, porque "é de sua natureza" picar. Portanto, o sapo poderia optar racionalmente por não transportar o escorpião. Infelizmente, o sapo não entendeu os ganhos do escorpião; aparentemente, acreditou que os ganhos do escorpião fossem parecidos com aqueles apresentados, na Figura 30.7, o que foi fatal para o sapo.

Um sapo esperto teria imaginado alguma forma de fazer o escorpião se comprometer a não dar sua ferroada. Poderia, por exemplo, amarrar sua cauda. Ou poderia contratar um sapo matador que o vingasse, dando cabo da família do escorpião. Qualquer que tivesse sido a estratégia, o fundamental para o sapo é alterar os ganhos do escorpião de forma a tornar a ferroada mais onerosa e a abstenção mais compensadora.

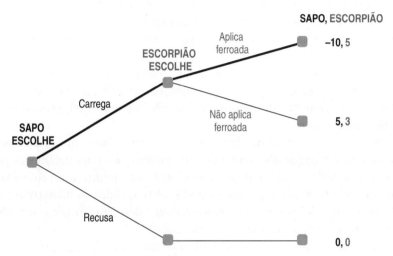

FIGURA 30.6 O sapo e o escorpião. Se o sapo escolhe carregar o escorpião, este optará por lhe dar uma ferroada e ambos morrem.

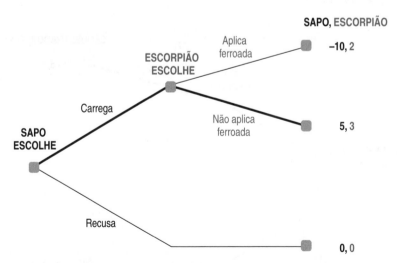

FIGURA 30.7 O sapo e o escorpião. Com esses ganhos, se o sapo optar por transportar o escorpião, este preferirá não aplicar a ferroada e ambos farão a travessia do rio com segurança.

O sequestrador cordial

Sequestros para obter o pagamento de resgates são um bom negócio em alguns lugares do mundo. Na Colômbia, estima-se que ocorram mais de 2.000 sequestros ao ano. Na antiga União Soviética, os sequestros aumentaram de 5 em 1992 para 105 em 1999. Muitas das vítimas são homens de negócios ocidentais.

Em alguns países, como a Itália, o pagamento de resgate é proibido por lei. A justificativa é que, se a família da vítima ou os funcionários de sua empresa estiverem comprometidos a não pagar resgate, então os sequestradores não terão incentivo para cometer o crime.

O problema é que, naturalmente, quando o sequestro já ocorreu, a família da vítima preferirá pagar o resgate, mesmo que isso seja ilegal. Portanto, as penalidades para o pagamento de resgate podem não ser muito eficazes como instrumento de compromisso.

Imagine que alguns sequestradores capturam um refém e que então descobrem que não podem ser pagos. Deveriam liberar o refém? Este naturalmente promete não revelar a identidade de seus sequestradores, mas manterá a promessa? Uma vez liberado, não tem incentivo para fazê-lo – e tem todos os incentivos para punir seus captores. Mesmo que os sequestradores desejem liberar seu refém, não podem fazê-lo por receio de serem identificados.

A Figura 30.8 representa alguns resultados possíveis. O sequestrador se sentiria mal em matar o refém, com um ganho de –3. Naturalmente, o refém se sentiria ainda pior, auferindo um ganho de –10. Se o refém for liberado, e se abster de identificar o sequestrador, seu ganho é de 3 e o do sequestrador é de 5. Mas, se o refém identificar o sequestrador, obterá um ganho de 5 enquanto o sequestrador terá um prejuízo de –5.

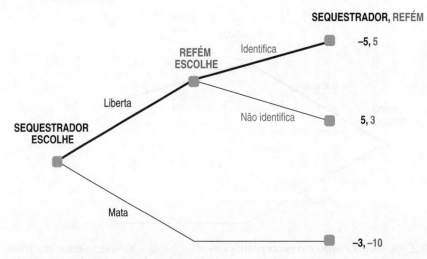

FIGURA 30.8 *Jogo do sequestro. O sequestrador desejaria liberar o refém, mas, se o fizer, o refém o identificará.*

Agora é o refém que tem um problema de compromisso. Como poderá convencer seus sequestradores de que não renegará sua promessa e revelará suas identidades?

O refém precisa descobrir um modo de alterar os ganhos do jogo. Em especial, ele precisa encontrar uma maneira de se autoimpor um custo, caso identifique os sequestradores.

Thomas Schelling, economista da Universidade de Maryland, que trabalhou extensamente com análise estratégica em jogos dinâmicos, sugere que poderia convencer os sequestradores a fotografá-lo em uma situação embaraçosa e deixar a foto com eles. Isso altera efetivamente os resultados, pois, se mais tarde revelasse a identidade dos seus sequestradores, esses poderiam mostrar a fotografia.

Esse tipo de estratégia é conhecido como "troca de reféns". Na Idade Média, quando dois reis queriam garantir que um contrato não fosse rompido, eles trocavam reféns, como pessoas da família. Se um dos reis rompesse o contrato, os reféns seriam sacrificados. Nenhum deles desejava sacrificar um membro da família, de modo que cada um dos reis tinha incentivo para respeitar os termos do acordo.

No caso do sequestro, a foto embaraçosa imporia um custo ao refém, caso fosse apresentada, assegurando assim que esse respeitaria seu compromisso de não revelar a identidade de seus captores.

Quando força é fraqueza

O próximo exemplo é tirado do mundo da psicologia animal. Acontece que porcos estabelecem rapidamente relações de dominação/subordinação, nas quais os porcos dominadores tendem a controlar os porcos subordinados.

Psicólogos colocaram dois porcos, um dominador, o outro subordinado, numa baia comprida.[2] Em um dos extremos da baia foi colocada uma alavanca que liberaria uma porção de alimento num cocho localizado no outro extremo da baia. O que se desejava verificar era o seguinte: qual dos porcos puxaria a alavanca e qual ingeriria o alimento?

Para surpresa dos pesquisadores, o resultado do experimento foi que o porco dominador pressionava a alavanca enquanto o porco subordinado esperava pelo alimento. O porco subordinado ingeria quase toda a ração, enquanto o porco dominador corria o mais rápido possível para chegar ao cocho, onde só encontrava restos. A Tabela 30.9 mostra um jogo que ilustra o problema.

---

[2] A referência original é Baldwin e Meese, "Social Behavior in Pigs Studied by Means of Operant Conditioning". (*Animal Behavior*, [1979]). Estou me alicerçando numa descrição de John Maynard Smith, *Evolution and the Theory of Games* (Cambridge University Press, 1982).

TABELA 30.9 *Porcos pressionando alavancas*

		Porco dominador	
		Não pressiona	Pressiona
Porco subordinado	Não pressiona	0, 0	4, 1
	Pressiona	0, 5	2, 3

O porco subordinado compara um ganho de (0, 4) com outro (0, 2) e conclui, com bastante sensatez, que o ato de pressionar a alavanca é dominado pelo ato de não a pressionar. Dado que o porco subordinado não pressiona a alavanca, o porco dominador não tem outra escolha senão pressioná-la.

Se o porco dominador pudesse abster-se de ingerir todo o alimento e compensar o porco subordinado por pressionar a alavanca, poderia alcançar um resultado melhor. O problema é que porcos não conhecem contratos e o porco dominador não pode evitar sua condição de suíno!

Como no caso do sequestrador cordial, o porco dominador tem um problema de compromisso. Se pudesse se comprometer a não comer todo o alimento, acabaria numa situação muito melhor.

Poupanças e seguridade social

Problemas de compromisso não estão limitados ao mundo animal. Eles também surgem na política econômica.

Poupança para a aposentadoria é um exemplo interessante e oportuno. Todos dizem da boca para fora que poupar é uma boa ideia. Infelizmente, poucas pessoas o fazem. Parte da razão dessa relutância em poupar é que as pessoas admitem que a sociedade não permitirá que morram de fome, de modo que há boas chances de que sejam socorridas no futuro.

Para formular isso num jogo entre gerações, vamos imaginar duas estratégias para a geração mais velha: poupar ou esbanjar. A geração jovem também tem duas estratégias: sustentar seus idosos ou poupar para sua aposentadoria. Uma possível matriz do jogo é apresentada na Tabela 30.10.

TABELA 30.10 *Conflito intergeracional relativo a poupanças*

		Geração mais jovem	
		Sustenta	Não sustenta
Geração mais velha	Poupa	2, −1	1, 0
	Esbanja	3, −1	−2, −2

Se a geração mais velha poupa e a geração mais jovem também a sustenta, os idosos acabam com um nível de utilidade igual a 2 e os jovens com −1. Se a geração mais velha esbanja e a geração mais jovem a sustenta, os mais velhos obterão uma utilidade igual a 3 e os jovens, −1.

Se a geração jovem deixar de sustentar seus idosos e esses gerarem poupanças, os mais velhos obterão 1 e os jovens, 0. Finalmente, se os idosos esbanjarem e os jovens os negligenciarem, os dois grupos terminarão com utilidade de −2, os idosos porque passarão fome e os jovens porque terão de assistir a isso.

Não é difícil perceber que nesse jogo há dois equilíbrios de Nash. Se as pessoas mais velhas escolherem poupar, então o ideal para os jovens será negligenciá-los. Mas, se os mais velhos escolherem esbanjar, então o ideal da geração mais jovem será apoiá-los. Se os mais velhos optarem pela poupança, a escolha ótima dos jovens será sustentá-los. E, obviamente, dado que os jovens os sustentam, a atitude ótima dos idosos será esbanjar!

Contudo, essa análise ignora a estrutura temporal do jogo: uma das (poucas) vantagens de ser velho é que você pode se movimentar primeiro. Se traçarmos a árvore do jogo, os ganhos se apresentam como mostra a Figura 30.9.

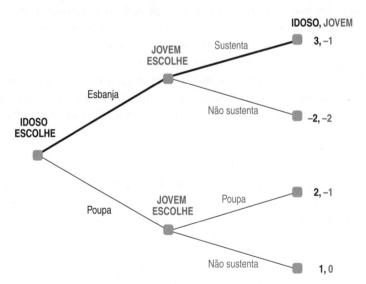

FIGURA 30.9 *Jogo da poupança em forma estendida.* Sabendo que a geração jovem os sustentará, os idosos optam por esbanjar. O equilíbrio perfeito do subjogo é "sustenta/esbanja".

Se os mais velhos poupam, os mais jovens optarão por negligenciá-los, de modo que os primeiros terminam com um ganho de 1. Se os mais velhos esbanjam, sabem que os mais jovens não conseguirão vê-los morrerem de fome, de modo que os idosos acabarão com um ganho de 3. Aqui, o sensato, para os mais velhos, será esbanjar, sabendo que serão sustentados mais adiante.

Obviamente, a maioria dos países desenvolvidos conta agora com um programa semelhante à seguridade social dos Estados Unidos, que obriga cada geração a poupar para a aposentadoria.

EXEMPLO: Ineficiência dinâmica na discriminação de preços

Lembre-se da definição de discriminação de preços de primeiro grau: o vendedor precifica o bem de modo a extrair todo o excedente do consumidor do comprador. No Capítulo 14 discutimos que isso seria eficiente desde que todos os comércios valiosos fossem realizados.

Apesar disso, há casos em que a discriminação de preços de primeiro grau pode levar à ineficiência. Suponha que um vendedor seja um negociante tão bom que possa extrair todo o excedente do consumidor de cada cliente – ele é um especialista na discriminação de preços de primeiro grau. Mas há um problema: se todos sabem que ele pode extrair todo o excedente do consumidor, por que desejariam comprar algo dele? Na melhor das hipóteses, estariam apenas empatando.

Isto se parece um pouco com o exemplo do porco dominante na seção anterior. O porco dominante terminou em uma posição pior porque não podia fazer a partilha. Bem, as pessoas são (geralmente) mais inteligentes do que os porcos, para perceber que, se desejam que o negócio se repita, devem certificar-se de que seus clientes obtenham algum excedente fora da transação.

Para fazer isso, é necessário encontrar uma maneira de se comprometer a oferecer um bom negócio para os clientes, talvez um cupão que possa ser usado após a negociação ou um preço publicado que possa estar disponível a todos.

Extorsão

Imagine a seguinte interação estratégica. Você contrata um empreiteiro para construir um galpão. Depois de aprovado o projeto e de a construção estar quase concluída, verifica que a cor escolhida é inadequada, de modo que você pede ao empreiteiro para trocar a cor, o que envolve uma pequena despesa. O empreiteiro responde: "Essa alteração do projeto custará US$1.500."

Você admite que terá de gastar quase o mesmo se tiver que adiar a finalização da obra até achar um pintor e que você de fato deseja a nova cor, de modo que você paga, resmungando. Parabéns, você foi assaltado!

Naturalmente, os empreiteiros não são os únicos culpados nesse jogo. Os clientes também podem atrasar os pagamentos, causando bastantes prejuízos ao empreiteiro.

A Figura 30.10 apresenta a árvore para esse tipo de jogo. Iremos supor que o valor que o proprietário atribui à mudança da cor da pintura seja de US$1.500 e que, de fato, o custo da pintura seja de US$200. Começando pelo alto da árvore, se o empreiteiro cobrar US$1.500, ele auferirá um lucro de US$1.300, enquanto o cliente obterá uma utilidade líquida igual a zero.

Se o cliente procurar outro pintor, terá de lhe pagar US$200 e o tempo perdido lhe custará, digamos, US$1.400 em termos de perda de tempo. Ele obtém a cor que deseja e cujo valor seria de US$1.500, mas tem de pagar US$1.600, entre custos diretos e custos do adiamento, o que lhe resulta numa perda líquida de US$100.

Se o empreiteiro cobrar do cliente o custo efetivo de US$200, ele não ganha nem perde e o cliente aufere um valor de US$1.500 por US$200, o que lhe rende um ganho de US$1.300.

Como se vê, a escolha ótima para o empreiteiro é extorquir o pagamento e a escolha ótima para o cliente é ceder. Mas um cliente sensato perceberá que uma alteração nas especificações pode ocorrer em qualquer projeto. Consequentemente, o cliente relutará em contratar empreiteiros com fama de extorsionários, o que obviamente é ruim para o empreiteiro.

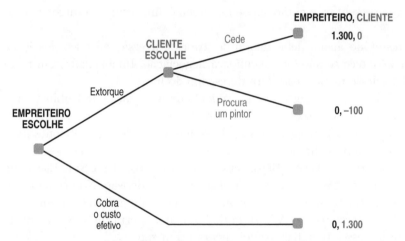

FIGURA 30.10 *O problema da extorsão.* O empreiteiro cobra um preço alto pela alteração porque o cliente não tem alternativa.

Como as empresas resolvem esses problemas de extorsão? A resposta básica está nos contratos. Normalmente, os empreiteiros negociam contratos especificando que tipos de alteração na obra são possíveis e como serão calculados seus custos. Às vezes, recorre-se à arbitragem ou a outros processos de solução de litígios embutidos nos contratos. Muito tempo, energia e dinheiro são dedicados à elaboração de contratos para garantir que não ocorrerá qualquer extorsão.

Mas contratos não são a única solução. Outra forma de resolver o problema está no compromisso. Por exemplo, o empreiteiro pode incluir uma cláusula garantindo a finalização do projeto dentro do prazo. Novamente, será necessário especificar objetivamente o que constitui a finalização do projeto.

Outro fator importante é a reputação. Obviamente, um empreiteiro que tenta, persistentemente, extorquir seus clientes ficará com má fama. Ele não voltará a ser contratado pelo cliente e sem dúvida não obterá boas referências. Esse efeito da reputação pode ser examinado num contexto de jogos repetidos em que a extorsão presente terá no futuro um custo para o empreiteiro.

30.7 Negociação

O problema clássico da negociação é o da divisão do dólar. Dois jogadores têm uma nota de dólar que querem dividir entre eles. Como o fazer?

O problema, tal como apresentado, não tem resposta, porque há pouquíssima informação para construir um modelo razoável. O desafio na modelagem da negociação está em encontrar outras dimensões nas quais os participantes possam negociar.

Uma solução, o **modelo de negociação de Nash**, recorre a uma abordagem axiomática, especificando certas propriedades que uma solução negociada razoável deve apresentar, e então supõe que apenas um resultado satisfaça esses axiomas.

O resultado acaba dependendo do grau de aversão ao risco dos jogadores e do que acontece se não for concluída a negociação. Infelizmente, um tratamento completo desse modelo está fora do escopo do livro.

Uma abordagem alternativa é o **modelo de negociação de Rubinstein**, que observa sequências de escolhas e então resolve para o equilíbrio perfeito do subjogo. Felizmente, a percepção básica desse modelo pode ser facilmente ilustrada a partir de exemplos simples.

Dois jogadores, Alice e Beto, têm de dividir entre eles US$1. Eles concordam em destinar no máximo três dias à negociação da divisão. No primeiro dia, Alice faz uma oferta. Beto pode aceitar ou voltar no dia seguinte com uma contraproposta. E, no terceiro dia, Alice tem de fazer uma oferta final. Se não chegarem a um acordo nesses três dias, os dois ficarão com zero.

Vamos imaginar que Alice e Beto têm graus de impaciência diferentes. Alice desconta os ganhos futuros a uma taxa diária α e Beto desconta os ganhos a uma taxa β. Finalmente, consideraremos que, se um dos jogadores for indiferente entre duas alternativas, ele aceitará a preferida por seu adversário. Supõe-se que o adversário oferecerá uma quantia arbitrariamente pequena que levaria o jogador a escolher apenas uma alternativa e, ao mesmo tempo, isso nos permite aproximar essa "quantia arbitrariamente pequena" de zero. Acontece que há um único subjogo com equilíbrio perfeito nesse jogo da negociação.

Começaremos a análise a partir do fim do jogo, às vésperas do último dia. Nesse ponto, Alice pode fazer a Beto uma proposta do tipo "ou tudo ou nada". Claramente, a escolha ótima de Alice nesse ponto é oferecer a Beto a quantia mínima aceitável que, por hipótese, é zero. Sendo assim, o jogo dura realmente três dias. Alice ficaria com US$1 e Beto com zero (isto é, a quantia arbitrariamente pequena).

Agora voltemos ao movimento anterior, quando cabe a Beto apresentar uma proposta. Nesse ponto, Beto deveria perceber que Alice pode garantir-se o US$1 no movimento seguinte, simplesmente recusando a proposta. Um dólar no período seguinte vale, neste período, α para Alice, de modo que qualquer oferta menor do que α será certamente rejeitada. Beto certamente prefere $1 - \alpha$ agora a zero no próximo período, de modo que racionalmente ele deverá oferecer α a Alice, que aceitará a proposta. De modo que, se o jogo terminar no segundo movimento, Alice ficará com α e Beto com $1 - \alpha$.

Passemos agora ao primeiro dia. Nesse ponto, Alice é quem faz a oferta e percebe que Beto poderá ficar com $1 - \alpha$ se ele simplesmente esperar até o segundo dia. Portanto, Alice tem de oferecer um ganho que simbolize pelo menos o valor presente para Beto, a fim de evitar um adiamento. Portanto, ela oferece a Beto $\beta(1 - \alpha)$. Beto considera a proposta (apenas) aceitável e o jogo termina. O resultado final é que o jogo se encerra no primeiro movimento quando Alice recebe $1 - \beta(1 - \alpha)$ e Beto $\beta(1 - \alpha)$.

O primeiro painel da Figura 30.11 ilustra esse processo para o caso em que $\alpha = \beta < 1$. A diagonal mais externa mostra o padrão de ganhos possíveis no primeiro dia, a saber, $x_A + x_B = 1$. A diagonal seguinte, avançando em direção à origem, mostra o valor presente dos ganhos no caso em que o jogo se encerre no segundo período: $x_A + x_B = \alpha$. A diagonal mais próxima da origem mostra o valor presente dos ganhos que seriam registrados caso o jogo se encerrasse no terceiro período: a equação dessa reta é: $x_A + x_B = \alpha^2$. A trajetória em ângulo reto representa as divisões mínimas aceitáveis em cada período, que conduzem ao subjogo final de equilíbrio perfeito. O segundo painel da Figura 30.11 mostra como seria o processo com mais estágios de negociação.

É natural levar o horizonte para o infinito e perguntar o que ocorre num jogo infinito. Acontece que a divisão do subjogo com equilíbrio perfeito é

$$\text{Ganho de Alice} = \frac{1-\beta}{1-\alpha\beta}$$

$$\text{Ganho de Beto} = \frac{\beta(1-\alpha)}{1-\alpha\beta}.$$

Observe que, se $\alpha = 1$ e $\beta < 1$, então Alice fica com todo o ganho.

Jogo do ultimato

O modelo de negociação de Rubinstein é tão elegante que os economistas correram a testá-lo em laboratório. E verificaram com pesar que elegância não implica exatidão. Pessoas ingênuas (isto é, aquelas que não estão estudando economia) não têm grande habilidade em olhar para frente mais que um ou dois períodos, se tanto.

Além disso, há outros fatores que podem trazer problemas. Para ver o porquê, examinemos a versão em uma etapa do modelo descrito anteriormente. Alice e Beto ainda têm US$1 para dividir entre eles. Alice propõe uma divisão e Beto concorda, o jogo termina. A questão é: o que Alice deve dizer?

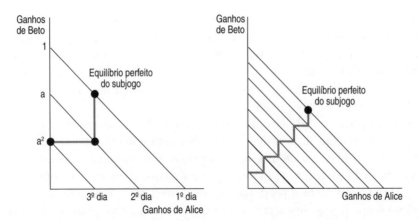

FIGURA 30.11 Jogo de negociação. *A linha cheia conecta os resultados de equilíbrio dos subjogos. O ponto na linha mais externa é o subjogo de equilíbrio perfeito.*

De acordo com a teoria, deve ser proposto algo como US$0,99 para Alice, US$0,01 para Beto. Beto, considerando que US$0,01 é melhor do que nada, aceita, e Alice vai para casa feliz por estar estudando economia.

Infelizmente a coisa não funciona assim. Um resultado mais provável é que Beto, furioso com a proposta indecorosa de US$0,01, diga "de jeito algum" e Alice acabe sem nada. Reconhecendo essa possibilidade, Alice tenderá a adoçar a oferta. Experimentos feitos com estudantes americanos mostram que a oferta média é de US$0,45 e que essa divisão tende a ser aceita na maioria dos casos.

Os jogadores que fazem a proposta estão agindo racionalmente, no sentido de que os US$0,45 estão próximos de maximizar o ganho esperado, dada a frequência observada da rejeição. São os jogadores que recebem a proposta que se comportam de modo diferente do previsto pela teoria, mesmo quando isso os deixa em pior situação.

Foram propostas muitas explicações para esse fato. Uma das explicações é que uma proposta excessivamente baixa viola as **normas sociais** de comportamento. De fato, os economistas constataram diferenças interculturais bastante significativas em jogos de ultimato. Outra explicação, não incompatível com a anterior, é que os que recebem a proposta têm algum ganho de utilidade ao magoar os proponentes como retaliação pela baixa quantia oferecida. Afinal, se tudo o que você está perdendo é US$0,01, a satisfação de revidar ao outro jogador é, comparativamente, bastante atrativa. No próximo capítulo, analisaremos o jogo do ultimato de forma mais detalhada.

RESUMO

1. A função de melhor resposta de um jogador proporciona a escolha ótima para ele em função das opções que seu(s) adversário(s) pode(m) fazer.

2. Um equilíbrio de Nash num jogo entre duas pessoas é um par de estratégias, uma para cada jogador; cada uma das quais é a melhor resposta para o outro.

3. Um equilíbrio de Nash com estratégia mista envolve a randomização entre várias estratégias.

4. A batalha dos sexos, em que os dois participantes desejam a mesma coisa; o dilema do prisioneiro, cuja estratégia dominante acaba por prejudicar os dois jogadores; o jogo da garantia, no qual os dois adversários desejam cooperar enquanto acreditam que o outro também coopere; e a "roleta russa" automobilística, na qual os participantes querem evitar a mesma coisa, são os jogos de coordenação mais comuns.

5. Um jogo de dupla com soma zero é aquele em que os ganhos de um jogador são iguais ao prejuízo do outro.

6. Os jogos evolucionários se preocupam com resultados estáveis em termos de reprodução da população.

7. Nos jogos sequenciais, os jogadores se movem alternadamente. Portanto, cada participante tem de levar em consideração a reação do adversário a suas escolhas.

8. Em muitos jogos sequenciais, a questão do compromisso é relevante. Encontrar maneiras de forçar o compromisso de recorrer a estratégias determinadas pode ser importante.

QUESTÕES DE REVISÃO

1. Num equilíbrio de Nash entre duas pessoas, cada jogador está dando a melhor resposta a quê? Numa estratégia dominante de equilíbrio, cada jogador está dando a melhor resposta a quê?

2. Observe as melhores respostas de linha e coluna na seção que trata de estratégias mistas. Elas dão origem a funções de melhor resposta?

3. Se os dois jogadores fazem a mesma escolha num jogo de coordenação, tudo irá bem?

4. O texto afirma que linha acerta 62% do tempo no equilíbrio. De onde sai esse número?

5. Um empreiteiro diz que pretende "apresentar uma proposta irrefutável e ganhar nas alterações". O que ele está querendo dizer?

CAPÍTULO 31

ECONOMIA COMPORTAMENTAL

O modelo econômico da escolha do consumidor que estudamos é simples e elegante. Constitui-se em um razoável ponto de partida para muitos tipos de análise. Contudo, definitivamente não é completo; em muitos casos, é necessário usar um modelo mais profundo de comportamento do consumidor para descrever, de forma mais precisa, a tomada de decisão.

O campo da **economia comportamental** é devotado ao estudo de como os consumidores realmente fazem suas escolhas. Nesse campo, empregam-se alguns dos insights da psicologia para desenvolver previsões sobre as escolhas que serão feitas. Muitas dessas previsões contradizem as do modelo econômico convencional dos consumidores "racionais".

Neste capítulo, trataremos de alguns dos fenômenos mais importantes identificados pelos economistas comportamentais, contrastando as previsões dessas teorias comportamentais com aquelas apresentadas anteriormente neste livro.[1]

31.1 Efeitos de contexto na escolha do consumidor

No modelo básico do comportamento do consumidor, as escolhas foram descritas de forma simplificada: lápis vermelhos ou azuis, hambúrgueres ou batatas fritas,

---

[1] Na preparação deste capítulo, foi-me bastante útil o livro *Advances in Behavioral Economics*, de Colin F. Camerer, George Loewenstein e Matthew Rabin (Princeton University Press, 2003), especialmente o estudo introdutório de Camerer e Loewenstein. Indicarei outros trabalhos quando discutir os tópicos relevantes.

e assim por diante. Na vida real, todavia, as pessoas são fortemente afetadas pelo modo como as escolhas são apresentadas a elas ou são inseridas em um contexto.

Um par de calças jeans desbotado em uma loja barata pode ser percebido de forma bem diferente que o mesmo par de jeans em uma loja exclusiva. A decisão de comprar uma ação pode parecer bastante diferente da decisão de vender uma ação, ainda que as duas transações terminem no mesmo portfólio. Uma livraria pode vender dezenas de exemplares de um livro por US$29,95 cada, mas, se o mesmo livro custasse US$29, venderia uma quantidade substancialmente menor.

Esses são todos exemplos de **efeitos de contexto** e representam, claramente, uma poderosa força na tomada de decisão. De fato, muitas técnicas de marketing baseiam-se na compreensão – e tiram proveito – desses vieses nas escolhas dos consumidores.

O dilema da doença

Efeitos de contexto são particularmente comuns em escolhas que envolvem incerteza. Considere, por exemplo, o seguinte problema de tomada de decisão:[2]

Uma doença grave ameaça uma população de 600 pessoas. Cabe a você escolher entre dois tratamentos, A e B, que produzem os seguintes resultados:

Tratamento A. Serão salvas, com certeza, 200 vidas.

Tratamento B. Há 1/3 de probabilidade de que 600 vidas sejam salvas e 2/3 de que nenhuma vida seja salva.

Qual tratamento você escolheria? Agora considere uma escolha entre os seguintes resultados:

Tratamento C. Com certeza, 400 pessoas morrerão.

Tratamento D. Há 2/3 de probabilidade de 600 pessoas morrerem e 1/3 de que nenhuma pessoa morra.

Dessa vez, qual tratamento você escolheria?

Na comparação entre as alternativas no **contexto positivo** – que descreve quantas pessoas irão viver, a maioria dos indivíduos escolhe o tratamento A em vez do B; mas, na comparação no **contexto negativo**, a maioria escolhe D em vez de C, ainda que os resultados A-C e B-D sejam exatamente os mesmos. Aparentemente, na situação de escolha inserida no contexto de forma positiva (em termos de vidas salvas), um tratamento se torna muito mais atrativo do que na situação inserida no contexto de forma negativa (em termos de vidas perdidas).

---

[2] A. Tversky e D. Kahneman, 1981, "The framing of decisions and the psychology of choice", *Science*, 211, 453-458.

Até mesmo tomadores de decisão que sejam especialistas podem cair nessa armadilha. Quando os psicólogos testaram essa situação de escolha com um grupo de médicos, 72% escolheram o tratamento seguro A em vez do tratamento arriscado B. Mas, quando a mesma situação foi inserida no contexto de forma negativa, apenas 22% dos médicos escolheram o tratamento arriscado C, enquanto 72% deles escolheram o tratamento seguro.

Embora poucos de nós enfrentemos decisões de vida ou morte, há exemplos semelhantes em escolhas mais mundanas, tais como a de comprar ou vender ações. Uma escolha racional de um portfólio de investimento dependeria, idealmente, da avaliação de resultados possíveis dos investimentos, e não da forma como esses investimentos são adquiridos.

Suponhamos, por exemplo, que lhe sejam dadas 100 ações da ConcreteBlocks. com (cujo slogan é: "Nós despachamos os blocos. Você paga a embalagem e o frete"). Você poderia relutar em vender ações que recebeu de presente, a despeito do fato de que nunca pensaria em comprá-las por iniciativa própria.

Frequentemente, as pessoas relutam em vender ações em baixa, na esperança de que elas venham a "recuperarem-se". Talvez se recuperem; talvez não. Mas, em última análise, você não deveria deixar que a história determinasse seu portfólio de investimento; a pergunta certa a fazer diz respeito a saber se hoje há alternativas de portfólio que você queira.

Efeitos de ancoragem

O exemplo hipotético da ConcreteBlocks.com descrito anteriormente está relacionado com o chamado **efeito de ancoragem**. A ideia aqui é que as escolhas que as pessoas fazem podem ser influenciadas por informações completamente espúrias. Em um estudo clássico, o experimentador girou uma roda da fortuna e apontou o número sorteado ao participante da experiência.[3] Perguntou-se então aos participantes se o número de países africanos membros das Nações Unidas era maior ou menor que o número tirado na roda da fortuna.

Depois de os participantes responderem, pedia-se a eles que estimassem, da melhor forma possível, quantos países africanos participam das Nações Unidas. Embora o número mostrado pela roda fosse obviamente aleatório, ele exerceu uma influência significativa sobre as estimativas relatadas pelos participantes.

Em um experimento similar, deu-se a estudantes de MBA uma garrafa de vinho cara, perguntando-se se pagariam pela garrafa um valor igual aos últimos dois dígitos de seu número de inscrição no Seguro Social. Por exemplo, se os dois últimos dígitos fossem 29, a pergunta era: "Você pagaria US$29 pela garrafa de vinho?".

Depois de responderem à questão, questionava-se qual o valor máximo que *se dispunham* a pagar pelo vinho. Suas respostas eram fortemente influenciadas pelo preço determinado pelos dois últimos dígitos de seu número de inscrição no

---

[3] Kahneman e A. Tversky, 1974, "Judgment under uncertainty: Heuristics and biases", *Science*, 185: 1124-31.

Seguro Social. Por exemplo, aqueles cujos dígitos do número de inscrição eram menores ou iguais a 50 dispunham-se a pagar, em média, US$11,62; aqueles cujos dígitos eram superiores a 50 dispunham-se a pagar, em média, US$19,95.

Outra vez, essas escolhas parecem meros jogos de laboratório. Contudo, há muitas decisões econômicas sérias que também podem ser influenciadas por pequenas variações na forma como a escolha é inserida no contexto.

Considere, por exemplo, escolhas de planos de pensão.[4]

Alguns economistas examinaram dados referentes a três empregadores que ofereceram inclusão automática em planos 401(k). Os empregados podiam optar ou não pelos planos, mas precisavam fazê-lo de forma explícita. Os economistas descobriram que a taxa de participação nesses programas com inclusão automática era espetacularmente alta: acima de 85% dos trabalhadores aceitaram a opção padrão de inclusão.

Essa é a notícia boa. A má notícia é que quase todos esses trabalhadores também escolheram o investimento sugerido, caracteristicamente um fundo do mercado monetário com baixos retornos e baixa contribuição mensal. Presumivelmente, os empregadores sugeriram um investimento bastante conservador visando a eliminar o risco de baixa e possíveis processos trabalhistas.

Em trabalhos posteriores, esses economistas repetiram a experiência em uma empresa em que não havia uma sugestão de escolha de um plano de pensão; depois de um mês inicial de trabalho, solicitava-se aos empregados que escolhessem entre serem incluídos no plano 401(k) ou adiarem a inclusão.

Ao eliminar o padrão de escolhas sugeridas de não inclusão e de inclusão em um fundo que tinha baixas taxas de retorno, essa abordagem de "decisão ativa" aumentou as taxas de participação de 35% para 70% entre os empregados recentemente contratados. Além disso, os funcionários que ingressaram no plano 401(k) optaram predominantemente por índices altos de poupança.

Como esse exemplo ilustra, o planejamento cuidadoso de programas de benefícios para recursos humanos pode fazer uma surpreendente diferença nos programas escolhidos, tendo, potencialmente, um grande efeito sobre o comportamento de poupança do consumidor.

Balizamento

É comum as pessoas terem dificuldade para compreender o seu próprio comportamento e acharem bastante difícil prever o que realmente escolheriam em diferentes circunstâncias.

Por exemplo, um professor de marketing pediu a seus alunos que escolhessem entre seis tipos diferentes de lanches para consumir em cada uma das três semanas sucessivas de aulas.[5] (Uma sorte e tanto!) Em um dos tratos, teriam de

---

[4] James Choi, David Laibson, Brigitte Madrian e Andrew Metrick, "For Better or for Worse: Default Effects and 401(k) Savings Behavior", *NBER Working Paper*, W8651, 2001.

[5] I. Simonson, 1990, "The Effect of Purchase Quantity and Timing on Variety-Seeking Behavior", *Journal of Marketing Research*, 17: 150-64.

escolher todos os lanches com antecedência; no outro, escolheriam diariamente, pouco antes de consumi-los.

Quando tiveram de escolher antecipadamente, escolheram um conjunto bem mais diversificado de lanches. De fato, 64% escolheram um lanche diferente para cada uma das semanas; no outro grupo, tais escolhas corresponderam a apenas 9%. Ao enfrentarem escolhas feitas em conjunto, as pessoas parecem preferir a variedade à exclusividade. Mas quando se trata de escolher concretamente, decidem pelo que as deixa mais à vontade. Todos somos filhos do hábito, até em nossas escolhas de lanches.

Excesso de opções

A teoria convencional sustenta que ter mais opções de escolha é melhor. Contudo, essa afirmação ignora os custos para fazer escolhas. Nos países ricos, os consumidores podem facilmente ficar sobrecarregados com opções, vendo-se em dificuldade para chegar a uma decisão.

Em um experimento feito em um supermercado, dois pesquisadores em marketing montaram expositores com amostras de geleias de frutas.[6] Um dos expositores oferecia 24 sabores; o outro, apenas 6. Mais pessoas se detiveram no expositor maior, mas um número substantivamente maior na verdade comprou geleia no expositor menor. Ter mais opções pareceu ser mais atrativo aos consumidores, mas a profusão de opções no expositor maior aparentemente dificultou-lhes a decisão.

Dois especialistas em finanças comportamentais perguntaram-se se o mesmo problema de "excesso de opções" surgia nas decisões de um investidor. Eles descobriram que as pessoas que planejaram seus portfólios de previdência tendiam a ficar tão satisfeitas com o portfólio escolhido por seus colegas de trabalho quanto com suas próprias escolhas. Os investidores não pareciam sentir-se em melhor situação por contar com a flexibilidade na composição de seus próprios portfólios de previdência.[7]

Preferências construídas

Como devemos interpretar esses exemplos? Psicólogos e economistas comportamentais sustentam que as preferências não são um guia para a escolha. Ao contrário, elas são "descobertas", em parte, por meio das experiências de escolha.

Imagine-se observando alguém pegar um tomate em um supermercado, devolvê-lo à prateleira e depois pegá-lo outra vez. Essa pessoa quer ou não quer o tomate? A relação preço-qualidade para o produto oferecido é aceitável? Ao presenciar esse tipo de comportamento, você vê alguém que está "na margem" em termos de tomada de decisão. Ela está, na interpretação dos psicólogos, *descobrindo* as suas preferências.

---

[6] Sheena S. Iyengar e Mark R. Lepper, "When Choice Is Demotivating: Can One Desire Too Much of a Good Th ing?", *Journal of Personality and Social Psychology*, 2000.
[7] Shlomo Benartzi e Richard Thaler, "How Much Is Investor Autonomy Worth?", UCLA, W*orking Paper*, 2001.

A teoria convencional considera as preferências como preexistentes. Nessa concepção, as preferências *explicam* o comportamento. Por sua vez, os psicólogos concebem as preferências como construídas: as pessoas as desenvolvem ou criam ao fazerem suas escolhas e consumirem.

Parece provável que o modelo psicológico ofereça a melhor descrição do que realmente acontece. Todavia, os dois pontos de vista não são inteiramente incompatíveis. Como vimos, uma vez descobertas, ainda que por algum misterioso processo, as preferências tendem a se tornar embutidas nas escolhas. Escolhas, uma vez consolidadas, tendem a ancorar decisões. Se você tentar comprar aquele tomate daquele consumidor após ele ter finalmente decidido ficar com o produto, é provável que tenha de pagar um preço maior do que custou para ele.

31.2 Incerteza

As escolhas comuns são bastante complicadas, mas as escolhas em contexto de incerteza são especialmente difíceis. Já vimos que as decisões das pessoas podem depender de como as alternativas de escolha são expressas. Mas, nesse domínio, há muitos outros vieses comportamentais.

Lei dos pequenos números

Se você teve aulas de estatística, deve ter se familiarizado com a Lei dos Grandes Números. Trata-se de um princípio matemático que diz (grosseiramente) que o valor médio de uma amostra grande de uma população tende a se aproximar da média da população.

A Lei dos Pequenos Números é a afirmação psicológica de que as pessoas tendem a ser muito influenciadas por pequenas amostras, especialmente se são elas mesmas que as observam.[8]

Consideremos o seguinte problema:[9]

> "Uma cidade tem dois hospitais. No maior deles, nascem em torno de 45 bebês por dia; no menor, 15 bebês. Como sabemos, aproximadamente 50% dos bebês são meninos. Contudo, essa porcentagem exata varia de dia para dia. Algumas vezes, pode ser superior a 50%; outras, pode ser inferior. Em cada hospital, durante um ano, foram registrados os dias em que mais de 60% dos bebês nascidos eram meninos. Qual dos hospitais, em sua opinião, registrou um maior número desses dias?"

---

[8] O termo surgiu no artigo de A. Tversky e D. Kahneman, de 1971, "Belief in the Law of Small Numbers", *Psychological Bulletin*, 76, 2: 105-10. Boa parte da discussão que se segue é baseada no *Working Paper,* de Matthew Rabin, da Universidade da Califórnia em Berkeley, intitulado "Inference by Believers in the Law of Small Numbers".

[9] A. Tversky e D. Kahneman, 1982, "Judgments of and by Representativeness", in *Judgment under Uncertainty: Heuristics and Biases,* D. Kahneman, P. Slovic, e A. Tversky, Cambridge University Press, 84-98.

Em uma pesquisa com estudantes universitários, 22% dos entrevistados disseram que achavam mais provável que o hospital maior tivesse registrado mais desses dias, enquanto 56% disseram que achavam que a ocorrência seria aproximadamente a mesma nos dois hospitais. Apenas 22% acertaram ao dizer que o hospital menor registraria mais dias.

Se o cálculo correto lhe parece peculiar, suponha que o hospital menor registrasse 2 nascimentos por dia, e o maior, 100. Em aproximadamente 25% dos dias, no hospital menor nasceriam 100% de bebês meninos; no hospital maior, isso seria muito raro.

Parece que as pessoas esperam que as amostras se pareçam com as distribuições de onde foram retiradas. Ou, para dizer de outro modo, as pessoas subestimam a magnitude real das flutuações em uma amostra.

Um problema relacionado é que as pessoas acham difícil reconhecer eventos aleatórios. Em um experimento, pediu-se aos participantes que anotassem uma série de 150 lançamentos aleatórios de uma moeda. Aproximadamente 15% das sequências anotadas apresentavam sucessões de três caras ou três coroas; contudo, de forma aleatória, esse padrão ocorreria em aproximadamente 25% das sequências. Apenas 3% das sequências geradas pelos participantes tinham sucessões de quatro caras ou quatro coroas, mas, segundo a teoria da probabilidade, essas sucessões devem ocorrer em 12% das sequências.

Esses fatos têm importantes implicações para a teoria dos jogos, por exemplo. Vimos que em muitos casos as pessoas devem tentar escolher de maneira aleatória suas estratégias, de forma a manterem seus oponentes na incerteza. Contudo, tal como a literatura psicológica demonstra, as pessoas não são muito boas em randomização. Por outro lado, tampouco são boas em detectar comportamentos não randômicos, pelo menos não sem um treinamento em estatística. O ponto importante sobre os equilíbrios de estratégias mistas não é que as escolhas sejam *matematicamente* imprevisíveis, mas que devam ser imprevisíveis para os jogadores.

Alguns pesquisadores econômicos estudaram as finais e semifinais do torneio de Wimbledon.[10] O ideal seria que os tenistas mudassem seus saques de um lado para outro, de tal modo que seus oponentes não pudessem prever o lado do saque. Todavia, mesmo jogadores experientes não conseguem fazer isso tão bem quanto esperamos. De acordo com os autores do estudo:

> "Nossos testes indicam que os tenistas não jogam muito randomicamente: eles mudam seus saques da esquerda para a direita e vice-versa com muita frequência para ser consistente com jogadas aleatórias. É um resultado compatível com uma extensa pesquisa experimental, em psicologia e economia, que indica que as pessoas que tentam se comportar de forma realmente aleatória tendem a 'mudar com excessiva frequência'."

---

[10] M. Walker e J. Wooders, 1999, "Minimax Play at Wimbledon", University of Arizona Working Paper.

Integração de ativos e aversão à perda

Em nosso estudo da utilidade esperada, pressupomos que os indivíduos se importam com a quantidade total de riqueza que obteriam com diversos resultados possíveis. Essa pressuposição é conhecida como a **hipótese da integração de ativos**.

A maioria das pessoas a aceitaria como um pressuposto razoável, mas, ainda assim, é difícil colocá-la em prática em nossas decisões (inclusive para os economistas). Em geral, as pessoas tendem a evitar um excesso de pequenos riscos e a aceitar um excesso de grandes riscos.

Vamos supor que você ganhe US$100 mil por ano e lhe propõem uma aposta. Você vai jogar uma moeda: se cair cara, você ganhará US$14; se cair coroa, você perderá US$10. Essa aposta tem um valor esperado de US$12 e tem um efeito minúsculo na sua renda total anual. A menos que você tenha escrúpulos morais em apostar em jogos de azar, essa é uma aposta muito atrativa, e você deve, quase certamente, fazê-la. Contudo, surpreendentemente, um grande número de pessoas não fará essa aposta.

Essa **excessiva aversão ao risco** pode ser percebida em mercados de seguros, nos quais as pessoas tendem a exagerar nos seguros contra diversos pequenos acontecimentos. Por exemplo, as pessoas contratam seguros contra perda de telefones celulares, ainda que possam substituir esses aparelhos a um baixo custo. Também contratam seguros para automóveis com franquias cujos valores são demasiado baixos para fazer algum sentido econômico.

Em geral, nas decisões para contratar um seguro, você deve considerar a "vantagem da banca". Se o seguro para telefone celular custa US$3 por mês, ou US$36 por ano, e um telefone celular novo custa US$180, então a vantagem da banca é 36/180, ou 20%. Nesse caso, o seguro do telefone celular compensará em termos de valor esperado apenas se você tiver um risco maior do que 20% de perdê-lo ou se tiver uma enorme dificuldade financeira de substituí-lo.

Parece que as pessoas não são realmente tão **avessas ao risco** quanto são **avessas à perda**. Isto é, elas parecem atribuir um peso excessivo em seu *status quo* – a posição da qual partem – em relação ao peso atribuído à posição que chegam como resultado.

Em uma experiência reproduzida muitas vezes, dois pesquisadores deram canecas de café à metade de um grupo de participantes.[11] Pediram aos participantes que receberam canecas que dissessem qual era o preço mínimo pelo qual as venderiam. Depois, pediram aos participantes que não as receberam que dissessem o preço máximo que pagariam por elas. Uma vez que as canecas foram distribuídas de forma aleatória, os preços médios de compra e venda deveriam ser aproximadamente iguais. Todavia, na experiência, o preço médio de venda foi US$5,79 e o de compra, US$2,25. Preços bastante diferentes. Aparentemente, os participantes que ganharam canecas eram mais avessos a desfazerem-se das canecas do que os

---

[11] D. Kahneman, J. L. Kitsch e R. Thaler, 1990, "Experimental Tests of the Endowment Effect and the Coase Theorem", *Journal of Political Economy*, 98, 1325-48.

que não as ganharam. Suas preferências parcccram influenciadas por suas dotações, contrariando o que é sustentado pela teoria padrão do consumidor.

Um efeito similar aparece na chamada **falácia dos custos irrecuperáveis**. Depois de você já ter comprado um item, a quantidade que pagou está "perdida", não pode ser recuperada. Dessa forma, o comportamento futuro não deve ser influenciado pelos custos irrecuperáveis.

As pessoas reais, infelizmente, tendem a dar importância ao que já pagaram por um item. Pesquisadores descobriram que os preços atribuídos por proprietários a imóveis em condomínios em Nova York estavam bastante correlacionados aos preços pagos pelos imóveis.[12] Tal como apontamos anteriormente, detentores de ações relutam bastante em incorrer em perdas, mesmo quando seriam vantajosas por razões tributárias.

É interessante o fato de as pessoas comuns serem sujeitas à falácia dos custos irrecuperáveis. Talvez mais interessante ainda seja o fato de que os profissionais são menos suscetíveis a cair nessa armadilha. Por exemplo, os autores do caso dos condomínios mencionado aqui descobriram que era menos provável que os investidores em imóveis em condomínios se deixassem influenciar pelos custos irrecuperáveis do que os compradores que moram neles.

De forma semelhante, consultores financeiros raramente relutam em incorrer em perdas, especialmente quando há uma vantagem tributária em fazê-lo. Parece que uma das razões para contratar consultores profissionais é poder contar com sua análise desapaixonada das decisões.

31.3 Tempo

O comportamento envolvendo incerteza está sujeito a várias formas de anomalia. Isso também acontece com o comportamento envolvendo o tempo: ele tem o seu próprio conjunto de anomalias.

Desconto

Considere, por exemplo, o desconto temporal. Um modelo padrão em economia, do **desconto exponencial**, pressupõe que as pessoas descontam o futuro a uma taxa constante. Se $u(c)$ é a utilidade do consumo hoje, então a utilidade de consumo em t anos se assemelha a $\delta^t u(c)$, em que $\delta < 1$. Trata-se de uma especificação matematicamente conveniente, mas há outras formas de desconto que parecem apresentar melhor ajuste aos dados.

Um economista vendeu em leilão obrigações com diferentes intervalos futuros de pagamentos e descobriu que as pessoas atribuem a esses pagamentos, em variados momentos futuros, valores menores do que os previstos pela teoria do desconto exponencial. Uma teoria alternativa, chamada de **desconto hiperbólico**, sugere que a taxa de desconto não assume a forma de δ^t, mas, sim, $1/(1+kt)$.

---

[12] David Genesove e Christopher Mayer, 2001, "Loss aversion and seller behavior: Evidence from the housing market", *Quarterly Journal of Economics*, 116, 4, 1233-1260.

Uma característica particularmente atrativa do desconto exponencial é que o comportamento por ele previsto é "temporalmente consistente". Pense em alguém com plano que abarca um horizonte temporal de três períodos, cuja função de utilidade tem a forma

$$u(c_1) + \delta u(c_2) + \delta^2 u(c_3).$$

A taxa marginal de substituição entre os períodos 1 e 2 é

$$TMS_{12} = \frac{\delta\, UM(c_2)}{UM(c_1)},$$

enquanto a TMS entre os períodos 2 e 3 é

$$TMS_{23} = \frac{\delta^2\, UM(c_3)}{\delta\, UM(c_2)} = \frac{\delta UM(c_3)}{UM(c_2)}.$$

Esta última expressão mostra que a taxa pela qual o consumidor está propenso a substituir o consumo no período 2 pelo consumo no período 3 é a *mesma*, seja ela vista a partir da perspectiva do período 1 ou do período 2. Essa identidade não vale para o desconto hiperbólico. Um indivíduo que desconta o valor futuro a uma taxa hiperbólica atribui um peso muito maior ao desconto no longo prazo do que atribuiria no curto prazo.

Essa pessoa exibirá uma **inconsistência temporal**: pode planejar hoje o seu comportamento futuro, mas, quando o futuro chegar, ela vai querer fazer algo diferente. Pense no caso de um casal que decide gastar US$5 mil em uma viagem à Europa em vez de poupar o dinheiro. Eles racionalizam sua decisão sustentando que começarão a poupar no *próximo* verão. Mas, quando o próximo verão chegar, decidirão gastar o dinheiro em um cruzeiro.

Autocontrole

Um problema intimamente relacionado ao da inconsistência temporal é o do **autocontrole**. Quase todas as pessoas se defrontam com esse problema em alguma medida. Ao nos pesarmos na balança do banheiro, podemos jurar que vamos controlar nossas calorias e que, para isso, comeremos menos, mas nossa decisão pode simplesmente desaparecer quando nos sentarmos para fazer uma bela refeição. Parece que as pessoas racionais são esbeltas e saudáveis, ao contrário do restante de nós.

Uma questão importante é saber se as pessoas têm consciência de suas próprias dificuldades com o autocontrole. Se eu souber que tenho uma tendência a adiar tarefas, talvez precise admitir que quando surgir algo importante para fazer devo fazê-lo imediatamente. Ou se eu tiver uma tendência a me comprometer em excesso, talvez eu deva aprender a dizer não com mais frequência.

Mas há outra possibilidade: se souber que provavelmente cairei na tentação de repetir a sobremesa amanhã, posso querer repeti-la hoje também. A carne é fraca, mas o espírito também pode ser fraco.

Uma das maneiras de dar conta do autocontrole é encontrar uma forma de comprometer-se com ações futuras. Quer dizer, você pode tentar achar um modo de aumentar o custo do desvio da ação futura desejada. Por exemplo, as pessoas que anunciam publicamente uma decisão sobre seu comportamento no futuro poderiam diminuir as chances de desviarem-se de suas intenções. Há pílulas para deixar de beber que causam um violento mal-estar após a ingestão de álcool. Também há **mecanismos de comprometimento** para quem faz uma dieta: é muito menos provável que alguém que fez uma cirurgia e grampeou seu estômago venha a comer em excesso.

Os contratos entre indivíduos existem para garantir que as pessoas levem a cabo suas intenções para o futuro – ainda que, no futuro, graças à mudança nas condições, possa não ser mais atrativo fazê-lo. De forma semelhante, é possível que alguém contrate outras pessoas para lhe imporem custos se desviar das ações planejadas: isso equivale a fazer um contrato consigo mesmo. Spas, *personal trainers* e orientadores nutricionais são formas de "autocontrole comprado".

EXEMPLO: Excesso de confiança

Uma variação interessante do autocontrole é o fenômeno do **excesso de confiança**. Dois especialistas em economia financeira, Brad Barber e Terrance Odean, estudaram o desempenho de 66.465 famílias que negociavam com corretoras de valores mobiliários. Durante o período estudado, as famílias que negociaram raras vezes obtiveram retornos de 18% sobre os investimentos, enquanto o retorno obtido pelas famílias que negociaram mais ativamente foi de 11,3%.

Um dos fatores mais importantes que pareceu influenciar essa excessiva negociação é o gênero: os homens negociaram muito mais que as mulheres. Os psicólogos com frequência constatam que os homens tendem a confiar excessivamente em suas próprias capacidades, enquanto a maioria das mulheres tende a ser mais realista. Os psicólogos referem-se a esse aspecto do comportamento masculino como uma manifestação da "tendência autosservidora".[13] Basicamente, os homens (pelo menos, alguns) tendem a achar que seu sucesso sempre resulta de suas próprias habilidades, sem interferência alguma da sorte fortuita, e isso os torna excessivamente confiantes.

O excesso de confiança pode ter repercussões nas finanças. Na amostra das famílias que negociaram com corretoras de valores mobiliários, os homens negociaram 45% mais do que as mulheres. Essa excessiva negociação resultou em retornos médios para os homens 1% inferiores aos obtidos pelas mulheres. Tal como Barber e Odean observam, "negociações podem ser perigosas para a sua riqueza".

---

[13] *Nota da Tradução*: Em termos gerais, os psicólogos definem como a tendência a atribuir o sucesso à habilidade e ao esforço individual, e o fracasso, à má sorte e a dificuldades externas.

31.4 Interação estratégica e normas sociais

Um conjunto particularmente interessante de comportamentos psicológicos, talvez sociológicos, surge na interação estratégica. Estudamos a teoria dos jogos, que tenta prever como jogadores racionais idealmente interagem. Mas também há um assunto conhecido como **teoria comportamental do jogo**, que examina como as pessoas reais interagem. De fato, há desvios sistemáticos e acentuados do comportamento previsto pela teoria pura.

Jogo do ultimato

Considere o **jogo do ultimato**, discutido brevemente no último capítulo. Como você há de lembrar, é um jogo com dois participantes: o proponente e o respondente. O proponente recebe US$10. Pede-se a ele que proponha uma divisão dessa quantia entre ele e o respondente. A seguir, mostra-se ao respondente a divisão, perguntando se a aceita ou não. Se ele a aceitar, a divisão é efetivada; se a recusar, ambos saem do jogo sem nada.

A princípio, pensemos em como jogadores completamente racionais agiriam. Ao conhecer a divisão, o respondente tem uma estratégia dominante: aceitar o dinheiro, se não quiser ficar sem nada. Afinal, suponhamos que eu lhe ofereça a escolha entre ficar com US$0,10 ou ficar sem nada. Você não preferiria os US$0,10?

Dado que o respondente racional escolherá qualquer valor, o proponente da divisão deve escolher a quantia mínima como oferta – digamos, US$0,01. Assim, o resultado previsto pela teoria dos jogos é uma divisão extremamente desigual: quem divide fica com quase tudo.

Não é isso que ocorre quando o jogo é realmente jogado. De fato, os respondentes tendem a rejeitar ofertas que sejam percebidas como injustas. Ofertas que dão ao respondente menos de 30% do total a ser dividido são rejeitadas em mais de 50% das vezes.

É claro que, se o proponente da divisão reconhecer que o respondente rejeitará as ofertas "injustas", ele desejará fazer uma divisão mais aproximada de partes iguais. A divisão média tende a ser de 45% para o respondente e 55% para o proponente, e aproximadamente 16% das ofertas são rejeitadas.

Há diversos livros que examinam como as características dos jogadores afetam o resultado do jogo. Uma parte deles diz respeito às diferenças de gênero: parece que os homens tendem a ser favorecidos em suas partes na divisão, especialmente quando as divisões são feitas por mulheres.

Diferenças culturais também podem ser importantes. Há indícios de que algumas culturas valorizam mais a equidade do que outras, induzindo as pessoas a rejeitarem ofertas que sejam percebidas como iníquas.[14] Bastante interessante é que as quantias oferecidas não variam muito entre regiões e entre culturas, embora

---

[14] Ver Swee-Hoon Chuah, Robert Hoffman, Martin Jones e Geoffrey Williams, "Do Cultures Clash? Evidence from Cross-National Ultimatum Game Experiments", Nottingham University Business School Working Paper.

haja diferenças sistemáticas nas divisões consideradas aceitáveis. O tamanho do bolo também é importante. Se o tamanho for US$10, você poderá resistir em aceitar US$1. Se for US$1.000, você resistiria em aceitar US$100? Evidentemente, os respondentes de fato têm dificuldade para recusar quantias maiores de dinheiro.

Também é possível variar as regras do jogo. Em uma variante, em cuja modelagem se usa o chamado "**método para estratégias**",[15] pede-se aos respondentes que nomeiem a divisão mínima que aceitarão *antes* de saberem a quantia que lhes será ofertada. Os proponentes sabem que a decisão será feita com antecedência, mas, obviamente, não sabem qual é a divisão minimamente aceitável. Nessa variante experimental, as ofertas feitas pelos proponentes tendem a aumentar, isto é, as partes das divisões tendem a ser mais iguais.

Equidade

Parece que um dos fatores em ação no jogo do ultimato é a consideração pela equidade. A maioria das pessoas parece ter um viés natural pela divisão igual (ou, pelo menos, contra divisões demasiadamente desiguais). Não se trata apenas de um fenômeno individual, mas também social. As pessoas procuram cumprir e fazer cumprir **normas de equidade** mesmo quando não têm interesse direto em vê-las cumpridas.

Consideremos, por exemplo, os **jogos punitivos**, que generalizam os jogos de ultimato usando uma terceira parte, que observa as escolhas feitas pelo proponente/divisor. A terceira parte pode escolher, com certo custo para si, subtrair parte do lucro do proponente.[16]

Experimentadores descobriram que cerca de 60% dessas terceiras partes de fato punirão aqueles que fizerem divisões iníquas. Parece haver algo na constituição humana – inato ou aprendido – que considera o comportamento iníquo passível de objeção.

De fato, há diferenças interculturais quanto às normas sociais de equidade. Em algumas sociedades, os indivíduos parecem atribuir à equidade um grande valor; em outras, não é tão valorizada. Contudo, o ímpeto por punir a iniquidade é amplamente compartilhado. Sugeriu-se que a predileção por resultados "equânimes" é parte da natureza humana, talvez porque os indivíduos que agiram com equidade em relação aos demais tenham tido maiores chances de sobreviver e se reproduzir.

31.5 Uma avaliação da economia comportamental

Psicólogos, marqueteiros e economistas comportamentais reuniram uma variedade de exemplos mostrando como a teoria básica da escolha econômica está errada ou, pelo menos, incompleta.

---

[15] *Nota da Tradução*: Referência abreviada ao *método experimental para identificação de estratégias*, usado na modelagem de jogos.
[16] Ver Ernst Fehr e Urs Fischbacher, 2004, "Third-Party Punishment and Social Norms", *Evolution and Human Behavior*, 25, 63-87.

Alguns desses exemplos parecem "ilusões de ótica". Por exemplo, o fato de que modelar diferentemente um problema de escolha pode afetar as decisões é similar ao fato de que nossos juízos sobre tamanhos e distâncias podem ser afetados pelo modo como as figuras são desenhadas. Se as pessoas se dessem o tempo de considerar suas escolhas cuidadosamente, aplicando o padrão de medida do raciocínio desapaixonado, chegariam à conclusão certa.

Embora, sem dúvida, seja verdadeiro que as pessoas não agem completamente de acordo com as teorias simplificadas do comportamento econômico, poderíamos responder que nenhuma teoria é 100% certa. Psicólogos também documentaram que as pessoas de fato não compreendem os princípios simples da física. Por exemplo, se você amarrar um peso à extremidade de uma corda e rodar a corda em volta da sua cabeça, soltando-a num determinado momento, em qual direção o peso voará?

Muitas pessoas dizem que o peso percorrerá uma trajetória de extensão de um dos raios do círculo, em vez da resposta correta, a saber, que o peso sairá na direção da tangente do círculo no ponto em que a corda for solta.[17] Se as pessoas vivem a vida inteira no mundo físico e às vezes entendem mal o funcionamento do mundo, não deveríamos nos surpreender tanto quando elas entendem mal o mundo econômico.

Evidentemente, nossa compreensão intuitiva da física é suficiente para a vida cotidiana e até mesmo para atender às exigências do mundo dos esportes, amador e profissional: um jogador de basquete pode não ser capaz de descrever a trajetória da bola, a despeito de poder arremessá-la bem. De forma semelhante, poderíamos argumentar que as pessoas tendem a se sair bem nos tipos de decisão que precisam tomar no dia a dia, embora possam não saber raciocinar muito bem, abstratamente, sobre tais decisões.

O mercado também reage às anomalias irracionais, tendendo a premiar o comportamento racional e a punir as irracionalidades. Mesmo se muitos participantes não agirem de forma racional, aqueles que *agem* de maneira sensata produzirão os maiores efeitos sobre os preços e resultados. Provavelmente há algo de verdade nessa visão. Lembremo-nos do caso dos investidores imobiliários, que pareciam menos influenciados pelos custos irrecuperáveis do que os indivíduos comuns.

Além disso, você pode contratar especialistas para ajudá-lo a tomar melhores decisões. Orientadores nutricionais e consultores financeiros podem oferecer conselhos objetivos sobre como comer e como investir. Se você se preocupa em não exagerar na dose de equidade, sempre é possível contratar um negociador severo.

Voltando à analogia das ilusões de ótica, a razão pela qual apelamos a legisladores e padrões de medida é que aprendemos a não confiar em nossos próprios olhos. De forma semelhante, ao tomarmos decisões importantes, é prudente consultar as visões objetivas dos especialistas.

[17] Ver M. McCloskey, 1983, "Intuitive Physics", *Scientific American*, abril, 114-23.

RESUMO

1. A economia comportamental trata da forma como os consumidores fazem suas escolhas na realidade.

2. Em muitos casos, o comportamento real dos consumidores é diferente das previsões do modelo simplificado do consumidor racional.

3. Os consumidores fazem escolhas diferentes de acordo com a maneira como o problema é inserido no contexto ou apresentado.

4. O padrão importa muito.

5. As pessoas consideram difícil prever o seu próprio comportamento de escolha.

6. Muitas opções podem deixá-lo sobrecarregado e dificultar a tomada de decisão.

7. O comportamento de escolha pode ser particularmente problemático nas escolhas que envolvem incerteza.

8. As pessoas tendem a apresentar excesso de aversão ao risco nos ambientes experimentais.

9. As pessoas podem descontar o futuro de forma mais gravosa do que a teoria convencional assume.

10. Inconsistência de tempo significa que as escolhas reais podem acabar por serem diferentes das escolhas planejadas.

11. O jogo do ultimato envolve um jogador que propõe dividir algum dinheiro e outro jogador que pode aceitar essa divisão ou acabar com o jogo. A teoria dos jogos convencional prevê divisões muito injustas.

12. No entanto, os consumidores parecem ter uma preferência por divisões "equânimes" e tendem a punir aqueles que se comportam de forma iníqua, mesmo que isso os prejudique.

QUESTÕES DE REVISÃO

1. É proposto a alguns indivíduos que comprem bilhetes de uma loteria. Antes que os comprem, esses indivíduos são divididos em dois grupos. A um dos grupos, anuncia-se que têm 55% de chance de ganhar; ao outro grupo, diz-se que têm 45% de chance de não ganhar. O que é mais provável, que o primeiro ou o segundo grupo compre os bilhetes? Qual é o nome desse efeito?

2. Mary planeja as refeições da sua família para uma semana inteira, enquanto Fred as compra diariamente. Quais das refeições serão, provavelmente, mais variadas? Como se chama esse efeito?

3. Você é o diretor de recursos humanos de uma empresa de médio porte e tenta decidir quantas opções de fundos mútuos oferecerá aos seus empregados para integrar os planos de pensão. Seria melhor oferecer 10 ou 15 opções?

4. Qual é a probabilidade de uma moeda não viciada dar três caras sucessivas numa sequência de lançamentos?

5. John decide poupar US$5 na semana atual e US$10 na semana seguinte. Mas quando chega a semana seguinte, ele decide poupar apenas US$8. Qual é o termo usado para descrever esse tipo de inconsistência no comportamento?

CAPÍTULO 32

TROCAS

Até agora estudamos o mercado de um único bem isolado. Vimos as funções demanda e oferta de um bem como se dependessem apenas de seu preço, desconsiderando o preço dos demais bens. Mas, em geral, os preços dos demais bens irão afetar as demandas e as ofertas das pessoas por um bem particular. Certamente os preços dos substitutos e complementares de um bem afetarão sua demanda e, de maneira mais sutil, os preços dos bens que as pessoas vendem afetarão a quantidade de renda de que elas dispõem e, portanto, influenciarão a quantidade de outros bens que elas poderão comprar.

Até agora ignoramos o efeito desses outros preços no equilíbrio de mercado. Quando discutimos as condições de equilíbrio num mercado particular, observamos apenas parte do problema: como a demanda e a oferta foram afetadas pelo preço de determinado bem que examinávamos. Isso é chamado análise de **equilíbrio parcial**.

Neste capítulo iniciaremos nosso estudo da análise de **equilíbrio geral**: como as condições de oferta e demanda interagem em vários mercados para determinar os preços de muitos bens. Como podemos suspeitar, é um problema complexo e teremos de adotar diversas simplificações para lidar com ele.

Primeiro, limitaremos nossa análise ao comportamento dos mercados competitivos, de modo que tanto consumidores como produtores considerarão os preços como dados e otimizarão com base nisso. O estudo do equilíbrio geral com competição imperfeita é muito interessante, mas difícil demais para examinarmos agora.

Segundo, adotaremos nossa hipótese simplificadora usual de observar o menor número possível de consumidores e bens. Nesse caso, vários fenômenos interessantes podem ser representados, utilizando-se apenas dois bens e dois consumidores.

Todos os aspectos da análise de equilíbrio geral que discutiremos podem ser generalizados para um número arbitrário de consumidores e bens, mas a exposição torna-se mais simples com apenas dois deles.

Terceiro, analisaremos o problema de equilíbrio geral em dois estágios. Iniciaremos com uma economia em que as pessoas têm dotações de bens fixas e examinaremos como trocam esses bens entre si; não falaremos em produção. Esse caso é conhecido como **troca pura**. Uma vez que tenhamos um entendimento claro dos mercados de **troca pura**, examinaremos o comportamento da produção no modelo de equilíbrio geral.

32.1 A caixa de Edgeworth

Há uma ferramenta gráfica conveniente conhecida como **caixa de Edgeworth**, que pode ser utilizada para analisar a troca de dois bens entre duas pessoas.[1] A caixa de Edgeworth permite representar as dotações e preferências de duas pessoas num único e conveniente diagrama, que pode ser utilizado para analisar vários resultados do processo de troca. Para entender a construção de uma caixa de Edgeworth, é preciso examinar as curvas de indiferença e as dotações das pessoas envolvidas.

Chamemos essas duas pessoas de A e B e os dois bens de 1 e 2. Representaremos a cesta de consumo de A por $X_A = (x_A^1, x_A^2)$, em que x_A^1 representa o consumo do bem 1 pela pessoa A e x_A^2 representa o consumo do bem 2 pela pessoa A. Assim, a cesta de consumo de B é representada por $X_B = (x_B^1, x_B^2)$. Um *par* de cestas de consumo, X_A e X_B, é chamado **alocação**. Uma alocação será uma **alocação factível** se a quantidade total de cada bem consumido for igual ao total disponível:

$$x_A^1 + x_B^1 = \omega_A^1 + \omega_B^1$$

$$x_A^2 + x_B^2 = \omega_A^2 + \omega_B^2.$$

Um tipo interessante de alocação factível é a **alocação da dotação inicial**, (ω_A^1, ω_A^2) e (ω_B^1, ω_B^2). Essa é a alocação com a qual os consumidores começam. Ela consiste na quantidade de cada bem que os consumidores trazem ao mercado. Eles trocarão entre si alguns desses bens para chegar a uma **alocação final**.

A caixa de Edgeworth mostrada na Figura 32.1 pode ser utilizada para ilustrar esses conceitos de modo gráfico. Utilizamos primeiro um diagrama-padrão da teoria do consumidor para ilustrar a dotação e as preferências do consumidor A. Podemos também marcar nesses eixos a quantidade *total* de cada bem na economia – a quantidade que A tem somada à quantidade que B tem de cada bem. Como só estaremos interessados nas alocações factíveis de bens entre os dois consumidores, podemos desenhar uma caixa que contenha o conjunto de cestas possíveis dos dois bens que A pode ter.

---

[1] A caixa de Edgworth é assim denominada em homenagem a Francis Ysidro Edgeworth (1845-1926), economista inglês que foi um dos primeiros a utilizar essa ferramenta analítica.

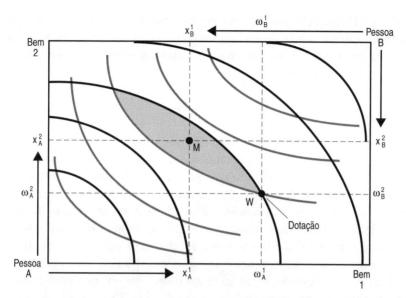

FIGURA 32.1 Uma caixa de Edgeworth. *A largura da caixa mede a quantidade total do bem 1 na economia, enquanto a altura mede a quantidade total do bem 2. As escolhas de consumo da pessoa A são medidas a partir do canto de baixo à esquerda, enquanto as escolhas da pessoa B são medidas a partir do canto de cima à direita.*

Observe que as cestas nessas caixas também indicam a quantidade dos dois bens que B pode ter. Se houver dez unidades do bem 1 e vinte unidades do bem 2 e se A tiver (7, 12), B deverá ter (3, 8). Podemos representar o quanto A tem do bem 1 pela distância ao longo de seu eixo horizontal a partir da origem no canto inferior, à esquerda da caixa, e a quantidade que B tem do bem 1 pela medição da distância ao longo do eixo horizontal a partir do canto superior, à direita. Do mesmo modo, as distâncias ao longo dos eixos verticais fornecem as quantidades do bem 2 que A e B possuem. Portanto, os pontos nessa caixa nos dão tanto as cestas que A pode ter como as que B pode ter – medidas a partir de origens diferentes. Os pontos da caixa de Edgeworth podem representar todas as alocações factíveis nessa economia simples.

Podemos representar as curvas de indiferença de A da forma usual, mas as curvas de indiferença de B assumem uma forma um pouco diferente. Para elaborá-las, pegamos um diagrama-padrão das curvas de indiferença de B, viramo-lo de cabeça para baixo e o sobrepomos na caixa de Edgeworth. Isso nos fornece as curvas de indiferença de B no diagrama. Se iniciarmos na origem A no canto inferior à esquerda e nos movermos para cima e para a direita, nos moveremos para alocações preferidas por A. À medida que nos movermos para baixo e para a esquerda, estaremos nos movendo para alocações preferidas por B. (Se você virar seu livro de cabeça para baixo e examinar o diagrama, essa análise poderá parecer mais clara.)

A caixa de Edgeworth nos permite representar as cestas de consumo possíveis dos dois consumidores – as alocações factíveis – e as preferências de ambos. Ela fornece, portanto, uma descrição completa das características econômicas relevantes dos dois consumidores.

32.2 As trocas

Agora que temos a representação tanto das preferências quanto das dotações dos bens, podemos iniciar a análise de como as trocas ocorrem. Comecemos pela dotação original de bens, representada pelo ponto W na Figura 32.1. Observemos as curvas de indiferença de A e de B que passam por essa alocação. A região em que A está melhor do que em sua dotação inicial consiste em todas as cestas acima de sua curva de indiferença que passa por W. A região onde B está melhor do que em sua dotação inicial consiste em todas as alocações acima – do ponto de vista de B – de *sua* curva de indiferença que passa por W. (Do *nosso* ponto de vista, isso se situa *abaixo* da curva de indiferença dele, a menos que você tenha virado seu livro de cabeça para baixo.)

Onde está a região da caixa em que tanto A como B *estão* em melhor situação? Claramente, é a interseção dessas duas regiões. Essa é a região com o formato de lente ilustrada na Figura 32.1. Presumivelmente, no decorrer das negociações, as duas pessoas envolvidas chegarão a uma troca vantajosa – uma troca que as moverá para um ponto dentro da área em formato de lente, como o ponto M na Figura 32.1.

O movimento particular para M mostrado na Figura 32.1 implica que a pessoa A abra mão de $|x_A^1 - \omega_A^1|$ unidades do bem 1 e adquira em troca $|x_A^2 - \omega_A^2|$ unidades do bem 2. Isso significa que B adquire $|x_B^1 - \omega_B^1|$ unidades do bem 1 e abre mão de $|x_B^2 - \omega_B^2|$ unidades do bem 2.

Não existe nada de particularmente especial sobre a alocação M. Qualquer alocação na região com forma de lente seria possível – toda alocação de bens nessa região é uma alocação que faz com que cada consumidor esteja melhor do que na dotação inicial. Necessitamos apenas supor que os consumidores efetuem trocas e alcancem *algum* ponto dessa região.

Podemos agora repetir essa análise no ponto M. Podemos traçar as duas curvas de indiferença que passam por M, construir uma nova "região de vantagem mútua" em forma de lente e imaginar as duas pessoas a se moverem para um novo ponto N nessa região. E assim por diante... o intercâmbio continuará até que nenhuma das partes tenha mais uma troca preferida. Que aparência terá essa posição?

32.3 Alocações eficientes no sentido de Pareto

A resposta é dada na Figura 32.2. No ponto M desse diagrama, o conjunto de pontos acima da curva de indiferença de A não intercepta o conjunto de pontos acima da curva de indiferença de B. A região onde A está melhor é separada da região onde B está melhor. Isso significa que qualquer movimento que melhora uma das partes necessariamente piora a outra. Portanto, não há trocas que melhorem ambos nessa alocação.

Uma alocação como essa é conhecida como alocação **eficiente no sentido de Pareto**. O conceito de eficiência de Pareto é muito importante na teoria econômica e assume diversos aspectos.

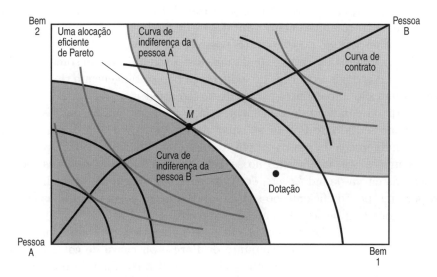

FIGURA 32.2 *Alocação eficiente de Pareto. Numa alocação eficiente de Pareto, como M, cada pessoa situa-se em sua curva de indiferença mais alta possível, dada a curva de indiferença da outra pessoa. A reta que liga esses pontos é conhecida como curva de contrato.*

Uma alocação eficiente no sentido de Pareto pode ser descrita como uma alocação em que:

1. Não há como fazer com que todas as pessoas envolvidas fiquem em situação melhor; ou
2. não há como fazer com que uma pessoa fique em situação melhor sem piorar a de outra; ou
3. todos os ganhos com as trocas se exauriram; ou
4. não há trocas mutuamente vantajosas para serem efetuadas, e assim por diante.

De fato, já mencionamos o conceito de eficiência de Pareto várias vezes no contexto de um mercado único: referimo-nos ao nível de produção eficiente no sentido de Pareto, num único mercado, como sendo a quantidade de produção em que a propensão marginal a comprar se iguala à propensão marginal a vender. Em qualquer nível de produção em que esses dois números fossem diferentes, haveria uma forma de fazer com que ambos os lados do mercado melhorassem pela realização de uma troca. Neste capítulo examinaremos mais profundamente a ideia da eficiência de Pareto com o envolvimento de vários bens e vários participantes.

Observe a seguinte geometria simples das alocações eficientes no sentido de Pareto: as curvas de indiferença dos dois agentes têm de ser tangentes em qualquer alocação eficiente no sentido de Pareto no interior da caixa. É fácil entender por quê. Se as duas curvas de indiferença não são tangentes numa alocação no interior da caixa, então elas têm de se cruzar. Mas, se elas se cruzarem, terá de haver alguma troca mutuamente vantajosa – de modo que aquele ponto não pode ser eficiente no sentido de Pareto. (É possível ter alocações eficientes no sentido de Pareto nos lados da caixa – onde um dos consumidores consome zero de algum bem – nos quais as curvas de indiferença não se tangenciam. Esses casos de fronteira não são importantes para a discussão atual.)

A partir da condição de tangência, é fácil verificar que há muitas alocações eficientes no sentido de Pareto na caixa de Edgeworth. De fato, para qualquer curva de indiferença da pessoa A, por exemplo, há um caminho fácil para encontrarmos uma alocação eficiente no sentido de Pareto. Basta que nos movamos ao longo da curva de indiferença de A até encontrarmos o ponto melhor para B. Esse será um ponto eficiente no sentido de Pareto e, portanto, ambas as curvas de indiferença têm de ser tangentes nesse ponto.

O conjunto de *todos* os pontos eficiente no sentido de Pareto na caixa de Edgeworth é conhecido como **conjunto de Pareto** ou **curva de contrato**. O último nome origina-se da ideia de que todos os "contratos finais" de troca têm de se localizar no conjunto de Pareto – ou eles não seriam finais, porque se poderia realizar algum melhoramento!

Num caso típico, a curva de contrato se alongará através da caixa de Edgeworth da origem de A até a origem de B, como mostra a Figura 32.2. Se partirmos da origem de A, então A não terá nenhum dos dois bens e B terá todos. Isso é eficiente no sentido de Pareto, uma vez que o único modo de melhorar A é tirar algo de B. À medida que nos movermos para cima na curva de contrato, A ficará cada vez melhor, até finalmente alcançarmos a origem de B.

O conjunto de Pareto descreve todos os resultados possíveis de trocas mutuamente vantajosas com início em qualquer ponto da caixa. Se tivermos um ponto de partida – as dotações iniciais de cada consumidor, poderemos ver o subconjunto do conjunto de Pareto que cada consumidor prefere em relação à sua dotação inicial. Isso nada mais é do que o subconjunto do conjunto de Pareto que se localiza na região em forma de lente representada na Figura 32.1. As alocações nessa região constituem os resultados possíveis das trocas mútuas iniciadas a partir da dotação inicial representada no diagrama. Mas o conjunto de Pareto não depende da dotação inicial, exceto na medida em que a dotação determina as quantidades totais disponíveis de ambos os bens e, portanto, determina as dimensões da caixa.

32.4 As trocas de mercado

O equilíbrio do processo de troca descrito anteriormente – o conjunto de alocações eficientes no sentido de Pareto – é muito importante, mas deixa ainda muita ambiguidade sobre onde os agentes terminam. A razão é que o processo de trocas que descrevemos é muito geral. Em essência, apenas pressupomos que as duas partes se moverão para *alguma* alocação onde estarão melhores.

Se examinarmos um processo de troca *específico*, obteremos uma descrição mais precisa do equilíbrio. Tentemos descrever um processo de troca que imita o resultado de um mercado competitivo.

Vamos supor que temos uma terceira parte disposta a agir como "leiloeiro" para os dois agentes A e B. O leiloeiro escolhe um preço para o bem 1 e um preço para o bem 2 e apresenta esses preços aos agentes A e B. Cada agente calcula, então, quanto vale sua dotação aos preços (p_1, p_2) e decide quanto de cada bem deseja comprar a esses preços.

Cabe aqui uma advertência. Se realmente houver apenas duas pessoas envolvidas na transação, não fará muito sentido que elas se comportem de maneira competitiva. Ao contrário, elas provavelmente tentariam negociar os termos de troca. Um modo de contornar essa dificuldade é imaginar a caixa de Edgeworth como a representação das demandas médias de uma economia com apenas dois *tipos* de consumidores, mas com vários consumidores de cada tipo. Outra forma de lidar com isso é assinalar que o comportamento é implausível no caso de duas pessoas, mas faz perfeito sentido no caso de várias pessoas, que é o que realmente nos interessa.

De qualquer modo, sabemos como analisar o problema da escolha do consumidor nesse modelo – é justamente o problema da escolha do consumidor-padrão que descrevemos no Capítulo 5. Na Figura 32.3 ilustramos as duas cestas demandadas pelos dois agentes. (Observe que a situação representada na Figura 32.3 não é uma configuração de equilíbrio, uma vez que a demanda do agente 1 não é igual à oferta do outro agente.)

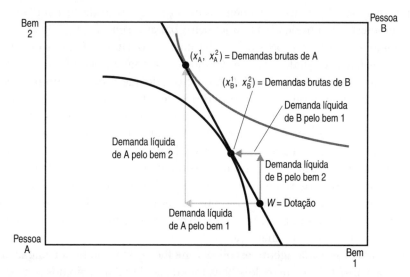

FIGURA 32.3 Demandas brutas e demandas líquidas. *As demandas brutas são as quantidades que as pessoas desejam consumir. As demandas líquidas, as quantidades que desejam comprar.*

Assim como no Capítulo 9, há nesse modelo dois conceitos relevantes de "demanda". A **demanda bruta** do agente A pelo bem 1 é, digamos, a quantidade total do bem 1 que ele deseja aos preços vigentes. Já a **demanda líquida** do agente A pelo bem 1 é a diferença entre sua demanda total e a dotação inicial do bem 1 que o agente tem. No contexto da análise de equilíbrio geral, as demandas líquidas são chamadas às vezes de **demandas excedentes**. Representaremos a demanda excedente do agente A pelo bem 1 por e_A^1. Por definição, se a demanda bruta de A for de x_A^1 e sua dotação for de ω_A^1, teremos:

$$e_A^1 = x_A^1 - \omega_A^1.$$

O conceito de demanda excedente talvez seja mais natural, mas o conceito de demanda bruta é geralmente mais útil. Utilizaremos a palavra "demanda" no sentido de demanda bruta e diremos "demanda líquida" ou "demanda excedente" quando quisermos nos referir a esse significado específico.

Para os preços arbitrários (p_1, p_2), nada garante que a oferta se iguale à demanda – em qualquer dos dois sentidos. Em termos de demanda líquida, isso significa que a quantidade que A desejará comprar (ou vender) não se igualará necessariamente à quantidade que B desejará vender (ou comprar). Em termos da demanda bruta, isso significa que a quantidade total que ambos os agentes querem ter desses bens não é igual à quantidade total disponível. Com efeito, isso é verdade no exemplo representado na Figura 32.3.

Nesse exemplo, os agentes não conseguirão concluir as transações que desejam: os mercados não estarão em equilíbrio.

Dizemos que, nesse caso, o mercado está em **desequilíbrio**. Nessa situação, é natural supor que o leiloeiro mudará os preços dos bens. Se houver excesso de demanda por um dos bens, o leiloeiro aumentará o preço desse bem; se houver excesso de oferta de um dos bens, o leiloeiro baixará seu preço.

Suponhamos que esse processo de ajustamento continue até que a demanda de cada um dos bens se iguale à oferta. Como será a configuração final?

A resposta é dada na Figura 32.4. A quantidade que A deseja comprar do bem 1 é exatamente igual à quantidade que B deseja vender do bem 1; o mesmo ocorre com o bem 2. Dito de outra forma, a quantidade total que cada pessoa deseja comprar de cada bem aos preços correntes é igual à quantidade total disponível. Dizemos que o mercado está em **equilíbrio**. Mais precisamente, isso é chamado um **equilíbrio de mercado**, um **equilíbrio competitivo** ou um **equilíbrio walrasiano**.[2] Todos esses termos referem-se à mesma coisa: um conjunto de preços tais que cada consumidor escolhe a cesta mais preferida pela qual pode pagar e todas as escolhas dos consumidores são compatíveis, no sentido de que a demanda se iguala à oferta em todos os mercados.

Sabemos que, se cada agente escolher a melhor cesta que puder pagar, a taxa marginal de substituição entre dois bens tem de ser igual à razão dos preços. Mas,

---

[2] Leon Walras (1834-1910), economista de Lausanne, França, foi um dos primeiros pesquisadores da teoria de equilíbrio geral.

se todos os consumidores se defrontarem com os mesmos preços, todos deverão ter a *mesma* taxa marginal de substituição entre os dois bens. Nos termos da Figura 32.4, o equilíbrio tem a propriedade de que cada curva de indiferença do agente tangencia sua reta orçamentária. Mas, como a reta orçamentária de cada agente tem inclinação $-p_1/p_2$, isso significa que as curvas de indiferença dos dois agentes têm de ser tangentes uma à outra.

32.5 A álgebra do equilíbrio

Se fizermos com que $x_A^1(p_1, p_2)$ seja a função demanda do agente A pelo bem 1, $x_B^1(p_1, p_2)$ seja a função demanda do agente B pelo bem 1 e definirmos expressão análoga para o bem 2, poderemos descrever esse equilíbrio como o conjunto de preços (p_1^*, p_2^*), de modo que

$$x_A^1(p_1^*, p_2^*) + x_B^1(p_1^*, p_2^*) = \omega_A^1 + \omega_B^1$$
$$x_A^2(p_1^*, p_2^*) + x_B^2(p_1^*, p_2^*) = \omega_A^2 + \omega_B^2.$$

Essas equações dizem que, no equilíbrio, a demanda total de cada bem deve igualar-se à oferta total.

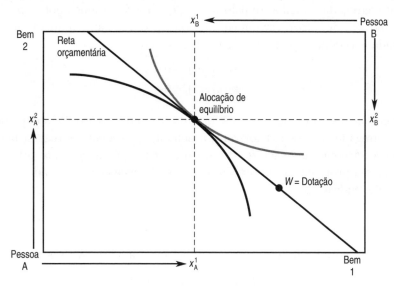

FIGURA 32.4 *Equilíbrio na caixa de Edgeworth.* Em equilíbrio, cada pessoa escolhe a cesta mais preferida em seu conjunto orçamentário e as escolhas esgotam a oferta existente.

Outra forma de descrever o equilíbrio é rearranjar essas duas equações para obter

$$[x_A^1(p_1^*, p_2^*) - \omega_A^1] + [x_B^1(p_1^*, p_2^*) - \omega_B^1] = 0$$
$$[x_A^2(p_1^*, p_2^*) - \omega_A^2] + [x_B^2(p_1^*, p_2^*) - \omega_B^2] = 0.$$

Essas equações dizem que a soma das *demandas líquidas* de cada agente por cada bem deve ser zero. Ou, em outras palavras, a que quantidade líquida que A escolhe demandar (ou ofertar) tem de ser igual à quantidade líquida que B escolhe ofertar (ou demandar).

Ainda outra formulação dessas equações de equilíbrio resulta do conceito de **função de demanda excedente agregada**. Representemos a função de demanda líquida pelo bem 1 do agente A por:

$$e_A^1(p_1, p_2) = x_A^1(p_1, p_2) - \omega_A^1$$

e definamos $e_B^1(p_1, p_2)$ de maneira semelhante.

A função $e_B^1(p_1, p_2)$ mede a **demanda líquida** de A ou sua **demanda excedente** – a diferença entre o que A deseja consumir do bem 1 e o que inicialmente possui desse bem. Somemos agora as demandas líquidas do agente A e do agente B pelo bem 1. Obteremos

$$z_1(p_1, p_2) = e_A^1(p_1, p_2) + e_B^1(p_1, p_2)$$
$$= x_A^1(p_1, p_2) + x_B^1(p_1, p_2) - \omega_A^1 - \omega_B^1,$$

que chamamos **de demanda excedente agregada** pelo bem 1. Há uma demanda excedente agregada semelhante pelo bem 2, que representamos por $z_2(p_1, p_2)$.

Podemos, então, descrever um equilíbrio (p_1^*, p_2^*) mediante a afirmação de que a demanda excedente agregada de cada bem é zero:

$$z_1(p_1^*, p_2^*) = 0$$
$$z_2(p_1^*, p_2^*) = 0.$$

Na verdade, essa definição é mais forte do que o necessário. Se a demanda excedente agregada pelo bem 1 for zero, a demanda excedente agregada pelo bem 2 terá necessariamente de ser zero. Para provar isso, é conveniente primeiro estabelecer uma propriedade da função de demanda excedente agregada conhecida como **lei de Walras**.

32.6 A lei de Walras

Com o uso da notação anteriormente estabelecida, a lei de Walras afirma que

$$p_1 z_1(p_1, p_2) + p_2 z_2(p_1, p_2) \equiv 0.$$

Ou seja, *o valor da demanda excedente agregada é idêntico a zero*. Dizer que o valor da demanda agregada é idêntico a zero significa que ele é zero para *todas* as escolhas de preço possíveis, não apenas para os preços de equilíbrio.

A prova disso decorre da soma das restrições orçamentárias dos dois agentes. Vejamos primeiro o agente A. Como sua demanda por cada bem satisfaz sua restrição orçamentária, temos

$$p_1 x_A^1(p_1, p_2) + p_2 x_A^2(p_1, p_2) \equiv p_1 \omega_A^1 + p_2 \omega_A^2$$

ou

$$p_1[x_A^1(p_1,p_2) - \omega_A^1] + p_2[x_A^2(p_1,p_2) - \omega_A^2] \equiv 0$$
$$p_1 e_A^1(p_1,p_2) + p_2 e_A^2(p_1,p_2) \equiv 0.$$

Essa equação diz que o *valor da demanda líquida do agente A é zero*. Isto é, o valor da quantidade que A deseja comprar do bem 1 somado ao valor da quantidade que ele deseja comprar do bem 2 tem de se igualar a zero. (É claro que a quantidade que ele deseja comprar de *um* dos dois bens tem de ser negativa – isto é, ele pretende vender certa quantidade de um dos bens para comprar mais do outro.)

Temos uma equação similar para o agente B:

$$p_1[x_B^1(p_1,p_2) - \omega_B^1] + p_2[x_B^2(p_1,p_2) - \omega_B^2] \equiv 0$$
$$p_1 e_B^1(p_1,p_2) + p_2 e_B^2(p_1,p_2) \equiv 0.$$

Se somarmos as equações do agente A e do agente B e utilizarmos a definição de demanda agregada, $z_1(p_1, p_2)$ e $z_2(p_1, p_2)$, teremos

$$p_1[e_A^1(p_1,p_2) + e_B^1(p_1,p_2)] + p_2[e_A^2(p_1,p_2) + e_B^2(p_1,p_2)] \equiv 0$$
$$p_1 z_1(p_1,p_2) + p_2 z_2(p_1,p_2) \equiv 0.$$

Agora podemos ver de onde vem a lei de Walras: como o valor da função de demanda excedente de cada agente é igual a zero, o valor da soma das demandas excedentes dos agentes tem de ser igual a zero.

Podemos agora demonstrar que, se a demanda se igualar à oferta num mercado, ela terá de igualar-se à oferta no outro mercado. Observe que a lei de Walras tem de valer para todos os preços, uma vez que cada agente tem de satisfazer sua restrição orçamentária para todos os preços. Como a lei de Walras vale para todos os preços, em particular, ela vale para um conjunto de preços em que a demanda excedente pelo bem 1 é zero:

$$z_1(p_1^*, p_2^*) = 0.$$

De acordo com a lei de Walras, tem de ser verdade também que

$$p_1^* z_1(p_1^*, p_2^*) + p_2^* z_2(p_1^*, p_2^*) = 0.$$

Deduz-se facilmente dessas duas equações que, se $p_2 > 0$, deveremos então ter:

$$z_2(p_1^*, p_2^*) = 0.$$

Assim, como afirmamos anteriormente, se encontrarmos um conjunto de preços (p_1^*, p_2^*) em que a demanda do bem 1 for igual à oferta do bem 1, teremos garantia de que a demanda pelo bem 2 será igual à oferta do bem 2. Do mesmo modo, se encontrarmos um conjunto de preços em que a demanda do bem 2 seja igual à oferta do bem 2, teremos garantia de que o mercado 1 estará em equilíbrio.

Em geral, se houver mercados para k bens, precisaremos então apenas encontrar um conjunto de preços em que $k-1$ dos mercados estejam em equilíbrio. A lei de Walras então implica que o mercado do bem k terá automaticamente a demanda igual à oferta.

32.7 Preços relativos

Como vimos antes, a lei de Walras implica que haja somente $k-1$ equações independentes num modelo de equilíbrio geral de k bens: se a demanda se igualar à oferta em $k-1$ mercados, ela terá de se igualar à oferta no mercado final. Mas, se houver k bens, haverá k preços para serem determinados. Como você pode resolver para k preços com apenas $k-1$ equações?

A resposta é que só há realmente $k-1$ preços *independentes*. Vimos no Capítulo 2 que, se multiplicássemos todos os preços e as rendas por um número positivo t, o conjunto orçamentário não mudaria e, portanto, a cesta demandada também não. No modelo de equilíbrio geral, a renda de cada consumidor é apenas o valor de sua dotação aos preços de mercado. Se multiplicarmos todos os preços por $t > 0$, automaticamente multiplicaremos a renda de cada consumidor por t. Assim, se encontrarmos um conjunto de equilíbrio de preços (p_1^*, p_2^*), então (tp_1^*, tp_2^*) serão também preços de equilíbrio, para qualquer $t > 0$.

Isso significa que somos livres para escolher um dos preços e fixá-lo, igual a uma constante. Em geral, convém igualar um dos preços a 1, de modo que todos os demais preços possam ser interpretados como medidos em relação a ele. Como vimos no Capítulo 2, tal preço é denominado um preço **numerário**. Se escolhermos o primeiro preço como o preço numerário, será como multiplicar todos os preços pela constante $t = 1/p_1$.

A exigência de que a demanda se iguale à oferta em todos os mercados só pode determinar os preços relativos de equilíbrio, uma vez que multiplicar todos os preços por um número positivo não mudará o comportamento da demanda e da oferta de ninguém.

EXEMPLO: Um exemplo algébrico de equilíbrio

A função de utilidade de Cobb-Douglas descrita no Capítulo 6 tem a forma $u_A = (x_A^1, x_A^2) = (x_A^1)^a (x_A^2)^{1-a}$ para a pessoa A e uma forma semelhante para a pessoa B. Vimos naquele capítulo que essa função de utilidade deu origem às seguintes funções de demanda:

$$x_A^1(p_1, p_2, m_A) = a\frac{m_A}{p_1}$$

$$x_A^2(p_1, p_2, m_A) = (1-a)\frac{m_A}{p_2}$$

$$x_B^1(p_1, p_2, m_B) = b\frac{m_B}{p_1}$$

$$x_B^2(p_1, p_2, m_B) = (1-b)\frac{m_B}{p_2},$$

em que a e b são os parâmetros das funções de utilidade dos dois consumidores. Sabemos que, no equilíbrio, a renda monetária de cada pessoa é dada pelo valor de sua dotação:

$$m_A = p_1\omega_A^1 + p_2\omega_A^2$$
$$m_B = p_1\omega_B^1 + p_2\omega_B^2.$$

Assim, as demandas excedentes agregadas para os dois bens são

$$z_1(p_1, p_2) = a\frac{m_A}{p_1} + b\frac{m_B}{p_1} - \omega_A^1 - \omega_B^1$$
$$= a\frac{p_1\omega_A^1 + p_2\omega_A^2}{p_1} + b\frac{p_1\omega_B^1 + p_2\omega_B^2}{p_1} - \omega_A^1 - \omega_B^1$$

e

$$z_2(p_1, p_2) = (1-a)\frac{m_A}{p_2} + (1-b)\frac{m_B}{p_2} - \omega_A^2 - \omega_B^2$$
$$= (1-a)\frac{p_1\omega_A^1 + p_2\omega_A^2}{p_2} + (1-b)\frac{p_1\omega_B^1 + p_2\omega_B^2}{p_2} - \omega_A^2 - \omega_B^2.$$

Você deve verificar que essas funções de demanda agregadas satisfaçam a lei de Walras.

Escolhamos p_2 como o preço numerário, de modo que essas equações se tornem

$$z_1(p_1, 1) = a\frac{p_1\omega_A^1 + \omega_A^2}{p_1} + b\frac{p_1\omega_B^1 + \omega_B^2}{p_1} - \omega_A^1 - \omega_B^1$$

$$z_2(p_1, 1) = (1-a)(p_1\omega_A^1 + \omega_A^2) + (1-b)(p_1\omega_B^1 + \omega_B^2) - \omega_A^2 - \omega_B^2.$$

Tudo o que fizemos aqui foi estabelecer que $p_2 = 1$.

Temos agora uma equação para a demanda excedente pelo bem 1, $z_1(p_1, 1)$, e uma equação para a demanda excedente pelo bem 2, $z_2(p_1, 1)$, em que cada equação é expressa como uma função do preço relativo do bem 1, p_1. Para encontrar o preço de *equilíbrio*, igualamos essas duas equações a zero e resolvemos p_1. De acordo com a lei de Walras, deveremos obter o mesmo preço de equilíbrio, não importa qual equação resolvamos.

O preço de equilíbrio vem a ser

$$p_1^* = \frac{a\omega_A^2 + b\omega_B^2}{(1-a)\omega_A^1 + (1-b)\omega_B^1}.$$

(Os céticos poderão querer inserir esse valor de p_1 nas equações em que a oferta se iguala à demanda para verificar se essas equações serão satisfeitas.)

32.8 A existência de equilíbrio

No exemplo anterior, tínhamos equações específicas para a função de demanda de cada consumidor e podíamos resolver explicitamente preços de equilíbrio. Mas, em geral, não temos fórmulas algébricas explícitas para cada demanda do consumidor. Podemos também perguntar como sabemos se existe *algum* conjunto de preços em que a demanda e a oferta se igualem em todos os mercados. Isso é conhecido como a questão da **existência de um equilíbrio competitivo**.

A existência de um equilíbrio competitivo é importante na medida em que serve como uma "verificação de consistência" dos vários modelos que examinamos nos capítulos anteriores. Que relevância teria construir teorias elaboradas sobre o funcionamento do equilíbrio competitivo se esse equilíbrio não existisse normalmente?

Os primeiros economistas observaram que, num mercado com k bens, havia $k-1$ preços relativos a serem determinados e havia $k-1$ equações de equilíbrio que afirmavam que a demanda deveria igualar-se à oferta em cada mercado. Como o número de equações se igualava ao de incógnitas, eles afirmavam que haveria uma solução em que todas as equações seriam satisfeitas.

Os economistas logo descobriram que tais argumentos eram falaciosos. O simples ato de contar o número de equações e incógnitas não é suficiente para provar que existirá uma solução de equilíbrio. Entretanto, há ferramentas matemáticas que podem ser utilizadas para provar a existência de um equilíbrio competitivo. O pressuposto crucial é que a função de demanda excedente agregada é uma **função contínua**. Isso significa, *grosso modo*, que pequenas mudanças nos preços deveriam resultar apenas em pequenas variações na demanda agregada: uma variação pequena nos preços não deveria resultar num grande salto na quantidade demandada.

Sob que condições as funções de demanda agregada serão contínuas? Em essência, há dois tipos de condições que garantirão a continuidade. Uma é que cada função de demanda individual seja contínua – que pequenas variações de preço resultarão apenas em pequenas variações na demanda. Isso exige que todos os consumidores tenham preferências convexas, o que analisamos no Capítulo 3. A outra condição é mais geral. Mesmo que os consumidores tenham um comportamento de demanda descontínuo, desde que os consumidores sejam pequenos em relação ao tamanho do mercado, a função de demanda agregada será contínua.

Esta última condição é bem agradável. Afinal, o pressuposto do comportamento competitivo só faz sentido quando há muitos consumidores pequenos em relação ao tamanho do mercado. Essa é exatamente a condição de que necessitamos para fazer com que as funções de demanda agregadas sejam contínuas. E continuidade é justamente o de que se precisa para se assegurar a existência de um equilíbrio competitivo. Assim, os próprios pressupostos que tornam razoável o comportamento postulado assegurarão a consistência da teoria de equilíbrio.

32.9 Equilíbrio e eficiência

Analisamos as trocas de mercado num modelo de trocas puras. Isso proporciona um modelo específico de troca que podemos comparar ao modelo geral de troca que discutimos no início deste capítulo. Uma questão que pode surgir sobre o uso de um mercado competitivo é: esse mecanismo é realmente capaz de esgotar todos os ganhos de troca? Após termos trocado até alcançar um equilíbrio competitivo em que a demanda se iguala à oferta em todos os mercados, haverá alguma troca a mais que as pessoas desejarão realizar? Esta é apenas outra forma de perguntar se o equilíbrio de mercado é eficiente no sentido de Pareto: os agentes desejarão fazer mais trocas depois de transacionar a preços competitivos?

Podemos ter a resposta ao inspecionar a Figura 32.4; ocorre que a alocação de equilíbrio de mercado *é* eficiente no sentido de Pareto. A prova é esta: uma alocação na caixa de Edgeworth é eficiente no sentido de Pareto se o conjunto das cestas preferidas por A não interceptar o conjunto de cestas preferidas por B. Mas, no equilíbrio de mercado, o conjunto de cestas preferidas por A deve se localizar acima do seu conjunto orçamentário, o que também vale para B, em que "acima" significa "acima do ponto de vista de B". Portanto, os dois conjuntos de alocações preferidas não podem se interceptar. Isso significa que não há alocações que ambos prefiram à alocação de equilíbrio; logo, o equilíbrio é eficiente no sentido de Pareto.

32.10 A álgebra da eficiência

Podemos mostrar isso de maneira algébrica. Suponhamos que um equilíbrio de mercado *não* seja eficiente no sentido de Pareto. Mostraremos que essa hipótese leva a uma contradição lógica.

Dizer que o equilíbrio de mercado não é eficiente no sentido de Pareto significa dizer que existe outra alocação factível $(y_A^1, y_A^2, y_B^1, y_B^2)$, de modo que:

$$y_A^1 + y_B^1 = \omega_A^1 + \omega_B^1 \tag{32.1}$$

$$y_A^2 + y_B^2 = \omega_A^2 + \omega_B^2 \tag{32.2}$$

e

$$(y_A^1, y_A^2) \succ_A (x_A^1, x_A^2) \tag{32.3}$$

$$(y_B^1, y_B^2) \succ_B (x_B^1, x_B^2). \tag{32.4}$$

As duas primeiras equações afirmam que a alocação y é factível, enquanto as duas equações seguintes afirmam que ela é preferida pelos agentes à alocação x. (Os símbolos $\succ A$ e $\succ B$ referem-se às preferências dos agentes A e B.)

Mas, por hipótese, temos um equilíbrio de mercado em que cada agente compra a melhor cesta pela qual pode pagar. Se (y_A^1, y_A^2) for melhor do que a cesta que A escolhe, então ela tem de custar mais do que A pode pagar, e da mesma forma para B:

$$p_1 y_A^1 + p_2 y_A^2 > p_1 \omega_A^1 + p_2 \omega_A^2$$

$$p_1 y_B^1 + p_2 y_B^2 > p_1 \omega_B^1 + p_2 \omega_B^2.$$

Some agora essas duas equações para obter

$$p_1(y_A^1 + y_B^1) + p_2(y_A^2 + y_B^2) > p_1(\omega_A^1 + \omega_B^1) + p_2(\omega_A^2 + \omega_B^2).$$

Substitua as equações (32.1) e (32.2) para obter:

$$p_1(\omega_A^1 + \omega_B^1) + p_2(\omega_A^2 + \omega_B^2) > p_1(\omega_A^1 + \omega_B^1) + p_2(\omega_A^2 + \omega_B^2),$$

o que é claramente uma contradição, uma vez que os lados direito e esquerdo são iguais.

Derivamos essa contradição ao pressupor que o equilíbrio de mercado não era eficiente no sentido de Pareto. Esse pressuposto tem, portanto, de estar errado. Segue-se que todos os equilíbrios de mercado são eficientes no sentido de Pareto: um resultado conhecido como o **Primeiro Teorema da Teoria Econômica de Bem-Estar.**

O Primeiro Teorema do Bem-Estar garante que um mercado competitivo irá esgotar todos os ganhos de trocas: uma alocação de equilíbrio alcançada por um conjunto de mercados competitivos será necessariamente eficiente no sentido de Pareto. Tal alocação pode não ter outras propriedades desejáveis, mas será necessariamente eficiente.

Em particular, o Primeiro Teorema de Bem-Estar não diz nada sobre a distribuição dos benefícios econômicos. O equilíbrio de mercado pode não ser "apenas" uma alocação – se a pessoa A tivesse tudo no início, ela teria tudo após as trocas. Isso seria eficiente, mas provavelmente não muito justo. Entretanto, afinal, a eficiência serve para alguma coisa e é tranquilizador que um mecanismo de mercado simples como o que descrevemos seja capaz de alcançar uma alocação eficiente.

EXEMPLO: Monopólio na caixa de Edgeworth

Para compreendermos melhor o Primeiro Teorema de Bem-Estar, é útil analisarmos outro mecanismo de alocação de recursos que não gera resultados eficientes. Um bom exemplo disso se dá quando um consumidor tenta comportar-se como monopolista. Suponhamos que agora não haja leiloeiro e que, no lugar dele, o agente A fixará os preços para o agente B, que decidirá o quanto deseja trocar aos preços fixados. Suponhamos, ainda, que A conheça a "curva de demanda" de B e tente escolher o conjunto de preços capaz de fazer com que A fique tão bem quanto possível, dado o comportamento da demanda de B.

Para examinar o equilíbrio nesse processo, é bom lembrar-se da definição de **curva preço-consumo** de um consumidor. A curva preço-consumo, que analisamos no Capítulo 6, representa todas as escolhas ótimas dos consumidores aos diferentes preços. A curva preço-consumo de B representa as cestas que ele irá comprar aos diferentes preços; ou seja, ela descreve o comportamento da demanda de B. Se traçarmos a reta orçamentária de B, o ponto onde a reta orçamentária interceptar a curva preço-consumo representará o consumo ótimo de B.

Assim, se o agente A desejar escolher para oferecer a B os preços que deixariam A na melhor situação possível, deveria encontrar o ponto na curva preço-consumo de B onde A tem a utilidade mais alta. Essa escolha é representada na Figura 32.5.

Essa escolha ótima caracterizar-se-á, como sempre, por uma condição de tangência: a curva de indiferença de A tangenciará a curva preço-consumo de B. Se a curva preço-consumo de B cortasse a curva de indiferença de A, haveria um ponto na curva preço-consumo de B que A preferiria – não poderíamos, pois, estar no ponto ótimo para A.

Assim que identificamos esse ponto – representado por X na Figura 32.5, apenas traçamos uma reta orçamentária até esse ponto a partir da dotação. Aos preços que geram essa reta orçamentária, B escolherá a cesta X e A estará tão bem quanto possível.

Essa alocação é eficiente no sentido de Pareto? Em geral, a resposta é não. Para vermos isso, basta observar que a curva de indiferença de A não tangenciará a reta orçamentária em X e, portanto, a curva de indiferença de A não será tangente à curva de indiferença de B. A curva de indiferença de A tangencia a curva *preço-consumo* de B, mas não pode tangenciar a curva de indiferença de B. A alocação de monopólio é ineficiente no sentido de Pareto.

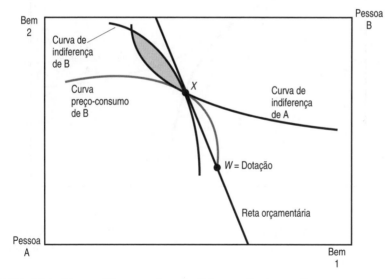

FIGURA 32.5 Monopólio na caixa de Edgeworth. A escolhe o ponto na curva preço-consumo de B que lhe proporciona a utilidade mais alta.

De fato, ela é ineficiente no sentido de Pareto exatamente da mesma forma que descrevemos em nossa análise de monopólio no Capítulo 25. Na margem, A gostaria de vender mais aos preços de equilíbrio, mas só poderia fazer isso se diminuísse os preços aos quais ele vende – e isso diminuirá a renda recebida de todas as suas vendas inframarginais.

Vimos no Capítulo 26 que um monopolista perfeitamente discriminador terminaria por alcançar um nível de produção eficiente. Lembre-se de que o monopolista discriminador era capaz de vender cada unidade de um bem para a pessoa propensa a pagar o máximo por aquela unidade. Como representar um monopolista perfeitamente discriminador na caixa de Edgeworth?

A resposta está representada na Figura 32.6. Comecemos na dotação inicial, W, e imaginemos que A venda cada unidade do bem 1 a B, a um preço diferente – o preço pelo qual B é indiferente entre comprar ou não comprar aquela unidade do bem. Assim, depois que A vender a primeira unidade, B permanecerá na mesma curva de indiferença, que passa por W. A, então, vende a segunda unidade do bem 1 para B pelo preço máximo que ele está propenso a pagar. Isso significa que a alocação se move mais para a esquerda, mas permanece na curva de indiferença de B, que passa por W. O agente A continua a vender unidades para B dessa maneira, o que desloca para cima a curva de indiferença de B até encontrar o ponto preferido de A, indicado por X na Figura 32.6.

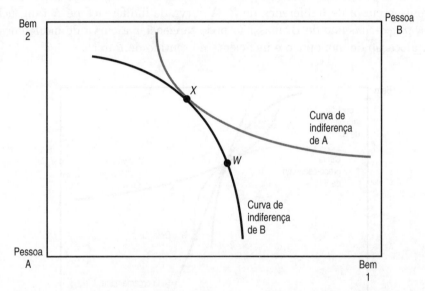

FIGURA 32.6 Um monopolista perfeitamente discriminador. *A pessoa A escolhe o ponto X na curva de indiferença de B, que passa sobre a dotação que lhe fornece a maior utilidade possível. Esse ponto tem de ser eficiente no sentido de Pareto.*

É fácil verificar que um ponto desses tem de ser eficiente no sentido de Pareto. O agente A estará tão bem quanto possível, dada a curva de indiferença de B. Nesse ponto, A conseguiu extrair todo o excedente do consumidor de B; B não está melhor agora do que estava em sua dotação inicial.

Esses dois exemplos proporcionam pontos de referência úteis para refletirmos sobre o Primeiro Teorema de Bem-Estar. O monopolista comum fornece-nos um exemplo de um mecanismo de alocação de recursos que resulta em equilíbrios ineficientes, enquanto o monopolista discriminador fornece outro exemplo de um mecanismo que resulta em equilíbrios eficientes.

32.11 Eficiência e equilíbrio

O Primeiro Teorema de Bem-Estar diz que o equilíbrio num conjunto de mercados competitivos é eficiente no sentido de Pareto. E o contrário? Dada uma alocação eficiente no sentido de Pareto, podemos encontrar preços que façam essa alocação constituir um equilíbrio de mercado? A resposta é sim, sob certas condições. O argumento está ilustrado na Figura 32.7.

Tomemos uma alocação eficiente no sentido de Pareto. Sabemos que o conjunto de alocações que A prefere à sua alocação atual é disjunto com o conjunto preferido por B. Isso implica, é claro, que as duas curvas de indiferença tangenciem a alocação eficiente no sentido de Pareto. Tracemos, pois, a linha reta que é sua tangente comum, como na Figura 32.7.

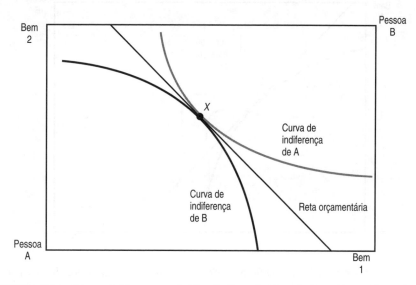

FIGURA 32.7 *Segundo Teorema da Teoria Econômica de Bem-Estar.* Quando as preferências são convexas, uma alocação eficiente de Pareto é um equilíbrio para algum conjunto de preços.

Suponhamos que a linha reta represente os conjuntos orçamentários dos agentes. Se cada agente escolher a melhor cesta em seu conjunto orçamentário, o equilíbrio resultante será a alocação eficiente no sentido de Pareto original.

Portanto, o fato de a alocação original ser eficiente já determina, de maneira automática, os preços de equilíbrio. As dotações podem ser quaisquer cestas que gerem o conjunto orçamentário apropriado – isto é, cestas que se localizem em algum lugar sobre a reta orçamentária construída.

A construção de tal reta orçamentária pode sempre ser efetuada? Infelizmente, a resposta é não. A Figura 32.8 fornece um exemplo. Aqui, o ponto ilustrado X é eficiente no sentido de Pareto, mas não há preços pelos quais A e B queiram consumir no ponto X. O candidato mais óbvio está desenhado no diagrama, mas as demandas ótimas dos agentes A e B não coincidem com aquele orçamento. O agente A deseja demandar a cesta Y, mas o agente B deseja a cesta X – a demanda não é igual à oferta por esses preços.

A diferença entre a Figura 32.7 e a Figura 32.8 é que na primeira as preferências são convexas, enquanto na segunda, não. Se as preferências de ambos os agentes são convexas, a tangente comum não interceptará nenhuma das duas curvas mais de uma vez e tudo funcionará bem. Essa observação fornece-nos o **Segundo Teorema da Teoria Econômica de Bem-Estar**: se todos os agentes tiverem preferências convexas, haverá sempre um conjunto de preços tal que cada alocação eficiente no sentido de Pareto será um equilíbrio de mercado para uma distribuição apropriada de dotações.

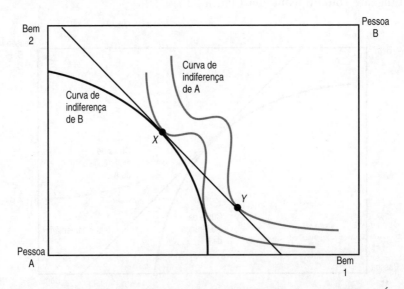

FIGURA 32.8 *Uma alocação eficiente de Pareto que não é um equilíbrio.* É possível encontrar alocações eficientes de Pareto tais como X no diagrama, que não podem ser alcançadas por mercados competitivos se as preferências não forem convexas.

A prova é essencialmente o argumento geométrico que apresentamos anteriormente. Numa alocação eficiente no sentido de Pareto, as cestas preferidas pelo agente A e pelo agente B têm de ser separadas. Portanto, se ambos os agentes tiverem preferências convexas, poderemos traçar uma linha reta entre os dois conjuntos de cestas preferidas, separando-os. A inclinação dessa reta nos dará os preços relativos e qualquer dotação que coloque os dois agentes nessa reta levará ao equilíbrio de mercado final e será a alocação eficiente no sentido de Pareto original.

32.12 Implicações do Primeiro Teorema de Bem-Estar

Os dois teoremas da teoria econômica de bem-estar estão entre os resultados mais fundamentais de teoria econômica. Demonstramos os teoremas apenas no caso simples da caixa de Edgeworth, mas eles são verdadeiros para modelos muito mais complexos com números arbitrários de consumidores e bens. Os teoremas de bem-estar têm implicações profundas para a elaboração de modalidades de alocação de recursos.

Examinemos o Primeiro Teorema de Bem-Estar. Ele diz que qualquer equilíbrio competitivo é eficiente no sentido de Pareto. Esse teorema praticamente não tem pressupostos explícitos – ele resulta quase que inteiramente de definições. Mas há alguns pressupostos implícitos. Um dos principais é que os agentes só se preocupam com seu consumo de bens e não com o que os demais agentes consomem. Se um agente se importa com o consumo do outro, dizemos que há uma **externalidade no consumo**. Devemos observar que, quando há externalidades no consumo, o equilíbrio competitivo não precisa ser eficiente no sentido de Pareto.

Para utilizarmos um exemplo simples, suponhamos que o agente A se importe com o consumo de charutos do agente B. Nesse caso, não haverá razão particular para que a escolha da cesta de consumo de cada agente aos preços de mercado resulte numa alocação eficiente no sentido de Pareto. Depois de cada pessoa ter comprado a melhor cesta pela qual podia pagar, pode ainda haver meios de fazer com que os dois melhorem – tal como A pagar a B para fumar menos charutos. Discutiremos as externalidades com mais detalhes no Capítulo 35.

Outro importante pressuposto implícito no Primeiro Teorema de Bem-Estar é que os agentes realmente se comportam de maneira competitiva. Se houvesse apenas dois agentes, como no exemplo da caixa de Edgeworth, seria improvável que eles tomassem os preços como dados. Ao contrário, os agentes provavelmente reconheceriam o seu poder de mercado e tentariam utilizá-lo para melhorar suas próprias posições. O conceito de equilíbrio competitivo só faz sentido quando há um número suficiente de agentes para assegurar que cada um deles se comporte de maneira competitiva.

Por fim, o Primeiro Teorema de Bem-Estar só é de interesse se realmente houver um equilíbrio competitivo. Conforme argumentamos anteriormente, esse será o caso se o número de consumidores no mercado for grande.

Dadas essas condições, o Primeiro Teorema de Bem-Estar constitui um resultado muito forte: um mercado privado em que cada agente procura maximizar a sua utilidade resultará numa alocação capaz de alcançar a eficiência de Pareto.

A importância do Primeiro Teorema de Bem-Estar é que ele fornece um mecanismo geral – o mercado competitivo – que podemos utilizar para assegurar a obtenção de resultados eficientes no sentido de Pareto. Se houver apenas dois agentes envolvidos, isso não importará muito; é fácil para duas pessoas se juntarem e examinarem as possibilidades de trocas mútuas. Mas, se houver milhares ou mesmo milhões de pessoas envolvidas, terá de haver algum tipo de estrutura imposta no processo de troca. O Primeiro Teorema de Bem-Estar mostra que a estrutura particular dos mercados competitivos tem a propriedade desejável de alcançar uma alocação eficiente no sentido de Pareto.

Se lidarmos com um problema de recursos que envolva muitas pessoas, é importante observar que o uso de mercados competitivos economiza a quantidade de informações que qualquer agente precisa ter. As únicas coisas que o consumidor precisa saber para tomar suas decisões de consumo são os preços dos bens que pretende consumir. Os consumidores não precisam conhecer nada sobre como os bens são produzidos, sobre quem tem que tipos de bens ou, ainda, de onde vêm os bens num mercado competitivo. Se o consumidor conhecer apenas os preços dos bens, ele poderá determinar suas demandas; se o mercado funcionar suficientemente bem para determinar os preços competitivos, teremos a garantia de um resultado eficiente. O fato de que os mercados competitivos reduzem a necessidade de informação constitui um forte argumento a favor do seu uso como meio de alocar recursos.

32.13 Implicações do Segundo Teorema de Bem-Estar

O Segundo Teorema da Teoria Econômica de Bem-Estar afirma que, em certas condições, toda alocação eficiente no sentido de Pareto pode ser alcançada como um equilíbrio competitivo.

O que significa esse resultado? O Segundo Teorema de Bem-Estar implica que os problemas de distribuição e eficiência podem ser separados. Qualquer alocação eficiente no sentido de Pareto que se queira obter pode apoiar-se no mecanismo de mercado. Os mecanismos de mercado são neutros do ponto de vista da distribuição; quaisquer que sejam os critérios a respeito de um bem ou da distribuição justa do bem-estar, podem-se utilizar os mercados competitivos para alcançá-la.

Os preços desempenham dois papéis no sistema de mercado: um referente à *alocação* e outro referente à *distribuição*. O papel alocativo dos preços consiste em indicar a escassez relativa; já o papel distributivo consiste em determinar quanto dos diferentes bens os vários agentes podem comprar. O Segundo Teorema do Bem-Estar afirma que esses dois papéis podem ser separados: podemos redistribuir as dotações dos bens para avaliar a riqueza dos agentes e usar os preços para indicar a escassez relativa.

As discussões de política econômica frequentemente tornam-se confusas nesse ponto. Ouvem-se com frequência argumentos, baseados na equidade distributiva, que defendem a intervenção nas decisões de preços. Essa intervenção, no entanto, costuma ser mal orientada. Conforme vimos anteriormente, um meio conveniente de alcançar alocações eficientes é fazer com que cada agente enfrente os custos sociais verdadeiros de suas ações e faça escolhas que reflitam esses custos. Assim, num mercado perfeitamente competitivo, a decisão marginal de consumir mais ou menos de determinado bem dependerá do preço – que mede o valor que qualquer outra pessoa atribui a esse bem na margem. As considerações de eficiência são decisões inerentemente marginais – toda pessoa deveria enfrentar a escolha marginal correta ao tomar suas decisões de consumo.

A decisão sobre *quanto* os vários agentes devem consumir é uma questão totalmente diferente. No mercado competitivo, isso é determinado pelo valor dos recursos que a pessoa tem para vender. Do ponto de vista da teoria pura, não há razão pela qual o governo não possa transferir poder de compra – dotações – entre os consumidores da maneira que julgar mais adequada.

Com efeito, o estado não precisa transferir as dotações físicas em si. Tudo que é necessário é transferir o poder de compra da dotação. O estado pode taxar um consumidor com base no valor de sua dotação e transferir essa quantia para outro. Enquanto os impostos se basearem no valor da *dotação* de bens dos consumidores, não haverá perda de eficiência. Isto só ocorre quando os impostos dependem das *escolhas* que o consumidor fez que resultaram em ineficiência, uma vez que, nesse caso, os impostos afetarão as escolhas marginais do consumidor.

É verdade que um imposto sobre as dotações geralmente muda o comportamento das pessoas. Mas, de acordo com o Primeiro Teorema de Bem-Estar, as trocas realizadas a partir de quaisquer dotações iniciais resultarão numa alocação eficiente no sentido de Pareto. Assim, não importa o quanto se redistribuam as dotações, a alocação de equilíbrio, por ser determinada pelas forças de mercado, continuará a ser eficiente no sentido de Pareto.

Entretanto, há questões práticas envolvidas. Seria fácil cobrar um imposto de montante fixo dos consumidores. Poderíamos taxar os consumidores de olhos azuis e redistribuir o montante arrecadado para os consumidores de olhos castanhos. Como a cor dos olhos não pode ser mudada, não haveria perda de eficiência. Ou, ainda, poderíamos taxar os consumidores com quociente de inteligência (QI) elevado e redistribuir os fundos arrecadados entre os consumidores com QI baixo. Mais uma vez, enquanto o QI puder ser medido, não haverá perda de eficiência nesse tipo de imposto.

Mas há um problema. Como podemos medir a dotação de bens das pessoas? Para a maioria delas, a parte principal de sua dotação consiste em sua própria força de trabalho. A dotação de trabalho das pessoas consiste na quantidade de trabalho que elas *pretendem* vender e não na quantidade de trabalho que elas realmente acabam por vender. A taxação do trabalho que as pessoas decidem vender ao mercado constitui um **imposto que distorce**. Se a venda do trabalho for taxada, a decisão dos consumidores de ofertar trabalho será distorcida – eles tenderão a ofertar menos trabalho do que ofertariam no caso de inexistência do imposto. Já a taxação do valor potencial do trabalho – a dotação de trabalho – não provoca distorções. O valor potencial do trabalho é, por definição, algo que não é modificado pela taxação. Taxar o valor da dotação parece fácil até percebermos que isso envolve identificar e taxar algo que *poderia ser* vendido, em vez de taxar algo que é realmente vendido.

Podemos *imaginar* um mecanismo para cobrar esse tipo de imposto. Suponhamos que temos uma sociedade em que todo consumidor seja obrigado a dar ao Estado por semana o dinheiro recebido por dez horas de seu tempo de trabalho. Esse tipo de imposto independeria de quanto a pessoa realmente trabalhou – só dependeria da dotação de trabalho, não de quanto foi realmente vendido.

Tal imposto constitui-se basicamente da transferência para o Estado de parte da dotação de tempo de trabalho de cada consumidor. O Estado poderia então utilizar esses fundos para prover vários bens ou, simplesmente, transferir esses fundos para outros agentes.

De acordo com o Segundo Teorema de Bem-Estar, esse tipo de taxação de montante fixo não geraria distorções. Em essência, qualquer alocação eficiente no sentido de Pareto poderia ser alcançada por uma redistribuição de montante fixo dessa natureza.

No entanto, ninguém está defendendo uma reestruturação tão radical do sistema fiscal. A maioria das decisões de oferta de trabalho das pessoas é relativamente insensível às variações na taxa de salário, de modo que a perda de eficiência decorrente da taxação do trabalho pode não ser assim tão grande. Mas a mensagem do Segundo Teorema de Bem-Estar é importante. Os preços devem ser utilizados para refletir escassez. As transferências de montante fixo da riqueza devem ser utilizadas para ajustar metas de distribuição. Em larga escala, essas duas decisões políticas podem ser separadas.

A preocupação das pessoas com a distribuição de bem-estar pode levá-las a defender várias modalidades de manipulação de preços. Tem-se argumentado, por exemplo, que os cidadãos idosos deveriam ter acesso a um serviço telefônico mais barato ou que pequenos usuários de eletricidade deveriam pagar taxas mais baixas que os grandes usuários. Isso constitui basicamente tentativas de redistribuir renda através do sistema de preços ao oferecer a algumas pessoas preços menores do que os oferecidos a outras.

Quando refletimos sobre isso, vemos que é uma forma terrivelmente ineficiente de redistribuir a renda. Se o que desejamos é redistribuir a renda, por que simplesmente não a redistribuímos? Se dermos a uma pessoa um dinheiro extra para gastar, ela poderá escolher consumir mais de qualquer um dos bens que deseje consumir – não necessariamente do bem subsidiado.

RESUMO

1. O equilíbrio geral se refere ao estudo de como a economia pode ajustar-se para igualar a demanda e a oferta em todos os mercados ao mesmo tempo.

2. A caixa de Edgeworth é uma ferramenta gráfica para examinar esse equilíbrio geral com dois consumidores e dois bens.

3. Uma alocação eficiente no sentido de Pareto é aquela em que não há realocação viável dos bens capaz de fazer com que todos os consumidores fiquem ao menos tão bem e pelo menos um deles fique estritamente melhor.

4. A lei de Walras afirma que o valor da demanda excedente agregada é zero para todos os preços.

5. Uma alocação de equilíbrio geral é aquela em que cada agente escolhe a cesta mais preferida de bens a partir do conjunto de bens que ele pode pagar.

6. Em um sistema de equilíbrio geral só são determinados os preços relativos.

7. Se a demanda de cada bem variar continuamente à medida que os preços variarem, haverá sempre um conjunto de preços em que a demanda se iguala à oferta em cada mercado; ou seja, um equilíbrio competitivo.

8. O Primeiro Teorema da Teoria Econômica de Bem-Estar afirma que o equilíbrio competitivo é eficiente no sentido de Pareto.

9. O Segundo Teorema da Teoria Econômica de Bem-Estar afirma que, desde que as preferências sejam convexas, toda alocação eficiente no sentido de Pareto pode ser sustentada como um equilíbrio competitivo.

QUESTÕES DE REVISÃO

1. É possível ter uma alocação eficiente no sentido de Pareto numa situação em que alguém esteja pior do que estaria numa alocação que não fosse eficiente no sentido de Pareto?

2. É possível ter uma alocação eficiente no sentido de Pareto numa situação em que todo mundo esteja pior do que numa alocação que não seja eficiente no sentido de Pareto?

3. Verdadeiro ou falso? Se conhecermos a curva de contrato, conheceremos o resultado de qualquer troca.

4. Alguém pode melhorar se estiver numa alocação eficiente no sentido de Pareto?

6. Se o valor da demanda excedente em oito entre dez mercados for igual a zero, o que tem de ser verdadeiro acerca dos dois mercados restantes?

APÊNDICE

Examinemos as condições de cálculo que descrevem as alocações eficientes no sentido de Pareto. Por definição, a alocação eficiente no sentido de Pareto torna cada agente tão bem quanto possível, dada a utilidade do outro agente. Assim, tomemos $\bar{u}$ como o nível de utilidade do agente B e vejamos como poderemos tornar o agente A tão bem quanto possível.

O problema de maximização é

$$\max_{x_A^1, x_A^2, x_B^1, x_B^2} u_A(x_A^1, x_A^2)$$

de modo que $u_B(x_B^1, x_B^2) = \bar{u}$

$$x_A^1 + x_B^1 = \omega^1$$
$$x_A^2 + x_B^2 = \omega^2.$$

Aqui, $\omega^1 = \omega_A^1 + \omega_B^1$ é a quantidade total disponível do bem 1 e $\omega^2 = \omega_A^2 + \omega_B^2$ é a quantidade total disponível do bem 2. Esse problema de maximização nos pede que encontremos a alocação $(x_A^1, x_A^2, x_B^1, x_B^2)$ que torna a utilidade da pessoa A tão grande quanto possível, dado um número fixo para a utilidade de B e dado que a quantidade total de cada um dos bens utilizados seja igual à quantidade disponível.

Podemos escrever a Lagrangiana desse problema como

$$L = u_A(x_A^1, x_A^2) - \lambda(u_B(x_B^1, x_B^2) - \bar{u}) \\ - \mu_1(x_A^1 + x_B^1 - \omega^1) - \mu_2(x_A^2 + x_B^2 - \omega^2).$$

Aqui, λ é o multiplicador Lagrangiano na restrição de utilidade e os μ são os multiplicadores de Lagrange nas restrições de recursos. Quando diferenciamos com respeito a cada um dos bens, temos quatro condições de primeira ordem que têm de valer na solução ótima:

$$\frac{\partial L}{\partial x_A^1} = \frac{\partial u_A}{\partial x_A^1} - \mu_1 = 0$$

$$\frac{\partial L}{\partial x_A^2} = \frac{\partial u_A}{\partial x_A^2} - \mu_2 = 0$$

$$\frac{\partial L}{\partial x_B^1} = -\lambda \frac{\partial u_B}{\partial x_B^1} - \mu_1 = 0$$

$$\frac{\partial L}{\partial x_B^2} = -\lambda \frac{\partial u_B}{\partial x_B^2} - \mu_2 = 0.$$

Se dividirmos a primeira equação pela segunda e a terceira pela quarta, teremos

$$TMS_A = \frac{\partial u_A/\partial x_A^1}{\partial u_A/\partial x_A^2} = \frac{\mu_1}{\mu_2} \qquad (32.5)$$

$$TMS_B = \frac{\partial u_B/\partial x_B^1}{\partial u_B/\partial x_B^2} = \frac{\mu_1}{\mu_2}. \qquad (32.6)$$

A interpretação dessas equações é dada no texto: numa alocação eficiente de Pareto, as taxas marginais de substituição entre dois bens têm de ser as mesmas. De outra forma, haveria alguma troca que faria com que cada consumidor ficasse em situação melhor.

Relembremos as condições que têm de ser satisfeitas para a escolha ótima pelos consumidores. Se tanto o consumidor A quanto o consumidor B maximizarem sua utilidade com base na restrição orçamentária e ambos se defrontarem com os mesmos preços para os bens 1 e 2, deveremos ter

$$\frac{\partial u_A/\partial x_A^1}{\partial u_A/\partial x_A^2} = \frac{p_1}{p_2} \qquad (32.7)$$

$$\frac{\partial u_B/\partial x_B^1}{\partial u_B/\partial x_B^2} = \frac{p_1}{p_2}. \qquad (32.8)$$

Observe a semelhança com as condições de eficiência. Os multiplicadores de Lagrange nas condições de eficiência, μ_1 e μ_2, são justamente como os preços p_1 e p_2 nas condições de escolha do consumidor. De fato, os multiplicadores de Lagrange nesse tipo de problema são às vezes conhecidos como **preços-sombra** ou **preços de eficiência**.

Toda alocação eficiente de Pareto tem de satisfazer condições como as das equações (32.5) e (32.6). Todo equilíbrio competitivo tem de satisfazer condições como as das equações (32.7) e (32.8). As condições que descrevem a eficiência de Pareto e as condições que descrevem a maximização individual num ambiente de mercado são virtualmente as mesmas.

CAPÍTULO **33**

A PRODUÇÃO

No capítulo anterior descrevemos o modelo de equilíbrio geral de uma economia de trocas puras e analisamos questões de alocação de recursos quando uma quantidade fixa de cada bem estava disponível. Neste capítulo queremos descrever como a produção se ajusta ao quadro de equilíbrio geral. Quando a produção for possível, as quantidades de bens não serão fixas, mas responderão aos preços de mercado.

Se você achou que o pressuposto de dois bens e duas pessoas era um modelo restritivo para examinar trocas, imagine como será com a produção! O conjunto mínimo de participantes que podemos ter para estabelecer um problema interessante é um consumidor, uma empresa e dois bens. O nome tradicional para esse modelo econômico é **economia de Robinson Crusoé**, em alusão ao herói náufrago de Defoe.

33.1 A economia de Robinson Crusoé

Nesse tipo de economia, Robinson Crusoé tem um papel duplo: é ao mesmo tempo produtor e consumidor. Robinson pode gastar seu tempo na praia sem fazer nada, portanto, consumindo lazer, ou pode dedicar seu tempo a juntar cocos. Quanto mais cocos juntar, mais terá para comer, mas menos tempo sobrará para bronzear-se.

A Figura 33.1 representa as preferências de Robinson por lazer e cocos. Elas são exatamente como as preferências por lazer e consumo representadas no Capítulo 9, exceto pelo fato de que no eixo horizontal medimos trabalho, em vez de lazer. Até aqui, não se acrescentou nada de novo.

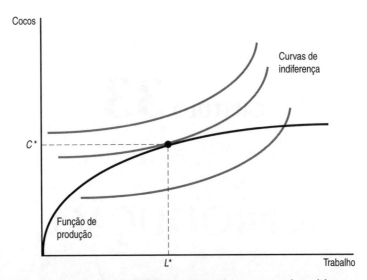

FIGURA 33.1 A economia de Robinson Crusoé. As curvas de indiferença descrevem as preferências de Robinson por cocos e lazer. A função de produção mostra a relação tecnológica que existe entre a quantidade de trabalho que ele despende e a quantidade de cocos que produz.

Tracemos agora a **função de produção**, que ilustra a relação entre quanto Robinson trabalha e quantos cocos obtém. Essa função terá normalmente a forma exibida na Figura 33.1. Quanto mais Robinson trabalhar, mais cocos juntará; mas, devido aos retornos decrescentes do trabalho, o produto marginal de seu trabalho diminuirá: o número de cocos extras que ele obtiver de uma hora adicional de trabalho diminuirá, enquanto as horas de trabalho aumentarão.

Quanto Robinson trabalha e quanto consome? Para responder a essas perguntas, procure a curva de indiferença mais alta que apenas toca o conjunto de produção. Isso nos fornecerá a combinação mais preferida de trabalho e consumo que Robinson pode conseguir, dada a tecnologia para juntar cocos que ele utiliza.

Nesse ponto, a inclinação da curva de indiferença, de acordo com o argumento básico, deve se igualar à inclinação da função de produção: se elas se cruzassem, haveria outro ponto preferido. Isso significa que o produto marginal de uma hora extra de trabalho tem de se igualar à taxa marginal de substituição entre lazer e cocos. Se o produto marginal fosse maior do que a taxa marginal de substituição, valeria a pena para Robinson abrir mão de um pouco de lazer para obter cocos extras. Se o produto marginal fosse menor do que a taxa marginal de substituição, valeria a pena para Robinson trabalhar um pouco menos.

33.2 Crusoé S.A.

Até agora essa história constitui apenas uma pequena extensão dos modelos que já vimos. Mas incluamos agora um aspecto novo. Suponhamos que Robinson esteja cansado de se comportar simultaneamente como produtor e como consumidor e decida alternar os papéis. Em um dia ele se comportará inteiramente como produtor e, no outro, se comportará inteiramente como consumidor. Para coordenar essas atividades, ele decide criar um mercado de trabalho e um mercado de cocos.

Ele também cria uma empresa, Crusoé S.A., e se torna o único acionista. A empresa irá observar os preços do trabalho e dos cocos e decidir quanto de trabalho empregar e quantos cocos produzir, guiada pelo princípio de maximização de lucros. Em seu papel de trabalhador, Robinson receberá uma renda por trabalhar na empresa; em seu papel de acionista, receberá lucros; e em seu papel de consumidor, escolherá quanto comprar da produção da empresa. (Não há dúvida de que isso parece meio esquisito, mas não há muito a fazer numa ilha deserta.)

Para controlar suas transações, Robinson inventa uma moeda que ele chama de "unidade monetária" e escolhe, de forma arbitrária, fixar o preço unitário do coco em uma unidade monetária. Os cocos são, portanto, o bem numerário dessa economia; conforme vimos no Capítulo 2, um bem numerário é aquele cujo preço foi fixado em um. Como o preço dos cocos foi normalizado em um, temos apenas de determinar a taxa de salário. Qual deveria ser a taxa de salário para fazer esse mercado funcionar?

Examinemos esse problema primeiro do ponto de vista da Crusoé S.A. e depois do ponto de vista de Robinson, o consumidor. Às vezes, a análise é um pouco esquizofrênica, mas isso é o que você tem de aturar por ter uma economia com apenas um indivíduo. Observemos essa economia após algum tempo de funcionamento e tudo estará em equilíbrio. No equilíbrio, a demanda de cocos se igualará à oferta de cocos e a demanda de trabalho se igualará à oferta de trabalho. Tanto a Crusoé S.A. como Robinson, o consumidor, farão escolhas ótimas, dadas as restrições com as quais se defrontam.

33.3 A empresa

Todas as noites, a Crusoé S.A. decidirá quanto trabalho irá querer contratar no dia seguinte e quantos cocos irá querer produzir. Dado o preço do coco de 1 e uma taxa salário de w, podemos resolver o problema de maximização de lucros da empresa na Figura 33.2. Examinemos primeiro todas as combinações de trabalho e de cocos que geram um nível constante de lucros, π. Isso significa que

$$\pi = C - wL.$$

Ao resolvermos para C, teremos

$$C = \pi + wL.$$

Assim como no Capítulo 20, essa fórmula descreve as retas isolucro – todas as combinações de trabalho e cocos que geram lucros de π. A Crusoé S.A. escolherá um ponto em que os lucros são maximizados. Como sempre, isso implica uma condição de tangência: a inclinação da função de produção – o produto marginal do trabalho – tem de se igualar a w, como ilustra a Figura 33.2.

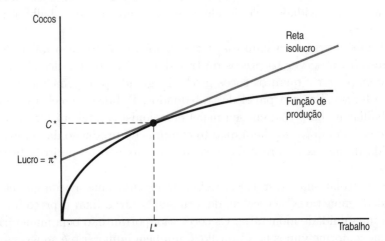

FIGURA 33.2 *A maximização do lucro.* *A Crusoé S.A. escolhe um plano de produção que maximiza os lucros. No ponto ótimo, a função de produção tem de tangenciar uma reta isolucro.*

Assim, o intercepto vertical da reta isolucro mede o nível de lucro máximo em unidades de coco: se Robinson gerar π^* unidades monetárias de lucro, esse dinheiro poderá comprar π^* cocos, uma vez que o preço do coco foi fixado em 1. É isso aí: a Crusoé S.A. fez seu trabalho. Dado o salário w, ela determinou quanto de trabalho quer contratar, quantos cocos quer produzir e que lucros gerará ao seguir esse plano. Portanto, a Crusoé S.A. declara um total de dividendos de π^* unidades monetárias e os remete para seu único acionista, Robinson.

33.4 O problema de Robinson

No dia seguinte, Robinson acorda e recebe seus dividendos de π^* unidades monetárias. Enquanto come o coco de café da manhã, ele pensa em quanto deseja trabalhar e em quanto deseja consumir. Ele pode cogitar apenas consumir sua dotação – gastar os lucros em π^* cocos e consumir sua dotação de lazer. Mas, ao ouvir o ronco de seu estômago, não muito agradável, ele conclui que, afinal, pode fazer sentido trabalhar algumas horas. Robinson, então, "arrasta-se" até a Crusoé S.A. e começa a juntar cocos, como faz todos os dias.

Podemos descrever a escolha trabalho-consumo de Robinson com o uso da análise-padrão das curvas de indiferença. Se representarmos o trabalho no eixo horizontal e os cocos no eixo vertical, poderemos desenhar a curva de indiferença, como a ilustrada na Figura 33.3.

Como, por pressuposto, o trabalho é um mal e os cocos um bem, a curva de indiferença terá inclinação positiva, conforme mostra o diagrama. Se indicarmos a quantidade máxima de trabalho por $\bar{L}$, então a distância de $\bar{L}$ até a oferta de trabalho escolhida fornece a demanda de Robinson por lazer. Isso é exatamente como o modelo de oferta de trabalho examinado no Capítulo 9, com a exceção de que revertemos a origem no eixo horizontal.

A Figura 33.3 também ilustra a restrição orçamentária de Robinson. Ela tem uma inclinação de w e passa sobre o ponto de dotação $(\pi^*, 0)$. (Robinson tem uma dotação zero de trabalho e uma dotação π^* de cocos, uma vez que essa seria sua cesta se não participasse de nenhuma transação de mercado.) Dado o salário, Robinson escolhe de maneira ótima quanto deseja trabalhar e quantos cocos deseja consumir. Em seu consumo ótimo, a taxa marginal de substituição entre consumo e lazer tem de se igualar ao salário, assim como no problema-padrão de escolha do consumidor.

33.5 Colocando os dois juntos

Agora superpomos as Figuras 33.2 e 33.3 para obter a Figura 33.4. Veja o que aconteceu! O comportamento bizarro de Robinson funcionou bem. Ele acabou por consumir exatamente no mesmo ponto em que estaria se tivesse tomado todas as decisões de uma só vez. A utilização do sistema de mercado gera o mesmo resultado que a escolha dos planos de produção e consumo diretamente.

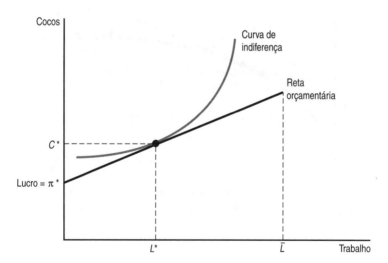

FIGURA 33.3 O problema de maximização de Robinson. *O consumidor Robinson decide o quanto trabalhar e consumir, dados os preços e salários. O ponto ótimo ocorre onde a curva de indiferença tangencia a reta orçamentária.*

Como tanto a taxa marginal de substituição entre lazer e consumo quanto o produto marginal do trabalho se igualam ao salário, temos a garantia de que a taxa marginal de substituição entre trabalho e consumo se iguala ao produto marginal – ou seja, as inclinações da curva de indiferença e do conjunto de produção são as mesmas.

No caso da economia de uma pessoa, usar o mercado é bobagem. Por que Robinson deveria preocupar-se em dividir sua decisão em duas partes? Mas, em uma economia com muitas pessoas, dividir as decisões não parece tão estranho. Se houver muitas empresas, será inviável perguntar a cada pessoa sobre quanto ela quer de cada bem. Numa economia de mercado, as empresas têm simplesmente de observar os preços dos bens para tomar suas decisões de produção. Isso porque os preços dos bens medem o valor que os consumidores atribuem a unidades *adicionais* de consumo. E a decisão com que as empresas se defrontam está relacionada, na maioria dos casos, à questão de elas deverem produzir mais ou menos.

Os preços de mercado refletem os valores marginais dos bens que as empresas utilizam como insumos e produtos. Se as empresas utilizam as mudanças nos lucros – medidos a preço de mercado – como um guia para produção, suas decisões refletirão os valores marginais que os consumidores atribuem aos bens.

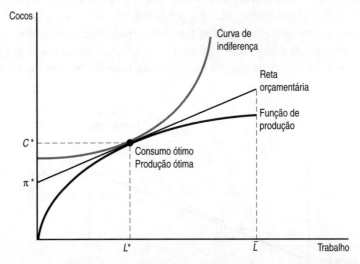

FIGURA 33.4 Equilíbrio no consumo e na produção. *A quantidade de cocos demandada pelo consumidor Robinson se iguala à quantidade de cocos ofertada pela Crusoé S.A.*

33.6 Tecnologias diferentes

Na análise anterior, supusemos que a tecnologia disponível para Robinson exibia retornos decrescentes do trabalho. Como o trabalho era o único insumo empregado na produção, isso equivalia a retornos decrescentes de escala. (Isso não será necessariamente verdadeiro se houver mais de um insumo!)

É útil examinar outras possibilidades. Suponhamos, por exemplo, que a tecnologia apresentasse retornos constantes de escala. Lembre-se de que os retornos constantes de escala significam que, se usarmos duas vezes mais de todos os insumos, produziremos o dobro. No caso de uma função de produção de um insumo, isso significa que a função de produção tem de ser uma linha reta a partir da origem, como representado na Figura 33.5.

Como a tecnologia tem retornos constantes de escala, o argumento exposto no Capítulo 20 implica que a única posição de operação razoável para uma empresa competitiva é o lucro zero. Isso ocorre porque, se os lucros fossem maiores do que zero, valeria a pena para a empresa expandir a produção indefinidamente; se os lucros fossem menores do que zero, valeria a pena para a empresa ter produção zero.

Portanto, a dotação de Robinson envolve lucro zero e $\bar{L}$, sua dotação inicial de tempo de trabalho. Seu conjunto orçamentário coincide com o conjunto de produção, e a história parece-se muito com a anterior.

A situação fica um pouco diferente com uma tecnologia de retornos crescentes de escala, conforme representado na Figura 33.6. Não é difícil, nesse exemplo simples, exibir a escolha ótima de consumo e lazer de Robinson. A curva de indiferença tangenciará o conjunto de produção, como sempre. O problema surge em tentar manter esse ponto como um ponto de maximização de lucro. Se a empresa se defrontasse com preços fornecidos pela taxa marginal de substituição de Robinson, ela desejaria produzir mais do que Robinson iria demandar.

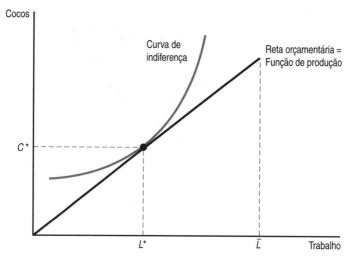

FIGURA 33.5 **Retornos constantes de escala.** *Se a tecnologia apresentar retornos constantes de escala, a Crusoé S.A. ganhará lucro zero.*

Se a empresa apresentar retornos crescentes de escala na escolha ótima, os custos médios de produção irão exceder os custos marginais de produção – o que significa que a empresa terá lucros negativos. O objetivo de maximização dos lucros levaria a empresa a querer aumentar sua produção – mas isso seria incompatível tanto com as demandas por produtos como com as ofertas de insumos dos consumidores. No caso representado, *não* há preço ao qual a demanda maximizadora de utilidade do consumidor iguale a oferta maximizadora de lucro da empresa.

Os retornos crescentes de escala são um exemplo de **não convexidade**. Nesse caso, o conjunto de produção – o conjunto de cocos e trabalho factível para a economia – não é convexo. Portanto, a tangente comum à curva de indiferença e à função de produção no ponto (L^*, C^*) na Figura 33.6 não separará os pontos preferidos dos pontos factíveis, como ocorre na Figura 33.4.

Não convexidades como essas criam graves dificuldades para o funcionamento dos mercados competitivos. Isso porque, nesses mercados, os consumidores e as empresas observam apenas um conjunto de números – os preços de mercado – para determinar suas decisões de consumo e de produção. Se a tecnologia e as preferências forem convexas, as únicas coisas que os agentes econômicos precisam conhecer para tomar decisões eficientes são as relações entre os preços e as taxas marginais de substituição próximas dos pontos onde a economia produz atualmente: os preços mostram aos agentes tudo o que é necessário para fazer uma alocação eficiente de recursos.

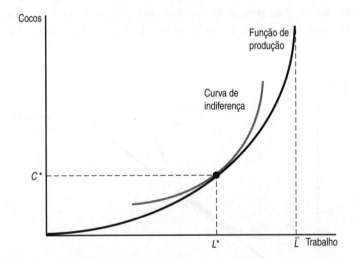

FIGURA 33.6 *Retornos crescentes de escala.* *O conjunto de produção apresenta retornos crescentes de escala e a alocação eficiente de Pareto não pode ser alcançada por um mercado competitivo.*

Mas, se a tecnologia e/ou as preferências não forem convexas, os preços não proporcionarão todas as informações necessárias para escolher uma alocação eficiente. Também é preciso conhecer as inclinações da função de produção e das curvas de indiferença situadas longe da posição de operação atual.

Essas observações, porém, aplicam-se apenas quando os retornos de escala são grandes com relação ao tamanho do mercado. Pequenas regiões de retornos crescentes de escala não causam dificuldades excessivas para um mercado competitivo.

33.7 A produção e o Primeiro Teorema de Bem-Estar

Lembre-se de que, no caso da economia de trocas puras, o equilíbrio competitivo é eficiente no sentido de Pareto. Esse fato é conhecido como o Primeiro Teorema da Teoria Econômica de Bem-Estar. Será que o mesmo resultado se aplica em uma economia com produção? A abordagem diagramática utilizada anteriormente não é adequada para responder a essa questão, mas a generalização do argumento algébrico que fornecemos no Capítulo 32 pode fazê-lo muito bem. A resposta, pois, é sim; se todas as empresas agirem como maximizadoras de lucro competitivas, o equilíbrio competitivo será eficiente no sentido de Pareto.

Esse resultado enfrenta as objeções costumeiras. Primeiro, não tem nada a ver com a distribuição. A maximização do lucro só assegura eficiência, não justiça! Em segundo lugar, esse resultado apenas faz sentido quando há realmente um equilíbrio competitivo. Em particular, isso excluirá grandes áreas de retornos crescentes de escala. Terceiro, o teorema pressupõe, de maneira implícita, que as escolhas de qualquer empresa não afetam as possibilidades de produção das outras. Isto é, exclui-se a possibilidade da **produção de externalidades**. Do mesmo modo, o teorema exige que as decisões de produção não afetem diretamente as possibilidades de consumo dos consumidores; isto é, não haja **externalidades de consumo**. O Capítulo 35 apresentará definições mais precisas de externalidades, no qual examinaremos mais detalhadamente seus efeitos em alocações eficientes.

33.8 A produção e o Segundo Teorema de Bem-Estar

No caso da economia de trocas puras, toda alocação eficiente no sentido de Pareto constitui um possível equilíbrio competitivo, desde que os consumidores apresentem preferências convexas. Já no caso da economia que envolva produção, o mesmo resultado é verdadeiro, mas agora exigimos não só que as preferências dos consumidores sejam convexas, mas que os conjuntos de produção das empresas sejam também convexos. Conforme discutimos, essa exigência efetivamente exclui a possibilidade de retornos crescentes de escala; se as empresas tiverem retornos crescentes de escala ao nível de equilíbrio da produção, elas desejarão produzir mais a preços competitivos.

Entretanto, com retornos de escala constantes ou decrescentes, o Segundo Teorema de Bem-Estar funciona bem. Qualquer alocação eficiente no sentido de Pareto pode ser obtida com a utilização de mercados competitivos. É claro que, em geral, será necessário redistribuir as dotações entre os consumidores para permitir diversas alocações eficientes no sentido de Pareto. Em particular, tanto a renda das dotações de trabalho como a da participação acionária na empresa terão de ser redistribuídas. Conforme indicado no capítulo anterior, esse tipo de redistribuição pode envolver dificuldades práticas significativas.

33.9 Possibilidades de produção

Acabamos de ver como podem ser tomadas decisões de consumo e produção numa economia de um insumo e um produto. Nesta seção estudaremos como esse modelo pode ser generalizado para uma economia com vários insumos e produtos. Apesar do fato de que iremos lidar apenas com o caso de dois bens, os conceitos serão naturalmente generalizados para vários bens.

Suponhamos, portanto, que Robinson possa produzir outro bem, digamos, peixe. Ele pode dedicar seu tempo a juntar cocos ou pescar. Na Figura 33.7 representamos as várias combinações de cocos e peixe que Robinson pode produzir ao dedicar diferentes quantidades de tempo a cada atividade. Esse conjunto é conhecido como **conjunto de possibilidades de produção**. A fronteira do conjunto de possibilidades de produção é chamada **fronteira de possibilidades de produção**. Isso deve ser contrastado com a função de produção discutida anteriormente, que representa a relação entre o insumo e o produto; o conjunto de possibilidades de produção representa apenas o conjunto factível de *produtos*. (Em tratamentos mais avançados, tanto insumos como produtos podem ser considerados parte do conjunto de possibilidades de produção, mas esses tratamentos não podem ser facilmente manipuláveis com diagramas bidimensionais.)

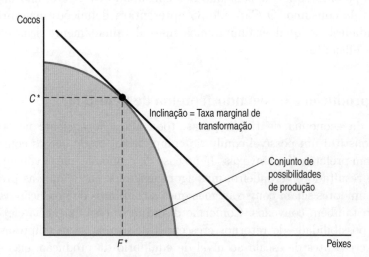

FIGURA 33.7 *Um conjunto de possibilidades de produção.* Esse conjunto mede a viabilidade de produção com o emprego de determinadas funções de produção e tecnologia.

A forma do conjunto de possibilidades de produção dependerá da natureza das tecnologias empregadas. Se as tecnologias para produzir cocos e peixes apresentarem retornos de escala constantes, o conjunto de possibilidades de produção assumirá uma forma especialmente simples. Como, por pressuposto, a produção só tem um insumo – o trabalho de Robinson, as funções de produção para peixes e cocos serão apenas funções *lineares* de trabalho.

Suponhamos, por exemplo, que Robinson possa produzir por hora 10 quilos de peixe ou 20 quilos de cocos. Então, se ele dedicar L_f horas à produção de coco e L_c horas à produção de peixe, produzirá 10 L_f quilos de peixe e 20 L_c quilos de cocos. Suponhamos que Robinson decida trabalhar dez horas por dia. Então o conjunto de possibilidades de produção consistirá em todas as combinações de cocos, C, e peixe, F, de modo que

$$F = 10L_f$$
$$C = 20L_c$$
$$L_c + L_f = 10.$$

As duas primeiras equações medem as relações de produção e a terceira mede a restrição de recursos. Para determinar a fronteira de possibilidades de produção, resolvamos as duas primeiras equações para L_f e L_c, para obter

$$L_f = \frac{F}{10}$$
$$L_c = \frac{C}{20}.$$

Somemos agora essas duas equações e utilizemos o fato de que $L_f + L_c = 10$, para encontrar

$$\frac{F}{10} + \frac{C}{20} = 10.$$

Essa equação nos fornece todas as combinações possíveis de peixe e cocos que Robinson pode produzir se trabalhar dez horas por dia. Isso está representado na Figura 33.8A.

A inclinação desse conjunto de possibilidades de produção mede a **taxa marginal de transformação** – quanto de um bem Robinson pode obter se decidir sacrificar um pouco do outro bem. Se Robinson abrir mão de trabalho suficiente para produzir um quilo a menos de peixe, ele será capaz de obter dois quilos a mais de coco. Pense nisso: se Robinson trabalhar uma hora a menos na produção de peixe, ele obterá 10 quilos a menos de peixe. Mas, se ele dedicar esse tempo aos cocos, obterá mais 20 quilos de coco. A alternância é numa razão de 2 para 1.

33.10 Vantagem comparativa

A construção do conjunto de possibilidades de produção dado acima foi bastante simples porque havia apenas um modo de produzir peixe e um modo de produzir cocos. Mas e se houvesse mais de uma forma de produzir cada bem? Suponhamos que acrescentamos à nossa economia da ilha outro trabalhador, com habilidades diferentes para produzir cocos e peixes.

Chamemos o novo trabalhador de Sexta-feira e suponhamos que ele possa produzir 9 quilos de peixe ou 4,5 quilos de cocos por hora. Portanto, se Sexta-feira trabalhar dez horas, seu conjunto de possibilidades de produção será determinado por:

$$F = 20L_f$$
$$C = 10L_c$$
$$L_c + L_f = 10.$$

Se efetuarmos os mesmos cálculos que fizemos para Robinson, o conjunto de possibilidades de produção de Sexta-feira será dado por

$$L_c = \frac{F}{}$$

Isso está representado na Figura 33.8B. Observe que a taxa marginal de transformação entre cocos e peixe para Sexta-feira é de $\Delta C/\Delta F = -1/2$, enquanto a taxa marginal de transformação para Robinson é de -2. Para cada quilo de coco de que abra mão, Sexta-feira pode obter dois quilos de peixe; para cada quilo de peixe de que Robinson abra mão, pode obter dois quilos de coco. Nessa circunstância, dizemos que Sexta-feira tem uma **vantagem comparativa** na produção de peixe e Robinson tem uma vantagem comparativa na produção de coco. Na Figura 33.8 representamos três conjuntos de possibilidades de produção: o painel A mostra o de Robinson, o painel B mostra o de Sexta-feira e o painel C representa o conjunto de possibilidades de produção conjunta – quanto de cada bem poderia ser produzido no total por ambos os indivíduos.

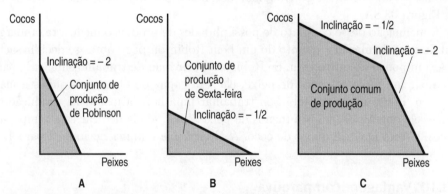

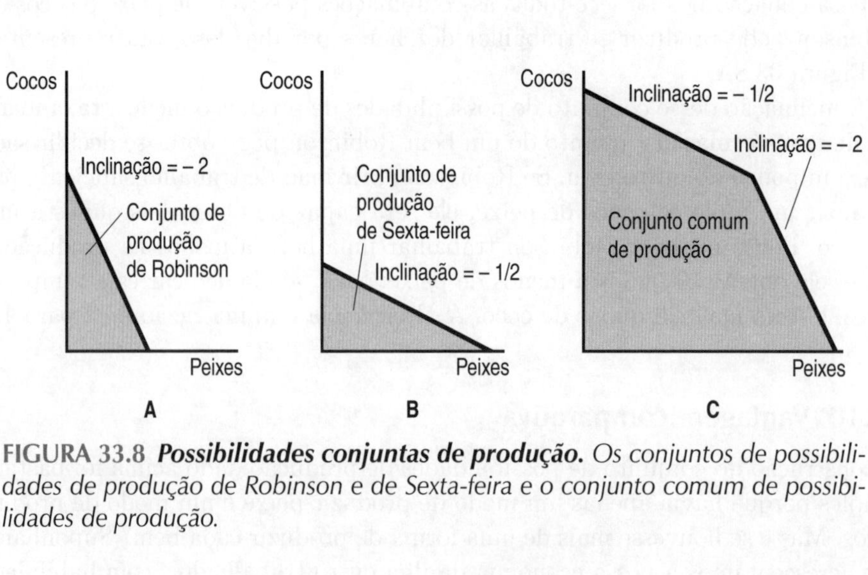

FIGURA 33.8 Possibilidades conjuntas de produção. *Os conjuntos de possibilidades de produção de Robinson e de Sexta-feira e o conjunto comum de possibilidades de produção.*

O conjunto de possibilidades de produção conjunta combina o melhor de ambos os trabalhadores. Se ambos os trabalhadores forem utilizados inteiramente para produzir cocos, obteremos 300 quilos de coco – 100 quilos de Sexta-feira e 200 quilos de Robinson. Se quisermos obter mais peixe, faz sentido deslocar a pessoa que é mais produtiva em peixe – Sexta-feira – da produção de coco para a produção de peixe. Para cada quilo de coco que Sexta-feira deixa de produzir, obtemos 2 quilos de peixe; portanto, a inclinação do conjunto de possibilidades de produção de ambos é de – 1/2 – que é exatamente a taxa marginal de transformação de Sexta-feira.

Quando Sexta-feira produz 200 quilos de peixe, está plenamente ocupado. Se quisermos ainda mais peixe, temos de utilizar Robinson. Desse ponto em diante o conjunto de possibilidades de produção terá uma inclinação de –2, uma vez que estaremos operando sobre o conjunto de possibilidades de produção de Robinson. Finalmente, se desejarmos produzir tanto peixe quanto possível, Robinson e Sexta-feira se concentrarão na produção de peixe e obteremos 300 quilos de peixe, 200 de Sexta-feira e 100 de Robinson.

Como os trabalhadores têm vantagem comparativa em bens diferentes, o conjunto de possibilidades de produção conjunta terá uma "quebra", como mostra a Figura 33.8. Há apenas uma quebra nesse exemplo, já que só existem duas formas diferentes de produzir – a de Crusoé e a de Sexta-feira. Se houvesse várias outras formas, o conjunto de possibilidades de produção teria uma estrutura característica mais "arredondada", conforme representado na Figura 33.7.

33.11 A eficiência de Pareto

Nas duas últimas seções vimos como construir o conjunto de possibilidades de produção, que descreve as cestas de consumo factíveis para a economia como um todo. Aqui, examinaremos formas eficientes no sentido de Pareto de escolher entre cestas de consumo factíveis.

Indicaremos as cestas de consumo agregadas por (X^1, X^2). Isso indica que há X^1 unidades do bem 1 e X^2 unidades do bem 2 disponíveis para consumo. Na economia Crusoé/Sexta-feira, os dois bens são cocos e peixes, mas utilizaremos a notação (X^1, X^2) para enfatizar as semelhanças com a análise do Capítulo 32. Uma vez que saibamos a quantidade total de cada bem, poderemos desenhar uma caixa de Edgeworth, como na Figura 33.9.

Dado (X^1, X^2), o conjunto de cestas de consumo eficiente no sentido de Pareto será do mesmo tipo dos examinados no capítulo anterior: os níveis de consumo eficientes no sentido de Pareto se localizarão ao longo do conjunto de Pareto – a linha de tangências mútuas das curvas de indiferença, como ilustrado na Figura 33.9. São essas as alocações nas quais a taxa marginal de substituição de cada consumidor – a taxa pela qual ele estará exatamente propenso a trocar – iguala-se à do outro.

Essas alocações são eficientes no sentido de Pareto no que diz respeito às decisões de consumo. Se as pessoas podem apenas trocar um bem por outro, o conjunto de Pareto descreve o conjunto de cestas que exaurem os ganhos de troca. Mas, numa economia com produção, há outra forma de "trocar" um bem por outro – produzir mais de um bem e menos do outro.

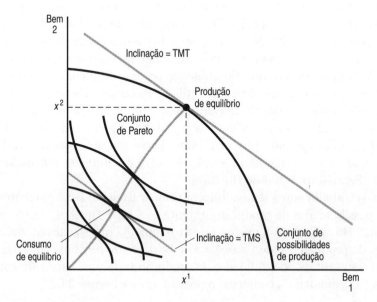

FIGURA 33.9 *A produção e a caixa de Edgeworth.* Podemos traçar uma caixa de Edgeworth em cada ponto da fronteira de possibilidades de produção para ilustrar as alocações de consumo possíveis.

O conjunto de Pareto descreve o conjunto de cestas eficientes no sentido de Pareto *dadas* as quantidades disponíveis dos bens 1 e 2, mas numa economia com produção essas quantidades podem ser escolhidas no conjunto de possibilidades de produção. Que escolhas do conjunto de possibilidades de produção serão eficientes no sentido de Pareto?

Pensemos na lógica em que se baseia a condição da taxa marginal de substituição. Dissemos que, numa alocação eficiente no sentido de Pareto, a TMS do consumidor A tinha de ser igual à TMS do consumidor B: a taxa pela qual o consumidor A estivesse disposto a trocar um bem pelo outro deveria ser igual à taxa porque o consumidor B estivesse disposto a trocar um bem pelo outro. Se isso não fosse verdade, então haveria alguma troca que melhorasse a situação de ambos os consumidores.

Lembre-se de que a taxa marginal de transformação (TMT) mede a taxa pela qual um bem pode ser "transformado" em outro. É claro que um bem não é literalmente *transformado* em outro. Os fatores de produção é que são movimentados de modo que se produza menos de um bem e mais do outro.

Suponhamos que a economia estivesse operando numa posição em que a taxa marginal de substituição de um dos consumidores não fosse igual à taxa marginal de transformação entre dois bens. Uma posição dessas não pode ser eficiente no sentido de Pareto. Por quê? Porque nesse ponto a taxa pela qual o consumidor está disposto a trocar o bem 1 pelo bem 2 é diferente da taxa pela qual o bem 1 pode ser transformado no bem 2 – há um meio de fazer com que o consumidor fique em melhor situação pelo rearranjo do padrão de produção.

Suponhamos, por exemplo, que a TMS do consumidor seja 1; o consumidor está disposto a substituir o bem 1 pelo bem 2 numa base de um para um. Suponhamos, ainda, que a TMT seja 2, o que significa que abrir mão de uma unidade do bem 1 permite à sociedade produzir duas unidades do bem 2. Assim, faz sentido reduzir a produção do bem 1 em uma unidade; isso irá gerar duas unidades extras do bem 2. Como o consumidor era exatamente indiferente entre abrir mão de uma unidade do bem 1 e, em troca, obter uma unidade do outro bem, ele certamente ficará em melhor situação ao obter *duas* unidades adicionais do bem 2.

O mesmo argumento poderá ser evocado sempre que um dos consumidores tiver uma TMS diferente da TMT – sempre haverá um rearranjo de consumo e de produção que fará com que esse consumidor melhore. Já vimos que, para alcançar a eficiência de Pareto, a TMS de cada consumidor deverá ser a mesma e o argumento dado anteriormente implica que a TMS de cada consumidor deveria de fato ser igual à TMT.

A Figura 33.9 ilustra uma alocação eficiente no sentido de Pareto. As TMS de cada consumidor são as mesmas, uma vez que as curvas de indiferença são tangentes na caixa de Edgeworth. E a TMS de cada consumidor é igual à TMT – a inclinação do conjunto de possibilidades de produção.

33.12 Náufragos S.A.

Na seção anterior derivamos as condições necessárias para a eficiência de Pareto: a TMS de cada consumidor tem de ser igual à TMT. Qualquer forma de distribuição de recursos que resulte em eficiência de Pareto tem de satisfazer essa condição. Anteriormente, neste capítulo, afirmamos que uma economia competitiva com empresas maximizadoras de lucro e consumidores maximizadores de utilidade resultaria numa alocação eficiente no sentido de Pareto. Nesta seção examinaremos os detalhes de como isso funciona.

Nossa economia contém agora dois indivíduos, Robinson e Sexta-feira. Há quatro bens: dois fatores de produção (o trabalho de Robinson e o de Sexta-feira) e dois produtos (coco e peixe). Suponhamos que tanto Robinson como Sexta-feira sejam acionistas da empresa, à qual chamaremos a partir de agora de Náufragos S.A. É claro que eles também são os únicos empregados e os únicos clientes, mas, como sempre, devemos examinar um papel de cada vez e não permitir que os participantes vejam o quadro maior. Afinal, o objeto da análise é entender como funciona um sistema de alocação de recursos *descentralizado* – no qual cada pessoa tem de determinar apenas suas decisões, sem se importar com o funcionamento da economia como um todo.

Comecemos com a Náufragos S.A. e examinemos o problema da maximização do lucro. A Náufragos S.A. produz dois produtos, coco (C) e peixe (F), e utiliza dois tipos de trabalho, o de Robinson (L_C) e o de Sexta-feira (L_F). Dados os preços do coco (p_C) e do peixe (p_F) e as taxas de salários de Crusoé e de Sexta-feira (w_C e w_F), o problema da maximização do lucro será

$$\max_{C,F,L_F,L_C} p_C C + p_F F - w_C L_C - w_F L_F$$

sujeito às restrições tecnológicas descritas pelo conjunto de possibilidades de produção.

Suponhamos que a empresa encontre seu ótimo em equilíbrio ao contratar L_F^* unidades do trabalho de Sexta-feira e L_C^* unidades do trabalho de Robinson. A questão que desejamos focalizar aqui é como a maximização de lucros determina o padrão de produção a ser alcançado. Deixemos que $L^* = w_C L_C^* + w_F L_F^*$ represente os custos de trabalho da produção e escrevamos os lucros da empresa, π, como

$$\pi = p_C C + p_F F - L^*.$$

Rearranjando a equação, temos

$$C = \frac{\pi + L^*}{p_C} - \frac{p_F F}{p_C}.$$

Essa equação descreve as **retas isolucro** da empresa, conforme representado na Figura 33.10, com uma declividade de $-p_F/p_C$ e um intercepto vertical de $(\pi + L^*)/p_C$. Dado que L^* é fixo, por hipótese, maiores lucros estarão associados com as linhas de isolucro com interceptos verticais mais elevados.

Se a empresa quiser maximizar seus lucros, ela escolherá um ponto no conjunto de possibilidades de produção em que a reta isolucro que passa sobre ele tenha o intercepto vertical mais alto possível. Nesse estágio, já deve estar claro que isso implica que a reta isolucro tem de ser tangente ao conjunto de possibilidades de produção, ou seja, que a inclinação do conjunto de possibilidades de produção (a TMT) deva ser igual à inclinação da reta isolucro, $-p_F/p_C$.

$$\text{TMT} = -\frac{p_F}{p_C}.$$

Descrevemos esse problema de maximização do lucro no caso de uma empresa, mas vale para um número arbitrário de empresas: toda empresa que escolher a maneira mais lucrativa de produzir coco e peixe operará onde a taxa marginal de transformação de quaisquer dos dois bens que produz seja igual à razão de preços desses dois bens. Isso é verdadeiro mesmo que as empresas possuam conjuntos de possibilidades de produção bem diferentes, desde que se defrontem com os mesmos preços para os dois bens.

Isso significa que, no equilíbrio, os preços dos dois bens irão medir a taxa marginal de transformação – o custo de oportunidade de um bem em termos do outro. Se você deseja mais cocos, terá de abrir mão de um pouco de peixe. De quanto peixe? Basta olhar para a razão de preços entre o peixe e o coco: a razão entre essas variáveis econômicas nos diz qual terá de ser o *trade-off* tecnológico.

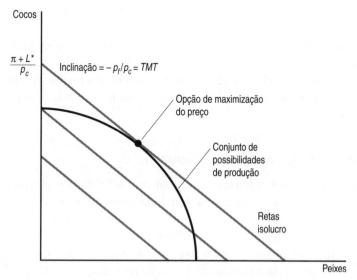

FIGURA 33.10 Maximização do lucro. *No ponto que proporciona o máximo de lucro, a taxa marginal de transformação tem de igualar a inclinação da reta isolucro, $-p_F/p_C$.*

33.13 Robinson e Sexta-feira como consumidores

Vimos como a Náufragos S.A. determina seu plano de produção maximizador de lucro. Para fazer isso, ela tem de empregar algum trabalho e pode gerar algum lucro. Quando emprega trabalho, paga salários aos trabalhadores; quando obtém lucros, paga dividendos aos acionistas. De qualquer das duas formas, o dinheiro obtido pela Náufragos S.A. é reembolsado a Robinson e Sexta-feira na forma de salários ou de lucros.

Como a empresa paga todas as suas receitas para os empregados e acionistas, isso significa que eles necessariamente têm renda suficiente para comprar o seu produto. Isso é apenas uma variação da lei de Walras analisada no Capítulo 32: as pessoas obtêm sua renda ao vender suas dotações, de modo que têm de dispor sempre de renda suficiente para comprar essas dotações. Aqui as pessoas obtêm renda por venderem suas dotações e também por receberem lucros da empresa. Mas, como dinheiro nunca desaparece nem é acrescentado ao sistema, as pessoas sempre terão dinheiro suficiente para comprar o que é produzido.

O que os consumidores fazem com o dinheiro da empresa? Como de costume, eles usam o dinheiro para comprar bens de consumo. Cada pessoa escolhe a melhor cesta de bens que pode pagar aos preços p_F e p_C. Como vimos antes, a cesta de consumo ótima de cada consumidor tem de satisfazer à condição de que a taxa marginal de substituição entre os dois bens seja igual à razão de preços comum. Mas essa razão de preços também é igual à taxa marginal de transformação, graças ao comportamento maximizador de lucros da empresa. Assim, as condições necessárias à eficiência de Pareto são atendidas: a TMS de cada consumidor se iguala à TMT.

Nessa economia, os preços dos bens servem como sinal de escassez relativa. Eles indicam a escassez tecnológica – quanto da produção de um bem tem de ser reduzido para que se produza mais do outro – e indicam a escassez de consumo – quanto as pessoas estão dispostas a reduzir o consumo de um bem para adquirir mais do outro.

33.14 Alocação de recursos descentralizada

A economia Crusoé/Sexta-feira é um quadro drasticamente simplificado. Para iniciar-se num modelo mais amplo de funcionamento da economia, a pessoa tem de utilizar recursos de matemática bem mais complexos. No entanto, mesmo esse modelo simplificado contém alguns insights úteis.

O mais importante deles é a relação entre os objetivos *privados* individuais da maximização de utilidade e os objetivos *sociais* de utilização eficiente de recursos. Sob certas condições, a perseguição de objetivos privados individuais resultará numa alocação eficiente no sentido de Pareto no geral. Além disso, qualquer alocação eficiente no sentido de Pareto pode ser obtida como resultado de um mercado competitivo se as dotações iniciais – incluindo a propriedade das empresas – puderem ser apropriadamente redistribuídas.

A grande virtude do mercado competitivo é que todo indivíduo e toda empresa têm de se preocupar apenas com seu próprio problema de maximização. Os únicos fatos que têm de ser comunicados entre as empresas e os consumidores são os preços dos bens. Dados os sinais de escassez relativa, os consumidores e as empresas têm informação suficiente para tomar decisões que proporcionem uma alocação eficiente de recursos. Nesse sentido, os problemas sociais envolvidos na utilização eficiente dos recursos podem ser descentralizados e resolvidos no âmbito individual.

Cada pessoa pode resolver seu próprio problema em relação ao que consumir. As empresas se defrontam com os preços dos bens que os consumidores consomem e decidem quanto produzir de cada um desses bens. Ao tomar essa decisão, são guiadas pelos sinais de lucro. Nesse contexto, os lucros servem exatamente como o guia correto. Dizer que o plano de produção é lucrativo é dizer que as pessoas estão propensas a pagar mais por algum bem do que custa produzi-lo – portanto, é natural expandir a produção desse bem. Se todas as empresas perseguirem uma política competitiva de maximização do lucro e todos os consumidores escolherem cestas de consumo para maximizar sua própria utilidade, o equilíbrio competitivo resultante terá de ser uma alocação eficiente no sentido de Pareto.

RESUMO

1. O modelo de equilíbrio geral pode ser estendido ao se permitir que as empresas competitivas e maximizadoras de lucro produzam bens destinados à troca na economia.

2. Em certas condições, há um conjunto de preços para todos os insumos e produtos da economia, de modo que as ações maximizadoras de lucros das empresas, juntamente com o comportamento maximizador de utilidade das pessoas, resultam na igualdade entre a demanda e a oferta de todos os bens em todos os mercados – ou seja, há um equilíbrio competitivo.

3. Em certas condições, o equilíbrio competitivo resultante será eficiente no sentido de Pareto: o Primeiro Teorema de Bem-Estar é válido numa economia com produção.

4. Com a adição de conjuntos de produção convexos, o Segundo Teorema de Bem-Estar também é válido no caso de produção.

5. Quando os bens são produzidos de maneira tão eficiente quanto possível, a taxa marginal de transformação entre dois bens indica o número de unidades de um bem de que a economia tem de abrir mão para obter unidades adicionais do outro bem.

6. A eficiência de Pareto exige que a taxa marginal de substituição de todas as pessoas seja igual à taxa marginal de transformação.

7. A virtude dos mercados competitivos é que eles proporcionam um modo de alcançar uma alocação eficiente de recursos pela descentralização das decisões de produção e consumo.

QUESTÕES DE REVISÃO

1. O preço competitivo do coco é de US$6 por quilo e o do peixe é de US$3 por quilo. Se a sociedade abrisse mão de 1 quilo de coco, quantos quilos a mais de peixe poderiam ser produzidos?

2. O que aconteceria se a empresa representada na Figura 33.2 decidisse pagar um salário mais alto?

3. Em que sentido o equilíbrio competitivo é bom ou ruim para determinada economia?

4. Se a taxa marginal de substituição de Robinson entre peixes e cocos for de −2 e a taxa marginal de transformação entre eles for de −1, o que ele deve fazer se quiser aumentar sua utilidade?

5. Suponhamos que tanto Robinson como Sexta-feira queiram 60 quilos de peixe e 60 quilos de coco por dia. Com as taxas de produção dadas neste capítulo, quantas horas por dia Robinson e Sexta-feira terão de trabalhar se não se ajudarem? Suponhamos que decidam trabalhar juntos da maneira mais eficiente possível. Agora, quantas horas por dia eles têm de trabalhar? Qual é a explicação econômica para a redução das horas?

APÊNDICE

Derivemos as condições de cálculo da eficiência de Pareto numa economia com produção. Sejam X^1 e X^2 as quantidades totais dos bens 1 e 2 produzidas e consumidas, como vimos neste capítulo:

$$X^1 = x_A^1 + x_B^1$$

$$X^2 = x_A^2 + x_B^2.$$

A primeira coisa de que precisamos é de uma forma conveniente de descrever a fronteira de possibilidades de produção – todas as combinações de X^1 e X^2 tecnologicamente factíveis. A maneira mais útil de fazer isso para nossos objetivos é utilizando a **função de transformação**. Essa é uma função das quantidades agregadas de dois bens $T(X^1, X^2)$, de modo que a combinação (X^1, X^2) esteja na fronteira de possibilidades de produção (a fronteira do conjunto de possibilidades de produção) se, e somente se,

$$T(X^1, X^2) = 0.$$

Uma vez descrita a tecnologia, podemos calcular a taxa marginal de transformação: a taxa pela qual temos de sacrificar o bem 2 para produzir mais do bem 1. Embora o nome evoque a imagem de um bem sendo "transformado" em outro, a coisa não é bem assim. O que realmente ocorre é que os outros recursos são deslocados da produção do bem 2 para a produção do bem 1. Portanto, ao dedicarmos menos recursos para o bem 2 e mais para o bem 1, movemo-nos de um ponto da fronteira de possibilidades de produção para outro. A taxa marginal de transformação é justamente a inclinação do conjunto de possibilidades de produção, que representamos por dX^2/dX^1.

Imagine uma mudança pequena na produção (dX^1, dX^2), que permaneça factível. Teremos, pois,

$$\frac{\partial T(X^1, X^2)}{\partial X^1} dX^1 + \frac{\partial T(X^1, X^2)}{\partial X^2} dX^2 = 0.$$

Resolvamos para a taxa marginal de transformação:

$$\frac{dX^2}{dX^1} = -\frac{\partial T/\partial X^1}{\partial T/\partial X^2}.$$

Em breve, utilizaremos essa fórmula.

A alocação eficiente no sentido de Pareto é aquela que maximiza o nível de utilidade de qualquer pessoa, dado o nível de utilidade das outras pessoas. No caso das duas pessoas, podemos escrever esse problema de maximização como

$$\max_{x_A^1, x_A^2, x_B^1, x_B^2} u_A(x_A^1, x_A^2)$$

de modo que $u_B(x_B^1, x_B^2) = \overline{u}$

$$T(X^1, X^2) = 0.$$

A Lagrangiana desse problema é

$$L = u_A(x_A^1, x_A^2) - \lambda(u_B(x_B^1, x_B^2) - \overline{u})$$
$$- \mu(T(X_1, X_2) - 0),$$

e as condições de primeira ordem são

$$\frac{\partial L}{\partial x_A^1} = \frac{\partial u_A}{\partial x_A^1} - \mu \frac{\partial T}{\partial X^1} = 0$$

$$\frac{\partial L}{\partial x_A^2} = \frac{\partial u_A}{\partial x_A^2} - \mu \frac{\partial T}{\partial X^2} = 0$$

$$\frac{\partial L}{\partial x_B^1} = -\lambda \frac{\partial u_B}{\partial x_B^1} - \mu \frac{\partial T}{\partial X^1} = 0$$

$$\frac{\partial L}{\partial x_B^2} = -\lambda \frac{\partial u_B}{\partial x_B^2} - \mu \frac{\partial T}{\partial X^2} = 0.$$

O rearranjo e a divisão da primeira equação pela segunda resulta em

$$\frac{\partial u_A/\partial x_A^1}{\partial u_A/\partial x_A^2} = \frac{\partial T/\partial X^1}{\partial T/\partial X^2}.$$

Se efetuarmos a mesma operação na terceira e quarta equações, teremos

$$\frac{\partial u_B/\partial x_B^1}{\partial u_B/\partial x_B^2} = \frac{\partial T/\partial X^1}{\partial T/\partial X^2}.$$

Ao lado esquerdo dessas equações estão nossas velhas amigas, as taxas marginais de substituição. Ao lado direito, encontra-se a taxa marginal de transformação. Portanto, as equações exigem que a taxa marginal de substituição de cada pessoa entre os bens se iguale à taxa marginal de transformação; a taxa pela qual cada pessoa está disposta a substituir um bem pelo outro tem de ser a mesma taxa pela qual é tecnologicamente factível transformar um bem no outro.

A intuição por trás desse resultado é direta. Suponhamos que a TMS de uma pessoa não se iguale à TMT. Então a taxa pela qual a pessoa estaria disposta a sacrificar uma unidade do bem para obter mais do outro seria diferente da taxa pela qual isso seria tecnologicamente factível – mas isso significa que haveria alguma forma de aumentar a utilidade dessa pessoa sem afetar o consumo de nenhuma outra.

CAPÍTULO 34

O BEM-ESTAR

Até agora nos concentramos nas considerações de eficiência de Pareto na avaliação das alocações econômicas. Mas há outras considerações importantes. É preciso lembrar que a eficiência de Pareto não tem nada a dizer sobre a distribuição de bem-estar entre as pessoas; fornecer tudo para uma única pessoa será eficiente. Mas o restante de nós pode não considerar isso uma alocação razoável. Neste capítulo investigaremos algumas técnicas que podem ser utilizadas para formalizar ideias relacionadas à distribuição de bem-estar.

A eficiência de Pareto é em si mesma um objetivo desejável – se houver algum modo de fazer com que um grupo melhore de situação sem piorar a do outro, por que não o fazer? Mas sempre haverá várias alocações eficientes no sentido de Pareto. Como a sociedade poderá escolher entre elas?

O principal ponto deste capítulo será a ideia da **função de bem-estar**, que fornece uma forma de "somar" as diferentes utilidades dos consumidores. De maneira geral, a função de bem-estar proporciona um modo de classificar as diferentes distribuições de utilidade entre os consumidores. Antes de investigarmos as implicações desse conceito, vale a pena examinar como as preferências dos consumidores individuais podem ser "somadas" para elaborar alguns tipos de "preferências sociais".

34.1 Agregação de preferências

Retomemos nossa discussão anterior sobre as preferências dos consumidores. Como de hábito, vamos supor que essas preferências sejam transitivas. Originalmente, imaginamos as preferências dos consumidores como definidas com base em sua própria cesta de bens, mas agora desejamos expandir esse conceito e imaginar que cada consumidor tenha preferências sobre toda a alocação de bens entre os consumidores. Isso, é claro, inclui a possibilidade de que o consumidor não se importe com o que as outras pessoas possuam, de acordo com nosso pressuposto original.

Empreguemos o símbolo **x** para representar determinada alocação – uma descrição do que cada pessoa obtém de cada bem. Assim, dadas duas alocações, *x* e *y*, cada pessoa *i* pode dizer se prefere ou não *x* a *y*.

Dadas as preferências de todos os agentes, gostaríamos de ter uma forma de "agregá-las" numa **preferência social**. Ou seja, se soubéssemos como todas as pessoas classificam as várias alocações, gostaríamos de ser capazes de utilizar essa informação para desenvolver uma classificação social das várias alocações. Esse é o problema com a tomada de decisões sociais em seu nível mais geral. Examinemos alguns exemplos.

Uma forma de agregar as preferências individuais é utilizar algum tipo de votação. Poderíamos concordar que *x* é "socialmente preferível" a *y* se a maioria das pessoas preferisse *x* a *y*. Entretanto, esse método tem um problema – pode não gerar uma classificação transitiva da preferência social. Vejamos, por exemplo, o caso ilustrado na Tabela 34.1.

TABELA 34.1 *Preferências que geram votação intransitiva*

Pessoa A	Pessoa B	Pessoa C
x	y	z
y	z	x
z	x	y

Nessa tabela, listamos a ordenação para três opções, *x*, *y* e *z*, de três pessoas. Observemos que a maioria prefere *x* a *y*, *y* a *z* e *z* a *x*. Portanto, agregar as preferências individuais pelo voto majoritário não funcionará, pois, em geral, as preferências sociais resultantes da votação majoritária não são preferências bem-comportadas, uma vez que não são transitivas. Como as preferências não são transitivas, não haverá nenhuma alternativa "melhor" no conjunto de alternativas (*x*, *y*, *z*). O resultado escolhido pela sociedade dependerá da ordem na qual a votação for realizada.

Para verificarmos isso, suponhamos que as três pessoas representadas na Tabela 34.1 decidam votar antes em *x* contra *y* e depois votem no ganhador dessa disputa contra *z*. Como a maioria prefere *x* a *y*, a segunda disputa será entre *x* e *z*, o que significa que *z* será o vencedor.

Mas e se decidirem votar em *z* contra *x* e então colocar o vencedor dessa disputa contra *y*? Agora *z* ganha a primeira votação, mas *y* ganha de *z* a segunda votação. O resultado ganhador depende de maneira crucial da ordem em que as alternativas são apresentadas aos eleitores.

Outro tipo de mecanismo de votação que podemos considerar é a votação com escala ordinal. Nesse tipo, cada pessoa ordena os bens de acordo com suas preferências e designa um número que indica a classificação de cada um deles em sua ordenação: por exemplo, 1 para a melhor alternativa, 2 para a segunda melhor, e assim por diante. Somamos então os escores de cada alternativa escolhida pelo conjunto de pessoas para determinar um escore agregado de cada alternativa e dizemos que um resultado é socialmente preferido a outro se tiver um escore mais baixo.

Na Tabela 34.2 ilustramos uma ordenação de preferências possível para três alocações x, y e z por duas pessoas. Suponhamos primeiro que apenas as alternativas x e y estejam disponíveis. Então, nesse exemplo, x seria classificado em primeiro lugar pela pessoa A e em segundo pela pessoa B. A alternativa y seria classificada na ordem inversa. Assim, a votação terminaria num empate, em que cada alternativa teria uma classificação agregada de 3.

TABELA 34.2 *A escolha entre x e y depende de z*

Pessoa A	Pessoa B
x	y
y	z
z	x

Mas suponhamos agora que z passe a concorrer na votação. A pessoa A daria a x um escore de 1, a y, um escore de 2, e a z, um escore de 3. A pessoa B daria a y um escore de 1, a z, um escore de 2, e a x, um escore de 3. Isso quer dizer que x teria agora uma classificação agregada de 4. Nesse caso, y seria preferido a x pela votação com escala ordinal e y teria uma classificação agregada de 3.

O problema tanto com a votação majoritária como com a votação com escala ordinal é que os resultados podem ser manipulados por agentes astutos. A votação majoritária pode ser manipulada pela mudança da ordem na qual as coisas são votadas, de modo a gerar o resultado desejado; já a votação com escala ordinal pode ser manipulada mediante a introdução de novas alternativas que modificam a classificação final das alternativas relevantes.

A questão que naturalmente se levanta é se há mecanismos de decisão social – maneiras de agregar preferências – imunes a esse tipo de manipulação? Há formas de "somar" todas as preferências que não tenham as propriedades indesejadas descritas anteriormente?

Enumeremos algumas coisas que desejaríamos que o nosso mecanismo de decisão social fizesse:

1. Dado um conjunto completo, reflexivo e transitivo de preferências individuais, o mecanismo de decisão social deveria resultar em preferências sociais que satisfizessem as mesmas propriedades.

2. Se todos preferissem a alternativa x à alternativa y, as preferências sociais deveriam classificar x à frente de y.

3. As preferências entre x e y deveriam depender apenas de como as pessoas classificam x em relação a y e não de como classificam as alternativas.

Todas essas condições parecem plausíveis, embora possa ser bem difícil encontrar um mecanismo que satisfaça a todas. Na realidade, Kenneth Arrow provou o seguinte resultado notável:[1]

Teorema da impossibilidade de Arrow. *Se um mecanismo de decisão social satisfizer as propriedades 1, 2 e 3, ele então terá de ser uma ditadura: todas as ordenações sociais são ordenações de um indivíduo.*

O Teorema da Impossibilidade de Arrow é bastante surpreendente. Ele mostra que três características muito desejáveis e plausíveis de um mecanismo de decisão social são incompatíveis com a democracia: não há forma "perfeita" de tomar decisões sociais, nem de "agregar" as preferências individuais para construir uma preferência social. Se desejarmos encontrar um meio de agregar as preferências individuais para formar as preferências sociais, teremos de desistir de uma das propriedades de um mecanismo de decisão social descrito no Teorema de Arrow.

34.2 Funções de bem-estar social

Se tivéssemos de abandonar uma das características desejadas da função de bem-estar social descritas anteriormente, provavelmente seria a propriedade 3 – que as preferências sociais entre duas alternativas dependem apenas da classificação daquelas duas alternativas. Se fizéssemos isso, certos tipos de votação com escala ordinal tornar-se-iam possíveis.

Dadas as preferências de cada pessoa i pelas alocações, podemos construir funções de utilidade, $u_i(x)$, que resumem os valores de julgamentos das pessoas: a pessoa i prefere x a y se, e somente se, $u_i(x) > u_i(y)$. Essas, é claro, são exatamente iguais a todas as funções de utilidade – elas podem ser escalonadas de qualquer forma que preserve a ordenação de preferências básicas. Não há representação de utilidade *única*.

Tomemos, porém, algumas representações de utilidade e nos fixemos nelas. Assim, uma forma de obter preferências sociais a partir das preferências individuais é somar as utilidades individuais e usar o número resultante como um tipo de utilidade social. Ou seja, diremos que a alocação x é preferível à alocação y se

$$\sum_{i=1}^{n} u_i(\mathbf{x}) > \sum_{i=1}^{n} u_i(\mathbf{y}),$$

em que n é o número de pessoas da sociedade.

---

[1] Ver Kenneth Arrow, *Social Choice and Individual Values* (Nova York, 1963). Professor da Stanford University, Arrow, recebeu o prêmio Nobel de Economia por seu trabalho nessa área.

Isso funciona – mas claro que é totalmente arbitrário, uma vez que nossa escolha de representação de utilidade é totalmente arbitrária. A escolha de utilizar a soma também é arbitrária. Por que não utilizar a soma ponderada das utilidades? Por que não utilizar o produto das utilidades ou a soma dos quadrados das utilidades?

Uma restrição razoável que podemos estabelecer com respeito à "função de agregação" é que ela seja crescente na utilidade de cada indivíduo. Dessa forma, asseguramos que, se todos preferirem x a y, as preferências sociais também favorecerão x em detrimento de y.

Há um nome para esse tipo de função de agregação: **função de bem-estar social**. Uma função de bem-estar social é apenas uma função expressa em termos das funções de utilidade individuais: $W(u_1(x), ..., u_n(x))$. A função de bem-estar social proporciona um modo de classificar as diferentes alocações com base apenas nas preferências individuais e ela é uma função crescente da utilidade de cada indivíduo.

Analisemos alguns exemplos. Um caso especial, mencionado anteriormente, é a *soma* das funções de utilidade individual

$$W(u_1, ..., u_n) = \sum_{i=1}^{n} u_i.$$

Isto é, algumas vezes, chamado de função de bem-estar **utilitarista clássica** ou **de Bentham**.[2] Uma pequena generalização dessa forma é a **função de bem-estar da soma ponderada das utilidades**:

$$W(u_1, ..., u_n) = \sum_{i=1}^{n} a_i u_i.$$

Aqui se supõe que os pesos $a_1, ..., a_n$ são números que indicam a importância da utilidade de cada agente para o bem-estar social geral. É natural considerar cada a_i como positivo.

Outra função de bem-estar interessante é a função de bem-estar social **minimax** ou **rawlsiana**:

$$W(u_1, ..., u_n) = \min\{u_1, ..., u_n\}.$$

Essa função de bem-estar social diz que o bem-estar social de uma alocação depende apenas do bem-estar do agente em pior situação – a pessoa com a utilidade mínima.[3]

Cada uma dessas formas é um caminho possível para comparar funções de utilidade individuais. Cada uma representa diferentes julgamentos éticos sobre a comparação entre o bem-estar de diversos agentes. A única restrição que imporemos

---

[2] Jeremy Bentham (1748-1832) foi o fundador da escola utilitarista de filosofia moral, que considera como o bem supremo uma felicidade maior para um número maior de pessoas.
[3] John Rawls foi um filósofo em Harvard que defendeu esse princípio de justiça.

à estrutura da função de bem-estar nesse ponto é que ela seja crescente na utilidade de cada consumidor.

34.3 Maximização do bem-estar

Uma vez que tenhamos uma função de bem-estar, podemos examinar o problema de maximização do bem-estar. Empreguemos a notação x_i^j para indicar quanto a pessoa i tem do bem j e suponhamos que haja n consumidores e k bens. Assim, a alocação $\boldsymbol{x}$ consistirá na lista de quanto cada agente tem de cada bem.

Se tivermos uma quantidade total $X^1, \ldots, X^k$ dos bens $1, \ldots, k$ para distribuir entre os consumidores, poderemos colocar o problema de maximização de bem-estar:

$$\max\ W(u_1(\mathbf{x}), \ldots, u_n(\mathbf{x}))$$

$$\text{de modo que}\ \sum_{i=1}^{n} x_i^1 = X^1$$

$$\vdots$$

$$\sum_{i=1}^{n} x_i^k = X^k.$$

Estamos, pois, tentando encontrar a alocação factível que maximiza o bem-estar social. Que propriedades terá tal alocação?

O primeiro aspecto a observar é que uma alocação de bem-estar máximo tem de ser uma alocação eficiente no sentido de Pareto. A prova é fácil: suponhamos que não fosse. Então haveria alguma outra alocação factível que daria a todos uma utilidade ao menos tão grande quanto essa e a alguém uma utilidade estritamente maior. Mas a função de bem-estar é uma função crescente da utilidade de cada agente. Portanto, essa nova alocação deveria ter um bem-estar mais alto, o que contradiz o pressuposto de que tínhamos originalmente um bem-estar ótimo.

Podemos ilustrar essa situação na Figura 34.1: o conjunto U indica o conjunto de utilidades possíveis no caso de duas pessoas. Esse conjunto é conhecido como **conjunto de possibilidades de utilidade**. A fronteira desse conjunto – a **fronteira de possibilidades de utilidade** – é o conjunto de níveis de utilidade associados a alocações eficientes no sentido de Pareto. Se uma alocação estiver na fronteira do conjunto de possibilidades de utilidade, não haverá outras alocações factíveis que proporcionem utilidades maiores para ambos os agentes.

As "curvas de indiferença" nesse diagrama são chamadas de **curvas de iso-bem-estar**, uma vez que representam as distribuições de utilidade que apresentam bem-estar constante. Como sempre, o ponto ótimo caracteriza-se pela condição de tangência. Mas, para nossos objetivos, o aspecto notável desse ponto de bem-estar máximo é que ele é eficiente no sentido de Pareto – tem de ocorrer na fronteira do conjunto de possibilidades de utilidade.

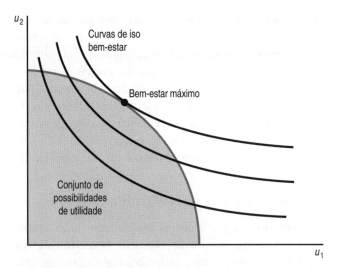

FIGURA 34.1 Maximização do bem-estar. A alocação que maximiza uma função de bem-estar tem de ser eficiente no sentido de Pareto.

Outra observação que podemos fazer a respeito desse diagrama é que *qualquer* alocação eficiente no sentido de Pareto tem de ser um bem-estar máximo para alguma função de bem-estar. A Figura 34.2 fornece um exemplo disso.

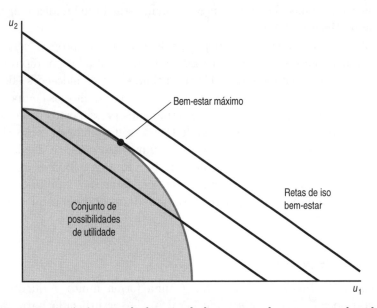

FIGURA 34.2 Maximização da função de bem-estar de somas ponderadas de utilidades. Se o conjunto de possibilidades de utilidade for convexo, todo ponto eficiente de Pareto será o máximo para uma função de bem-estar de soma de utilidades ponderadas.

Na Figura 34.2 selecionamos uma alocação eficiente no sentido de Pareto e encontramos um conjunto de curvas de isobem-estar para as quais ela gera bem-estar máximo. Na verdade, podemos dizer um pouco mais sobre isso. Se o conjunto de distribuições de utilidades possíveis for convexo, como ilustrado, todo ponto em sua fronteira será um ponto de máximo bem-estar para uma função de bem-estar de soma de utilidades ponderadas, como ilustra a figura. A função bem-estar provê, pois, uma forma de escolher alocações eficientes no sentido de Pareto: todo máximo de bem-estar é uma alocação eficiente no sentido de Pareto e toda alocação eficiente no sentido de Pareto é um máximo de bem-estar.

34.4 Funções de bem-estar social individualistas

Até agora temos pensado nas preferências individuais como sendo definidas com base em alocações totais em vez de na cesta de bens de cada indivíduo. Mas, conforme observamos anteriormente, os indivíduos podem se preocupar apenas com suas próprias cestas. Nesse caso, podemos utilizar x_i para representar a cesta de consumo da pessoa i e $u_i(x_i)$ para representar o nível de utilidade da pessoa i, usando alguma representação fixa de utilidade. Assim, a função de bem-estar social terá a forma

$$W = W(u_1(x_1), \ldots, u_n(x_n)).$$

A função bem-estar é uma função direta dos níveis de utilidade individuais, mas é indiretamente uma função das cestas de consumo dos agentes individuais. Essa forma especial é conhecida como **função de bem-estar individualista** ou **função de bem-estar de Bergson-Samuelson**.[4]

Se a utilidade de cada agente depender apenas de seu próprio consumo, não haverá externalidades de consumo. Desse modo, os resultados-padrão do Capítulo 32 serão aplicados e teremos uma relação íntima entre as alocações eficientes no sentido de Pareto e os equilíbrios de mercado: todos os equilíbrios competitivos são eficientes no sentido de Pareto e, sob determinados pressupostos de convexidade, todas as alocações eficientes no sentido de Pareto são equilíbrios competitivos.

Podemos agora levar essa categorização um passo adiante. Dada a relação anteriormente descrita entre a eficiência de Pareto e os máximos de bem-estar, podemos concluir que todos os máximos de bem-estar são equilíbrios competitivos e todos os equilíbrios competitivos são máximos de bem-estar para alguma função de bem-estar.

34.5 Alocações justas

A abordagem da função de bem-estar é uma forma muito geral de descrever o bem-estar social. Mas, por ser tão geral, pode ser utilizada para resumir as

---

[4] Abram Bergson (1914–2002) e Paul Samuelson (1915–2009) foram economistas que investigaram as propriedades desse tipo de função de bem-estar no início da década de 1940. Samuelson ganhou o prêmio Nobel de Economia por suas várias contribuições.

propriedades de muitos tipos de julgamentos morais. Por outro lado, não é muito usada para determinar que tipos de julgamentos éticos possam ser razoáveis.

Outra abordagem consiste em iniciar com alguns julgamentos morais específicos e examinar suas implicações para a distribuição econômica. É essa a abordagem adotada no estudo das **alocações justas**. Comecemos pela definição do que pode ser considerada uma forma justa de dividir uma cesta de bens e, em seguida, utilizar nossos conhecimentos da análise econômica para investigar suas consequências.

Suponhamos que você recebesse alguns bens para dividir de maneira justa entre n pessoas igualmente merecedoras deles. Como você faria isso? É provavelmente seguro dizer que nesse problema a maioria das pessoas dividiria os bens igualmente entre os n agentes. Como eles são, por pressuposto, igualmente merecedores, o que mais você poderia fazer?

Qual o atrativo dessa ideia de divisão igualitária? Um aspecto atraente é que ela é *simétrica*. Todos os agentes têm a mesma cesta de bens; nenhum deles prefere a cesta de bens de qualquer outro à sua própria, uma vez que todos têm exatamente a mesma coisa.

Infelizmente, a divisão igualitária não será necessariamente eficiente no sentido de Pareto. Se os agentes tiverem gostos diferentes, eles desejarão, em geral, realizar trocas fora da divisão igualitária. Suponhamos que essas trocas ocorram e que elas nos movam para uma alocação eficiente no sentido de Pareto.

Esse fato dá margem a uma pergunta: será que essa alocação eficiente no sentido de Pareto continua justa? Será que a troca a partir da divisão igualitária herda algo da simetria do ponto inicial?

A resposta é: não necessariamente. Examinemos o seguinte exemplo. Temos três pessoas, A, B e C. A e B têm os mesmos gostos, mas C tem gostos diferentes. Comecemos com a suposição de que, a partir de uma divisão igualitária, A e C iniciam um intercâmbio. Isso em geral fará com que eles fiquem numa situação melhor. Já B, que não teve a oportunidade de trocar com C, **invejará** A – isto é, ele preferiria a cesta de A à sua própria. Embora A e B tenham começado com a mesma alocação, A foi mais feliz em sua troca, o que destruiu a simetria da alocação original.

Isso significa que a troca arbitrária a partir de uma divisão igualitária não preservará necessariamente a simetria existente no ponto de partida da divisão igualitária. Podemos também perguntar se há alguma alocação capaz de preservar essa simetria. Haverá algum modo de obter uma alocação que seja, ao mesmo tempo, eficiente no sentido de Pareto e equitativa?

34.6 Inveja e equidade

Tentemos agora formalizar algumas dessas ideias. O que, afinal de contas, queremos dizer por "simétrico" ou "equitativo"? A seguir, examinaremos um possível conjunto de definições.

Dizemos que uma alocação é **equitativa** quando nenhum agente prefere a cesta de bens de outro agente à sua própria. Se o agente i preferir a cesta de bens do agente j, dizemos que i **inveja** j. Por fim, se uma alocação for equitativa e eficiente no sentido de Pareto, dizemos que ela é uma alocação **justa**.

Esses são meios de formalizar a ideia de simetria a que aludimos anteriormente. Uma alocação de divisão igualitária tem a propriedade de nenhum agente invejar o outro – mas há várias outras alocações que apresentam essa mesma propriedade.

Examinemos a Figura 34.3. Para saber se qualquer alocação é equitativa ou não, basta observar, na alocação resultante, se os dois agentes trocam as cestas. Se a alocação trocada situar-se "abaixo" da curva de indiferença de cada agente que passa pela alocação original, então essa alocação original será uma alocação equitativa. (Aqui, "abaixo" significa abaixo do ponto de vista de cada agente; de nosso ponto de vista, a alocação trocada tem de situar-se entre as duas curvas de indiferença.)

Observe também que a alocação da Figura 34.3 é também eficiente no sentido de Pareto. Não é, pois, apenas equitativa, no sentido em que definimos o termo, mas é também eficiente. De acordo com nossa definição, é uma alocação justa. Será esse tipo de alocação um acaso feliz ou ela normalmente existe?

Acontece que essas alocações justas normalmente *existirão* e há um meio fácil de verificar como isso é possível. Começamos como fizemos na seção anterior, em que tínhamos uma alocação de divisão igualitária, e consideramos as trocas como um meio de alcançar uma alocação eficiente no sentido de Pareto. Em vez de utilizarmos qualquer forma antiga de intercâmbio, utilizaremos o mecanismo especial do mercado competitivo. Isso nos moverá para uma nova alocação, em que cada agente escolherá a melhor cesta de bens pela qual pode pagar aos preços de equilíbrio (p_1, p_2), e sabemos, do Capítulo 32, que tal alocação tem de ser eficiente no sentido de Pareto.

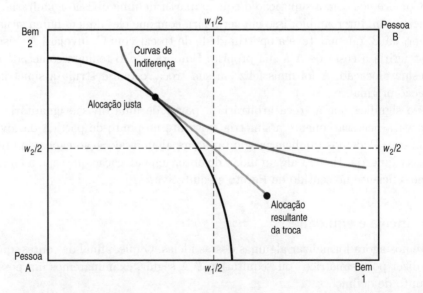

FIGURA 34.3 *Alocações justas.* Uma alocação justa numa caixa de Edgeworth. Todas as pessoas preferem a alocação justa à alocação resultante da troca.

Mas será ela ainda equitativa? Bem, vamos supor que não. Consideremos que um dos consumidores, digamos, o consumidor A, inveje o consumidor B. Isso significa que A prefere a cesta de B à sua própria cesta. Em símbolos:

$$(x_A^1, x_A^2) \prec_A (x_B^1, x_B^2).$$

Mas se A prefere a cesta de B à sua própria e a cesta de A é a melhor que ele pode pagar aos preços (p_1, p_2), isso significa que a cesta de B tem de custar mais do que A pode pagar. Em símbolos:

$$p_1 \omega_A^1 + p_2 \omega_A^2 < p_1 x_B^1 + p_2 x_B^2.$$

Mas isso é uma contradição! Contradição porque, por hipótese, A e B começaram exatamente com a mesma cesta, uma vez que partiram de uma divisão igualitária. Se A não pode pagar pela cesta de B, então B também não pode pagar por ela.

Podemos, pois, concluir que, nessas circunstâncias, é impossível que A inveje B. Um equilíbrio competitivo a partir de uma divisão igualitária tem de ser uma alocação justa. Portanto, o mecanismo de mercado preservará certos tipos de equidade: se a alocação original for dividida igualmente, a alocação final terá de ser justa.

RESUMO

1. O Teorema da Impossibilidade de Arrow mostra que não há uma forma ideal de agregar as preferências individuais em preferências sociais.

2. No entanto, os economistas utilizam com frequência funções de bem-estar de um tipo ou de outro para representar julgamentos distributivos sobre alocações.

3. Enquanto a função de bem-estar for crescente na utilidade de cada indivíduo, o máximo de bem-estar será eficiente no sentido de Pareto. Além disso, toda alocação eficiente no sentido de Pareto pode ser considerada como maximizadora de alguma função de bem-estar.

4. A ideia de alocações justas proporciona um meio alternativo de realizar julgamentos distributivos. Esse conceito enfatiza a ideia de tratamento simétrico.

5. Mesmo quando a alocação inicial for simétrica, os métodos arbitrários de troca não produzirão necessariamente uma alocação justa. No entanto, o mecanismo de mercado proporcionará uma alocação justa.

QUESTÕES DE REVISÃO

1. Suponhamos que uma alocação *x* seja socialmente preferida a uma alocação *y* apenas se *cada pessoa* preferir *x* a *y*. (Isso é às vezes chamado de ordenação

de Pareto, uma vez que está intimamente relacionado à ideia de eficiência de Pareto.) Que resultado tem isso como regra para a tomada de decisões sociais?

2. A função de bem-estar rawlsiana considera apenas o bem-estar do agente em pior situação. O contrário da função de bem-estar rawlsiana poderia ser chamado de função de bem-estar "nietzschiana" – uma função de bem-estar que diz que o valor de uma alocação depende apenas do bem-estar do agente *mais bem situado*. Qual seria a forma matemática de uma função nietzschiana?

3. Suponhamos que o conjunto de possibilidades de utilidade seja convexo e que os consumidores se importem apenas com seu próprio consumo. Que tipos de alocações representam máximos de bem-estar da função de bem-estar nietzschiana?

4. Suponhamos que uma alocação seja eficiente no sentido de Pareto e que cada indivíduo só se importe com seu próprio consumo. Prove que tem de haver alguém que não inveje ninguém, no sentido descrito no texto. (Esse quebra-cabeça requer algum esforço, mas vale a pena.)

5. A capacidade de estabelecer a agenda de votação pode, com frequência, ser um ativo poderoso. Assumindo que as preferências sociais sejam decididas pela votação majoritária em pares de candidatos e que as preferências dadas na Tabela 34.1 valham, demonstre esse fato mediante a elaboração de uma agenda de votação que resulte numa alocação que tenha por consequência a vitória de *y*. Encontre a agenda em que *z* seja o vencedor. Que propriedade das preferências sociais é responsável por esse poder de estabelecer a agenda?

APÊNDICE

Examinamos aqui o problema da maximização do bem-estar com o emprego da função de bem-estar individualista. Com o auxílio da função de transformação descrita no Capítulo 33 para descrever a fronteira de possibilidades de produção, escrevemos o problema da maximização de bem-estar como

$$\max_{x_A^1, x_A^2, x_B^1, x_B^2} W(u_A(x_A^1, x_A^2), u_B(x_B^1, x_B^2))$$

de modo que $T(X^1, X^2) = 0$,

onde utilizamos X^1 e X^2 para representar a quantidade total do bem 1 e do bem 2 produzida e consumida.

A Lagrangiana desse problema é

$$L = W(u_A(x_A^1, x_A^2), u_B(x_B^1, x_B^2)) - \lambda(T(X^1, X^2) - 0).$$

A diferenciação com respeito a cada escolha de variáveis proporciona as seguintes condições de primeira ordem:

$$\frac{\partial L}{\partial x_A^1} = \frac{\partial W}{\partial u_A}\frac{\partial u_A(x_A^1, x_A^2)}{\partial x_A^1} - \lambda\frac{\partial T(X^1, X^2)}{\partial X^1} = 0$$

$$\frac{\partial L}{\partial x_A^2} = \frac{\partial W}{\partial u_A}\frac{\partial u_A(x_A^1, x_A^2)}{\partial x_A^2} - \lambda\frac{\partial T(X^1, X^2)}{\partial X^2} = 0$$

$$\frac{\partial L}{\partial x_B^1} = \frac{\partial W}{\partial u_B}\frac{\partial u_B(x_B^1, x_B^2)}{\partial x_B^1} - \lambda\frac{\partial T(X^1, X^2)}{\partial X^1} = 0$$

$$\frac{\partial L}{\partial x_B^2} = \frac{\partial W}{\partial u_B}\frac{\partial u_B(x_B^1, x_B^2)}{\partial x_B^2} - \lambda\frac{\partial T(X^1, X^2)}{\partial X^2} = 0.$$

Ao rearranjarmos e dividirmos a primeira equação pela segunda e a terceira pela quarta, teremos:

$$\frac{\partial u_A/\partial x_A^1}{\partial u_A/\partial x_A^2} = \frac{\partial T/\partial X^1}{\partial T/\partial X^2}$$

$$\frac{\partial u_B/\partial x_B^1}{\partial u_B/\partial x_B^2} = \frac{\partial T/\partial X^1}{\partial T/\partial X^2}.$$

Observe que essas equações são exatamente as mesmas que encontramos no Apêndice do Capítulo 33. Assim, o problema de maximização nos fornece as mesmas condições de primeira ordem que o problema da eficiência de Pareto.

Isso, é claro, não ocorre por acidente. Segundo o que discutimos no texto, a alocação resultante da maximização da função de bem-estar de Bergson-Samuelson é eficiente no sentido de Pareto e toda alocação eficiente no sentido de Pareto maximiza alguma função de bem-estar. Portanto, os máximos de bem--estar e as alocações eficientes no sentido de Pareto têm de satisfazer as mesmas condições de primeira ordem.

CAPÍTULO 35

EXTERNALIDADES

Dizemos que uma situação econômica envolve uma **externalidade de consumo** se um consumidor se preocupar diretamente com a produção ou o consumo de outro agente. Por exemplo, tenho preferências definidas no que tange a meu vizinho tocar música alta às 3 horas da madrugada ou sobre o fato de a pessoa sentada a meu lado num restaurante fumar um charuto barato ou sobre a quantidade de poluição produzida pelos automóveis na minha cidade. Esses são exemplos de externalidades de consumo *negativas*. Entretanto, posso ter prazer em observar o jardim de flores do meu vizinho – esse é um exemplo de externalidade de consumo *positiva*.

Do mesmo modo, uma **externalidade na produção** surge quando as possibilidades de produção de uma empresa são influenciadas pelas escolhas de outra empresa ou de outro consumidor. Exemplo clássico é o de um pomar de maçãs localizado próximo a um apiário, onde há uma externalidade na produção positiva mútua – a produção de cada empresa afeta positivamente a possibilidade de produção da outra. Caso semelhante é o da empresa de pesca que se preocupa com a quantidade de poluentes despejados em sua área de operação, uma vez que a poluição tem influência negativa sobre sua capacidade de captura.

A principal característica de externalidades é que há bens com os quais as pessoas se importam e que não são vendidos nos mercados. Não há mercado para música alta às 3 horas da madrugada, nem para fumaça produzida por charutos baratos ou, ainda, para um vizinho que mantém um bonito jardim de flores. É a falta desses mercados para externalidades que causa problemas.

Até agora temos pressuposto de maneira implícita que cada agente poderia tomar decisões de consumo ou de produção sem se preocupar com o que os outros agentes fazem. Todas as interações entre consumidores e produtores davam-se por meio do mercado, de modo que tudo o que os agentes econômicos precisavam saber eram os preços de mercado e suas próprias possibilidades de consumo ou de produção. Neste capítulo, relaxaremos um pouco o rigor desse pressuposto e examinaremos as consequências econômicas de externalidades.

Nos capítulos anteriores, vimos que o mecanismo de mercado era capaz de alcançar alocações eficientes no sentido de Pareto na *ausência* de externalidades. Se houver externalidades, o mercado não apresentará necessariamente uma provisão de recursos eficiente no sentido de Pareto. Há, no entanto, outras instituições sociais, como o sistema legal ou a intervenção do governo, que podem "imitar" o mecanismo do mercado em algum grau e, portanto, obter eficiência de Pareto. Neste capítulo, veremos como essas instituições funcionam.

35.1 Fumantes e não fumantes

É conveniente iniciar com um exemplo para ilustrar algumas considerações principais. Imaginemos dois colegas de quarto, A e B, que tenham preferências sobre "dinheiro" e "fumaça". Suponhamos que ambos os consumidores gostam de dinheiro, mas A gosta de fumar e B gosta de ar puro.

Podemos representar as possibilidades de consumo dos dois consumidores na caixa de Edgeworth. O comprimento do eixo horizontal representará a quantidade total de dinheiro dos dois agentes e a altura do eixo vertical representará a quantidade total de fumaça que pode ser gerada. As preferências do agente A são crescentes tanto em dinheiro como em fumaça, enquanto as preferências de B são crescentes em dinheiro e em ar puro – a ausência de fumaça. Mediremos a fumaça numa escala de 0 e 1, em que 0 é nenhuma fumaça e 1, o quarto cheio de fumaça.

Essas condições nos dão um diagrama como o representado na Figura 35.1. Observe que a imagem se parece muito com a caixa de Edgeworth, mas a interpretação é bastante diferente. A quantidade de fumaça é um bem para A e um mal para B, de modo que B é movido para uma posição preferível à medida que A consome menos fumaça. Preste atenção na diferença que existe entre a forma como as coisas são medidas nos eixos horizontal e vertical. Medimos o dinheiro de A horizontalmente a partir do canto inferior esquerdo da caixa e o dinheiro de B também horizontalmente, mas a partir do canto superior direito. Já a quantidade de fumaça é medida verticalmente a partir do canto inferior esquerdo. A diferença ocorre porque o dinheiro pode ser dividido entre os dois consumidores, de maneira que haverá sempre duas quantidades de dinheiro para medir, mas haverá apenas uma quantidade de fumaça que ambos terão de consumir.

No diagrama da caixa de Edgeworth comum, B melhora quando A reduz seu consumo do bem 2 – mas isso ocorre porque B passa a consumir mais do bem 2. Na caixa de Edgeworth, na Figura 35.1, B também melhora quando A reduz o seu consumo do bem 2 (fumaça), mas por uma razão bem diferente. Nesse exemplo, B melhora quando A reduz seu consumo de fumaça, uma vez que ambos os agentes têm de consumir a mesma quantidade de fumaça, que é um mal para o agente B.

Acabamos de ilustrar as possibilidades de consumo dos dois colegas de quarto e suas preferências. E quanto às suas dotações? Suponhamos que ambos possuam a mesma quantia, digamos US$100, de modo que suas dotações se situarão em algum lugar sobre a linha vertical EE' da Figura 35.1. Para descobrir exatamente onde as dotações se localizam nessa linha, temos de conhecer a "dotação" inicial de fumaça/ar limpo.

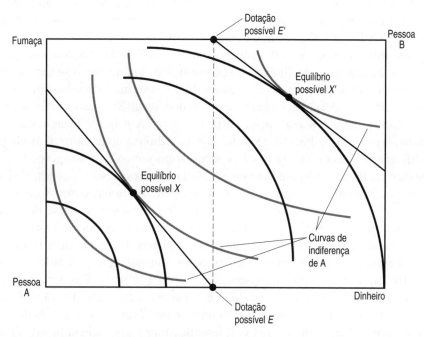

FIGURA 35.1 Preferências por dinheiro e fumaça. A fumaça é um bem para a pessoa A, mas um mal para a pessoa B. O equilíbrio a que chegaremos depende da dotação com que começamos.

A resposta a essa questão depende dos direitos legais dos fumantes e não fumantes. Pode ser que A tenha o direito de fumar o quanto quiser e B tenha de suportar. Ou pode ser que B tenha o direito ao ar puro. Ou o direito legal entre fumaça e ar puro poderia situar-se em algum lugar entre esses dois extremos. A dotação inicial de fumaça depende do sistema legal. Isso não é diferente da dotação inicial de bens de tipos comuns. Dizer que A tem uma dotação inicial de US$100 significa dizer que A pode decidir consumir os US$100, jogá-los fora ou trocar com qualquer outra pessoa. A afirmação de que uma pessoa "possui" ou "tem direito a" US$100 envolve uma definição legal de propriedade. Do mesmo modo, se uma pessoa tiver um direito de propriedade ao ar puro, isso significa que poderá consumir ar puro, se assim o desejar, ou, ainda, poderá jogá-lo fora ou vender aquele direito a alguém. Dessa forma, o direito de propriedade de ar puro não difere do direito de propriedade de US$100.

Comecemos pelo exame de uma situação legal em que a pessoa B tenha direito ao ar puro. Assim, a dotação inicial na Figura 35.1 será chamada de E, em que A tem (100, 0) e B (100, 0). Isso significa que tanto A como B possuem US$100 e que a dotação inicial – o que haveria na inexistência de trocas – é ar puro.

Assim como antes, no caso em que não existam externalidades, não há motivo para que a dotação inicial seja eficiente no sentido de Pareto. Um dos aspectos de possuir o direito à propriedade de ar puro é ter o direito de trocar parte dele por outros bens desejáveis – nesse caso, por dinheiro. Pode ocorrer com facilidade que B prefira trocar parte do direito ao ar puro por um pouco mais do dinheiro. O ponto X na Figura 35.1 é um exemplo desse caso.

Como antes, a alocação eficiente no sentido de Pareto é aquela em que nenhum consumidor pode melhorar sem piorar outro. Tal alocação se caracterizará pela condição usual de tangência de que as taxas marginais de substituição entre fumaça e dinheiro devem ser iguais entre os dois agentes, como ilustra a Figura 35.1. É fácil imaginar a realização de trocas entre A e B até atingir um ponto eficiente no sentido de Pareto. De fato, B tem o direito ao ar puro, mas ele pode permitir que o "subornem" para que consuma um pouco da fumaça de A.

Os direitos de propriedade apresentam, é claro, outras possibilidades. Podemos imaginar um sistema legal em que A tenha o direito de fumar o quanto desejar, o que obrigaria B a ter de subornar A para que ele reduza seu consumo de fumaça. Isso corresponde à dotação E' na Figura 35.1. Assim como antes, isso não seria eficiente no sentido de Pareto, de modo que podemos imaginar uma troca entre os agentes para que ambos alcancem um ponto mutuamente preferido, como X'.

Tanto X quanto X' são alocações eficientes no sentido de Pareto; elas apenas resultam de diferentes dotações iniciais. É certo que o fumante A está melhor em X' do que em X e o não fumante B está melhor em X do que em X'. Os dois pontos têm consequências distributivas diferentes, mas são igualmente satisfatórios no campo da eficiência.

Na verdade, não há motivo para que nos limitemos apenas a esses dois pontos eficientes. Como sempre, haverá uma curva de contrato inteira de alocações eficientes no sentido de Pareto de fumaça e dinheiro. Se os agentes tiverem liberdade para trocar ambos os bens, sabemos que acabarão em algum ponto dessa curva de contrato. A posição exata dependerá de seus direitos de propriedade sobre a fumaça e o dinheiro e do mecanismo preciso que utilizarem para realizar suas trocas.

Um mecanismo que poderiam utilizar nessas trocas é o mecanismo de preços. Assim como antes, podemos imaginar um leiloeiro a apregoar os preços e a perguntar quanto cada agente estaria disposto a comprar a esses preços. Se o ponto de dotação inicial concedesse a A o direito de fumar, ele poderia pensar em vender uma parte desse direito para B em troca de dinheiro. Do mesmo modo, se B tivesse direitos de propriedade de ar puro, ele poderia vender parte do seu ar puro para A.

Quando o leiloeiro consegue encontrar um conjunto de preços em que a oferta se iguale à demanda, fica tudo bem: temos um bom resultado eficiente no sentido de Pareto. Se houver um mercado para a fumaça, o equilíbrio competitivo será eficiente no sentido de Pareto. Além disso, os preços competitivos medirão a taxa marginal de substituição entre os dois bens, como no caso-padrão.

Isso é exatamente como a análise comum da caixa de Edgeworth, mas descrito num contexto um pouco diferente. Desde que haja direitos de propriedade bem definidos com relação ao bem que gera a externalidade – não importa quem tenha esses direitos de propriedade – os agentes podem trocar a partir da sua dotação inicial para alcançar uma alocação eficiente no sentido de Pareto. Se quisermos estabelecer um mercado na externalidade para encorajar a troca, isso também funcionará.

O único problema surge se os direitos de propriedade *não* estiverem bem definidos. Se A acreditar que tem o direito de fumar e B acreditar que tem direito ao ar puro, temos dificuldades. *Os problemas práticos com externalidades geralmente surgem devido à má definição dos direitos de propriedade.*

Meu vizinho pode acreditar que tem direito de tocar seu trompete às 3 horas da madrugada e eu posso acreditar que tenho direito ao silêncio. Uma empresa pode acreditar que tem direito de despejar poluentes na atmosfera que respiro, enquanto posso acreditar que ela não tem. Os casos em que os direitos de propriedade estão mal definidos podem levar a uma produção ineficiente de externalidades – o que significa que haveria um meio de fazer com que ambas as partes melhorassem modificando-se a produção de externalidades. Se os direitos de propriedade estiverem bem definidos e se houver mecanismos que permitam a negociação entre as pessoas, elas poderão negociar seus direitos de produzir externalidades da mesma forma que trocam direitos de produzir e consumir bens comuns.

35.2 Preferências quase lineares e Teorema de Coase

Argumentamos há pouco que, se os direitos de propriedade estivessem bem definidos, a troca entre os agentes resultaria numa alocação eficiente da externalidade. Em geral, a quantidade da externalidade que será gerada na solução eficiente dependerá da distribuição dos direitos de propriedade. No caso dos dois colegas de quarto, a quantidade de fumaça gerada dependerá de quem tenha os direitos de propriedade: o fumante ou o não fumante.

Há, porém, um caso especial em que o resultado da externalidade independe da distribuição dos direitos de propriedade. Se as preferências dos agentes forem **quase lineares**, toda solução eficiente deverá ter a mesma quantidade da externalidade.

Esse caso é ilustrado na Figura 35.2 para o caso da disputa na caixa de Edgeworth entre o fumante e o não fumante. Como as curvas de indiferença são todas translações horizontais uma da outra, o *locus* de tangências mútuas – os conjuntos de alocações eficientes no sentido de Pareto – será uma linha horizontal. Isso significa que a quantidade de fumaça será a mesma em toda alocação eficiente no sentido de Pareto; apenas as quantias de dinheiro mantidas pelos agentes diferirão entre as alocações eficientes.

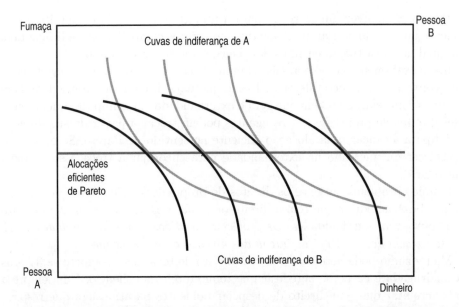

FIGURA 35.2 *As preferências quase lineares e o Teorema de Coase.* Se as preferências de cada consumidor forem quase lineares, de modo que sejam translações horizontais umas das outras, o conjunto de alocações eficientes de Pareto será uma linha horizontal. Assim, só haverá uma quantidade única da externalidade, nesse caso, fumaça, em cada alocação eficiente de Pareto.

A conclusão de que, em certas circunstâncias, a quantidade eficiente do bem envolvida na externalidade independe da distribuição dos direitos de propriedade é algumas vezes conhecida como **Teorema de Coase**. Deve-se enfatizar, contudo, o quão especiais são essas circunstâncias. O pressuposto da preferência quase linear implica que a demanda do bem que causa a externalidade independe da distribuição de renda. Desse modo, a realocação de dotações não afeta a quantidade eficiente das externalidades. Isso às vezes é expresso dizendo-se que o Teorema de Coase é válido se não houver "efeitos renda".[1]

Nesse caso, as alocações eficientes no sentido de Pareto irão envolver a geração de uma quantidade única da externalidade. As diversas alocações eficientes no sentido de Pareto envolverão quantidades diferentes de dinheiro nas mãos dos consumidores, mas a quantidade da externalidade – no caso, de fumaça – independerá da distribuição de riqueza.

---

[1] Ronald Coase é professor emérito da Escola de Direito da Universidade de Chicago. Seu conhecido trabalho "The Problem of Social Costs", publicado em *The Journal of Law & Economics*, 3 (outubro de 1960), foi objeto de interpretações diversas. Alguns autores sugerem que Coase apenas afirmou que as negociações de externalidades sem custo alcançam um resultado eficiente de Pareto e não que o resultado independa da distribuição dos direitos de propriedade. Em 1991, Coase recebeu o prêmio Nobel de Economia por sua contribuição.

35.3 Produção de externalidades

Examinemos agora uma situação que envolve a produção de externalidades. A empresa S produz certa quantidade de aço, s, e também certa quantidade de poluição, x, que despeja num rio. Já a empresa F, que opera no ramo da pesca, localiza-se rio abaixo e é afetada de maneira adversa pela poluição de S.

Suponhamos que a função custo da empresa S seja dada por $c_s(s, x)$, onde s é a quantidade de aço produzida e x, a quantidade de poluição gerada. A função custo da empresa F é dada por $c_f(f, x)$, em que f indica a produção de peixe e x, a quantidade de poluição gerada. Observe que os custos de F para produzir determinada quantidade de peixe dependem da quantidade de poluição gerada pela empresa de aço. Suporemos que a poluição aumenta o custo de produzir peixe em $\Delta c_f / \Delta x > 0$ e *diminui* o custo de produção de aço em $\Delta c_s / \Delta x \leq 0$. Esta última hipótese mostra que o aumento da quantidade de poluição faz diminuir o custo de produzir aço – ou seja, que, ao reduzir a poluição, se aumenta o custo de produção de aço, pelo menos em determinada faixa.

O problema de maximização de lucro da empresa de aço será

$$\max_{s,x} \ p_s s - c_s(s, x)$$

e o problema de maximização da empresa de pesca será

$$\max_{f} \ p_f f - c_f(f, x).$$

Observe que a siderúrgica tem de escolher a quantidade de poluição que gera, mas a empresa de pesca tem de considerar o nível de poluição como fora do seu controle.

As condições caracterizadoras da maximização de lucro serão

$$p_s = \frac{\Delta c_s(s^*, x^*)}{\Delta s}$$

$$0 = \frac{\Delta c_s(s^*, x^*)}{\Delta x}$$

para a siderúrgica e

$$p_f = \frac{\Delta c_f(f^*, x^*)}{\Delta f}$$

para a empresa de pesca. Essas condições dizem que no ponto de maximização de lucro o preço de cada bem – aço e poluição – deve ser idêntico ao de seu custo marginal. No caso da siderúrgica, um de seus produtos é a poluição, que, por pressuposto, tem preço zero. Assim, a condição determinante da oferta de poluição que maximiza os lucros recomenda que se produza poluição até que o custo de produzir uma unidade extra seja zero.

Não é difícil perceber a externalidade aqui: a empresa de pesca se importa com a poluição, mas não tem controle sobre ela. A siderúrgica olha apenas para o custo de produzir aço quando faz seu cálculo de maximização de lucro; não considera o custo imposto à empresa de pesca. O aumento do custo da pesca associado ao aumento da poluição é parte do custo social de produção de aço e é ignorado pela siderúrgica. Em geral, é de se esperar que a siderúrgica produza poluição demais do ponto de vista social, uma vez que ela ignora o impacto da poluição na pesca.

Como será um plano de produção eficiente no sentido de Pareto para peixe e aço? Há um meio fácil de saber. Suponhamos que a siderúrgica e a empresa de pesca se fundissem para formar uma empresa que produzisse aço e peixe (e possivelmente poluição). Aí não haveria externalidade! Isso porque a produção de externalidade só surge quando as ações de uma empresa afetam as possibilidades de produção de outra. Se houver apenas uma empresa, ela levará em consideração as interações entre suas diferentes "divisões" quando escolher o plano de produção que maximiza lucro. Dizemos que a externalidade foi **internalizada** por essa redistribuição dos direitos de propriedade. Antes da fusão, cada uma das empresas tinha o direito de produzir qualquer quantidade de peixe ou aço ou poluição que desejasse, independentemente do que a outra empresa fizesse. Após a fusão, a empresa resultante tem o direito de controlar a produção tanto da siderúrgica como da empresa de pesca.

O problema de maximização de lucro da nova empresa será

$$\max_{s,f,x} \; p_s s + p_f f - c_s(s,x) - c_f(f,x),$$

o que gera condições de otimização de

$$p_s = \frac{\Delta c_s(\hat{s}, \hat{x})}{\Delta s}$$

$$p_f = \frac{\Delta c_f(\hat{f}, \hat{x})}{\Delta f}$$

$$0 = \frac{\Delta c_s(\hat{s}, \hat{x})}{\Delta x} + \frac{\Delta c_f(\hat{f}, \hat{x})}{\Delta x}.$$

O termo crucial é o último. Ele mostra que a empresa conjunta levará em consideração o efeito da poluição nos custos marginais tanto da siderúrgica como da empresa de pesca. Quando a divisão de aço decide quanto produzir de poluição, ela pondera o efeito dessa medida sobre os lucros da divisão pesqueira; isto é, considera o custo social do seu plano de produção.

Em que isso afeta a quantidade de poluição produzida? Quando a siderúrgica agia de maneira independente, a quantidade de poluição era determinada pela condição

$$\frac{\Delta c_s(s^*, x^*)}{\Delta x} = 0. \tag{35.1}$$

Isto é, a siderúrgica produzia poluição até que o custo marginal fosse zero:

$$CMa_S(s^*, x^*) = 0.$$

Já na empresa conjunta, a quantidade de poluição é determinada pela condição

$$\frac{\Delta c_s(\hat{s},\hat{x})}{\Delta x} + \frac{\Delta c_f(\hat{f},\hat{x})}{\Delta x} = 0. \tag{35.2}$$

Ou seja, a empresa conjunta gera poluição até que a *soma* do custo marginal da siderúrgica com a do custo da empresa de pesca seja zero. Essa condição também pode ser descrita como

$$-\frac{\Delta c_s(\hat{s},\hat{x})}{\Delta x} = \frac{\Delta c_f(f,\hat{x})}{\Delta x} > 0 \tag{35.3}$$

ou

$$-CMa_S(\hat{s},\hat{x}) = CMa_F(\hat{f},\hat{x}).$$

Nesta última expressão, $CMa_F(\hat{f}, \hat{x})$ é positivo, uma vez que mais poluição aumenta o custo de produzir uma determinada quantidade de peixe. Portanto, a empresa conjunta desejará produzir onde $-CMa_S(\hat{s}, \hat{x})$ seja positivo; ou seja, desejará produzir menos poluição que a empresa siderúrgica independente. Quando se considerar o custo social verdadeiro da externalidade envolvida na produção de aço, a quantidade ótima de produção de poluição será reduzida.

Quando a siderúrgica pensa em minimizar seus **custos privados** de produzir aço, ela produz onde o custo marginal de poluição extra se iguala a zero, mas o nível eficiente no sentido de Pareto de poluição exige a minimização dos **custos sociais** da poluição. No nível eficiente no sentido de Pareto de poluição, a *soma* dos custos marginais de poluição das duas empresas tem de ser igual a zero.

Esse argumento é ilustrado na Figura 35.3. Nela, $-CMa_S$ mede o custo marginal que a siderúrgica tem por produzir mais poluição, enquanto a curva CMa_F mede o custo marginal que o aumento da poluição traz para a empresa de pesca. A siderúrgica maximizadora de lucro produz poluição até o ponto em que o custo marginal de gerar mais poluição se iguale a zero.

Mas, ao nível eficiente no sentido de Pareto de poluição, a siderúrgica polui até o ponto em que o efeito do aumento marginal na poluição iguala-se ao custo social marginal, que avalia o impacto da poluição nos custos de ambas as empresas. No nível eficiente de produção de poluição, a quantia que a siderúrgica está disposta a pagar por uma unidade extra de poluição deve igualar-se aos custos sociais gerados pela poluição extra – que inclui os custos que ela impõe à empresa de pesca.

Isso apresenta uma consistência perfeita com os argumentos de eficiência dados em capítulos anteriores. Neles, pressupomos a inexistência de externalidades, de modo que os custos privados e sociais coincidiam. Neste caso, o mercado livre determinará uma quantidade eficiente no sentido de Pareto da produção de cada bem. Mas se os custos privados e os custos sociais divergirem, só o mercado pode não ser suficiente para alcançar a eficiência de Pareto.

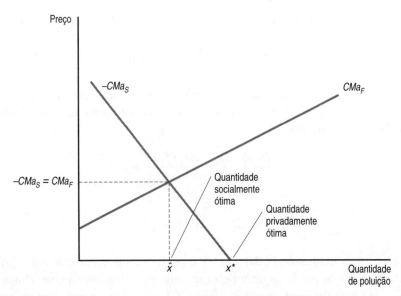

FIGURA 35.3 *Custo social e custo privado.* A siderúrgica produz até o ponto em que o custo marginal de poluição adicional se iguala a zero. Mas a produção eficiente de Pareto de poluição situa-se no ponto em que o preço se iguala ao custo social marginal, que inclui o custo de poluição que a empresa de pesca suporta.

EXEMPLO: Certificados de poluição

Todos querem o meio ambiente limpo... desde que outra pessoa pague para consegui-lo. Mesmo que consigamos chegar a um consenso sobre em que medida devemos reduzir a poluição, ainda restará o problema de determinar o meio mais efetivo em termos de custos para alcançar a redução almejada.

Vejamos o caso das emissões de óxido de nitrogênio. Uma empresa pode considerar relativamente barato reduzir suas emissões desse poluente, enquanto outra pode achar muito caro. Deve-se exigir de ambas que reduzam sua emissão de poluentes na mesma quantidade física, na mesma proporção ou segundo alguma outra regra?

Examinemos um modelo econômico simples. Suponhamos que só haja duas empresas. A cota de emissões da empresa 1 é de x_1 e a da empresa 2 é de x_2. O custo de alcançar uma cota de emissão x_1 é de $c_1(x_1)$ para a empresa 1 e $c_2(x_2)$ para a empresa 2. A quantidade total de emissões é fixada num nível X. Se quisermos minimizar os custos totais de atingir esse patamar de emissões sujeito à restrição agregada, teremos de solucionar o seguinte problema:

$$\min_{x_1, x_2} c_1(x_1) + c_2(x_2)$$

de modo que $x_1 + x_2 = X$.

Um argumento econômico, nesta altura já conhecido, demonstra que o custo marginal do controle de emissões tem de ser equalizado entre as empresas. Se uma empresa tiver um custo marginal de controle de emissões mais alto do que outra, reduziremos os custos totais ao diminuirmos a cota dela e aumentarmos a cota da outra empresa.

Como atingir esse resultado? Se o governo tivesse informações sobre o custo das emissões de todas as empresas, ele poderia calcular o padrão apropriado de produção e impô-lo a todas as partes relevantes. Mas como o custo de coletar todas essas informações e de mantê-las atualizadas é estratosférico, é muito mais fácil caracterizar a solução ótima do que a implementar de verdade!

Muitos economistas argumentam que o melhor modo de implementar a solução eficiente do problema de controle de emissões é utilizar o mercado. Parece que esse sistema de controle de emissões com base no mercado será em breve posto em prática no sul da Califórnia. Eis como o plano da Califórnia funciona.[2]

Cada um dos 2.700 grandes poluidores do sul da Califórnia recebe uma cota de emissão de óxido de nitrogênio. Essa cota é inicialmente estabelecida em 8% abaixo das emissões do ano anterior. Se a empresa não ultrapassar sua cota de emissão, não pagará multas nem enfrentará outras penalidades. Se, contudo, reduzir suas emissões *além* da cota estabelecida, poderá vender no mercado aberto o "direito de emitir" que lhe sobrou.

Suponhamos que a cota de uma empresa seja de 95 toneladas de óxido de nitrogênio por ano. Se ela conseguir produzir só 90 toneladas num determinado ano, poderá vender para alguma outra empresa o direito de emitir 5 toneladas de nitrogênio. Toda empresa poderá comparar o preço de mercado do crédito de emissão com o custo de reduzir suas emissões para verificar o que é mais eficiente em termos de custos: reduzir as emissões ainda mais ou comprar créditos de emissão de outras empresas.

As empresas que tiverem facilidade para reduzir emissões venderão créditos para empresas que julgarem cara a redução de emissões. Em equilíbrio, o preço de mercado do direito de emitir uma tonelada de poluição deverá ser exatamente igual ao custo marginal de reduzir as emissões em uma tonelada! Mas essa é exatamente a condição que caracteriza o padrão ótimo de emissões! O mercado de permissões de emissão produz, de maneira automática, o padrão eficiente de emissões.

35.4 Interpretação das condições

Há várias interpretações úteis das condições de eficiência de Pareto descritas anteriormente. Cada uma dessas interpretações sugere um esquema para corrigir a perda de eficiência criada pela externalidade na produção.

A primeira interpretação é que a siderúrgica se defronta com o preço errado da poluição. No que diz respeito à siderúrgica, sua produção de poluição não lhe custa nada. Mas isso exclui os custos que a poluição impõe à empresa de pesca.

---

[2] Ver Richard Stevenson, "Trying a Market Approach to Smog", *New York Times*, 25 de março de 1992, p. C1.

Segundo esse modo de ver, a situação pode ser retificada se for assegurado que o poluidor enfrentará o custo social correto de suas ações.

Uma forma de fazer isso é criar um imposto sobre a poluição gerada pela siderúrgica. Vamos supor que colocamos um imposto de t unidades monetárias por unidade de poluição gerada pela siderúrgica. O problema de maximização de lucro da siderúrgica se tornará, pois,

$$\max_{s,x} p_s s - c_s(s,x) - tx.$$

As condições de maximização de lucro para esse problema serão

$$p_s - \frac{\Delta c_s(s,x)}{\Delta s} = 0$$

$$-\frac{\Delta c_s(s,x)}{\Delta x} - t = 0.$$

Ao compararmos essas condições à equação (35.3), veremos que o estabelecimento de

$$t = \frac{\Delta c_f(\hat{f}, \hat{x})}{\Delta x}$$

fará com que essas condições sejam iguais às condições que caracterizam o nível de poluição eficiente no sentido de Pareto.

Esse tipo de imposto é conhecido como **imposto de Pigou**.[3] O problema com os impostos de Pigou é que precisamos conhecer o nível ótimo de poluição para estabelecer o imposto. Mas, se conhecêssemos o nível ótimo de poluição, poderíamos simplesmente dizer à siderúrgica para produzir exatamente essa quantidade, sem precisarmos nos envolver nessa complicação de cobrança de impostos.

Outra interpretação do problema é a de que falta um mercado – o mercado de poluição. O problema da externalidade surge porque o poluidor se defronta com o preço zero de um bem que ele produz, embora as pessoas estejam dispostas a pagar para reduzir a produção desse bem. Do ponto de vista social, a produção de poluição deveria ter preço *negativo*.

Poderíamos imaginar um mundo em que a empresa de pesca tivesse direito à água limpa, mas que poderia vender esse direito para permitir poluição. Seja q o preço por unidade de poluição e x a quantidade de poluição que a siderúrgica produz. Assim, o problema de maximização de lucro da siderúrgica será

$$\max_{s,x} p_s s - qx - c_s(s,x)$$

e o problema de maximização de lucro da empresa de pesca será

$$\max_{f,x} p_f f + qx - c_f(f,x).$$

---

[3] Arthur Pigou (1877-1959), economista da Universidade de Cambridge, sugeriu impostos dessa natureza em seu importante livro *The Economics of Welfare*.

O termo qx entra com sinal negativo na expressão de lucro da siderúrgica, pois representa um custo – a siderúrgica tem de comprar o direito de gerar x unidades de poluição. Mas ele entra com um sinal positivo na expressão de lucro da empresa de pesca, uma vez que ela obtém receita com a venda desse direito.

As condições de maximização de lucro serão

$$p_s = \frac{\Delta c_s(s,x)}{\Delta s} \qquad (35.4)$$

$$q = -\frac{\Delta c_s(s,x)}{\Delta x} \qquad (35.5)$$

$$p_f = \frac{\Delta c_f(f,x)}{\Delta f} \qquad (35.6)$$

$$q = \frac{\Delta c_f(f,x)}{\Delta x}. \qquad (35.7)$$

Assim, cada empresa enfrentará o custo marginal social de suas ações quando escolher o quanto de poluição comprar ou vender. Se o preço da poluição for ajustado até que a demanda e a oferta de poluição se igualem, teremos um equilíbrio eficiente, como ocorre com qualquer outro bem.

Observe que, na solução ótima, as equações (35.5) e (35.7) implicam que

$$-\frac{\Delta c_s(s,x)}{\Delta x} = \frac{\Delta c_f(f,x)}{\Delta x}.$$

Isso diz que o custo marginal que a siderúrgica tem para reduzir a poluição deve ser igual ao benefício marginal que a empresa de pesca tem com essa redução. Se essa condição não for satisfeita, não poderemos ter um nível ótimo de poluição. Essa, claro, é a mesma condição que encontramos na equação (35.3).

Na análise desse problema, afirmamos que a empresa de pesca tinha direito à água limpa e que a siderúrgica tinha de comprar o direito de poluir. Mas poderíamos ter distribuído os direitos de propriedade da forma contrária: a siderúrgica poderia ter o direito de poluir e a empresa de pesca teria de pagar para induzi-la a poluir menos. Assim como no caso do fumante e do não fumante, isso também resultaria numa solução eficiente. Na realidade, o resultado seria o *mesmo*, uma vez que exatamente as mesmas condições teriam de ser satisfeitas.

Para verificar isso, suponhamos agora que a siderúrgica tenha o direito de poluir até uma quantidade $\bar{x}$, mas a empresa de pesca está disposta a pagar para que ela reduza sua poluição. O problema de maximização de lucro da siderúrgica será, pois,

$$\max_{s,x} \; p_s s + q(\bar{x} - x) - c_s(s,x).$$

A siderúrgica tem agora duas fontes de renda: pode vender aço e alívio da poluição. As condições de preço que igualam custo marginal tornam-se

$$p_s - \frac{\Delta c_s(s,x)}{\Delta s} = 0 \tag{35.8}$$

$$-q - \frac{\Delta c_s(s,x)}{\Delta x} = 0. \tag{35.9}$$

O problema de maximização da empresa de pesca é agora

$$\max_{f,x} \; p_f f - q(\overline{x} - x) - c_f(f,x),$$

que tem condições de otimização

$$p_f - \frac{\Delta c_f(f,x)}{\Delta f} = 0 \tag{35.10}$$

$$q - \frac{\Delta c_f(f,x)}{\Delta x} = 0. \tag{35.11}$$

Agora, observe: as quatro equações, (35.8) a (35.11), são exatamente as mesmas que as equações (35.4) a (35.7). No caso da produção de externalidades, o padrão ótimo de produção independe da distribuição dos direitos de propriedade. É claro que a distribuição dos lucros dependerá em geral da distribuição dos direitos de propriedade. Embora o resultado social independa da distribuição dos direitos de propriedade, os proprietários das empresas em questão podem ter visões bem definidas sobre qual deve ser a distribuição apropriada.

35.5 Sinais de mercado

Voltamo-nos por fim para a terceira interpretação de externalidades, que, em alguns aspectos, é a mais profunda. No caso da siderúrgica e da empresa de pesca, não haverá problemas se as duas empresas se fundirem. Por que, então, elas não se fundem? Na verdade, quando pensamos nisso, vemos que há um incentivo definitivo para as empresas se juntarem: se as ações de uma afetam a outra, então podem conseguir um lucro maior juntas, coordenando seus comportamentos, do que cada uma por si. *O próprio objetivo de maximização de lucro deve incentivar a internalização da produção de externalidades.*

Dito de outra forma, se os lucros conjuntos das empresas com coordenação excedem a soma dos lucros sem coordenação, então os proprietários atuais poderiam cada um vender sua participação por uma quantia igual ao valor presente do fluxo de lucros da empresa, as duas empresas poderiam ser coordenadas e o comprador poderia reter os lucros adicionais. O comprador poderia ser uma das duas empresas ou qualquer outro.

O próprio mercado fornece um sinal para que se internalize a produção de externalidades, o que justifica o fato de esse tipo de externalidade ser raramente observado. A maioria das empresas *já* internalizou as externalidades entre unidades que afetam a produção uma da outra. O caso do pomar de maçãs e do apicultor é típico. Aqui, *haveria* uma externalidade se as empresas ignorassem sua interação... Mas por que elas seriam tão tolas a ponto de fazer isso? É mais provável que uma ou ambas percebessem que poderiam obter maiores lucros se coordenassem suas atividades, tanto por um acordo mútuo como pela venda de uma empresa para a outra. Com efeito, é muito comum que pomares de maçãs criem abelhas para fertilizar as árvores. Essa externalidade, em particular, é facilmente internalizada.

EXEMPLO: Abelhas e amêndoas

Muitas variedades de árvores frutíferas e de nogueiras necessitam das abelhas para a polinização de seus botões florais, que garante, assim, às árvores a produção de frutos.

De acordo com o Centro Carl Hayden de pesquisas sobre abelhas, nos Estados Unidos, as abelhas que produzem mel polinizam cerca de 1/3 do alimento humano e mais de 50 tipos diferentes de safras, avaliadas em mais de US$20 bilhões por ano.[4]

Alguns donos de pomares mantêm suas próprias abelhas; outros dependem das abelhas de vizinhos ou de abelhas selvagens. Contudo, como sugere a teoria das externalidades, a solução mais natural para o problema da oferta inadequada de abelhas é um mercado para serviços prestados com o uso de abelhas.

Considere, por exemplo, o mercado de amêndoas da Califórnia. Há 530 mil hectares plantados com amendoeiras na Califórnia; a cada ano, são necessárias mais de um milhão de colmeias de abelhas melíferas para polinizar essas árvores. Mas nesse Estado existem apenas 440 mil colmeias nativas. Não há um número suficiente de abelhas californianas para polinizar todas essas amendoeiras!

A solução é importar abelhas de Estados vizinhos. De fato, há um mercado pronto para prestação de tais serviços: os apicultores trazem colmeias de Dakota do Norte, Washington e do Colorado para complementar o número de colmeias californianas. Os plantadores de amendoeiras pagam bem pelos serviços: em 2004, os serviços de polinização custavam US$54 por colmeia usada.

35.6 A Tragédia do Uso Comum

Dissemos anteriormente que, se os direitos de propriedade forem bem definidos, não haverá problemas com a produção de externalidades. Mas, se os direitos de propriedade não estiverem bem definidos, o resultado das interações econômicas apresentará, sem dúvida, ineficiências.

---

[4] Anna Oberthur, "Almond Growers Face Need for Bees", *Associated Press*, 29 de fevereiro de 2004.

Nesta seção examinaremos uma ineficiência particularmente bem conhecida, denominada "A Tragédia do Uso Comum".[5] Situaremos esse problema no contexto original de um pasto comunitário, embora haja várias outras ilustrações possíveis.

Imaginemos um vilarejo agrícola em que os habitantes criam seu gado num campo comunitário. Desejamos comparar dois mecanismos de alocação: o primeiro é a solução da propriedade privada, na qual alguém possui o campo e decide quantas cabeças devem pastar ali; o segundo é a solução em que o campo é propriedade comunal dos habitantes do vilarejo e o acesso a ele é livre e irrestrito.

Suponhamos que a compra de uma vaca custe a unidades monetárias. A quantidade de leite que a vaca produzirá vai depender de quantas outras vacas pastam na terra comunal. Seja $f(c)$ o valor do leite produzido se houver c vacas pastando na terra. Portanto, o valor do leite por vaca é igual ao produto médio, $f(c)/c$.

Quantas vacas pastariam na terra comunal se quiséssemos maximizar a riqueza total do vilarejo? Para maximizar a quantidade total de riqueza, montamos o seguinte problema:

$$\max_{c} f(c) - ac.$$

Já deve estar claro que a produção máxima ocorrerá quando o produto marginal de uma vaca for igual a seu custo, a:

$$PM(c^*) = a.$$

Se o produto marginal de uma vaca fosse maior do que a, valeria a pena colocar mais uma vaca no pasto; se fosse menor do que a, valeria a pena tirar uma.

Se o campo de pastagem comum fosse propriedade de alguém que pudesse restringir o acesso a ele, seria esse o resultado. Nesse caso, o proprietário do pasto compraria exatamente a quantidade de vacas para maximizar seus lucros.

O que aconteceria se os habitantes do vilarejo decidissem usar ou não o campo comum? Cada habitante tem a escolha de criar ou não uma vaca leiteira e será lucrativo fazê-lo enquanto a produção gerada pela vaca for maior do que o custo do animal. Suponhamos que c vacas estejam sendo criadas, de modo que a produção atual por cabeça seja de $f(c)/c$. Se um habitante do vilarejo pensar em colocar mais uma cabeça, a produção total será de $f(c+1)$ e o número total de cabeças será de $c+1$. Portanto, a receita que a vaca gera para o habitante do vilarejo será de $f(c+1)/(c+1)$. Ele tem de comparar essa receita com o custo da vaca, a. Se $f(c+1)/(c+1) > a$, é lucrativo adicionar a vaca, já que o valor da produção excede o custo. Portanto, os habitantes do vilarejo escolherão criar mais gado até que o produto médio por cabeça seja igual a a. Segue-se que o número total de cabeças de gado criadas será de $\hat{c}$, sendo que

---

[5] Ver G. Hardin, "The Tragedy of the Commons", *Science*, 1968, p. 1.243-47.

$$\frac{f(\hat{c})}{\hat{c}} = a.$$

Outra forma de derivar esse resultado é apelar para a entrada livre. Se for lucrativo criar uma vaca no pasto comunitário, os habitantes do vilarejo comprarão gado. Eles só pararão de adicionar cabeças de gado a esse pasto quando os lucros forem zero, ou seja, quando

$$f(\hat{c}) - a\hat{c} = 0,$$

o que é apenas um rearranjo da condição no último parágrafo.

Quando uma pessoa decide comprar ou não uma vaca, ela observa o valor extra que obterá, $f(c)/c$, e compara isso ao custo de uma vaca leiteira, a. Isso é bom para ela, mas o que ela deixa de considerar em seu cálculo é o fato de que sua vaca reduzirá a produção de leite de todas as *outras*. Como ela ignora o **custo social** de sua compra, haverá vacas em excesso no pasto comum. (Pressupomos que cada pessoa tenha um número de cabeças de gado negligenciável em relação à quantidade criada no campo comunitário.)

Esse argumento é ilustrado na Figura 35.4. Nela, representamos uma curva de produto médio decrescente, pois é razoável supor que a produção por cabeça caia à medida que um número maior de vacas for criado no pasto comum.

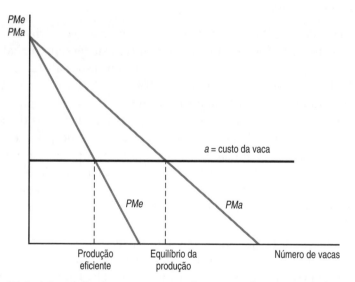

FIGURA 35.4 A tragédia do uso comum. *Se o pasto for propriedade privada, o número de vacas será escolhido de modo que o produto marginal de uma vaca se iguale ao seu custo. Mas, se o pasto for propriedade comum, serão adicionadas vacas até que os lucros sejam zero; a área estará, pois, superpovoada.*

Como o produto médio está caindo, a curva de produto marginal tem de situar-se sempre abaixo da curva de produto médio. Portanto, o número de vacas no caso em que o produto marginal é igual a a tem de ser menor do que no caso em que o produto médio é igual a a. O pasto comum ficará superlotado se não houver um mecanismo que restrinja seu uso.

A propriedade privada fornece tal mecanismo. De fato, vimos que, se tudo com que as pessoas se preocupam for propriedade de alguém que possa controlar seu uso e, em especial, possa impedir que outros a utilizem de maneira excessiva, então não haverá, por definição, externalidades. A solução de mercado leva a um resultado eficiente no sentido de Pareto. As ineficiências só podem resultar de situações em que não há meio de impedir que outros utilizem alguma coisa, tema que investigaremos no próximo capítulo.

A propriedade privada, claro, não é a única instituição social capaz de incentivar o uso eficiente dos recursos. Por exemplo, seria possível formular regras sobre quantas cabeças de gado poderiam ser criadas na terra comunitária. Se houver um sistema legal para garantir a observância dessas regras, isso pode ser uma solução efetiva em termos de custo para prover o uso eficiente do recurso comum. Contudo, em situações em que a lei seja ambígua ou inexistente, o problema do bem comum pode surgir com facilidade. A pesca excessiva em águas internacionais e o extermínio de várias espécies de animais pelo excesso de caça constituem exemplos sombrios desse fenômeno.

EXEMPLO: Pesca predatória

Segundo relato do *The New York Times*, "... a pesca predatória dizimou as reservas de bacalhau, hadoque e linguado, que têm sustentado os habitantes da Nova Inglaterra por séculos".[6] De acordo com um especialista, os pescadores da Nova Inglaterra estão capturando de 50% a 70% das reservas disponíveis, mais do que o dobro da quantidade sustentável.

A pesca predatória é o maior exemplo do problema das áreas de uso comum: o impacto do pescador isolado sobre as reservas totais de peixe é desprezível, mas o esforço conjunto de milhares de pescadores resulta em sério esgotamento dessas reservas. O Conselho Administrativo dos Pesqueiros da Nova Inglaterra está tentando reduzir o problema mediante a restrição da entrada na indústria, a exigência de que os pescadores limitem seu tempo no mar e o aumento da malha das redes.

Parece que as reservas de peixe poderiam normalizar-se em apenas cinco anos caso se tomassem medidas de conservação. O valor atual dos lucros da indústria como um todo seria maior se houvesse uma regulamentação que impedisse a pesca em excesso. Tais medidas, no entanto, implicariam quase que certamente uma redução substancial no número de barcos da indústria, o que seria altamente impopular entre os pequenos pescadores, que tenderiam a ser forçados a deixar o setor.

[6] "Plenty of Fish in the Sea? Not Anymore", *New York Times*, 25 de março de 1992, A15.

EXEMPLO: As lagostas da Nova Inglaterra

Algumas indústrias pesqueiras já cumprem normas estritas para evitar a pesca predatória. Por exemplo, os pescadores de lagostas trabalham sob normas cuidadosamente planejadas para garantir que não destruam o seu próprio meio de vida. Eles devem, por exemplo, devolver ao mar todas as fêmeas que carreguem ovos, qualquer lagosta que não tenha um tamanho mínimo, bem como qualquer uma que ultrapasse um tamanho máximo.

As que carregam ovos dão à luz mais lagostas, enquanto as lagostinhas crescem e se acasalam. Mas por que devolver as lagostas grandonas? Segundo os biólogos marinhos, lagostas grandes produzem uma prole mais numerosa e com filhotes maiores. Se os pescadores sempre ficarem com as maiores lagostas, as pequenas remanescentes passarão seus genes à sua descendência, resultando em gerações sucessivas de lagostas cada vez menores.

Quanto às lagostas, há uma boa e uma má notícia. Primeiro a boa: na costa do Maine, a coleta de 2003 somou 2,4 milhões de quilos, 2,5 vezes maior que a média do período 1945-1985. Isso sugere que o manejo cuidadoso praticado pelas indústrias do setor tenha resultado um significativo crescimento da população de lagostas.

Contudo, parece que as medidas de conservação não são o único fator. Também houve mudanças consideráveis na população de outras espécies marinhas na costa do Maine, tais como o ouriço-do-mar. Alguns observadores acreditam que essas mudanças são a causa primária do aumento da população de lagostas.[7]

Isso nos leva à má notícia. Mais ao sul, em Massachusetts e Nova York, o volume da pesca da lagosta caiu drasticamente. Ninguém sabe ao certo por que numa região há abundância e na outra, escassez. Ironicamente, a captura abundante do Maine pode ser um resultado do aumento da coleta de peixes cartilaginosos e ouriços-do-mar, que se alimentam de lagostas jovens. Os problemas em Massachusetts talvez resultem de fatores específicos, tais como um grande derramamento de petróleo e a incidência de uma doença que deformava as carapaças das lagostas. O aquecimento das águas é outro fator agravante. A temperatura das águas da Baía de Narragansett aumentou em quase dois graus Celsius nos últimos vinte anos.

As relações ecológicas podem ser complexas e mudar rapidamente. Os esforços para evitar a pesca predatória merecem aplauso, mas são apenas uma parte da história.

35.7 Poluição de automóveis

Como citado anteriormente, a poluição é o maior exemplo de externalidade. A atividade de um consumidor ao dirigir um automóvel diminuirá a qualidade do

---

[7] Ver *The Economist*, "Claws!", 19 de agosto de 2004, e Cornelia Dean, "Lobster Boom and Bust", *The New York Times*, 9 de agosto de 2004.

ar que respiramos. Parece improvável que um mercado livre e sem regulamentação gere a quantidade ótima de poluição; é mais provável que, se o consumidor não carregar nenhum custo por gerar poluição, se produza poluição em excesso.

Um meio de controlar a quantidade de poluição dos automóveis é exigir que eles satisfaçam certos padrões com respeito à quantidade de poluição que geram. Essa tem sido a motivação básica da política antipoluição dos Estados Unidos desde a Lei do Ar Limpo, de 1963. Essa lei – ou, mais apropriadamente, as emendas subsequentes, estabelece os padrões de emissão de automóveis para os fabricantes de veículos nos Estados Unidos.

Lawrence White descreveu recentemente os benefícios e custos desse programa. A maior parte da análise que se segue é retirada do seu trabalho.[8]

White estima que o custo do equipamento de controle de emissão de poluentes está em torno de US$600 por carro, os custos extras de manutenção saem em média por US$180 por carro e os custos de quilometragem reduzida de gasolina e a necessidade de gasolina sem chumbo situam-se em torno de US$670 por carro. Assim, o custo total por veículo dos padrões de controle de emissão é de aproximadamente US$1.450 ao longo da vida útil do automóvel. (Todos os números em dólares de 1981.)

Ele argumenta que há vários problemas com o enfoque atual da regulamentação das emissões dos automóveis. Primeiro, esse enfoque requer que todos os automóveis preencham os mesmos padrões. (A Califórnia é o único Estado que tem padrões diferentes de controle de emissão.) Isso significa que *toda* pessoa que compra um automóvel tem de pagar US$1.450 extras, more numa área altamente poluída ou não. Um estudo realizado em 1974 pela Academia Nacional de Ciências dos Estados Unidos concluiu que 63% dos carros americanos não requeriam os padrões estritos em efeito atualmente. De acordo com White, "quase 2/3 dos compradores de automóveis gastam... somas substanciais em sistemas desnecessários".

Em segundo lugar, a maior parte da responsabilidade de atender aos padrões recai sobre o fabricante e pouco sobre o usuário. Os proprietários de carro têm poucos incentivos para manter seus equipamentos de controle de poluição em bom funcionamento, a menos quando moram num Estado que tenha vistorias obrigatórias.

Mais importante ainda é que os motoristas não têm incentivo para reduzir a utilização de seus veículos. Em cidades como Los Angeles, onde a poluição é uma ameaça significativa, faz sentido econômico encorajar as pessoas a dirigirem menos. Sob o sistema atual, as pessoas que dirigem 3.000 quilômetros por ano em Dakota do Norte pagam exatamente a mesma quantia pelo controle de poluição que as pessoas que dirigem 80.000 quilômetros por ano em Los Angeles.

Uma solução alternativa para a poluição seria as *taxas de efluentes*. Conforme descreve White, essas taxas exigiriam a inspeção anual de todos os veículos, com leitura

---

[8] Ver Lawrence White, *The Regulation of Air Pollutant Emissions from Motor Vehicles* (Washington, D.C.: American Enterprise Institute for Public Policy Research, 1982).

do hodômetro e testes para estimar as emissões prováveis do veículo durante o último ano. Diferentes localidades poderiam, então, cobrar taxas baseadas na quantidade estimada de poluição que foi realmente produzida pelo uso do veículo. Esse método asseguraria que as pessoas se defrontassem com o custo real de gerar poluição e as encorajaria a escolherem gerar a quantidade socialmente ótima de poluição.

Esse sistema de taxas de efluentes incentivaria os próprios proprietários de veículos a encontrarem formas de baixo custo para reduzirem suas emissões – investindo em equipamentos de controle de poluição, modificando seus hábitos de direção e mudando os tipos de veículos que utilizam. Um sistema de taxas de efluentes poderia impor padrões mais elevados do que os atualmente vigentes em comunidades onde a poluição é um problema sério. Qualquer nível desejado de poluição pode ser alcançado com taxas de efluentes apropriadas... e pode ser atingido com um custo substancialmente menor do que o atual de padrões obrigatórios.

É claro, não há razão pela qual não possa haver padrões federais obrigatórios para os 2/3 de veículos utilizados em localidades onde a poluição não constitui um problema sério. Se for mais barato impor padrões do que exigir inspeções, então deve ser essa a escolha apropriada. O método apropriado de controle de automóveis deve depender da análise racional de custos e benefícios – como deveriam ser todas as políticas sociais dessa natureza.

RESUMO

1. O Primeiro Teorema da Teoria Econômica de Bem-estar mostra que um mercado livre e competitivo proporcionará um resultado eficiente na falta de externalidades.

2. No entanto, se houver externalidades, o resultado do mercado competitivo não deverá ser eficiente no sentido de Pareto.

3. Nesse caso, porém, o Estado pode às vezes imitar o mercado ao utilizar os preços para prover sinais corretos sobre o custo social das ações individuais.

4. Mais importante ainda, o sistema legal pode assegurar a boa definição dos direitos de propriedade, de modo que se possam fazer as trocas que geram eficiência.

5. Se as preferências forem quase lineares, a quantidade eficiente de uma externalidade de consumo independerá da distribuição dos direitos de propriedade.

6. As soluções para a produção de externalidades incluem a utilização de impostos de Pigou, o estabelecimento de um mercado para a externalidade, a simples permissão para que as empresas se fundam ou outros modos de transferência de direitos de propriedade.

7. A tragédia do uso comum refere-se à tendência de a propriedade comum ser utilizada em demasia. Essa é uma forma particularmente predominante de externalidade.

QUESTÕES DE REVISÃO

1. Falso ou verdadeiro? O delineamento explícito dos direitos de propriedade normalmente elimina o problema de externalidades.

2. Falso ou verdadeiro? As consequências distributivas do delineamento dos direitos de propriedade são eliminadas quando as preferências são quase lineares.

3. Relacione alguns outros exemplos de consumos positivo e negativo e da produção de externalidades.

4. Supondo-se que o governo queira controlar o uso das áreas comuns, que métodos existem para alcançar o nível eficiente de utilização?

CAPÍTULO **36**

TECNOLOGIA DA INFORMAÇÃO

Uma das mudanças mais radicais ocorridas na economia nos últimos quinze anos foi o surgimento da **economia da informação**. A imprensa popular está repleta de histórias sobre os avanços na tecnologia dos computadores, sobre a internet e novos softwares. Não é de surpreender que muitas dessas histórias sejam publicadas nas páginas de negócios dos jornais, uma vez que essa revolução *tecnológica* constitui também uma revolução *econômica*.

Alguns observadores chegam ao ponto de equiparar a Revolução da Informação à Revolução Industrial. Do mesmo modo que a Revolução Industrial modificou o modo de produção, distribuição e consumo dos *bens*, a Revolução da Informação está transformando o modo como a *informação* é produzida, distribuída e consumida.

Tem-se dito que essas tecnologias novas e extraordinárias exigirão uma forma de economia fundamentalmente diferente. Os bits, argumenta-se, são essencialmente diferentes dos átomos. Eles podem ser reproduzidos sem custo e distribuídos pelo mundo à velocidade da luz e nunca se deterioram. Os bens materiais, feitos de átomos, não têm nenhuma dessas propriedades: eles custam para produzir e transportar e inevitavelmente deterioram-se.

É verdade que as propriedades incomuns dos bits requerem novas análises econômicas, mas eu argumentaria que elas não requerem um novo *tipo* de análise econômica. Afinal, a teoria econômica refere-se primariamente às *pessoas*, não aos *bens*. Os modelos que temos analisado neste livro têm a ver com o modo como as pessoas fazem escolhas e interagem umas com as outras. Raramente tivemos ocasião de nos referirmos aos bens específicos envolvidos nas transações. As preocupações fundamentais dizem respeito aos gostos individuais, à tecnologia de produção e à estrutura do mercado e são *esses* mesmos fatores que determinarão como os mercados de informação irão funcionar... ou não.

Neste capítulo investigaremos alguns modelos econômicos relevantes para a revolução da informação. O primeiro tem a ver com a economia das redes; o segundo, com os custos de migração; e o terceiro, com os direitos de propriedade intelectual. Esses exemplos ilustrarão como as ferramentas fundamentais da análise econômica podem ajudar-nos a compreender tanto o mundo dos bits como o dos átomos.

36.1 Concorrência de sistemas

A tecnologia da informação frequentemente assume a forma de *sistemas*. Tais sistemas envolvem vários componentes, muitas vezes fornecidos por empresas diferentes, que somente têm valor se funcionarem em conjunto. O hardware não tem utilidade sem o software, um leitor de DVD é inútil sem o disco de DVD, um sistema operacional não funciona sem os aplicativos e um navegador da Web é inútil sem os servidores da Web. São todos exemplos de **complementos:** bens em que o valor de um componente é significativamente realçado pela presença de outro componente.

Ao examinarmos a teoria do consumidor, descrevemos o pé esquerdo e o direito do par de sapatos como sendo complementos. Os casos citados são igualmente extremos: o melhor equipamento de computação do mundo não pode funcionar a menos que exista um programa para ele. Mas, ao contrário dos sapatos, quanto mais programas existirem para a máquina, mais valiosa ela se torna.

Segue-se que a concorrência entre fornecedores de tais componentes os leva, com frequência, a preocuparem-se tanto com seus "complementares" como com seus competidores. Uma parte importante da estratégia competitiva da Apple tem sido suas relações com os desenvolvedores de software. Isso dá à estratégia competitiva dos segmentos envolvidos na tecnologia da informação (TI) um sabor diferente daquele da estratégia em indústrias tradicionais.[1]

36.2 O problema dos complementos

Para ilustrar esse ponto, vejamos o caso de uma Unidade Central de Processamento (CPU – Central Processing Unit) e de um Sistema Operacional (OS). Uma CPU é um circuito integrado que funciona como "cérebro" do computador. Dois fabricantes conhecidos de CPU são a Intel e a Motorola. Sistema operacional é um programa que permite que usuários e aplicações tenham acesso às funções da CPU. Apple e Microsoft produzem sistemas operacionais. De modo geral, para cada CPU é criado um sistema operacional específico.

---

[1] Ver Shapiro, Carl e Hal R. Varian, *Information Rules: A Strategic Guide to the Network Economy*, Harvard Business School Press, 1998 [Ed. bras.: *A economia da informação*. Rio de Janeiro: Elsevier, 1999], onde se encontra um guia para a estratégia competitiva nas atividades ligadas à TI.

Do ponto de vista do usuário final, a CPU só pode ser utilizada se estiver acompanhada de um sistema operacional compatível. CPU e OS são complementares, tal como o pé esquerdo e o direito do par de sapatos.

Atualmente, as CPU e os OS mais difundidos são produzidos pela Intel e pela Microsoft, respectivamente. Trata-se, obviamente, de duas empresas distintas, que estabelecem o preço de seus produtos independentemente. A PowerPC, outra CPU bastante conhecida, foi criada por um consórcio formado pela IBM, Motorola e Apple. Os dois sistemas operacionais para o PowerPC são o Apple OS e o AIX da IBM. Além desses sistemas operacionais comerciais, há os sistemas livres, como o BDS e o GNU-Linux, criados e desenvolvidos por grupos de programadores que trabalham de forma voluntária.

Vejamos o problema de determinação de preço com que se deparam os vendedores de produtos complementares. O aspecto fundamental é que a demanda por qualquer dos produtos depende dos preços de ambos os produtos. Se p_1 é o preço da CPU e p_2 é o do OS, o custo para o usuário final depende de $p_1 + p_2$. Obviamente, é necessário mais do que uma CPU e um OS para ter um sistema útil, mas isso apenas acrescenta mais preços à soma; para simplificar, continuaremos raciocinando em termos de apenas dois componentes.

A demanda por CPU depende do preço do sistema total, de modo que $D(p_1 + p_2)$. Se representarmos por c_1 o custo marginal da CPU e por F o custo fixo, o problema de maximização do lucro do fabricante da CPU pode ser representado por

$$\max_{p_1} \ (p_1 - c_1)D(p_1 + p_2) - F_1.$$

Do mesmo modo, o problema de maximização do lucro do fabricante do OS é

$$\max_{p_2} \ (p_2 - c_2)D(p_1 + p_2) - F_2.$$

A fim de analisar esse problema, vamos supor que a função de demanda tenha a forma linear

$$D(p) = a - bp.$$

Também vamos supor, para simplificar, que os custos marginais são tão pequenos que podem ser ignorados. Então, o problema de maximização do lucro da CPU fica sendo

$$\max_{p_1} \ p_1[a - b(p_1 + p_2)] - F_1,$$

ou

$$\max_{p_1} \ ap_1 - bp_1^2 - bp_1p_2 - F_1.$$

Acontece que a receita marginal decorrente de um aumento de preço Δp_1 é

$$(a - 2bp_1 - bp_2)\Delta p_1.$$

Se o lucro é maximizado, então a variação da receita proveniente de um aumento em p_1 deve ser igual a zero:

$$a - 2bp_1 - bp_2 = 0.$$

Resolvendo a equação, obtemos

$$p_1 = \frac{a - bp_2}{2b}.$$

Do mesmo modo, podemos resolver para a opção de maximização do preço do OS:

$$p_2 = \frac{a - bp_1}{2b}.$$

Observe que a escolha ótima do preço de cada empresa depende daquilo que cada uma delas espera que a outra cobre por seu componente. Como de costume, estamos interessados num **equilíbrio de Nash**, em que as expectativas de cada empresa em relação ao comportamento da outra possam ser atendidas.

Resolvendo o sistema de duas equações com duas incógnitas, temos

$$p_1 = p_2 = \frac{a}{3b}.$$

Isso nos fornece os preços que maximizam os lucros se cada empresa estabelecer unilateral e independentemente o preço dos componentes de seu sistema. O preço do sistema total é

$$p_1 + p_2 = \frac{2a}{3b}.$$

Façamos agora o seguinte experimento. Imaginemos uma fusão entre as duas empresas, que passam a formar uma unidade integrada. Em lugar de determinar os preços dos componentes, a empresa integrada estabelece o preço do sistema final, que chamaremos de p. O problema de maximização de lucro passa a ser, então

$$\max_{p}\ p(a - bp).$$

A receita marginal de um aumento p no preço do sistema é

$$(a - 2bp)\,\Delta p.$$

Igualando a zero e resolvendo, verificamos que o preço que a empresa integrada fixará para o sistema final é

$$p = \frac{a}{2b}.$$

Observe o seguinte fato interessante: o preço maximizador de lucros fixado pela empresa integrada é *menor* do que aquele determinado pelas duas empresas independentes. Como o preço do sistema é menor, os consumidores comprarão maior quantidade de sistemas e ficarão em melhor situação. Além disso, o lucro da empresa integrada será maior do que a soma dos lucros de equilíbrio das duas empresas independentes. Todos ficaram em melhor situação com a coordenação da determinação de preços!

Isso é válido de modo geral; uma fusão de dois monopólios que produzem bens complementares resulta em preços menores e lucros mais altos do que se as duas empresas fixassem seus preços de modo independente.[2]

Não é difícil compreender isso intuitivamente. Quando a empresa 1 considera uma redução de preço para a CPU, isso provoca um aumento na demanda por CPU e OS. Mas só leva em conta o impacto da redução dos preços sobre seus próprios lucros, ignorando os lucros que serão auferidos pela outra empresa. Isso a leva a não reduzir os preços tanto como ocorreria se estivesse interessada em maximizar os lucros conjuntos. O mesmo raciocínio se aplica à empresa 2, fazendo com que os preços sejam "muito altos" do ponto de vista tanto da maximização do lucro como do excedente do consumidor.

Relação entre fabricantes de produtos complementares

A análise da "fusão de fabricantes de produtos complementares" é instigante, mas não devemos concluir imediatamente que a fusão de fabricantes de OS e CPU seja uma boa ideia. O que os resultados anteriores dizem é que a determinação *independente* de preços levará a preços que são demasiadamente elevados do ponto de vista da lucratividade conjunta, mas há grande quantidade de casos intermediários entre a independência total e a completa integração.

Por exemplo, uma das empresas pode negociar os preços dos componentes e então vender um pacote integrado. É isso, aproximadamente, o que faz a Apple. Eles compram, por atacado, CPUs PowerPC da Motorola, instalam-nas nos computadores e então comercializam o pacote "sistema operacional e computador" aos consumidores finais.

Outro modelo que pode dar conta de problemas de determinação de preços é a adoção do compartilhamento de receita. A Boeing fabrica fuselagens de avião e a GE fabrica os motores. De modo geral, o comprador final quer uma fuselagem e um motor. Se a GE e a Boeing estabelecerem seus preços de modo independente, elas poderão fixar preços excessivamente altos. Então, o que elas fazem é negociar contratos em que a GE recebe uma fração da receita da venda do avião completo. Com isso, a GE fica satisfeita em deixar a Boeing negociar de forma a receber o maior preço possível pelo pacote, confiante em que receberá sua parte especificada.

Em diferentes ramos de atividade, há outros mecanismos que funcionam. Pense no ramo dos DVDs, já mencionado. Trata-se de um novo produto de grande sucesso, mas fazê-lo funcionar foi complexo. As empresas de produtos eletrônicos para o consumidor final não queriam produzir os aparelhos sem ter certeza

---

[2] Esse fato bastante significativo foi descoberto por Augustin Cournot, apresentado anteriormente no Capítulo 28.

da disponibilidade de grande variedade de conteúdo e os provedores de conteúdo não queriam produzi-los sem ter certeza de que o mercado contaria com grande número de aparelhos.

Além disso, tanto as empresas do ramo de produtos eletrônicos para consumo final como os provedores de conteúdo tinham de enfrentar o problema de determinação de preços dos produtos complementares; se houvesse apenas alguns poucos fornecedores de aparelhos e poucos provedores de conteúdo, eles acabariam por estabelecer preços "demasiadamente altos" para seus produtos, reduzindo o lucro total disponível para a atividade como um todo e piorando a situação dos consumidores.

Sony e Phillips, que detinham as patentes básicas da tecnologia do DVD, contribuíram para a solução do problema ao licenciar a tecnologia por preços atraentes. Elas também perceberam que era necessário assegurar a concorrência, de forma a manter os preços baixos e a acelerar a arrancada do ramo. Verificaram que era melhor deter pequena parcela de um mercado grande e bem-sucedido do que ter grande parcela de uma atividade inexistente.

Outro modelo de relação entre produtores de bens complementares pode ser denominado "comoditização do complemento". Voltemos ao problema de maximização do lucro da empresa:

$$\max_{p_1} p_1 D(p_1 + p_2) - F_1.$$

Em qualquer configuração de preços, a redução de p_1 pode, ou não, aumentar a receita da empresa 1, dependendo da elasticidade da demanda. Mas a diminuição do p_2 *sempre* aumentará a receita da empresa 1. O desafio com que se depara a empresa 1 é o seguinte: como 1 pode levar a empresa 2 a reduzir seu preço?

Uma das formas é intensificar a concorrência à empresa 2. Há várias estratégias possíveis para isso, dependendo da natureza da atividade. Em ramos intensivos em tecnologia, a padronização se torna uma ferramenta importante. Um produtor de sistema operacional, por exemplo, desejará incentivar a padronização dos equipamentos. Isso não apenas facilita seu trabalho, mas também assegura que a indústria de hardware se torne altamente concorrencial. E isso, por sua vez, garantirá que as forças competitivas levem para baixo o preço dos equipamentos e diminuam o preço total do sistema para os usuários finais, aumentando, por consequência, a demanda por sistemas operacionais.[3]

EXEMPLO: O iPod da Apple e o iTunes

O iPod da Apple, reprodutor de música, tornou-se imensamente popular. A partir de janeiro de 2009, a Apple vendeu 6 bilhões de músicas, sendo responsável por cerca de 70% das vendas de músicas on-line, com uma fatia de mercado de 88% nos Estados Unidos.

---

[3] Para uma análise mais aprofundada da estratégia dos produtores de bens complementares, ver Brandenburger, Adam e Barry Nalebuff, *Coopetition*, Doubleday, 1997.

Há uma relação óbvia de complementaridade entre o reprodutor de música e a música. O modelo de negócio clássico de complementação veio da Gillette: "Dê o aparelho de presente e venda as lâminas." Mas, nesse caso, o modelo é o inverso: a maioria do lucro da Apple vem da venda do iPod e apenas uma pequena fração provém da venda de música.

Fundamentalmente, isso se deve ao fato de que a Apple não é proprietária da música; assim, a receita da venda de músicas no iTunes deve ser compartilhada entre os produtores de música e a Apple. Como o maior lucro da Apple vem do iPod, o negócio para ela é que a música seja barata. E, como a maioria do lucro dos estúdios vem das músicas, eles querem que a música custe caro. Isso levou a alguns conflitos entre a Apple e os estúdios de música.

Originalmente, todas as músicas são vendidas no iTunes por US$0,99. Alguns editores de música acham que os preços deveriam ser mais elevados para os novos lançamentos. Depois de muita discussão, a Apple anunciou uma nova política em março de 2009, em que alguns dos novos lançamentos seriam vendidos por US$1,29. Essa seria uma forma de diferenciação de preço, ou de "criar uma nova versão", comum nos mercados de mídia. Os entusiastas e impacientes pagam o preço mais elevado, enquanto os mais pacientes esperam pela redução do preço.

EXEMPLO: Quem fabrica o iPod?

Dica: não é a Apple. Na verdade, os iPods são montados em diversos países da Ásia, por uma série de montadoras, incluindo a Asustek, a Inventec Appliances e a Foxconn.

Mas esse não é o final da história. Essas empresas meramente montam as peças que são compradas de outras empresas. Recentemente, alguns economistas tentaram rastrear a origem das 451 peças que compõem o iPod.[4]

O valor de varejo do iPod de 30 gigabytes que os autores analisaram era US$299. O componente mais caro era o disco rígido, fabricado pela Toshiba, que custava cerca de US$73. Os outros componentes mais caros eram o módulo de tela (cerca de US$20), o chip processador do vídeo/multimídia (US$8) e o chip controlador (US$5). Eles estimaram que a montagem final, feita na China, custava apenas cerca de US$4 por unidade.

Os autores do relatório tentaram rastrear para saber onde as principais partes eram fabricadas e o quanto de valor era agregado em cada etapa do processo de produção. Os pesquisadores estimaram que os trabalhadores e as empresas americanas captavam cerca de US$163 do valor de venda no varejo do preço de US$299 dólares do iPod no mercado americano, dividido em US$75 para os custos de distribuição e varejo, US$80 para a Apple e US$8 para vários fabricantes de componentes nacionais. O Japão contribuiu com cerca de US$26 para o valor agregado (principalmente através do disco rígido da Toshiba), enquanto a Coreia contribuiu com menos de US$1.

[4] Greg Linden, Kenneth L. Kraemer e Jason Dedrick, "Who Captures Value in a Global Innovation Network", *Communications of the ACM*, 52 (3), março de 2009, 140-4.

Preferencialmente, cada componente foi adquirido do fornecedor de menor custo, e, em grande medida, essas decisões refletem a vantagem comparativa de trabalhar com diferentes fornecedores.

Mesmo que a montagem na China tenha contribuído com apenas cerca de 1% do valor do iPod, isso equivale a cerca de US$150 do déficit comercial bilateral entre a China e os Estados Unidos. O que isto mostra é que o déficit comercial bilateral não faz sentido. A princípio, a maioria das peças de alto valor do iPod foi de fato importada de outros países para a China. O componente de maior valor do iPod – o projeto e a engenharia que o compôs – veio dos Estados Unidos.

EXEMPLO: o AdWords e o AdSense

Dois dos programas de publicidade do Google são o AdWords, que mostra anúncios direcionados para consultas de busca, e o AdSense, que exibe anúncios com base no conteúdo de uma página da Web. O AdWords exibe "anúncios orientados à pesquisa" e o AdSense mostra "anúncios orientados ao contexto".

Quando um usuário clica em um anúncio orientado ao contexto em um determinado site, o anunciante paga um preço por clique determinado por um leilão, semelhante ao descrito no Capítulo 18. A receita do que resulta do clique nesse anúncio é dividida entre o editor e o Google, segundo uma fórmula de distribuição de lucros. Assim, o programa AdSense oferece uma forma simples para um editor gerar receita com publicidade, sem ter que ele mesmo gerenciar um programa de publicidade.

Há uma forte **complementariedade** entre os programas AdWords e AdSense. Ao proporcionar aos editores uma forma de ganhar dinheiro com a sua matéria, o AdSense estimula a produção de conteúdo. Isso significa a disponibilização de mais informações úteis na Web e, portanto, de conteúdo para o Google indexar e pesquisar. Ao criar um modelo de negócio para a criação de conteúdo, o Google valoriza o seu sistema de busca.

36.3 Aprisionamento

Dado que os componentes da TI funcionam muitas vezes em conjunto como sistemas, a mudança de qualquer componente pode envolver a mudança em outros componentes. Isso significa que os **custos de migração** associados a um componente, nas atividades de TI, podem ser substanciais. Por exemplo, passar de um computador Macintosh para um PC com Windows envolve não apenas os custos da própria máquina, mas também os da aquisição de toda uma biblioteca de software e, ainda mais importante, o aprendizado do uso de uma nova linguagem.

Quando os custos de migração são muito altos, os usuários podem se sentir **aprisionados** em uma situação em que os custos da mudança para um novo sistema são tão elevados que a mudança pode se tornar inconcebível. Isso é ruim para os consumidores, mas é, naturalmente, bastante atraente para o vendedor dos componentes que constituem o dado sistema. Uma vez que o usuário cativo tem uma demanda muito *inelástica*, o(s) vendedor(es) pode(m) aumentar os preços dos componentes para captar excedente do consumidor do usuário.

Naturalmente, os consumidores atentos tentarão escapar desse aprisionamento ou pelo menos negociar energicamente para serem compensados pelo cativeiro. Mesmo se os consumidores não forem bons negociadores, a concorrência entre os vendedores dos componentes dos sistemas forçará uma redução dos preços para a aquisição *inicial*, dado que consumidores aprisionados podem oferecer-lhes mais adiante um fluxo de renda constante.

Imagine, por exemplo, a escolha de um provedor de serviços de internet (PSI). Uma vez feita a escolha, pode ser inconveniente a mudança em função do custo de anunciar a todos os seus correspondentes a mudança de endereço eletrônico, reconfigurar seus programas de acesso à internet e assim por diante. O poder de monopólio devido a esses custos de migração mostra que o PSI pode cobrar mais do que o custo marginal da prestação do serviço, uma vez que você tenha se tornado cliente. Mas o outro lado da moeda desse efeito é que o fluxo de lucros gerados por clientes cativos é um ativo valioso e os PSIs concorrerão entre si para conquistar clientes oferecendo-lhes descontos e outros incentivos para torná-los assinantes do serviço.

Um modelo de concorrência com custos de migração

Vejamos um modelo desse fenômeno. Vamos supor que o custo de prestar serviços de acesso à internet para um cliente seja de c ao mês. Suponhamos também que o mercado é concorrencial, com muitas empresas idênticas, de modo que, na ausência de custos de migração, o preço da prestação dos serviços de internet seria $p = c$.

Imaginemos agora que há um custo, s, para trocar de provedor e que os provedores oferecem um desconto, d, no primeiro mês, como forma de atrair novos clientes. No início de determinado mês, um consumidor considera a hipótese de trocar de provedor. Se o fizer, ele só pagará o preço com desconto, $p - d$, mas também terá de arcar com os custos da migração, s. Se ele ficar no provedor antigo, pagará o preço p indefinidamente. Após o primeiro mês, imaginaremos que ambos os provedores continuarão a cobrar o mesmo preço, p, para sempre.

O consumidor trocará de provedor se o valor presente da troca for maior do que o valor presente de permanecer com o provedor inicial. Representando por r a taxa (mensal) de juros, o consumidor trocará de provedor se

$$(p - d) + \frac{p}{r} + s < p + \frac{p}{r}.$$

A concorrência entre os provedores assegura que o consumidor será indiferente a trocar ou não de provedor, o que implica que

$$(p - d) + s = p.$$

Segue-se que $d = s$, o que significa que o desconto oferecido apenas cobre o custo da troca para o consumidor.

Do lado do fornecedor, imaginaremos que a concorrência força o valor presente dos lucros a ser igual a zero. O valor presente do lucro associado a um único cliente é o desconto inicial mais o valor presente dos lucros nos meses seguintes. Representando por r a taxa (mensal) de juros e dado que $d = s$, a condição de lucro zero pode ser representada por

$$(p - s) - c + \frac{p - c}{r} = 0. \tag{36.1}$$

Rearranjando a equação obtemos duas formas equivalentes de representar o preço de equilíbrio:

$$p - c + \frac{p - c}{r} = s, \tag{36.2}$$

$$p = c + \frac{r}{1 + r} s. \tag{36.3}$$

A equação (36.2) nos diz que o valor presente dos lucros futuros gerados pelo consumidor deve ser igual ao custo de troca do consumidor. A equação (36.3) nos diz que o preço do serviço é uma remarcação (*markup*) sobre o custo marginal cujo montante é proporcional aos custos da migração.

Ao acrescentarmos os custos de migração ao modelo, o preço *mensal* do serviço aumenta acima dos custos, mas a concorrência por esse fluxo de lucros força a redução do preço *inicial*. Efetivamente, o fornecedor investe no desconto, $d = s$, a fim de auferir futuramente o fluxo de remarcações (*markups*).

Na verdade, muitos provedores têm outras fontes de receita além da assinatura mensal de seus clientes. O America Online, por exemplo, obtém parte substancial de sua receita operacional com publicidade. Faz sentido para eles oferecer grandes descontos iniciais a fim de captar as receitas da publicidade, mesmo que tenham de oferecer as conexões com a internet a um preço igual ou inferior ao custo.

Podemos acrescentar facilmente esse efeito ao modelo. Se a for a receita auferida com publicidade gerada pelo consumidor a cada mês, a condição de lucro zero exigirá que

$$(p - s) + a - c + \frac{p + a - c}{r} = 0. \tag{36.4}$$

Resolvendo para p, obtemos

$$p = c - a + \frac{r}{1 + r} s.$$

Essa equação mostra que o relevante é o custo líquido da prestação do serviço ao consumidor, $c - a$, que envolve o custo do serviço e a receita publicitária.

EXEMPLO: Pagamento on-line de faturas

Muitos bancos oferecem serviços baratos ou mesmo gratuitos para pagamento on-line de faturas. Alguns até remuneram os clientes que começarem a usar seus serviços para pagamento on-line de faturas.

Por que tanta pressa para efetivar esses serviços? A resposta é que os bancos descobriram que, uma vez vencida a dificuldade para começar a usar tais serviços, é muito menos provável que o consumidor venha a mudar de banco. De acordo com um estudo do Bank of America, a frequência de migração tem uma queda de 80% para tais clientes.[5]

É verdade que, depois de se acertar com o pagamento on-line de faturas, o cliente dificilmente deixará de usá-lo. Mudar para outro banco a fim de obter um acréscimo de 0,1% no saldo de sua conta especial não parece muito atrativo. Tal como na análise do aprisionamento apresentada anteriormente, investir em serviços que criem custos de migração pode ser bastante lucrativo para as empresas.

EXEMPLO: Portabilidade dos números de telefones celulares

Antes, as provedoras de telefonia celular impediam os indivíduos de transferirem seu número de telefone quando trocassem de operadoras. Essa proibição aumentava significativamente os custos de migração, pois qualquer pessoa que quisesse mudar de operadora teria de avisar todos os seus amigos sobre a mudança de número.

Tal como descreve o modelo apresentado neste capítulo, o fato de que os consumidores pudessem pagar mais ao se depararem com altos custos de migração significava uma competição ainda mais agressiva entre as operadoras para obter a adesão desses consumidores altamente lucrativos. A competição lança mão da oferta de telefones baratos ou mesmo gratuitos, juntamente com "minutos grátis", "rollover",[6] "descontos de celular para celular" e outros truques de marketing.

O setor de telefonia celular uniu esforços para impedir a portabilidade dos números e fez *lobby*, junto às agências regulamentadoras e ao Congresso, pela manutenção do *status quo*.

Devagar, mas inevitavelmente, a onda se voltou contra o setor de telefonia celular à medida que os consumidores exigiam a portabilidade dos números. A Comissão Federal de Comunicações, que regulamenta o setor de telefonia, começou a insinuar que as operadoras deveriam considerar maneiras de implementar a portabilidade dos números de telefones celulares.

Em junho de 2003, a Verizon Wireless declarou que deixaria de se opor à portabilidade dos números. Sua decisão parece ter sido embasada em duas considerações. Primeiro, estava ficando claro que lutavam por uma causa perdida: a portabilidade terminaria sendo finalmente aprovada. De forma mais significativa, talvez, muitas pesquisas recentes com consumidores mostravam que a Verizon liderava o mercado em termos de satisfação do consumidor. Tudo indicava que a Verizon ganharia mais clientes do que perderia caso houvesse uma redução dos

---

[5] Michelle Higgins, "Banks Use Online Bill Payment In Effort to Lock In Customers", *The Wall Street Journal*, 4 de setembro de 2002.
[6] *Nota da Tradução*: Plano que concede aos clientes de planos pós-pagos os créditos dos minutos franqueados mensais não usados.

custos de migração. De fato, parece que, no final das contas, a Verizon ganhou com a portabilidade dos números de telefones celulares.

Esse episódio proporciona uma boa lição para a estratégia dos negócios: as táticas para aumentar os custos de migração para os consumidores podem ser úteis temporariamente. Mas, em última análise, a qualidade dos serviços tem um papel decisivo na conquista e na manutenção de clientes.

36.4 Externalidades de rede

Já examinamos a ideia de **externalidades** no Capítulo 35. Lembre-se de que os economistas usam esse termo para descrever as situações em que o consumo de uma pessoa influencia diretamente a utilidade de outra pessoa. As **externalidades de rede** constituem um tipo especial de externalidade, em que a utilidade de uma pessoa por um bem depende do *número* de outras pessoas que consomem esse bem.[7]

Tomemos como exemplo a demanda de um consumidor por um aparelho de fax. As pessoas querem aparelhos de fax para se comunicarem umas com as outras. Se ninguém mais tiver esse tipo de máquina, certamente não valerá a pena para você comprar uma. Os modems têm propriedade semelhante; o modem só tem utilidade se houver outro em algum lugar com o qual você possa comunicar-se.

Outro efeito mais indireto das externalidades de rede surge com os bens complementares. Não há motivo para que uma locadora de filmes se estabeleça em uma comunidade onde ninguém tem aparelho de DVD; mas, novamente, há pouca razão para se comprar um aparelho de DVD, a menos que se possa ter acesso a DVDs gravados para passar nele. Nesse caso, a demanda de DVD depende do número de aparelhos de DVD, cuja demanda, por sua vez, depende do número de DVDs disponíveis, o que resulta numa forma um pouco mais geral de externalidades de rede.

36.5 Mercados com externalidades de rede

Tentemos modelar as externalidades de rede com o uso de um modelo simples de oferta e demanda. Suponhamos que haja 1.000 pessoas no mercado de algum bem e que as indexemos por $v = 1, ..., 1.000$. Imaginemos que v meça o **preço de reserva** do bem pela pessoa v. Assim, se o preço do bem for p, o número de pessoas que acha que o bem vale pelo menos p será de $1.000 - p$. Por exemplo, se o preço do bem for de US$200, haverá 800 pessoas dispostas a pagar pelo menos US$200 pelo bem, de modo que o número de unidades vendidas seria de 800. Essa estrutura gera uma curva de demanda padrão inclinada para baixo.

Acrescentemos agora uma complicação ao modelo. Suponhamos que o bem em exame apresente externalidades de rede, como um aparelho de fax ou de te-

---

[7] De maneira mais geral, a utilidade de uma pessoa poderia depender da *identidade* de outros usuários; é fácil acrescentar isso à análise.

lefone. Para simplificar, suponhamos que o valor do bem para a pessoa v seja de vn – em que n seja o número de pessoas que consomem o bem, ou seja, o número de pessoas conectadas à rede. Quanto mais pessoas consomem o bem, mais *cada* pessoa estará propensa a pagar para adquiri-lo.[8] Como se parecerá a função demanda desse modelo?

Se o preço for p, haverá alguém exatamente indiferente entre comprar o bem ou não. Representemos por $\hat{v}$ o índice dessa pessoa marginal. Por definição, ela é exatamente indiferente a comprar o bem, de modo que sua propensão a pagar pelo bem iguala o seu preço:

$$p = \hat{v}n. \tag{36.5}$$

Como essa "pessoa marginal" é indiferente, qualquer outra que tenha um valor de v *maior* do que $\hat{v}$ tem definitivamente de querer comprar. Isso significa que o número de pessoas desejosas de comprar o bem será de

$$n = 1000 - \hat{v}. \tag{36.6}$$

Se unirmos as equações (36.5) e (36.6), teremos uma condição caracterizadora de equilíbrio nesse mercado:

$$p = n(1000 - n).$$

Essa equação fornece-nos a relação entre o preço do bem e o número de usuários. Nesse sentido, é uma espécie de curva de demanda; se n pessoas comprarem o bem, a propensão a pagar da pessoa marginal será dada pela altura da curva.

Se observarmos, no entanto, o traçado dessa curva na Figura 36.1, veremos que ela tem uma forma bem diferente da curva de demanda padrão! Se o número de pessoas que se conectam for pequeno, a propensão a pagar da pessoa marginal será baixa, porque ela não terá muitas pessoas lá fora com quem se comunicar. Se houver muitas pessoas conectadas, a propensão a pagar da pessoa marginal também será baixa, porque todos os que valorizavam mais a conexão já se conectaram. Essas duas forças levam ao formato arqueado da Figura 36.1.

Agora que compreendemos o lado da demanda do mercado, examinemos o lado da oferta. Para simplificar, suponhamos que o bem possa ser fornecido por uma tecnologia de rendimentos constantes de escala. Conforme vimos, isso significa que a curva de oferta torna-se uma linha plana quando o preço iguala o custo médio.

Observe que há três interseções possíveis da curva de demanda e oferta. Há um equilíbrio de baixo nível em que $n^* = 0$. Aqui é onde ninguém consome o bem (conecta-se à rede), de maneira que ninguém está propenso a pagar nada para consumir o bem. Isso pode ser chamado de equilíbrio de "expectativas pessimistas".

---

[8] Devemos, na verdade, interpretar n como o número esperado de pessoas que consumirão o bem, mas essa distinção não terá muita importância para o que se segue.

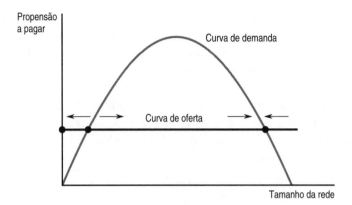

FIGURA 36.1 Externalidades de rede. *A demanda é dada pela linha arqueada e a oferta, pela linha horizontal. Observe que há três interseções em que a demanda iguala-se à oferta.*

O equilíbrio intermediário, em que o número de consumidores é positivo, mas pequeno, situa-se onde as pessoas acham que a rede não será muito grande, de modo que não estão propensas a pagar tanto para se conectarem a ela – e, sendo assim, a rede não é muito grande.

Finalmente, o último equilíbrio tem um grande número de pessoas, n_H. O preço aqui é pequeno, porque a pessoa marginal que compra o bem não o valoriza muito, embora o mercado seja muito grande.

36.6 Dinâmica de mercado

Qual dos três tipos de equilíbrio veremos ocorrer? Até agora, o modelo não nos dá razão alguma para escolher algum deles. Em todos esses tipos de equilíbrio, a demanda iguala a oferta. Podemos, porém, acrescentar um processo de ajuste dinâmico para ajudar-nos a descobrir qual desses tipos de equilíbrio tem maiores possibilidades de ocorrer.

É plausível supor que, quando as pessoas estão propensas a pagar mais do que o custo do bem, o mercado se expande e, quando estão propensas a pagar menos, o mercado contrai-se. Do ponto de vista geométrico, isso equivale a dizer que, quando a curva de demanda estiver acima da curva de oferta, a quantidade subirá; quando estiver abaixo, ela descerá. As setas da Figura 36.1 ilustram esse processo de ajustamento.

Essas dinâmicas proporcionam-nos um pouco mais de informação. Agora está evidente que o equilíbrio de baixo nível, no qual ninguém se conecta, e o equilíbrio de alto nível, em que muitos se conectam, permanecem estáveis, desde que o equilíbrio intermediário esteja instável. É, pois, pouco provável, que o ponto de repouso final do sistema seja o equilíbrio intermediário.

Restam-nos agora dois tipos de equilíbrio possíveis; como podemos dizer qual deles deverá ocorrer? Uma ideia é refletir sobre como os preços devem alterar-se com o tempo. Para os tipos de exemplos que discutimos – aparelhos de fax e de

DVD, redes de computadores e assim por diante, é natural supor que o custo do bem comece alto e depois baixe graças ao progresso tecnológico. Esse processo é ilustrado na Figura 36.2. Num custo unitário alto, só há um equilíbrio estável – em que a demanda é igual a zero. Quando o custo baixa o suficiente, há dois tipos de equilíbrio estáveis.

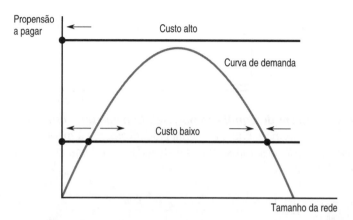

FIGURA 36.2 *Ajuste de custo e externalidades de rede.* Quando o custo é alto, o único equilíbrio possível implica um mercado de tamanho zero. À medida que o custo baixa, outros tipos de equilíbrio tornam-se possíveis.

Acrescentemos agora um pouco de ruído ao sistema. Imaginemos perturbar o número de pessoas conectadas à rede em torno do ponto de equilíbrio de $n^* = 0$. Essas perturbações podem ser aleatórias ou podem ser parte das estratégias comerciais, como os descontos iniciais e outras promoções. À medida que o custo baixa cada vez mais, torna-se cada vez mais provável que uma dessas perturbações empurre o sistema para cima, para *além* do equilíbrio instável. Quando isso ocorrer, o ajuste dinâmico empurrará o sistema para cima, até o equilíbrio de alto nível.

A Figura 36.3 mostra um caminho possível para descubrirmos o número de consumidores do bem.

Ele começa essencialmente em zero, com umas poucas e pequenas perturbações no decorrer do tempo. O custo baixa e, num determinado ponto, alcança uma massa crítica que nos arremessa para cima, para além do equilíbrio de baixo nível, e o sistema salta então para cima, para atingir o equilíbrio de alto nível.

Um exemplo real desse tipo de ajuste é o do mercado de aparelhos de fax. A Figura 36.4 ilustra o preço e o número de aparelhos de fax vendidos num período de doze anos.[9]

---

[9] O gráfico é uma reprodução daquele encontrado em "Critical Mass and Network Size with Applications to the US Fax Market", de Nicholas Economides e Charles Himmelberg (Discussion Paper n. EC-95-11, Stern School of Business, N.Y.U., 1995). Ver também Michael L. Katz e Carl Shapiro, "Systems Competition and Network Effects", *Journal of Economic Perspectives*, 8 (1994), p. 93-116, onde se encontra uma interessante revisão das externalidades das redes e suas implicações.

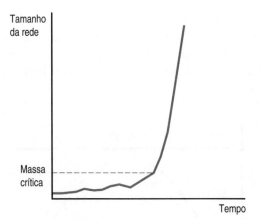

FIGURA 36.3 Ajuste de equilíbrio possível. *O número de usuários conectados à rede é inicialmente pequeno e aumenta gradativamente à medida que os custos se reduzem. Quando uma massa crítica é atingida, o crescimento da rede aumenta consideravelmente.*

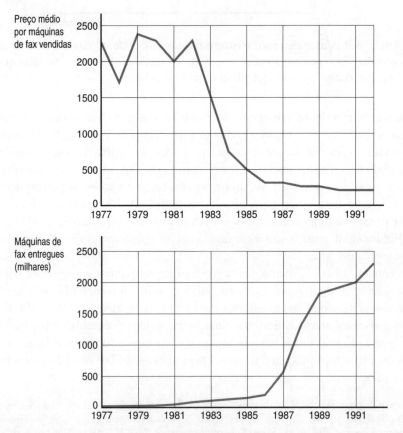

FIGURA 36.4 Mercado de fax. *A demanda por aparelhos de fax foi pequena por muito tempo, porque poucas pessoas os utilizavam. Em meados da década de 1980, os preços caíram de maneira significativa e a demanda subitamente explodiu.*

EXEMPLO: As externalidades de rede no software de computadores

As externalidades de rede surgem de forma natural no suprimento de software de computadores. É muito conveniente poder trocar arquivos de dados e dicas com outros usuários do mesmo software. Isso proporciona uma vantagem significativa para o maior fornecedor num dado mercado e leva os produtores de programas de computador a investirem pesado na conquista de parcelas do mercado.

São muitos os exemplos disso. A Adobe Systems, por exemplo, investiu pesadamente no desenvolvimento de uma "linguagem de descrição de páginas" para editoração eletrônica, chamada PostScript. A Adobe percebeu com clareza que ninguém investiria o tempo e os recursos necessários para aprender a PostScript, a menos que ela fosse, sem dúvida, o "padrão do setor". Assim, a empresa permitiu deliberadamente que os concorrentes "clonassem" sua linguagem para que se criasse um mercado competitivo de interpretadores do PostScript. A estratégia da Adobe rendeu frutos. Surgiram diversos concorrentes (inclusive um que cedia gratuitamente seu produto) e a PostScript tornou-se um padrão amplamente utilizado de editoração eletrônica. A Adobe manteve direitos exclusivos sobre algumas coisas – por exemplo, técnicas de exibição de fontes em baixa resolução – e conseguiu dominar o segmento superior do mercado. Ironicamente, o êxito da Adobe no mercado deveu-se à sua capacidade de encorajar a entrada de concorrentes!

Desde então, muitos produtores de software seguiram esse modelo. A própria Adobe cede grátis diversos produtos de software, como o leitor Adobe Acrobat. Um dos lançamentos mais quentes do mercado de ações em 1995, a Netscape Communications Corporation conquistou a parte do leão do mercado de browsers da internet ao fornecer gratuitamente seu principal produto, o que fez dela o maior exemplo de empresa que "perdeu dinheiro em cada venda, mas compensou isso no volume".

36.7 Implicações das externalidades de rede

Embora simples, o modelo descrito anteriormente ainda proporciona uma variedade de insights. Por exemplo, o aspecto da massa crítica é muito importante: se a demanda de um usuário depender de quantos outros usuários houver, é muito importante estimular o crescimento cedo no ciclo de vida do produto. Hoje em dia, é muito comum ver produtores oferecerem o acesso a um software ou a um serviço de comunicação por preços reduzidíssimos para "criar mercado" num segmento ainda virgem.

A questão crítica, é claro, consiste em saber que tamanho o mercado deve alcançar para decolar por conta própria. É pouca a orientação que a teoria pode fornecer a esse respeito; tudo dependerá da natureza do bem e dos custos e benefícios com que os usuários se defrontarão ao adotá-lo.

Outra implicação importante das externalidades de rede é o papel desempenhado pelas políticas do governo. A internet é um exemplo fundamental. Quando começou, ela só era utilizada por uns poucos laboratórios de pesquisas para intercambiar arquivos de dados. Em meados da década de 1980, a Fundação Nacional de Ciências utilizou a tecnologia da internet para conectar várias grandes universidades a doze supercomputadores instalados em diversos lugares. A visão original era de que os pesquisadores das universidades enviariam dados para os supercomputadores, que os devolveriam devidamente processados. Mas um conceito fundamental das redes de comunicações diz que, se todos estiverem conectados à mesma coisa, estarão todos conectados entre si. Isso permitiu que os pesquisadores trocassem mensagens de correio eletrônico que nada tinham a ver com os supercomputadores. Quando uma massa crítica de usuários conectou-se à internet, o valor da rede para os novos usuários aumentou de maneira extraordinária. A maioria desses novos usuários não tinha nenhum interesse nos centros de supercomputadores, muito embora fosse essa a motivação original do estabelecimento da rede.

EXEMPLO: As páginas amarelas

As familiares páginas amarelas das listas telefônicas representam um negócio de US$14 bilhões. Dez anos atrás, era dominado pelas companhias telefônicas, que detinham aproximadamente 95% do mercado. Hoje, elas detêm apenas 85%.

A diferença se deve à competição. Nos últimos anos, muitas companhias pequenas emergentes ingressaram no mercado e tomaram os anunciantes de companhias telefônicas locais. Não é uma tarefa fácil, pois as listas telefônicas comerciais locais fazem uso de uma forma clássica de efeito de rede; em geral, todos os consumidores usavam as páginas amarelas das listas telefônicas fornecidas pelas companhias locais, de tal forma que os comerciantes eram forçados a anunciar nessas listas.

Uma dessas empresas emergentes, a Yellow Book, conseguiu superar os efeitos de rede usando astutas estratégias de negócio, tal como cortes drásticos das taxas cobradas pelos anúncios e a distribuição de suas listas pouco antes do lançamento das listas das companhias locais. As companhias locais em vantagem, acreditando ter um mercado garantido, descuidaram da ameaça das agressivas companhias emergentes até quase ser tarde demais. Nos anos mais recentes, a competição acirrou-se nesse setor. Esse exemplo serve para mostrar que mesmo os negócios com fortes efeitos de rede não são imunes às forças competitivas, particularmente quando se encontram em situação vantajosa e demonstram excesso de confiança.

EXEMPLO: Anúncios de rádio

Em 1910, a "inovação arrebatadora" para o rádio foi a comunicação navio-terra. Infelizmente, as conversas pelo rádio não eram particulares, uma vez que eram transmitidas para quem sintonizasse na frequência correta. Em algum momento, David Sarnoff reconheceu que essa escuta poderia ser um ponto importante e ofereceu uma "caixa de música de rádio" que enviava música sobre as ondas. Seus colegas se mostraram céticos, dizendo: "Não há nenhum valor comercial imaginável para esta caixa de música sem fio. Quem iria pagar por uma mensagem enviada a ninguém em particular?"

E havia algo a considerar. Mesmo que as pessoas achassem a transmissão por rádio atraente, a indústria não tinha um modelo de negócio. Como então iria ganhar dinheiro?

A revista *Wireless World* realizou um concurso propondo cinco modelos de negócio para a transmissão por rádio, no qual as pessoas votavam no favorito. Os modelos de negócio eram:

- apoio de impostos em geral;
- doações do público;
- subsídio da produção do conteúdo do rádio pelos fabricantes de hardware do rádio;
- apoio publicitário do rádio; e
- imposto sobre os tubos de vácuo utilizados para apoiar a produção de conteúdos.

O vencedor foi o último modelo: um imposto sobre tubos de vácuo. Alguns dos outros modelos são usados ainda hoje. A rádio e a TV BBC são sustentadas por um imposto sobre as TVs, enquanto a Rádio Pública Nacional dos Estados Unidos é sustentada por doações do público em geral. No entanto, na maioria dos países, a publicidade se tornou o modelo de negócios mais popular.

Em 1922, trinta estações de rádio estavam em operação nos Estados Unidos e centenas de milhares de rádios foram vendidas. No ano seguinte, havia 556 estações com meio milhão de receptores sendo vendidos. O rádio estava a caminho.

36.8 Mercados bilaterais

Um mercado bilateral tem um tipo especial de efeito em rede. Pense sobre o caso de uma nova tecnologia, como os DVDs Blu-Ray. Eu realmente não me importo com que tipo de DVD player as pessoas têm, então não há um efeito direto em rede. Mas há uma espécie de efeito *indireto* em rede: quanto mais Blu-Ray players forem vendidos, mais discos estarão disponíveis, e quanto mais discos estiverem disponíveis, mais atraente será comprar um Blu-Ray player.

Há muitos outros exemplos. Considere um novo cartão de crédito: quanto mais comerciantes aceitarem o cartão de crédito, mais atrativo esse se tornará para os consumidores. E quanto mais consumidores adotarem o cartão, mais atrativo se tornará para os comerciantes.

Ou considere a plataforma da Adobe PDF. Quanto mais usuários usarem o software de visualização PDF (Acrobat Reader), mais projetistas gráficos desejarão distribuir conteúdo nesse formato e haverá mais demanda para o Acrobat Distiller, o software usado para criar arquivos PDF.

Este último exemplo ilustra um ponto importante: pode ser viável para o Adobe distribuir um produto (Reader), a fim de incentivar a procura por outro produto (Distiller). Isso é tão antigo quanto "dar o aparelho de barba para vender as lâminas"; considerando que a combinação de produtos digitais com a internet tornou a distribuição tão barata, essa estratégia tornou-se muito comum.

A Apple, por exemplo, vende o iPod, o popular reprodutor de música. Ela também distribui músicas para o iPod através da sua loja iTunes. Segundo relatório do setor, a Apple ganha pouquíssimo com a música – a maior parte do lucro vai para os estúdios de música. No entanto, do ponto de vista da Apple, faz sentido oferecer as lâminas (músicas) para vender os aparelhos de barba (iPods).

Um modelo de mercado bilateral

Vamos generalizar o modelo utilizado na seção 34.5 para aplicá-lo nos mercados bilaterais.

Suponhamos agora que existem dois bens. O preço de reserva para o bem 1 é v_1 e assume os valores $v_1 = 1, ..., 1.000$. Da mesma forma, o preço de reserva para o bem 2 assume os valores de $v_2 = 1, ..., 1.000$.

O valor total do bem 1 depende de quantas pessoas adotarem o bem 2 e o valor total do bem 2 depende de quantas pessoas adotarem o bem 1, então escrevemos $U_1 = v_1 n_2$ e $U_2 = v_2 n_1$. Finalmente, existem alguns preços exógenos para o fornecimento dos bens 1 e 2, indicados por p_1 e p_2. (Podemos considerá-los como custos de um processo de produção com rendimentos constantes de escala.)

Os adotantes marginais dos bens 1 e 2 são determinados por $\hat{v}_1 n_2 = p_1$ e $\hat{v}_2 n_1 = p_2$. Todos que tiverem um valor maior que $\hat{v}_1$ irão comprar o bem 1, então $n_1 = 1.000 - \hat{v}_1$. Da mesma forma, $n_2 = 1.000 - \hat{v}_2$.

Juntando essas equações, teremos

$$\hat{v}_1 n_2 = p_1$$
$$\hat{v}_2 n_1 = p_2$$
$$n_1 = 1000 - \hat{v}_1$$
$$n_2 = 1000 - \hat{v}_2$$

Substituindo as equações (3) e (4) nas equações (1) e (2), teremos

$$(1000 - n_1)n_2 = p_1$$
$$(1000 - n_2)n_1 = p_2$$

A primeira coisa que se observa é que existe sempre um equilíbrio em $n_1 = n_2 = 0$. Se ninguém comprar o bem 1, o valor do bem 2 será zero e vice-versa. Para encontrar outras soluções, desenharemos um gráfico das duas funções. Como você pode imaginar, em geral haverá duas soluções, conforme ilustrado no exemplo da Figura 36.5. Há um equilíbrio de baixo nível em que se vende pouco dos dois bens e um equilíbrio de alto nível em que existem vendas significativas de ambos os bens.

O desafio que se coloca ao fornecedor é como alcançar o equilíbrio de alto nível. Uma estratégia, mencionada anteriormente, é subsidiar a produção de um dos bens. Vender um bem abaixo do custo pode fazer sentido se conduzir a um mercado maior e a mais lucros para outros produtos que você vender.

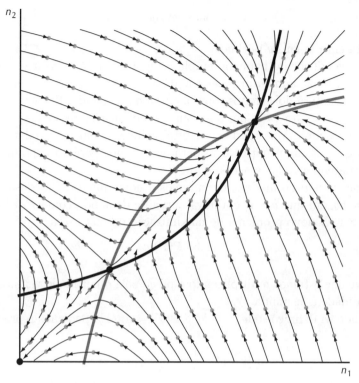

FIGURA 36.5 Equilíbrio em um mercado bilateral. Em geral, existirão três equilíbrios em um mercado bilateral.

36.9 Gestão de direitos

Atualmente há muito interesse em novos modelos de negócios para a propriedade intelectual. Essas transações tomam várias formas: os livros são vendidos, mas também podem ser tomados por empréstimos em bibliotecas. Os DVDs podem ser comprados ou alugados. Alguns softwares são licenciados para usos específicos; outros são vendidos diretamente. O *shareware* é uma forma de obtenção de software em que o pagamento é voluntário.

A escolha dos termos e das condições sob as quais um objeto de propriedade intelectual é oferecido é um aspecto crítico na tomada de decisões empresariais. Deve-se usar a proteção dos direitos autorais? Deve-se incentivar o compartilhamento de um novo item com um amigo? Deve-se vender a indivíduos ou usar o licenciamento de sites?

Um pouco de economia elementar nos ajuda a entender as questões relevantes. Imaginemos um bem puramente digital, como um jornal on-line, de modo que não precisemos nos preocupar com custos marginais de produção. Vejamos, primeiro, o comportamento em um conjunto de termos e condições padrão. O proprietário do bem digital escolhe um preço e, implicitamente, a quantidade a vender de modo a maximizar seu lucro:

$$\max_{y} \; p(y)y \qquad (36.7)$$

Isso resulta em um (p^*, y^*) ótimo.

Agora o vendedor do bem contempla a hipótese de liberalizar os termos e as condições: digamos, aumentar o período de uso experimental de uma semana para um mês. Isso terá dois efeitos sobre a curva da demanda. Primeiro, aumenta o valor do produto para cada um dos usuários potenciais, deslocando a coluna da demanda para cima. Mas também resulta facilmente em uma redução das vendas, dado que alguns usuários considerarão o maior período experimental suficiente para atender as suas necessidades.

Para incluir isso no modelo, definiremos a nova quantidade consumida como sendo $Y = by$, em que $b > 1$, e a nova curva de demanda como $P(Y) = ap(Y)$, em que $a > 1$. O novo problema de maximização do lucro será

$$\max_{Y} \; P(Y)y.$$

Observe que estamos multiplicando o preço pela quantidade vendida, y, e não pela quantidade consumida, Y.

Aplicando as definições de $Y = by$ e $P(Y) = ap(Y)$, podemos representar isso como

$$\max_{Y} \; ap(Y)\frac{Y}{b} = \max_{Y} \; \frac{a}{b}p(Y)Y.$$

O problema de maximização se parece com o problema (36.7), exceto pela constante a/b inserida na frente de máx. Isso não afeta a escolha ótima, de modo que podemos concluir que $Y^* = y^*$.

Essa análise simples nos permite tirar algumas conclusões.

- A quantidade consumida, Y^*, é independente de termos e condições.
- A quantidade produzida é y^*/b, menor do que y^*.
- Os lucros podem aumentar ou diminuir, dependendo do fato de a/b ser maior ou menor do que 1. Os lucros aumentam porque a elevação do valor para os consumidores que compram o produto compensa a redução no número de compradores.

EXEMPLO: Locação de filmes

As locadoras de filmes podem escolher os termos e as condições para o aluguel de DVDs. Quanto mais tempo você ficar com o filme, maior será seu valor, uma vez que você terá mais tempo para assisti-lo. Mas, quanto mais tempo você ficar com ele, menor será o lucro auferido pela locadora, dado que não pode alugá-lo para outra pessoa. A escolha ótima para o período de aluguel envolve um *trade-off* entre esses dois efeitos.

Na prática, isso levou a uma forma de diferenciação de produto. Novos lançamentos são alugados por períodos curtos, uma vez que os lucros auferidos a partir do aluguel para outras pessoas são substanciais. Os filmes antigos são alugados por períodos longos, uma vez que para a loja o custo de não ter o filme em estoque é menor.

36.10 O compartilhamento da propriedade intelectual

A propriedade intelectual é geralmente compartilhada. As bibliotecas, por exemplo, facilitam o compartilhamento de livros. As locadoras de filmes auxiliam as pessoas a "compartilharem" DVDs – e cobram um preço por isso. Os empréstimos entre as bibliotecas permitem que essas instituições compartilhem livros entre si. Até os livros-texto – como este que você está lendo – são compartilhados entre os alunos de uma série para outra por meio do mercado de livros usados.

Há um debate considerável nas comunidades de editoras e bibliotecas sobre o papel apropriado do compartilhamento. Os bibliotecários criaram uma regra informal – denominada "regra de cinco" – para regular os empréstimos entre as bibliotecas: um item pode ser emprestado até cinco vezes antes que se paguem direitos autorais às editoras. Tanto as editoras como os autores tradicionalmente não veem com bons olhos o mercado de livros usados.

O advento da informação digital tornou essa situação ainda mais crítica. A informação digital pode ser reproduzida com perfeição e o "compartilhamento" pode ser levado a novos extremos. Recentemente, um conhecido cantor de música *country* engajou-se numa feroz campanha de relações públicas contra as lojas de CDs usados. O problema é que os CDs não se deterioram com o uso e é possível comprar um CD, gravá-lo no computador e a seguir vendê-lo para uma loja de CDs usados.

Tentemos elaborar um modelo desse fenômeno de compartilhamento. Comecemos com o caso básico em que não há compartilhamento. Nesse caso, o produtor de vídeo escolhe produzir y cópias para maximizar o lucro:

$$\max_{y} p(y)y - cy - F. \qquad (36.8)$$

Como de costume, $p(y)$ é a função de demanda inversa, c é o custo marginal (constante) e F, o custo fixo. Representemos a produção maximizadora de lucro por y_n, em que n significa a "falta de compartilhamento".

Suponhamos agora que seja permitida a existência do mercado de aluguel de DVDs. Nesse caso, o número de *vídeos* vistos será diferente do número de cópias produzidas. Se y for o número de vídeos produzidos e cada vídeo for compartilhado entre k espectadores, o número de vezes em que cada vídeo for visto será de $x = ky$. (Para simplificar, suporemos que, nesse caso, *todas* as cópias do vídeo serão alugadas.)

Precisamos especificar como os consumidores se organizam nos "clubes" que compartilham vídeos. A hipótese mais simples é que os consumidores com altos valores se associam entre si e que os consumidores com baixos valores se associam uns com os outros. Isto é, um clube é formado por consumidores com os k valores mais elevados, outro clube é composto dos consumidores com os k valores seguintes, e assim por diante. (Poderiam ser usadas outras hipóteses, mas essa permite uma análise bastante simples.)

Se forem produzidas y cópias, serão vistas $x = ky$ cópias, de modo que a disposição da pessoa marginal para pagar será de $p(x) = p(ky)$. Há claramente, no entanto, um custo de inconveniência de alugar um vídeo em vez de possuí-lo. Representemos esse "custo de transação" por t, de maneira que a disposição de pagar da pessoa marginal torne-se $p(x) - t$.

Lembre-se de que supomos que todas as cópias do vídeo são compartilhadas por k usuários. Assim, a propensão a pagar da *locadora de filme* será exatamente k vezes a propensão a pagar da pessoa marginal. Ou seja, caso se produzam y cópias, a propensão a pagar da locadora será de

$$P(y) = k[p(ky) - t]. \qquad (36.9)$$

A equação (36.9) contém os dois efeitos-chave que advêm do compartilhamento: a propensão a pagar *cai* porque mais vídeos são vistos do que produzidos; mas a propensão a pagar também *sobe* porque o custo de um vídeo é compartilhado por diversas pessoas.

O problema de maximização de lucro do produtor torna-se agora

$$\max_y \ P(y)y - cy - F,$$

o que pode ser escrito como

$$\max_y \ k[p(ky) - t]y - cy - F,$$

ou

$$\max_y \ p(ky)ky - \left(\frac{c}{k} + t\right)ky - F.$$

Ao relembrarmos que o número de vezes em que o vídeo é visto, x, está relacionado com o número de vídeos produzidos, y, por meio de $x = ky$, também podemos escrever o problema de maximização como

$$\max_x \ p(x)x - \left(\frac{c}{k} + t\right)x - F.$$

Observe que esse problema é idêntico ao problema (36.8), com exceção de que o custo marginal é agora de $(c/k + t)$, em vez de c.

O íntimo relacionamento dos dois problemas é muito útil, pois nos permite fazer a seguinte observação: *os lucros serão maiores quando houver possibilidade de aluguel do que quando não houver, se – e somente se –*

$$\frac{c}{k} + t < c.$$

Ao rearranjarmos essa condição, teremos

$$\left(\frac{k}{k+1}\right)t < c.$$

Se o valor de k for alto, a fração da esquerda será de aproximadamente 1. Assim, o mais importante é a relação entre o custo marginal de produção, c, e o custo de transação do aluguel, t.

Se o custo de produzir for alto e o custo de alugar for baixo, será mais rentável para o produtor fazer umas poucas cópias, vendê-las a um preço elevado e deixar que os consumidores as aluguem. Entretanto, se o custo de transação de alugar for maior do que o custo de produção, será mais rentável para o produtor proibir o aluguel; como o aluguel será tão inconveniente para os consumidores, as locadoras de filme não estarão propensas a pagar muito mais pelos vídeos "compartilhados" e o produtor estará melhor se vender.

EXEMPLO: Mercados bilaterais on-line

Há vários exemplos de mercados bilaterais na internet. Por exemplo, o eBay serve como um ponto de encontro para aqueles que desejam comprar e vender objetos de coleção. Se você estiver vendendo moedas raras, por exemplo, desejará oferecê-las em um mercado onde existam compradores em potencial. Da mesma forma, se você for um comprador, desejará ir a um mercado onde existam vários vendedores concorrentes. Esse efeito em rede bilateral tende a conduzir a um encontro em um único lugar. Nos últimos anos, o eBay expandiu além dos objetos de coleção para uma variedade de mercadorias.

Outro conjunto de exemplos interessantes é o dos sites de redes sociais, como Facebook, MySpace, LinkedIn, entre outros. Os participantes querem se registrar nos sites em que seus amigos se registraram. Isso conduz novamente a um efeito em rede – a maior rede atrai a maioria de novos participantes.

O Facebook teve um crescimento particularmente rápido. Foi lançado em fevereiro de 2004 e, até dezembro do mesmo ano, já tinha um milhão de usuários ativos. Em setembro de 2009, o Facebook tinha mais de 300 milhões de usuários ativos em todo o mundo, de acordo com as estatísticas do seu site.

RESUMO

1. Como a tecnologia da informação funciona mediante sistemas, a troca de qualquer componente é um custo para os consumidores.

2. Se dois produtores monopolistas de bens complementares coordenam a determinação de seus preços, então ambos estabelecerão preços menores do que fariam se os determinassem de modo independente.

3. Isso aumentará os lucros dos dois monopolistas e deixará os consumidores em melhor situação.

4. Há muitas formas de promover a coordenação, incluindo fusões, negociação, compartilhamento de receita e comoditização.

5. No equilíbrio, o desconto oferecido para o primeiro período é compensado pelos maiores preços dos períodos futuros.

6. As externalidades de rede surgem quando a disposição de uma pessoa para pagar por um bem depende do número de outros usuários do bem.

7. Modelos com externalidades de rede apresentam em geral equilíbrios múltiplos. O resultado final depende do histórico da atividade.

8. A gestão de direitos envolve um *trade-off* entre aumento de valores e preços em face da redução nas vendas.

9. Os bens de informação como livros e vídeos são frequentemente alugados ou compartilhados assim como são comprados. Aluguel ou compra pode ser mais lucrativo dependendo da comparação entre custos de transação e custos de produção.

QUESTÕES DE REVISÃO

1. Se para um cliente o custo da troca de operadoras de longa distância fosse da ordem de US$50, quanto uma operadora de longa distância estaria disposta a pagar para obter um novo cliente?

2. Descreva como a demanda de um processador de textos poderia apresentar externalidades de rede.

3. Suponhamos que o custo marginal de produzir um vídeo extra seja zero e o custo de transação de alugá-lo seja zero. O produtor ganhará mais dinheiro se o vender ou se o alugar?

CAPÍTULO 37

BENS PÚBLICOS

No Capítulo 35 afirmamos que, para certos tipos de externalidades, não era difícil eliminar as ineficiências. No caso de uma externalidade de consumo entre duas pessoas, por exemplo, tudo o que se tinha a fazer era assegurar que os direitos de propriedade iniciais fossem claramente especificados. As pessoas poderiam então trocar o direito de gerar a externalidade da maneira habitual. No caso de produção de externalidades, o mercado por si mesmo fornecia sinais de lucro para ordenar os direitos de propriedade do modo mais eficiente. No caso da propriedade comum, transferir os direitos de propriedade para alguém eliminaria a ineficiência.

Infelizmente, nem todas as externalidades podem ser tratadas dessa forma. Logo que houver mais de dois agentes econômicos envolvidos, as coisas se tornarão bem mais difíceis. Suponhamos que, em vez dos dois colegas de quarto examinados no Capítulo 36, tivéssemos *três* – um fumante e dois não fumantes. A quantidade de fumaça seria, pois, uma externalidade negativa para ambos os não fumantes.

Suponhamos que os direitos de propriedade estejam bem definidos – digamos que os não fumantes têm direito de exigir ar puro. Assim como antes, embora tenham *direito* ao ar puro, também têm o direito de trocar um pouco do ar puro por uma compensação apropriada. Mas agora há um problema – os não fumantes têm de concordar entre si sobre o quanto de fumaça deve ser permitido e qual deve ser a compensação.

Talvez um dos não fumantes seja muito mais sensível do que o outro ou um deles seja muito mais rico do que o outro. Eles podem ter preferências e recursos muito diferentes e ainda têm de encontrar algum tipo de acordo para permitir uma alocação eficiente de fumaça.

Em vez de colegas de quarto, podemos pensar em todos os habitantes do país. O quanto de poluição deveria ser permitido no país? Se você acha que é difícil obter um acordo com apenas esses três colegas de quarto, imagine com milhões de pessoas!

A externalidade de fumaça com três pessoas é um exemplo de **bem público** – um bem que tem de ser fornecido na mesma quantidade para todos os consumidores envolvidos. Nesse caso, a quantidade de fumaça gerada será a mesma para todos os consumidores – cada pessoa pode atribuir-lhe um valor diferente, mas todas têm de consumir a mesma quantidade.

Vários bens públicos são fornecidos pelo governo. Por exemplo, as ruas e calçadas são fornecidas pela prefeitura. Toda cidade tem certo número e determinada qualidade de ruas que todas as pessoas podem utilizar. A defesa nacional é outro bom exemplo; há um nível de defesa nacional proporcionado a todos os habitantes do país. Cada cidadão pode avaliá-lo de um modo diferente – uns podem querer mais; outros, menos, mas todos recebem a mesma quantidade.

Os bens públicos são exemplo de um tipo particular de externalidade de consumo; toda pessoa é obrigada a consumir a mesma quantidade do bem. Eles são um tipo especialmente perturbador de externalidade porque as soluções de mercado de que os economistas gostam tanto não funcionam bem na alocação de bens públicos. As pessoas não podem comprar quantidades diferentes de defesa pública; têm de decidir, de alguma forma, por uma quantidade comum.

O primeiro ponto a examinar refere-se a qual deverá ser a quantidade ideal de bem público. Em seguida, discutiremos algumas formas que podem ser utilizadas para tomar decisões sociais sobre bens públicos.

37.1 Quando prover um bem público?

Comecemos com um exemplo simples. Suponhamos que haja dois colegas de quarto, 1 e 2. Eles tentam decidir sobre comprar ou não um aparelho de televisão. Dado o tamanho do apartamento, a TV será necessariamente instalada na sala e ambos os colegas de quarto poderão assisti-la. Portanto, ela será um bem público, em vez de um bem privado. A questão é: vale a pena para eles adquirir a televisão?

Representemos por w_1 e w_2 a riqueza inicial de cada pessoa, por g_1 e g_2 a contribuição de cada uma delas para a compra da televisão e por x_1 e x_2 a quantia que restará para cada um gastar em seu consumo privado. As restrições orçamentárias são dadas por

$$x_1 + g_1 = w_1$$
$$x_2 + g_2 = w_2.$$

Suponhamos também que a televisão custe c unidades monetárias, de modo que para comprá-la a soma das duas contribuições tem de ser ao menos c:

$$g_1 + g_2 \geq c.$$

Essa equação resume a tecnologia disponível para oferecer o bem público: os colegas de quarto podem adquirir uma televisão se pagarem, juntos, o custo c.

A função de utilidade da pessoa 1 dependerá do seu consumo privado, x_1, e da disponibilidade da televisão, o bem público. Escreveremos a função de utilidade da pessoa 1 como $u_1(x_1, G)$, em que G será 0 para indicar nenhuma televisão ou 1 para indicar a existência da televisão. A pessoa 2 terá uma função de utilidade $u_2(x_2, G)$. O consumo privado de cada pessoa terá um subscrito para indicar se o bem é consumido pela pessoa 1 ou pela pessoa 2, mas o bem público não terá subscrito. Ele é "consumido" por ambas as pessoas. É claro que ele não é realmente consumido no sentido de "esgotar-se"; ao contrário, são os *serviços* da televisão que os dois colegas de quarto consomem.

Os dois podem avaliar os serviços da televisão de modo bastante diferente. Podemos medir o valor que cada pessoa atribui à televisão se perguntarmos quanto cada uma delas estaria disposta a pagar para ter a televisão disponível. Para tanto, utilizaremos o conceito de **preço de reserva**, apresentado no Capítulo 15.

O preço de reserva da pessoa 1 é a quantia máxima que ela estará propensa a pagar para ter a televisão. Ou seja, é o preço r_1 em que a pessoa 1 encontra-se exatamente indiferente entre pagar r_1 e ter a televisão disponível ou não possuir televisão alguma. Se a pessoa pagar o preço de reserva e obtiver a televisão, ela terá $w_1 - r_1$ disponível para consumo privado. Se não obtiver a televisão, terá w_1 disponível para consumo privado. Se ela for exatamente indiferente entre essas duas alternativas, deveremos ter

$$u_1(w_1 - r_1, 1) = u_1(w_1, 0).$$

Essa equação define o preço de reserva para a pessoa 1 – a quantia máxima que ela estaria propensa a pagar para ter a televisão. Uma equação semelhante define o preço de reserva da pessoa 2. Observe que, em geral, o preço de reserva de cada pessoa dependerá de sua riqueza. A quantia máxima que a pessoa estará *disposta* a pagar dependerá, em algum grau, de quanto a pessoa será *capaz* de pagar.

Lembre-se de que uma alocação será eficiente no sentido de Pareto se não houver meio de fazer com que as duas pessoas melhorem. A alocação será *ineficiente* no sentido de Pareto se *houver* alguma forma de fazer com que ambas melhorem; nesse caso, dizemos que é possível ter uma **melhoria de Pareto**. No problema da televisão, há apenas dois tipos de alocações de interesse. Uma é a alocação em que a televisão não é fornecida. Essa alocação assume a forma simples $(w_1, w_2, 0)$; isto é, ambas as pessoas gastam sua própria riqueza no consumo privado.

O outro tipo de alocação é aquele em que o bem público é fornecido. Será uma alocação da forma $(x_1, x_2, 1)$, em que

$$x_1 = w_1 - g_1$$
$$x_2 = w_2 - g_2.$$

Essas duas equações são obtidas ao reescrevermos as restrições orçamentárias. Elas dizem que o consumo privado de cada pessoa é determinado pela riqueza que restou após sua contribuição para o bem público.

Sob quais condições a televisão deve ser fornecida? Isto é, quando haverá um esquema de pagamento (g_1, g_2) de tal modo que ambas as pessoas ficarão melhor por ter a televisão, pagando sua parte, do que por não a ter? Ou, na linguagem econômica, quando haverá uma melhoria de Pareto para prover a televisão?

Haverá uma melhoria de Pareto para prover a alocação $(x_1, x_2, 1)$ se ambas as pessoas estiverem melhor por terem a televisão do que por não a terem. Isso significa que

$$u_1(w_1, 0) < u_1(x_1, 1)$$
$$u_2(w_2, 0) < u_2(x_2, 1).$$

Use agora a definição de preços de reserva r_1 e r_2 e a restrição orçamentária para escrever

$$u_1(w_1 - r_1, 1) = u_1(w_1, 0) < u_1(x_1, 1) = u_1(w_1 - g_1, 1)$$
$$u_2(w_2 - r_2, 1) = u_2(w_2, 0) < u_2(x_2, 1) = u_2(w_2 - g_2, 1).$$

Se olharmos para os lados direito e esquerdo dessa desigualdade e nos lembrarmos de que o aumento do consumo privado provoca o aumento da utilidade, poderemos concluir que

$$w_1 - r_1 < w_1 - g_1$$
$$w_2 - r_2 < w_2 - g_2,$$

o que, por sua vez, implica que

$$r_1 > g_1$$
$$r_2 > g_2.$$

Essa condição terá de ser satisfeita se a alocação $(w_1, w_2, 0)$ for eficiente no sentido de Pareto: é preciso que a contribuição de cada pessoa para a televisão seja menor do que sua propensão a pagar pelo aparelho. Se um consumidor pudesse adquirir o bem por menos do que o máximo que estivesse propenso a pagar, essa aquisição iria beneficiá-lo. Portanto, a condição de que o preço de reserva exceda a parcela de custo simplesmente diz que ocorrerá uma melhoria de Pareto quando cada colega de quarto puder adquirir os serviços da televisão por menos do que o máximo que estaria propenso a pagar por eles. Isso é claramente uma condição *necessária* para que a compra represente uma melhoria de Pareto.

Se a propensão de cada colega de quarto a pagar exceder sua participação no custo, a *soma* da propensão a pagar terá de ser maior do que o custo da televisão:

$$r_1 + r_2 > g_1 + g_2 = c. \tag{37.1}$$

Essa é uma condição *suficiente* para que prover a televisão seja uma melhoria de Pareto. Se a condição for satisfeita, haverá algum plano de pagamento que fará com que ambas as pessoas melhorem pela provisão do bem público. Se $r_1 + r_2 \geq c$, a quantia total que os colegas de quarto estarão dispostos a pagar será pelo menos tão elevada quanto o custo da compra, de modo que eles possam encontrar um plano de pagamento (g_1, g_2) tal que $r_1 \geq g_1$, $r_2 \geq g_2$ e $g_1 + g_2 = c$. Essa condição é tão simples que se poderia perguntar por que entramos em tantos detalhes ao derivá-la. Bem, ela apresenta algumas sutilezas.

Primeiro, é importante observar que a condição que descreve quando a provisão do bem público será uma melhoria de Pareto depende apenas da *propensão* de cada agente a pagar e do custo total. Se a soma dos preços de reserva exceder o custo da televisão, *haverá* sempre um esquema de pagamento que fará com que ambas as pessoas melhorem por ter o bem público do que por não o ter.

Segundo, a condição de que a provisão do bem público seja eficiente no sentido de Pareto, ou não, dependerá geralmente da distribuição inicial de riqueza (w_1, w_2). Isso é verdadeiro porque, em geral, os preços de reserva r_1 e r_2 dependerão da distribuição de riqueza. É perfeitamente possível que, para algumas distribuições de renda, $r_1 + r_2 > c$ e que, para outras, $r_1 + r_2 < c$.

Para ver como isso é possível, imaginemos uma situação em que um colega de quarto adora televisão enquanto outro se mostra quase que indiferente com respeito à sua aquisição. Então, se o colega que adora televisão possuísse toda a riqueza, ele estaria disposto a pagar mais do que o custo do televisor. Portanto, seria uma melhoria de Pareto prover a televisão. Mas se toda a riqueza estivesse em mãos do colega indiferente, o colega que gosta da televisão não teria dinheiro suficiente para contribuir para a compra e, portanto, seria eficiente no sentido de Pareto *não* prover a televisão.

Assim, em geral, a questão que se refere ao fato de o bem público dever ou não ser fornecido dependerá da distribuição de renda. Mas, em casos específicos, a provisão do bem público pode independer da distribuição de renda. Suponhamos, por exemplo, que as preferências dos dois colegas fossem quase lineares. Isso significa que as funções de utilidade têm a forma

$$u_1(x_1, G) = x_1 + v_1(G)$$
$$u_2(x_2, G) = x_2 + v_2(G),$$

em que G será 0 ou 1, dependendo da disponibilidade, ou não, do bem público. Para simplificar, suponhamos que $v_1(0) = v_2(0) = 0$. Isso diz que nenhum aparelho de televisão fornece utilidade zero de assistir televisão.[1]

Nesse caso, as definições dos preços de reserva tornam-se

$$u_1(w_1 - r_1, 1) = w_1 - r_1 + v_1(1) = u_1(w_1, 0) = w_1$$
$$u_2(w_2 - r_2, 1) = w_2 - r_2 + v_2(1) = u_2(w_2, 0) = w_2,$$

o que implica que os preços de reserva são dados por:

$$r_1 = v_1(1)$$
$$r_2 = v_2(1).$$

---

[1] Talvez devêssemos atribuir utilidade negativa ao ato de assistir televisão.

Assim, os preços de reserva independem da quantidade de riqueza e, portanto, a provisão ótima do bem público independerá da riqueza, ao menos em determinada faixa de riquezas.[2]

37.2 Provisão privada do bem público

Vimos anteriormente que adquirir a televisão será eficiente no sentido de Pareto para os dois colegas de quarto se a soma de suas disposições de pagar exceder o custo de fornecimento do bem público. Isso responde à pergunta sobre a alocação eficiente do bem, mas não quer dizer, necessariamente, que eles realmente comprarão a televisão. A decisão de adquiri-la dependerá do método que adotarem para tomar decisões em conjunto.

Se os dois colegas de quarto cooperarem e revelarem verdadeiramente o valor que cada um deles atribui à televisão, não será difícil, para eles, concordar se devem ou não a comprar. Mas, sob certas circunstâncias, eles podem não ter incentivo para dizer a verdade sobre suas avaliações.

Vamos supor que cada pessoa atribuísse o mesmo valor à televisão e que o preço de reserva de cada uma fosse maior do que o custo, de modo que $r_1 > c$ e $r_2 > c$. Assim, a pessoa 1 poderia pensar que, se dissesse que avaliava a televisão em zero, a outra pessoa iria adquiri-la de qualquer forma. Mas a pessoa 2 poderia pensar da mesma maneira! Também podemos imaginar outras situações em que ambas as pessoas se recusassem a contribuir na esperança de que a outra decidisse comprar a televisão por conta própria.

Nesse tipo de situação, os economistas dizem que as pessoas estão tentando **pegar carona** uma na outra: cada pessoa espera que a outra compre o bem público sozinha. Como todas as pessoas utilizarão todos os serviços da televisão se ela for adquirida, todas têm um incentivo para tentar pagar o mínimo possível para adquiri-la.

37.3 Pegando carona

Pegar carona parece-se, embora não seja igual, com o dilema do prisioneiro que examinamos no Capítulo 29. Para vermos isso, elaboremos um exemplo numérico do problema da televisão descrito anteriormente. Suponhamos que cada pessoa tenha uma riqueza de US$500, que cada uma atribua à televisão um valor de US$100 e que o aparelho custe US$150. Como a soma dos preços de reserva excede o custo, é eficiente no sentido de Pareto comprar a televisão.

Suponhamos que não haja como um colega de quarto proibir o outro de assistir televisão e que cada um deles decidirá por si mesmo se a aquisição deve ser feita ou não. Examinemos a decisão de um dos colegas de quarto, o jogador A.

---

[2] Mesmo isso só será verdadeiro para algumas faixas de riqueza, uma vez que temos de exigir sempre que $r_1 \leq w_1$ e $r_2 \leq w_2$ – isto é, que a propensão a pagar seja menos que a capacidade de fazê-lo.

Se ele comprar a televisão, receberá um benefício de US$100 e pagará um custo de US$150, o que o deixará com um benefício líquido de –US$50. No entanto, se o jogador A comprar a televisão, o jogador B poderá usá-la de graça, o que lhe proporcionará um benefício de US$100. Os ganhos do jogo são mostrados na Tabela 37.1.

TABELA 37.1 *Matriz do jogo de pegar carona*

		Jogador B	
		Compra	Não compra
Jogador A	Compra	–50, –50	–50, 100
	Não	100, –50	0, 0

O equilíbrio estratégico dominante desse jogo está em nenhum dos jogadores comprar a televisão. Se o jogador A decidir comprá-la, será do interesse do jogador B pegar carona: ver televisão sem contribuir com nada para adquiri-la. Se o jogador A decidir não a comprar, será do interesse do jogador B também não a comprar. Essa situação parece-se com o dilema do prisioneiro, mas não é exatamente igual a ele. No dilema do prisioneiro, a estratégia que maximizava a soma das utilidades dos jogadores consistia em todos os jogadores fazerem a *mesma* escolha. Aqui, a estratégia que maximiza a soma das utilidades consiste em apenas um dos jogadores comprar a televisão (e ambos se utilizarem dela).

Se o jogador A comprar a televisão e ambos os jogadores a usarem, poderemos elaborar uma melhoria de Pareto apenas por fazer com que o jogador B efetue um "pagamento por fora" ao jogador A. Se, por exemplo, o jogador B der US$51 ao jogador A, ambos os jogadores melhorarão quando o jogador A comprar a televisão. No geral, qualquer pagamento entre US$50 e US$100 resultará numa melhoria de Pareto para esse exemplo.

Com efeito, isso é provavelmente o que aconteceria na prática: cada jogador contribuiria com alguma fração do custo da televisão. Esse problema de bens públicos é relativamente fácil de resolver, mas podem surgir problemas de pegar carona mais difíceis no compartilhamento de bens públicos familiares. Por exemplo, que tal a limpeza da sala de estar? Cada pessoa poderá preferir ver a sala de estar limpa e talvez estar disposta a fazer sua parte. Cada uma delas, porém, também poderá ficar tentada a pegar carona na outra – de modo que a situação acabe por ninguém limpar a sala, o que provocará o costumeiro resultado de falta de higiene.

A situação complica-se caso haja mais de duas pessoas envolvidas – uma vez que haverá mais gente em quem pegar carona! A atitude de deixar a tarefa para o outro fazer pode ser ótima do ponto de vista *individual*, mas é ineficiente no sentido de Pareto do ponto de vista da sociedade como um todo.

37.4 Diferentes níveis do bem público

No exemplo anterior, tínhamos uma decisão: prover ou não a televisão. Mas o mesmo tipo de fenômeno ocorre na hora de escolher *quanto* prover do bem público. Suponhamos que os dois colegas de quarto tenham de decidir o quanto gastar na aquisição. Quanto mais dinheiro decidirem gastar, melhor será a televisão que poderão obter.

Como antes, x_1 e x_2 medirão o consumo privado de cada pessoa e g_1 e g_2 suas contribuições para a compra. Façamos agora com que G meça a "qualidade" da televisão a ser adquirida e com que a função custo da qualidade seja dada por $c(G)$. Isso significa que, se os dois colegas de quarto quiserem comprar uma televisão de qualidade G, terão de gastar $c(G)$ unidades monetárias para fazer isso.

A restrição com a qual os colegas de quarto se defrontam é que a quantia total que eles gastam em seu consumo público e privado tem de ser igual ao total de dinheiro de que eles dispõem:

$$x_1 + x_2 + c(G) = w_1 + w_2.$$

A alocação eficiente no sentido de Pareto é aquela em que o consumidor 1 está tão bem quanto possível, dado o nível de utilidade do consumidor 2. Se fixarmos a utilidade do consumidor 2 em $\bar{x}$, poderemos reescrever esse problema como

$$\max_{x_1, x_2, G} u_1(x_1, G)$$

de modo que $u_2(x_2, G) = \bar{u}_2$

$$x_1 + x_2 + c(G) = w_1 + w_2.$$

Segue-se que a condição ótima apropriada para esse problema é que a *soma* dos valores absolutos das taxas marginais de substituição entre o bem privado e o bem público dos dois consumidores se iguala ao custo marginal de prover uma unidade extra do bem público:

$$|TMS_1| + |TMS_2| = CMa(G)$$

ou, ao reescrevermos as definições de taxas marginais de substituição,

$$\left|\frac{\Delta x_1}{\Delta G}\right| + \left|\frac{\Delta x_2}{\Delta G}\right| = \frac{UM_G}{UM_{x_1}} + \frac{UM_G}{UM_{x_2}} = CMa(G).$$

Para verificarmos por que essa tem de ser a condição de eficiência correta, apliquemos o truque usual de pensar como seria se ela fosse violada. Suponhamos, por exemplo, que a soma das taxas marginais de substituição fosse menor do que o custo marginal: digamos $CMa = 1$, $|TMS_1| = 1/4$ e $|TMS_2| = 1/2$. Precisamos mostrar que há algum modo de melhorar a situação de ambas as pessoas.

Dada essa taxa marginal de substituição, sabemos que a pessoa 1 estaria disposta a aceitar 1/4 mais de unidades monetárias do bem privado pela perda de uma unidade monetária do bem público (uma vez que ambos custam US$1 por unidade). Do mesmo modo, a pessoa 2 aceitaria 1/2 mais de unidades monetárias do bem privado para uma diminuição de uma unidade monetária do bem público. Suponhamos que se reduza a quantidade do bem público e que se ofereça uma compensação a ambas as pessoas. Quando reduzimos o bem público em uma unidade, poupamos uma unidade monetária. Após pagarmos a cada pessoa a quantia que ela exige para permitir essa modificação (3/4 = 1/4 + 1/2), descobrimos que ainda nos resta 1/4 de unidade monetária. Esse dinheiro poderia ser dividido entre as duas pessoas, o que faria com que ambas melhorassem.

Do mesmo modo, se a soma das taxas marginais de substituição fosse maior do que 1, poderíamos aumentar a quantidade do bem público para melhorar ambas as pessoas. Se $|TMS_1| = 2/3$ e $|TMS_2| = 1/2$, digamos, isso significa que a pessoa 1 abriria mão de 2/3 de uma unidade monetária de consumo privado para obter mais uma unidade do bem público e a pessoa 2 abriria mão de 1/2 de unidade monetária de consumo privado para obter uma unidade a mais do bem público. Mas, se a pessoa 1 abrisse mão de 2/3 de unidade monetária e a pessoa 2 abrisse mão de 1/2 de unidade monetária, teríamos mais do que o necessário para produzir a unidade extra do bem público, uma vez que o custo marginal de prover o bem público é 1. Portanto, poderíamos devolver a quantia restante às pessoas, fazendo com que ambas melhorassem.

O que significa a condição de eficiência de Pareto? Uma forma de interpretá-la é imaginar a taxa marginal de substituição como a propensão *marginal* a pagar por uma unidade adicional do bem público. Assim, a condição de eficiência diz apenas que a *soma* da propensão marginal a pagar tem de ser igual ao custo marginal de prover uma unidade extra do bem público.

No caso do bem discreto, que seria oferecido, ou não, dissemos que a condição de eficiência era que a soma da propensão a pagar deveria ser pelo menos tão grande quanto o custo. No caso que aqui examinamos, em que o bem público pode ser oferecido em diferentes níveis, a condição de eficiência é que a soma das propensões *marginais* a pagar deve *igualar-se* ao custo marginal na quantidade ótima do bem público, porque, sempre que a *soma* da propensão marginal a pagar pelo bem público exceder o custo marginal, será apropriado prover mais do bem público.

Vale a pena comparar a condição de eficiência do bem público à condição de eficiência do bem privado. Para um bem privado, a taxa marginal de substituição de cada pessoa tem de igualar-se ao custo marginal; para um bem público, a *soma* das taxas marginais de substituição tem de igualar-se ao custo marginal. No caso de um bem privado, cada pessoa pode consumir uma quantidade diferente do bem privado, mas todas elas têm de atribuir-lhe o mesmo valor na margem – de outro modo, iriam querer trocá-lo. No caso de um bem público, todas as pessoas têm de consumir a mesma quantidade, mas todas podem atribuir-lhe um valor diferente na margem.

Podemos ilustrar a condição de eficiência do bem público na Figura 37.1. Basta desenharmos as curvas da TMS de todas as pessoas e somá-las verticalmente para obter a soma das curvas da TMS. A alocação eficiente do bem público ocorrerá onde a soma das TMS igualar-se ao custo marginal, como mostra a Figura 37.1.

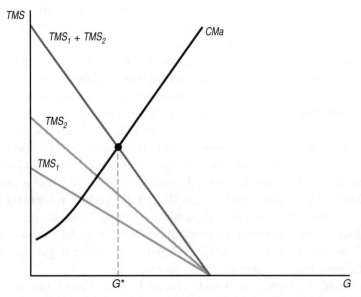

FIGURA 37.1 Determinação da quantidade eficiente de um bem público. A soma das taxas marginais de substituição tem de igualar-se ao custo marginal.

37.5 Preferências quase lineares e bens públicos

Em geral, a quantidade ótima do bem público será diferente em diferentes alocações do bem privado. Mas se os consumidores tiverem preferências quase lineares, cada alocação eficiente apresentará uma quantidade única do bem público. A maneira mais fácil de ver isso é pensar no tipo de função de utilidade que representa as preferências quase lineares.

Conforme vimos no Capítulo 4, as preferências quase lineares têm uma representação da utilidade da forma $u_i(x_i, G) = x_i + v_i(G)$. Isso significa que a utilidade marginal do bem privado é sempre 1 e, portanto, a taxa marginal de substituição entre o bem público e o bem privado – a razão das utilidades marginais – dependerá de G. Em particular:

$$|TMS_1| = \frac{\Delta u_1(x_1, G)/\Delta G}{\Delta u_1/\Delta x_1} = \frac{\Delta v_1(G)}{\Delta G}$$

$$|TMS_2| = \frac{\Delta u_2(x_2, G)/\Delta G}{\Delta u_2/\Delta x_2} = \frac{\Delta v_2(G)}{\Delta G}.$$

Já sabemos que um nível eficiente no sentido de Pareto de um bem público tem de satisfazer à condição

$$|TMS_1| + |TMS_2| = CMa(G).$$

Se utilizarmos a forma especial das TMS no caso da utilidade quase linear, poderemos escrever essa condição como

$$\frac{\Delta v_1(G)}{\Delta G} + \frac{\Delta v_2(G)}{\Delta G} = CMa(G).$$

Observe que essa equação determina G sem nenhuma referência a x_1 ou x_2. Há, portanto, um único nível eficiente de provisão do bem público.

Outra forma de verificar isso é pensar no comportamento das curvas de indiferença. No caso das preferências quase lineares, todas as curvas de indiferença são apenas versões deslocadas umas das outras. Isso significa, em particular, que a inclinação das curvas de indiferença – a taxa marginal de substituição – não varia quando mudamos a quantidade de bem privado. Vamos supor que encontramos uma alocação eficiente dos bens públicos e privados, em que a soma dos valores absolutos das TMS iguala-se à $CMa(G)$. Agora, se tirarmos uma determinada quantidade do bem privado de uma pessoa e dermos a outra, a inclinação de ambas as curvas de indiferença permanecerá igual, de maneira que a soma dos valores absolutos das TMS continuará igual à $CMa(G)$ e teremos uma alocação eficiente no sentido de Pareto.

No caso de preferências quase lineares, podemos encontrar todas as alocações eficientes no sentido de Pareto apenas mediante a redistribuição dos bens privados. A quantidade de bem público permanece fixa no nível eficiente.

EXEMPLO: Poluição revisitada

Lembre-se do modelo da siderúrgica e da empresa de pesca descrito no Capítulo 35. Nele, afirmamos que a provisão eficiente de poluição era aquela que internalizava os custos de produção suportados pela empresa de pesca e de aço. Suponhamos agora que haja duas empresas de pesca e que a quantidade de poluição produzida pela siderúrgica seja um bem público. (Ou talvez, de maneira mais apropriada, um mal público!)

A provisão eficiente de poluição envolverá, pois, a maximização da soma dos lucros das três empresas – isto é, a minimização do custo social total da poluição. Formalmente, representemos por $c_s(s, x)$ o custo para a empresa siderúrgica de produzir s unidades de aço e x unidades de poluição e representemos por $c_f^1(f_1, x)$ os custos que a empresa 1 tem para pescar f_1 peixes quando o nível de poluição é de x e por $c_f^2(f_2, x)$ a expressão análoga para a empresa 2. Assim, para calcular a quantidade de poluição eficiente no sentido de Pareto, maximizamos a soma dos lucros das três empresas:

$$\max_{s, f_1, f_2, x} p_s s + p_f f_1 + p_f f_2 - c_s(s, x) - c_f^1(f_1, x) - c_f^2(f_2, x).$$

O efeito que mais nos interessa é aquele que se faz sentir sobre os lucros agregados que o aumento da poluição proporciona. Aumentar a poluição diminui o custo de produzir aço, mas eleva o custo de produzir peixe para as empresas de pesca. A condição ótima apropriada do problema de maximização de lucro é, pois,

$$\frac{\Delta c_s(\hat{s},\hat{x})}{\Delta x} + \frac{\Delta c_f^1(\hat{f}_1,\hat{x})}{\Delta x} + \frac{\Delta c_f^2(\hat{f}_2,\hat{x})}{\Delta x} = 0,$$

que apenas diz que a *soma* dos custos marginais da poluição para as três empresas deveria igualar-se a zero. Assim como no caso de um bem de consumo público, é a soma dos benefícios marginais ou dos custos para os agentes econômicos que tem relevância para determinar a provisão eficiente no sentido de Pareto de um bem público.

37.6 O problema do carona

Agora que sabemos o que são as alocações eficientes no sentido de Pareto de bens públicos, podemos voltar nossa atenção para indagar como as alcançar. No caso de bens privados sem externalidades, vimos que o mecanismo de mercado gerará um alocação eficiente. O mercado funcionará no caso de bens públicos?

Podemos imaginar que cada pessoa tenha uma dotação de um bem privado, w_i, e que possa gastar uma fração de seu bem privado no seu próprio consumo privado ou contribuir com uma parte para a compra do bem público. Representemos por x_1 o consumo privado da pessoa 1 e por g_1 a quantidade do bem público que ela compra; supomos o mesmo para a pessoa 2. Suponhamos, para simplificar, que $c(G) \equiv G$, o que implica que o custo marginal de prover uma unidade do bem público é constante em 1. A quantidade total do bem público fornecido será de $G = g_1 + g_2$. Como cada pessoa se preocupa com a quantidade *total* fornecida do bem público, a função de utilidade da pessoa i terá a forma $u_i(x_i, g_1 + g_2) = u_i(x_i, G)$.

Para decidir a quantia com a qual deve contribuir para o bem público, a pessoa 1 deve ter alguma previsão sobre o valor com que a pessoa 2 contribuirá. O mais simples a fazer aqui é adotar o modelo de equilíbrio de Nash descrito no Capítulo 29 e supor que a pessoa 2 dará uma contribuição de $\bar{g}_2$. Suponhamos que a pessoa 2 também faça uma previsão sobre a contribuição da pessoa 1 e procuremos um equilíbrio em que cada pessoa faça uma contribuição ótima, dado o comportamento da outra.

O problema de maximização da pessoa 1 assume, pois, a forma

$$\max_{x_1, g_1} u_1(x_1, g_1 + \bar{g}_2)$$

de modo que $x_1 + g_1 = w_1$.

Esse problema é semelhante ao da maximização do consumidor comum. A condição de otimização é, portanto, a mesma: se ambas as pessoas comprarem ambos os bens, a taxa marginal de substituição entre os bens público e privado deveria ser de 1 para ambos os consumidores:

$$|TMS_1| = 1$$

$$|TMS_2| = 1.$$

Temos, porém, de tomar cuidado aqui. É verdade que, se a pessoa 2 comprar qualquer quantidade do bem público, ela a comprará até que a taxa marginal de substituição se iguale a 1. Mas a pessoa 2 pode concluir que a pessoa 1 já contribuiu o suficiente e que, portanto, ela não precisa mais contribuir com nada para o bem público.

Pressupomos, formalmente, que as pessoas podem apenas fazer contribuições positivas para o bem público – elas podem colocar dinheiro na sacolinha, mas não podem tirá-lo. Há, portanto, uma restrição adicional às contribuições de cada pessoa, ou seja, $g_1 \geq 0$ e $g_2 \geq 0$. Cada pessoa pode apenas decidir se deseja ou não *aumentar* a quantidade do bem público. Mas, então, pode acontecer que uma pessoa ache que a quantidade provida pela outra é suficiente e prefira não fazer contribuição alguma.

A Figura 37.2 representa um desses casos. Nela, ilustramos o consumo privado de cada pessoa no eixo horizontal e seu consumo público no eixo vertical. A "dotação" de cada pessoa consiste em sua riqueza, w_i, juntamente com a quantidade de contribuição para o bem público da *outra* pessoa – uma vez que isso é a quantidade do bem público que estará disponível se a pessoa em questão resolver não contribuir. A Figura 37.2A mostra o caso em que a pessoa 1 é a única a contribuir para o bem público, de modo que $g_1 = G$. Se a pessoa 1 contribuir com G unidades para o bem público, a dotação da pessoa 2 consistirá em sua riqueza privada, w_2, e na quantidade do bem público G – uma vez que a pessoa 2 consumirá o bem público, contribua ou não para ele. Como a pessoa 2 não pode reduzir a quantidade do bem público, mas apenas aumentá-la, sua restrição orçamentária

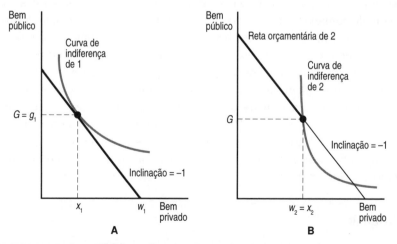

FIGURA 37.2 O problema do carona. *A pessoa 1 contribui e a pessoa 2 pega carona.*

é a linha em negrito na Figura 37.2B. Dado o formato da curva de indiferença da pessoa 2, será ótimo, de seu ponto de vista, pegar carona na contribuição de 1 e simplesmente consumir sua própria dotação, como mostra o diagrama.

Esse é um exemplo em que a pessoa 2 pega carona na contribuição da pessoa 1 para o bem público. Como o bem público é um bem que todos têm de consumir na mesma quantidade, a provisão desse bem por qualquer pessoa tenderá a reduzir a provisão das outras pessoas. Portanto, em geral, muito pouco do bem público será suprido num equilíbrio voluntário, no que tange à provisão eficiente desse tipo de bem.

37.7 Comparação com os bens privados

Em nossa análise de bens privados, tivemos a oportunidade de mostrar que uma instituição social particular – o mercado competitivo – era capaz de alcançar uma alocação eficiente no sentido de Pareto de bens privados. A decisão de cada consumidor sobre quanto comprar dos vários bens resultaria num padrão de consumo eficiente no sentido de Pareto. Um dos principais pressupostos dessa análise era que o consumo de uma pessoa não afetaria a utilidade das outras pessoas – ou seja, que não haveria externalidade de consumo. A otimização do consumo individual seria, portanto, suficiente para que se alcançasse uma espécie de ótimo social.

Essa situação difere radicalmente quando se trata de bens públicos. Isso porque, nesse caso, as utilidades das pessoas estão inexoravelmente ligadas, uma vez que todas têm de consumir a mesma quantidade do bem público. Assim, é bem pouco provável que a provisão de mercado de bens *públicos* resulte numa provisão eficiente no sentido de Pareto.

De fato, na maioria das vezes, utilizamos instituições sociais *diferentes* para determinar a provisão dos bens públicos. Em algumas ocasiões, as pessoas usam um **mecanismo de comando**, por meio do qual uma pessoa ou um pequeno grupo delas determina a quantidade dos vários bens públicos que serão oferecidos à população. Outras vezes, emprega-se um **sistema de votação**, em que as pessoas decidem pelo voto a provisão dos bens públicos. Os mesmos tipos de perguntas que fizemos sobre o mercado privado podem ser feitos sobre o mecanismo de votação ou sobre outros mecanismos sociais para tomada de decisão: serão eles capazes de alcançar uma alocação eficiente no sentido de Pareto de bens públicos? Qualquer alocação eficiente no sentido de Pareto de bens públicos pode ser alcançada por tais mecanismos? Uma análise completa de tais questões está além do escopo deste livro, mas lançaremos a seguir um pouco de luz sobre o funcionamento de alguns métodos.

37.8 Votação

A provisão privada de um bem público não funciona muito bem, mas há vários outros mecanismos de escolha social. Um dos mecanismos mais comuns nos países democráticos é a **votação**. Examinemos até que ponto ela funciona para a provisão dos bens públicos.

A votação não é muito interessante no caso de dois consumidores, de modo que suporemos a existência de n consumidores. Além disso, para não nos preocuparmos com empates, suporemos que n seja um número ímpar. Imaginemos que os consumidores estejam votando no tamanho do bem público – digamos, a grandeza dos gastos com a defesa pública. Cada consumidor tem um nível preferido de gasto e sua avaliação dos outros níveis depende de quão próximos eles estejam de seu nível preferido.

O primeiro problema com a votação como um modo de determinar resultados sociais já foi examinado no Capítulo 34. Vamos supor que examinamos três níveis de gasto, A, B e C. É perfeitamente possível que uma maioria de consumidores prefira A a B, outra maioria prefira B a C... e outra, ainda, prefira C a A!

Ao utilizarmos a terminologia do Capítulo 34, veremos que as preferências sociais geradas por esses consumidores não são transitivas. Isso significa que o resultado da votação no nível do bem público pode não ser bem definido – haverá sempre um nível de gasto que ganhará de todos os demais. Se a sociedade puder votar várias vezes em uma mesma questão, isso significa que ela pode fazer "circular" várias escolhas. Se só puder votar uma vez em uma questão, o resultado dependerá da ordem na qual as escolhas forem apresentadas.

Se votarmos primeiro em A contra B e depois em A contra C, o resultado será C. Mas, se votarmos em C contra A e depois em C contra B, o resultado será B. Pode-se obter qualquer dos três resultados pela escolha de como as alternativas são apresentadas!

O "paradoxo da votação" descrito anteriormente é perturbador. Uma coisa natural a fazer é perguntar que tipos de restrições nas preferências nos permitirão eliminá-lo; isto é, que forma as preferências devem ter para assegurar que os tipos de ciclos descritos não ocorram?

Representemos as preferências do consumidor i por um gráfico como aqueles da Figura 37.3, em que a altura do gráfico ilustra o valor ou a utilidade líquida de níveis diferentes de gasto no bem público. O termo "utilidade líquida" é apropriado, uma vez que cada pessoa se preocupa com o nível do bem público e com a quantia com que tem de contribuir para ele. Níveis mais altos de gastos significam mais bens públicos, mas também impostos mais altos para pagar por esses bens públicos. Portanto, é razoável supor que a utilidade líquida dos gastos em bens públicos primeiro aumente, graças aos benefícios que eles proporcionam, mas depois acabe por cair, por causa dos custos de provê-los.

Uma restrição nas preferências desse tipo é que elas tenham um **máximo único**. Isso significa que as preferências têm de ter o formato representado na Figura 37.3A, em vez de ter a forma representada na Figura 37.3B. Com preferências de máximo único, a utilidade líquida de diferentes níveis de gastos aumenta até o ponto preferível e depois cai, como na Figura 37.3A; ela nunca aumenta, diminui e aumenta de novo, como na Figura 37.3B.

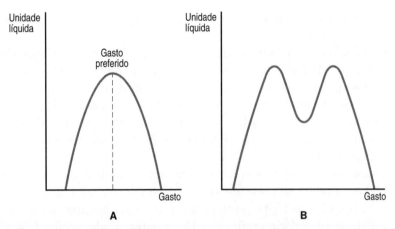

FIGURA 37.3 As preferências e suas formas. *As preferências com máximo único são apresentadas no painel A e as com vários máximos, no painel B.*

Se todas as pessoas tiverem preferências com máximo único, será possível demonstrar que as preferências sociais reveladas pela votação majoritária jamais apresentarão o tipo de intransitividade que descrevemos anteriormente.

Se aceitarmos esse resultado por um instante, poderemos indagar que nível de gasto será escolhido se todos tiverem preferências com máximo único. A resposta é o **gasto médio** – o tipo de gasto em que metade da população quer gastar mais e metade quer gastar menos. Esse resultado é razoavelmente intuitivo: se mais da metade quisesse gastar mais no bem público, teria votado por mais, de modo que só se obterá um resultado equilibrado na votação se os votos para aumentar e diminuir o gasto no bem público se equilibrarem.

Será este um nível eficiente de bem público? Em geral, a resposta é não. O resultado médio apenas significa que metade da população quer mais e metade quer menos; isso não diz nada sobre *quanto a mais* se quer do bem público. Como a eficiência leva esse tipo de informação em conta, a votação não conduzirá, em geral, a um resultado eficiente.

Além disso, mesmo que as preferências verdadeiras das pessoas tenham um máximo único, de modo que a votação possa levar a um resultado razoável, as pessoas podem escolher adulterar suas preferências verdadeiras quando votam. Portanto, elas terão um incentivo para votar de maneira diferente do que indicariam suas verdadeiras preferências, para manipular o resultado final.

EXEMPLO: A manipulação da agenda

Vimos que o resultado da sequência de votação pode depender da ordem em que os votos são obtidos. Políticos experientes conhecem bem essa possibilidade. No Congresso americano, as emendas a uma lei são votadas antes da votação da própria lei, o que proporciona um meio comumente usado para influenciar o processo legislativo.

Em 1956, a Câmara dos Deputados examinou um projeto de lei que previa o auxílio federal para a construção de escolas. Um deputado sugeriu uma emenda que exigia que a lei só beneficiasse com ajuda federal os Estados que tivessem escolas integradas. Havia três grupos de tamanho equivalente de parlamentares que tinham pontos de vista bem definidos sobre esse assunto.

- Republicanos. Opunham-se à ajuda federal para a educação, mas preferiam a versão emendada da lei ao texto original. Sua hierarquia de preferências era, pois, nenhuma lei, lei emendada, lei original.

- Democratas do norte. Queriam o auxílio federal para a educação e defendiam a integração das escolas, de modo que hierarquizavam as preferências na seguinte ordem de prioridade: lei emendada, lei original, nenhuma lei.

- Democratas do sul. Esse grupo queria a ajuda federal para a educação, mas não receberia nenhuma emenda com a nova lei graças à segregação existente nas escolas sulistas. Suas preferências eram, pois, lei original, nenhuma lei, lei emendada.

Na votação da emenda, os Republicanos e os Democratas do norte eram maioria e, portanto, substituíram a lei original pela emendada. Na votação da lei emendada, os Republicanos e os Democratas do sul formavam a maioria e derrotaram a lei emendada. No entanto, antes de ser emendada, a lei original contava com a maioria dos votos!

37.9 O mecanismo Vickrey-Clarke-Groves

Vamos pensar sobre o problema do bem público em um quadro bem genérico. O objetivo é escolher algum resultado (por exemplo: deve-se ou não providenciar um poste de luz), de modo a maximizar a soma das utilidades dos agentes envolvidos. O desafio é determinar exatamente quais são as funções utilidade individuais, pois os consumidores não estão incentivados a declarar valores verdadeiros.

No caso mais simples, a escolha poderia ser uma decisão zero-um: se $x = 1$, o poste de rua será construído, se $x = 0$, não. Em um caso mais geral, a escolha poderia ser o quanto fornecer de algo – quantos postes de luz, ou o quanto eles iluminam, ou onde estão localizados. Usaremos x para representar as escolhas possíveis, sejam elas quais forem. Suponhamos que haja n agentes e $u_i(x)$ seja a utilidade do agente i. O objetivo é escolher o x que maximiza a soma das utilidades dos agentes, $\sum_i u_i(x)$.

Seria fácil se o tomador de decisão conhecesse as funções de utilidade. Infelizmente, numa situação real, o tomador de decisão não as conhecerá. E, como vimos, os agentes podem também ser incentivados a deturpar as verdadeiras funções de utilidade.

Surpreendentemente, existe uma forma hábil de fazer com que os agentes contem a verdade e assim alcançar um resultado eficiente. Esse **mecanismo econômico** é conhecido como **mecanismo Vickrey-Clarke-Groves, ou mecanismo VCG**.

O mecanismo Groves

Descreveremos o mecanismo VCG em duas etapas. Primeiro, iremos descrever o que é conhecido como **mecanismo Groves**.

1. A central pede que cada agente i declare o quanto estaria disposto a pagar para ter x unidades do bem público a ser fornecido. Indicaremos por $r_i(x)$ essa utilidade declarada de x unidades do bem público.

2. A central escolhe o nível de bem público x^* que maximiza a soma das utilidades declaradas, $R = \sum_{i=1}^{n} r_i(x)$.

3. Cada agente i recebe um pagamento por fora que é a soma das utilidades declaradas de todos os demais, avaliada ao nível de x determinado na etapa 2. Indicaremos esse pagamento por $R_i = \sum_{j \neq i} r_j(x^*)$.

Acontece que nesse mecanismo a **estratégia dominante** de cada agente é relatar sua função de utilidade verdadeira. Para saber o porquê, considere a remuneração total para o agente i, que é a sua utilidade somada ao seu pagamento por fora

$$u_i(x) + \sum_{j \neq i} r_j(x).$$

Observe que o agente i se preocupa com a sua função de utilidade *verdadeira*, mas seu pagamento por fora depende da soma de outras funções de utilidade *declaradas*.

O agente i reconhece que o tomador de decisão irá maximizar a soma das utilidades usando as utilidades *declaradas*,

$$r_i(x) + \sum_{j \neq i} r_j(x).$$

No entanto, o agente i deseja que o tomador de decisão maximize sua própria utilidade verdadeira mais o pagamento por fora,

$$u_i(x) + \sum_{j \neq i} r_j(x).$$

O agente i pode garantir que o tomador de decisão faça uma escolha que maximize essa expressão, relatando sua utilidade verdadeira, isto é, fazendo $r_i(x) = u_i(x)$.

O mecanismo Groves, essencialmente, "internaliza a externalidade" entre os agentes. Faz com que cada agente enfrente os custos e benefícios que o seu relato impõe sobre os outros agentes. Cada agente desejará declarar sua verdadeira utilidade, desde que seja o que ele quer maximizar.

O mecanismo VCG

O problema com o mecanismo de Groves é que é potencialmente muito caro: a central precisa pagar a cada agente um montante igual à soma das utilidades declaradas dos outros agentes. Como reduzir a magnitude dos pagamentos por fora?

Uma observação importante é que é viável impor um "imposto" sobre cada agente na medida em que esse imposto for independente da escolha do agente. Se o imposto for independente da escolha de i, então não poderá afetar sua decisão.[3] Escolheremos o imposto de forma a garantir que os pagamentos líquidos que a central irá receber sejam positivos ou zero. Assim, a central terá sempre pelo menos o dinheiro necessário para pagar pelo bem público.

Um imposto particularmente conveniente seria cobrar do agente i um montante igual à soma *máxima* dos benefícios declarados excluindo o agente i. Ou seja, cobraríamos de cada agente a soma dos benefícios declarados que ocorreriam se ele não estivesse presente. O imposto líquido sobre o agente i seria, então,

$$W_i - R_i = \sum_{j \neq i} r_j(x) - \max_z \sum_{j \neq i} r_j(z).$$

Observe que esse número é positivo ou zero. Por quê? Porque a soma *máxima* de $n - 1$ dos benefícios declarados tem de ser maior do que qualquer outro valor em relação a essa soma.

O que estamos calculando aqui é a diferença entre o que ocorreria com e sem a presença do agente i. Portanto, mede o custo líquido que o agente i impõe aos demais agentes. Conquanto que i enfrenta o custo que impõe aos demais, ele terá incentivos apropriados para declarar sua verdadeira utilidade.

Agora podemos completar a descrição do mecanismo VCG. Usaremos as etapas 1 e 2 anteriores e substituiremos a terceira pelas etapas em seguida.

3. A central também calcula o resultado que maximiza a soma das $n - 1$ utilidades declaradas se os agentes 1, 2, ..., n não estiverem presentes. Seja W_i a maior soma das utilidades declaradas sem o agente i.

4. Cada agente i paga um imposto igual a $W_i - R_i$.

---

[3] É nesse ponto que é importante o pressuposto quase linear sobre a utilidade.

37.10 Exemplos de VCG

Como a discussão da última seção foi reconhecidamente abstrata, será útil examinar alguns casos específicos.

Leilão de Vickrey

O primeiro caso que iremos verificar é o do **Leilão de Vickrey**, conforme descrito no Capítulo 18. Aqui o resultado é simples: qual a pessoa que deveria receber o item que está sendo leiloado. Façamos $v_1 > v_2$ os valores verdadeiros de dois arrematantes e $r_1 > r_2$ os valores declarados.

Se o agente 1 estiver presente, receberá um benefício v_1. Se estiver ausente, o item será concedido a outro agente; assim, a remuneração total do agente 1 será $v_1 - r_2$. O agente 2 ficará com zero de remuneração em qualquer situação. Cada agente tem um incentivo para relatar seu valor verdadeiro, por isso acabaremos com o resultado ótimo.

Mecanismo Clarke-Groves

O próximo exemplo é um problema de bens públicos semelhante à compra da televisão descrita na Tabela 37.1. Como naquele exemplo, suponha que haja dois companheiros de quarto que estão tentando decidir se vão comprar uma televisão. Seja c_i o valor que o agente vai pagar se a televisão for comprada. Como o custo total do televisor televisão é US$150, devemos ter $c_1 + c_2 = 150$.

De acordo com o mecanismo VCG, cada agente declara um valor para a televisão, indicado por r_i. Se $r_1 + r_2 > 150$, a televisão será comprada e os agentes farão os pagamentos de acordo com o mecanismo. Façamos $x = 1$ se a televisão for comprada e $x = 0$, se não for.

Antes de verificar o mecanismo VCG, vamos pensar no que aconteceria se seguíssemos um mecanismo simples: peça a cada agente para declarar o seu valor e, em seguida, adquira a televisão, se a soma dos valores declarados exceder o custo da televisão.

Suponhamos que o valor da pessoa 1 exceda a sua parte do custo, de modo que $v_1 - c_1 > 0$. Então, a pessoa 1 pode muito bem ter declarado US$1 milhão, o que garantirá que a televisão seja comprada, que é o que deseja que aconteça. Por outro lado, se $v_1 < c_1$, a pessoa 1 poderá ter declarado um valor negativo de US$1 milhão.

O problema é que cada agente, atuando de forma independente, não tem razão de levar em consideração os valores dos outros agentes. De uma forma ou de outra, os agentes têm um forte incentivo para exagerar os valores declarados.

Vejamos como o mecanismo VCG resolve esse problema. A remuneração para o agente 1 é

$$(v_1 - c_1)x + (r_2 - c_2)x - max_y(r_2 - c_2)y.$$

O primeiro termo é a utilidade líquida da televisão: o valor para ele menos o custo que tem de pagar. O segundo termo é a utilidade líquida declarada para o companheiro de quarto. O último termo é a utilidade máxima que o companheiro de quarto obteria se o agente 1 não estivesse presente. Uma vez que o agente 1 não pode influenciar, ignoraremos isso por hora.

Rearranjando os dois primeiros termos, teremos a remuneração dos agentes como

$$[(v_1 + r_2) - (c_1 + c_2)]x.$$

Se for positivo, então é certo que a televisão será comprada, se ele declarar que $r_1 = v_1$, pois a soma dos valores *declarados* irá exceder o custo total. Se for negativo, é garantido que a televisão não será adquirida ao declarar que $r_1 = v_1$. De qualquer maneira, o ideal é relatar o valor verdadeiro. O mesmo vale para o agente 2. Se ambos declararem a verdade, a televisão somente será comprada quando $v_1 + v_2 > 150$, que é o ótimo a se fazer.

Observe que o agente i terá de fazer um pagamento somente se mudar sua decisão social. Nesse caso, dizemos que o agente i é o **pivô**. O valor de pagamento que um agente-pivô faz é simplesmente o custo que ele impõe sobre os outros agentes.

37.11 Problemas com o imposto de Clarke

O mecanismo VCG conduz a dizer a verdade e a um nível ótimo de bem público. No entanto, não sem enfrentar problemas.

O primeiro deles é que só funciona com preferências quase lineares. Isso porque não podemos ter a quantia que as pessoas têm de pagar influenciando sua demanda pelo bem público. É importante que haja um único nível ótimo para o bem público.

O segundo problema é que o imposto de Clarke não gera realmente um resultado eficiente no sentido de Pareto. O nível do bem público será ótimo, mas o consumo privado poderia ser maior. Isso se deve à arrecadação do imposto. Lembre-se de que, para ter os incentivos corretos, as pessoas-pivôs terão de realmente pagar alguns impostos que reflitam o mal que infligem aos outros. E esses impostos não podem ir para nenhuma pessoa envolvida no processo decisório, uma vez que isso poderia afetar suas decisões. Os impostos têm de desaparecer do sistema. E aí está o problema – se os impostos tiverem realmente de ser pagos, o consumo privado terminará por ser menor do que poderia ser e, portanto, seria ineficiente no sentido de Pareto.

Os impostos, no entanto, só têm de ser pagos se alguém for pivô. Se a decisão envolver várias pessoas, a probabilidade de que qualquer uma delas seja pivô pode não ser muito grande; a arrecadação de impostos poderia, portanto, ser muito pequena.

O terceiro problema com a VCG é que é suscetível a colusão. Consideremos, por exemplo, o problema dos bens públicos anteriormente descritos. Suponhamos que haja três companheiros de quarto participando de um leilão de televisão em que dois deles são coniventes. Os que são coniventes concordam em declarar US$1 milhão como benefício líquido da televisão. Isso garante que a compra será efetuada, mas desde que nenhum dos agentes seja pivô (ou seja, nenhum dos agentes coniventes mude a decisão), assim nenhum dos dois terá de pagar o imposto.

O problema final diz respeito ao dilema entre equidade e eficiência inerente ao imposto de Clarke. Como o esquema de pagamento tem de ser fixado antecipadamente, haverá em geral situações em que algumas pessoas ficarão pior com o fornecimento do bem público, embora a *quantidade* eficiente no sentido de Pareto do bem público seja fornecida. Dizer que é eficiente no sentido de Pareto prover o bem público significa dizer que há *algum* esquema de pagamento para o qual cada um estará melhor ao ter o bem público que ao não o ter. Isso, porém, não significa que, para um esquema *arbitrário* toda pessoa melhore. O imposto de Clarke assegura que, se todos *pudessem* melhorar graças ao fornecimento do bem, ele seria fornecido. Mas isso não implica que todos ficarão realmente melhor.

Seria bom se houvesse um esquema que determinasse não só o fornecimento ou não do bem público, mas também a forma eficiente no sentido de Pareto de pagar por ele – isto é, um plano de pagamento que melhorasse todas as pessoas. Parece, contudo, que um plano assim tão geral não está disponível.

RESUMO

1. Bens públicos são aqueles dos quais toda pessoa tem de "consumir" a mesma quantidade, como defesa nacional, a poluição de ar e assim por diante.

2. Se um bem público tiver de ser provido numa quantidade fixa ou não ser provido, uma condição necessária e suficiente para que a provisão seja eficiente no sentido de Pareto é que a soma das propensões a pagar (os preços de reserva) exceda o custo do bem público.

3. Se um bem público puder ser provido numa quantidade variável, a condição necessária para que uma dada quantidade seja eficiente no sentido de Pareto é que a soma da propensão marginal a pagar (as taxas marginais de substituição) deva igualar-se ao custo marginal.

4. O problema do carona refere-se à tentação das pessoas de deixar que outros provejam os bens públicos. Em geral, os mecanismos puramente individualistas não gerarão a quantidade ótima de um bem público devido ao problema do carona.

5. Vários métodos de decisão coletiva têm sido propostos para determinar a oferta de um bem público. Tais métodos incluem o mecanismo de comando, a votação e o imposto de Clarke.

QUESTÕES DE REVISÃO

1. Suponhamos que dez pessoas morem numa rua e que cada uma delas esteja propensa a pagar US$2 por lâmpada extra de iluminação pública, seja qual for o número de lâmpadas fornecidas. Se o custo de prover x lâmpadas for dado por $c(x) = x^2$, qual será o número eficiente no sentido de Pareto de lâmpadas para prover?

APÊNDICE

Resolvamos o problema de maximização que determina as alocações eficientes no sentido de Pareto do bem público:

$$\max_{x_1, x_2, G} u_1(x_1, G)$$

de modo que $u_2(x_2, G) = \bar{u}_2$

$$x_1 + x_2 + c(G) = w_1 + w_2.$$

Estabelecemos então a Lagrangiana:

$$L = u_1(x_1, G) - \lambda[u_2(x_2, G) - \bar{u}_2] - \mu[x_1 + x_2 + c(G) - w_1 - w_2]$$

e diferenciamos com respeito a x_1, x_2 e G para obtermos

$$\frac{\partial L}{\partial x_1} = \frac{\partial u_1(x_1, G)}{\partial x_1} - \mu = 0$$

$$\frac{\partial L}{\partial x_2} = -\lambda \frac{\partial u_2(x_2, G)}{\partial x_2} - \mu = 0$$

$$\frac{\partial L}{\partial G} = \frac{\partial u_1(x_1, G)}{\partial G} - \lambda \frac{\partial u_2(x_2, G)}{\partial G} - \mu \frac{\partial c(G)}{\partial G} = 0.$$

Se dividirmos a terceira equação por μ e rearranjarmos, obteremos

$$\frac{1}{\mu} \frac{\partial u_1(x_1, G)}{\partial G} - \frac{\lambda}{\mu} \frac{\partial u_2(x_2, G)}{\partial G} = \frac{\partial c(G)}{\partial G}. \tag{37.2}$$

Resolvamos agora a primeira equação para μ, para obtermos

$$\mu = \frac{\partial u_1(x_1, G)}{\partial x_1}$$

e resolvamos a segunda equação para μ/λ, para obtermos

$$\frac{\mu}{\lambda} = -\frac{\partial u_2(x_2, G)}{\partial x_2}.$$

Substituamos agora essas duas equações na equação (37.2), para encontrarmos

$$\frac{\partial u_1(x_1, G)/\partial G}{\partial u_1(x_1, G)/\partial x_1} + \frac{\partial u_2(x_2, G)/\partial G}{\partial u_2(x_2, G)/\partial x_2} = \frac{\partial c(G)}{\partial G},$$

o que é exatamente

$$TMS_1 + TMS_2 = CMa(G)$$

como no texto.

CAPÍTULO 38

INFORMAÇÃO ASSIMÉTRICA

Em nossas análises anteriores sobre os mercados, não examinamos os problemas provocados por diferenças na informação: presumia-se que tanto os compradores como os vendedores estavam perfeitamente informados sobre a qualidade dos bens vendidos no mercado. Esse pressuposto pode ser defendido se for fácil verificar a qualidade de um item. Se não custar caro saber quais bens são de alta qualidade e quais são de baixa qualidade, os preços dos bens simplesmente se ajustarão para refletir as diferenças de qualidade.

Mas se a informação sobre a qualidade tiver um alto custo para ser obtida, então não será mais plausível que compradores e vendedores tenham as mesmas informações sobre os bens comercializados. Existem certamente vários mercados no mundo real nos quais pode ser muito caro, ou mesmo impossível, obter informações precisas sobre a qualidade dos bens vendidos.

Um exemplo óbvio é o mercado de trabalho. Nos modelos simples descritos anteriormente, o trabalho era um produto homogêneo – todos tinham o mesmo "tipo" de trabalho e ofereciam a mesma quantidade de esforço por hora trabalhada. Isso é claramente uma simplificação drástica! Na realidade, pode ser difícil para uma empresa avaliar a produtividade de seus empregados.

O alto custo da informação não é problema apenas do mercado de trabalho. Dificuldades semelhantes ocorrem nos mercados de produtos de consumo. Quando um consumidor compra um carro usado, pode ser muito difícil para ele saber se o carro é bom ou é um *lemon*.[1] O vendedor desse carro usado, ao contrário, provavelmente tem uma ideia muito boa da qualidade do veículo. Veremos que essa **informação assimétrica** pode causar problemas significativos ao funcionamento eficiente do mercado.

38.1 O mercado de carros ruins

Examinemos um modelo de mercado em que demandantes e ofertantes têm informações diferentes sobre a qualidade dos bens vendidos.[2]

Imaginemos um mercado com 100 pessoas que queiram vender seu carro usado e 100 pessoas que queiram comprar um carro usado. Todos sabem que 50 carros são bons e que 50 são ruins. Os proprietários atuais dos carros conhecem sua qualidade, mas os possíveis compradores não sabem se qualquer um dos carros é um carro bom ou ruim.

O proprietário de um carro ruim está disposto a desfazer-se dele por US$1.000 e o proprietário de um carro bom está disposto a desfazer-se dele por US$2.000. Os compradores de automóveis estão propensos a pagar US$2.400 por um carro bom e US$1.200 por um carro ruim.

Se fosse fácil observar a qualidade dos automóveis, não haveria problemas nesse mercado. Os carros ruins seriam vendidos por um preço entre US$1.000 e US$1.200, enquanto os carros bons seriam vendidos por um preço entre US$2.000 e US$2.400. Mas o que acontece ao mercado se os compradores *não puderem* observar a qualidade do carro?

Nesse caso, os compradores têm de adivinhar quanto o carro vale. Façamos uma suposição simples sobre como é feita essa adivinhação: presumiremos que, se um carro tiver a mesma probabilidade de ser um carro ruim ou um carro bom, o comprador comum estaria propenso a pagar o valor esperado do carro. Se utilizarmos os números descritos, isso significa que o comprador estaria propenso a pagar $\frac{1}{2}1200 + \frac{1}{2}2400 = \$1800$.

Mas quem estaria propenso a vender seu carro por esse preço? Os proprietários de carros ruins certamente estariam, mas os de carros bons não – por pressuposto, eles precisam de, pelo menos, US$2.000 para se desfazerem de seus automóveis. O preço que os compradores estão propensos a pagar por um carro "médio" é menor do que o preço que os vendedores dos carros bons querem para desfazer-se do carro. Ao preço de US$1.800, somente os carros ruins seriam postos à venda.

Mas, se o comprador tivesse certeza de que compraria um carro ruim, então ele não estaria propenso a pagar US$1.800 por ele! Na verdade, o preço de equilíbrio

---

[1] *Nota da Revisão Técnica*: Na língua inglesa, *lemon* é uma gíria que equivale a "abacaxi" em português do Brasil.

[2] O primeiro trabalho a apontar algumas das dificuldades de mercados desse tipo foi o de George Akerlof, "The Market for Lemons: Quality Uncertainty and the Market Mechanism", *The Quartely Journal of Economics*, 84, 1970, p. 488-500. Em 2001, foi agraciado com o Prêmio Nobel de Economia por sua obra.

nesse mercado teria de ser algo entre US$1.000 e US$1.200. Para um preço entre esses limites, apenas os proprietários de carros ruins ofereceriam seus carros para venda e compradores esperariam (corretamente) obter um carro ruim. Nesse mercado, não se venderia nenhum carro bom! Embora o preço pelo qual compradores estariam propensos a comprar carros bons excedesse o preço pelo qual os vendedores estariam propensos a vendê-los, não ocorreria nenhuma transação desse tipo.

Vale a pena examinar a origem dessa falha de mercado. O problema é que existe uma externalidade entre os vendedores de carros bons e de carros ruins. Quando uma pessoa resolve tentar vender um carro ruim, ela afeta as percepções dos compradores sobre a qualidade do carro médio no mercado. Isso reduz o preço que elas estão propensas a pagar pelo carro médio e, portanto, prejudica as pessoas que tentam vender bons carros. É essa externalidade que cria a falha de mercado.

Os carros com maior probabilidade de serem oferecidos para venda são aqueles dos quais as pessoas mais querem se livrar. O simples fato de pôr algo à venda envia um sinal para o provável comprador sobre a qualidade desse bem. Se itens demais de qualidade baixa forem postos à venda, isso trará dificuldades para que os proprietários de itens de alta qualidade vendam seus produtos.

38.2 A escolha da qualidade

No modelo de "limões" havia um número fixo de automóveis de cada qualidade. Examinaremos aqui uma variação daquele modelo, em que a qualidade pode ser determinada pelos produtores. Mostraremos como a qualidade de equilíbrio é determinada nesse mercado simples.

Suponhamos que cada consumidor queira comprar apenas um guarda-chuva e que haja duas qualidades disponíveis. Os consumidores atribuem um valor de US$14 aos guarda-chuvas de alta qualidade e um valor de US$8 aos de baixa qualidade. É impossível reconhecer a qualidade do guarda-chuva na loja; só se pode saber isso após algumas tempestades.

Suponhamos que alguns fabricantes produzam guarda-chuvas de alta qualidade e outros produzam guarda-chuvas de baixa qualidade. Suponhamos, ainda, que tanto os guarda-chuvas de alta como os de baixa qualidade têm um custo de produção de US$11,50 e que o setor seja competitivo. Qual seria a qualidade de equilíbrio esperada dos guarda-chuvas produzidos?

Vamos supor que os consumidores julgam a qualidade dos guarda-chuvas disponíveis no mercado pela qualidade *média* vendida, exatamente como no caso do mercado de carros ruins. Se a fração de guarda-chuvas de alta qualidade fosse q, o consumidor estaria disposto a pagar $p = 14q + 8(1-q)$ por um guarda-chuva.

Há três casos a considerar:

Apenas os fabricantes de baixa qualidade produzem. Nesse caso, os consumidores só estariam propensos a pagar US$8 por um guarda-chuva médio. Mas, como custa US$11,50 para produzir um guarda-chuva, nenhum será vendido.

Apenas fabricantes de alta qualidade produzem. Nesse caso, os produtores competiriam e o preço de um guarda-chuva seria igual ao custo marginal, US$11,50. Como os consumidores estão propensos a pagar US$14 por um guarda-chuva, haveria, assim, excedente do consumidor.

Ambas as qualidades são produzidas. Nesse caso, a competição assegura que o preço será de US$11,50. A qualidade média disponível deverá, portanto, ter um valor para o consumidor de, pelo menos, US$11,50. Isso significa que deveremos ter

$$14q + 8(1 - q) \geq 11.50.$$

O valor mais baixo de q que satisfaz essa desigualdade é $q = 7/12$. Isso significa que, se 7/12 dos ofertantes forem de alta qualidade, os consumidores estarão dispostos a pagar exatamente US$11,50 por um guarda-chuva.

A determinação da razão de equilíbrio de produtores de alta qualidade está representada na Figura 38.1. O eixo horizontal mede q, a fração de produtores de alta qualidade. O eixo vertical mede a propensão dos consumidores a pagarem por um guarda-chuva se a fração de guarda-chuvas da alta qualidade ofertados for q. Os produtores estão propensos a ofertar qualquer qualidade de guarda-chuva a um preço de US$11,50, de modo que as condições de oferta são resumidas pela linha reticulada horizontal em US$11,50.

Os consumidores estão propensos a comprar guarda-chuvas apenas se $14q + 8(1 - q) \geq 11,50$; a fronteira dessa região é ilustrada pela linha em negrito grossa. O valor de equilíbrio de q situa-se entre 7/12 e 1.

Nesse mercado, o preço de equilíbrio é de US$11,50, mas o valor do guarda-chuva médio para o consumidor pode ser qualquer valor entre US$11,50 e US$14, dependendo da fração de produtores de alta qualidade. Qualquer valor de q entre 1 e 7/12 será um equilíbrio.

Entretanto, esses equilíbrios não são equivalentes do ponto de vista social. Os produtores obtêm um excedente do produtor igual a zero em todos os equilíbrios graças aos pressupostos de competição pura e de custo marginal constante; portanto, só temos de examinar o excedente do consumidor. Nesse caso, é fácil verificar que, quanto maior for a qualidade média, melhor estarão os consumidores. O melhor equilíbrio do ponto de vista dos consumidores é aquele em que se produzem apenas bens de alta qualidade

Escolhendo a qualidade

Alteremos agora um pouco o modelo. Suponhamos que cada produtor possa escolher a qualidade do guarda-chuva que produz e que custe US$11,50 produzir um guarda-chuva de alta qualidade e US$11 produzir um guarda-chuva de baixa qualidade. O que acontecerá nesse caso?

Suponhamos que a fração de produtores que escolhem guarda-chuvas de alta qualidade seja q, em que $0 < q < 1$. Examinemos um desses produtores. Se ele se comportar de maneira competitiva e acreditar que tem apenas um efeito negligenciável sobre o preço e a qualidade de mercado, ele sempre irá querer produzir apenas guarda-chuvas de baixa qualidade. Como esse produtor é, por pressuposto, apenas uma pequena parte do mercado, ele negligenciará sua influência no preço de mercado e, portanto, escolherá produzir o produto mais lucrativo.

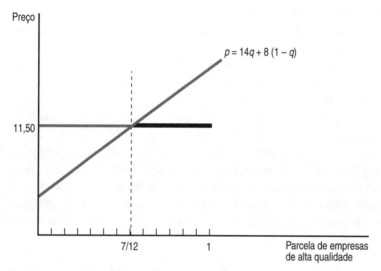

FIGURA 38.1 Qualidade de equilíbrio. A linha horizontal representa as condições de oferta: o mercado está disposto a ofertar qualquer quantidade de guarda-chuvas por US$11,50. A linha inclinada representa as condições de demanda: os consumidores estão propensos a pagar mais se a qualidade média for maior. O mercado estará em equilíbrio se a fração de produtores de alta qualidade for pelo menos 7/12.

Mas todos os produtores raciocinarão da mesma forma e só produzirão guarda-chuvas de baixa qualidade. Como, porém, os consumidores só estão dispostos a pagar US$8 por um guarda-chuva de baixa qualidade, não haverá equilíbrio. Ou, se você assim o desejar, o único equilíbrio possível envolverá a produção zero de *qualquer* das qualidades de guarda-chuvas! A possibilidade de produção de baixa qualidade destruiu o mercado de *ambas* as qualidades do bem!

38.3 Seleção adversa

O fenômeno descrito na seção anterior é um exemplo de **seleção adversa**. No modelo que acabamos de examinar, os itens de baixa qualidade expulsaram do mercado os itens de alta qualidade em razão do alto custo de obter informação. Conforme acabamos de ver, o problema da seleção adversa pode ser grave a ponto de destruir completamente o mercado. Examinemos alguns outros exemplos de seleção adversa.

Veremos primeiro um exemplo do setor de seguros. Suponhamos que uma companhia de seguros queira oferecer um seguro contra furto de bicicletas. Ela faz uma cuidadosa pesquisa de mercado e descobre que a ocorrência de furto varia amplamente de uma comunidade para outra. Em algumas áreas existe uma alta probabilidade de furto, enquanto em outras os furtos são bastante raros. Suponhamos que a companhia de seguros decida oferecer o seguro com base na taxa de furto *média*. O que você acha que acontecerá?

Resposta: a companhia de seguros provavelmente não demorará a quebrar! Pense nisto: quem comprará o seguro à taxa média? Não as pessoas das comunidades seguras – elas não precisam mesmo muito de seguro. Ao contrário, as pessoas das comunidades com uma alta incidência de furtos irão querer o seguro – são elas que precisam dele.

Mas isso significa que os pedidos de pagamento de seguro serão feitos principalmente pelos consumidores que moram em áreas de alto risco. As taxas baseadas na probabilidade *média* de furtos serão uma indicação enganosa da experiência real de pedidos de pagamento de seguros feitos à empresa. A companhia de seguros não obterá uma seleção imparcial de clientes; ao contrário, ela obterá uma seleção *adversa*. Na verdade, o termo "seleção adversa" foi utilizado pela primeira vez no setor de seguros para descrever justamente esse tipo de problema.

Segue-se que, para alcançar o equilíbrio, a companhia de seguros tem de basear suas taxas nas "piores previsões" e que os consumidores com um risco de furto de bicicleta baixo, mas não negligenciável, não estarão propensos a comprar o seguro de alto preço resultante.

Problema semelhante ocorre com o seguro de saúde – companhias de seguro não podem basear suas taxas na incidência *média* de problemas de saúde da população. Elas podem apenas basear suas taxas na incidência média de problemas de saúde no grupo de potenciais compradores. Mas as pessoas que mais querem comprar seguros de saúde são as que mais precisam deles, e, portanto, as taxas têm de refletir essa disparidade.

Numa situação como essa, é possível que todos possam melhorar ao *exigir* a compra do seguro que reflita o risco médio da população. As pessoas de alto risco estarão melhor porque poderão comprar seguros por taxas menores do que o risco real com que se defrontam e as pessoas de baixo risco poderão comprar um seguro mais favorável do que o seguro oferecido, como se *apenas* as pessoas de alto risco o comprassem.

Uma situação como essa, em que o equilíbrio de mercado é dominado por um plano de compra compulsório, é bastante surpreendente para a maioria dos economistas. Como pensamos normalmente que "mais escolha é melhor", parece estranho que a restrição de uma escolha possa resultar numa melhoria de Pareto. Mas é importante enfatizar que esse resultado paradoxal deve-se à externalidade entre pessoas de baixo e de alto risco.

Com efeito, há instituições sociais que ajudam a resolver essa ineficiência de mercado. É o caso, por exemplo, dos empregadores que oferecem planos de saúde para seus empregados como parte do pacote de benefícios. A companhia de seguros pode basear suas taxas nas médias do conjunto de empregados e é assegurado que *todos* os empregados têm de participar do programa, o que elimina a seleção adversa.

38.4 Perigo moral

Outro problema interessante que surge no setor de seguros é conhecido como o problema do **perigo moral**. Esse termo é um pouco esquisito, mas o fenômeno não é difícil de descrever. Examinemos de novo o mercado de seguros de bicicleta e suponhamos, para simplificar, que todos os consumidores morem em áreas com probabilidades idênticas de furto, de modo que não haja problema de seleção adversa. Entretanto, a probabilidade de furto pode ser afetada pelas *ações* dos donos de bicicletas.

Por exemplo, se os donos de bicicletas não se preocupam em trancar suas bicicletas ou só utilizam uma tranca fraca, a bicicleta estará mais sujeita a ser roubada do que se usarem uma tranca segura. Exemplos similares ocorrem em outros tipos de seguros. No caso do seguro de saúde, por exemplo, é menos provável que o consumidor precise do seguro se ele agir de acordo com um estilo de vida mais saudável. Chamaremos as ações que afetam a probabilidade de ocorrência de um evento de *tomar cuidado*.

Quando estabelece suas taxas, a companhia de seguros tem de levar em consideração os incentivos que os consumidores têm para tomar uma quantidade apropriada de cuidado. Se não houvesse a disponibilidade de seguros, as pessoas teriam um incentivo para tomar o máximo de cuidado possível. Se fosse impossível comprar um seguro contra furto de bicicleta, todos os ciclistas usariam trancas grandes e caras. Nesse caso, a pessoa suporta todo o custo de suas ações e deseja "investir" em tomar cuidado até que o benefício marginal de mais cuidado se iguale ao custo marginal de fazer isso.

Mas, se o consumidor pode adquirir um seguro de bicicleta, o custo infligido à pessoa de ter sua bicicleta furtada é bem menor. Se a bicicleta for furtada, a pessoa só terá de avisar à companhia de seguros, que lhe fornecerá o dinheiro para substituí-la. No caso extremo, em que a companhia de seguros reembolsa completamente a pessoa pelo furto da bicicleta, a pessoa não tem nenhum incentivo para tomar cuidado. Essa falta de incentivo para tomar cuidado é chamada **perigo moral**.

Observe o dilema envolvido: seguro de menos significa que as pessoas suportam muito risco; seguro demais significa que as pessoas tomarão pouco cuidado.

Se a quantidade de cuidado for observável, então não haverá problema. A companhia de seguros pode basear suas taxas na quantidade de cuidado tomada. Na vida real, é comum as companhias de seguros oferecerem taxas diferentes para empresas que têm um sistema de extinção de incêndio com *sprinklers* em suas instalações ou cobrarem de fumantes uma taxa diferente da de não fumantes pelo seguro de saúde. Nesses casos, a companhia de seguros tenta discriminar entre os usuários com base nas escolhas que fazem, as quais influenciam a possibilidade de danos.

Mas as companhias de seguros não podem observar todas as ações relevantes daqueles que elas seguram. Portanto, teremos o dilema descrito acima: o seguro total fará com que as pessoas tomem menos cuidado, porque elas não se defrontarão com os custos totais de suas ações.

Quais as implicações disso sobre os tipos de contrato de seguro a serem oferecidos? Em geral, as companhias de seguros não irão querer oferecer aos consumidores um seguro "completo". Elas sempre irão querer que o consumidor assuma parte do risco. É por isso que a maior parte das apólices de seguro inclui uma franquia, uma quantia que a parte segurada terá de pagar ao requerer o pagamento do seguro. Ao fazer com que os consumidores paguem parte da indenização, as companhias de seguros podem assegurar que eles tenham sempre um incentivo para tomar *um pouco* de cuidado. Ainda que a companhia de seguros estivesse disposta a segurar o consumidor completamente se pudesse verificar a quantidade de cuidado que ele toma, o fato de o consumidor poder *escolher* a quantidade de cuidado que toma implica que a companhia de seguros não permitirá ao segurado adquirir todo o seguro que quiser se ela não puder observar o nível de cuidado.

Esse resultado é também paradoxal quando comparado à análise-padrão do mercado. Normalmente, a quantidade de um bem negociada num mercado competitivo é determinada pela condição de que a demanda se iguale à oferta – a propensão marginal a pagar se iguala à propensão marginal a vender. No caso de perigo moral, o equilíbrio de mercado tem a propriedade de que cada consumidor desejaria comprar mais seguro e as companhias estariam propensas a vender mais seguro se os consumidores continuassem a tomar a mesma quantidade de cuidado. Mas esse negócio jamais se concretizará, porque, se os consumidores forem capazes de adquirir mais seguro, eles racionalmente escolherão tomar menos cuidado!

38.5 Perigo moral e seleção adversa

O perigo moral se refere a situações em que um lado do mercado não pode observar as ações do outro. Por esse motivo, é algumas vezes chamado de problema da **ação oculta**.

A seleção adversa se refere à situação em que um lado do mercado não pode observar o "tipo" ou a qualidade dos bens no outro lado do mercado. Por esse motivo é às vezes chamado de problema da **informação oculta**.

O equilíbrio num mercado em que haja ação oculta tipicamente envolve alguma forma de racionamento – as empresas gostariam de prover mais do que o fazem, mas não estão dispostas a fazê-lo porque isso alterará os incentivos de seus clientes. O equilíbrio num mercado em que haja informação oculta envolverá tipicamente um baixo nível de negócios graças à externalidade entre os tipos "bom" e "mau".

Os resultados de equilíbrio nesse mercado poderão parecer ineficientes, mas temos de ser cuidadosos ao fazermos tal afirmação. A pergunta a fazer é: "Ineficiente em relação a quê?" O equilíbrio sempre será ineficiente com relação ao equilíbrio com informação plena. Mas isso não ajuda muito ao se tomarem decisões de política: se as empresas do setor acham caro demais coletar mais informação, provavelmente o governo também acharia.

A verdadeira questão diz respeito a saber se algum tipo de intervenção governamental no mercado poderia melhorar a eficiência, mesmo que o governo tivesse os mesmos problemas de informação que as empresas têm.

No caso da ação oculta examinada, a resposta em geral é "não". Se o governo não puder observar o cuidado tomado pelos consumidores, ele não poderá fazer melhor do que as companhias de seguros. É claro que o governo poderia ter à sua disposição outras ferramentas que não estão disponíveis para as companhias de seguros – ele poderia impor um determinado nível de cuidado e estabelecer punições criminais para quem não tomasse o cuidado devido. Mas, se o governo só puder estabelecer preços e quantidades, não poderá fazer melhor do que o mercado privado.

Questões semelhantes surgem no caso da informação oculta. Já vimos que, se o governo puder *obrigar* as pessoas de todas as classes de risco a comprarem seguros, é possível que todas melhorem. À primeira vista, isso pode parecer um bom motivo para intervenção. Entretanto, a intervenção governamental também tem custos; as decisões econômicas tomadas por decreto governamental podem não ser tão eficazes em termos de custo como as decisões tomadas pelas empresas privadas. O simples fato de existirem ações governamentais *capazes* de melhorar o bem-estar social não significa que essas ações sejam efetivamente tomadas!

Além disso, pode haver soluções puramente privadas para os problemas de seleção adversa. Conforme vimos anteriormente, ao oferecer um seguro-saúde como benefício adicional para seus empregados, a empresa ajuda a eliminar o problema da seleção adversa.

38.6 Sinalização

Lembre-se de nosso modelo de mercado de carros usados: os proprietários de carros usados conheciam a qualidade, mas os compradores tinham de adivinhá-la. Vimos que essa informação assimétrica poderia causar problemas no mercado; em alguns casos, o problema de seleção adversa resultaria na realização de pouquíssimas transações.

A história, porém, não termina aí. Os proprietários de bons carros usados têm um incentivo para tentar comunicar o fato de que eles têm um bom carro para os compradores em potencial. Eles gostariam de escolher ações que **sinalizassem** a qualidade do carro para aqueles que pudessem comprá-lo.

Um sinal apropriado nesse contexto seria o de o proprietário do carro usado em bom estado oferecer uma **garantia**. Isso equivaleria a uma promessa de pagar ao comprador uma quantia preestabelecida se o carro fosse ruim. Os proprietários de bons carros usados podem oferecer tal garantia, enquanto os proprietários de carros ruins não podem fazer isso. Essa é uma forma de os proprietários de carros bons sinalizarem que têm bons carros usados.

Nesse caso, a sinalização ajuda a fazer com que o mercado funcione melhor. Ao oferecer a garantia – o sinal, os vendedores de bons carros usados podem se distinguir dos vendedores de carros usados ruins. Há, contudo, outros casos em que a sinalização pode fazer com que o mercado funcione pior.

Examinemos um modelo muito simplificado do mercado de educação, analisado pela primeira vez por Michael Spence.[3] Suponhamos que tenhamos dois tipos de trabalhadores: capazes e incapazes. Os capazes têm um produto marginal de a_2 e os incapazes têm um produto marginal de a_1, em que $a_2 > a_1$. Suponhamos ainda que uma fração b dos trabalhadores seja capaz e uma fração $1 - b$ não seja capaz.

Para simplificar, suporemos a existência de uma função de produção linear, de modo que a produção total alcançada pelos trabalhadores capazes, L_2, e pelos trabalhadores incapazes, L_1, seja de $a_1L_1 + a_2L_2$. Também suporemos que o mercado de trabalho seja competitivo.

Se a qualidade do trabalhador pudesse ser observada com facilidade, as empresas ofereceriam um salário $w_2 = a_2$ para os trabalhadores capazes e de $w_1 = a_1$ para os trabalhadores incapazes. Ou seja, cada trabalhador receberia o seu produto marginal e teríamos um equilíbrio eficiente.

Mas e se a empresa não puder observar os produtos marginais? Se não puder distinguir os tipos de trabalhadores, o melhor que a empresa tem a fazer é oferecer um salário médio, que é de $w = (1 - b)a_1 + ba_2$. Se tanto os bons como os maus trabalhadores concordarem em trabalhar por esse salário, não haverá problema com a seleção adversa. E, dado o nosso pressuposto sobre a função de produção, a empresa produzirá tanto quanto e obterá o mesmo lucro como se pudesse observar perfeitamente o tipo de trabalhador.

Entretanto, suponhamos agora que os trabalhadores possam adquirir algum sinal capaz de distinguir os dois tipos. Vamos pensar, por exemplo, que os trabalhadores possam adquirir educação. Seja e_1 a quantidade de educação obtida pelo trabalhador do tipo 1 e e_2 a quantidade de educação obtida pelo trabalhador do tipo 2. Suponhamos também que os trabalhadores tenham custos diferentes para adquirir educação, de modo que o custo total de educação para os trabalhadores capazes seja de c_2e_2 e o custo total para trabalhadores não capazes seja de c_1e_1. Esses custos incluem não somente os custos em moeda de ir à escola, mas também os custos de oportunidade, os custos do esforço necessário, e assim por diante.

Agora temos duas decisões a considerar. Os trabalhadores têm de decidir quanto de educação adquirir e as empresas têm de decidir quanto pagar aos trabalhadores com diferentes quantidades de educação. Façamos a suposição extremada

---

[3] Michael Spence, *Market Signaling* (Cambridge, Massachusetts: Harvard University Press, 1974).

de que a educação não afeta em nada a produtividade do trabalhador. É claro que isso não ocorre na vida real – sobretudo no que tange aos cursos de teoria econômica, mas ajuda a manter o modelo simples.

Acontece que a natureza do equilíbrio nesse modelo depende crucialmente do custo de adquirir educação. Suponhamos que $c_2 < c_1$. Isso significa que o custo marginal de adquirir educação é menor para os trabalhadores capazes do que para os incapazes. Seja e^* o nível de educação que satisfaz as seguintes desigualdades:

$$\frac{a_2 - a_1}{c_1} < e^* < \frac{a_2 - a_1}{c_2}.$$

Dado nosso pressuposto de que $a_2 > a_1$ e que $c_2 < c_1$, esse e^* tem de existir.

Vejamos agora o seguinte conjunto de escolhas: todos os trabalhadores capazes irão adquirir o nível educacional e^*, enquanto os trabalhadores incapazes adquirirão o nível de educação 0; a empresa pagará aos trabalhadores com nível educacional e^* um salário de a_2 e aos trabalhadores com nível mais baixo de educação, um salário de a_1. Observe que a escolha do nível educacional de um trabalhador sinaliza perfeitamente seu tipo.

Mas isso é um equilíbrio? Alguém tem incentivo para mudar seu comportamento? A empresa paga ao trabalhador o produto marginal dele, de modo que as empresas não têm incentivo para fazer nada diferente. A única pergunta é: os trabalhadores se comportam de maneira racional, dados os valores dos salários com que se defrontam?

Seria do interesse do trabalhador incapaz adquirir o nível e^* de educação? O benefício para ele seria o aumento do salário em $a_2 - a_1$ e o custo seria de $c_1 e^*$. Os benefícios serão menores que o custo se

$$a_2 - a_1 < c_1 e^*.$$

Temos, porém, a garantia de que essa condição se mantém graças à escolha de e^*. Por conseguinte, os trabalhadores incapazes acham ótimo escolher um nível educacional zero.

É realmente do interesse dos trabalhadores capazes adquirir o nível de educação e^*? A condição para que os benefícios excedam os custos é

$$a_2 - a_1 > c_2 e^*$$

e essa condição também se mantém devido à escolha de e^*.

Assim, esse padrão de salários é de fato um equilíbrio: se todo trabalhador capaz escolher um nível educacional e^* e todo trabalhador incapaz escolher um nível educacional zero, nenhum trabalhador terá qualquer motivo para mudar seu comportamento. Em razão da nossa suposição sobre as diferenças de custos, o nível educacional de um trabalhador pode, em equilíbrio, servir como um sinal de produtividade diferente. Esse tipo de equilíbrio sinalizador é algumas vezes chamado **equilíbrio separador**, pois esse equilíbrio pressupõe que cada tipo de trabalhador faça uma escolha que lhe permita separar-se do outro tipo.

Outra possibilidade é o **equilíbrio agregador**, no qual cada tipo de trabalhador faz a *mesma* escolha. Suponhamos, por exemplo, que $c_2 > c_1$, de modo que os trabalhadores capazes tenham um custo mais alto de adquirir educação do que os incapazes. Nesse caso, pode-se demonstrar que o único equilíbrio envolve o pagamento a todos os trabalhadores de um salário baseado em sua habilidade média, sem que ocorra nenhuma sinalização.

O equilíbrio separador é especialmente interessante, uma vez que é ineficiente do ponto de vista social. Todo trabalhador capaz considera de seu interesse pagar para adquirir o sinal, embora isso não altere em nada sua produtividade. Os trabalhadores capazes querem adquirir o sinal não porque isso os torne mais produtivos, mas apenas porque isso os distingue dos trabalhadores incapazes. A produção no equilíbrio (separador) com sinalização é exatamente a mesma, como se não houvesse nenhuma sinalização. Nesse modelo, a aquisição do sinal é puro desperdício do ponto de vista social.

Vale a pena refletir sobre a natureza dessa ineficiência. Como antes, ela surge por causa da externalidade. Se tanto os trabalhadores capazes como os incapazes fossem pagos pelo seu produto *médio*, o salário dos trabalhadores capazes seria rebaixado pela presença dos trabalhadores incapazes. Assim, eles teriam um incentivo para investir em sinais que os distinguissem dos menos capazes. Esse investimento proporciona um benefício privado, não um benefício social.

É claro que a sinalização não leva sempre a ineficiências. Alguns tipos de sinais, tais como as garantias de automóveis descritas anteriormente, ajudam a facilitar os negócios. Naquele caso, o equilíbrio com sinais é preferido ao equilíbrio sem sinais. Assim, a sinalização pode tornar as coisas melhores ou piores, de maneira que cada caso tem de ser examinado por seus próprios méritos.

EXEMPLO: O efeito diploma

No caso extremo do modelo de sinalização educacional descrito neste capítulo, a educação não tem nenhum efeito sobre a produtividade: os anos gastos na escola só servem para sinalizar a capacidade do indivíduo. Isso constitui, obviamente, um exagero: um aluno com onze anos de escolaridade quase que certamente é mais produtivo do que outro com apenas dez anos, porque o primeiro adquiriu uma quantidade maior de habilidades úteis nesse ano adicional. É de se supor que os retornos da escolaridade devem-se em parte à sinalização e em parte à aquisição de habilidades úteis nos bancos escolares. Como separar esses dois fatores?

Os economistas especializados em trabalho que estudaram os retornos propiciados pela educação observaram o seguinte fato sugestivo: os ganhos das pessoas que completaram o curso secundário são muito maiores do que os das pessoas que, embora cursassem algumas séries desse nível, não chegaram a diplomar-se. Um estudo descobriu que quem tem o diploma do curso secundário pode ganhar de cinco a seis vezes mais do que quem frequentou esse curso, mas não se formou. Esse mesmo salto descontínuo ocorre com as pessoas que se diplomam no curso superior. De acordo com uma estimativa, o retorno econômico de dezesseis anos de escolaridade é cerca de três vezes maior do que o de quinze.[4]

Se a educação confere habilidades produtivas, podemos esperar que as pessoas com onze anos de escolaridade sejam mais bem pagas do que as que tenham apenas dez anos. O que surpreende é o grande salto nos ganhos proporcionado pela condição de ser formado. Os economistas chamaram isso de **efeito diploma**. Presumivelmente, a graduação no curso secundário constitui uma espécie de sinal. Mas é sinal de quê? No modelo de sinalização educacional descrito anteriormente, a aquisição de educação era um sinal de capacidade. É isso que a graduação no curso secundário sinaliza? Ou será outra coisa?

Andrew Weiss, economista da Universidade de Boston, tentou responder a essas perguntas.[5] Mediante o exame de um conjunto de dados sobre como os trabalhadores montavam equipamentos, ele foi capaz de medir quanto eles produziam no primeiro mês de trabalho. Ele descobriu que o efeito da educação na produção era muito pequeno: cada ano de educação secundária aumentava a produção do trabalhador em 1,3%. Ademais, os que tinham diploma do curso secundário apresentavam basicamente produção idêntica à dos que não tinham. Aparentemente, a contribuição da educação para a produtividade inicial desses trabalhadores era bem pouca.

Weiss analisou então outro conjunto de dados que descreviam várias características dos trabalhadores numa diversidade de ocupações. Ele descobriu que os diplomados no curso secundário apresentavam taxas de rotatividade e absenteísmo bem menores do que os não diplomados. Parece que os diplomados no curso secundário recebem salários mais altos porque são mais produtivos – mas sua produtividade é maior porque permanecem mais tempo na empresa e faltam menos ao trabalho. Isso sugere que o modelo da sinalização realmente nos proporciona uma visão dos mercados de trabalho do mundo real. Todavia, o verdadeiro sinal enviado pela aquisição de educação é consideravelmente mais complexo do que sugere a versão simples do modelo de sinalização.

38.7 Incentivos

Voltemo-nos agora para um tópico um pouco diferente, o estudo dos **sistemas de incentivo**. Conforme veremos, nossa investigação desse tópico envolverá, naturalmente, a informação assimétrica. Mas é útil iniciar com um caso de informação completa.

A questão central na criação de sistemas de incentivo é: como posso conseguir que alguém faça algo por mim? Coloquemos essa questão num contexto específico. Vamos supor que você tenha um pedaço de terra, mas não seja capaz de

---

[4] Ver Thomas Hungerford e Gary Solon, "Sheepskin Effects in the Returns to Education", *Review of Economics and Statistics*, 69, 1987, p. 175-7.
[5] "High School Graduation, Performance and Wages", *Journal of Political Economy*, 96: 4, 1988, p. 785-820.

trabalhar nela sozinho. Portanto, você tenta empregar alguém para fazer o serviço em seu lugar. Que sistema de remuneração você deveria estabelecer?

Um plano pode implicar pagar ao trabalhador uma taxa de montante fixo, independentemente de quanto ele produza. Mas, assim, ele terá pouco incentivo para produzir. Em geral, um bom plano de incentivo fará com que o pagamento do trabalhador dependa de alguma forma do que ele produza. O problema da idealização do sistema de incentivos consiste em determinar com clareza até que ponto o pagamento deve ser sensível à produção.

Representemos por x a quantidade de "esforço" que o trabalhador despenda e por $y = f(x)$ a quantidade produzida; para simplificar, suporemos que o preço da produção seja de 1, de modo que y também meça o valor da produção. Seja $s(y)$ a quantia que você pagará ao trabalhador se ele alcançar uma produção de y unidades monetárias. Presumivelmente, você gostaria de escolher a função $s(y)$ para maximizar seus lucros $y - s(y)$.

Que restrições você enfrenta? Para responder a essa pergunta, temos de ver as coisas da perspectiva do trabalhador.

Partimos do pressuposto de que o trabalhador considera o esforço custoso e representamos por $c(x)$ o custo do esforço x. Suporemos que essa função custo tenha a forma usual; tanto o custo total como o marginal aumentam à medida que o esforço aumenta. A utilidade do trabalhador que escolhe o nível de esforço x é, simplesmente, $s(y) - c(x) = s(f(x)) - c(x)$. O trabalhador pode ter outras alternativas disponíveis que deem a ele uma utilidade $\bar{u}$. Isso poderia resultar de trabalhar num outro lugar ou de não trabalhar. Tudo o que é relevante para estabelecer o sistema de incentivos é que a utilidade que o trabalhador obtiver nesse emprego tem de ser pelo menos tão grande quanto a que ele obteria em outro lugar. Isso nos dá a **restrição de participação**:

$$s(f(x)) - c(x) \geq \bar{u}.$$

Dada essa restrição, poderemos conhecer a quantidade de produção que seremos capazes de obter do trabalhador. Você quer induzir o trabalhador a escolher um nível de esforço x que gere o excedente máximo, dada a restrição de que o trabalhador queira trabalhar para você

$$\max_{x} f(x) - s(f(x))$$
$$\text{de modo que } s(f(x)) - c(x) \geq \bar{u}.$$

Em geral, você irá querer que o trabalhador escolha x apenas para satisfazer a restrição, de maneira que $s(f(x)) - c(x) = \bar{u}$. Se substituirmos isso na função objetivo, teremos o problema de maximização sem restrição

$$\max_{x} f(x) - c(x) - \bar{u}.$$

Mas é fácil resolver esse problema! Apenas escolha x^* de modo que o produto marginal se iguale ao custo marginal:

$$PM(x^*) = CMa(x^*).$$

Qualquer escolha de x^* em que o benefício marginal não seja igual ao custo marginal não poderá maximizar lucros.

Isso nos diz que nível de esforço o proprietário quer alcançar; agora temos de perguntar quanto ele terá de pagar ao trabalhador para atingir aquele esforço. Isto é, que aparência a função $s(y)$ deverá ter para induzir o trabalhador a escolher fazer de x^* sua escolha ótima?

Suponhamos que você decida induzir o trabalhador a fornecer uma quantidade x^* de esforço. Você terá, pois, de fazer com que isso seja do interesse do trabalhador; isto é, precisa projetar seu sistema de incentivos $s(y)$ de maneira que a utilidade de escolher trabalhar x^* seja maior do que a utilidade de trabalhar qualquer outra quantidade x. Isso nos dá a restrição

$$s(f(x^*)) - c(x^*) \geq s(f(x)) - c(x) \quad \text{para todo } x.$$

Essa restrição é chamada **restrição de compatibilidade do incentivo**. Ela simplesmente diz que a utilidade para o trabalhador de escolher x^* tem de ser maior do que a utilidade de qualquer outra escolha de esforço.

O sistema de incentivos tem, portanto, de satisfazer a duas condições: primeiro, tem de fornecer ao trabalhador uma utilidade total de $\bar{u}$ e, segundo, tem de fazer com que o produto marginal do esforço se iguale ao custo marginal do esforço no nível de esforço x^*. Há várias formas de fazer isso.

Aluguel. O proprietário da terra simplesmente a aluga para o trabalhador por um preço R, de modo que o trabalhador obtenha todo o resultado do que produzir após pagar R ao proprietário. Para esse esquema,

$$s(f(x)) = f(x) - R.$$

Se o trabalhador maximizar $s(f(x)) - c(x) = f(x) - R - c(x)$, ele escolherá o nível de esforço em que $PM(x^*) = CMa(x^*)$, o que é exatamente o que o proprietário quer. A taxa de aluguel R é determinada pela condição de participação. Como a utilidade total do trabalhador tem de ser $\bar{u}$, teremos

$$f(x^*) - c(x^*) - R = \bar{u},$$

o que diz que $R = f(x^*) - c(x^*) - \bar{u}$.

Trabalho assalariado. Nesse esquema, o proprietário paga ao trabalhador um salário constante por unidade de esforço, juntamente com um montante fixo de K. Isso significa que o pagamento de incentivos assume a forma

$$s(x) = wx + K.$$

A taxa de salário w é igual ao produto marginal do trabalhador à escolha ótima x^*, $PM(x^*)$. A constante K é escolhida apenas para tornar o trabalhador indiferente entre trabalhar para o proprietário ou em outro lugar, ou seja, é escolhida para satisfazer a restrição de participação.

O problema de maximizar $s(f(x)) - c(x)$ torna-se, então,

$$\max_x \ wx + K - c(x),$$

o que significa que o trabalhador escolherá x de maneira a fazer com que seu custo marginal fique igual ao salário: $w = CMa(x)$. Como o salário é $PM(x^*)$, isso significa que a escolha ótima do trabalhador será x^*, de modo que $PM(x^*) = CMa(x^*)$, o que é justamente o que a empresa deseja.

Pegar ou largar. Nesse esquema, o proprietário pagará ao trabalhador B^* se ele trabalhar x^* e zero se ele não atingir essa cota. A quantia B^* é determinada pela restrição de participação $B^* - c(x^*) = \bar{u}$, de modo que $B^* = \bar{u} + c(x^*)$. Se o trabalhador escolher qualquer nível de esforço $x \neq x^*$, ele obterá uma utilidade de $-c(x)$. Se ele escolher x^*, obterá uma utilidade de $\bar{u}$. Portanto, a escolha ótima para o trabalhador é fazer com que $x = x^*$.

Cada um desses esquemas é equivalente até onde a análise pode alcançar: cada um fornece ao trabalhador uma utilidade de $\bar{u}$ e cada um dá ao trabalhador um incentivo para produzir a quantidade ótima de x^*. Nesse nível de generalidade, não há razão para escolher entre eles.

Se todos esses esquemas são ótimos, como seria um esquema não ótimo? Eis aqui um exemplo.

Parceria. Na parceria, o trabalhador e o proprietário obtêm, cada um, uma porcentagem fixa da produção. Suponhamos que a parcela do trabalhador tenha a forma $s(x) = \alpha f(x) + F$, em que F é uma constante e $\alpha < 1$. Esse *não* é um esquema eficiente para o problema que está sendo analisado. É fácil verificar por quê. O problema da maximização do trabalhador é

$$\max_x \ \alpha f(x) + F - c(x),$$

o que significa que ele escolheria um nível de esforço $\hat{x}$ em que

$$\alpha PM(\hat{x}) = CMa(\hat{x}).$$

Tal nível de esforço claramente não pode satisfazer à condição de eficiência $PM(x) = CMa(x)$.

Eis aqui uma forma de resumir essa análise. Para projetar um esquema de incentivo, é necessário assegurar que a pessoa que toma a decisão do esforço seja o **pretendente residual** da produção. O modo que o proprietário tem para ficar tão bem quanto possível é garantir que o trabalhador produza a quantidade ótima. Esse é o nível de produção em que o produto marginal do esforço extra do trabalhador se iguala ao custo marginal de fazer aquele esforço. Segue-se que o esquema de incentivo tem de prover para o trabalhador um benefício marginal idêntico a seu produto marginal.

EXEMPLO: A votação de direitos na sociedade anônima

Normalmente, os acionistas de uma sociedade anônima têm o direito de voto com respeito a diversos assuntos relacionados à administração da empresa, enquanto que aos debenturistas não é dado esse direito. Por quê? A resposta pode ser encontrada no exame da estrutura de remuneração de acionistas e debenturistas. Se uma empresa produzir X unidades monetárias de lucro em determinado ano, os debenturistas têm preferência no recebimento de sua participação nesses lucros e o que sobrar vai para os acionistas. Se a parte dos debenturistas for de B, a quantia que irá para os acionistas será de $X - B$. Isso faz dos acionistas os pretendentes residuais – de maneira que eles têm o incentivo de assegurar que X seja o maior possível. Os debenturistas, por sua vez, só têm incentivo para garantir que X seja pelo menos igual a B, uma vez que esse é o maior valor a que têm direito. Assim, a concessão aos acionistas do direito de tomar decisões geralmente resultará em maiores lucros.

EXEMPLO: As reformas econômicas na China

Até 1979, as comunas rurais chinesas eram organizadas segundo princípios marxistas ortodoxos. Os trabalhadores eram pagos de acordo com uma grosseira estimativa da contribuição de cada um para a renda da comuna. Cinco por cento das terras da comuna eram reservadas para glebas privadas, mas os camponeses não tinham autorização para ir às cidades vender a produção de suas glebas. Todo o comércio tinha de se realizar no âmbito de um mercado altamente regulamentado pelo governo.

No final de 1978, o governo central chinês instituiu uma grande reforma na estrutura agrícola, denominada "sistema de responsabilidade". Nesse sistema, qualquer produção que excedesse uma cota preestabelecida ficava com a família e poderia ser vendida em mercados privados. O governo suspendeu as restrições às glebas privadas e ampliou a área de terra destinada à exploração agrícola por particulares. No final de 1984, 97% dos fazendeiros trabalhavam sob o sistema de responsabilidade.

Observe que a estrutura desse sistema se parece muito com o mecanismo de incentivo ótimo descrito anteriormente: toda família tem de efetuar um pagamento de montante fixo para a comuna, mas pode reter tudo o que exceda sua cota de produção. Assim, os incentivos *marginais* à produção familiar são os apropriados do ponto de vista econômico.

O efeito desse novo sistema sobre a produção agrícola foi fenomenal: entre 1978 e 1984, a produção agrícola chinesa cresceu em 6,1%! Nem todo esse crescimento deve-se, porém, a maiores incentivos; ao mesmo tempo em que realizava as reformas, o governo chinês também alterou os preços controlados de produtos agrícolas e até chegou a permitir, em alguns casos, que os preços fossem fixados pelos mercados privados.

Três economistas tentaram dividir o aumento de produção na parte devida a maiores incentivos e na parte resultante das alterações nos preços.[6] Eles descobriram que mais de 3/4 do crescimento foram consequentes da melhoria nos incentivos e apenas 1/4 resultou das reformas nos preços.

38.8 Informação assimétrica

A análise anterior fornece alguns insights sobre o uso de diferentes esquemas de incentivo. Ela mostra, por exemplo, que alugar a terra para um trabalhador é melhor do que o esquema de parceria. Mas isso realmente é exagero. Se nossa análise fosse uma boa descrição do mundo, então esperaríamos que só se utilizasse na agricultura o trabalho assalariado e o aluguel, nunca a parceria, exceto por engano.

É claro que isso não está certo. A parceria tem sido utilizada por milhares de anos em algumas partes do mundo, de modo que provavelmente ela preenche algum tipo de necessidade. O que teremos deixado fora do modelo?

Dado o título dessa seção, não é difícil adivinhar a resposta. Deixamos de fora os problemas relativos à informação imperfeita. Pressupomos que o proprietário da empresa podia observar perfeitamente o esforço do trabalhador. Em muitas situações de interesse, pode ser impossível observar esse esforço. No máximo, o proprietário poderá observar algum *sinal* do esforço, tal como a produção que dele resulta. A quantidade produzida por um agricultor pode depender em parte de seu esforço, mas pode depender também do tempo, da qualidade dos insumos e de vários outros fatores. Esse tipo de "ruído" faz com que um pagamento feito pelo proprietário com base na produção não seja equivalente, no geral, a um pagamento baseado apenas no esforço.

Esse é essencialmente um problema de informação assimétrica: o trabalhador pode escolher seu nível de esforço, mas o proprietário não tem como o medir perfeitamente. O proprietário tem de estimar o esforço com base na produção observada e a elaboração do sistema de incentivos tem de refletir esse problema de inferência.

Vejamos os quatro esquemas de incentivo descritos anteriormente. O que estará errado se o esforço não for perfeitamente correlacionado com a produção?

Aluguel. Se a empresa alugar a tecnologia ao trabalhador, ele poderá obter toda a produção restante após pagar a taxa fixa de aluguel. Se a produção tiver um componente aleatório, isso significa que o trabalhador terá de suportar todo o risco dos fatores aleatórios. Se o trabalhador for mais avesso ao risco do que o proprietário – o que provavelmente acontecerá, isso será ineficiente. Em geral, o trabalhador estaria disposto a abrir mão de algum lucro residual para ter um fluxo de renda com menos riscos.

---

[6] J. McMillan, J. Whalley e L. Zhu, "The Impact of China's Economic Reforms on Agricultural Productivity Growth", *Journal of Political Economy*, 97: 4, 1989, p. 781-807.

Trabalho assalariado. O problema com o trabalho assalariado é que ele necessita da observação da *quantidade* do insumo trabalho utilizada. O salário tem de basear-se no esforço colocado na produção e não apenas nas horas passadas na empresa. Se o proprietário não puder observar a quantidade do insumo trabalho, não será possível implementar esse tipo de esquema de incentivo.

Pegar ou largar. Se o pagamento do incentivo basear-se no insumo trabalho, teremos com esse esquema o mesmo problema do trabalho assalariado. Se o pagamento basear-se na *produção*, o esquema implicará que o trabalhador suporte todo o risco. Mesmo que se erre a "produção-alvo" por pequena margem, isso resultará em pagamento zero.

Parceria. Esse é um caso intermediário. O pagamento do trabalhador depende apenas em parte da produção observada, mas o trabalhador e o proprietário dividem o risco das flutuações da produção. Isso dá ao trabalhador um incentivo para produzir, mas não deixa que suporte todo o risco.

A introdução da informação assimétrica provocou uma alteração drástica em nosso modo de avaliar os métodos de incentivo. Se o proprietário não puder observar esforço, então o trabalho assalariado será impraticável. O aluguel e o esquema de pegar ou largar submetem o trabalhador a um risco excessivo. A parceria é um meio-termo entre dois extremos: dá ao trabalhador algum incentivo para produzir, mas não o deixa com todo o risco.

EXEMPLO: Acompanhamento de custos

Nem sempre é fácil observar a quantidade de esforço que um empregado dedica a seu trabalho. Imaginemos, por exemplo, um trabalho de balconista numa loja de conveniência aberta 24 horas por dia. Como pode o gerente observar o desempenho dos empregados quando ele não está na loja? Mesmo que haja meios de observar a produção física do empregado (prateleiras abastecidas, vendas registradas no caixa etc.), é bem mais difícil observar coisas como cortesia com os clientes.

Há pouca dúvida de que alguns dos piores serviços do mundo foram prestados nos antigos países comunistas da Europa Oriental: quando conseguíamos atrair a atenção de um vendedor, a tendência era mais de sermos recebidos com uma carranca do que com um sorriso. Mesmo assim, o empresário húngaro Gabor Varszegi ganhou milhões ao proporcionar serviços de alta qualidade em suas lojas de revelação de filmes em Budapeste.[7]

Varszegi conta que sua carreira de empresário começou em meados da década de 1960, quando tocava guitarra e liderava uma banda de *rock*. "Naquela

---

[7] Ver Steven Greenhouse, "A New Formula in Hungary: Speed Service and Grow Rich", *New York Times*, 5 de junho de 1990, A1.

época", recorda, "os únicos empresários privados da Europa Oriental eram os músicos de *rock*".

Ele introduziu na Hungria a revelação de filmes em uma hora em 1985; a melhor alternativa para os serviços de suas lojas de revelação rápida era a agência estatal, que levava um mês para entregar as fotografias.

O empresário segue duas regras nas relações trabalhistas: ele nunca contrata ninguém que trabalhou sob o comunismo e paga a seus empregados quatro vezes mais do que o salário praticado no mercado. Isso faz todo sentido à luz das afirmações anteriores sobre a monitoração dos custos: há muito poucos empregados por loja e a monitoração de seu comportamento é muito cara. Se só houvesse uma pequena penalidade em ser demitido, a tentação de relaxar seria grande. Ao pagar aos trabalhadores muito mais do que eles conseguiriam em qualquer outro lugar, Varszegi faz com que custe muito caro para o empregado perder o emprego – e reduz de maneira significativa seus custos de monitoração.

EXEMPLO: O Banco Grameen

Um agiota de um povoado de Bangladesh cobra mais de 150% de juros por ano. Qualquer banqueiro americano adoraria ter um retorno dessas proporções. Por que o Citibank não instala caixas eletrônicos em Bangladesh? Fazer essa pergunta é respondê-la: o Citibank talvez não se saísse tão bem quanto os agiotas. O agiota dos povoados tem uma vantagem comparativa nesses pequenos empréstimos por diversos motivos.

- O agiota dos povoados consegue lidar de maneira mais eficaz com os empréstimos de pequena escala.
- O agiota tem mais acesso a informações sobre bons e maus riscos de crédito do que os forasteiros.
- O agiota encontra-se em melhor posição para monitorar o progresso dos pagamentos dos empréstimos, para garantir que sejam efetuados.

Esses três problemas – retornos de escala, seleção adversa e perigo moral – permitem ao agiota dos povoados manter o monopólio do mercado de crédito local.

Um monopólio local como esse é muito pernicioso para um país subdesenvolvido como Bangladesh. A taxa de juros de 150% impede que os camponeses realizem muitos projetos lucrativos. Um acesso maior ao crédito poderia levar a um aumento nos investimentos, com o correspondente aumento do padrão de vida.

Mohammed Yunus, economista bengalês que estudou nos Estados Unidos, criou uma instituição engenhosa conhecida como Banco Grameen (banco dos povoados) para combater alguns desses problemas. No plano do Grameen, empresários com projetos separados se reúnem e solicitam um empréstimo em grupo. Se o empréstimo for aprovado, dois membros do grupo recebem seu dinheiro e iniciam suas atividades de investimento. Se forem bem-sucedidos no esquema de pagamento da importância emprestada, dois outros membros do grupo recebem empréstimos. Se também esses pagarem pontualmente, o último membro, o líder do grupo, receberá seu empréstimo.

O Banco Grameen enfrenta todos os três problemas descritos. Como a qualidade do grupo influencia as possibilidades de cada um dos integrantes obterem empréstimo, os membros em potencial são muito seletivos na escolha dos companheiros de grupo. Como os membros do grupo só receberão empréstimos se os outros membros forem bem-sucedidos em seus investimentos, há fortes incentivos para que se ajudem e troquem conhecimentos entre si. Por fim, as atividades de escolha de candidatos e de monitoração do progresso no pagamento dos empréstimos são todas feitas pelos próprios camponeses, não diretamente pelos funcionários do banco, que tratam dos empréstimos.

O Banco Grameen tem alcançado grande êxito. Ele realiza cerca de 475.000 empréstimos por mês, num valor médio de US$70. Sua taxa de recuperação de empréstimos é de aproximadamente 98%, enquanto os emprestadores tradicionais de Bangladesh alcançam uma recuperação entre 30% e 40%. O sucesso do programa de responsabilidade de grupo em incentivar os investimentos fez com que diversas áreas pobres das Américas do Norte e do Sul o adotassem.

RESUMO

1. A informação assimétrica e imperfeita pode levar a diferenças drásticas na natureza do equilíbrio de mercado.

2. A seleção adversa refere-se a situações em que o tipo dos agentes não é observável, de modo que um lado do mercado tem de adivinhar o tipo ou a qualidade do produto com base no comportamento do outro lado do mercado.

3. Nos mercados em que há seleção adversa, podem realizar-se pouquíssimas transações. Nesse caso, é possível que todos possam melhorar, se forem forçados a transacionar.

4. Perigo moral refere-se a uma situação em que um lado do mercado não pode observar as ações do outro.

5. Sinalização refere-se ao fato de que, quando há seleção adversa ou perigo moral, alguns agentes desejarão investir em sinais que os diferenciem dos outros.

6. O investimento em sinais pode ser um benefício do ponto de vista privado, mas um desperdício do ponto de vista público. Entretanto, o investimento em sinais pode ajudar a resolver problemas causados pela informação assimétrica.

7. Os esquemas de incentivo eficientes (com perfeita possibilidade de observação do esforço) deixam o trabalhador como o pretendente residual. Isso significa que o trabalhador irá igualar os custos marginais aos benefícios marginais.

8. Mas, se a informação for imperfeita, isso não será mais verdade. Em geral, um esquema de incentivo que divida riscos e proporcione incentivos será apropriado.

QUESTÕES DE REVISÃO

1. Considere o modelo do mercado de carros usados apresentado neste capítulo. Qual a quantidade máxima de excedente do consumidor que é criada pela troca no equilíbrio de mercado?

2. No mesmo modelo, quanto de excedente do consumidor seria criado, caso se indicasse, *de maneira aleatória*, compradores a vendedores? Qual método geraria maior excedente?

3. Um trabalhador pode produzir x unidades de um produto a um custo de $c(x) = x^2/2$. Ele pode conseguir um nível de utilidade de $\bar{u} = 0$ trabalhando em outro lugar. Qual é o esquema de incentivo ótimo $s(x)$ para esse trabalhador?

4. Dado o que foi estabelecido no problema anterior, o que o trabalhador estaria disposto a pagar para alugar a tecnologia de produção?

5. Como você responderia à mudança do último problema se o emprego alternativo do trabalhador lhe fornecesse $\bar{u} = 1$?

APÊNDICE MATEMÁTICO

Neste apêndice forneceremos uma revisão breve de alguns conceitos matemáticos utilizados no texto. Esse material pretende proporcionar uma recordação de definições de vários conceitos utilizados no livro. Não constitui, de modo algum, um curso de matemática. As definições dadas serão, em geral, as mais simples, não as mais rigorosas.

A.1 Funções

A **função** é uma regra que descreve uma relação entre números. Para cada número x, a função designa um único número y, de acordo com alguma regra. Assim, uma função pode ser indicada pela descrição de uma regra como "pegue o número e o eleve ao quadrado" ou "pegue um número e o multiplique por 2", e assim por diante. Escrevemos essas funções particulares como $y = x^2$, $y = 2x$. As funções algumas vezes são chamadas de **transformações**.

Não raro, queremos indicar que uma variável y depende de outra variável x, mas não conhecemos a relação algébrica específica entre as duas variáveis. Nesse caso, escrevemos $y = f(x)$, o que deve ser interpretado como o equivalente a dizer que a variável y depende de x de acordo com a regra f.

Dada uma função $y = f(x)$, o número x é chamado com frequência de **variável independente** e o número y, de **variável dependente**. A ideia é que x varia de maneira independente, mas o valor de y *depende* do valor de x.

Frequentemente, uma variável y depende de várias outras variáveis x_1, x_2 e assim por diante, de modo que escrevemos $y = f(x_1, x_2)$ para indicar que, juntas, as variáveis determinam o valor de y.

A.2 Gráficos

O **gráfico** ilustra o comportamento de uma função. A Figura A.1 mostra os gráficos de duas funções. Em matemática, a variável independente é sempre representada no eixo horizontal e a variável dependente, no eixo vertical. O gráfico indica, pois, a relação entre as variáveis dependente e independente.

Em economia, no entanto, é comum a representação gráfica de funções com a variável independente no eixo vertical e a dependente no eixo horizontal. Funções demanda, por exemplo, são sempre representadas com o preço no eixo vertical e a quantidade demandada no eixo horizontal.

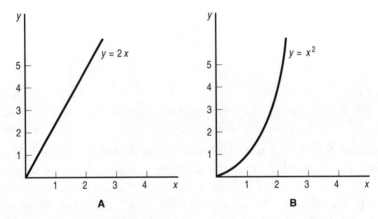

FIGURA A.1 Gráficos de funções. O painel A representa o gráfico de $y = 2x$ e o painel B representa o gráfico de $y = x^2$.

A.3 Propriedades de funções

Função contínua é aquela que pode ser desenhada sem que se retire o lápis do papel: não existem saltos numa função contínua. **Função suave** é aquela que não tem "dobras" nem cantos. Função **monotônica** é aquela que sempre cresce ou sempre decresce; **a função monotônica positiva** sempre cresce à medida que x cresce; **já a função monotônica negativa** sempre decresce à medida que x cresce.

A.4 Funções inversas

Lembre-se de que a função tem a propriedade de que para cada valor de x haverá um único valor de y associado a ele e que uma função monotônica estará sempre crescendo ou decrescendo. Isso implica que para a função monotônica haverá um único valor de x associado a cada valor de y.

Chamamos a função que relaciona x a y dessa forma de **função inversa**. Se lhe derem y como função de x, você pode calcular a função inversa apenas por resolver x como função de y. Se $y = 2x$, a função inversa será $x = y/2$. Se $y = x^2$, não haverá função inversa; dado qualquer valor de y, tanto $x = +\sqrt{y}$ quanto $x = -\sqrt{y}$ têm a propriedade de que seu quadrado é igual a y. Assim, não há um valor único de x associado a cada valor de y, conforme requerido pela definição de função.

A.5 Equações e identidades

Uma **equação** pergunta quando uma função é igual a um determinado número. Exemplos de equações são:

$$2x = 8$$

$$x^2 = 9$$

$$f(x) = 0.$$

A **solução** de uma equação é o valor de x que satisfaz a equação. A primeira equação tem como solução $x = 4$. A segunda equação tem duas soluções, $x = 3$ e $x = -3$. A terceira equação é apenas uma equação geral. Não conhecemos sua solução até que saibamos a regra real de f, mas podemos representar sua solução por x^*. Isso apenas significa que x^* é um número tal que $f(x^*) = 0$. Dizemos que x^* **satisfaz** a equação $f(x) = 0$.

A **identidade** é uma relação entre variáveis que valem para *todos* os valores de variáveis. Temos aqui alguns exemplos de identidades:

$$(x + y)^2 \equiv x^2 + 2xy + y^2$$

$$2(x + 1) \equiv 2x + 2.$$

O símbolo especial $\equiv$ significa que os lados direito e esquerdo são iguais para *todos* os valores de variáveis. A equação só é válida para alguns valores de variáveis, enquanto a identidade é verdadeira para todos os valores de variáveis. Em geral, a identidade é verdadeira pela definição dos termos envolvidos.

A.6 Funções lineares

A **função linear** é uma função que tem a forma

$$y = ax + b,$$

em que a e b são constantes. Entre os exemplos de funções lineares, temos

$$y = 2x + 3$$

$$y = x - 99.$$

Se falarmos de maneira estrita, uma função com a forma $y = ax + b$ deve ser chamada **função afim** e apenas as funções com a forma $y = ax$ devem ser chamadas de função linear. Não insistiremos, contudo, nessa distinção.

As funções lineares também podem ser expressas de maneira implícita por formas como $ax + by = c$. Nesse caso, em geral, preferimos resolver y como uma função de x para converter isso para a forma "padrão":

$$y = \frac{c}{b} - \frac{a}{b}x.$$

A.7 Variações e taxas de variação

A notação Δx é lida como "a variação em x". *Não* significa Δ vezes x. Se x variar de x^* para x^{**}, a variação em x será de apenas

$$\Delta x = x^{**} - x^*.$$

Podemos também escrever

$$x^{**} = x^* + \Delta x$$

para indicar que x^{**} é x^* mais uma variação em x.

Normalmente, Δx se referirá a uma variação *pequena* em x. Algumas vezes expressamos isso ao dizer que Δx representa uma **variação marginal**.

A **taxa de variação** é a razão de duas variações. Se y for uma função de x dada por $y = f(x)$, a taxa de variação de y com relação a x será representada por

$$\frac{\Delta y}{\Delta x} = \frac{f(x + \Delta x) - f(x)}{\Delta x}.$$

A taxa de variação mede quanto y varia à medida que x varia.

A função linear tem a propriedade de que a taxa de variação de y com relação a x seja constante. Para provar isso, observe que, se $y = a + bx$, então,

$$\frac{\Delta y}{\Delta x} = \frac{a + b(x + \Delta x) - a - bx}{\Delta x} = \frac{b\Delta x}{\Delta x} = b.$$

Para as funções não lineares, a taxa de variação da função dependerá do valor de x. Examinemos, por exemplo, a função $y = x^2$. Para essa função,

$$\frac{\Delta y}{\Delta x} = \frac{(x + \Delta x)^2 - x^2}{\Delta x} = \frac{x^2 + 2x\Delta x + (\Delta x)^2 - x^2}{\Delta x} = 2x + \Delta x.$$

Nesse caso, a taxa de variação de x para $x + \Delta x$ dependerá do valor de x e do tamanho da variação, Δx. Mas, se considerarmos variações muito pequenas em x,

Δx será aproximadamente zero, de modo que a taxa de variação de y com relação a x será de aproximadamente $2x$.

A.8 Inclinações e interceptos

A taxa de variação de uma função pode ser interpretada graficamente como a **inclinação** da função. Na Figura A.2A, representamos uma função linear $y = -2x + 4$. O **intercepto vertical** dessa função é o valor de y quando $x = 0$, que é $y = 4$. O **intercepto horizontal** é o valor de x quando $y = 0$, que é $x = 2$. A inclinação da função é a taxa de variação de y à medida que x varia. Nesse caso, a inclinação da função é -2.

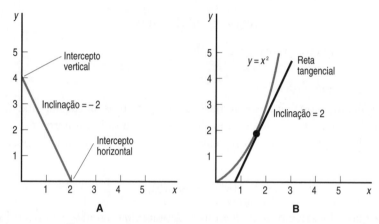

FIGURA A.2 Inclinações e interceptos. O painel A representa a função $y = -2x + 4$ e o painel B representa a função $y = x^2$.

Em geral, se uma função linear tiver a forma $y = ax + b$, o intercepto vertical será $y^* = b$ e o intercepto horizontal será $x^* = -b/a$. Se uma função linear for expressa na forma

$$a_1 x_1 + a_2 x_2 = c,$$

o intercepto horizontal será o valor de x_1 quando $x_2 = 0$, que é $x_1^* = c/a_1$, e o intercepto vertical ocorrerá quando $x_1 = 0$, o que significa que $x_2^* = c/a_2$. A inclinação dessa função é $-a_1/a_2$.

A função não linear tem a propriedade de que sua inclinação varia à medida que x varia. A **tangente** a uma função em algum ponto x é uma função linear que tem a mesma inclinação. Na Figura A.2B, representamos a função x^2 e a reta tangente em $x = 1$.

Se y aumentar sempre que x aumentar, Δy terá sempre o mesmo sinal que Δx, de modo que a inclinação da função será sempre positiva. Se, por outro lado, y diminuir quando x aumentar ou y aumentar quando x diminuir, Δy e Δx terão sinais contrários, de modo que a inclinação da função será negativa.

A.9 Valores absolutos e logaritmos

O **valor absoluto** de um número é uma função $f(x)$ definida pela seguinte regra:

$$f(x) = \begin{cases} x & \text{se } x \geq 0 \\ -x & \text{se } x < 0. \end{cases}$$

Portanto, o valor absoluto de um número pode ser encontrado ao se cancelar o sinal do número. A função de valor absoluto é, em geral, escrita como $|x|$.

O **logaritmo** (natural) ou **log** de x descreve uma função particular de x, que podemos escrever como $y = \ln x$ ou $y = \ln(x)$. A função logaritmo é a única função que tem as propriedades

$$\ln(xy) = \ln(x) + \ln(y)$$

para todos os números positivos x e y, e

$$\ln(e) = 1.$$

(Nesta última equação, e é a base dos logaritmos naturais, que é igual a 2,7183...). Em palavras, o logaritmo do produto de dois números é a soma dos logaritmos individuais. Essa propriedade gera outra propriedade importante dos logaritmos:

$$\ln(x^y) = y \ln(x),$$

o que diz que o logaritmo de x elevado à potência y é igual a y vezes o log de x.

A.10 Derivadas

A **derivada** de uma função $y = f(x)$ é definida como

$$\frac{df(x)}{dx} = \lim_{\Delta x \to 0} \frac{f(x + \Delta x) - f(x)}{\Delta x}.$$

Em palavras, a derivada é o limite da taxa de variação de y com relação a x quando a variação de x vai para zero. A derivada dá o significado preciso à frase "a taxa de variação de y com relação a x, para pequenas variações em x". A derivada de $f(x)$ com relação a x é representada por $f'(x)$.

Já vimos que a taxa de variação de uma função linear $y = ax + b$ é constante. Assim, para essa função linear,

$$\frac{df(x)}{dx} = a.$$

Para a função não linear, a taxa de variação de y com relação a x normalmente dependerá de x. Vimos que, no caso de $f(x) = x^2$, tínhamos $\Delta y/\Delta x = 2x + \Delta x$. Ao aplicarmos a definição de derivada,

$$\frac{df(x)}{dx} = \lim_{\Delta x \to 0} 2x + \Delta x = 2x.$$

Assim, a derivada de x^2 com relação a x é $2x$.
Podemos demonstrar por métodos mais avançados que, se $y = \ln x$, então

$$\frac{df(x)}{dx} = \frac{1}{x}.$$

A.11 Derivadas segundas

A **derivada segunda** de uma função é a derivada da derivada dessa função. Se $y = f(x)$, a derivada segunda de $f(x)$ com relação a x é escrita como $d^2 f(x)/dx^2$ ou $f''(x)$. Sabemos que

$$\frac{d(2x)}{dx} = 2$$

$$\frac{d(x^2)}{dx} = 2x.$$

Assim,

$$\frac{d^2(2x)}{dx^2} = \frac{d(2)}{dx} = 0$$

$$\frac{d^2(x^2)}{dx^2} = \frac{d(2x)}{dx} = 2.$$

A segunda derivada mede a curvatura de uma função. A função com uma derivada segunda negativa num ponto será côncava perto daquele ponto; sua inclinação será decrescente. A função com derivada segunda positiva num ponto será convexa perto desse ponto; sua inclinação será crescente. A função com derivada zero num ponto será plana nesse ponto.

A.12 A regra de produto e a regra de cadeia

Suponhamos que $g(x)$ e $h(x)$ sejam ambas funções de x. Podemos definir a função $f(x)$, que representa seu produto, por $f(x) = g(x)h(x)$. Assim, a derivada de $f(x)$ será dada por

$$\frac{df(x)}{dx} = g(x)\frac{dh(x)}{dx} + h(x)\frac{dg(x)}{dx}.$$

Dadas duas funções $y = g(x)$ e $z = h(y)$, a **função composta** será

$$f(x) = h(g(x)).$$

Por exemplo, se $g(x) = x^2$ e $h(y) = 2y + 3$, a função composta será

$$f(x) = 2x^2 + 3.$$

A **regra de cadeia** diz que a derivada de uma função composta, $f(x)$, com relação a x é dada por

$$\frac{df(x)}{dx} = \frac{dh(y)}{dy} \frac{dg(x)}{dx}.$$

Em nosso exemplo, $dh(y)/dy = 2$ e $dg(x)/dx = 2x$, de modo que a regra da cadeia diz que $df(x)/dx = 2 \times 2x = 4x$. O cálculo direto verifica que essa é a derivada da função $f(x) = 2x^2 + 3$.

A.13 Derivadas parciais

Suponhamos que y dependa tanto de x_1 quanto de x_2, de modo que $y = f(x_1, x_2)$. Assim, a **derivada parcial** de $f(x_1, x_2)$ com relação a x_1 será definida por

$$\frac{\partial f(x_1, x_2)}{\partial x_1} = \lim_{\Delta x_1 \to 0} \frac{f(x_1 + \Delta x_1, x_2) - f(x_1, x_2)}{\Delta x_1}.$$

A derivada parcial de $f(x_1, x_2)$ com relação a x_1 é exatamente a derivada da função com relação a x_1, se *mantivermos x_2 fixo*. Do mesmo modo, a derivada parcial com relação a x_2 será

$$\frac{\partial f(x_1, x_2)}{\partial x_2} = \lim_{\Delta x_2 \to 0} \frac{f(x_1, x_2 + \Delta x_2) - f(x_1, x_2)}{\Delta x_2}.$$

As derivadas parciais têm exatamente as mesmas propriedades das derivadas comuns; apenas o nome foi trocado para proteger o inocente (isto é, as pessoas que nunca viram o símbolo ∂).

Em particular, as derivadas parciais obedecem à regra da cadeia, mas com uma distorção extra. Suponhamos que x_1 e x_2 dependam ambos de uma variável t e definamos a função $g(t)$ por

$$g(t) = f(x_1(t), x_2(t)).$$

Então, a derivada de $g(t)$ com relação a t é dada por

$$\frac{dg(t)}{dt} = \frac{\partial f(x_1, x_2)}{\partial x_1} \frac{dx_1(t)}{dt} + \frac{\partial f(x_1, x_2)}{\partial x_2} \frac{dx_2(t)}{dt}.$$

Quando t varia, ele afeta tanto $x_1(t)$ quanto $x_2(t)$. Portanto, precisamos calcular a derivada de $f(x_1, x_2)$ com relação a cada uma dessas variações.

A.14 Otimização

Se $y = f(x)$, então $f(x)$ alcançará um **máximo** em x^* se $f(x^*) \geq f(x)$ para todo x. Pode-se demonstrar que, se $f(x)$ for uma função suave que alcance seu valor máximo em x^*, então,

$$\frac{df(x^*)}{dx} = 0$$
$$\frac{d^2 f(x^*)}{dx^2} \leq 0.$$

Essas expressões são chamadas de **condição de primeira ordem e condição de segunda ordem** para um máximo. A condição de primeira ordem diz que a função é plana em x^*, enquanto a condição de segunda ordem diz que a função é côncava perto de x^*. Essas condições têm de ocorrer, claramente, se x^* for um máximo.

Dizemos que $f(x)$ alcança seu **mínimo** em x^* se $f(x^*) \leq f(x)$ para todo x. Se $f(x)$ for uma função suave que alcance seu mínimo em x^*, então,

$$\frac{df(x^*)}{dx} = 0$$
$$\frac{d^2 f(x^*)}{dx^2} \geq 0.$$

A condição de primeira ordem diz novamente que a função é plana em x^*, enquanto a condição de segunda ordem diz agora que a função é convexa perto de x^*.

Se $y = f(x_1, x_2)$ for uma função suave que alcance seu máximo ou mínimo num ponto (x_1^*, x_2^*), teremos, então, de satisfazer

$$\frac{\partial f(x_1^*, x_2^*)}{\partial x_1} = 0$$
$$\frac{\partial f(x_1^*, x_2^*)}{\partial x_2} = 0.$$

Essas condições são chamadas de **condições de primeira ordem**. Há também condições de segunda ordem para esse problema, mas são mais difíceis de descrever.

A.15 Otimização com restrição

Muitas vezes, queremos examinar o mínimo ou o máximo de uma função com respeito a alguns valores restritos de (x_1, x_2). A notação

$$\max_{x_1, x_2} f(x_1, x_2)$$

de modo que $g(x_1, x_2) = c$.

significa

encontre x_1^* e x_2^* de modo que $f(x_1^*, x_2^*) \geq f(x_1^*, x_2^*)$ para todos os valores de x_1 e x_2 que satisfazem à equação $g(x_1, x_2) = c$.

A função $f(x_1, x_2)$ é chamada de **função objetivo** e a equação $g(x_1, x_2) = c$ é chamada **restrição**. Os métodos para resolver esse tipo de problema de maximização com restrição são descritos no apêndice do Capítulo 5.

RESPOSTAS

Capítulo 1

1.1. Será constante em US$500 para 25 apartamentos e então cairá para US$200.

1.2. No primeiro caso, US$500; no segundo, US$200. No terceiro caso, o preço de equilíbrio seria algo entre US$200 e US$500.

1.3. Como queremos alugar um apartamento a mais, temos de oferecer um preço menor. O número de pessoas que têm preços de reserva maiores do que p tem de aumentar sempre à medida que p diminui.

1.4. O preço dos apartamentos no círculo interno iria aumentar, uma vez que, embora a demanda por apartamentos não se alterasse, a oferta diminuiria.

1.5. O preço dos apartamentos do círculo interno aumentaria.

1.6. O imposto sem dúvida reduziria a oferta de apartamentos no longo prazo.

1.7. Ele fixaria um preço de 25 e alugaria 50 apartamentos. No segundo caso, ele alugaria todos os 40 apartamentos ao maior preço que o mercado pudesse suportar. Isso se daria pela solução para $D(p) = 100 - 2p = 40$, que é $p^* = 30$.

1.8. Todos os que tivessem um preço de reserva maior do que o preço de equilíbrio no mercado competitivo, de modo que o resultado final seria eficiente no sentido de Pareto. (É claro que no longo prazo provavelmente menos apartamentos seriam construídos, o que levaria a um outro tipo de ineficiência.)

Capítulo 2

2.1. A nova reta orçamentária é dada por $2p_1x_1 + 8p_2x_2 = 4m$.

2.2. O intercepto vertical (eixo de x_2) diminuirá e o intercepto horizontal (eixo de x_1) permanecerá constante. A reta orçamentária tornar-se-á, pois, mais plana.

2.3. Mais plana. A inclinação é $-2p_1/3p_2$.

2.4. O bem cujo preço foi fixado em 1; todos os preços dos demais bens são medidos em relação ao preço do bem numerário.

2.5. Um imposto de US$8 por galão.

2.6. $(p_1 + t)x_1 + (p_2 - s)x_2 = m - u$.

2.7. Sim, porque todas as cestas pelas quais os consumidores podiam pagar antes continuam a poder ser adquiridas aos novos preços e com as novas rendas.

Capítulo 3

3.1. Não. O consumidor poderia ser indiferente entre as duas cestas. Tudo que podemos concluir é que $(x_1, x_2) \succeq (y_1, y_2)$.

3.2. Sim para ambos.

3.3. É transitiva, mas não completa; duas pessoas poderiam ser da mesma altura. Não é reflexiva, uma vez que é falso que uma pessoa seja estritamente mais alta do que ela mesma.

3.4. É transitiva, mas não completa. E se A fosse maior do que B, porém mais lento? Qual ele preferiria?

3.5. Sim, a curva de indiferença pode cruzar a si mesma; só não pode cruzar outra curva de indiferença distinta.

3.6. Não, porque há cestas na curva de indiferença que têm estritamente mais dos dois bens do que outras cestas na curva de indiferença (alegada).

3.7. Inclinação negativa. Se você der ao consumidor mais anchovas, fará com que ele piore, de maneira que você terá de retirar um pouco de pimentão para fazê-lo voltar para sua curva de indiferença. Nesse caso, a utilidade cresce *na direção* da origem.

3.8. Porque o consumidor prefere fracamente a média ponderada das duas cestas a qualquer uma delas.

3.9. Se você abrir mão de uma nota de US$5, quantas notas de US$1 serão necessárias para recompensá-lo? Cinco notas de US$1 serão suficientes. Portanto, a resposta é –5 ou –1/5, dependendo do bem que você colocar no eixo horizontal.

3.10. Zero. Se você retirar um pouco do bem 1, o consumidor precisará de 0 unidades do bem 2 para ser compensado pelo que perdeu.

3.11. Anchovas e manteiga de amendoim, uísque e suco em pó... e outras dessas combinações repulsivas.

Capítulo 4

4.1. A função $f(u) = u^2$ é uma transformação monotônica para o u positivo, mas não para o u negativo.

4.2. (1) Sim. (2) Não, funciona para v positivo. (3) Não, funciona para v negativo. (4) Sim, definido apenas para v positivo. (5) Sim. (6) Não. (7) Sim. (8) Não.

4.3. Suponhamos que uma diagonal intercepte uma dada curva de indiferença em dois pontos, digamos (x, x) e (y, y). Então, ou $x > y$ ou $y > x$, o que significa que uma das duas cestas tem mais de *ambos* os bens. Mas, se as preferências fossem monotônicas, uma das duas cestas teria de ser preferida à outra.

4.4. Ambos representam substitutos perfeitos.

4.5. Preferências quase lineares. Sim.

4.6. A função de utilidade representa preferências Cobb-Douglas. Não. Sim.

4.7. Porque a TMS é medida *ao longo* de uma curva de indiferença, ao longo da qual a utilidade permanece constante.

Capítulo 5

5.1. $x_2 = 0$, quando $p_2 > p_1$; $x_2 = m/p_2$, quando $p_2 < p_1$; e qualquer coisa entre 0 e m/p_2, quando $p_1 = p_2$.

5.2. As escolhas ótimas serão $x_1 = m/p_1$ e $x_2 = 0$ se $p_1/p_2 < b$, $x_1 = 0$ e $x_2 = m/p_2$ se $p_1/p_2 > b$, e qualquer quantia na reta orçamentária se $p_1/p_2 = b$.

5.3. Seja z o número de xícaras de café que um consumidor compra. Sabemos, então, que $2z$ é o número de colheres (de chá) de açúcar que ele compra. Temos de satisfazer a restrição orçamentária

$$2p_1 z + p_2 z = m.$$

Ao resolvermos para z, teremos,

$$z = \frac{m}{2p_1 + p_2}.$$

5.4. Sabemos que você consumirá todo o sorvete ou todas as azeitonas. Portanto, as duas escolhas de cestas de consumo ótimas serão $x_1 = m/p_1$, $x_2 = 0$; ou $x_1 = 0$, $x_2 = m/p_2$.

5.5. Essa é uma função de utilidade Cobb-Douglas, de maneira que o consumidor gastará $4/(1 + 4) = 4/5$ de sua renda no bem 2.

5.6. Para preferências exóticas, tais como complementares perfeitos, em que a variação no preço não induz a nenhuma variação na demanda.

Capítulo 6

6.1. Não. Se a renda dele aumentar e ele gastá-la toda, deverá estar comprando mais de um bem, ao menos.

6.2. A função de utilidade para substitutos perfeitos é $u(x_1, x_2) = x_1 + x_2$. Portanto, se $u(x_1, x_2) > u(y_1, y_2)$, teremos $x_1 + x_2 > y_1 + y_2$. Segue-se que $tx_1 + tx_2 > ty_1 + ty_2$, de modo que $u(tx_1, tx_2) > u(ty_1, ty_2)$.

6.3. A função de utilidade Cobb-Douglas tem a propriedade de $u(tx_1, tx_2) = (tx_1)^a (tx_2)^{1-a} = t^a t^{1-a} x_1^a x_2^{1-a} = tx_1^a x_2^{1-a} = t_u(x_1, x_2)$.

Assim, se $u(x_1, x_2) > u(y_1, y_2)$, saberemos que $u(tx_1, tx_2) > u(ty_1, ty_2)$, de modo que as preferências Cobb-Douglas serão ainda homotéticas.

6.4. A curva de demanda.

6.5. Não. As preferências côncavas só podem gerar cestas de consumo ótimas que envolvam consumo zero de um dos bens.

6.6. Normalmente seriam complementos, pelo menos para os não vegetarianos.

6.7. Sabemos que $x_1 = m/(p_1 + p_2)$. Ao resolvermos para p_1 em função de outras variáveis, teremos

$$p_1 = \frac{m}{x_1} - p_2.$$

6.8. Falso.

Capítulo 7

7.1. Não. Esse consumidor viola o Axioma Fraco da Preferência Revelada, uma vez que, quando ele compra (x_1, x_2), poderia ter comprado (y_1, y_2), e vice-versa. Em símbolos:

$$p_1 x_1 + p_2 x_2 = 1 \times 1 + 2 \times 2 = 5 > 4 = 1 \times 2 + 2 \times 1 = p_1 y_1 + p_2 y_2$$

e

$$q_1 y_1 + q_2 y_2 = 2 \times 2 + 1 \times 1 = 5 > 4 = 2 \times 1 + 1 \times 2 = q_1 x_1 + q_2 x_2.$$

7.2. Sim. Não ocorreu nenhuma violação do AFrPR, uma vez que o consumidor não podia pagar pela cesta y quando a cesta x foi comprada, e vice-versa.

7.3. Como a cesta y era mais cara do que a cesta x quando a cesta x foi comprada, e vice-versa, não há meio de dizer qual delas era a preferida.

7.4. Se ambos os preços variaram na mesma quantidade, então a cesta do ano--base continuaria a ser ótima.

7.5. Complementares perfeitos.

Capítulo 8

8.1. Sim. Para ver como isso ocorre, usaremos nosso exemplo favorito dos lápis vermelhos e azuis. Imagine que os lápis vermelhos custam US$0,10 cada um e os azuis, US$0,05 cada e que a consumidora gasta US$1 com lápis. Então ela consumiria 20 lápis azuis. Se o preço dos lápis azuis cair para US$4 cada, ela consumirá 25 lápis azuis, uma mudança decorrente apenas do efeito renda.

8.2. Sim.

8.3. Então o efeito renda seria anulado. Tudo o que restaria seria um efeito substituição puro, que automaticamente seria negativo.

8.4. Eles auferem uma receita de tx' e pagam tx, de modo que estão perdendo dinheiro.

8.5. Uma vez que podem manter o consumo anterior, os consumidores teriam que, pelo menos, ficar em melhor situação. Isso ocorre porque o governo está lhes devolvendo *mais* dinheiro do que o que eles perdem em decorrência do preço mais alto da gasolina.

Capítulo 9

9.1. Suas demandas brutas serão (9, 1).

9.2. A cesta $(y_1, y_2) = (3, 5)$ custa mais do que a cesta (4, 4) em relação aos preços vigentes. O consumidor não preferirá necessariamente consumir essa cesta, mas com certeza preferirá tê-la, uma vez que poderia vendê-la e comprar uma que preferisse.

9.3. Com certeza. Isso depende do fato de ele ser um comprador líquido ou um vendedor líquido do bem que se tornou mais caro.

9.4. Sim, mas apenas se os Estados Unidos se tornassem um exportador líquido de petróleo.

9.5. A nova reta orçamentária se deslocaria para fora e continuaria paralela à antiga, uma vez que o aumento de horas do dia constitui puro efeito dotação.

9.6. A inclinação será positiva.

Capítulo 10

10.1. De acordo com a Tabela 10.1, daqui a vinte anos, US$1 valerá US$0,03 atuais a uma taxa de juros de 20%. Assim, US$1 milhão valerá 0,03 × US$1 milhão = US$30 mil atuais.

10.2. A inclinação da restrição orçamentária intertemporal é igual a $-(1 + r)$. Portanto, à medida que r aumentar, a inclinação se tornará mais negativa (mais inclinada).

10.3. Se os bens forem substitutos perfeitos, os consumidores só comprarão o bem mais barato. No caso das compras intertemporais de alimentos, isso implica que o consumidor só compre alimentos em determinado período, o que pode não ser muito realista.

10.4. Para continuar como emprestador após a variação nas taxas de juros, o consumidor tem de escolher um ponto que ele poderia ter escolhido durante as taxas antigas, mas decidiu não o fazer. Portanto, o consumidor tem de estar pior. Se o consumidor se torna um tomador de empréstimos após a alteração dos juros, então ele está escolhendo um ponto anteriormente não disponível que não pode ser comparado com o ponto inicial (uma vez que o ponto inicial não está mais disponível sob a nova restrição orçamentária), portanto, a mudança no bem-estar do consumidor é desconhecida.

10.5. A uma taxa de juros de 10%, o valor presente de US$100 será de US$90,91. A uma taxa de juros de 5%, o valor presente será de US$95,24.

Capítulo 11

11.1. O ativo A tem de ser vendido por $11/(1 + 0{,}10) =$ US$10.

11.2. A taxa de retorno é igual a $(10.000 + 10.000)/100.000 = 20\%$.

11.3. Sabemos que a taxa de retorno dos títulos não tributáveis, r, tem de ser tal que $(1 - t)r_t = r$, na qual $(1 - 0{,}40)0{,}10 = 0{,}06 = r$.

11.4. O preço atual tem de ser $40/(1 + 0{,}10)^{10} =$ US$15,42.

Capítulo 12

12.1. Precisamos encontrar um meio de reduzir o consumo no estado ruim e aumentá-lo no estado bom. Para tanto, teremos de *vender* seguro contra perdas, em vez de comprá-lo.

12.2. As funções (a) e (c) têm a propriedade de utilidade esperada (elas são transformações afins das funções analisadas no capítulo), enquanto (b), não.

12.3. Como ele tem aversão ao risco, prefere o valor esperado do jogo, US$325, ao próprio jogo, e, portanto, escolheria o pagamento.

12.4. Se o pagamento for de US$320, a decisão dependerá da forma da função de utilidade; não podemos dizer nada em geral.

12.5. Sua figura deveria mostrar uma função que fosse inicialmente convexa, mas que depois se tornasse côncava.

12.6. Para se autossegurarem, os riscos têm de ser independentes. Entretanto, isso não vale no caso de danos causados por enchentes. Se uma casa de um bairro for atingida por uma enchente, é provável que todas as outras também o sejam.

Capítulo 13

13.1. Para alcançar um desvio-padrão de 2%, você precisará investir $x = \sigma_x / \sigma_m = 2/3$ da sua riqueza no ativo de risco. Isso resultará numa taxa de retorno igual a $(2/3)\,0{,}09 + (1 - 2/3)\,0{,}06 = 8\%$.

13.2. O preço do risco é igual a $(r_m - r_f)/\sigma_m = (9 - 6)/3 = 1$. Isto é, para cada percentual adicional de desvio-padrão, você pode ganhar 1% de retorno.

13.3. De acordo com a equação de preço MDPAC, a ação deveria oferecer uma taxa de retorno esperada de $r_f + \beta(r_m - r_f) = 0{,}05 + 1{,}5(0{,}10 - 0{,}05) = 0{,}125$ ou 12,5%. A ação deveria ser vendida pelo seu valor presente esperado, que é igual a $100/1{,}125 = \text{US\$}88{,}89$.

Capítulo 14

14.1. O preço de equilíbrio será de US$10 e a quantidade vendida, 100 unidades. Se for lançado um imposto, o preço aumenta para US$11, mas ainda assim serão vendidas 100 unidades. O imposto não implica ônus.

14.2. Queremos calcular a área abaixo da curva de demanda à esquerda da quantidade 6. Dividamos isso na área de um triângulo com base 6 e altura 6 e na de um retângulo com base 6 e altura 4. Ao aplicarmos as fórmulas básicas de geometria do Ensino Fundamental 2, o triângulo terá uma área de 18 e o retângulo uma área de 24. O benefício bruto será, portanto, de 42.

14.3. Quando o preço for 4, o excedente do consumidor será dado pela área do triângulo com base 6 e altura 6; ou seja, o excedente do consumidor será 18. Quando o preço for 6, o triângulo terá base de 4 e altura de 4, o que resultará numa área de 8. Portanto, a variação de preço reduziu o excedente do consumidor em US$10.

14.4. Dez dólares. Como a demanda pelo bem discreto não variou, o que ocorreu foi que o consumidor teve de reduzir seus gastos nos demais bens em US$10.

Capítulo 15

15.1. A curva de demanda inversa será $P(q) = 200 - 2q$.

15.2. A decisão sobre consumir a droga poderia ser sensível aos preços, de modo que o ajuste da demanda do mercado na margem extensiva contribuiria para a elasticidade da demanda de mercado.

15.3. A receita é $R(p) = 12p - 2p^2$, que é maximizada em $p = 3$.

15.4. A receita é $pD(p) = 100$, não importa o preço, de modo que todos os preços maximizam a receita.

15.5. Verdadeiro. A média ponderada das elasticidades-renda tem de ser 1, de maneira que, se um bem tiver elasticidade-renda *negativa*, o outro deverá ter uma elasticidade *maior* do que 1 para fazer com que a média seja 1.

Capítulo 16

16.1. O subsídio inteiro será transferido para os consumidores se a curva de oferta for plana; se, porém, a curva de oferta for vertical, o subsídio será inteiramente recebido pelos produtores.

16.2. O consumidor.

16.3. Nesse caso, a curva de demanda por lápis vermelhos seria horizontal ao preço p_b, uma vez que isso seria o máximo que eles estariam propensos a pagar por um lápis vermelho. Portanto, se for estabelecido um imposto sobre os lápis vermelhos, os consumidores terminarão pagando p_b por eles, de modo que a quantia total do imposto terminará sendo suportada pelos produtores (se algum lápis vermelho chegar a ser vendido – pode ser que o imposto induza os produtores a abandonarem o mercado).

16.4. Aqui, a curva de oferta de petróleo estrangeiro é plana em US$25. Portanto, o preço para o consumidor tem de aumentar nos US$5 relativos ao imposto, de modo que o preço líquido para o consumidor passará para US$30. Como os petróleos doméstico e estrangeiro são substitutos perfeitos no que tange ao consumidor, os produtores domésticos também venderão seu petróleo por US$30, o que lhes proporcionará um ganho extra de US$5 por barril.

16.5. Zero. O ônus mede o valor da produção perdida. Como a mesma quantidade é ofertada antes e depois do imposto, não há ônus. Colocado de outra forma: os ofertantes pagam o total do imposto e tudo o que eles pagam vai para o governo. A quantia que os ofertantes pagariam para evitar o imposto é simplesmente a receita que o governo recebe; logo, não há peso excessivo do imposto.

16.6. Receita zero.

16.7. Gera receita negativa, uma vez que, nesse caso, temos um subsídio líquido do empréstimo.

Capítulo 17

17.1. Este é um exemplo do paradoxo de Simpson.

17.2. Se a moeda não for viciada, terá uma probabilidade de 1/2 de dar cara na primeira vez, 1/2 de dar cara na segunda vez, e assim por diante. A probabilidade de dar cara 5 vezes seguidas seria $1/2^5 = 1/32 \sim 0{,}03$.

17.3. Se você extrair log natural de cada lado, você vê que log $(x) = c + bp$, que é uma função de demanda semi-log.

Capítulo 18

18.1. Dado que os colecionadores atribuem valores distintos às colchas e não se preocupam muito com as avaliações dos demais participantes, trata-se de um leilão de valor privado.

18.2. Seguindo a análise do texto, há quatro configurações igualmente prováveis para os participantes do leilão: (8, 8), (8, 10), (10, 8) e (10, 10). A preços de reserva iguais a zero, os lances ótimos serão (8, 9, 9, 10), resultando em um lucro esperado de US$9. O único candidato a preço de reserva seria US$10, o que renderia um lucro esperado de 30/4 = US$7,50. Portanto, o preço de reserva que maximizaria o lucro nesse leilão seria igual a zero.

18.3. Faça com que cada pessoa escreva um valor, então dê os livros aos dois estudantes que apresentarem os valores mais elevados, mas cobre deles o lance do terceiro valor mais elevado.

18.4. Foi eficiente, porque a licença coube à empresa que lhe deu a avaliação mais elevada. Mas isso demorou um ano para acontecer, o que é ineficiente. Um leilão de Vickrey ou um leilão inglês teriam alcançado o mesmo resultado mais rapidamente.

18.5. Esse é um leilão de valor comum, já que o valor do objeto é o mesmo para todos os participantes. Normalmente, o lance ganhador superestima o número de moedinhas contidas no vidro, ilustrando a maldição do ganhador.

Capítulo 19

19.1. Retornos crescentes de escala.

19.2. Retornos decrescentes de escala.

19.3. Se $a + b = 1$, temos retornos constantes de escala; se $a + b < 1$, teremos retornos decrescentes de escala; se $a + b > 1$, os retornos serão crescentes de escala.

19.4. $4 \times 3 = 12$ unidades.

19.5. Certo.

19.6. Sim.

Capítulo 20

20.1. Os lucros diminuirão.

20.2. O lucro aumentaria, uma vez que a produção aumentaria mais do que o custo dos insumos.

20.3. Se a empresa realmente tivesse retornos decrescentes de escala, a divisão da escala de todos os insumos por dois geraria um aumento de mais da metade da produção.

Portanto, a empresa subdividida obteria lucros maiores do que a empresa grande. Isso é apenas um argumento, porque é implausível ter retornos decrescentes de escala em todos os lugares.

20.4. O jardineiro ignorou os custos de oportunidade. Para contabilizar adequadamente os custos verdadeiros, o jardineiro tem de incluir o custo do seu próprio tempo utilizado na produção da semente, mesmo que nenhum salário explícito lhe tenha sido pago.

20.5. Em geral, não. Pense, por exemplo, no caso da incerteza.

20.6. Aumenta.

20.7. A utilização de x_1 não varia e os lucros aumentarão.

20.8. Não pode.

Capítulo 21

21.1. Como o lucro é igual à receita total menos os custos, se a empresa não estiver minimizando custos, haverá um meio de aumentar os lucros; isso, porém, contradiz o fato de que a empresa maximiza o lucro.

21.2 Aumentar a utilização do fator 1 e diminuir a utilização do fator 2.

21.3. Como os insumos são substitutos perfeitos com mesmo preço, a empresa será indiferente entre qual deles utilizar. Portanto, a empresa utilizará quaisquer quantidades dos dois insumos, de modo que $x_1 + x_2 = y$.

21.4. A demanda por papel cai ou permanece constante.

21.5. Isso implica que $\sum_{i=1}^{n} \Delta w_i \Delta x_i \leq 0$, em que $\Delta w_i = w_i^t - w_i^s$ e $\Delta x_i = x_i^t - x_i^s$.

Capítulo 22

22.1. Verdadeiro; verdadeiro; falso.

22.2. Ao simultaneamente aumentar a produção na segunda fábrica e reduzi-la na primeira, a empresa pode reduzir custos.

22.3. Falso.

Capítulo 23

23.1. A curva de oferta inversa é $p = 20y$, de modo que a curva de oferta é $y = p/20$.

23.2 Faça com que $CMe = CMa$ para encontrar $10y + 1.000/y = 20y$. Resolva para obter $y^* = 10$.

23.3. Resolva para p para obter $P_s(y) = (y - 100)/20$.

23.4. Em 10 a oferta é 40 e em 20 a oferta é 80. O excedente do produtor é composto de um retângulo de área 10×40 mais um triângulo de área $½ \times 10 \times 40$, o que resulta numa variação total de 600 no excedente do produtor. Isso é o mesmo que uma variação nos lucros, uma vez que os custos fixos não variam.

23.5. A curva de oferta é dada por $y = p/2$ para todo $p \geq 2$; e $y = 0$ para todo $p \leq 2$. Em $p = 2$, a empresa é indiferente entre ofertar uma unidade do produto ou não o ofertar.

23.6. Principalmente técnico (em modelos mais avançados poderia ser o mercado); mercado; poderia ser mercado ou técnico; técnico.

23.7. Todas as empresas do setor consideram os preços de mercado como dados.

23.8. Ao preço de mercado. Uma empresa que maximiza lucros fixará seu preço de modo que o custo marginal de produzir a última unidade seja igual à receita marginal, o que no caso de competição pura é igual ao preço de mercado.

23.9. A empresa deveria produzir zero (com ou sem custos fixos).

23.10. No curto prazo, se o preço de mercado for maior do que o custo variável médio, a empresa deve produzir um pouco, mesmo que perca dinheiro. Isso é verdadeiro porque a empresa perderia mais do que se não tivesse produzido, uma vez que teria de pagar os custos fixos. Entretanto, no longo prazo, não há custos fixos, e, portanto, qualquer empresa que está perdendo dinheiro pode produzir zero e perder um máximo de zero unidade monetária.

23.11. O preço de mercado tem de ser igual ao custo marginal de produção para todas as empresas da indústria.

Capítulo 24

24.1. As curvas de oferta inversas são $P_1(y_1) = 10 + y_1$ e $P_2(y_2) = 15 + y_2$. Quando o preço estiver abaixo de 10, nenhuma das empresas produzirá. Quando o preço for 15, a empresa 2 entrará no mercado; a qualquer preço acima de 15, ambas as empresas entrarão no mercado. Portanto, a quebra ocorre ao preço de 15.

24.2. No curto prazo, os consumidores pagam o total do imposto. No longo prazo, ele será pago pelos produtores.

24.3. Falso. Uma afirmativa melhor seria: as lojas de conveniência podem cobrar preços mais altos porque estão próximas do *campus*. Isso, por sua vez, possibilita aos proprietários das lojas cobrarem aluguéis mais elevados pelo uso da localização privilegiada.

24.4. Verdadeiro.

24.5. Os lucros ou os prejuízos das empresas que operam atualmente na indústria.

24.6. Mais plana.

24.7. Não, não viola o modelo. Ao contabilizar os custos, erramos ao não avaliar a renda da licença.

Capítulo 25

25.1. Não. Um monopolista que maximiza lucros nunca produziria onde a demanda pelo seu produto fosse inelástica.

25.2. Primeiro, resolva para a curva de demanda inversa para obter $p(y) = 50 - y/2$. A receita marginal será dada, pois, por $RM(y) = 50 - y$. Iguale isso ao custo marginal de 2 e resolva para obter $y = 48$. Para determinar o preço, substitua na função demanda inversa, $p(48) = 50 - 48/2 = 26$.

25.3. A curva de demanda tem uma elasticidade constante de –3. Com a utilização da fórmula $p[1 + 1/\varepsilon] = CMa$, substituímos para obter $p[1 - 1/3] = 2$. Ao resolvermos, teremos $p = 3$. Substituamos novamente na função demanda para obter a quantidade produzida: $D(3) = 10 \times 3^{-3}$.

25.4. A curva de demanda tem uma elasticidade constante de –1. Por isso, a receita marginal será zero para todos os níveis de produção e nunca poderá igualar-se ao custo marginal.

25.5. Para uma curva de demanda linear, o preço aumenta em metade do custo. Nesse caso, a resposta é US$3.

25.6. Nesse caso, $p = kCMa$, em que $k = 1/(1 - 1/3) = 3/2$. O preço, portanto, aumenta em US$9.

25.7. O preço será o dobro do custo marginal.

25.8. Um subsídio de 50%, de modo que os custos marginais com os quais o monopolista se defronta sejam metade do custo marginal real. Isso assegurará que o preço se iguale ao custo marginal na escolha de produção do monopolista.

25.9. Um monopolista opera onde $p(y) + y\Delta p/\Delta y = CMa(y)$. Ao rearranjarmos, teremos $p(y) = CMa(y) - y\Delta p/\Delta y$. Como as curvas de demanda têm inclinação negativa, sabemos que $\Delta p/\Delta y < 0$, o que prova que $p(y) > CMa(y)$.

25.10. Falso. Cobrar um imposto de um monopolista pode fazer com que o preço de mercado suba numa proporção maior, igual a ou menor do que o valor do imposto.

25.11. Surgem diversos problemas, entre eles, os de determinar os custos marginais verdadeiros da empresa, de assegurar que todos os clientes serão servidos e de garantir que o monopolista não terá prejuízo aos novos níveis de preço e de produção.

25.12. Algumas condições apropriadas são: custos fixos elevados e custos marginais reduzidos, escala de eficiência mínima elevada em relação ao mercado, facilidade de conluio etc.

Capítulo 26

26.1. Sim, se puder discriminar preços perfeitamente.

26.2. $p_i = \varepsilon_i c/(1 + \varepsilon_i)$ para $i = 1,2$.

26.3. Se for capaz de discriminar os preços perfeitamente, ele conseguirá extrair todo o excedente do consumidor; se puder cobrar entrada, poderá fazer o mesmo. Assim, o monopolista se sairá bem sob qualquer política de preços. (Na prática, é bem mais fácil cobrar entrada do que cobrar um preço diferente para andar em cada brinquedo.)

26.4. Essa é uma discriminação de preços de terceiro grau. Aparentemente, a Disneylândia acredita que os residentes do sul da Califórnia têm demandas mais elásticas do que os demais visitantes do parque.

Capítulo 27

27.1. Com certeza. O monopsonista pode produzir a qualquer nível de elasticidade de oferta.

27.2. Como a demanda por trabalho excederia a oferta a tal salário, é de presumir que houvesse desemprego.

27.3. Encontramos os preços de equilíbrio ao substituirmos nas funções de demanda. Como $p = a - by$, podemos utilizar a solução para y para encontrar

$$p = \frac{3a + c}{4}.$$

Como $k = a - 2bx$, podemos utilizar a solução para x para encontrar

$$k = \frac{a + c}{2}.$$

Capítulo 28

28.1. Em equilíbrio, cada empresa produzirá $(a - c)/3b$, de modo que a produção total da indústria será de $2(a - c)/3b$.

28.2. Nada. Como todas as empresas têm o mesmo custo marginal, não importa qual delas produz.

28.3. Não, porque uma das escolhas de uma líder Stackelberg é decidir o nível de produção que teria no equilíbrio de Cournot. Assim, ela seria capaz de estar ao menos tão bem quanto está.

28.4. Sabemos, com base no texto, que temos de ter $p[1-1/n|\varepsilon|] = CMa$. Como $CMa > 0$ e $p > 0$, temos de ter $1 - 1/n|\varepsilon| > 0$. O rearranjo dessa desigualdade nos fornecerá o resultado.

28.5. Faça $f_2(y_1)$ mais inclinada do que $f_1(y_2)$.

28.6. Em geral, não. O preço só se iguala ao custo marginal no caso da solução de Bertrand.

Capítulo 29

29.1. O segundo jogador burlará em resposta à burla (equivocada) do primeiro jogador. Mas então o primeiro jogador burlará em resposta a isso e cada jogador continuará a burlar em resposta à burla do outro! Esse exemplo mostra que "olho por olho" pode não ser uma estratégia muito boa quando os jogadores podem errar tanto em suas atitudes como em suas percepções dos atos dos demais jogadores.

29.2. Sim e não. Os jogadores preferem jogar a estratégia dominante, seja qual for a estratégia de seus oponentes (mesmo que seu oponente jogue sua própria estratégia dominante).

Assim, se todos os jogadores utilizarem estratégias dominantes, então todos estarão jogando uma estratégia ótima dada a estratégia de seus oponentes; portanto, haverá um equilíbrio de Nash. Contudo, nem todos os equilíbrios de Nash são equilíbrios de estratégia dominante; ver, por exemplo, a Tabela 29.2.

29.3. Não necessariamente. Sabemos que a sua estratégia de equilíbrio de Nash é melhor para você, uma vez que seu oponente jogue a estratégia de equilíbrio de Nash dele, mas, se ele não jogar, talvez haja uma estratégia melhor para você seguir.

29.4. Formalmente, se os prisioneiros puderem retaliar, os ganhos no jogo podem mudar. Isso poderia produzir um resultado eficiente no sentido de Pareto para o jogo (por exemplo, pense no caso em que ambos os prisioneiros concordam em matar qualquer um que confesse e suponha que a morte tenha uma utilidade muito pequena).

29.5. A estratégia de equilíbrio de Nash dominante consiste em burlar a cada rodada. Essa estratégia deriva do mesmo processo de indução retrógrada utilizado para derivar o caso finito de dez rodadas. Os resultados de experimentos com a utilização de períodos bem menores parecem indicar que os jogadores raramente utilizam essa estratégia.

29.6. No equilíbrio, o jogador B escolhe esquerda e o jogador A escolhe alto. O jogador B prefere mover-se primeiro, uma vez que isso resulta num ganho de 9 contra um ganho de 1. (Observe que, no entanto, se mover antes nem sempre é vantajoso num jogo sequencial. Você pode pensar num exemplo?)

Capítulo 30

30.1. Em um equilíbrio de Nash, cada jogador está dando uma melhor resposta à melhor resposta de seu adversário. Num equilíbrio de estratégia dominante, cada escolha do jogador é uma melhor resposta a qualquer escolha feita pelo outro jogador.

30.2. Não, porque quando $r = 1/3$ há uma infinidade de melhores respostas, e não apenas uma, como é exigido pela definição matemática de função.

30.3. Não necessariamente, depende dos ganhos do jogo. Na "roleta russa" automobilística, se ambos optarem por avançar em linha reta, terão o pior ganho possível.

30.4. É o ganho esperado de linha na estratégia de equilíbrio, quando chuta para a esquerda com probabilidade 0,7, enquanto coluna pula para a esquerda com probabilidade 0,6. Temos de somar os resultados de linha em quatro eventos: a probabilidade de que linha chute para a esquerda e coluna defenda à esquerda × o ganho de linha nesse caso + a probabilidade de que linha chute para a direita e coluna defenda à esquerda × o ganho de linha nesse caso, e assim por diante. Os números são (0,7)(0,6)50 + (0,7)(0,4)80 + (0,3)(0,6)90 + (0,3)(0,4)20 = 62.

30.5. Ele quer dizer que oferecerá um lance baixo para ganhar o contrato e depois cobrará preços altos em quaisquer alterações do projeto. O cliente terá de aceitar, pois para ele seria oneroso trocar de empreiteiro no meio de uma obra.

Capítulo 31

31.1. É mais provável que o primeiro grupo compre os bilhetes de loteria, por causa do "efeito de contexto".

31.2. Devido ao "efeito de balizamento", é mais provável que as refeições escolhidas por Mary sejam mais variadas.

31.3. Do ponto de vista da teoria clássica do consumidor, sempre é melhor ter mais opções de escolha. Mas é perfeitamente possível que um excesso de opções confunda os empregados; logo, dez opções poderiam implicar uma escolha mais segura. Se você realmente decidir oferecer 50 fundos mútuos, seria bom agrupá-los em um número relativamente pequeno de categorias.

31.4. A probabilidade de três ocorrências sucessivas de cara é $\frac{1}{2} \times \frac{1}{2} \times \frac{1}{2} = \frac{1}{8} =$ 0,125. A probabilidade de três ocorrências sucessivas de coroas também é 0,125; logo, a probabilidade de uma sequência de três caras *ou* três coroas é 0,25.

31.5. "Inconsistência temporal".

Capítulo 32

32.1. Sim. Por exemplo, imagine uma alocação em que uma pessoa tenha tudo. A outra pessoa estará pior nessa alocação do que estaria numa outra em que possuísse alguma coisa.

32.2. Não, porque isso significaria que, na alocação eficiente no sentido de Pareto examinada, existiria um meio de fazer com que todos melhorassem, o que contradiz o pressuposto básico da eficiência de Pareto.

32.3. Se conhecermos a curva de contrato, qualquer troca terminaria sobre essa curva, embora não saibamos onde.

32.4. Sim, mas não sem fazer com que alguém piore.

32.5. A soma do valor do excesso de demanda nos dois outros mercados tem de ser zero.

Capítulo 33

33.1. Abrir mão de um coco libera recursos no valor de US$6, que poderiam ser utilizados para produzir 2 quilos de peixe (que valem US$6).

33.2. Um salário mais alto produziria uma linha isolucro mais inclinada, o que implicaria que o nível de maximização de lucro da empresa ocorreria num ponto à esquerda do equilíbrio atual, resultando num nível menor de demanda por trabalho. Entretanto, sob essa nova restrição orçamentária, Robinson desejará ofertar mais do que o nível necessário de trabalho (por quê?) e, portanto, o mercado de trabalho não estará em equilíbrio.

33.3. De acordo com alguns pressupostos, uma economia que esteja em equilíbrio competitivo será eficiente no sentido de Pareto. Isso é em geral considerado como uma coisa boa para a sociedade, uma vez que implica que não há como melhorar uma pessoa na economia sem piorar outra. A sociedade, no entanto, pode preferir uma distribuição diferente de bem-estar; isto é, pode ser que a sociedade prefira fazer um grupo melhorar à custa do outro.

33.4. Ele deveria produzir mais peixe. Sua taxa marginal de substituição indica que ele está propenso a abrir mão de duas unidades de coco por uma unidade de peixe. A taxa marginal de transformação implica que ele apenas tem de abrir mão de um coco para obter um peixe a mais. Portanto, ao abrir mão de um coco (embora estivesse disposto a abrir mão de dois), ele pode obter um peixe a mais.

33.5. Ambos teriam de trabalhar 9 horas por dia. Se ambos trabalhassem 6 horas por dia (Robinson produzindo cocos, Sexta-feira procurando peixes) e dessem metade de sua produção total um para o outro, poderiam alcançar a mesma produção. A redução nas horas de trabalho de 9 para 6 horas por dia deve-se ao rearranjo da produção baseado na vantagem comparativa de cada indivíduo.

Capítulo 34

34.1. O principal defeito é que há várias alocações que não podem ser comparadas – não há meio de decidir entre quaisquer duas alocações eficientes no sentido de Pareto.

34.2. Ela teria a forma: $W(u_1, \ldots, u_n) = \max\{u_1, \ldots, u_n\}$.

34.3. Como a função de bem-estar nietzschiana só considera o melhor indivíduo, o máximo de bem-estar para essa alocação normalmente resultaria na possibilidade de uma pessoa poder obter tudo.

34.4. Suponhamos que não seja esse o caso. Então cada pessoa inveja a outra. Elaboremos uma relação de quem inveja quem. A pessoa A inveja alguém – vamos chamá-la de B. A pessoa B, por sua vez, inveja alguém – digamos, a pessoa C. E assim por diante. Mas acabaremos por encontrar quem inveje alguém que veio antes na relação. Suponhamos que o ciclo seja "C inveja D, que inveja E, que inveja C". Examinemos, então, a seguinte troca: C obtém o que D possui, D obtém o que E possui e E obtém o que C possui. Cada pessoa no ciclo obtém a cesta que prefere e, portanto, cada pessoa é melhorada. Mas, assim, a alocação original não poderia ser eficiente no sentido de Pareto!

34.5. Vote, primeiro, entre **x** e **z** e depois entre o ganhador (**z**) e **y**. Coloque primeiro **x** contra **y** e então vote entre o ganhador (**x**) e **z**. O fato de as preferências sociais serem intransitivas é responsável pelo poder proporcionado a quem estabelece a agenda.

Capítulo 35

35.1. Verdadeiro. Normalmente, os problemas de eficiência podem ser eliminados pela delineação dos direitos de propriedade. Entretanto, quando impomos direitos de propriedade, também impomos uma dotação, que pode ter importantes consequências distributivas.

35.2. Falso.

35.3. Ora, nem todos os seus colegas de quarto são maus...

35.4. O governo poderia distribuir exatamente o número ótimo de direitos de pastagem. A alternativa seria vender os direitos de pastagem. (Pergunta: por quanto esses direitos seriam vendidos? Dica: pense nos aluguéis.) O governo poderia também estabelecer um imposto, t, por cabeça, de modo que $f(c^*)/c^* + t = a$.

Capítulo 36

36.1. Eles deveriam estar dispostos a pagar até US$50, uma vez que esse é o valor presente do lucro que esperam auferir com o cliente no longo prazo.

36.2. Os usuários gravitariam em direção aos pacotes utilizados pelo maior número de pessoas, uma vez que isso lhes facilitaria trocar arquivos e informações sobre como utilizar o programa.

36.3. Nesse caso, as condições de maximização de lucro são idênticas. Se duas pessoas compartilharem um vídeo, o produtor apenas dobrará o preço e auferirá o mesmo lucro.

Capítulo 37

37.1. Queremos que a soma das taxas marginais de substituição iguale-se ao custo marginal de prover o bem público. A soma das TMS é de 20 (=10 × 20) e o custo marginal é de $2x$. Temos, portanto, a equação $2x = 20$, que implica que $x = 10$. Portanto, o número Pareto eficiente de lâmpadas de iluminação pública será 10.

Capítulo 38

38.1. Como apenas os carros de baixa qualidade são transacionados no equilíbrio e há um excedente de US$200 por transação, o total de excedente criado será de 50 × 200 = US$10.000.

38.2. Se os carros fossem distribuídos de maneira aleatória, o excedente médio por transação seria a propensão média a pagar, US$1.800, menos a propensão média a vender, US$1.500. Isso proporciona um excedente médio de US$300 por transação. Como há 100 transações, obteremos um excedente total de US$30.000, que é muito melhor do que a solução de mercado.

38.3. Sabemos do texto que o plano de incentivo ótimo tem a forma $s(x) = wx + K$. O salário w tem de ser igual ao produto marginal do trabalhador, que, nesse caso, é 1. A constante K é escolhida de modo que a utilidade do trabalhador na escolha ótima seja $\bar{u} = 0$. A escolha ótima de x ocorre quando o preço, 1, iguala-se ao custo marginal, x, de maneira que $x^* = 1$. Nesse ponto, o trabalhador obtém uma utilidade de $x^* + K - c(x^*) = 1 + K - 1/2 = 1/2 + K$. Como a utilidade do trabalhador tem de igualar-se a zero, segue-se que $K = -1/2$.

38.4. Vimos na última resposta que os lucros no nível ótimo de produção são de 1/2. Como $\bar{u} = 0$, o trabalhador estaria disposto a pagar 1/2 para alugar a tecnologia.

38.5. Se fosse para o trabalhador alcançar um nível de utilidade de 1, a empresa teria de dar a ele um pagamento de montante fixo de 1/2.

ÍNDICE

A
Ação oculta, 746
Adobe Systems, 705
Acompanhamento de custos, 757
AdSense, 696
AdWords, 696
Agregação de preferências, 653
Ajustamento(s)
   para o equilíbrio, 529
   por diferenças entre ativos, 201
Álgebra
   da eficiência, 615
   do equilíbrio, 609
Algoritmo do aceite temporário, 343
Alocação(ões), 602
   da dotação inicial, 602
   factível, 602
   final, 602
   justas, 661
Amazon, 358
Ambiente de mercado, 413, 414
Análise
   custo-benefício, 261
   do valor presente para vários
     períodos, 187

Anúncios de rádio, 706
Aprisionamento, 696
Aproximação de uma demanda
   contínua, 253
Arbitragem, 200
   e valor presente, 201
   sem risco, 200
Ativo(s), 199
   com rendimentos de consumo, 202
   de risco, 235
   financeiros, 199
   sem risco, 234
Aumento
   da oferta de apartamentos, 9
   da renda, 23
   de preço, 24
Autocontrole, 594
Autosseleção, 484
Avaliação
   da economia comportamental,
     597
   política, 324
Aversão
   à perda, 592
   ao risco, 222

Axioma Forte da Preferência
   Revelada, 122
   como verificar o AFoPR
      (Opcional), 123
Axioma Fraco da Minimização de
   Custo (AFMC), 385
Axioma fraco da preferência
   revelada, 118, 119, 122
   verificação do AFrPR
      (Opcional), 120
Axioma Fraco de Maximização do
   Lucro (AFML), 373

B
Balizamento, 588
Banco Grameen, 758, 759
Barreiras à entrada, 434
Batalha dos sexos, 561
Bem(ns)
   complementares perfeitos, 37
   composto, 20
   comuns, 100
   de capital, 347
   de Giffen, 100, 101, 131
   de luxo, 98, 283
   discreto(s), 41, 78, 104, 250, 272
   inferior, 94, 283
   necessário, 98
   neutro, 39
   normal, 94, 283
   público, 716
      comparação com os bens
         privados, 728
      diferentes níveis, 722
      preferências quase lineares,
         724
      provisão privada, 720
Bem-estar social, 656
Benefício bruto, 251
Bolha(s)
   de ativos, 205
   do mercado, 204
Bolsas de estudos e a poupança,
   194

Bônus, 192
   de catástrofes, 217
   municipais, 204
Busca de renda, 454

C
Caixa de Edgeworth, 602
Calcular, 313
Cálculo
   da demanda através de dados
      experimentais, 318
   de ganhos e perdas, 262
   de um fluxo de pagamentos, 190
   do efeito renda-dotação, 166
   do efeito renda, 136
   do efeito substituição, 135
Caminho de expansão da renda, 95
Capital
   financeiro, 348
   físico, 348
Carga excessiva do imposto, 304
Cartel, 473, 532
Cesta
   de consumo, 19, 31
      estritamente preferida, 32
   demandada, 75
Classificação
   de fundos mútuos, 244
   dos leilões, 328
Comércio de créditos de carbono,
   451, 454
Comparação das soluções, 538
Compartilhamento da propriedade
   intelectual, 711
Competição monopolística, 495,
   496
Complementares, 107
   brutos, 108
   perfeitos, 37, 38, 58, 76, 97,
      103
Complementariedade, 696
Complemento(s), 107, 690
Comprador líquido, 156
Compromisso, 572

Concepção de mecanismo
  econômico, 329
Concorrência
  de Bertrand, 531
  de sistemas, 690
  pura, 414
Condição
  de encerramento, 419
  de não arbitragem, 201
Conjunto
  convexo, 43
  de Pareto, 606
  de possibilidades de produção, 638
  de possibilidades de utilidade, 658
  de produção, 348
  fracamente preferido, 34
  orçamentário, 20, 21
Conluio, 518, 532
Consistência mútua, 558
Consols, 192
Construção da utilidade a partir da demanda, 250
Consumidor
  averso ao risco, 222
  neutro ao risco, 223
  propenso ao risco, 223
Consumo contingente, 213
Contágio financeiro, 240
Contexto
  negativo, 586
  positivo, 586
Controle de aluguéis, 12
Convexidade estrita, 44
Cupom(ns), 192
  de alimentação, 28
Curto prazo, 17, 355
Curva(s)
  de contrato, 606
  de custo, 395
    marginal, 397
    para leilões on-line, 402
  de demanda(s), 3, 5, 102, 103, 108, 161

    com a qual a empresa se defronta, 414
    compensada, 149, 150
    de fatores, 370
    inversas de fatores, 370
    inversas, 294
    linear, 459
    residual, 525
  de Engel, 95
  de indiferença, 34
    a partir da utilidade, 56
    bem-comportadas, 42
    Cobb-Douglas, 60
  de isobem-estar, 658
  de Laffer, 287
  de melhor resposta, 557
  de oferta, 5, 6, 260
    da indústria, 431
    de longo prazo, 425, 435
    de mercado, 292
    de trabalho curvada para trás, 170
    do mercado, 431
    inversa, 294, 420
  de preço-consumo, 102, 161, 616
  de receita marginal, 281
  de renda-consumo, 95
Custo(s)
  de curto prazo, 387
  de longo prazo, 387, 403
  de migração, 696
  de oportunidade, 22, 168, 196, 362
  fixos, 389
  irrecuperáveis, 390
  marginais, 397, 399
    de longo prazo, 407
  médios, 395
    constantes de longo prazo, 427
  privados, 675
  quase fixos, 389, 390
  sociais, 675
  variáveis, 399
  verdadeiro de um cartão de crédito, 190

D

Dados
  experimentais, 319, 321
  observacionais, 319, 321
Data de maturidade, 192
Decisão de oferta de uma empresa
  competitiva, 416
Demanda(s), 93
  agregada, 269
  bruta, 155, 608
  compensada, 135
  contínua, 253
  de elasticidade
    constante, 279
    unitária, 275
  de fatores derivadas, 384
  de mercado, 269
  de um bem discreto, 250
  do consumidor, 75
  elástica, 275
  excedente(s), 608, 610
    agregada, 610
  individual, 269
  inelástica, 275
  inversa, 271
  linear, 320
  líquida, 155, 608, 610
  log-linear, 320
  por seguros, 223
  semi-log, 320
Demandante líquido, 156
Derivadas, 766
  parciais, 768
  segundas, 767
Desconto
  exponencial, 593
  hiperbólico, 593
Desequilíbrio, 608
Deslocamento, 133
Desvio-padrão, 234
Determinação de preços em tempo
  real voluntária, 146
Diferenciação de produto, 496,
  500

Dilema
  da doença, 586
  do prisioneiro, 546, 562
Dinâmica de mercado, 702
Direitos autorais, 191
Diretamente revelada como
  preferida, 115
Discriminação
  de preços, 480
    de primeiro grau, 480
    de segundo grau, 480, 483
    de terceiro grau, 480, 487
  perfeita, 480
  de preços, 480
Distribuição
  de probabilidades, 213
  do risco, 226
Diversificação, 225
Dividendos, 203
Dotação, 157
Duopólio, 517

E

Econometria, 313
Economia
  comportamental, 585
  da informação, 689
  de Robinson Crusoé, 629
Efeito(s)
  de ancoragem, 587
  de confusão, 321
  de contexto, 586
    na escolha do consumidor,
    585
  diploma, 750, 751
  do tratamento, 318
  renda, 132, 136, 142
    comum, 163
    -dotação, 163
  substituição, 132, 134, 142,
    147
    de Hicks, 147
    de Slutsky, 147
  sinal do, 136

Eficiência, 614
   de Pareto, 14, 309, 310, 329, 641
   e equilíbrio, 619
Eficiente no sentido de Pareto, 14, 309, 605
Elaboração de um modelo, 1
Elasticidade, 273
   e demanda, 275
   e receita, 276
      marginal, 280
   -preço da demanda, 273
   -renda, 283
      da demanda, 283
Emaranhado de patentes, 468
Emparelhamento de preços e concorrência, 537
Emprestador, 181
Empréstimos parcelados, 193
Entrada livre, 434
Equação(ões)
   de Slutsky, 182
      revisitada, 163, 166
   e identidades, 763
Equidade, 597
Equilíbrio, 608, 614
   agregador, 750
   competitivo, 608
   da indústria
      no curto prazo, 432
      no longo prazo, 433
   de Cournot, 527, 528, 530
   de mercado, 7, 608
   de Nash, 542, 543, 558, 692
   de Stackelberg, 523
   do mercado, 292
   estável, 530
   geral, 601
   no longo prazo, 17
   no mercado
      de ativos de risco, 240
      de empréstimos, 307
   parcial, 601
   separador, 750
   walrasiano, 608

Escala mínima de eficiência, 472
Escolha(s)
   da qualidade, 741
   da taxa de juros, 195
   de impostos, 83
   intertemporal, 177, 182
   ótima, 71, 72
Estabelecimento
   de preços com markup, 461
   simultâneo da quantidade, 526
Estados da natureza, 215
Estática comparativa, 8, 93, 180, 295, 368
   da oferta de trabalho, 169
Estatística(s)
   de segunda ordem, 340
   resumo, 315
Estimativa
   da demanda através de dados observacionais, 319
   das funções de utilidade, 79
Estratégia(s)
   de punição, 535
   dominante, 542
   evolucionariamente estável, 571
   mista, 544, 559, 566
   punitivas, 535
   pura, 544
Excedente
   bruto do consumidor, 251
   do consumidor, 252
      ao excedente dos consumidores, 253
      variação do, 254
   do produtor, 260, 421
   líquido
      do consumidor, 252
      do produtor, 261
Excessiva aversão ao risco, 592
Excesso
   de confiança, 595
   de demanda, 13
   de opções, 589

Existência de equilíbrio, 613
    competitivo, 614
Experimento natural, 324
Externalidade(s), 344
    da rede, 493, 700
    de consumo, 621, 637, 667
    na produção, 667
Extorsão, 578

F

Falácia dos custos irrecuperáveis, 593
Fator(es)
    de produção, 347
    fixo, 366, 440
    quase fixos, 366
    variável, 366
Fixação
    de preços
        não linear, 483
        para sistemas operacionais, 419
    simultânea de preços, 531
Fixador de preços, 508
Floresta, 207
Forma(s)
    de alocar apartamentos, 11
        comparação entre, 15
    extensiva, 551
Fronteira de possibilidades
    de produção, 638
    de utilidade, 658
Função(ões), 761
    afim, 764
    contínua, 614, 762
    custo, 382
        de curto prazo, 388
        médio, 396
            fixo, 396
            variável, 396
        de bem-estar, 653
            da soma ponderada das utilidades, 657
            de Bentham, 657
    de Bergson-Samuelson, 660
    individualista, 660
    social, 656, 657
        individualistas, 660
        minimax ou rawlsiana, 657
        utilitarista clássica, 657
de custo
    médio, 387
    unitário, 386
de demanda, 75, 93
    Cobb-Douglas, 90
    de fatores condicionadas, 384
    de Slutsky, 152
    excedente agregada, 610
    inversa, 108, 271
de produção, 348, 630
    de Cobb-Douglas, 350
de reação, 520
de transformação, 649
de utilidade, 51, 218
    Cobb-Douglas, 59
    e probabilidades, 218
    esperada, 219
    Von Neumann-Morgenstern, 219
inversas, 762
Lagrangiana, 89
lineares, 763
monotônica, 762
suave, 762
Fundo-índice, 245
Fundos mútuos, 244

G

Ganhos, 262
    de capital, 203
Garantia, 747
Gasto médio, 730
Geração de eletricidade, 146
Gestão de direitos, 709
Giro, 133
Google, 335, 358
Gostos bizarros, 73
Gráficos, 762

Grupo
   de controle, 318
   de tratamento, 318

H

Hipótese
   da integração de ativos, 592
   de independência, 221
Horas extras, 171

I

Identidade, 763
   de Slutsky, 137
Identificação, 322
Implicações
   das externalidades de rede, 705
   do Primeiro Teorema de Bem-Estar, 621
   do Segundo Teorema de Bem-Estar, 622
Imposto(s), 25, 194, 297
   ad valorem, 25, 297
   de carbono, 451, 453
   de Clarke, 735, 736
   de Pigou, 678
   de renda, 83, 84
   que distorce, 623
   sobre a quantidade, 25, 83, 84
   sobre a quantidade, 297
   sobre o valor, 297
Incentivos, 751
Incerteza, 590
Inclinações e interceptos, 765
Inconsistência temporal, 594
Incremento, 328
Indexação, 127
Índice(s)
   de Laspeyres, 125
   de Paasche, 125
   de preços, 126
      de Laspeyres, 126
      de Paasche, 126
   de quantidade

      de Laspeyres, 125
      de Paasche, 125
Indiretamente revelada como preferida, 116
Indústria, 431
Ineficiência do monopólio, 463
Ineficiente no sentido de Pareto, 14
Inflação, 184
Informação
   assimétrica, 756
   oculta, 746
Instituições financeiras, 209
Insumos e produtos, 347
Integração de ativos, 592
Interação estratégica, 596
Intercepto
   horizontal, 765
   vertical, 765
Interpretação das condições, 677
Inveja, 661, 662
Iraque, 208
Isoquantas, 348

J

Jogo(s)
   com barreiras à entrada, 553
   cooperativo, 518
   de coexistência, 569
   de competição, 565
   de compromisso, 571
   de coordenação, 561
   de garantia, 563
   de soma zero, 565
   do ultimato, 581, 596
   dos pombos e falcões, 569
   punitivos, 597
   repetidos, 547
   sequencial, 518, 550
   simultâneo, 518
Juros, 203

L

Lagrangiana, 89
Lei

da demanda, 141
de Cupons de Alimentação, 27, 28
de Walras, 610
do produto marginal decrescente, 354
dos pequenos números, 590
Leilão(ões)
  com valor comum, 341
  da eBay, 333
  de escalada, 333
  de lance fechado, 328
  de posições, 335
  de segundo preço generalizado, 336
  de valor comum, 328
  de valor privado, 328
  de Vickrey, 329, 345, 734
  do filatelista, 329
  em que todos pagam, 334
  holandês, 328
  inglês, 328
  on-line, 402
Licenças de emissão, 454
Líder
  de preço, 518
  de quantidade, 518
Liderança
  de preço, 524, 526
  de quantidade, 519, 526
Limites da empresa, 364
Linhas isolucro, 520
Locação(ões)
  de filmes, 710
  de recursos descentralizada, 646
  eficientes no sentido de Pareto, 604
  justas, 660
Longo prazo, 17, 355
Lotus, 493
Lucratividade revelada, 372
Lucro(s), 361
  excedente do produtor e, 421
  valor no mercado de ações e, 363
  zero, 439

M

Maldição do Ganhador, 341, 342
Males, 38, 77
Manutenção de um cartel, 549
Margens extensiva e intensiva, 273
Marginal, 67
Matriz de ganhos, 541
  de um jogo, 541
Maximização
  do bem-estar, 658
  do lucro, 329, 457
    de curto prazo, 366
    e rendimentos de escala, 371
    no longo prazo, 369
Mecanismo(s)
  Clarke-Groves, 734
  de comando, 728
  de comprometimento, 595
  de revelação direta, 344
  de votação e de bens públicos, 344
  econômicos, 343
  Groves, 732
  Vickrey-Clarke-Groves (VCG), 731, 732, 732, 733
Média(s), 233
  condicionais, 315
Melhor resposta, 557
Melhoria de Pareto, 14, 16, 717
Mercado(s)
  bilaterais, 707
    on-line, 713
  com externalidades de rede, 700
  competitivo, 6, 292, 361
  de ações, 227, 364
  de carros ruins, 740
  de empréstimos, 307
  de resseguro, 217
  de trabalho, 288
Mercadoria composta, 319
Método para estratégias, 597
Microsoft, 335, 358, 493
Minimização do custo, 376, 381
  revelada, 385

Mínimos quadrados ordinários
    (MQO), 319
Modelo(s), 1
    de "two-sided matching",
        342
    de Cournot, 526
    de Determinação de Preços dos
        Ativos de Capital (MDPAC),
        242
    de diferenciação de produtos por
        localização, 499
    de mecanismos, 343
    de média-variância, 233
    de mercado bilateral, 708
    de negociação de Nash, 580
    de negociação de Rubinstein,
        580
    de Stackelberg, 519
Monopólio(s), 11, 459, 472
    ineficiência do, 463
    natural, 469
    no mercado do produto, 505
    ônus do, 465
    upstream e downstream na
        cadeia de produção, 511
Monopolista
    comum, 11
    discriminador, 11
    downstream, 512
    upstream, 512
Monopsônio, 508
Monotônicas, 351
Monotonicidade, 42
Montante fixo, 26
Movimentos
    sequenciais, 572
    simultâneos, 571
Multiplicadores de Lagrange, 89

N

Negociação, 580
Neutros, 39, 77
Nível(is), 56
    discretos de tamanho de fábrica,
        406

Normas
    de equidade, 597
    sociais, 582, 596
Numerário, 24, 25
Número de licitantes, 339
Números-índices, 124

O

Oferta, 291
    da indústria no curto prazo, 431
    de trabalho, 166
        estática comparativa, 169
        perfeitamente elástica e
        perfeitamente inelástica, 301
Ofertante líquido, 156
Ônus
    do imposto, 303, 304
    do monopólio, 465
Opep, 143, 447, 469
Organização das empresas, 362
Otimização, 768
    com restrição, 769
    e equilíbrio, 2
Ótimo
    de fronteira, 73
    interior, 73

P

Páginas amarelas, 706
Paradoxo
    da votação, 729
    de Simpson, 316
Parcela de gasto, 284
Patente, 467, 468
Perdas, 262
Perigo moral, 745, 746
Perpetuidades, 192
Pesca predatória, 684
Planejamento do leilão, 329
Plano de consumo contingente, 215
Política
    de energia, 447
    de renda, 445
Poluição de automóveis, 685

Possibilidades de produção, 638
Poupanças, 576
Preço(s)
  da gasolina durante a Guerra do
    Golfo Pérsico, 208
  de equilíbrio, 7, 292
  de reserva, 4, 104, 328, 700, 717
  do risco, 237
  efetivo, 261
  máximo, 262
  relativos, 612
Predizer, 313
Preferência(s)
  bem-comportadas, 41
  Cobb-Douglas, 59, 68, 78,
    97
  côncavas, 78
  construídas, 589
  de consumo, 180
  do consumidor, 32, 51
    completa, 33
    reflexiva, 33
    revelada, 113
      à preferência, 115
    social, 654
    transitiva, 33
  exemplos de, 36
  homotéticas, 98
  monotônicas, 43
  pressupostos sobre, 32
  quase lineares, 59, 99, 671
  saciadas, 40
Pretendente residual, 754
Prever, 313
Previdência Social, 127
Primeiro Teorema da Teoria
  Econômica de Bem-Estar, 616
Princípio
  da preferência revelada, 115
  de equilíbrio, 3
  de otimização, 3
Problema(s)
  com o imposto de Clarke, 735
  da líder, 521
  da seguidora, 519
  de identificação, 323
  de Robinson, 632
  do carona, 726
  do casamento estável, 342
  dos complementos, 690
  dos leilões, 340
Processo de geração de dados,
  319
Produção
  de externalidades, 637, 673
  e o primeiro teorema de
    bem-estar, 637
  e o segundo teorema de
    bem-estar, 637
  ótima de emissões, 451
Produto
  da receita marginal, 506
  marginal, 352, 506
    decrescente, 353
    do fator 1, 352
Programa de Cupons de
  Alimentação, 27, 28
Programa de habilitação, 450
Propensão marginal a pagar, 47
Proporções fixas, 349
Propriedade(s)
  de funções, 762
  de livre descarte, 351
  do conjunto orçamentário, 20
  individual, 363

Q

Qualidade de equilíbrio, 743

R

Racionamento, 25, 262
Receita, 276
  do leilão, 339
  marginal, 280, 506
    curvas de, 281
    elasticidade e, 280
Recuperação de preferências,
  117

Regra(s)
  de cadeia, 767, 768
  de produto, 767
  do leilão, 328
Regressão, 319
Renda
  econômica, 440, 442
  implícita, 168
  medida, 168
  não resultante do trabalho, 167
  plena, 168
Rendimento(s)
  constante de escala, 356
  crescentes de escala, 357
  de escala, 355, 356
    e função custo, 386
Repasse de um imposto, 300, 302
Restituição
  de um imposto, 143
  de um pequeno imposto, 153
Restrição(ões)
  da compatibilidade de incentivo, 344, 753
  de mercado, 413
  de participação, 752
  econômicas, 413
  orçamentária, 19, 156, 177
  tecnológicas, 348, 413
  voluntárias de exportações, 537
Resumir, 313
  os dados, 314
Reta(s)
  de mercado, 242
  isocusto, 382
  orçamentária, 20, 22
    variações na, 29
Retorno(s), 236, 242
  decrescentes de escala, 357
  esperado, 229
Risco, 236
  de contraparte, 240
  sistêmico, 240
Roleta russa, 564

S
Saciedade, 40
Salário
  mínimo, 510
  real, 168
Satisfação, 40
Seguidora
  de preço, 518
  de quantidade, 518
Segundo Teorema da Teoria Econômica de Bem-Estar, 620
Seguridade social, 576
Seleção adversa, 743
Sequestros, 574
Sinais de mercado, 680
Sinalização, 747
Sistema(s)
  de incentivo, 751
  de votação, 728
Sociedade, 363
  anônima, 363
Solução, 763
Subsídio(s), 25
  de montante fixo, 26
  de quantidade, 25
  no Iraque, 308
  sobre alimentos, 307
Substitutos, 107
  brutos, 108
  perfeitos, 36, 37, 57, 76, 96, 103, 350

T
Tangente, 765
Tarifas bipartidas, 494
Taxa(s)
  de aluguel, 362
    implícita, 202
  de juros
    após os impostos, 194
    real, 185
  de renda e preços, 444
  de rendimento, 199
  de variação, 139, 764

marginal de substituição, 44, 45
   comportamento da, 47
   de transformação, 639
   decrescente, 48
   implicações da condição, 81
   outras interpretações, 47
técnica de substituição, 353
   decrescente, 354
Técnicas de produção, 351
Tecnologia, 349
   convexa, 351
   propriedades da, 351
Tempo, 593
Teorema
   da impossibilidade de Arrow, 656
   de Coase, 671, 672
   de Lagrange, 89
Teoria
   comportamental do jogo, 596
   dos jogos, 541
Testar, 313, 317
Título de estado contingente, 217
Tomador
   de empréstimos, 181
   de preço, 414, 508
Tragédia do uso comum, 681
Transformação(ões), 761
   afim positiva, 220
   monotônica, 52
Tratamento randomizado, 318
Tributação, 301
   sobre os rendimentos dos ativos, 203
Troca(s), 604
   de mercado, 606
   pura, 602

U

União dos Trabalhadores Rurais, 278
Unidades inframarginais, 465
Utilidade
   cardinal. 52

   de média-variância, 233
   esperada, 219
   marginal, 67
   ordinal, 52
   quase linear, 59, 253

V

Valiação do risco, 238
Valor(es), 25
   absolutos e logaritmos, 766
   de face, 192
   do produto marginal, 506
   em risco, 243
   esperado, 218
   futuro, 179
   presente, 179, 186, 188
      da empresa, 363
      líquido, 189
Valorização, 202
Vantagem comparativa, 639, 640
Variação(ões)
   compensadora, 255, 257
   de preços, 159
   do excedente do consumidor, 254, 255
   e taxas de variação, 764
   equivalente, 255, 257
   marginal, 764
   total na demanda, 137
Variância, 234
Variável
   de confusão, 324
   dependente, 761
   endógena, 2
   exógena, 2
   independente, 761
Venda casada, 492
Vendedor líquido, 156
Viés de variável omitida, 324
Vinculação de produtos, 492
Votação, 728, 729

X

Yahoo, 335, 358